全國高校古籍整理研究工作
委員會直接資助項目

通　俗　編

附　直語補證

（上册）

［清］翟灝　撰
顔春峰　點校

中華書局

圖書在版編目(CIP)數據

通俗編:附直語補證/(清)翟灝撰;顏春峰點校. —北京:中華書局,2013.6(2022.9 重印)
ISBN 978-7-101-08974-5

Ⅰ.通… Ⅱ.①翟…②顏… Ⅲ.漢語-訓詁-古代
Ⅳ.H131.7

中國版本圖書館 CIP 數據核字(2012)第 250611 號

書　　名	通俗編　附直語補證(全二册)
撰　　者	〔清〕翟　灝
點 校 者	顏春峰
責任編輯	陳　喬
責任印制	陳麗娜
出版發行	中華書局
	(北京市豐臺區太平橋西里 38 號　100073)
	http://www.zhbc.com.cn
	E-mail:zhbc@zhbc.com.cn
印　　刷	三河市鑫金馬印裝有限公司
版　　次	2013 年 6 月第 1 版
	2022 年 9 月第 3 次印刷
規　　格	開本/700×1000 毫米　1/16
	印張 45¼　插頁 4　字數 730 千字
印　　數	2501-3000 册
國際書號	ISBN 978-7-101-08974-5
定　　價	138.00 元

目錄

直語補證

前言

《通俗編》，清代翟灝撰。翟灝，字大川，一字晴江，浙江仁和（今杭州）人。生於康熙五十一年（1712）①，卒於乾隆五十三年（1788）。乾隆十九年中進士第，乾隆二十一年（1756）起先後任衢州府學教授、金華府學教授。翟灝著作還有《四書考異》72卷、《爾雅補郭》2卷、《湖山便覽》12卷、《艮山雜志》2卷附錄1卷、《辯利院志》3卷、《無不宜齋未定稿》4卷、《無不宜齋續稿》不分卷。

《通俗編》採集漢語中的各種通俗詞語、方言（包括詞、詞組、成語和諺語），分爲天文、地理、時序、倫常、仕進、政治、文學、武功、儀節、祝誦、品目、行事、交際、境遇、性情、身體、言笑、稱謂、神鬼、釋道、藝術、婦女、貨財、居處、服飾、器用、飲食、獸畜、禽魚、草木、俳優、數目、語辭、狀貌、聲音、雜字、故事、識餘等38類，每類一卷，共38卷，計5456條。每條之下，舉出例證，指明出處，或酌加考辨，詮釋意義，説明變化，對所收語詞的語源和發展演變作了有益的探索和考察，有助於漢語語源和漢語詞彙史的研究，可以當作古代俗語、成語詞典來使用，對於民間風俗、名物制度等的研究也很有參考價值。清周中孚《鄭堂讀書記補逸》稱道《通俗編》“搜羅宏富，考證精詳，而自成其爲一家之書，非他家所能及也”。清張之洞《書目答問》將《通俗編》與趙翼《陔餘叢考》、錢大昕《恒言錄》列爲“儒家類考訂之屬”，認爲是“讀一切經、史、子、集之羽翼”。蔣紹愚《古漢語辭彙綱要》曾歸納《通俗編》在口語辭彙研究方面的成就，即“對歷代口語詞的記錄和詮釋，對口語詞始見時代的考訂，對口語詞歷史演變的研究，對口語詞語源的探求”。《通俗編》不足之處是引書或者以意刪節，或者引文有誤、出處不詳；對有些語詞的分析不盡確當，其源頭也有所失考。

---

① 據蔣寅《東瀛讀書記》（《文獻》1999年第1期）考證：“翟灝撰《無不宜齋續稿》不分卷，京都大學文學部圖書館藏。……此本乾隆三十六年（1771）辛卯詩有《六十初度同人欲釀文酒之會志謝》，知其生於康熙五十一年（1712）。”

《通俗編》的版本，有無不宜齋本和《函海》本。“無不宜齋”是翟灝的書齋，“凡讀書會友、理家事、課子孫，無不於是”①。無不宜齋刻本 38 卷，武林竹簡齋藏版，前有乾隆十六年(1751)周天度序。《函海》本《通俗編》則有 15 卷和 25 卷的不同。從《函海後序》②可知，李調元(1734—1803)搜訪圖書、編輯《函海》始於乾隆四十三年(1778)，成於乾隆四十七年(1782)，隨即“遭事去官”。據鄧長風《〈函海〉的版本及其編者李調元》考證，“《函海》的版本共有六種”：乾隆四十七年壬寅(1782)初刻本、乾隆四十九年甲辰(1784)第二次刻本、乾隆末年刻本、嘉慶本(1809)、道光本(1825)、光緒本(1881)③。刊刻於京畿通州的壬寅本、甲辰本均未收《通俗編》④。乾隆五十年(1785)，李調元攜《函海》刻板從通州回到四川綿州⑤；嘉慶六年(1801)，續刻《函海》二十函，“增至四十函”⑥。曾承擔甲辰本校讎的李鼎元，在從兄李調元去世(嘉慶八年[1803])後回家鄉，“得盡讀其歸田後所著及續刻諸書復二十函”⑦——雙方敘述吻合，是爲嘉慶六年(1801)刻本；而“乾隆末年刻本”係鄧長風先生推測，兩條旁證缺乏説服力⑧。李鼎元頗患原書“魯魚豕亥、脱文闕簡”，見續刻“亦頗有前刻之病”，“因合四十函重加校正，訛者正之，脱者補之，殘毀者足之，闕文者仍之”⑨，是爲嘉慶十四年(1809)重校

① 翟灝《艮山雜誌》卷一，《叢書集成初編》第 52 冊。

② 李調元《童山文集》卷三，《續修四庫全書》集部 1456 冊，頁 509。

③ 鄧長風《明清戲曲家考略全編》上冊，上海古籍出版社，2009 年，頁 366—410。鄧長風先生 1992 年在美國國會圖書館讀到了國内或已亡佚的壬寅初刻本《函海》。

④ 壬寅本《函海總序》：“書成，分爲二十函，自第一至十皆刻自漢而下以至唐宋元明諸人未見書，自十一至十四皆專刻明升庵未見書，自十五至二十則附以拙刻。”甲辰本《函海總序》：“書成，分爲三十函，自第一至十皆刻自晉而下以至唐宋元明諸人未見書，自十一至十六皆專刻明升庵未見書，自十七至三十則附以拙刻。”由於身遭壬寅之變，印成於甲辰的《函海》只有二十四函。以上轉引自《〈函海〉的版本及其編者李調元》(《明清戲曲家考略全編》上冊，頁 366—368、400)。

⑤ 嘉慶六年李調元《續函海序》：“前刻《函海》一書，業已流傳海内，其板由京載回，藏於萬卷樓之前楹。”轉引自詹杭倫《李調元學譜》，天地出版社，1997 年，頁 220。

⑥ 李調元《續函海序》：“自去歲庚申，兇焰忽延，長思莫守。於四月初六日，萬卷一炬，化爲烽雲。幸《函海》另貯，未成焦土。以故五月中卽雇車搬板至省，寄放青石橋白衣庵。迄今已及一年，改訛訂正，又增至四十函，可謂無恨矣。”轉引自《李調元學譜》，頁 220。

⑦ 嘉慶十四年《函海》重校本李鼎元《重校函海序》：“向嘗讀《函海》初刻，校其訛脱，彙爲一冊，寄雨村改正，未至而雨村卒。客歲余以憂歸，得盡讀其歸田後所著及續刻諸書復二十函。”

⑧ 推斷“乾隆末年《函海》應當刊刻過”的兩條旁證是：一、揆情度理，余集與袁枚乾隆五十九年、嘉慶元年向李調元索取的《函海》，應當不是十多年前的壬寅本或甲辰本；二、王昶《跋函海所刻金石存》説到“今《函海》刻成”，而王昶去世(1806)嘉慶十四年(1809)本尚未問世。其實李調元詩題已説“典試蜀闈，榜發回京，道過綿州，枉駕見訪，適余遊中江，不值”——未曾見面，余集怎知《函海》有新刻？袁枚《答李雨村觀察書》説“尊著《函海》，洋洋大觀，急欲一睹爲快”(《雨村詩話》卷十六)，尚未一睹《函海》，何來版本之擇？而王昶去世(1806)，嘉慶六年(1801)本業已問世。

⑨ 李鼎元《重校函海序》，嘉慶十四年《函海》重校本。

本。卷首《函海總序》表明四十函中“自十七至二十四則兼刻各家未見者，參以考證”(嘉慶重校本“兼刻各家未見者”的實際上主要是十九至二十三函)，其中《通俗編》15 卷，在第二十三函。由於嘉慶五年(1800)李調元曾“攜家小至成都避寇”，“《函海》板七千七百餘片”也運到成都“租青石橋白衣庵樓一間存貯”[①]，“往來車載，不無十一之損”[②]，因而李鼎元嘉慶十四年重校本存在缺陷。李調元之子李朝夔不滿於重校之後“殘缺得補者半，而待補者亦半”，於是“刻志搜求，因獲初刊原板所印全部，急照殘缺者逐篇抄錄，付梓補入”[③]。這個道光五年(1825)補刻本，《通俗編》增補到 25 卷，前 15 卷與李鼎元重校本完全相同。“獲初刊原板所印全部”，應理解爲包括通州初刻和綿州續刻《函海》所印全部以及其他單刻本；所增補至 25 卷，固然忠實於李調元原編[④]。

與道光補刻本相比，光緒七年(1881)廣漢鍾登甲樂道齋重刊本儘管“排列、分函、收書種數差别很大”[⑤]，但《通俗編》25 卷完全承襲道光補刻本，乃至後出轉劣：一是嚴重缺頁，第 16 卷卷首“此下原脱一頁”缺了“料虎頭”等 4 條，第 23 卷卷首“此下原缺十頁”缺了從“相公”到“起復”40 條，第 25 卷卷尾“此下原缺一頁”缺了 1 條；二是局部缺字，例如“福水”條“曰福”、“陶翰林名曰”、“酒泉郡《水經注》所謂”三處，嘉慶本卷十四字跡模糊，光緒本空缺；“旁蟹”條“螃蟹”、“從蟲疑是”兩處，道光本卷十四字跡模糊，光緒本空缺。

全面細緻地比較《通俗編》無不宜齋本與道光補刻《函海》本(以下簡稱“《函海》本”)，不難得出結論：前者是作者翟灝的定本，後者所據僅是作者的未定稿，正如清周中孚《鄭堂讀書記補逸》卷二七所判斷是“初搆未成之本”。兹論證如下：

第一，輯入《函海》的著作通常保留原序跋，例如宋張行成《翼玄》保留自序，宋徐總幹《易傳燈》保留徐子東序，明楊慎《金石古文》保留孫昭敘，楊慎《轉注古音略》保留顧應祥序，清吴玉搢《金石存》保留自序。無不宜齋本有乾隆十六年周天度序，但《函海》本無此序，可見所據不是無不宜齋本的可能性很大。

第二，無不宜齋本 38 卷 5456 條，《函海》本 25 卷 1231 條，篇幅僅是前者的四分之一。但《函海》本《序》僅説“余故校入《函海》”，卻没有刪節的表示；對比

① 李調元《童山自記》，《蜀學》第四輯，巴蜀書社，2009 年，頁 280。

② 李朝夔《補刻函海跋》，道光五年《函海》補刻本。

③ 李朝夔《補刻函海跋》。

④ 25 卷本中摻入了編輯者李調元的話語，非他人所能辨，詳見下文。

⑤ 《〈函海〉的版本及其編者李調元》，《明清戲曲家考略全編》上册，頁 406。

兩書所有條目,没有發現删節的對應。可見後者不是前者的删節本:

《函海》本		無不宜齋本	《函海》本		無不宜齋本
卷 1	56 條	卷 37、38	卷 14	52 條	卷 26、27
卷 2	40 條	卷 24、7、8	卷 15	27 條	卷 4
卷 3	48 條	卷 9、10	卷 16	85 條	卷 28、29、30
卷 4	54 條	卷 13、14、15	卷 17	51 條	卷 22、18
卷 5	50 條	卷 17、18、19	卷 18	44 條	卷 22
卷 6	56 條	卷 20	卷 19	28 條	卷 7、31、17
卷 7	42 條	卷 15、16	卷 20	53 條	卷 37
卷 8	58 條	卷 10、11、12、17	卷 21	38 條	卷 31、28
卷 9	63 條	卷 32、33、34、35	卷 22	29 條	卷 30、31
卷 10	78 條	卷 21、23	卷 23	72 條	卷 5
卷 11	57 條	卷 1、2、3	卷 24	68 條	卷 6
卷 12	77 條	卷 7、24、25	卷 25	45 條	卷 5
卷 13	50 條	卷 25、26、27			

第三,無不宜齋本 38 卷,分爲天文、地理、時序、倫常、仕進、政治、文學、武功、儀節、祝誦、品目、行事、交際、境遇、性情、身體、言笑、稱謂、神鬼、釋道、藝術、婦女、貨財、居處、服飾、器用、飲食、獸畜、禽魚、草木、俳優、數目、語辭、狀貌、聲音、雜字、故事、識餘等 38 類,每類一卷,分類清晰有序。對比之下,《函海》本顯然尚未定型,不同内容的條目並列一卷内,例如《函海》本卷八條目分别見於無不宜齋本卷十《祝誦》、卷十一《品目》、卷十二《行事》、卷十七《言笑》,《函海》本卷九條目分别見於無不宜齋本卷三二《數目》、卷三三《語辭》、卷三四《狀貌》、卷三五《聲音》,而《函海》本卷二三、卷二五條目均見於無不宜齋本卷五《仕進》。

第四,無不宜齋本每條之首均標條目名,而《函海》本條目名或無或有:第 1—20 卷無條目名,第 21—22 卷條目名在各條之尾,第 23—25 卷條目名在各條之首。可見隨著撰寫的進展,條目名在各條之首這一體例逐漸確定。從《函海》本《序》説翟灝"約分門類,而不列其目",可見李調元未見其目。條目名的擬定,無不宜齋本更爲準確,例如《函海》本"打耗"條無不宜齋本作"年鼓",《函海》本"爆仗"條無不宜齋本作"爆竹"。

第五,無不宜齋本條目有所擴展。例如"相思"與"懷春"顯然有差别,《函海》本合爲 1 條,無不宜齋本分爲 2 條;《函海》本"有錢可使鬼"、"使鬼推磨"、

“錢可通神”内容爲1條,無不宜齋本前兩條入卷十九《神鬼》,後1條入卷二十三《貨財》;《函海》本“春聯”、“春帖”内容爲1條,無不宜齋本分爲2條;《函海》本“稽首頓首”、“稽顙拜”内容爲1條,無不宜齋本分爲2條;《函海》本“作如此嘴鼻”、“嘴尖”内容爲1條,無不宜齋本分爲2條;《函海》本“十六房”1條,無不宜齋本分爲“十六房”和“簾”2條;《函海》本“競渡”1條,無不宜齋本分爲“龍船”和“打標”2條;《函海》本“鬼面”1條,無不宜齋本分爲“假面”和“假頭”2條;“太翁”條下《函海》本順帶説:“又祖曰‘太公’,見《後漢書·李固傳》。”無不宜齋本則將“太公”擴展成1條:

《史記·齊世家》:“西伯獵,得吕尚,曰‘吾太公望子久矣’,故號‘太公望’。”《後漢書·李固傳》:“固女文姬,具知事本,默然獨悲,曰:‘李氏自太公以來,積德累仁,何以遇此?’”注:“太公,謂祖父郃也。”按:今人稱祖爲“太公”,此其所本。又《漢書》高帝父號稱“太公”,今間有稱父爲“太公”者,亦未爲謬。

再如《函海》本有一條:

凡臨文及對尊長語,須忌“死”字,以人皆厭見聞也。凡“死”字替代字甚多,如或作“故物”,見《史記·司馬相如傳》;或作“長眠”,見《太平廣記》;“過世”,見《晉書·苻登載記》;或作“不在”,見《左傳·哀二十七年》;或曰“就木”,見《左傳·僖二十三年》;或曰“歸土”,見《禮記·祭義》;或曰“仙遊”,“仙遊”見道書;或曰“天年不遂”,見《後漢書》安帝詔,皆可作替也。

無不宜齋本則另立“故物”、“長眠”、“過世”、“不在”、“就木”、“歸土”、“天年不遂”七個條目,且每條的書證不止一二例。

第六,無不宜齋本書證有所增補。例如“拖泥帶水”條書證《函海》本僅有《嚴滄浪詩話》一條,無不宜齋本增加楊萬里《竹枝詞》和《五燈會元》兩例;“無立錐地”條《函海》本僅有《荀子》《吕氏春秋》,無不宜齋本增加《韓非子》、《史記·留侯世家》《滑稽傳》、《後漢書·公孫述傳》《郭丹傳》、《三國志·諸葛亮傳》;“不能彀”條無不宜齋本多“王實甫曲有‘誰能彀’句”;“眼中釘”條無不宜齋本多“元曲《楊氏勸夫》有‘眼中疔’語”;“嘴尖”條《函海》本“今有‘嘴尖舌頭快’語”,無不宜齋本“今”作“《元曲選·三度臨岐柳》劇”,落實出處。

第七,無不宜齋本按語有所完善,修改合理。例如“結髮夫妻”條《函海》本按語:“‘結髮’本言初冠時……而後人直借以代夫妻字,非也。”“後人直借以代夫妻字”揭示了此義的發展變化，未可厚非，故無不宜齋本刪“非也”二字；“光辣撻”條引藝祖《咏日》詩“欲出不出光辣撻”，《函海》本按語：“《宋詩紀事》作‘光赫赫’，係宋人所改。”“係宋人所改”説得過於絕對，不能排除《宋詩紀事》所據或本，故無不宜齋本刪此按語；“拜堂”條《函海》本“今新人入宅參拜，謂之拜堂”，無不宜齋本作“兩新人宅堂參拜，謂之拜堂”，定義比較準確；“楊六郎”條《函海》本按語：“按史延昭當爲長子，而目爲‘六郎’，‘六’似非行次矣。”無不宜齋本將前句增補爲“按延浦等史云‘次子’，則延昭當爲長子”，將“延昭當爲長子”的理據説得更清楚；“王曾三元”條《函海》本按語：“史言曾無子，以弟融之子繹爲後。”無不宜齋本增補了有養子、曾少孤等信息：“史言曾無子，養子曰繂，又以弟融之子繹爲後。又曾少孤，鞠于仲父宗元，今言具慶，亦非。”又如“唐明皇遊月宫”條增按語：

> 衆説異同，據《長恨歌序》但云：“道士自蜀來，自言有李少君之術，不著姓名。”又云：“道士神馭跨蓬萊，見洞户署玉妃太眞院，抽簪叩扉，自稱唐天子使者，楊妃授以金釵鈿合，及驪山宫七夕密誓語。還奏，上心震悼。”不言明皇同往，不言月宫，而其事在太眞賜死之後。

“包龍圖”條增按語：

> 今童婦輩凡言平反寃獄，輒稱包龍圖，且言其死作閻羅王，因此。然“閻羅”“包老”是並言之，非謂“包”即“閻羅”也。賀鑄詩集言：“客攜寇萊公眞掛于驛舍旁，題云今作閻羅王。”當時輿情，于寇公乃實有此言云。

“鰲山”條增按語：

> 後世斲木爲山，上陳百戲，暗設機關激動，謂之鰲山。製器立名，當俱本于此賦。《西京雜記》：“咸陽宫鑄銅人十二枚，列之筵上，琴筑笙竽，各有所執。筵下有二銅管，高出筵後，其一管空，一管納有繩，大如指，使一人吹空管，一人紐繩，則衆樂皆作。”《三國志·藝術傳》：“有人上百戲不能動，馬鈞以大木使作若輪，潛以水發，令木人擊鼓吹簫。又作山岳，使木人跳丸擲劍，緣絙擲倒，舂磨鬬雞于其上。”觀此二事，可顯然于鰲山之製矣。

凡此均增强了論證的可信度。再如“什麼”條，《函海》本僅引《康熙字典》：“今謂不知而問爲‘拾没’，訛作‘什麽’。”無不宜齋本則先引《唐摭言》和蘇軾《醉僧圖頌》“什麽”用例，引述《康熙字典》所本之《集韻》：“不知而問曰‘拾没’。”再引《别雅》説明“麽”與“没”的語音關聯：“麽，卽没之平聲，南北語音，有高下之不同,無定字也。”認爲“‘什麼’當亦‘恁麼’之轉,或又作‘甚麼’,亦作‘只麼’”,且引《朱子語録》、黄庭堅詩爲證。兩相比較,唯有佩服後者修訂的出色。上述多數條目的比較可證:《函海》本不可能是無不宜齋本的删節本,無不宜齋本是修訂完善的定本。

第八,無不宜齋本錯訛極少,《函海》本錯訛很多。例如“内人”條:

> 《内豎》“有祭祀、賓客、喪紀之事,則爲内人蹕”。凡云“内人”,皆指女御,卽天子八十一御妻也。平人之妻而上方于天子九御,方嫌其過於尊貴,繇謂之瀆其妻室乎?

“蹕凡云内人皆”,《函海》本涉下文而誤作“之妻而上方于”。又如“趂韻而已”條引《朝野僉載》“景龍中……明月晝耀,嚴霜夏起。如此詩章,趂韻而已”,《函海》本卷十二引文至“明月晝耀,嚴霜夏”結束,“起如此詩章,趂韻而已”錯簡在卷二“分爨”條之後;至於“卮林”訛作“危林”、“述異記”訛作“術異記”、“錢神論”訛作“錢鬼論”、“《宋史・吕端傳》”訛作“《宋史・李端傳》”、“荀勖”訛作“荀最”、“京房”訛作“景房”、“洪慶善”訛作“法慶善”、“蜀道士杜庭光”訛作“杜道士杜庭光”、“泰始四年”訛作“秦始四年”、“簡嫚”訛作“見嫚”、“自衛還魯”訛作“自衛違魯”、“憑臆爲説”訛作“憑憲爲説”、“以僞易眞”訛作“以僞異眞”、“言語煩瑣”訛作“言語煩所”、“被髮于野”訛作“適髮于野”、“斯合經之要”訛作“斯合給之要”、“《謬誤雜辨》”脱“謬”、“今人書狀動稱百拜”脱“稱”、“甏曰甏,蒲孟切”脱“曰甏”——魯魚亥豕,觸目皆是。

莫友芝《郘亭知見傳本書目》卷十《子部十一類書類》早已斷言“《函海》本劣”[①],可謂知言。通校全書,僅有“太先生”條按語“死時以爲謚,則生時不應稱也”之“死”字無不宜齋本脱,可據《函海》本補;又《函海》卷二一“撞鐘”一條爲無不宜齋本所無:“京中兒僮兩人以錢撞牆壁間,視兩錢所迸之遠近,立其處以近錢打遠錢,謂之撞鐘。”

“《函海》本劣”還表現爲:其中摻入了編輯者李調元的按語,與正文毫無分别。例一:“孃惜細兒”條無不宜齋本有云“今此語仍行浙東”,《函海》本作“今尚有此語,見《通俗編》”,顯然是編輯者改動;例二:“把戲”條《函海》本多出三句:“故作《弄譜》。若‘戲文’則具載余曲、劇二語,並不贅説。”“作《弄譜》”的是李調

① 莫友芝《郘亭知見傳本書目》,上海西泠印社,1913年,頁25。莫友芝撰、傅增湘訂補《藏園訂補郘亭知見傳本書目》(中華書局,2009年)訂補入“經部小學類”(頁168—169)、“子部雜家類”(頁698),但不見“《函海》本劣”評語。

元，其《童山文集》卷四有《弄譜序》，《函海》乾隆壬寅（1782）刻本有《弄譜》二卷[①]，《童山詩集》卷三八有《弄譜百詠》[②]；“余”是李調元（號雨村）自稱，“曲、劇二語”指其所著《雨村曲話》《雨村劇話》；例三：“爲善最樂”條《函海》本有：“余應考，詩題爲《善人爲寶》，有句云‘南國人堪憶，東平語不忘’，首蒙擊賞。”乾隆三十九年京官考差，李調元因此聯詩受到讀卷官相國程景伊賞識，列爲第六名，其晚年所作自傳《童山自記》有詳細記載[③]；例四：“雷公電母”條《函海》本有云：“雷電霍閃，今人每連稱之。余試雷州，題爲‘迅雷’，諸生卷有‘雷鼓椎擊’語，幕賓皆掩口。余曰：‘此亦有本。’”“余”還是李調元自稱，他曾於乾隆四十二年丁酉（1777）至四十五年庚子（1780）出任廣東學政[④]，己亥（1779）“六月初四日抵雷州府科考，二十八日考畢”[⑤]，“余試雷州”就在此時；例五：《函海》本卷一末有六條爲無不宜齋本所無，其中一條有云：“吏部郎韓開雲，余同年友也。”“開雲”是韓朝衡的字。翟灝、李調元、韓朝衡先後是乾隆十九年、二十八年、三十一年進士[⑥]，並非同年；翟灝是乾隆十八年舉人，而李調元[⑦]與韓朝衡[⑧]同爲乾隆二十四年舉人，乾隆四十年曾同任吏部官員：韓朝衡任員外郎、李調元任主事[⑨]；乾隆四十五年四月李調元抵潮州府科考，遇到升惠潮嘉道的韓朝衡，“相見道故”[⑩]，所以稱韓朝衡爲“同年友”的是李調元而非翟灝。

不僅僅是上述話語的局部摻入，李調元居然將其《劇話》18 條全部闌入《通俗編》。《劇話》二卷，上卷漫談戲曲的制度沿革，下卷雜考戲曲所演的故事。《函海》本《通俗編》卷十九有“戲劇”、“元人工劇”、“雜劇十二科”、“雜劇九色”、

① 《〈函海〉的版本及其編者李調元》，《明清戲曲家考略全編》上册，頁 377、402。江玉祥《〈弄譜〉與〈弄譜百詠〉考辨》（四川省民俗學會、羅江縣人民政府編《李調元研究》，巴蜀書社，2007 年，頁 269、274）認爲“《弄譜》有目無書，尚未完成”，顯係誤判。

② 筆者未能見到壬寅刻本《弄譜》，僅從《弄譜百詠》所詠對象判斷絕大多數内容見於《通俗編》。《李調元學譜》（頁 183）據《弄譜》序、《弄譜百詠》序判斷：“《弄譜》凡一百則，譜文之後各綴以一首絕句。譜文之材料，部分來源於翟灝《通俗編》卷三一《俳優》。”

③ 《童山自記》，《蜀學》第四輯，頁 265。

④ 李調元《八月二十日奉恩命督學廣東恭紀再疊前韻》，《童山詩集》卷一九，《續修四庫全書》集部 1456 册，頁 294。《童山自記》（《蜀學》第四輯，頁 269—270）：“庚子，在廣東學政任……十二月二十六日任滿。”

⑤ 《童山自記》，《蜀學》第四輯，頁 269。

⑥ 朱保炯、謝沛霖《明清進士題名碑錄索引》，上海古籍出版社，1980 年，頁 605、1209、1499。

⑦ 《童山自記》，《蜀學》第四輯，頁 261—262。

⑧ 余紹宋等《重修浙江通志稿》（浙江圖書館 1983 年）第 109 册《考選》頁 13：“乾隆二十四年己卯科，韓朝衡，錢塘人，丙戌進士。”

⑨ 《吏部題本》，臺灣中研院史語所《明清史料己編》下册，中華書局，1987 年，頁 1679。

⑩ 《童山自記》，《蜀學》第四輯，頁 270。

“元人劇本”、“弋腔”、“秦腔”、“胡琴腔”、“女兒腔”等 18 條，爲無不宜齋本所無，而見於李調元《劇話》[①]卷上。第 18 條末尾言：“今演劇多演神仙鬼怪，以眩人目。然其名多荒誕，張果曰‘張果老’，及劉海蟾曰‘劉海戲蟾’，此類甚多，備見《神仙傳》及《雲笈七籤》，此不足論。取其略有依據者，别爲後卷。”末一句是李調元將《劇話》内容闌入《通俗編》的確證。

與此同時，李調元所著《劇話》至少有 60 條（卷上 12 條、卷下 48 條）抄襲《通俗編》。這 60 條對應《函海》本《通俗編》卷十九 12 條、卷二十 48 條，分别見於無不宜齋本卷三十一《俳優》（“戲文”等 10 條）、卷三十七《故事》（“太公封神”等 48 條）、卷七《文學》（“傳奇”1 條）、卷十七《言笑》（“打諢”1 條）。有確鑿的證據表明，這部“著作年代約在 1775 年（清乾隆四十年）左右”[②]的《劇話》抄襲《通俗編》，那就是後者的錯訛也照搬：《通俗編》“班”條引《雲麓漫鈔》卷十“金虜官制，有文班、武班”，“金虜”訛作“金源”；“南戲”條引祝允明《猥談》“予見舊牒有趙閎夫榜禁，頗著名目”，脱二“夫”字；“生旦淨末”條引《莊岳委談》卷下“李嬌兒爲温柔旦，張奔兒爲風流旦”，脱“兒”字；又引《莊子・齊物論》“猨猵狙以爲雌”，“猨”訛作“援”；“王孝子尋親”條引《元史・孝義傳》“王覺經”云云，“孝義傳”當爲“孝友傳”，“王覺經”當爲“黄覺經”（相應條目名“王孝子”當爲“黄孝子”），見《元史・孝友傳》。上述四例七處訛脱，《劇話》照抄不變。

《函海》25 卷本還有《通俗編序》：

> 予前在南海，曾輯《制義科瑣記》刊行。制義科者，今之鄉、會兩闈也。我朝於科舉最重，得人最盛。場屋佳話，士林每津津樂道之。因於獺祭之下，採其稍涉新異者，彙爲前編，以資麈談。而於制義設官取名沿革之制，尚未詳備也。因備檢案牘，續爲此編。舉漢唐以來，損益廢興，畫如列眉，于俚俗之言，亦歷歷稽之載籍而不爽，後之博雅者知所考焉。夫制義之設也，所以代先聖立言，非以取士也。而士之所以進身，非制義科無由焉。誠使身列儒林者，循其名必覈其實，則由士希賢、由賢希聖，庶幾不負乎設科之美意也夫。綿州李調元童山甫撰。

無不宜齋本、《函海》嘉慶本無此序。這篇序其實是李調元《續制義科瑣記》自序。《清史稿》卷一四六《藝文志二》“政書類”著錄李調元《制義科瑣記》四卷、

① 中國戲曲研究院編《中國古典戲曲論著集成》第 8 集《劇話》以《函海》本爲底本，頁 37—72。
② 《中國古典戲曲論著集成》第 8 集《〈劇話〉提要》，頁 33。

《續記》一卷。上海圖書館所藏《續制義科瑣記》(一卷)即有此序。《續制義科瑣記》全書 45 個條目,全部抄襲《通俗編》卷五《仕進》(抄襲的證據仍舊是照搬《通俗編》的錯訛),居然還要説"備檢案牘,續爲此編"。也許正因爲 45 個條目全部見於《通俗編》,道光補刻本未收《續制義科瑣記》,僅把序留在《通俗編》中①。

綜上所述,鑒于《函海》本的未定稿性質,加之補刻本所顯示李調元編輯底綫的喪失,因而合理的界綫是:凡是不見於無不宜齋 38 卷本的條目及話語,一概不得歸入《通俗編》。

如前所説,《函海》光緒重刊本後出轉劣。商務印書館 1935—1937 年《叢書集成初編》偏偏選擇此本排印,確是一大失策,排印本不僅照搬前述嚴重缺頁以及錯簡,而且增加了數十處破句和錯訛衍脱。例如:"措大喫酒點鹽"脱"酒","琵琶"訛作"瑟琶","應璩"訛作"應據";"周遵道《豹隱記談》、郎瑛《七修類稿》"破句作"周遵道豹隱記,談郎瑛七修類稿","一士不可親,弓長射殺人"破句作"一士不可親弓長,射殺人","栝柈舞,手按栝柈反覆之"破句作"栝柈舞手,按栝柈反覆之","古人長者稱簡,短者稱牘"破句作"古人長者稱,簡短者稱牘","開府千餘,儀同無數。領軍一時二十,連判文書"破句作"儀同無數領軍,一時二十連判文書","曹翰征胡則,渡江入盧山寺"("胡則"爲人名)破句作"曹翰征胡,則渡江入盧山寺","才仲携一麗人登舟,即前聲喏。'聲'亦'唱'之義"破句作"即前聲喏聲,亦唱之義","岑參詩'北堂倚門望君憶',此後代堂老、令堂之稱所祖耳"破句爲"岑參詩,北堂倚門望,君憶此後代,堂老令堂之稱所祖耳"。

商務印書館 1958 年據無不宜齋本斷句排印,選擇明智,但也有少數錯訛衍脱和斷句錯誤。例如:"劉眗"當爲"劉昫","杜呆"當爲"杜杲","師右注"當爲"師古注","公孫戌"當爲"公孫戍","行素山房"當爲"竹素山房","其墮孅者恥不致,丹兼功自厲"當爲"其墮孅者,恥不致丹,兼功自厲","典婦功,授内人之事,齎内豎,有祭祀賓客喪紀之事"當爲"《典婦功》'授内人之事齎',《内豎》'有祭祀、賓客、喪紀之事'","物之始也傾,傾至其成形,端端正正"當爲"物之始也傾傾,至其成形,端端正正","編排官去其卷首鄉貫、狀别、以字號第之"當爲"編

① 鄧長風所見壬寅本《函海》有李調元撰的十種著作爲嘉慶本、道光本、光緒本所失收,其中就包括《續制義科瑣記》《弄譜》《劇話》三種(《明清戲曲家考略全編》上册,頁 404)。這一耐人尋味的跡象,是否意味李調元嘉慶續刻已經不願將一望而知的抄襲視作自撰,而補刻或重校的子弟也心知肚明?如有條件見到壬寅本《函海》,不妨考究其他七種"著作"的來源:《楊揚字錄》《讐林冗筆》《史説》《官話》《東海小志》《彙音》《唾餘新拾續拾補拾》。例如《唾餘新拾》自序(《童山文集》卷四):"以皆人所言,故曰唾餘;以皆目前事,故曰新拾。"

排官去其卷首鄉貫狀,别以字號第之”,“含具緑華,言婁羅”當爲“含俱錄,華言‘婁羅’”,“卽殺十牛,解神曰許、曰還,皆今俚語所承”當以“卽殺十牛解神”爲一句,“曰許、曰還,皆今俚語所承”爲翟灝按語。“别時容易見時難”,《通俗編》説“見鄭廷玉《楚昭公》曲”,整理者接上一句:“語出南唐後主李煜《浪淘沙》詞。”令人誤以爲這是原文。

總之,《通俗編》之《函海》15 卷本、25 卷本所據皆爲未定稿,25 卷本及其排印本皆爲劣本,誤人不淺,不可再使用;乾隆十六年無不宜齋 38 卷本乃是佳本善本。

此次整理,以《續修四庫全書》影印清乾隆十六年無不宜齋本爲底本,參校《函海》本,參考商務印書館 1958 年斷句排印本。在點校過程中,對於異體字、古今字、俗體字,均保留底本文字原樣,不作改動;避諱字直接改回,不出校記;《函海》本有差異處,出校,僅供參考。對於引文出處明顯錯誤之處,例如“王十二”訛作“王去一”、“杜牧”誤爲“許渾”以及明顯錯訛衍脱等,核實原作後出校記。校記以脚注形式出現。卷二十八《獸畜》“狗夫人”條下一條引《心史》22 字,有侮辱少數民族内容,故删去。

黄侃先生湛深經術,於小學尤爲卓絕,曾在《通俗編》書眉施評語數百條,探究若干詞語之本原。本書將評語[①]以脚注形式過錄在相應各條之下,以便有助於閱讀研究。

翟灝的同鄉好友梁同書(1723—1815),字元穎,號山舟,曾經編輯《直語類錄》四卷。見到翟灝《通俗編》之後,就放棄了原來的計劃,而側重於收錄《通俗編》所遺漏的條目,或者補充例證,或者訂正錯誤,合計 416 條,改名《直語補證》。此次據續修四庫全書本《頻羅庵遺集》卷十四整理,附錄於後。

全書所有條目(《通俗編》5456 條、《直語補證》416 條)用阿拉伯數字統一編號,編製音序索引,以便查檢。

本書的整理,得到全國高校古籍整理研究工作委員會直接資助,謹致謝忱。

顔春峰
於杭州師範大學

① 黄焯先生 1982 年所錄,見《量守廬群書箋識》,武漢大學出版社,1985 年,頁 417—460。

通俗編

[清]翟灝　撰

周序[1]

語有見于經傳，學士大夫所不習，而蕘僮竈妾口常及之。若中古以還，載籍極博，抑又繁不勝舉矣。蓋方言流注，或每變而移其初，而人情尤忽于所近也。余友晴江翟氏、山舟梁氏，咸博學而精心。山舟在南中，常出所著《直語類錄》示余，余歎以爲善。比來都門，復見晴江手輯《通俗編》，則勾稽證釋，視山舟詳數倍焉。二君種業樹文，兼綜細大，故未易伯仲。然山舟鍵户端居，讀書之外，罕與人事接，其所錄在約舉義例，而不求其多。晴江則往來南北十許年，五方風土，靡所不涉，車塵閒未嘗一日廢書，墜文軼事，殫見洽聞，溢其餘能，以及乎此，宜其積累宏富，攷據精詳，而條貫罔不備也。世人務爲夸毗，遇所不知，輒曰吾何爲而屑此。以視二君之稽古多獲，而猶不怠棄庸近，用知善學者，誠有恥于一物，必無使蕘僮竈妾之得拄其頰而後可，在學士大夫披覽及之，亦可以省其宿讀而恍然矣。晴江善于余，而近與山舟爲密，余故序其書，并爲兩家置騎者如此。乾隆十有六年，歲在辛未仲秋，西隒弟周天度。

① 《函海》本無此序。

通俗編總序[1]

楊子雲曰："觀書者，譬如觀山及水，升東嶽而知衆山之峛崺也，況介丘乎？浮滄海而知江河之惡沱也，況枯澤乎？棄常珍而嗜乎異饌者，惡覩其識味也？委大聖而好乎諸子者，惡覩其識道也？"信哉斯言也。然獨不言"多聞則守之以約，多見則守之以卓"乎？"寡聞則無約也，寡見則無卓也"，故曰："君子之道有四易：簡而易用也，要而易守也，約而易見也，法而易言也。"夫所謂"易用、易守、易見、易言"者，人生日用常行之道也。事不越目前，言常在脣間，而白首窮經，或有不能舉其名、求其本者矣。不嘗異饌，安知常珍之美也？不採諸子，安知大聖之道也？夫古人之書，皆古人之方言也。而十三經、二十二史、諸子百家之書，則又各隨一國一鄉一隅之言。唾涕無盡，一器盛焉；萬卷無盡，一理包焉。理非他，道也。道也者，不可須臾離也。欲知道所在，不外格物。物格，而天下之道在矣。此翟子《通俗》所由編也。事不越目前，言常在脣間。而搜列衆書，有如獺祭。每啓一緘，必嘗其味。日事咀嚼，而後知常珍之多在散寄也；日事校讐，而後知大道之多在眉睫也。約分門類，而不列其目。以其通於方言，故曰俗。夫奇山僻水，馬遷或有未遊矣；河源星海，張騫或有未到矣。譬如指山一簣，指井一泉，而曰天下之道在是，豈理也哉？余故校入《函海》，以比"錫我百朋"，而並公諸天下也。

① 無不宜齋本、《函海》嘉慶本無此序。《唾餘新拾》李調元自序與此大同小異："夫古人之書，皆古人之方言也"彼作"夫古人之言，皆古人之唾餘也"；"又各隨一國一鄉一隅之言"彼作"若碗若盂若壺若甕若盎"；"翟子《通俗》所由編也。事不越目前，言常在脣間"彼作"余唾餘之所由拾也"；"必嘗其味"彼作"似啜侯鯖"；"約分門類，而不列其目。以其通於方言，故曰俗"彼作"以皆人所言，故曰唾餘；以皆目前事，故曰新拾"；"余故校入《函海》，以比'錫我百朋'，而並公諸天下也"彼作"余猶願夫藏書者之'錫我百朋'以飽鄙人之欲也。韓退之云：'寶唾拾未盡。'是則余之所最歉然者乎"。

卷一　天文

0001 **談天**　《史記·孟子荀卿傳》:"騶衍觀陰陽消息而作十萬餘言,載其機祥度制,推而遠之,至天地未生,窈冥而不可考而原也。騶奭亦頗採騶衍之術以紀文。故齊人頌曰:'談天衍,雕龍奭。'"按:俗于閒暇羣居高談閎辨,槩云"談天",原本於此。

0002 **天然**　《後漢書·賈逵傳》:"通天然之明,建大聖之本。"二字始見。

0003 **天長地久**　見《老子》上篇。又張衡《思玄詩》①:"天長地久歲不留,俟河之清祇懷憂。"高彪《清誡》詩:"天長而地久,人生則不然。"唐樂府盧綸有《天長地久詞》。

0004 **天生天化**　《陰符經》:"天生天化,道之理也。"一本作"天生天殺"。按:以《列子·天瑞篇》"常生常化"、"自生自化"等語證之,作"化"爲是。

0005 **天大地大**　《老子》:"天大,地大,道大,王亦大。"《説文》:"天大,地大,人亦大。"

0006 **迴天之力**　《唐書·張玄素傳》上書罷洛陽宫殿等役,魏徵嘆曰:"張公論事,有迴天之力。"按:《三國志·荀彧傳》注:"左悺唐衡,殺生在口,故于時諺云:'左迴天,唐獨坐。'"陸機文:"以迴天倒日之力,而不能振形骸之内。"並出張公事前。然今爲此言者,大率稱美之辭,當獨本自張傳。

0007 **貪天之功**　《左傳·僖公二十四年》:"介之推曰:'敢貪天之功,以爲己力乎?'"

0008 **賴天**　《史記·三王世家》:"皇子賴天,能勝衣趨拜。"

0009 **凴天**　《晉書·苻堅載記》:"諺云:'凴天俟時。'"

---

① "詩",《文選》卷一五作"賦"。

0010 **靠天**[①] 史彌寧《友溪乙稿》[②]:“人事當先莫靠天。”按:《説文》“靠”訓相違,無依倚義。唐曹松“靠月坐看[③]山”,始以俗訓入詩。宋人用之者,如范致明《岳陽風土記》:“江南[④]回曲,或遠或近,雖無風濤之患,而常靠閣。”朱子《答吳伯起札》:“不可只靠一言半句,便以爲足。”林逋詩:“瘦靠闌干搭梵巾。”趙汝鐩詩:“愁來獨靠清尊遣。”數條外亦不多見。

0011 **驚天動地** 《朱子語録》:“聖人做事時,須要驚天動地。”郎瑛《七修類稿》:“御史初至,則曰驚天動地;過幾月,則曰昏天黑地;去時,則曰寞天寂地。”按:《史記》司馬相如《上林賦》:“車騎雷起,隱天動地。”《後漢書》注引馮衍《與任武達書》:“懸旛竟天,擊鼓動地。”“驚天”語,似因“隱天”、“竟天”流傳音轉。

0012 **幕天席地** 《晉書・劉伶傳》:“幙天席地,縱意所如。”按:如所言則天地若爲幽蔽,耳目間不復有聞見矣。故韓偓詩曰:“何如飲酒連千醉,席地幕天無所知。”俗言“寞天寂地”,當據此作幕席字。

0013 **謾天謾地** 劉一清《錢塘遺事》:“賈似道當國,陳藏一作《雪詞》譏之云:‘没靶没鼻,霎時間,做出謾天謾地。’”

0014 **謝天謝地** 《邵子擊壤集》:“每日清晨一炷香,謝天謝地謝三光。”

0015 **天有眼** 蔡琰《胡笳十八拍》:“爲天有眼兮,何不見我獨漂流?”又《五代史・漢家人傳》:“楊邠等死,蔡王信謂僚佐曰:‘吾嘗謂天無眼,使我鬱鬱居此,今諸公可勸我一杯矣。’”

0016 **天道不容** 《南史・謝超宗傳》:“閣道壞,褚淵墜水霑濕,狼藉而出。超宗曰:‘有天道焉,天所不容,地所不載。投畀河伯,河伯不受。’”

0017 **天門開** 《老子》上篇:“天門開闔,能爲雌乎?”注云:“天門以此心而言,開闔以心之變化運動言。”《莊子・天運篇》:“正者,正也,其心以爲不然者,天門弗開矣。”意卽本於《老子》[⑤]。《太玄經》:“天門大開,恢堂之階。”《漢樂章》:“天門開,詄蕩蕩。”《三國志・賈逵傳》:“臣守天門,始終六年。天門始開,而臣在外。”此則以天門喻君門也。《史記・天官書》:“蒼帝行德天門開,素[⑥]帝行德天牢空。”《晉書・乞伏載記》:“馮跋嘗夜見天門開,神光燭庭内。”《北史》:“齊文

① 黄侃:《説文》:“儌,幸也。”(古堯切)此“倚靠”正字,“靠天”猶云“徼天”爾。或曰:“倚”、“靠”本一語,“倚”亦入溪紐。“倚”之與“靠”,猶“觭”之與“角”、“架”之與“構”、“ㄛ”之與“丂”、“果”之與“覈”也。

② “友溪乙稿”,《文淵閣四庫全書》本作“友林乙稿”。

③ “看”,《全唐詩》卷七一七作“著”。

④ “南”,《文淵閣四庫全書》本作“道”。

⑤ 此處《函海》本有:今有“天門開”之説。

⑥ “素”當爲“赤”,見《史記・天官書》。

宣過遼陽山，獨見天門開，餘人無見者。”《南史》：“薛安都夢仰視天，見天門開。”乃實以天象言者。

0018 **三十三天**　《釋藏起世經》：“須彌山上有三十三天宫殿，帝釋所居。”《婆娑論》：“天有三十二種，二十三天亦稱忉利天，乃三十二種之一。”《法念經》：“若持不盜不殺，得生三十三天。”又《道藏靈寶本元經》言“三十六天”。

0019 **天上天**　白居易《元始天尊贊》：“元聖何在天上天。”《酉陽雜俎》：“三界外曰四人天，四人天外曰三清，三清之上曰大羅天，大羅之上，又有九天。”此所謂天上天也。

0020 **擎天柱**　《楚辭・天問篇》：“八柱何當？”注云：“天有八山爲柱。”張説撰《姚崇碑》“八柱擎天，高明之位列”用此。又《宋史・外戚傳》：“劉永年生四歲，仁宗命賦《小山》，有‘一柱擎天’之語。”《遼史・后妃傳》：“聖宗后蕭氏母，嘗夢金柱擎天。”

0021 **破天荒**　《北夢瑣言》：“荆州每歲解送舉人，多不成名，號曰天荒。至劉蜕舍人以荆解及第，爲破天荒。”蘇軾詩：“滄海何曾斷地脉，朱崖從此破天荒。”用劉蜕事也。《獨醒襍志》：“江西士人未有以狀元及第者，紹聖四年，何昌言對策第一，謝民師有詩寄之云：‘萬里一時開驥足，百年今始破天荒。’”按：周必大詩“絳帷幸得天荒破，日日當爲問道人”，柳貫詩“會見天荒破，端令士氣麤”，皆用其事。

0022 **泄天機**　《神仙感遇傳》載姚御史三子事，一碩儒言：“星降人間，將福三子，今泄天機，三子免禍幸矣。”《五燈會元》：“普月曰：‘杜口毗耶，已是天機漏泄。’祖心曰：‘華亭叟，泄天機，夜深空載月明歸。’”陸游詩：“稺子問翁新悟處，欲言直恐泄天機。”

0023 **奪天地造化**　《關尹子》：“人之力有可以奪天地造化者，如冬起雷、夏造冰之類，皆純氣所爲。”程明道語錄：“至誠贊化育，謂可以回天地造化。”

0024 **白日昇天**　《魏書・釋老志》：“蠲去邪累，澡雪心神，積行立功，累德增善，乃可白日昇天，長生世上。”按：《史記》注、《陰符經》注、《水經》注俱載有白日昇天事，而俗見寒素者忽得上達，每亦借以言之。據王保定《摭言》[①]：“元和丙申，李逢吉等皆取自寒素，時有‘白日上青天’之語。”則自唐時已然。

0025 **天網恢恢**　《老子》：“天網恢恢，疎而不失。”

0026 **天無絶人之路**　見《元曲選・貨郎旦》劇。按：詞曲雖無關典要，而可

① “王保定”當爲“王定保”。

見其語之出自宋元，故亦間採于編。

0027 **天不奪人願** 晉樂府《子夜歌》：“天不奪人願，故使儂見郎。”白居易《長相思》：“人言人有願，願至天必成。”劉祁《歸潛志》載王特起詞：“但願此心如舊，天也不違人願。”鄭禧《春夢錄》載吳氏女詞：“又是愁腸未斷，奈天不從人願。”按：《書·泰誓》：“民之所欲，天必從之。”實卽天從人願之説。

0028 **人定勝天** 《亢倉子·政道篇》引周之《秩官》云：“人強勝天。”《歸潛志》引《傳》云：“天定能勝人，人定亦能勝天。”

0029 **人難與天鬭** 王符《潛夫論》：“世主欲無功之人而強富之，則是與天鬭也。況使無德之人與皇天鬭，而欲久立，自古以來，未之嘗聞。”

0030 **坐井觀天** 見《昌黎文集·原道》。又“用管窺天”見《莊子·秋水篇》，“戴盆望天”見《史記》自序。

0031 **天公篛帽大** 陶弘景《名醫別錄》：“敗竺，一名敗天公。”陸游詩“從教打濕敗天公”用之。按：當時似已有此言，故有此名也。杜佑《通典》云：“王肅以俗言社公，故社爲上公，俗言天公、雷公，豈上公乎？”蓋以天爲天公，亦俗言耳。

0032 **天坍自有長子** 馮汝弼《祐山雜説》：“余不習詩，會榜後謂同年王柘湖曰：‘倘公入翰林，奈何？’柘湖笑作吳語曰：‘天坍自有長茶子。’”按：《廣韻》“坍”字從冄，在二十三《談》，俗或從丹、或從冉，皆誤。

0033 **天翻地覆** 朱子《中庸或問》：“三辰失行，則必天翻地覆。”

0034 **號天叫屈** 《左傳·哀十七年》：“渾良夫叫天無辜。”《莊子·則陽篇》：“老聃見辜人焉，號天而哭之。”按：俗并二段義爲一言，宋人文已見之。歐陽修《論尹師魯墓志》云：“不必號天叫屈，然後爲師魯稱冤也。”

0035 **呼天不聞** 《後漢書·張奐傳》：“凡人情，冤則呼天，窮則叩心。今呼天不聞，叩心無益，誠自痛傷。”按：元喬孟符曲所云“叫天不應”，本此。

0036 **無天于上，無地于下** 《龍韜·立將篇》：“軍中之事，不聞君命，皆由將出，無天于上，無地于下，無敵于前，無君于後。”《尉繚·武議篇》《淮南·兵略訓》亦云。

0037 **上天無路，入地無門** 《五燈會元》西余、柔泐、潭英俱舉此二語。

0038 **移天易日** 《晉書·齊王冏傳》：“趙庶人聽任孫秀移天易日。”

0039 **有天没日** 《七修類稿》：“‘眞箇有天没日頭’，宋神童詩也。”

0040 **見天日** 《舊唐書·韋庶人傳》：“帝在房州時，常謂后曰：‘一朝見天日，誓不相禁忌。’”

0041 **青天白日** 《朱子文集·答魏元履》云：“武侯爲漢復讐之心，如青天白日，人人得而見之。”蔡謨《孟子集疏》：“孟子見伊尹之心，如青天白日。”按：《魏志·龐淯傳》注引《列女傳》：“娥親伺李壽報仇，白日清時，于都亭前與壽相遇，便奮刀砍之。”所云“白日清時”，亦猶云“青天白日”也。

0042 **不知天曉日晏**　《老學菴筆記》：“宋景文好客，會賓廣厦中，外設重幕，内列寶炬，歌舞相繼，坐客忘疲，但覺漏長，啓幕視之，已是二晝，名曰不曉天。”此俗語所云云也。

0043 **人初生，日初出**　王建《短歌行》云云。今諺云“初出日頭暴出世”，卽此。

0044 **日出三竿**　《南齊書·天文志》：“日出三竿，謂朱黄赤暈色也。”按：後爲此言者，如劍南詩“美睡三竿日”之類，似失本意。

0045 **日精月華**　道書：“服日精月華法：日初出，東向叩齒，微咒日魂名，日中五色流霞入口中；月初出，西向叩齒，微咒月魂名，月中五色精光入口中。”按：俗傳中秋夜常有月華，故籍中未詳其事，惟《瑯嬛記》引《下黄私記》云：“八九月中，月輪外輕雲，時有五色，下黄人每值此，則急呼女子持鍼綫，小兒持紙筆，向月拜以乞巧。”略言之。

0046 **日陽**　《齊民要術·藏生菜法》：“于牆南日陽中，掐坎，取雜菜種別布之。”白居易詩：“卷幔看天色，移齋近日陽”，“鼻香茶熟後，腰煖日陽中”，“低屏軟褥卧藤牀，舁向前軒就日陽”，“斗擻敝袍春晚後，摩挲病脚日陽中”，用“日陽”字獨多。又《飽食閑坐》一首，以重叶“洛陽”韻，改“日陽”爲“暘”字云：“箕踞擁裘坐，半身在日暘。”

0047 **月亮**[①]**光光**　《古今樂錄·地驅樂》：“月明光光星欲墮，欲來不來早語我。”按：今兒童謡易“明”爲“亮”。“亮”亦本于古也，嵇康詩：“皎皎亮月，麗于高隅。”李益詩：“庭木已衰空月亮。”

0048 **鏡花水月**　《詩家直説》：“詩有可解不可解，若鏡花水月，勿泥其迹可也。”

0049 **風花雪月**　鄭谷《寄趙大諫》詩：“雪風花月好，中夜便招延。”鍾嗣成《點鬼簿》：“吳昌齡有《斷風花雪月》雜劇。”

0050 **風雲月露**　《隋書·李諤傳》：“連篇累牘，不出月露之形；積案盈箱，惟是風雲之狀。”

0051 **出賣風雲雨雪**　韓湘《自傳》：“憲宗出旨，的限叔于三日精禱致雪，叔

---

① 黄侃：亮，猶朖也。

大惶措。余喜曰:‘叔可度矣。’而言恐見惡,遂出榜擔頭曰:出賣風雲雨雪。市夫訝予妄,報于叔,叔收予詰之。予索酒大醉,登壇半日,黲雲漫野,六出立降,深可尺許。”按:俗作“風雲雷雨”,訛。

0052 **翻雲覆雨** 杜甫《貧交行》:“翻手爲雲覆手雨。”按:此只反覆不常意,小説家牽“高唐雲雨”之文,資穢褻不堪之用,殊可笑。

0053 **雲開見日** 《後漢書·袁紹傳》:“趙太僕銜命來征,曠若雲開見日,何喜如之!”又徐幹《中論》:“文王遇姜公于渭陽,灼然如驅雲見白日。”

0054 **行雲流水** 《宋史·蘇軾傳》:“行雲流水,初無定質。”

0055 **風流雲散** 王粲詩:“風流雲散,一别如雨。”

0056 **順風而呼** 《荀子·勸學篇》:“順風而呼,聲非加疾也,而聞者彰。”《鹽鐵論》:“順風而呼者,易爲氣;因時而行者,易爲力。”

0057 **順風吹火** 《焦氏易林》泰之旅、賁之觀皆云:“順風吹火,附騏驥尾,易爲之功,因懼受福。”《傳燈錄》風穴延沼曰:“因風吹火,用力不多。”又《淮南子·俶眞訓》:“順風縱火,膏夏、紫芝與蕭艾俱死。”

0058 **無風起浪** 《傳燈錄》:“僧問道堅:‘如何是祖師西來意?’堅曰:‘洋瀾左蠡,無風浪起。’”

0059 **隨風倒舵** 見《禪宗語錄》。

0060 **係風捕影** 《漢書·郊祀志》:“求之,盪盪如係風捕景,終不可得。”《水經·贛水》注:“南昌有大蕭、小蕭二峯,言蕭史所游萃處。雷次宗云:‘此乃繫風捕影之論。’”劉孝綽《謝高祖啓》:“捕景繫風,終無効答。”蘇軾《答謝孝廉書》:“求物之妙,如繫風捕影,能使是物了然于心者,千萬人而不一遇也。”

0061 **如風過耳** 《吳越春秋》季札曰:“富貴之于我,如秋風之過耳。”《齊書·廬陵王子卿傳》帝責之曰:“汝讀學不就,年轉長成,吾日冀汝美,勿得敕如風過耳,使吾失氣。”

0062 **耳邊風** 杜荀鶴詩:“百歲有涯頭上雪,萬般無染耳邊風。”王安石詩:“休添心上餤,只作耳邊風。”①又王建有“萬事風吹過耳輪”句。

0063 **東風射馬耳** 李白《荅王去一》②詩:“世間聞此皆掉頭,有如東風射馬耳。”按:宋元人又有“西風貫驢耳”語,當卽因此轉變。

0064 **滿面春風** 王實甫《麗春堂》曲用此語。

---

① “休添心上餤,只作耳邊風”見明范立本《明心寶鑒·戒性篇》。

② “去一”當爲“十二”,見《李太白全集》卷二十《答王十二寒夜獨酌有懷》。

0065 **一齊分付與東風**　高則誠《琵琶記》用此語。按:《五燈會元》天衣哲云:"一齊分付與西風。"

0066 **口欱東南風**　《傳燈録》:"藥山惟儼問:'僧在南泉幾時?'曰:'粗經冬夏,然未曾上他食堂。'儼曰:'口欱東南風那。'"按:字書"欱"與"哈"同。

0067 **東風西倒,西風東倒**　《説苑·君道篇》:"東風則艸靡而西,西風則艸靡而東。"按:俗人互易其語云"東風東倒,西風西倒",似以誤讀劉勰《新論》致然。《新論》文曰:"草之戴風,風鶩東則東靡,風鶩西則西靡。"然風之鶩東者來自西,西者來自東,與《説苑》實未嘗殊也。

0068 **風吹草動**　《晉書·劉曜載記》:崔岳謂曜曰:"四海脱有微風摇之者,英雄之魁,卿其人矣。"按:俗謂細事搔擾曰"風吹草動",本此。

0069 **風吹雨打**　杜甫詩:"不如醉裡風吹盡,可忍醒時雨打稀。"陸希聲詩:"風吹雨打未摧殘。"汪元量詩:"風吹雨打併成空。"又《廣燈録》首山省念有"風吹日炙"語。

0070 **風中燭**　古樂府《怨詩行》:"百年未幾時,奄若風中燭。"杜詩注:"阮瞻九日會親友曰:'人生如風中燭,不知明年此日再開此會,誰是强健。'"

0071 **風色**　何遜詩:"風色極天淨。"盧照鄰詩:"今朝風色好。"李白詩:"遠海見風色。"《文選》注:"有物有文曰色。風雖非正色,行水上亦涣涣然有文章。"故《風賦》在《物色》類。

0072 **風聲**　《蜀志·許靖傳》注:"王朗與靖書曰:'聞消息于風聲,托舊情于思想。'"按:"樹之風聲",已見《書·畢命》。而俗云"風聲"者,多主聞消息言。

0073 **風聞**　賈逵《國語》注:"風聞,采也,采聽商旅之言。"《漢書·尉陀傳》:"風聞老夫父母墓已壞削。"《晉書·顧和傳》對王導曰:"明公寧使網漏吞舟,何忍采風聞以察察爲政。"《唐書·百官志》:"御史臺不受訟訴,有可聞者,略其姓名,托以風聞。"

0074 **殺風景**　《李義山雜俎》品目數十,其一曰"殺風景",謂"清泉濯足,花上晒裩,背山起樓,燒琴煮鶴,對花啜茶,松下喝道"也。《西清詩話》:"晏元獻以惠山泉烹日注茶,從容置酒賦詩,有'未向人間殺風景'句。自此殺風景之語,頗著于世。"邵伯温《聞見後録》:"王荆公步月山中,蔣潁叔傳呼過之,有'怪見傳呼殺風景'句。"

0075 **裝風景**　蘇軾詩:"醉顛只要裝風景,莫向人前自洗磨。"

0076 **威風**　《殷芸小説》:"李膺爲侍御史,青州凡六郡,惟陳仲舉爲樂安視事,餘皆移病去,其威風如此。"

0077 **飛風** 東方朔《神異經》:“西海有人馳馬水上,如飛如風,名曰河伯。”《唐六典》:“凡馬入尚乘局,左右閑印以三花;其餘雜馬,以風字印右髆,以飛字印左髆。”今言速爲“飛風”,因此。

0078 **上風下風** 《左傳》“風馬牛”注:“馬逐上風而去,牛逐下風而來,故云不相及也。”又《僖十五年》:“秦獲晉侯,晉大夫三拜稽首曰:‘羣臣敢在下風。’”《莊子·天運篇》:“蟲,雄鳴于上風,雌應于下風而化。”《孫子·火攻篇》:“火發上風,無攻下風。”

0079 **打頭風** 杜甫詩:“風急打船頭。”元稹詩:“船泊打頭風。”按:“打”字舊在梗韻,讀若頂,今語仍然。《五代史補》:“吴越王初入朝,上賜寶馬,馬出禁中,驕行却走,王顧左右曰:‘此豈遇打頭風耶?’”

0080 **鬼頭風** 王安石《破冢》詩:“旋風時山地中塵。”[1]李璧注:“俗云旋風鬼所爲也。”《集韻》有“䨪”字,音或。解云:“鬼䨪,回風。一説鬼因風伺人也。”

0081 **疾風知勁草** 見《後漢書·王霸傳》。又《宋書·顧覬之傳》:“松柳異質,薺荼殊性,故疾風知勁草,严霜識貞木。”唐太宗詩:“疾風知勁草,板蕩識誠臣。”

0082 **疾雷不及掩耳** 《六韜·軍勢篇》:“疾雷不及掩耳,迅電不及瞑目。”《淮南子·兵略訓》:“疾雷不及塞耳,疾霆不暇掩目。”《三國志·魏武帝紀》:“從其意,使自安而不爲備,一旦擊之,所謂疾雷不及掩耳。”《晉書·苻堅載記》:“此捷濟之機,所謂疾雷不及掩耳。”又《石勒載記》:“直衝末柸帳,敵必震惶,計不及設,所謂迅雷不及掩耳。”按:諸云“所謂”者,皆述《韜略》文也。《唐書·李靖傳》作“震霆不及塞聰”。

0083 **青天飛霹靂** 陸游詩:“放翁病過秋,忽起作醉墨。正如久蟄龍,青天飛霹靂。”

0084 **雷公電母** 《論衡·雷虚篇》[2]:“畫工圖雷之象,纍纍如連鼓形。又圖一人,若力士之容,謂之雷公,使之左手引連鼓,右手推椎。其意以爲雷聲隆隆者,連鼓相扣擊之音也;其魄然若敳裂者,椎擊之聲也。世人信之,莫不爲然。如復原之,虚妄之象也。”按:王氏但言雷公,未及電母。道書並言之,且各傳姓名:云雷公名江赫沖,電母名秀文英。其虚妄更不待辨矣。都卬《三餘贅筆》:

① “山”當爲“出”,見《臨川文集》卷三二。

② 《論衡·雷虚篇》前《函海》本有:“雷電霍閃,今人每連稱之。余試雷州,題爲‘迅雷’,諸生卷有‘雷鼓椎擊’語,幕賓皆掩口。余曰:此亦有本,出”一段文字。

"《易》曰:'震爲雷,離爲電。'震爲長男,陽也,而雷出天之陽氣,故云公;離爲中女,陰也,而電出地之陰氣,故云母。"此特因其説而曲爲之解。

0085 **雷陣**　皮日休詩:"倏忽雷陣吼。"

0086 **霍閃**　顧雲詩:"金蛇飛狀霍閃過,白日倒掛金繩長。"按:《文選·海賦》:"矆睒無度。"注引《説文》:"矆,大視也;睒,暫視也。"俗狀電光之疾,本無定字,用"霍閃"似不若"矆睒"古雅[①]。

0087 **雨毛**[②]　蘇軾詩:"毛空暗春澤。"自注云:"蜀人以細雨爲雨毛。"[③]

0088 **留客雨**　陸機《要覽》:"昔羽山有神人與在元放共遊薊子訓所[④],坐欲起,子訓應欲留之,二日之中三雨。今呼二日三雨亦爲留客雨云。"方岳《深雪偶談》載唐人題畫詩:"長江風送客,孤館雨留人。"

0089 **過雲雨**　元稹詩:"江喧過雲雨,船泊打頭風。"張方平詩:"一霎過雲雨,滿帆開岸風。"趙汝鐩詩:"篷響過雲雨,帆開逆水風。"

0090 **騎月雨**　陸游詩:"爽氣收回騎月雨。"自注:"俗謂二十四五間有雨,往往輒成泥潦,連至後月,謂之騎月雨。"

0091 **挂龍雨**　《雪浪齋日記》:"洪覺範詩:'已收一霎掛龍雨,忽起千岩擲鵶風。'挂龍雨、擲鵶風,皆方言,古今人未嘗道。"按:岑羲[⑤]亦有"西山一餉挂龍雨"句。

0092 **雨濯**　《風士記》:"六月大雨爲濯枝雨。"蘇味道《單于川對雨》"還從濯枝雨,來應洗兵辰"用之。按:世以被雨淋曰"濯",義本于"櫛風沐雨",辭本于此。

0093 **手如雨點**　《羯鼓錄》:"宋璟論鼓事曰:'頭如青山峰,手如白雨點。山峯取不動,雨點取碎急。'"

0094 **驟雨不終日**　《老子》上篇:"飄風不終朝,驟雨不終日。"《月令廣義》載爲農家諺,作"驟雨不終朝,迅雷不終日"。

0095 **直待雨淋頭**　《吹劍錄》載邵經國《上樓攻媿》詩:"去時莫待淋頭雨,歸日應防徹骨寒。"按:宋許月卿亦有"去時莫待雨淋頭"句。《五燈會元》法昭、元善兩師皆云:"教休不肯休,直待雨淋頭。"又:"守初禪師云:'天晴不肯去,直待

---

① 黄侃:"霍"如"霍然病已"之"霍","閃"如"罔兩閃屍"之"閃",作"霍閃"自可。

② 黄侃:此"霡霂"之聲轉。

③ 此處《函海》本有:即今"毛毛雨"。

④ "在"當爲"左",見《説郛》卷五九上。

⑤ "岑羲"當爲"岑安卿",見《栲栳山人詩集》卷中。

雨淋頭。’”①

0096 風急雨落,人急客作 見唐鹿門老人《紀曆撮要》。

0097 日出雨落,公婆相角 顧元慶《檐曝偶談》:“和叔年七歲,其伯氏問曰:‘日出雨落、公婆相角,是何語?’和叔曰:‘陰陽不和。’”《古今風謡》作“相撲”,云是宋諺。

0098 行得春風有夏雨 陳後山《談叢》引此諺云:“春之風數爲夏之雨數,小大緩急亦如之。”

0099 盪風冒雪 鄭熊《番禺記》:“廣俗,婿未見妻之父母,先飲酒一大杯,曰‘盪風’。”《字典》“盪”音湯。俗有“盪風冒雪”之語。

0100 雪上加霜 鮑照詩:“君不見冰上霜,表裡陰且寒。”《傳燈錄》伊禪謂大陽和尚:“雪上更加霜。”元人《凍蘇秦》《誶范叔》《玉壺春》諸曲,俱云“雪上加霜”。

0101 如湯澆雪 《南史・王瑩傳》:“丈人一旨,如湯澆雪耳。”按:澆,或作灌,或作沃。《家語》:孔子曰:“人之棄惡,如湯之灌雪焉。”《文選・七發》:“小飲大歡,如湯沃雪。”《淮南・兵略訓》:“以水滅火,以湯沃雪,何往而不遂,何之而不用?”《晉書・列女傳》:“何鄧執權,爲休奕害,猶排山壓卵,以湯沃雪。”

0102 擔雪填井 顧況《行路難》:“君不見擔雪塞井徒用力,炊沙作飯豈堪喫。”《普燈錄》:普紹云:“多少癡禪和,擔雪去填井。”

0103 雲消見屍 見元人《百花亭》《抱粧盒》二曲。

0104 雪中送炭 《宋史・太宗紀》:“淳化四年,雨雪大寒,遣中使賜孤老貧窮人米炭。”《范石湖集・大雪送炭與芥歸》詩:“不是雪中須送炭,聊裝風景要詩來。”又范有《雪中送炭與龔養正》詩。

0105 雪等伴,雪怕羞 《緗素雜記》:“王君玉謂人曰:‘詩家不妨間用俗語,尤見工巧。’嘗有《雪》詩云:‘待伴不禁鴛瓦冷,羞明常怯玉鈎斜。’待伴、羞明,皆俗語,而採拾入詩,了無痕纇,此點瓦礫爲黄金手也。”按:“待伴”字詩人用之較多,如張伯雨“山留待伴雪,春禁隔年花”,段天祐“天寒待伴雪,日暮打頭風”,皆工巧。

0106 雪開眼 周必大《紹興壬午龍飛錄》:“越人以欲雪而日光穿漏爲雪眼。”

0107 鵞毛雪 白居易詩:“可憐今夜鵞毛雪,引得高情鶴氅人。”

---

① 此處《函海》本有:蓋其語起於宋人。

0108 赤脚雪　《陶南村集·赤脚雪詩》云:"雪停五日未全消,雲淨天高氣泬寥。故老相傳名赤脚,來年山岳要枯焦。"按:今以雪前無雨霰爲"赤脚",而陶詩所云不同。

0109 詐晴　李覯詩:"天雨還有詐晴时。"

0110 掃晴娘　元李俊民有《掃晴娘》詩。

0111 久雨望庚晴　婁元禮《田家五行禨占》:"久晴逢戊雨,久雨望庚晴。"元李孝光詩"梅月逢庚江雨歇",用此。

0112 望雨看天光,望雪看天黄　見《月令廣義》。

0113 春雨甲子,赤地千里;夏雨甲子,乘船入市;秋雨甲子,禾頭生耳;冬雨甲子,牛羊凍死　《朝野僉載》録唐時俚語云云。孔平仲《談苑》録前四句。《漫叟詩話》:"少陵《秋雨嘆》'禾頭生耳黍穗黑',今所行印本皆作'木頭'。其事見《齊民要術》:'秋雨甲子,禾頭生耳。'木當作禾。"按:今本《齊民要術》無此諺,蓋傳脱也。宋陸游亦嘗用爲詩云:"積雨恐侵春甲子,昏燈懶守夜庚申。"

0114 雲行東,車馬通;雲行西,馬濺泥;雲行南,水漲潭;雲行北,好晒麥　見漢崔寔《四民月令》。又孔平仲《談苑》載占諺云:"雲向南,雨潭潭;雲向北,老鸛尋河哭;雲向西,雨没犁;雲向東,塵埃没老翁。"與此辭異意同。

0115 雨打梅頭,無水飲牛　亦《四民月令》所載農諺。按:何景福《五日對雨》詩:"雷聲填填雲冪冪,雨打梅頭麥穗黑。老翁倚耒向天泣,汙邪水深耕不得。"諺言無水,詩言多水,其意相反。今農家仍主崔寔言,占之頗驗。

0116 十日雨連連,高山也是田　《明詩綜》載廣信府田家諺。今不特廣信言之。

0117 朝霞不出門,暮霞行千里　范成大詩:"朝霞不出市,暮霞行千里。我豈知天道,吴儂諺云爾。"按:《素問》:"霞擁朝陽,雲奔雨府。"《楚辭》:"虹霓紛其朝霞,夕淫淫而淋雨。"李嘉祐詩"朝霞晴作雨",耿湋詩"報雨早霞生"。朝霞主雨之説,其來最久。而儲光羲詩"落日燒霧明,農夫知雨止",暮霞主晴,亦經入唐人詩矣。

0118 未雨先雷,船去步歸　見《四民月令》。按:《五燈會元》録鼓山永安師語云:"雷聲浩大,雨點全無。"今俚語云"雷聲大雨點小",承本于此。

0119 秋孛轆,損萬斛　孛轆,謂雷聲也[1]。范成大《秋雷嘆》:"汰哉豐隆無藉在,正用此時鳴孛轆。"注引此諺。

① 黄侃:"孛轆"即"豐隆"聲轉。

0120 烏雲接日，明朝不如今日 見婁氏《田家五行》。陸務觀詩："頗憂昨暮雲吞日，猶幸今朝雨壓風。"自注："俗以黑雲接落日爲風雨之候。"

0121 日没臙脂紅，無雨也有風 見《四民月令》。

0122 日出早，雨淋腦；日出晏，晒殺雁 羅大經《鶴林玉露》載占諺。

0123 月如彎弓，少雨多風；月如仰瓦，不求自下 江休復《隣幾雜志》、羅大經《鶴林玉露》、王逵《蠡海録》皆載此諺。《傳燈録》陳尊宿與可觀、澄遠二師皆舉揚此上二句。又《玉芝堂談薈》載占諺云："月偃偃，水漾漾；月子側，水無滴。"意亦猶此。

0124 乾星照濕土，來日依舊雨 姚寬《西溪叢語》引諺云云。按：王建《聽雨》詩"照泥星出依前黑"，陸游詩"夜夜濕星占雨候"，僧善珍詩"照泥星復雨，經朔月猶陰"，俱用此諺。

0125 霜凇打霧凇，貧兒備飯甕[①] 《墨莊漫録》："齊魯人諺云云，蓋以凇爲歲穰之兆也。曾子固嘗有詩：'園林春日静無風，霧凇花開處處同。'"《東坡集·除夜雪》詩有"助爾歌飯甕"句，施宿亦引此諺語爲註。

0126 南閃千年，北閃眼前 楊慎《補占陰晴諺》詩："電光分南北，陰霽在俄晷。"自注引諺云云。又《廣輿圖》載諺云："電光東南，明日炎炎；電光西北，雨下連宿。"意略同。

0127 要宜麥，見三白 《朝野僉載》引西北人諺語云云，謂臘中三見雪也。韓琦[②]詩："嘗聞老翁語，一臘見三白。是爲豐年兆，占驗勝蓍策。"王安石《雪霽》詩"前年臘歸見三白"，李壁亦引此語注之。《種樹書》引諺："冬無雪，麥不結。"反覆其辭耳。

0128 夾雨夾雪，無休無歇 見婁元禮《田家五行》。宋自遜詩"殘年日易晚，夾雪雨難晴"用此。

0129 黑猪渡天河 《太平御覽》引黄子發《相雨書》："天河中有雲如浴猪豨，三日大雨。"蕭立等謂之"黑猪渡河"，有句云："黑猪渡河天欲風，蒼龍銜燭不敢紅。"

0130 河射角，堪夜作 《四民月令》載農語。按：射，讀入聲，謂自南北漸指向東西隅也。時俗傳述者，音猶如此。《談薈》有"天河東西，漿洗寒衣"之諺，"東西"，即猶云"射角"。

---

① "甕"字原脱，據《墨莊漫録》卷四補。

② "韓琦"當爲"歐陽修"，見歐陽修《文忠集》卷五三《喜雪示徐生》。

0131 月子彎彎照九州，幾家歡樂幾家愁　趙彦衛《雲麓漫鈔》："此兩句乃吴中舟師之歌。彭祭酒嘗戲破其義云：'形于上者無遠近之殊，形于下者有悲歡之異。'人咸嘆賞。"按：楊萬里已嘗翻此歌爲詩。又陳亞之詩"夕溪漁思月彎彎"、朱繼芳詩"吴兒歌一曲，月子幾回彎"，皆用之。"月子"之稱，始見于《酉陽雜俎》，"唐居士夜呼其女，可將一下弦月子來，女遂貼紙月壁上，唐祝之，朗若張燭"是也。汪元量有"月子纖纖雲裡光"句，劉侗《帝京景物略》謂新月曰"月芽兒"，可互參"月子"之義。

0132 閉門不管庭前月，分付梅花自主張　陳世崇《隨隱漫錄》自述其先人藏一警句，爲眞西山、劉漫塘所擊賞者。

0133 東邊日出西邊雨，道是無情還有情　劉禹錫《竹枝詞》。

0134 二十亨亨，月上二更　王思任《西湖竹枝詞》："南屏鐘罷黑棱層，二十亨亨月二更。"按：亨，讀虚郎切。杭州覘月出早遲諺云："十七八，略搭搭；十八九，坐等守；二十亨亨，月上二更。"此詩用之。

0135 日出卓八脚　胡應麟《甲乙剩言》云宋人所作。

0136 晴乾喫猪頭，雨落喫羊頭　洪容齋《四筆》："兩商人入神廟，其一陸行，欲晴，許賽以猪頭；其一水行，欲雨，許賽以羊頭。神顧小鬼言：'晴乾喫猪頭，雨落喫羊頭，有何不可？'"按：雖戲喻，見此等語自宋已有。

0137 默便默，雨落還歸屋裡來　徐伯齡《蟫精雋》："程泰之言鄭毅夫守江陵，有頌云：'我是蘇州監本默，與爺祝壽獻棺材。近來髣髴知人事，雨落還歸屋裡來。'"

0138 夏雨如饅頭　《苕溪漁隱叢話》："東坡幼時，與里人程建用、楊咨、弟子由會草舍中，大雨，聯句。程云'庭松偃蓋如醉'，楊云'夏雨淒涼似秋'，坡云'有客高吟擁鼻'，子由云'無人共喫饅頭'，坐皆絶倒。"按："夏雨如饅頭"乃今笑林之説，豈當時已有之，而子由戲用之耶？

0139 大都好物不堅牢，彩雲易散琉璃脆　白居易詩。

0140 今年自家雪裡凍殺，不知明年甚人喫大碗不托　《朱子文集·答吕伯恭書》引諺云云。

0141 各人自掃門前雪，莫管他家瓦上霜　《古今譚槩》載蜀人杜渭《倡酒令》，舉此二句。

卷二 地理

0142 京師 《春秋·成公十三年》:"公如京師。"《公羊傳》:"京,大也;師,衆也。天子之居,以衆大言之。"《詩·大雅》:"京師之野。"《集注》:"京師,高丘而衆居也。董氏曰:'所謂京師者,蓋起于此,其後世因以所都爲京師也。'"按:夏、商都無"京師"名,《白虎通》"夏曰夏邑,殷曰商邑,周曰京師"是也。《大雅》所言,係當公劉時,周尚未爲天子,故《集注》云然。

0143 輦轂之下 《鹽鐵論》:"余結髮束修,幸得宿衛,給事輦轂之下。"司馬遷《報任安書》:"僕賴先人緒業,得待罪于輦轂下。"韓昌黎文:"畿甸之間,輦轂之下。有善必見①,有惡必見。"

0144 日月光天德,山河壯帝居 見《南史》。朱翌《猗覺寮雜鈔》:"此陳後主從隋文東封,登芒山所獻詩也。天下教兒童者,以此題學書紙。"戴冠《濯纓亭筆記》:"北京宫闕成,太宗命解紳題門帖。紳以此詩書之,上喜,賜賚甚厚。"②

0145 山東出相,山西出將 《漢書·趙充國辛慶忌傳贊》:"秦漢以來,山東出相,山西出將。"又《後漢書·虞翻傳》引諺曰:"關西出將,關東出相。"《晉書·姚興載記》亦云:"古人有言:關東出相,關西出將。"

0146 貴郡 《三國志·張裔傳》:孫權問:"貴土風俗,何以乃爾?"《晉書·潘京傳》:趙偉問:"貴郡何以名武陵?"按:今人稱"貴省"、"貴縣"等,皆昉于此。

0147 敝邑 《左傳·隱四年》衛告宋曰:"君爲主,敝邑以賦從。"《五年》郕告鄭曰:"請君釋憾于宋,敝邑爲道。"按:嗣後言"敝邑"處甚多,今凡自謙云"敝"者,昉此。

0148 當方 《周禮·大行人》:"時聘以結諸侯之好。"疏:"謂時會之年,當方有諸侯不順服,當方諸侯來,餘方無不順之事,身不來,即大夫來聘。"按:今有

① "見",韓愈《潮州刺史謝上表》作"聞"。

② 解縉,字大紳。

“當方土地當方鄰”之諺。

0149 地方　《晉書·孝懷帝紀》:“蒲子地方,馬生人。”

0150 地主　《左傳》:“諸侯之會,事既畢,侯伯致禮,地主會[1]餼,以相辭也。”杜注:“地主,所會主人也。”杜甫詩:“清晨蒙菜把,常荷地主恩。”岑參詩:“使君地主能相送,河尹天明坐莫辭。”

0151 地頭　《唐書·食貨志》:“大歷元年,有地頭錢,每畝二十。”按:《朱子語録》每以此二字抵作一處字用,如云“虚説此箇地頭”、“永不到眞實地頭”。

0152 地面裡　《元典章》:“至元二十八年,中書省奏,遷轉官員,自己地面裡休做官者。”

0153 田地　《朱子文集》:“爲學須以主敬立志爲先,方可就此田地上推尋義理,見諸行事。”又《語録》:“堯舜性之,是合下如此;湯武身之,是做到那田地。”《五燈會元》:雲門偃曰:“從上來事,莫相埋没,然須到這田地始得,亦莫趑趁口快亂問。”

0154 道地　《漢書·田延年傳》:“霍將軍召問延年,欲爲道地。”師古曰:“爲之開通道路,使之有安全之地。”按:今稱“道地藥材”,似本諸此。

0155 坐地　《説苑·雜言篇》:“齊景公謂晏子曰:‘寡人坐地,二三子皆坐地。’”《七修類稿》:“古無凳椅,席地而坐,故坐字從从土。方言曰‘尋[2]坐地’,亦原于古之意。”

0156 落地　陶詩:“落地爲兄弟,何必骨肉親。”按:俗以人初生世爲“落地”。

0157 人傑地靈　見王勃《滕王閣序》。

0158 引人入勝地　《世説》:“酒正引人入勝地。”

0159 腳踏實地　邵伯温《聞見録》:“司馬温公問康節曰:‘某何如人?’曰:‘君實腳踏實地人也。’”《宋史·劉甲傳》:“甲嘗謂:‘吾無他長,惟足履實地。’”

0160 貴脚踏賤地　《元曲選》武漢臣《玉壺春》、李壽卿《伍員吹簫》、馬致遠《青衫泪》等劇,竝見此語。

0161 捲地皮　《山堂肆攷》:“王知訓帥宣州,性貪婪。因入覲賜宴,伶人戲作緑衣大面如鬼。或問:‘何爲者?’答曰:‘吾宣州土地也。’問:‘何故來此?’曰:‘王知訓入覲,和地皮捲來,故得至此。’”按:盧仝《蕭宅贈答》詩:“揚州惡百姓,疑我捲地皮。”蓋自王知訓前,先嘗有此語。元吳萊亦用爲詩云:“乘風作國蠹,

① “會”,《左傳·哀公十二年》作“歸”。

② “尋”字衍,見《七修類稿》卷二一。

抵隙爲民殃。地膚竟捲去，天孽俱凋傷。”

0162 無地穴可入 賈誼《新書·審微篇》：“季孫慙曰：‘使穴可入，吾豈忍見宓子賤哉！’”按：關漢卿曲所云“無地縫鑽入去”，即此語意。

0163 無立錐地 《荀子·儒效篇》：“大儒無置錐之地，而王公不能與之爭名。”《韓非子》：“舜無置錐之地于宇内而德結。”《吕氏春秋》：“無欲者，其視有天下也，與無立錐之地同。”《史記·留侯世家》：“秦滅六國後，使無立錐之地。”《滑稽傳》：“孫叔敖爲楚相，死，其子無立錐地。”《後漢書·公孫述傳、郭丹傳》《三國·諸葛亮傳》俱有此語。

0164 平地起骨堆 《傳燈錄》浮山遠荅僧問祖師西來意云。按：康進之《負荆曲》云“平地起孤堆”，“孤”蓋“骨”音之轉。

0165 半截入土 《東坡志林》：“桃符仰視艾人，曰：‘汝何等草芥，輙居我上？’艾人俯而應曰：‘汝已半截入土，猶爭高下乎？’”

0166 捽草杷土 見《漢書·貢禹傳》。注云：“杷，蒲巴切，以手掊之也。”俗小變其文曰“杷泥弄草”。

0167 根生土長 見吳昌齡《風花雪月》曲。又王實甫《麗春堂》云“土長根生父母邦”。

0168 不習水土 《蜀志·先主傳》注引《蜀本紀》：“武都有丈夫化女子，蜀王娶爲妻，不習水土，無幾物故。”《南史·王融傳》：“上以魏所送馬不稱，使融問之。宋弁答曰：‘當是不習水土。’”

0169 拖泥帶水 《嚴滄浪詩話》：“語貴脱灑，不可拖泥帶水。”①楊萬里《竹枝詞》：“知儂笠漏芒鞋破，須遣拖泥帶水來。”《五燈會元》：“慧暉曰：‘雲門尋常乾爆爆地，到這裏也解拖泥帶水。’”

0170 泥裏倒，泥裏起 《傳燈錄》芭蕉山繼徹荅僧問宗門語。

0171 隨鄉入鄉 范成大詩：“且復隨鄉便入鄉。”又《五燈會元》道寬示僧有“隨鄉入俗”語。按：《莊子·山木篇》“入其俗，隨其俗”，乃斯語所由來。

0172 鄉貫不通 《戰國策》：“魯仲連遺燕將書：‘管仲篡而怯，且辱身，此三行者，鄉里不通也，世主不臣也。’”按：謂其不當通籍于朝，今語云“不通鄉貫”是也。

0173 離鄉背井 元曲多用之，如馬致遠《漢宫秋》、張國賓《合汗衫》、鄭德輝《倩女離魂》、關漢卿《金線池》、高則誠《琵琶記》等，不勝枚舉。

---

① 此處《函海》本有：俗語本此。

0174 輕車熟路　韓退之文："若駟馬駕輕車就熟路，而王良、造父爲之先後也。"

0175 狹路相逢　古樂府："相逢狹路間，道隘不容車。"《傳燈録》："僧問水陸：'狹路相逢時如何？'水陸以胸拓一拓。"又："休静般柴次，洞山把住曰：'狹路相逢時如何？'静曰：'反側反側。'"

0176 路絶人稀　樂府《華山畿辭》："路絶行人斷，夜夜故望汝。"

0177 開生路　《魏志·曹仁傳》："圍城必示之活門，所以開其生路也。"陶潛《孝傳》："江革負母避賊，賊賢之，不害，而告其生路。"

0178 據要路　古詩："何不策高足，先據要路津。"《唐書·崔湜傳》："丈夫當先據要路以制人，豈能默默受制于人哉！"

0179 入路更須出路　《五燈會元》："黄龍慧南云：'古人一期方便，與諸人計箇入路，既得入路，又須得箇出路。'"

0180 漸入佳境　《晉書·顧愷之傳》："每食蔗，恒自尾至本。或問之，曰：'漸入佳境。'"

0181 一丘一壑　《晉書·謝鯤傳》："一丘一壑，自謂過之。"按：《漢書·叙傳》：班嗣論莊周曰："漁釣于一壑，則萬物不奸其志；栖遲于一丘，則天下不易其樂。"謝鯤本此爲語，故云"過之"，非泛道丘壑之勝也。

0182 孤峯獨宿　《五燈會元》："瑯琊山慧覺謂諸僧：'汝等在這裏過夏，一不得孤峯獨宿，一不得物外安身。'"又："僧問道簡：'孤峯獨宿時，如何？'簡曰：'閑却七間僧堂不宿，誰教你孤峯獨宿？'"《直語類録》："今云孤峯獨聳，卽此語訛轉。"

0183 遊山翫水　又："汾州善昭曰：'從上來行脚，不爲遊山翫水，看州縣奢華，皆爲聖心朮通耳。'"①

0184 千山萬水　《續玄怪録》："韋義方往天壇南尋妹，千山萬水，不見有路。問樵人，無知張老莊者。"

0185 高高山頭　樂府《紫騮馬歌》："高高山頭樹，風吹葉落去。"

0186 冰山　《開天遺事》："楊國忠相，公卿以下莫不趨媚之。張彖曰：'君輩倚楊右相如泰山，吾以爲冰山耳。'"按：司馬温公採此語入《通鑑》。

0187 安于泰山　《戰國策》吕不韋説陽泉君曰："説有可以一切而使君富貴千萬歲，寧于泰山四維。"《文選·枚乘〈諫吳王書〉》："變所欲爲，易于反掌，安于

---

① "朮"當爲"未"，見《五燈會元》卷十一。

泰山。”注引《春秋保乾圖》:“安于泰山,與日合符。”《後漢書·嚴助傳》:“天下之安,猶泰山而四維之也。”《焦氏易林》:“安如泰山,福祐屢臻。”

0188 不識泰山　劉伶《酒德頌》:“靜聽不聞雷霆之聲,熟視不覩泰山之形。”

0189 泰山壓卵　《晉書·孫惠傳》:“猛獸吞狐,泰山壓卵。”又《列女傳》:“排山壓卵,如湯沃雪。”《五代史雜傳》:周世宗曰:“劉旻遇我師,如山壓卵。”

0190 衆力移山　《列子·湯問篇》:“愚公面山而居,懲山北之寒,出入之适也[①]。遂率其子孫,荷擔扣石墾壤,箕畚移于北海之尾。”

0191 山也有相逢　見喬孟符《金錢記》《揚州夢》二曲。按:今俗云“山水有相逢日”,而二曲皆無“水”字。蓋水之相逢,恒理也,故專舉山以喻其理外之情。

0192 指山賣磨　見岳百川《鐵拐李》、賈仲明《對玉梳》二曲。

0193 這山望見那山高　《吕氏·先識覽》:“登山者,處已高矣。左右望,尚巍巍焉山在其上。”俗語本此。

0194 天下名山僧占多　《韻府羣玉》“占”字下引此,云唐人詩。

0195 海水不可斗量　《淮南子·泰族訓》:“江海不可斗斛也。”《神異經》:“西南大荒中,有人知河海斗斛。”

0196 滄海變桑田　葛洪《神仙傳》:“麻姑謂王方平曰:‘接侍以來,已見東海三爲桑田。向到蓬萊,又水淺于往日,豈將復爲陵陸乎?’”

0197 海枯見底　杜荀鶴詩:“海枯終見底,人死不知心。”

0198 海涵　王僧孺表:“陛下海涵春育,日鏡雲伸。”蘇軾表:“天覆羣生,海涵萬族。”

0199 海蓋　劉敞《檀州》詩:“市聲衙日散,海蓋午時消。”自注:“每日海氣如霧,土人謂之海蓋。”按:今俗有此語,猶云大概,或卽因此。

0200 苦海　王定保《摭言》:“鄭光業有一巨箱,凡投贄有可嗤者,卽投其中,號曰苦海。”按:釋典有“苦海”之説,此以爲喻。

0201 走江湖　謝靈運詩:“范蠡走江湖,梅福入城市。”蘇軾詩:“人人走江湖,一一搡搽網釣。”

0202 江心補漏　王銍《續義山雜纂》載“不濟事”十四條,其一曰“江心補漏”。元曲《救風塵》《百花亭》有“船到江心補漏遲”句。

0203 不到烏江未肯休　《五燈會元》洪英、悟新俱舉揚此語。

0204 黄河尚有澄清日　《吳越備史》:“羅隱寢疾,王親臨撫問,因題詩于壁

① “寒”當爲“塞”,“适”當爲“迂”,見《列子·湯問》。

云：'黄河信有澄清日，後代應難繼此才。'"

0205 中流砥柱　《水經注》："禹破山以通河，河水分流，包山而過，山見水中若柱然，故曰砥柱也。"

0206 急流勇退　朱子《名臣言行錄》一僧謂錢若水曰："公急流中勇退人也。"蘇軾詩："火色上騰雖有數，急流勇退豈無人。"戴復古詩："日暮倒行非我事，急流勇退有何難。"

0207 流水　《管子·牧民篇》："下令于流水之原者，令順民心也。"按：今以"流水"爲疾速之辭，本此。

0208 奔波　《晉書》婁會上慕容垂疏："杜豪競之門，塞奔波之路。"《韓昌黎集·論佛骨表》："老少奔波，棄其業次。"又《石鼓歌》："坐見舉國來奔波。"

0209 波及　《左傳·僖二十三年》："羽毛齒革則君地生焉，其波及晉國者，君之餘也。"

0210 起風波　《莊子·人間世》："言者，風波也，風波易以動。"邵子《安樂窩自怡》詩："不作風波于世上，自無冰炭到胸中。"黄魯直詩[1]："人問恁是無波處，一日風波十二時。"

0211 小水不容大舟　姚興語，見《晉書·桓謙傳》。

0212 遠水不救近火　《韓非子·説林》："失火而取水于海，海水雖多，必不滅矣，遠水不救近火也。"《北史·赫連達傳》亦有此語。又陳師道詩："不應遠水救近渴，空倉四壁雀不鳴。"[2]

0213 水泄不通　《傳燈錄》："德山門下，水泄不通。"

0214 細水常流　《遺教經》："汝等常勤精進，譬如小水常流，則能穿石。"

0215 水到渠成　《朱子集·答路德章》曰："所喻水到渠成之説，意思畢竟在渠上，未放水東流時，已先作屈曲整備了矣。"范成大詩："學問根深方蒂固，功名水到自渠成。"

0216 水長船高　《傳燈錄》："繼徹云：'水長船高，泥多佛大，莫將來問，我也無荅。'"

0217 覆水難收　《鶡冠子》注："太公既封齊侯，道遇前妻，再拜求合。公取盆水覆地，令收之，惟得少泥。公曰：'誰言離更合，覆水定難收。'"《後漢書·光武帝紀》："反水不收，後悔無及。"《何進傳》："覆水不收，宜深思之。"李白詩："雨

① "詩"當爲"詞"，見黄庭堅《鷓鴣天·題玄真子圖詞》。
② 此處《函海》本有：本此。

落不上天，水覆難再收。"

0218 近水惜水　林洪《山家清事》："泉須愛護用之。諺云'近水惜水'，此實修福之事。"

0219 入水見長人　《五燈會元》天台用良荅僧問云。又天章、善投、子顒並舉斯語。

0220 般柴運水　《傳燈錄》龐居士偈云："神通并妙用，運水及搬柴。"

0221 利水　《考工記・輈人》："輈注則利準。"注云："故書準作水。鄭司農云：'注則利水，謂轅脊上雨注，令水去利也。'"

0222 水火　《潛夫論》："邪之與正，猶水與火不同，原不得竝盛。"《蜀志・魏延傳》："延性矜高，當時皆避下之。惟楊儀不假借延，延以爲至忿，有如水火。"《南史・侯景傳》："邵陵王綸、柳仲禮甚于讎敵，臨城公大連、永安侯確逾于水火。"

0223 水落石出　見蘇軾《赤壁賦》。按：《古艷歌行》："兄弟兩三人，流蕩在他縣。故衣誰當補，新衣誰當綻。賴得賢主人，攬取爲予紉。夫婿從門來，斜倚西北眄。語卿且勿眄，水清石自見。"今語意當源此詩，而訛爲"水落石出"也。東坡但當境寫物，别無所喻。

0224 繩鋸木斷，水滴石穿　《鶴林玉露》："張乖厓爲崇陽令。一吏自庫中出，巾下有一錢。乖厓杖之，吏曰：'一錢何足道，乃杖我耶？爾能杖我，不能斬我也。'乖厓援筆判云：'一日一錢，千日千錢。繩鋸木斷，水滴石穿。'自仗劒下階，斬其首。"按：《漢書・枚乘傳》："泰山之溜穿石，單極之絖斷幹。水非石之鑽，索非木之鋸，漸靡使之然也。"乖厓判乃全用此文。

0225 水浸鵝卵石　《五燈會元》有"水浸鍋石卵"之語，俗又因之小變。

0226 以石投水　《吕氏春秋》："白公問孔子：'人可與微言乎？'孔子不應。白公曰：'若以石投水，奚若？'孔子曰：'没人能取之。'"李康《運命論》："張良誦《三略》之説，以游于羣雄，其言也如以水投石，莫之受也。及其遭遇漢祖也，其言也如以石投水，莫之逆也。"

0227 以卵投石　《墨子・貴義篇》："以其言非吾言者，猶以卵投石也。盡天下之卵，其石猶是也。"《荀子・議兵篇》："以桀詐堯，若以卵投石。"《淮南子・主術訓》："人主執正持平，則羣臣以邪來者，猶以卵投石，以火投水。"又《焦氏易林》："卵與石鬭，麋碎無處。"

0228 心堅石穿　《陸象山語錄》引俗諺云。

0229 頑石點頭　《蓮社高賢傳》："竺道生入虎丘山，聚石爲徒，講《涅槃經》，羣石皆爲點頭。”

0230 飛砂走石　《搜神記》:“武王時,雍州城南有大樹爲妖,以兵圍伐之,乃有神飛砂走石,雷電霹靂,無令得近。”《博異志》:“吕鄉筠月夜泊君山側,遇一老父,于懷袖間出笛三管吹之,飛砂走石,翔鳥墮地。”

0231 窮坑難滿　《復齋漫録》:“劉輪爲豐城尉,性不飲酒。時推官某善飲啖,抵邑公會,以諺語戲曰:‘小器易盈眞縣尉。’劉答曰:‘窮坑難滿是推官。’”

0232 避井落坑　《易林・觀之益》:“避井入坑,忧患日生。”《晉書・褚翜傳》:“幸無外難,而内自相擊,是避坑落井也。”

0233 從井救人　見《論語》。

0234 臨渴掘井　《素問》:“病已成而後藥之,猶渴而掘井,鬭而鑄兵,不亦晚乎?”《墨子・公孟篇》:“亂則治之,猶噎而穿井也,死而求醫也。”王銍《續雜纂》“不濟事”條有“臨渴掘井”,陳師道詩有“誰能留渴須遠井”句。

0235 黄泥塘中洗彈子　《陳龍川集・通朱元晦書》:“《震》之九四,震遂泥。蓋處羣陰之中,雖有震動,如俗諺所謂‘黄泥塘中洗彈子’耳。”

0236 腰帶過浮橋　《晉書・蔡謨傳》:“性尤篤慎,每事必爲過防,故時人云:‘蔡公過浮航,脱帶腰舟長。’”按:俗誚過慎者曰“捧卵過橋”,猶此。

0237 逢橋須下馬,過渡莫爭船　趙德麟《侯鯖録》載無名子題驛壁詩:“記得離家日,尊親囑付言。逢橋須下馬,過渡莫爭船。雨宿宜防夜,雞鳴更相天。若能依此語,行路免迍邅。”《苕溪漁隱》引《高齋詩話》但述其一聯,又小不同,云:“逢橋須下馬,遇夜莫行船。”

0238 九日灘頭坐,一日過九灘　宋无《鯨背吟》:“九日灘頭不可移,九灘一日尚嫌遲。”全用此諺。

0239 得隴望蜀　《後漢書・岑彭傳》:“人苦不知足,既平隴,復望蜀。”

0240 朝秦暮楚　晁補之《北渚亭賦》:“托生理于四方,固朝秦而暮楚。”

0241 東行西走　《易林》:“東行西走,喪其犬馬。”又:“南行北走,延頸望食。”漢竇玄妻詩:“煢煢白兔,東走西顧。”

0242 令之東而東,令之西而西　《管子・小稱篇》公曰:“仲父令寡人東,寡人東;令寡人西,寡人西。”

0243 移東就西　《舊唐書・陸贄傳》:“移東就西,便爲課績;取此適彼,遂號羡餘。”《朱子語録》:“移東换西,終是不成家計。”

0244 指東劃西　《傳燈録》:“義忠謂大顛:‘不用指東劃西。’”

0245 周而不備　《水經注序》引《玄中記》:“昔大禹記識山海,周而不備。”

按:《譚概》謂俚俗言"不周備"曰"周而不比"爲可笑,不知其所言乃"不備",别自有出,非述《論語》文也。

0246 四分五裂　《六韜·奇兵篇》:"四分五裂者,所以擊圓破方也。"《史記·張儀傳》:"天下四分五裂。"又《鄒陽傳》:"四分五裂之國。"《魏志·司馬朗傳》:"洛乃四分五裂,戰爭之地,難以自安。"《北史·周法尚傳》:"卒有不虞,四分五裂,腹心有事,首尾未知。"

0247 四通八達　《子華子·問黨篇》:"齊之爲國也,其塗所出,四通八達,遊士之所湊也。"《史記·酈食其傳》:"陳留,天下之衝,四通五達之郊也。"《晉書·慕容德載記》:"滑臺四通八達,非帝王之居。"又《五燈會元》:"入處眞實,向後自然七通八達。"

0248 無邊無礙　《起世經》:"一切諸天,行時來去,無邊無礙,無有遲疾。"

0249 轉灣抹角　見秦簡夫《東堂老》劇。

0250 轉嚮　《荀子·儒效篇》:"紂卒易鄉。"注:"鄉,讀曰嚮,謂倒戈也。"《漢書·李夫人傳》:"轉鄉歔欷不復言。""鄉"亦讀嚮,轉面嚮裏也。

0251 畧[①]　《左傳·隱五年》公曰:"吾將畧地焉。"注曰:"畧,總攝巡行之名。"又《昭二十四年》:"楚子爲舟師以畧吳疆。"注曰:"畧,行也。"按:今猶以偶一經行曰"畧"。

0252 横截　揚雄《雍州牧箴》:"黑水西河,横截崑崙,邪指閶闔,畫爲雍垠。"按:俗人指説道路曰"横截過去",此其出處。

0253 繞出　《後漢書·岑彭傳》:"至武陽,繞出延岑軍後。"按:繞,讀去聲,謂盤旋其途,以超越之也。今亦有此言。

0254 傅近　《爾雅》:"傅,歷也。"郭注云:"傅,近。"仲長統《昌言》:"宦豎傅近卧房之内,交錯婦人之間。"按:今俗訛作"附近"。

0255 左近　《南史·夷貊傳》:"自燃洲,有樹生火中,左近人剝皮績布,即火浣布。"

0256 四鄉　《晏子春秋》:"晏子獨立墻陰,田子垣曰:'何不求四鄉之學士與坐乎?'"《白虎通·八風篇》:"凉風至,而報地德,化四鄉。"《焦氏易林》:"配合相迎,利之四鄉。"

0257 腹裡　《元典章》:"延祐四年,御史臺奏,腹裡百姓爲飢荒流移江南等路。"按:腹裡,猶云内地。今律盤詰奸細條,有"緣邊關塞及腹裡地面"文。

---

① 黄侃:吾鄉讀之爲"滂"。

0258 化外 《宋史·太祖紀》："舊禁銅錢，無出化外。"

0259 極樂世界 柳宗元《淨土院記》："佛言：'西方過十萬億里，有世界曰極樂。'"白居易《畫西方幀記》："極樂世界者，以無八苦、四惡道、三毒、五濁業故也。"

0260 土著 《史記·大宛傳》："其俗土著耕田。"又《西南夷傳》："其俗或土著，或移徙。"《漢書·西域傳》："西域諸國，大率土著，有城郭田畜。"《唐書·高竇傳贊》："古者受姓受氏，以旌有功，是時人皆土著，故名宗望。"按：鼂錯《貴粟疏》："不地著，則離鄉輕家。"地著，猶云土著。

0261 土宜 《周禮·土方氏》："辨土宜之法。"《左傳·文六年》："無使失其土宜。"《隋書·儀禮志[①]》："正會日，宣詔勞諸郡上計。勞訖付紙，遣陳土宜。"

0262 都啚 《日知錄》："宋時《登科錄》必書某縣某鄉某里人。改鄉爲都，改里爲圖，《蕭山縣志》曰自元始[②]。《嘉定縣志》曰：'不曰里而曰圖者，以每里冊籍首列一圖，故名圖。'是也。今省作啚。謝少連作《歙縣志》乃曰：'啚，音鄙，《左傳》"都鄙有章"即其立名之始。'其説鑿矣。"按：《説文》有"啚"字，音與鄙同，解云"嗇也"。"圖"省爲"啚"，亦不始于俗。李北海《雲麾將軍碑》"好山水啚，慕神仙事"，已如此寫。

0263 衚衕[③] 楊慎《升菴外集》："今之巷道名爲胡洞，或作衚衕，又作衙衕，皆無據也。《南齊書》注：'弄，巷也。'南方曰弄，北方曰衙衕，弄之反切爲衙衕，蓋方言耳。"李贄《疑耀》："世以'衚衕'爲俗字，不知《山海經》已有之：'食嚻鳥可以止衕。'注：'治洞下也。'又：'飛魚食之已痔衕。'獨'衚'字未經見。"按："衕"字已見《説文》，解云："通街也。"李氏引《山海經》而不及《説文》，何耶？"衚"字當依楊氏作"衙"，《説文》："衙衙，行貌。"宋玉《九辨》"道飛廉之衙衙"，與"躍"韻叶，得讀"吾"音。蓋"衙衕"者，猶言行旅通街耳。《日下舊聞》："衚衕二字，元人有以入詩者。"

0264 馬頭 《通鑑》："史憲誠據魏博，于黎陽築馬頭，爲渡河之勢。"注云："附岸築土，植木夾之，以便兵馬入船，謂之馬頭。"按：《晉書·地理志》"武昌郡鄂縣有新興馬頭"，似亦此制。

0265 甕城 《五代史·朱珍傳》："率兵叩鄆城門，已入甕城，鄆人從城上礫

① "儀禮志"當爲"禮儀志"，見《隋書》卷九。
② "改鄉"三句，《日知錄》卷二二作："《蕭山縣志》曰：'改鄉爲都，改里爲圖，自元始。'"
③ 黄侃："胡同"卽"巷"之緩音，"弄"則"路"之轉語，其正字當作"礲"。

石投之。珍軍皆死甕城中,珍僅身免。"按:今仍謂城門口外蔽小郭曰"甕城",亦曰"月城"。

0266 十字街 《北史·李諧傳》:"李庶亡後,見夢于其妻曰:'我托劉氏爲女,劉家在七帝坊十字街東南,入窮巷是也。'"張祐《蘇小小歌》:"長怨十字街,使郎心四散。"

0267 十字港 陸游詩:"上船初發十字港,放棹忽過三家村。"

0268 冷巷 白居易《題新居》:"冷巷閉門無客到。"

0269 腰鋪 陳造詩:"腰鋪人家緊閉門。"

0270 悲田 釋典以供父母田爲"恩田",供佛爲"敬田",施貧窮爲"悲田"。後世謂養濟院曰"悲田院",取此。

0271 陸種地 《晉書·食貨志》:"每有雨水,輒復横流,延及陸田。言者不思其故,因云此土不可陸種。"按:今人謂藝桑麻地爲"陸種地"也。

0272 捷徑 《唐書·盧藏用傳》:"藏用始隱終南,有意當世,晚狥權利。司馬承禎將還山,藏用指終南曰:'此中大有佳處。'承禎曰:'以僕視之,仕宦之捷徑耳。'"

0273 跮路 方以智《通雅》:"山歧曰岔,水岐曰汊,二音同。金陵有地名岔口,顧公引作跮路口。"按:"跮"字見景祐《集韻》。或亦借"差"字用之,《韻會小補》引唐人詩"枯木巖前差路多"。

0274 水口 王逸《楚詞》注:"夏首,水口也。"郭璞《方言》注:"汭,水口也。"

0275 步 《水經注》:"贛水逕王步,步側有城,蓋齊王之渚步也。"《述異記》:"吳中有瓜步、魚步、龜步,湘中有靈妃步。"柳宗元《鐵爐步志》:"江之滸,凡可步而上下者曰'步'。"《青箱雜記》:"嶺南謂水津爲步,有罾步,卽漁者施罾處;有船步,卽人渡船處。"按:俗謂問渡處曰"埠頭",攄諸書當作"步"字,而《宋史》皆從俗作"埠":《度宗紀》有"武陽埠",《熊本傳》有"銅佛埠",《劉錡傳》有"黄連埠",《趙淮傳》有"銀樹埠",宋以前未見用之。

0276 浜 《集韻》:"溝納舟者爲浜。"按:潘之恒《半塘小志》謂:"吳音以濱爲邦,俗作浜字。"不知"浜"自在庚韻中,《廣韻》亦載,並未因"濱"轉也①。

0277 汪 《左傳》:"周氏之汪。"服虔注:"停水曰汪。"今俗言水之少而定曰"一汪兒"。《集韻》轉作去聲,亦訓"停水"。今俗言飲水過多曰"汪住"是也。

0278 羊溝 《太平御覽》引《莊子》逸篇:"羊溝之雞。"《中華古今注》謂:"羊

① 黄侃:"浜"是"濱"之轉語。

喜甒觸垣墻，爲溝以隔之，故曰‘羊溝’也。”《七修類稿》：“俗以暗者爲陰溝，若《靈光殿賦》‘玄醴騰湧于陰溝’是也，則明者宜爲陽溝。”按：此説亦通，然未見所出。《三輔黄圖》：“長安御溝謂之‘楊溝’，以植楊于其上也。”宋之問有“楊溝連鳳闕”句，今所呼或又因緣此耶？[1]

0279 土饅頭　《東坡集》載王梵志詩：“城外土饅頭，餡草在城裡。”土饅頭，墓冢之廋辭也。范成大《營壽藏》詩：“縱有千年鐵門限，終須一箇土饅頭。”

0280 土墼　《後漢書》：“周紆爲渤海太守，免歸，廉潔無資，常築墼自給。”《埤蒼》：“形土而方曰墼，今之土磚也。”《急就章》注：“墼者，抑泥土爲之，令其堅激也。”北方又有“糞墼”，南方又有“炭墼”。《歸田錄》：丁度戲晁宗慤曰：“啓事更不奉答，當以糞墼一車爲報。”吾衍《學古編》：“凡篆口不可太圓，亦不可太方，只以炭墼範子爲度。”《豹隱紀談》載數九諺云：“九九八十一，家家打炭墼。”

0281 白善　《本草》注：“土以黄爲正色，白爲惡色，故白土名堊。後人諱之，呼爲白善。”按：善，又加土作“墡”，其字已見《廣韻》。

0282 漩渦　朱子《答吕子約書》：“蘇黄門初不學佛，只因在筠州陷入此漩渦中。”

0283 崖岸　《唐書·鄭羣傳》[2]：“羣天性和樂，不爲崖岸嶄絶之行。”

0284 嶢崎[3]　《朱子語録》：“伏羲只是理會網罟等事，不曾有許多嶢崎。”按：毛萇《正月》詩傳有“崎嶇嶢崅”之語。此節用之，與言“蹺欹”者别。

0285 盩厔　《漢書·地理志》：“右扶風有盩厔縣。”《寰宇記》：“山曲曰盩，水曲曰厔。”按：二字音若“輈質”，今以事費曲折者曰“盩厔”，其字應如此寫[4]。

0286 凹凸　《神異經》：“大荒石湖，千里無凹凸。”[5]《名畫記》：“張僧繇畫一乘寺壁，遠望如凹凸，名凹凸花，俗呼其寺曰凹凸寺。”《丹鉛錄》：“土窪曰凹，土高曰凸，古之象形字也。周伯温乃云‘凹當作坳，凸當作垤，俗作凹凸非是’，反以古字爲俗字矣。”按：“凹”字詩家多作平聲，爲韻則叶入三爻，蓋與“坳”實通用。然攷《唐韻》“凹”惟烏洽一音，至《集韻》始又音于交切，則烏洽其本音也。

0287 杭州風　田汝成《遊覽志餘》：“外方人嘲杭人曰‘杭州風’。諺曰：‘杭州風，會撮空；好和歹，立一宗。’又曰：‘杭州風，一把葱；花簇簇，裡頭空。’”

---

① 此處《函海》本有：北人又有“羊溝翻船”之語。

② “《唐書·鄭羣傳》”當爲“韩愈《唐故朝散大夫尚書庫部郎中鄭君墓誌銘》”。

③ 黄侃：此與“蹺欹”皆“奇巧”之轉語。

④ 黄侃：非也，作“周折”自通。正作“侜張”，周章爾。

⑤ 黄侃：《倉頡》作“容胅”，當作“窅胅”。

0288 蘇州獃[①] 高德基《平江記事》："吳人自相呼爲'獃子'，又謂之'蘇州獃'。"范成大《答同參》詩'我是蘇州監本獃'。鄭思肖《獃懶道人凝雲小隱記》："獃懶道人，蘇人也，既獃矣，又懶焉，蘇人中眞蘇人也。"按：今蘇、杭人相嘲，蘇謂杭曰"阿獃"，杭謂蘇曰"空頭"。據諸説，則舊言"獃"者，蘇人也；據田汝成説，則舊言"空"者，杭人也，不知何時互易。趙宧光《説文長箋》云："浙省方言曰阿帶，謂愚戇貌。阿入聲，帶平聲，一曰阿獃。"趙氏，蘇人也，蘇人之嫁獃于浙，其自是時起歟？

0289 上説天堂，下説蘇杭 《七修類稿》引諺云云。鄧林《初入杭》詩："遊遍江湖未到杭，不知人世有天堂。"按：劉肅《樹萱録》："員半千有莊在焦戴川，極風景之勝，里諺曰：'上有天堂，下有員莊。'"蘇杭之諺，乃倣于此。

0290 長安雖好，不是久戀之鄉 見李壽卿《伍員吹簫》劇。今言"凉亭雖好"，訛。

0291 何面目見江東父老 《史記·項羽紀》："縱江東父兄憐而王我，我何面目見之？"

0292 蘇湖熟，天下足 見鄭虎臣《吳都文粹》。

0293 江陰莫動手，無錫莫開口 《明詩綜》："江陰人拳勇，無錫人善歌。"故常州語云云。

0294 天無三日晴，地無三尺平 黔中諺，亦見《明詩綜》。

0295 縱饒洗遍千江水 《容齋三筆》："衢州酒家壁有題《油污衣》詩者，落句云：'縱饒洗遍千江水，爭似當初不污時。'"按：元人《連環計》雜劇更"洗遍"爲"掬盡"，更下句爲"難洗今朝滿面羞"，未審别有出否。

0296 十年江上無人問 《春渚紀聞》："范希文嘗于江上見一漁父，問姓名，不對，留一詩云：'十年江上無人問，兩手今朝一度叉。'"按：劇本"十年窗下無人問"，似即竄此。

0297 住塲好，不如肚腸好；墳地好，不如心地好 《癸辛雜識》："倪文節與秀邸爲鄰，頗有侵越地界之爭，嘗爲之語云云。"

0298 未看山頭土，先觀屋下人 《七修類稿》引諺云云。

0299 未歸三尺土，難保百年身；已歸三尺土，難保百年墳 葉盛《水東日記》："此不知何人語，要亦至理也。"按：高則誠《琵琶記》已用之，蓋是元以前語。

0300 千年田，八百主 《五燈會元》靈樹和尚語。

---

① 黄侃：獃，正作"嬯"。

0301 但存方寸地,留與子孫耕　《王直方詩話》:張嘉甫言:"少見人誦此詩,不知誰作。後過毘陵汪迪家,出所藏晉水部賀公手書,乃知此詩賀作。"按:賀爲五代石晉人。俞文豹《唾玉集》作賀知章詩,《七修類稿》作宋賀仙翁詩,皆誤。《葉水心集》有《留耕堂記》云:"余童稚時,已聞田野傳誦。出遊四方,所至閭巷,無不道此相訓切,蓋其辭意質而勸戒深也。葛君資深取之,顔其所居之堂。"又羅大經《鶴林玉露》採此語,著《方寸地説》。

卷三 時序

0302 一年之計在於春,一日之計在於晨 見梁元帝《纂要》。婁元禮《田家雜占》作“一日之計在於寅”。

0303 陽春布德澤,萬物生光輝 《文選·長歌行》。

0304 新年納餘慶,嘉節號長春 《蜀檮杌》:“孟昶命學士題桃符板,以其辭非工,命筆自題云云。”《茅亭客話》謂蜀太子元喆題桃符云:“天垂餘慶,地接長春。”傳説不同。

0305 白日莫閑過,青春不再來 唐林寬《少年行》。

0306 一日快活敵千年 《北史·和士開傳》説武成帝云。

0307 過得一日過一日 《劍南集·醉中信筆詩》:“過得一日過一日,人間萬事不須憂。”

0308 今日不知明日事 宋李殿丞詩。又陸游詩:“渠曹定是别肺腸,今夕不爲明旦計。”

0309 天無寒暑無時令,人不炎涼不世情 范成大詩。

0310 一年三百六十日 《漢官志》周太常諺:“一歲三百六十日,三百五十九日齋。”施肩吾《春游樂》:“一年三百六十日,賞心那似春中物。”又李白、杜牧①俱有“百年三萬六千日”句。

0311 二十四氣 《禮記·月令》疏:“漢時以驚蟄爲正月中,雨水爲二月節。漢末先雨水,後驚蟄,自劉歆作《三統歷》改也。”《三統歷》三月節穀雨,清明爲中,而《通卦驗》及今歷以清明爲三月節,穀雨爲三月中。其餘皆同。

0312 四時八節 《隨巢子》:“鬼神爲四時八節,以紀育人。”唐人以四字連用者,杜甫詩:“四時八節還拘禮,女拜弟妻男拜弟。”李商隱詩:“四時當首夏,八節應條風。”

---

① 《寓題》“假如三万六千日”。

0313 良辰美景　謝靈運《擬鄴中集詩序》:"天下良辰、美景、賞心、樂事,四者難并。"《北齊書·段榮傳》:"良辰美景,未嘗虚棄。"《陳書·孫瑒傳》:"每良辰美景,賓僚竝集,泛長江而置酒。"

0314 花朝月夕　《舊唐書·羅威傳》:"每花朝月夕,與賓佐賦咏,甚有情致。"馬令《南唐書·昭惠周后傳》:"花朝月夕,無不傷懷。"《提要録》:"二月十五爲花朝,八月十五爲月夕。"

0315 開春　《楚辭·九章》:"開春發歲兮,白日出之悠悠。"《纂要》:"初春曰開春也。"《文選》顔延之詩:"開冬眷物徂[①]。"李善注:"開冬,猶開春、開秋。"

0316 一場春夢　《侯鯖錄》:"東坡行歌田間,饁婦曰:'内翰昔日富貴,一場春夢。'坡然之,人呼此媪曰'春夢婆'。"

0317 無計留春住　歐陽修詞:"雨横風狂三月暮,門掩黄昏,無計留春住。"按:白居易先有"無計留春得"句。

0318 三冬二夏　《後漢書·段熲傳》:"三冬二夏,足以破定。"按:俚語約計歲時曰"三箇黄梅四箇夏",猶此。

0319 無冬無夏　《詩·陳風》辭。又《太玄經》:"無冬無夏,祭之無度。"

0320 肥冬瘦年　《豹隱紀談》:"吴門風俗多重,至節,謂曰'肥冬瘦年',互送節物。顔侍郎有詩述之。"

0321 冬烘[②]　葉夢得《避暑録話》:"唐人言'冬烘',是不了了語,故有'主司頭腦太冬烘'之言。"

0322 小春　《初學記》:"十月天時和暖似春,故曰'小春之月'。"范成大詩"狂飇吹小春",楊萬里詩"小春活脱似春時"。按:《爾雅》"十月爲陽月",因又曰"小陽春"。

0323 正月　杜佑《通典》:"秦始皇名政,諱之,故正月字從平聲。"按:《雲麓漫鈔》:"仁宗時,以御名同音,欲改正月爲一月,有以本音政爲言者,遂改還政音,然至今仍習從平聲也。"

0324 上澣、中澣、下澣　《古今詩話》:"俗以上澣、中澣、下澣代上旬、中旬、下旬,蓋本唐制十日一休沐,故白居易詩'公假月三旬',韋應物詩'九日驅馳一日閒'也。"按:唐世休澣事,頻見載咏。《唐書·劉晏傳》:"質明視事,至夜分止,雖休澣不廢。"溫庭筠有《休澣日謁所知》詩,劉長卿亦有"月晦逢休澣"句。漢時

---

① "物徂"當爲"徂物",見《文選·應詔觀北湖田收》。
② 黄侃:"冬烘"非"冬日"之"冬",迺龍鍾癰腫之意。

謂之“休沐”，制以五日，《張安世傳》“精力于職，休沐未嘗出”、《萬石君傳》“建每五日洗沐，歸謁親”是也。改“沐”爲“澣”，見於六朝宋鮑照詩云：“休澣自公日，宴慰及私辰。”

0325 黄道日 《唐書·歷志》：“以冬至赤道日度及約餘，依前求定差以減之，是爲黄道日度。”

0326 龍虎日 《月令廣義》：“正月巳，二月亥，三月午，四月子，五月未，六月丑，七月申，八月寅，九月酉，十月卯，十一月戌，十二月辰，爲龍虎日。龍虎，厲神也，不宜干上、宜制下。”按：如其説，則世以凡月寅辰日爲龍虎，非是。

0327 年忌 《靈樞經》：“凡七歲、十六歲、二十五歲、三十四歲、四十三歲、五十二歲、六十一歲，是謂年忌。”按：此以七爲始，而遞以九數乘之也。今俗以二九、三九相乘之歲，如十八、二十七，以至九九八十一歲爲暗九，謂有疾厄之慮，傳之失其眞矣。

0328 月忌 周密《齊東野語》：“俗以初五、十四、二十三三日爲月忌，蓋三日乃河圖數之中宫五數耳，五爲君象，故民庶不敢用。”

0329 大月、小月 《周髀算經》：“置小月二十九日，置大月三十日。”《白虎通德論》：“月行或過或不及，日不可分，故月有大小。”蔡邕《獨斷》：“閏月補小月。”劉熙《釋名》：“望，月滿之名也。月大十六日，小十五日。”許慎《説文》：“霸，月始生也，承大月二日，承小月三日。”按：漢以前稱月大小者，見此數條。六經、《史》《漢》但有其説，無其稱也。今又謂大月曰“大盡”，小月曰“小盡”，此蓋起自宋世。《朱子語録》：“月之生時，大盡則初二，小盡則初三。”《竹坡老人詩話》：“頃歲朝廷多事，州縣不頒歷。朱希眞作《小盡行》云：‘藤州三月作小盡，梧州三月作大盡。’”前此少見大、小盡文。

0330 閒月、忙月 《後漢書·劉般傳》：“冬春閒月，不妨農事。”《唐書·食貨志》：“門夫番上不至者，閒月督錢百七十，忙月二百。”

0331 月半 《日知録》：“今人謂十五爲月半，古經已有之。《儀禮》：‘月半不殷奠。’《禮·祭義》：‘朔月月半，君巡牲。’而亦有以上下弦爲月半者。《釋名》云：‘弦，月半之名也。望，月滿之名也。’弦曰半，以月體言之；望曰半，以日數言之。”

0332 月頭 花蘂夫人《宫詞》：“月頭支給買花錢。”郭翼詩：“月頭月尾雨陰陰。”

0333 月盡頭 徐凝詩：“三月盡頭雲葉秀，小姑新著好衣裳。”

0334 一箇月 王建《寄韋處士》詩：“一箇月來山水隔，不知茅屋若爲居。”

0335 日子　《文選·陳琳〈檄吳將校部曲文〉》："年月朔日子。"注云："子，發檄時也。"《隋書》袁充上表云："歲月日子，還共誕聖之時。"《日知錄》："漢人未有稱夜半爲子時者，古人文字，年月之下必繫以朔，必言朔之第幾日某干支，故曰朔日子也。《宋書·禮志》：'年月朔日甲子，尚書令某甲下。'此此①古文移之式，陳琳檄文但省一'甲'字耳。《南史·劉之遴傳》：'參較古本《漢書》，稱永平十六年五月二十一日己酉，郎班固。而今無上書年月日子。'"此亦可證今俗不知，但以"子"爲"日"之語助矣。

0336 日中　《易》："日中爲市。"《詩》："日之方中。"《書》："自朝至於日中昃。"《左傳》："自日中以爭，至於昏。"《史記·項羽紀》："日中大破漢軍。"《漢書·五行志》："日中時食，從東北過半。"按：古未有十二時之目，紀晝大率用日，如"質明"、"大昕"、"日旰"、"晡時"諸稱，今皆不挂人口，惟"日中"則人人言之。

0337 一日雞，二日狗　《北史·魏收傳》引董勛答問禮俗曰："正月一日爲雞，二日爲狗，三日爲猪，四日爲羊，五日爲牛，六日爲馬，七日爲人。"按：諸惟"人日"爲古今所盛稱，"雞日"則吕居仁有"避地逢雞日"句，其餘未經人用。今語又增之曰"八日爲穀，九日爲蠶"，不見出處。

0338 夜半子時，雞鳴丑時　杜預《左傳》注始分一日爲十二時，其名目但曰"夜半"、曰"雞鳴"、曰"平旦"、曰"日出"、曰"食時"、曰"隅中"、曰"日中"、曰"日昳"、曰"晡時"、曰"日入"、曰"黄昏"、曰"人定"，未借及十二支也。今恒言猶或兼之，曰"夜半子時"、"雞鳴丑時"、"日出卯時"、"日没酉時"、"黄昏戌時"、"人定亥時"，畧得古之遺。

0339 直月　《周禮·賈師》："國之賣價，各率其屬，而嗣掌其月。"鄭康成注："更相代直月。"

0340 直日　《晉語》史黯曰："臣敢煩當日。"韋昭注："直日也，言不敢煩主之直日者以自白。"《漢書·京房傳》："分六十四卦，更直日用事。"《南史·殷不害傳》："與舍人庾肩吾直日奏事。"

0341 某年月日　《大戴禮》載周迎日辭："維某年某月上日。"《司馬法·仁本篇》："某國爲不道，征之以某年月日。"《史記·廉藺傳》："相如顧召趙御史書曰：'某年月日，秦王爲趙王擊筑。'"按：後人傳誌稿中畧其年月之辭，倣此。

0342 當年　《韓詩外傳》："先生者，當年霸；後生者，三年而復。"當，讀去聲。唐方干詩"庭梅曾試當年花"同。

---

① 兩"此"字當刪一，見《日知錄》卷二十。

0343 開年 庾信《行雨山銘》:"開年寒盡,正月遊春。"盧思道詩:"開年簡時日,上辛稱天吉。"

0344 窮年累世 《荀子·榮辱篇》:"人欲餘財蓄積之富,而窮年累世不知足。"

0345 連年累歲 古樂府:"婦病連年累歲,傳呼丈人前一言。"

0346 積年累月 《顔氏家訓·後娶篇》:"夫婦之義,曉夕移之。積年累月,安有孝子?"

0347 一年一度 范成大《田園雜興》:"一年一度遊山寺,不上靈巖卽虎丘。"《五燈會元》天衣懷舉"一年一度春"語。

0348 年頭月尾 《唐書·楊瑒傳》:"有司帖試明經,不質大義,乃取年頭、月尾、孤經、絶句,奏請帖平文以存家學。"林光朝詩:"年頭月尾無一事,咄咄癡頑不識字。"

0349 卽日 《史記·項羽紀》:"項王卽日因留沛公與飲。"《漢書·霍光傳》:"卽日承皇太后詔。"《吴志·太史慈傳》:"吏然慈言,卽日俱去。"褚遂良帖:"卽日須髮盡白。"按:"卽日"猶當日,而日之相近,或亦以"卽"言之,如陸游詩:"知汝卽日歸,明當遣舟迎。"

0350 另日 《楊升庵外集》:"俗謂異日爲另日,音命令之令,然其字《説文》《玉篇》無有也,只當作令日。《戰國策》趙燕拜武靈王胡服之賜曰:'敬循衣服,以待令日。'卽異日也。"按:《國策》注"令"訓爲"善",謂擇善日衣之,升庵説似傅會。《列子·周穆王篇》有"别日升崐崘丘"語,"另"或爲"别"字之省①。

0351 外後日 《老學庵筆記》:"後三日爲外後日,意其俗語耳。偶讀《唐逸史·裴老傳》乃有此語,裴,大歷中人也。"按:今又謂之"大後日"。

0352 後五日 《史記·留侯世家》:"圯上父曰:'後五日平明,與我會此。'平明,良往。父已先在,怒曰:'後,何也?'去,曰:'後五日早會。'五日雞鳴,良往。復怒曰:'後,何也?'去,曰:'後五日復早來。'五日,良夜未半往。"又《扁鵲傳》:"入朝見齊桓侯曰:'君有疾,在腠理。'後五日復見,曰:'有疾,在血脉。'後五日復見,曰:'有疾,在腸胃。'後五日復見,望而退走,曰:'今在骨髓,雖司命無奈之何。'後五日,桓侯體病,遂死。"按:兩傳云"後五日",皆的定是五日也。今俗因其文,凡言後日,率以"五"字綴之。宋劉一止詩"更看後五日,放過前一著",已

① 黄侃:"另"卽"零"字。零,餘雨也。引申以目凡餘。"零日"猶言他日、暇日,俗省"别"字之半爲之。若依篆文,卽是"冎"字,"冎日"不成語矣。楊、翟二説皆未諦。

如今俗所綴。

0353 日計不足，歲計有餘　見《文子·精誠篇》。又《管子·治國篇》："農者月不足，而歲有餘者也。"《莊子·庚桑楚篇》："吾日計之而不足，歲計之而有餘，庶幾其聖人乎。"《漢書》章帝詔："安靜之吏，悃愊無華，月計不足，歲計有餘。"

0354 三日三夜　《史記·孟子荀卿傳》："淳于髡見梁惠王，壹語連三日三夜無倦。"按：諺云"三日三夜説不了"，本此。

0355 不日不月　《詩》："君子于役，不日不月。"箋云："行役，反無日月。"《管子·白心篇》："不日不月，而事以從。"注云："不計日月。"按：流俗所謂"没日没月"，即斯言也。

0356 何以過日　《南史·陳後主紀》："監者言：'叔寶耽醉，罕有醒時。'隋文帝使節其酒，既而曰：'任其性，不爾，何以過日。'"

0357 朝不謀夕　《左傳·昭元年》：趙孟曰："吾儕偷食，朝不謀夕。"又《僖七年》《襄十六年》《三十一年》俱曰："朝不及夕。"《國語》："王聞鬬子文之朝不及夕也，每朝，設脯糗以羞之。"《晉書》李密《陳情表》："人命危淺，朝不慮夕。"按：《傳燈録》云："早起不審夜。"俚語云"朝不保暮"，皆因之小變。

0358 朝暮人　《史記·晉世家》："旦暮之人，曾不能待而欲弑之。"《漢書·楊惲傳》："太仆定有死罪數事，朝暮人也。"師古注："言不得久活也。"

0359 朝三暮四　《列子·黄帝篇》："狙公誑狙曰：'與若芧，朝三而暮四，足乎？'衆狙皆起而怒。俄而曰：'與若朝四而暮三，足乎？'衆狙皆伏而喜。"《莊子·齊物論》同。

0360 日暮途遠　《史記》伍子胥曰："吾日暮途遠，故倒行而逆施之。"《尉繚子》亦有此語。按：今語小變，曰"日暮途窮"。

0361 犁明　《史記·吕后紀》注："徐廣曰：'犂猶比也，諸言犂明者，將明之時。'"

0362 侵早　杜甫《贈崔評事》詩："天子朝侵早。"賈島《新居》詩："門嘗侵早開。"王建《宫詞》："爲報諸王侵早入，隔門催送打球名。"按：侵早，即淩晨之謂，作"清早"者非。

0363 黄昏、人定　黄昏，始見《楚辭》；人定，見《後漢書》來歙、耿弇兩傳。《古焦仲卿妻》詩："奄奄黄昏後，寂寂人定初。"

0364 三更半夜　《宋史·趙昌言傳》："陳象輿、董儼皆昌言同年，日夕會昌言第。京師爲之語曰：'陳三更，董半夜。'"按：《後漢·彭寵傳》："甄豐旦夕入謀議，時人語曰：'夜半客，甄長伯。'"《陳后山談叢》："刁學士約，喜交結，請謁常至夜半，號刁半夜。”事皆相類。今厭人宵聒不休，亦往往以此號之。

0365 五更轉 古樂府有伏知道《從軍五更轉》，自一更至五更，各五言四句。隋煬帝效之，作《龍舟五更轉》，見《文中子》。今小曲有所謂“鬧五更”者，倣此。

0366 半更 見《史記·滑稽傳》。孟浩然詩“瑞雪初盈寸，閒宵始半更”用之。

0367 登時① 《魏志·管輅傳》注：“注《易》之急，急于水火。水火之難，登時之驗。《易》之清濁，延于萬代。”《北史·祖珽傳》：“夜忽鼓譟喧天，賊衆大驚，登時散走。”《舊唐書·張柬之傳》：“姚崇言柬之沉厚有謀，能斷大事，則天登時召見。”王子年《拾遺記》：“使者令猛獸發聲，帝登時顛蹶，掩耳震動。”《抱朴子·自序篇》：“或齎酒肴候洪者，雖非儔匹不拒，後有以答之，亦不登時也。”按：《鹽鐵論》“登得前利，不念後咎”、《焦仲卿妻》詩“登即相許和”，所云“登”者，蓋即“登時”之謂。

0368 當時 當，去聲。《十洲記》：“不死草，形如菰苗，人已死三日者，以草覆之，皆當時活也。”

0369 見在 見，音現。《周禮·御史》：“凡數從政。”注云：“其見在空缺者。”又《槀人》注：“弓弩矢箙棄亡者除之，計今見在者。”又《職喪》疏：“今存者，據《儀禮》之内見在者而言。”《漢書·外戚傳》：“武即書對，兒見在，未死。”《三國志·魏延傳》：“延曰：‘丞相雖亡，吾自見在。’”《論衡·正説篇》：“《尚書》滅絶于秦，其見在者二十九篇。”

0370 目前 《列子·楊朱篇》：“目前之事，或存或廢，千不識一。”《吳志·陸瑁傳》：“爲赴目前之急，除心腹之患。”又“即目”，見《元典章》，亦猶云“目前”。

0371 爾來 見《蜀志》諸葛亮《出師表》。

0372 如今 出《詩·杕杜》箋。又《論語》“而今而後”，而、如二字通。

0373 上頭 《元史·泰定帝紀》：“遵守正道行來的上頭，數年之間，百姓安業。”《元典章》：“至元二十八年旨，官人每一路過去上頭，百姓每生受。”又：“延祐四年奏，百姓爲饑荒上頭，流移江南等路。”按：“上頭”，乃指謂其時之辭。

0374 當初 《水經·滱水》注：“安喜城下有積木交横，蓋當初山水瀞蕩，漂積于斯。”按：《琵琶曲》有“早知今日悔當初”句。

0375 古老 《書·無逸》傳：“小人之子，輕侮其父母曰：‘古老之人無所聞知。’”按：此“古老”二字平下。崔融《請封中岳表》：“宣太平之風化，聽古老之謳

① 黄侃：“登”即“當”之轉。

謡。"李白《遊九華山記》:"不經古老之口,復闕名賢之記。"乃謂古先之耆老。今俚俗所言,如云"古老錢"、"古老屏風",大抵皆祖《書》傳。

0376 長遠　《晉書·明帝紀》:"若如今言,晉祚復安得長遠!"①

0377 不今不古　揚子《法言》:"童牛角馬,不今不古。"

0378 周而復始　見京房《易傳》。又《漢書·郊祀歌》:"陰陽五行,周而復始。"《韓詩外傳》:"周則復始,窮則反本。"

0379 没了期　《五代史補》:"錢鏐封吴越王,工役大興,或夜書府門曰:'没了期,没了期,修城纔罷又開池。'鏐見之,命吏續曰:'没了期,没了期,春衣纔罷又冬衣。'嗟怨頓息。"

0380 生生世世　《南史·王敬則傳》:"順帝泣而彈指:'惟願後身生生世世,不復天王作因緣。'"

0381 人生一世　《史記·晉世家》:"重耳謂齊女曰:'人生一世②,必死于此。'"《淮南王傳》:"人生一世間,安能邑邑如此!"《漢書·班倢伃傳》:"惟人生兮一世,忽一過兮若浮。"《後漢書·張霸傳》:"人生一世,但當敬畏于人。"③

0382 寸陰自惜　《司馬法》:"不寶咫尺玉,而愛寸陰旬。"《晉書·陶侃傳》:"大禹聖者,乃惜寸陰;至於衆人,當惜分陰。"

0383 躭悮少年　《金史·五行志》興定童謡曰:"青山轉,轉山青。躭悮盡,少年人。"

0384 少壯不努力,老大徒傷悲　《文選·長歌行》。

0385 三歲至老　王文禄《沂陽子》引諺云。

0386 千載一遇　袁宏《三國名臣序贊》:"千載一遇,賢智之嘉會。"邯鄲淳《答贈》詩:"聖主受命,千載一遇。"又《晉書·慕容雲載記》:"機運難邀,千載一時,公焉得辭也!"劉峻《廣絶交論》:"斯賢達之素交,歷萬古而一遇。"

0387 年紀　始見《後漢書·光武帝紀》。又《三國志·魏武紀》注:"建元去官之後,年紀尚小。"《張溫傳》:"溫年紀尚小,鎮重尚淺。"《晉書·魯褒傳》:"不計優劣,不論年紀。"

0388 年幾歲　《日知錄》:"古人但云年幾何,自太史公始變之,《秦始皇本紀》曰'年十三歲'。"

---

① "明帝"當爲"宣帝","今言"當爲"公言",見《晉書·宣帝紀》。

② "一世"當爲"安樂",見《史記·晉世家》。

③ 此處《函海》本有:蜀有"人生一世,草生一春"之語。

0389 實年 白居易《照鏡》詩:“豈復更藏年,實年君不信。”按:今公家冊籍書年必加用“實”字,蓋在唐已然也。

0390 誕辰 黄溥言《閒中古今錄》:“世稱生辰曰‘誕辰’、曰‘華誕’,此因《詩》‘誕生后稷’而云然。殊不知誕者發語辭也,以稱生辰,似無意義。”

0391 初度 《離騷經》:“皇覽揆予初度。”二字始見。

0392 秩 《禮記·王制》:“九十有秩。”注:“秩,常也。有常饍也。”按:今凡七十、八十通謂之“秩”,非矣。然白居易詩云:“已開第七秩,飽食仍安眠。”又云:“行開第八秩,可謂盡天年。”自注:“俗謂七十以上爲開第八秩。”蓋以十年爲一秩,自唐已然。而七秩則開自六十一歲,八秩開自七十一歲也。

0393 春牛圖 李涪《刊誤》:“《月令》‘出土牛’以示農耕早晚,此其遺也。凡立春在十二月望,策牛人在前,示其農早也;在十二月晦及正月朔,則策牛人當中,示其中也;在正月望,策牛人在後,示其晚也。”盧肇有《題春牛牓子》詩。王應麟《困學紀聞》:“土牛之法,以歲之幹色爲首,支色爲身,納音色爲腹,以立春日幹色爲角、耳、尾,支色爲脛,納音色爲蹄。景祐元年,以《土牛經》四篇頒天下,丁度爲序。”《元典章》:“至元二十四年劄付,陰陽尅擇,依《春牛經》式,造作土牛芒神色相施行,其芒神貌像、服色、裝束及鞭縻等,亦就年日幹支,爲其施設。”

0394 春書 《酉陽雜俎》:“北朝婦人,常以立春進春書。”

0395 春聯 《簪雲樓襍説》:“春聯之設,自明孝陵昉也。帝都金陵,于除夕前,忽傳旨公卿士庶家門上悉加春聯一副,帝親微行出觀,以爲笑樂。”按:觀蜀孟昶題桃符板事及宋趙庚夫《歲除即事》詩“桃符詩句好,恐動往來人”,則今之“春聯”乃源本于桃符板。其無板而以紙代之,别立“春聯”之名,或昉在明初耳。

0396 分歲 《風土記》:“除夜祭先竣事,長幼聚飲,祝頌而散,謂之分歲。”陳善《杭州志》:“古有守歲之宴,言爲達曙飲也。今至夜分而止,故謂之分歲。”范成大《分歲詞》:“禮成祭徹夜未央,飲福之餘即分歲。”陳造詩:“椒酒須分歲,江梅巧借春。”

0397 嘗新 《禮·月令》:“孟秋之月,農乃登穀,天子嘗新。”

0398 獻時新 《隋書》:“許善心母范氏,有高節。高祖勑尚食,每獻時新,常遣分賜。”

0399 趨時 《易·繫辭》:“變通者,趨時者也。”《史記·貨殖傳》:“白圭趨時。”

0400 敘寒溫 《晉書》:“王獻之與徽之、操之俱詣謝安,二兄多言俗事,獻之寒溫而已。"《世説》:"謝混與王齊、王睹叙寒溫,數語畢,還與羊孚談賞,王方悟其奇,乃合共語。"江總詩:"無人妨語默,何處叙寒溫。"杜甫詩:"虚名但蒙寒溫問,泛愛不救溝壑辱。"又"寒暄"卽猶寒溫。《五代史·孫晟傳》:"爲人口吃,遇人不能道寒暄,已而坐定,談辨鋒生。"

0401 溫暾 《輟耕録》:"南人方言曰溫暾者,言懷煖也。"王建《宫詞》:"新晴草色煖溫暾。"白居易詩:"池水煖溫暾。"元稹詩:"寧受寒切烈,不愛陽溫暾。"按:"溫暾"與"溫黁"、"溫麘"義同,音亦相近。《説文》"㜷"字下云:"讀若水溫黁"。黁,乃昆切。李商隱詩:"疑穿花透迤,漸近火溫麘。"[1]皮日休《咏金鸂鶒》亦用"溫麘"二字。麘,奴敦切。俗又作"溫吞",吕居仁《軒渠録》有營婦托學究寫書寄夫云:"天色汪囊,不要喫溫吞蠖託底物事。"

0402 火熱 貫休《長安道》句:"黄塵霧合,車馬火熱。"

0403 及熱 《南史》王敬則曰:"事須及熱。"

0404 趨炎附熱 《宋史·李垂傳》:"見大臣不公,常欲面折之,焉能趨炎附熱,看人眉睫,以冀推輓乎?"

0405 偷寒送暖 見白仁甫《牆頭馬上》曲。

0406 連底凍 《厚德録》:"應山'二連',伯氏君錫,爲人清修孤潔,人號爲連底清;仲氏元禮,加以駿肅,人號爲連底凍。"羅鄴有"蜀[2]河連底凍無聲"句。

0407 冷處著把 《五燈會元》泐潭文凖曰:"告諸禪德,也好冷處著把火。"

0408 冰炭不同器 《鹽鐵論》:"冰炭不同器,日月不並明。"按:元人曲屢用此語,皆作"不同罏",非。

0409 一日脱膊,三日齷齪 見陸泳《吴下田家志》。婁氏《五行雜占》:"十二月謂之大禁月,忽有一日稍煖,卽爲大寒之候,故諺云云。"

0410 早起三朝當一工 宋樓鑰詩。

0411 在家常起早 杜甫詩:"在家常早起,憂國願年豐。"

0412 五更侵早起,更有夜行人 《傳燈録》:"丹霞來古寺,經宿。明旦粥熟,行者盛一鉢與師,又盛一碗自喫,殊不顧丹霞,丹霞卽自盛喫。行者曰:'五更侵早起,更有夜行人。'"

0413 日長如小年 唐庚詩:"山静似太古,日長如小年。"

0414 歡娱嫌夜短,寂寞恨更長 張茂先《情詩》:"居歡惕夜促,在戚怨宵

---

① 黄侃:"麘"蓋"磨"字之别體。磨,徒南切,轉讀他昆切耳。

② "蜀"當爲"濁",見《全唐詩》卷六五四羅鄴《早發》。

長。”卽二語所本。又《易林》“獨宿憎夜”，亦“寂寞恨更長”之意。

0415 朝朝寒食，夜夜元宵 見高則誠《琵琶》、白仁甫《梧桐雨》劇。

0416 百年難遇歲朝春 見鹿門老人《紀曆撮要》、陸濬源《藜牀瀋餘》。

0417 春寒多雨水 見《吳下田家志》。

0418 春無三日晴 《五燈會元》佛日、智才舉此語。

0419 正月三白，田公笑嚇嚇 見《朝野僉載》。

0420 正月逢三亥，湖田變成海 周密《浩然齋視聽鈔》引吳諺。

0421 有利無利，但看二月十二 《明詩綜》：“花朝日晴，則百果多實，吳中諺云云。”《月令廣義》：“四月十四，得東南風吉。十六黄昏時，日月對照，主夏秋旱。月上遲有白色，主大水。諺云：‘有利無利，只看四月十四；有穀無穀，只看四月十六。’”二説不同。

0422 清明斷雪，穀雨斷霜 見《吳下田家志》。

0423 清明嫁九娘，一去不還鄉 田汝成《遊覽志餘》：“書此貼楹間，則夏月無青蟲撲燈之擾。”

0424 三月無三卯，田家米不飽 見《周益公日記》。

0425 三月三日晴，桑上挂銀瓶 《紀曆撮要》及《楊升庵集》引古諺云云。《玉芝堂談薈》述有下二句云：“三月三日雨，桑葉無人取。”

0426 立夏不下，田家莫耙；小滿不滿，芒種莫管 《月令廣義》：“立夏小滿皆欲雨，故云。”

0427 四月八，凍殺鴨 《明詩綜》引黔中諺。又《廣信府志》載田家諺：“四月八日晴，魚兒上高坪。”《紀曆撮要》載農諺：“小麥不怕神共鬼，但怕四月八夜雨。”

0428 黄梅寒，井底乾 見《月令廣義》。又《談薈》載四月占：“日煖夜寒，東海也乾。”

0429 未喫端午粽，布襖未可送 《劍南詩集·五月十日曉寒詩》：“弊袴久當脱，短褐竟未送。”自注：“吳中諺云云，俗謂典質曰送也。”《吳下田家志》作“寒衣未可送”。

0430 五月五日天中節，赤口白舌盡消除 見吳自牧《夢粱錄》。按：《太平廣記》：“張仁寶年少而逝。端午日，其父聞叩門聲，于門罅伺之，見其于門上題‘五月五日天中節’。題未畢，其父開門，卽失所在。”據此，則此風自唐有之。

0431 夏至有風三伏熱，重陽無雨一冬晴 《湧幢小品》：“俗語云云。驗之殊不然，及閲《感精符》云：‘夏至酉逢三伏熱，重陽戊遇一冬晴。’乃知俗説之訛。”

0432 六月三日雨一陣,上晝耘田下晝困　見《月令廣義》。按:俚俗謂眠爲“困”,或書作“睏”。

0433 六月不熱,五穀不結　《明詩綜》引吳中諺。

0434 長江無六月　《五燈會元》天衣懷禪師舉此語。

0435 夏旱修倉,秋旱離鄉　陳后山《談叢》:“浙西地下多水,故春夏厭雨,惟秋則畏旱,故諺云云。”

0436 朝立秋,暮飀飀;暮立秋,熱到頭　見《吳下田家志》。

0437 處暑雨不通,白露枉相逢　見《紀曆撮要》。

0438 八月初一雁門開,嬾婦催將刀尺裁　見《吳下田家志》。

0439 秋分在社前,斗米換斗錢;秋分在社後,斗米換斗豆　《談薈》《月令廣義》皆載此諺。又云:“社了分,米穀如錦墩;分了社,米穀如苔鮓。社了分,米穀不出村;分了社,米穀徧天下。”

0440 雲罩中秋月,雨打上元燈　《月令廣義》:“言其相應也。”又《紀曆撮要》:“風吹上元燈,雨打寒食墳。”

0441 九月九,生衣出抖擻　見《吳下田家志》。又《明詩綜》載黔中諺:“九月重陽,移火進房。”

0442 九月十三晴,釘靴挂斷繩　見馮夢禎《快雪堂日記》。

0443 十月無工,只有梳頭喫飯工　《吳下田家志》:“言日短事忽遽也。”

0444 冬至前,米價長,貧兒受長養;冬至後,米價落,貧兒轉消索　見《紀曆撮要》。

0445 冬至前後,瀉水不走　見《吳下田家志》。

0446 兩春夾一冬,無被煖烘烘　《談薈》載立春在殘年占云云。《月令廣義》作:“兩春夾一冬,牛闌九個空。”

0447 除夜犬不吠,新年無疫癘　吳中諺,見《明詩綜》。

0448 逢庚則變,遇甲方晴　《范石湖集·大雨紀事詩》“或云逢庚變,或云換甲始”,用此諺。《月令廣義》或謂諺乃云:“逢庚隻變,遇甲雙晴。”蓋單日逢庚則變,遇甲雙日方晴。

0449 歲在申酉,乞漿得酒;歲在辰巳,鬻妻賣子　《袁子正書》語云云。

0450 數九　《歲時記》:“俗用冬至次日,數及九九八十一日,多作九九詞。”又云:“九盡寒盡,伏盡熱盡。”唐薛能詩:“九九已從南至盡,芊芊應傍北籬生。”宋韓琦《和崔諫議》詩:“五九寒須伴臘梅。”元楊允孚《灤京雜咏》:“試數窗前九九圖,餘寒消盡煖回初。梅花點徧無餘白,看到今朝是杏株。”自注:“冬至後,貼梅花一枝于窗間,佳人曉粧,日以胭脂塗一圈,八十一圈既足,變作杏花,則煖回矣。”按:此皆謂自冬至數之也。而陸泳《吳下田家志》、周遵道《豹隱紀談》“數九諺”並有二首,一從冬至,一從夏至。楊愼《丹鉛錄》、王世貞《委宛[①]餘編》、馮應京《月令廣義》、田汝成《游覽志餘》所載俱然。今俗亦兩歌之,其自夏至數云:“一九二九,扇子弗離手;三九二十七,冰水如蜜汁;四九三十六,拭汗如出浴(一作爭向露天宿);五九四十五,頭戴楸葉舞;六九五十四,乘涼入佛寺;七九六十三,牀頭尋被單;八九七十二,思量蓋夾被;九九八十一,家家打炭墼。”其自冬至數云:“一九二九,相喚不出手;三九二十七,簷頭吹觱篥;四九三十六,夜眠如鷺縮(一作方纔凍得熟);五九四十五,太陽開門戶(一作窮漢街頭舞);六九五十四,貧兒爭意氣(一作樹頭青漬漬);七九六十三,布衲兩頭攤(一作破衲足頭擔);八九七十二,猫狗尋陰地(一作口中呬煖氣);九九八十一,犂耙一齊出(一作三句云:窮漢受罪畢,纔要伸脚睡,蚊蟲獦蚤出)。”

① “委宛”當爲“宛委”,見《弇州四部稿》卷一五六。

卷四　倫常

0451 忠臣不事二君，貞女不更二夫　王蠋語，見《史記·田單傳》。

0452 求忠臣，必于孝子之門　《後漢書·韋彪傳》引孔子語云云，注曰："此《孝經緯》之文也。"

0453 世亂識忠臣　見《唐書·崔圓傳》《五代史·死節傳》。按：《老子》上篇："國家昏亂有忠臣。"爲此語所本。

0454 天下無不是底父母　《小學》羅仲素論"瞽瞍底豫而天下之爲父子者定"云："只爲天下無不是底父母。"

0455 至親莫如父子　《漢書·高帝紀》："人之至親，莫親于父子，故父有天下傳歸于子，子有天下尊歸于父。"《北史·宇文護傳》："天下至親，不過兄弟。"袁采《世範》："人之至親，莫過于父子兄弟。"

0456 知子莫若父，知臣莫若君　《管子·大匡篇》鮑叔曰："先人有言云云。"《左傳·僖七年》子文亦曰："古人有言：'知臣莫若君。'"《晉語》祁奚曰："人有言：'擇臣莫若君，擇子莫若父。'"《戰國策》趙武靈王謂周紹曰："選子莫若父，論臣莫若君。"

0457 有是父，斯有是子　《孔叢子·居衛篇》子思曰："有此父斯有此子，道之常也。"揚子《法言》："石奮、石建，父子之美也。無是父，無是子；無是子，無是父。"又《史記·酷吏傳》天子謂張湯母曰："非此母不生此子。"《晉書》范逵謂陶侃母曰："非是母不生是子。"

0458 教子以義方　《左傳·隱三年》石碏曰："爱子，教以義方，弗納于邪。"馮道贈竇禹鈞詩："燕山竇十郎，教子以義方。"

0459 清白遺子孫　《後漢書·楊震傳》："子孫蔬食步行，或令開産業，震曰：'使後世稱爲清白吏子孫，以此遺之，不亦厚乎？'"《隋書》房彦謙謂其子曰："人皆以祿富，我獨以官貧，所遺子孫，在于清白。"《南史》梁徐勉曰："人遺子孫以財，我遺之清白。"

0460 子承父業 《傳燈録》利山和尚舉揚此語。

0461 養子方知父慈 又:洞山价舉揚此語。

0462 無官一身輕,有子萬事足 《東坡居士集·賀子由生第四孫詩》。《戴表元集·壽陳子猷[①]太傅》十詩,以"無官一身輕,有子萬事足"爲韻。

0463 家憑長子,國憑大臣 見元王仲文《救孝子》劇。

0464 養兒備老 元稹詩:"養兒將備老。"高明《琵琶記》:"養兒代老,積穀防饑。"

0465 孃惜細兒 袁文《甕牖閑評》:"世有'孃惜細兒'之語。《陟岵》之詩云:'母曰:予季行役。'季,少子也。母以少子行役,其心眷眷然而形之語言如此。此正所謂娘惜細兒者,不獨今人爲然。"按:袁氏浙東鄞人,今此語仍行浙東,其事情則《國策》趙威后曾明言之[②]。

0466 鼻祖 揚雄《反騷》:"有周氏之嬋嫣兮,或鼻祖于汾隅。"《方言》:"鼻,始也。獸之初生謂之鼻,梁益之間謂鼻爲初,或謂之祖。"注曰:"鼻、祖,皆始之别名也。"許旌陽《服氣書》:"人受胎于父母,其始成鼻;畫家畫人,亦從鼻始,故鼻云祖。"又《説文》:"俗以始生子爲鼻子。"

0467 義父 《洛陽伽藍記》:"隱士趙勉,云是晉武時人。正光初來京師,汝南王聞而異之,拜爲義父。"謝肇淛《文海披沙》:"項羽尊懷王爲義帝,猶假帝也。唐人謂假髻曰'義髻',彈箏假甲曰'義甲',皆以外置而合宜者,故今人謂假父曰'義父',假子曰'義子'、'義女'。"按:《唐書·王世充傳》:"請事侗母劉太后爲假子。"《李錡傳》:"番落健兒,稟給十萬,使號錡爲假父。""假父"、"假子"之稱,又見于此。若《史遷·吕不韋傳》所云"假父",乃與後世"義父"不同。

0468 公婆 明《孝慈録》:"舅姑卽公婆。"按:"公婆"之稱,古有之也。《漢書》賈誼策:"抱哺其子,與公併倨。"《古爲焦仲卿妻》詩:"便可白公姥,及時相遣歸。"乃謂舅爲"公"也。晉樂府:"後來新婦今爲婆。"干寶《搜神記》:"李信妻走告姑曰:'阿婆,兒夜來不知何故變相?'"乃謂姑爲"婆"也。

0469 再生父母 《元史》:"烏古孫澤初知興化軍,繼改軍爲路,授澤行總管府事,民候迎道左曰:'是曩昔再生父母也。'"

0470 顯考妣 丘濬《家禮儀節》:"家禮舊本,于高曾祖考妣上,俱加皇字。今本改作故字,似俗,不若用顯字。蓋皇與顯,其義相符。"潘昂霄《金石例》:"古

---

① "猷"當爲"徽",見戴表元《剡源文集》卷二七。

② 此處《函海》本有:今蜀有"百姓愛么兒"之語,卽"少子"之謂。

人書皇祖、皇考，韓魏公易以顯字。”《元典章》：“大德四年，江西省咨：萍鄉縣侯震翁告朱惠孫，墓菴内供伊母魂牌，刋寫皇妣字樣。儒學提舉司于《禮記》内披究得‘皇妣’二字，經典該載，不曾奉到上司明文，合與不合迴避，咨請回示。部議得，省儒學攷究，雖出經典，理宜迴避，已追牌座，當官燒毁，今后徧行禁止。”按：當時但禁用“皇”字，其改作某字，未著明文。今通行書“顯考妣”，蓋先經易于韓魏公之言，實也。

0471 府君　府君，本漢太守之稱。《後漢書》：“廣陵太守陳登，患胸中煩懣。華佗脉之，曰：‘府君胃中有蟲。’”《三國志》：“孫策進軍豫章，華歆爲太守，葛巾迎策。策曰：‘府君年德名望，遠近所歸。’”近世疏狀譜牒，乃以稱其祖考。攷司馬温公《書儀》：“慰狀格式，先某位奄棄榮養。”自注云：“無官，改‘先某位’爲‘先府君’。”《朱子家禮・祠堂章》自注云：“無官者，以生時行第稱號，加于府君之上。”又《語録》：“無爵而曰府君、夫人，漢人碑已有，只是尊神之辭。府君如官府之君，今人亦謂父曰家府君。”姚翼《家規通俗編》：“《蓬窗類記》言無官者稱府君，蓋襲古式，而不知本朝有禁。然禁無可攷，而嘗于載籍中見湛甘泉告祖文，稱曾祖處士府君，此公非不知禮、不攷典故者。丘文莊乃本朝達禮之士，其輯家禮，亦稱處士府君，恐《蓬窗》所記誤也。《詩》：‘先祖是皇。’注：‘皇，君也。’而慶源輔氏曰：‘君卽府君之謂。’則府君乃人子尊祖考之辭，非以爵稱也明矣。”

0472 太君　《宋史・職官志》：“凡升朝官以上，遇恩，母封縣太君，妻封縣君；更上則郡太君、郡君。”司馬温公《書儀》：“母亡云‘先太夫人、先太君’，無封邑者止云‘先夫人’。”

0473 孤哀子　《開元禮》：“虞祭祝文：父喪稱孤子，母喪稱哀子；祖父稱孤孫，祖母稱哀孫，大小祥祭如之。”《朱子家禮》：“父母俱亡，卽稱孤哀子。”又曰：“凡《禮》中所言孤子，如當室及不純采之類，皆謂已孤之子，非所自稱也。而鄭氏《禮》注亦云：‘三十以下無父稱孤。’明三十以上不得爲孤也。今欲行古禮，父母喪俱宜稱哀子。然世俗相承已久，恐難卒變。”《語類》：“或問：‘世間孤哀之稱如何？’曰：‘温公因今俗以爲父母，不欲混也，從之亦無害。陳子昂爲其父墓志，自稱孤子；李華《祭蕭穎士》文，已有父喪，亦自稱孤子。’”

0474 承重孫　《儀禮・喪服傳》：“爲父後者，則爲出母無服。”疏云：“謂父殁，適子承重，不合爲出母服。”“承重”二字見此。《通典》有晉庾純等適孫《爲祖承重議》。按《晉書・禮志》云：“陳留王奉魏氏，所承者重，不得服其私親。”《五代史・晉家人傳論》亦云：“爲人後者，所承重。”則“承重”之言，不獨專于祖孫。

0475 孝子　《禮・雜記》：“祭稱孝子、孝孫，喪稱哀子、哀孫。”劉熙《釋名》：

"祭曰卒哭，止孝子無時之哭也。期而小祥，孝子除首絰也。又期而大祥，孝子除練服也。間月而禫，孝子之意澹然衰也。"皆因祭以稱之。今概謂居喪者曰"孝子"，服曰"戴孝"，不典也。而其俗自晉宋來皆然，《晉書·王綏傳》："父爲殷桓所捕，未測存亡。綏居處飲食，每事貶降，時人謂爲試守孝子。"《宋書·明恭王皇后傳》："廢帝欲加酖害，左右止之曰：'若行此事，官家便作孝子。'"《南史·周盤龍傳》："不爲世子，便爲孝子。孝子則門加素堊，世子則門施丹赭。"《梁邵陵王綸傳》："道逢喪車，奪孝子服而著之。"《吳明徹傳》："葬日，有乘白馬者經墳，此是最小孝子大貴之徵。"《北史·崔儦傳》："崔子約居喪哀毀，人云：'崔九作孝，風吹卽倒。'"《王叡傳》："叡之葬也，假姻親義舊，衰絰縞冠，送喪者千餘人，時人謂之義孝。"

0476 孝子順孫 《漢書·黃霸傳》："百姓鄉化，孝子、弟弟、貞婦、順孫日以衆多。"《後漢書·百官志》注："三老掌教化，凡有孝子、順孫、貞女、義婦，皆扁表其門。"按："孝順"二字，始見《楚語》："孝順以納之，忠信以發之。"

0477 公子王孫 《戰國策》："公子王孫，左挾彈，右攝丸。"此四字連見故籍者。《史記·貨殖傳》："宛孔氏有'游閒公子'之名。"師古曰："公子者，王侯貴人之子，言其舉動性行有似之，若今言諸郎矣。"《漢書·韓信傳》："哀王孫而進食。"蘇林曰："王孫，言如公子也。"《文海披沙》："秦漢人相呼，率有此美稱，如蔡中郎謂王粲爲王孫，雋不疑謂暴勝之爲公子，蓋亦口頭虚語耳。"①

0478 兒子 《史記·齊悼惠世家》："兒子畜之。"《張釋之傳》："教兒子不謹。"《漢書·高帝紀》："鄉者夫人兒子皆以君。"《魏志·王昶傳》書戒兄子及子曰："郭伯益弘曠不足，輕貴有餘，不願兒子爲之；徐偉長不治名高，惟道是務，願兒子師之；劉公幹性行不均，少所拘忌，不願兒子慕之；任孝先淳粹履道，内敏外恕，願兒子遵之。"《晉書·桓玄傳》："殷仲堪常懷成敗之計，爲兒子作慮。"《劉曜載記》崔岳曰："吾既無兄弟之累，身又薄祜，未有兒子。"

0479 子息 《戰國策》："老臣賤息舒祺，最少。"《尸子》注："息，小兒也。"《東觀漢記》有"此我子息"之語。

0480 孩子 《墨子·明鬼篇》："殷紂賊誅孩子。"《論衡·本性篇》："紂爲孩子之時，微子睹其不善之性。"《焦氏易林》："孩子含餌，爲利所悦。"

0481 崽子② 《水經注》："孌童丱女，弱年崽子。"《方言》："崽者，子也。湘

① 黄侃："王孫"乃"王公孫"之挩誤，"公子"則暴勝之字也。

② 黄侃："崽"卽"子"之借字，字上蓋從中。

沅之間，凡言是子者，謂之崽子。”按：崽，音如宰。俚俗以爲駡語，其實非駡語也。

0482 囝　顧況《哀囝》詩：“郎罷別囝，囝別郎罷。”①按：閩中方言以父爲“郎罷”、子爲“囝”也。《集韻》：“囝，音蹇。”今俗亦以“囝子”爲駡語。

0483 豚兒犬子　《史記·司馬相如傳》：“少學擊劒，其親名之曰‘犬子’。”《三國志》注：“曹公曰：‘生子當如孫仲謀，劉景升兒子若豚犬耳！’”是“豚兒”、“犬子”乃輕賤之辭也。《留青日札》別爲一説云：“《越語》：‘范蠡欲國民衆多，凡國人生丈夫子，與酒三壺，犬一；生女子，與酒一壺，豚一。’所謂豚犬，蓋幼幼之事。”殊亦有據。

0484 末代孫　《大戴禮·少間篇》：“禹崩，十七世，乃有末孫桀。武丁後九世，乃有末孫紂，皆不率先王明德而亡。”岳珂《桯史》：“韓侂胄既逐趙忠定，太學生敖陶孫題詩三元樓壁曰：‘九原若遇韓忠獻，休説渠家末代孫。’”

0485 遺腹子　《淮南子·説林訓》：“遺腹子不思其父，無貌于心也。”《史記·趙世家》：“趙朔妻有遺腹，走匿公宫。”《李廣傳》：“李當户有遺腹子名陵。”《後漢書·鄭康成傳》：“康成子益恩，赴黄巾之難，有遺腹子名小同。”以下諸史，言“遺腹子”頗多。又“遺腹女”，見《後漢書·劉平傳》。

0486 姪男　顔眞卿《序顔元孫〈干禄字書〉》：“第十三姪男眞卿書。”柳宗元《祭六伯父文》亦自稱“姪男”。按：姪本姑謂兄弟之女之稱。《釋名》：“姪，迭也。共行事夫，更迭進御也。”《爾雅》《喪服經》《左傳》雖亦借稱兄弟之子，並是對姑之辭。《通典》：“雷次宗曰：‘謂吾姑者，吾謂之姪，此名特從姑發。以女子有行，事殊伯叔，故特制姪名，而字偏从女。如舅與從母，爲親不異，而言謂我舅者，吾謂之甥，亦特自舅而制也，名發于舅，字亦从男。故姪字有女，明不及伯叔；甥字有男，見不及從母。是以《周服篇》無姪字，《小功篇》無甥名也。’”對伯叔而稱姪，顔之推謂自晉世始之，《晉書·王湛傳》“王濟才氣抗邁，于湛略無子姪之敬”是也。唐人嫌其混于女子，而加男字明之，雖出名流，未免杜撰之目。

0487 弟男子姪　《元典章》：“有新附軍人，弟男子姪，結連惡少爲害。”四字始見。

0488 三男兩女　《後漢書·方術傳》：“三男兩女，孫息盈前，何爲坐自殫竭？”按：“三”、“兩”是約舉之辭，時語可驗。

---

①　黄侃：“罷”即“父”之轉，“囝”爲“囡”之變。今吴語讀之若娓，吾鄉讀之如捻，實即兒孺弱孥之音轉也。字亦作“囡”，閩語九件切者，“孑”之音變也。

0489 大男小女 《草木子》載吕思誠《寄内》詩:"少米無柴休懊惱,大男小女好看成。"按:小男小女,見《管子·海王篇》注。

0490 男大須婚,女大須嫁 《五燈會元》:"楊次公傑判有男不婚、有女不嫁之偈曰:'男大須婚,女大須嫁。討甚閑工夫,更説無生話。'寄天衣懷,懷稱善。"

0491 相女配夫 見王實甫《西厢》劇。

0492 兒女債 《琵琶記》:"願相公早畢兒女之債。"

0493 倒箱女 莊綽《雞肋編》:"江浙人生女多者,畢嫁,作倒箱會。"

0494 女生外嚮 《白虎通》:"男生内嚮,有留家之義;女生外嚮,有從夫之義。"按:《孟子》疏引作"女生内嚮,男生外嚮",似譌。

0495 盗不過五女之門 《後漢書·陳蕃傳》引諺云云。

0496 抱不哭的孩兒 《程子遺書》:"不哭的孩兒,誰抱不得。"

0497 多年爲老娘,倒綳孩兒 張師正《倦游録》:"苗振將試館職,晏相曰:'宜稍温習。'振曰:'豈有三十年爲老娘,倒綳孩兒者乎?'既試,不中選。晏笑曰:'苗君竟倒綳孩兒矣。'"按:今諺有云:"多年老娘,錯翦臍帶。"即此語耳。

0498 教婦初來,教兒嬰孩 《顔氏家訓·教子篇》:"俗諺云云,誠哉斯言。"按:謂端其始也。今諺云:"三朝息婦,月裡孩兒。"同此。

0499 不癡不聾,不成姑公 《愼子》:"不聰不明不能王,不瞽不聾不能公。"《釋名》:"充耳所以止聽,故里語曰:'不瘖不聾,不成姑公。'"張湛《列子·力命篇》注引語:"不瞽不聾,不能成功。"《宋書·庾炳之傳》何尚奏曰:"仲文嘗言:'不癡不聾,不成姑公。'"《隋書·長孫平傳》:"有告都督邴紹非毁朝廷者,帝將斬之。平諫曰:'鄙諺:不癡不聾,未堪作大家翁。此言雖小,可以喻大。'"《唐書》:"郭曖與昇平公主琴瑟不調,主恚,入奏。尚父拘曖,詣朝待罪。上曰:'不癡不聾,不作阿家阿翁。'"

0500 醜婦怕不得見舅姑 蘇子瞻《雜纂二續》載"怕不得"八事,一曰"醜婦見舅姑"。

0501 落索阿姑餐 《顔氏家訓·治家篇》:"婦人之性,率寵子婿而虐兒婦。諺云:'落索阿姑餐。'此其相報也。"

0502 夫倡婦隨 出《關尹子》。

0503 鄉里夫妻 《南史·張彪傳》:"呼妻爲鄉里曰:'我不忍鄉里落他處。'"沈約《山陰柳家女》詩:"還家問鄉里,詎堪持作夫。"《丹鉛續録》:"俗語:'鄉里夫妻,步步相隨。'言鄉不離里,如夫不離妻也。"

0504 單夫隻妻 《齊民要術》:"紅花一頃,日須百人摘取。一家手力,十不充一。但每旦有小兒僮女百十餘羣，自來分摘，是以單夫隻妻，亦得多種。”①

0505 夫主　《後漢書》班昭《女誡》：“正色端搡，以事夫主。”又云：“不知夫主之不可不事，禮義之不可不存也。”又云：“婦人之得意于夫主，由舅姑之愛己也。”

0506 妻子　《詩》：“妻子好合。”《韓非子》：“鄭人使其妻爲袴，曰：‘象吾故袴。’妻子因毁新令如故。”杜甫詩：“結髮爲妻子，席不煖君牀。”按：此本僅言“妻”而兼助以“子”字，今語猶有然。

0507 結髮夫妻　《文選》蘇子卿詩：“結髮爲夫妻，恩愛兩不離②。”又曹植詩：“與君初定情，結髮恩義深。”《古爲焦仲卿》詩：“結髮同枕席，黄泉共爲友。”江淹詩：“而我在萬里，結髮不相見。”黄憲《天禄閣外史》：“寡人有母，結髮于先君，而生寡人。”《北史·齊文宣紀》：“謂崔暹妻曰：‘頗憶暹不?’曰：‘結髮義深，實懷追憶。’”又《馮翊太妃傳》：“司馬子如曰：‘妃是王結髮婦。’”按：“結髮”本言初冠時，《史記·主父偃傳》“結髮游學”、《李廣傳》“結髮與匈奴戰”、《漢書·霍光傳》“結髮内侍”、《後漢書·魯褒傳》“結髮傳父業”皆是也。蘇子卿詩亦謂自初冠時爲夫妻，而後人直借以代夫妻字③。

0508 繼室　《左傳·隱元年》：“繼室以聲子。”又《昭三年》：“齊侯使晏嬰請繼室于晉。”

0509 正室側室　《周禮》：“正室謂之門子。”注云：“正室，適子，將代父當門者。”《禮記·文王世子》：“若有出疆之政，庶子守公宫，正室守太廟。”注亦云：“正室，適子也。”《左傳·桓二年》：“天子建國，諸侯立家，卿置側室。”注云：“側室，衆子也。”《文十二年》：“趙有側室曰‘穿’。”注云：“側室，支子。”按諸經，則正室、側室，古不以言妻、妾，言其所生子也。然《淮南·修務訓》：“稱以楚莊之琴，側室爭鼓之。”注云：“側室之寵人。”則妾自有“側室”之稱。《漢書》：“文帝曰：‘朕高皇帝側室之子也。’”《宋書》：“陸展染鬚髮，欲以媚側室。”妾云“側室”，妻可云“正室”矣。

0510 小　《詩》：“慍于羣小。”注曰：“小，衆妾也。”《漢書·元后傳》：“小婦弟張美人。”師古曰：“小婦，妾也。”《水經·河水》注引佛經：“有國王小夫人生肉胎，大夫人妒之。”亦分妻妾爲大小。

---

① 此處《函海》本有：“單夫隻妻”字始見。

② “離”當爲“疑”，見《文選》卷二九《古詩四首》。

③ 此處《函海》本有：非也。

0511 如夫人 《左傳・僖十七年》："齊侯多内寵，内嬖如夫人者六人。"

0512 渾家 《元典章》："萬户、千户裡有底渾家孩兒，也教依例當差。"按：《續燈錄》可眞舉"渾家送上渡頭船"句，蓋宋有斯稱。

0513 未亡人 《左傳・莊二十八年》："楚文夫人曰：'令尹不尋諸仇讎，而于未亡人之側。'"又魯穆姜、衛定姜俱自稱"未亡人"，見《成九年》《十四年傳》。

0514 夫妻反目 《易・小畜》爻辭。

0515 惡婦破家 《易緯》引古語："蹪馬破車，惡婦破家。"又《申子》："妒妻不難破家。"

0516 取婦不著一生貧 楊誠齋《江東集・和王道父山歌》："種田不收一年事，娶婦不著一生貧。"

0517 家有賢妻，丈夫不遭横事 見《元曲選・貧兒鬼》劇。

0518 難兄難弟 《世説》："陳元方子與季方子爭論父功德，諮于太丘。太丘曰：'元方難其兄，季方難其弟。'"①

0519 昆玉 《南史・王玢傳》："子琳娶梁武帝妹，有子九人，並知名，時人以爲玉昆金友。"崔鴻《前涼錄》："辛攀兄弟五人，並以才識名，秦雍爲之語曰：'五龍一門，金友玉昆。'"按：今稱人弟兄曰"昆玉"，義應本此。但不曰"金玉"、曰"昆友"而曰"昆玉"，似復別有出處。《晉書》："陸機兄弟生華亭，竝有才名，人比之崑岡出玉。""昆玉"或"崐玉"之譌歟？

0520 同堂兄弟 《北史・公孫表傳》："祖季眞云：'二公孫同堂兄弟耳，吉凶會集，便有士庶之異。'"《崔鑣傳》："崔休诫子姪曰：'汝等皆宜一體，勿作同堂意。'"又《三國志・孫琳傳》注："亮言：'琳同堂姊，邂逅泄漏，誤孤非小。'"

0521 孝弟 《舊唐書》："崔龜從太和二年改太常博士，時饗宗廟于敬宗室，稱皇帝孝弟。龜從議曰：'臣審詳孝字，義本主于子孫，理難施諸兄弟，宜去孝弟二字。'制從之。"按：今作佛事者所題榜疏，猶往往有"孝弟"及"孝妻"等稱。

0522 兄弟 《元史》泰定帝卽位詔："諸王哥哥兄弟每，也都理會的。"又："爭立的哥哥兄弟也無有。"《元典章》"軍户替補"條亦有"哥哥兄弟孩兒每"語。按：俗以"兄弟"二字並呼其弟，據文"兄弟"上先言"哥哥"，則此呼元時已通行上下也。

0523 結十弟兄 《顔氏家訓》："四海之人結爲兄弟，亦何容易。比見北人甚輕此節，行路相逢，便定昆季，望年觀貌，不擇是非，至有結父爲兄，托子爲弟

---

① 兩"其"字當爲"爲"，見《世説新語・德行》。

者。”按：此事自漢晉以來，不勝枚舉。《南史》：“宋明帝與蘇侯神結爲兄弟，以祈福助。”尤其恠誕者也。《春明退朝錄》：“太宗謂侍臣曰：‘昔唐莊宗終日沉飲，與俳優輩結十弟兄，不知當時刑政何如也。’”結弟兄期以十人爲數，又見于此。

0524 牽郎郎拽弟弟　張懋建《石癡別錄》：“兒童衣裾相牽，每高唱云云。”初意其戲詞，後見《詢芻錄》，乃知爲多男子祝辭。

0525 房分　《漢書·石奮傳》“入子舍”師古曰：“諸子之舍，若今言諸房矣。”《北魏書·宗室深傳》：“其往世房分，留居京者，得上品通官；在鎮者，便爲清途所隔。”

0526 中表　《晉書·杜后傳》：“母裴氏，中表之美，高于當世。”《列女傳》：“王渾妻鍾氏，禮儀法度，爲中表所則。”《隋書·經籍志》有盧懷仁《中表實錄》二十卷、高諒《表親譜》四十卷。

0527 半子　《唐書·回紇傳》：“咸安公主下嫁，可汗上書言：‘昔爲兄弟，今爲半子。’”劉禹錫《祭陽庶子文》：“乃命長嗣，爲君半子。”

0528 嬌客　蘇軾《和王子立》詩：“婦翁未可撾，王郎非嬌客。”注曰：“女婿曰嬌客，子立乃子由婿也。”《老學菴筆記》：“秦檜有十客，吳益以愛婿爲嬌客。”

0529 補代　《猗覺寮雜鈔》：“世號贅婿爲‘布袋’，不曉其義。或云：‘如身入布袋，氣不得出也。’頃附舟入浙，有同舟者號李布袋，篙人問其說。一人曰：‘語訛也。謂之補代，人家有女無子，恐世代自此而絕，不肯出嫁，招婿以補其世代耳。’此言絕有理。”《潛居錄》：“馮布少時，絕有才幹，贅于孫氏。其外父有煩瑣事，輒曰：‘俾布代之。’故吳中謂婿曰‘布代’。”按：馮布事，未見他書。元人雜劇如張國賓《薛仁貴》、武漢臣《老生兒》並有“補代”之言，朱氏《猗覺寮》之言是也。

0530 連衿　《嬾眞子》：“友婿，江北人呼‘連袂’，亦呼‘連衿’。”

0531 姑夫　見《禮記》。又《蜀志·李恢傳》：“姑夫爨習爲犍爲[①]令，有違犯事，恢坐習免。”《南史·袁淑傳》：“至十餘歲，爲姑夫王弘所賞。”《范雲傳》：“六歲就其姑夫袁叔明讀《毛詩》。”又婦人呼小姑之夫亦曰“姑夫”。《五代史·唐王淑妃傳》：“石敬瑭兵犯京師，妃謂太后曰：‘事急矣！宜少避以俟姑夫。’”《吕氏童蒙訓》：“故家晁氏，凡諸姑尊姑之夫，必曰某姓姑夫，某姓尊姑夫，未嘗敢呼字也。”

0532 姨夫　《續釋常談》：“元氏小叔與姪大淵書：‘吾時在鳳翔，每借書于齊倉曹家，徒走就陸姨夫師受。’”

---

① “犍爲”當爲“建伶”，見《三國志·蜀志·李恢傳》。

0533 姊夫 《漢書·霍光傳》:"夜設九賓,延見姊夫昌邑關内侯。"《吳志·呂蒙傳》:"少依姊夫鄧當。"《蜀志·來敏傳》:"隨姊夫黄琬奔荆州。"《晉書·郗愔傳》:"與姊夫王羲之,竝有邁世之風。"《石勒載記》:"姊夫張越與諸將蒲博,戲言忤勒。"《世説》[1]:"張敏曰:'秦子羽雖有姊夫之尊,然少而狎焉。'"

0534 妹夫 《漢書·王子侯表》:"隆[2]元侯坐知女妹夫亡命匿罪,免。"《晉書·賈后傳》:"后詐有身,取妹夫韓壽子尉祖養之。"《李特載記》:"特弟庠與妹夫李含等,以四十[3]騎歸趙廞。"《北史·崔昂傳》:"崔昂直臣,魏收才士,婦兄妹夫,俱省罪過。"按:《爾雅》:"姊妹之夫爲甥。"古無直以姊妹夫相稱謂者,自漢以來稍稍見諸史籍如此。

0535 小舅小叔,相追相逐 《北夢瑣言》引諺。

0536 外甥多似舅 《晉書·何無忌傳》:"無忌,劉牢之甥,酷似其舅。"《世説新語》:"桓豹奴是王丹陽外生,形似其舅。"又:"殷顗是謝鎮西外甥,謝公熟視殷曰:'阿巢故似鎮西。'"王維詩:"寧親爲令子,似舅卽賢甥。"《容齋續筆》:"舊有以書句兩語而證以俗語者,如'丹朱之不肖,舜之子亦不肖',證之曰'外甥多似舅'。"

0537 師嚴道尊 《禮·學記》:"師嚴,然後道尊。"

0538 尊師重傳 《漢書·孔光傳》:"太后詔書:'國之將興,尊師而重傳。'"按:此語本《荀子·大略篇》,惟"尊師"《荀》作"貴師"。

0539 一日爲師,終身爲父 關漢卿《玉鏡臺》劇有此語。

0540 交友投分 見周興嗣《千文》。潘岳有"投分寄石友"句。

0541 小友 《唐書·李泌傳》張九齡呼泌爲"小友"。

0542 老友 《宋史·蔡元定傳》朱某曰:"此吾老友也。"

0543 親友 《戰國策》孟嘗君曰:"所借衣車者,非親友則兄弟也。"《漢書·張釋之傳》:"條侯、山都侯,咸見釋之持議平,乃結爲親友。"《後漢書·陶謙傳》:"趙昱潛志好學,雖親友希得見之。"曹植《箜篌引》:"置酒高殿上,親友從我游。"陶潛詩序:"停雲,思親友也。"

0544 貧賤之交不可忘,糟糠之妻不下堂 《後漢書》宋弘語。

0545 親者無失其爲親,故者無失其爲故 見《禮·檀弓》。

---

① "《世説》"當爲"《世説》注",見《世説新語·排調》。
② "隆"當爲"陸",見《漢書·王子侯表上》。
③ "四十"當爲"四千",見《晉書·李特載記》。

0546 交絶不出惡聲　見《戰國策》樂毅《報燕惠王書》。

0547 遠親不如近鄰　秦簡夫《東堂老》曲用此語。

0548 百歲奴事三歲主　《唐書·劉季述傳》："李振謂程巖曰：'百歲奴事三歲郎主，常也。'"《五代史·李振傳》無"郎"字。

0549 奴僕宫星陷　《四朝聞見錄》："高宗自能推步星命，或臣下不能始終仰副聖懷，則曰：'吾奴僕宫星陷也。'"

0550 家生奴　《漢書·陳勝傳》："免驪山徒、人奴産子。"師古曰："奴産子，猶今人云家生奴也。"白居易詩："蒼頭碧玉盡家生。"

0551 一家一計　見關漢卿《望江亭》曲。又《漁樵記》亦云。

0552 合家大小　《北史·邵護傳》其母作書與護，有此語。又《晉書·王祥傳》："囑家人大小勿送喪。"

0553 老小　《孟子》："反其旄倪。"趙注云："王先還其老小。"《後漢書·周舉傳》："冬中一月，莫敢烟爨，老小不堪。"《晉書·食貨志》："十二以下、六十六以上爲老小，不役。"

0554 家長　《詩》："侯主侯伯。"箋："主，家長也。"《墨子·天志篇》："惡有處家得罪于家長而可爲也。"魏武帝《禁絶火令》："令到，人不得寒食。犯者，家長半歲刑。"《朱子家禮》："事無大小，必咨稟于家長。"又"長家"，見《管子·立政篇》。

0555 家無二主　見《禮·坊記》。又"家主"，見《墨子·兼愛篇》："家主獨知愛其家，而不知愛人之家。"

0556 家口　《南史·張敬兒傳》："迎家口悉下至都。"《北史·盧同傳》："遣賊家口三十人，并免家奴爲良。"《李密傳》："百官家口盡在東都，若不取之，安能動物？"按：《孟子》"八口之家"、《管子》"十口之家"，"家口"二字所從出也。

0557 家屬　《史記·盧綰傳》："燕王詐論他人，以脱張勝家屬。"《後漢書·陰皇后紀》："后隨家屬徙淯陽。"《逄萌傳》："歸將家屬浮海。"

0558 家累　《漢書·西域傳》："募民壯健有累重敢徙者詣田所。"注云："累，妻子家屬也。"《晉書·戴洋傳》："孫混欲迎其家累，洋言：'此地當敗。'而止。"梁昭明《陶靖節傳》："爲彭澤令，不以家累自隨。"韓退之《與李翱書》："家累僅二十口，攜此將安所歸托乎？"按：今人自言其妻妾子女曰"賤累"、子女多曰"累重"，由于此。

0559 宗親　《史記·五宗世家》："同母者爲宗親。"

0560 骨肉至親　《春秋釋例》："諸侯之娶，各有娣姪爲媵，皆同姓之國。骨肉至親，所以息陰訟。"《漢書·武五子傳》："壺關三老上書曰：'骨肉至親，父子相疑。’”又:“帝謂燕王旦曰:‘今王骨肉至親。’”《晉書》:“左貴嬪爲《離思賦》曰:‘骨肉至親,化爲他人。’”

0561 内助 《魏志·郭后傳》:“帝王之治天下,不惟外輔,亦有内助。”《宋史·孟后傳》:“宣仁太后曰:‘得賢内助,非細事也。’”

0562 内顧 《漢書·楊僕傳》:“失期内顧。”師古注:“言思妻子也。”又左思詩:“外望無寸祿,内顧無斗儲。”所云“内顧”意别。

0563 尊而不親 《禮·表記》:“母,親而不尊;父,尊而不親。水土,親而不尊;火,尊而不親;天,尊而不親。命之于民也,親而不尊;鬼,尊而不親。”

0564 疏不間親 《韓詩外傳》李克對魏文侯曰:“臣聞之:‘卑不謀尊,疎不間親。’”《蜀志·劉封傳》:“古有言:‘疎不間親,新不加舊。’”

0565 離間骨肉 《晉書·王豹傳》:“長沙王謂齊王冏曰:‘小子離間骨肉,何不銅駝下打殺?’”《五代史·王思同傳》:“朝廷信用姦人,離間骨肉,我實何罪?”

0566 親眷 鮑照《别庾郎中》詩:“已經江海别,復與親眷違。”按:《唐書·宰相世系表》有東眷裴、西眷裴、中眷裴,三裴同出自陽吉平侯茂,蓋同族亦得有眷稱也。

0567 六親 《左傳》注:“六親,父子、兄弟、姑姊、甥舅、昏媾、姻亞。”[①]又《老子》:“六親不和,有孝慈。”王弼注曰:“六親,父、子、兄、弟、夫、婦也。”《漢書·禮樂志》:“六親和睦。”應劭注曰:“六親,父、母、兄、弟、妻、子也。”按:《吕氏春秋》:“父、母、兄、弟、妻、子曰六戚。”與應氏説合。

0568 四輩 沈約《述僧設會論》:“非資四輩,身口無托。”范梈詩:“閉户讀書古都市,四輩冠蓋方隆隆。”按:此似泛謂四方之士,今俗言“四輩”者,乃指親族友鄰,殊覺未合。《逸周書·大武解》有“四戚”之目:“一内姓,二外婚,三友朋,四同里。”蓋今之所言,實當爲“四戚”耳。

0569 姻家 《後漢書·蔡邕傳》:“上書言:‘與羊陟姻家,豈敢申助私黨。’”《宋史·王曾傳》:“太后左右姻家,稍通請謁,曾多所裁抑。”

0570 通家 《後漢書·孔融傳》:“造李膺門曰:‘我是李君通家子弟。’膺問之,對曰:‘先君孔子與君先人李老君同德比義,而相師友,則融與君累世通家。’”《三國志·滕胤傳》:“父胄,與劉繇州里通家。”又《夏侯玄傳》注:“太傅薨,許允謂玄曰:‘無復憂矣。’玄曰:‘卿何不見事乎?此人猶能以通家年少遇我。’”

---

① 《左傳·昭公二十五年》:“爲父子、兄弟、姑姊、甥舅、昏媾、姻亞,以象天明。”杜預注:“六親和睦,以事嚴父,若衆星之共辰極也。”

0571 鄉親　《晉書·皇甫謐傳》:"其鄉親勸令應命,謐爲《釋勸論》以通志焉。"《宋書·翟法賜傳》:"雖鄉親中表,莫得見也。"

0572 私親　《晉書·禮志》魏明帝詔曰:"纂正統而奉公義,何得復顧私親哉!"

0573 牽連之親　揚雄《答劉歆書》:"臨邛林閭翁孺,與雄外家牽連之親。"

0574 指腹爲親　《魏書·王寶興傳》:"尚書盧遐妻,崔浩女也。初寶興母、遐妻俱孕,浩謂曰:'汝輩將來所生,皆我之自出,可指腹爲親。'及婚,浩爲撰儀。"《南史·韋叡傳》:"韋放與張率側室俱孕,因指腹爲婚姻。"《元典章》:"至元六年,准中書省議,有依前指腹及割衫襟等爲親者,今後竝行革去。"①

0575 就親　《公羊傳》注:"今就婿爲綴②婿。"按:俗謂出贅外家曰"就親",即斯言也③。

0576 母子　《朱子語錄》:"氣體之充,都是這一點母子上生出。"按:"母子"猶云"本元",今人多有此語,如所謂"母子醬油"之類。

0577 人種　《世說》:"阮仲容先幸姑家鮮卑婢。及姑當遠移,初云留婢,既發,將去。仲容借客驢自追之,曰:'人種不可失。'"《立世毗曇論》:"每一劫末,合集閻浮提内男女,惟餘一萬,留爲當來人種。"

0578 斷種　《大智度論》:"世人有子,若不繼紹,則名斷種,爲最可耻。"

0579 若要長,觀後養　陳龍正《學言詳記》引鄉諺。

0580 公修公得,婆修婆得　見《元曲選·來生債》劇。

0581 荒年無六親　見《紀曆撮要》。又《楊升庵集》引古諺:"荒年無六親,旱年無鶴神。"

0582 一夜夫妻百夜恩　《元曲》用此語甚多,《琵琶記》《漁樵記》《秋胡戲妻》《舉案齊眉》《風光好》《救風塵》《對玉梳》《碧桃花》諸劇皆有之,其源未詳。

0583 巧妻常伴拙夫眠　見武漢臣《生金閣》劇。

0584 兒要自養,穀要自種　見楊文奎《兒女團圓》、張國寳《羅李郎》二劇。

0585 兒孫自有兒孫福,莫與兒孫作馬牛　《癸辛雜志》載葉李《紀夢》詩有"兒孫自有兒孫福"句。《宋詩紀事》載嘉祐時天台道士徐守信詩:"兒孫自有兒孫計,莫與兒孫作馬牛。"元關漢卿《蝴蝶夢》劇作"莫爲兒孫作遠憂"。

---

① 此處《函海》本有:今指腹爲親者猶言"割衫襟",蓋元以有之。

② "綴",《公羊傳·襄公十六年》注作"贅"。

③ 此處《函海》本有:蜀人呼爲"入贅"。據《公羊》則"贅"字當作"綴",言如"綴旒"之"綴"也。

卷五　仕進

0586 三年大比　《周禮·小司徒》:"三年則大比,受邦國之比要。"又《鄉大夫》:"三年則大比,攷其德行、道藝,而興賢能。"《遂大夫》:"三年大比,帥其吏而興甿。"按:今爲士者所云"大比",古鄉大夫之大比也;"考"之爲言,亦始于此。

0587 三場　《宋史·選舉志》:"寶元中,李淑言:'唐太和以後,試進士以詩賦爲第一場,論第二場,策第三場,帖經第四場。陛下欲得取士之實,願約舊制,先策,次論,次詩賦,次帖經,而勅有司併試四場,通較工拙,毋以一場爲去留。'詔議,施行焉。神宗罷詩賦、帖經,仍試四場,初大經,次兼經,次論,次策。元祐四年,分經義、詩賦爲兩科,竝四場通定高下。建炎二年,定以三場取士,第一場詩賦、經義各試所習,二場竝論,三場竝策。紹興十三年,從高閌請,參合三場,以經義爲首,詩賦次之,論策又次之。"《明史·選舉志》:"初設科舉時,初場試經義二道、《四書》義一道,二場論一道,三場策一道。中式後十日,復以騎、射、書、筭、律五事試之,後頒科舉定式如今制。"按:唐進士初止試策,調露中,始試帖經;經通,試雜文,卽詩賦也;又通,乃試策,惟三場。其有四場,則自文宗時起。宋乾德初,約周顯德之制,定諸州貢舉式,亦惟言初場、二場、三場,而未有四場,蓋三場非南宋創也。

0588 十六房　《文獻通攷》:"紹定二年,以士子多悖經旨,始飭攷官各房,分經勘校。"陸深《科場條貫》:"洪武十七年,頒行科舉成式,會試同攷八人;景泰五年,增二人;天順四年,又增二人;成化十七年,又增二人;正德六年,增三人,共爲十七人。"《日知錄》:"嘉靖末年,《詩》五房,《易》《書》各四房,《春秋》《禮記》各二房,猶止十七房。萬歷庚辰,以《易》卷多,添一房,減《書》一房;至丙戌,仍復《書》爲四房,乃爲十八房。"按:國初因其制,乾隆十五年,始定爲十六房。

0589 簾　《宋史·選舉志》:"寶祐二年,御史陳大方言:'凡覆試令日輪臺諫官一員,簾外監試。'"又:"咸淳九年,以臣僚言,罷簾外點檢雷同官。"按:監試等不預攷校,謂之"簾外",則凡預攷校官,時亦當謂之"簾内"。今稱"内簾"、"外簾”，蓋承之也。唐王建《宫詞》：“天子下簾親考試，宫人手裡過茶湯。”《摭言》云：“劉虚白于簾前獻裴垣詩。”攷試用簾，不特見于宋矣。

0590 彌封 《老學庵筆記》：“本朝進士，初如唐制，兼採時望。真廟時，周安惠公請建糊名法，一切以程文爲去留。”《日知録》：“唐初，吏部試選，人皆糊名，令學士攷判。武后以爲非委任之方，罷之。此則用之選人，而未嘗用之貢舉。《宋史·宋白傳》：‘陳彭年舉進士，輕俊，喜謗主司。白知貢舉，惡其爲人，黜落之，彭年憾焉。後居近侍，爲貢舉條制，多所關防，蓋爲白設也。’後范仲淹、蘇頌竝議罷彌封法，使有司先攷其素行，以漸復兩漢選舉之舊，卒未能復。”按：“糊名”即今云“彌封”也。《宋·選舉志》謂：“淳化三年，先嘗行之。景德時，定攷校式，編排官第以字號付封彌官，用御書院印封彌。景祐時，詔開别頭試，封彌、謄録如禮部。賈昌朝言：‘有封彌、謄録法，則公卷可罷。’”皆云“封彌”，今以二字上下轉易，不知何故。

0591 謄録 《能改齋漫録》：“仁宗時，有糊名攷校之律。雖號至公，然未絶其弊。其後袁州人李夷賓上言，請别加謄録。因著爲令，而後識字畫之弊絶。”《宋史·選舉志》：“謄録院始置于祥符八年，令封印官封卷付之，集書吏録本。”

0592 編號 《事文類聚》：“謄録、編排，皆始于景德、祥符間。”《宋史》：“編排官去其卷首鄉貫狀，别以字號第之。”按：《名臣奏議·司馬光論》：“圓毬兩號所對策，辭理俱高。”吴任臣《字彙補》云：“此宋時取士編號之字也。”又《蘆浦筆記》：“趙清獻充御試官，詳定靮、貗、鯢、觹、虭五號等卷。”晁補之《鷄肋集》：“譴字號卷，余擢爲開封第三。”蓋時編號之法，以卷多慮致複重，隨配邊旁，以廣其文，故于字書多不經見。

0593 南北卷 楊士奇《三朝聖諭録》：“上言科舉之弊，士奇對曰：‘科舉當兼取南北士，試卷例緘姓名，請今後于外書南北二字，如一科取百人，南取六十，北取四十，則人才皆入彀矣。’上曰：‘往年緣北士無進用者，故怠惰成風。汝言良是，命與禮部議奏行之。’”《科場條貫》：“楊士奇議會試分南北卷，北四南六。既而以百乘除，各退五爲中卷。成化二十二年，又各退二卷，以益中數。”

0594 遺才 《宋史·選舉志》：“端拱初，禮部試已，帝慮有遺才，取不中格者再試之，于是由再試得官者數百人。”按：今惟學使送赴舉生員，猶試遺才。

0595 覆試 《新唐書·選舉志》：“高祖詔諸州明經、秀才、俊士、進士爲鄉里稱者，縣官考試，州長重覆，歲隨方物入貢。”《舊唐書·王起傳》：“貢舉猥濫，勢門子弟，交相酬酢；寒門俊造，十棄六七。及元稹、李紳在翰林，深怒其事，故有覆試之科。”《通雅》：“漢左雄議：‘舉士先試之公府，又覆之端門。’張盛除此科。

黄瓊言：'覆試之作，將以覆實虚濫，不宜改革。'則漢已有此事。宋乾德六年，詔舉人有父兄[1]食祿者覆試，紹興以後省之。"按：今惟童生初入學及府縣錄送童生，猶有覆試。

0596 殿試 《漢書・鼂錯傳》："有司舉賢良文學士，錯在選中，上親策詔之。"按：詔有"有司各帥其志，選有人數，及登大夫于朝，親諭朕志"等語，蓋時所同舉，皆獲登于殿庭，與《董仲舒傳》只策首選不同。後世殿試之制，蓋昉于此矣。《晉書・阮种傳》："或言對策者，因緣假託，乃更延羣士，廷以問之。"《郤詵傳》載其對策，亦有"進之於廷"之語。或謂殿試始唐武后，非也。

0597 及第出身 《宋史・選舉志》："景德四年，定《親試進士條例》。攷第之制凡五等，一二等曰及第，三等曰出身，四等五等曰同出身。"《事文類聚》："進士分甲，並賜同進士出身，自興國八年王世則榜始。"

0598 傳臚 《史記・叔孫通傳》："羣臣朝儀既定，大行設九賓，臚句傳。"《雲谷雜記》："臚句傳者，卽傳臚也。'句'字乃衍文，故注《史》文但云'傳從上下爲臚'而已。蘇林注《漢書》，乃析臚句爲二事，云'上告下爲臚，下告上爲句'，不知何據而云。鄭康成注《儀禮》，謂'臚'爲'衆'，蓋衆相遞傳。《莊子》有'大儒臚傳'之語，最爲可證。"

0599 立旗竿 王世貞《觚不觚錄》："諸生中鄉薦與舉子中會試者，郡縣則必送捷報，以紅綾爲旗，金書，立竿以揚之。若狀元及第，則以黄紵絲金書狀元以揚之。"按：此特明代故事，前此惟狀元建旗，詳《文信國集》。

0600 公車 《周禮・巾車》："掌公車之政令。"注："公猶官也。"《漢官儀》："公車掌殿司馬門，天下上事及徵召，皆總領之。"《漢書・東方朔傳》："待詔公車。"《音義》云："公車，署名也。公車所在，故以名焉。"按：今會試者稱赴公車，蓋貢舉亦徵召之亞，遠省舉子許乘驛，卽與公車類也。

0601 科場條目 《宋史・王旦傳》："翰林學士陳彭年呈政府科場條目，旦投之地曰：'内翰得官幾日，乃欲隔截天下進士？'"按：今監試者與吏士約法，猶謂之科場條例。

0602 試錄 《葉石林燕語》："試院官舊不爲小錄，崇寧初，霍端友榜，安樞密知舉，始刻爲之，自後遂爲故事。"黄佐《翰林記》："洪武甲子鄉試，乙丑會試，初爲小錄，惟刻董事之官、試士之題及中選者之名第、籍貫、經書而已，未錄士子之文爲程式也。次科戊辰，始錄程文，自是以爲定式。"按：《唐會要》："大中十年，

① "兄"當爲"先"，見《通雅》卷二二、《玉海》卷一一六。

禮部侍郎鄭顯進諸家科目十二卷[1]，勑自今以後放榜訖，寫及第人姓名，付所司編次。"則宋以前非不爲此錄，特其名目殊耳。李詡《戒菴漫筆》云："今試錄，唐稱進士登科記，宋稱進士小錄。"

0603 龍虎榜　《唐書·歐陽詹傳》："與韓愈、李觀、李絳、崔羣、王涯、馮宿聯第，皆天下選，時稱龍虎榜。"

0604 榜花　《南部新書》："唐禮部放榜，歲取二三人姓氏稀僻者，謂之色目人，又曰榜花。"

0605 關節　《舊唐書》穆宗詔："訪聞近日浮薄之徒，扇爲朋黨，謂之關節，干擾主司，每歲策名，無不先定。"《能改齋漫錄》："段文昌言于唐文宗曰：'今歲禮部殊不公，所取進士皆以關節得之。'"《宋史·包拯傳》："關節不到，有閻羅包老。"按：《漢書·佞幸傳》："籍閎與上卧起，公卿皆因關說。"師古曰："言由之納説，如行者之有關津。"關節者，關説之節目也。

0606 懷挾　《文獻通攷》："長興四年，禮部貢院奏立條件曰：'懷挾書策，舊例禁止，請自今後，入省門搜得文書者，不論多少，准例扶出，殿將來兩舉。'"按：《燕翼貽謀錄》謂懷挾之禁，始嚴于宋景德二年。未知孰是。其"懷挾"二字，見《戰國策》："鼎者，非效醯壺醬甀，可懷挾提挈以至齊者。"

0607 傳遞　《宋史·選舉志》："嘉定十五年，何澹言舉人之弊，有曰傳義、曰换卷、曰易號。寶慶二年，朱端常乞差有風力者爲監門官，入試日，一切不許傳遞。門禁既嚴，再立賞格，許告捉傳題、傳稿之人，則其弊自清矣。"

0608 座主　見《舊唐書·令狐峘傳》。張籍《寄白使君》詩有"登第早年同座主"句。李肇《國史補》："進士稱有司曰座主。"《觚不觚錄》："嘉靖以前，門生稱座主不過曰先生而已。至分宜當國，始稱老翁，其厚者稱夫子。此後俱相承曰老師。"

0609 門生　《唐書·楊嗣復傳》："嗣復領貢舉，父於陵自雒入朝，乃率門生出迎。"又《令狐峘傳》："田敦，峘門生也。"白居易詩："何須身自得，將相是門生。"裴皞詩："三主禮闈年八十，門生門下見門生。"王仁裕《示諸門生》詩："三百一十四門生，春風初長羽毛成。"按：門生，本猶門人，《後漢書·賈逵傳》"皆拜逵所造弟子及門生爲千乘國王[2]郎"、歐陽修《孔宙碑陰題名跋》"漢世公卿，多自教授，其親受業者爲弟子，轉相授者爲門生"是也。而古亦有稱"同門生"爲"門生"

---

① "顯"當爲"顥"、"十二"當爲"十三"，見《唐會要》卷七六。

② "國王"當爲"王國"，見《後漢書·賈逵傳》。

者,《晉書》“王獻之年數歲,觀門生摴蒱,諷之”是也;有依附聲勢爲門生者,《宋書》“徐湛之門生千餘人,皆三吳富人之子。每出入行遊,塗巷盈滿”是也。其知貢舉稱新進士爲門生,蓋惟起于唐之中葉。後唐長興元年,中書門下奏:“門生者,門弟子也。大朝所命,春官不曾教誨,舉子是國家貢士,非宗伯門徒。今後及第人不得呼春官爲恩門、師門及自稱門生。”

0610 同年 《國史補》:“進士俱捷,謂之同年。”劉禹錫《送人赴舉詩序》:“今人以偕升,名爲同年友,其語熟見,搢紳者皆道焉。”《唐書》[①]:“憲宗問李絳曰:‘人于同年固有情乎?’對曰:‘同年乃九州四海之人偶同科第,或登科然後相識,情于何有?’”李遠《陪新及第赴會》詩:“滿座皆仙侶,同年别有情。”杜荀鶴《試後别人》詩:“同年多是長安客,不信行人欲斷腸。”按:《後漢書·李固傳》“有同歲生得罪于冀”,同歲,即同年也。《三國·魏武紀》“與韓遂父同歲孝廉”,亦然。

0611 先輩 《詩·采薇》箋:“今薇生矣,先輩可以行也。”二字初見自此。《三國志·陶謙傳》注:“郡守張磐,同郡先輩,與謙父友,而謙不爲之屈。”《闞澤傳》:“州里先輩唐固,亦修身積學。”《隋書·經籍志》:“班固爲蘭臺令史,與諸先輩共成《光武本紀》。”《舊唐書·孔穎達傳》:“穎達年少,而先輩宿儒耻爲之屈。”按:以上皆謂行輩在先者也。《國史補》云:“進士互相推敬,謂之先輩。”則以其稱施之同輩,而當時新第者,且不特同第互推然也。《北夢瑣言》:“王凝知貢舉,司空圖第四人登第。王謂人曰:‘今年榜帖,全爲司空先輩一人而已。’”《澠水燕談》:“蘇德謨[②]第一人登第,還鄉。太守作致語慶之曰:‘昔年隨侍,嘗爲宰相郎君;今日登科,又是狀元先輩。’”韋莊有《下第獻新先輩》詩,彭應求有《賀新先輩及第》詩,自主司郡尊及同試下第者,俱以“先輩”稱之。蓋時云“先輩”,直如今之泛稱某先生矣。

0612 後輩 《通典》:“魏立太學,弟子滿二歲,試通二經者,補文學掌故;不通者,聽從後輩試。遞是試通三經、四經、五經,不通者,俱從後輩復試。”程大昌《演繁露》:“唐世舉人呼已第者爲先輩,由此也。”《舊唐書·劉禹錫傳》:“王叔文于東宫用事,後輩務進,多附麗之。”《全唐詩話》:“使前賢失步,後輩却立。”杜甫詩:“詞華傾後輩,風雅藹孤騫。”按:此皆指言之耳,未嘗有以爲稱謂者[③]。

0613 郎先 王保定《摭言》[④]:“牛僧儒應舉,韓愈、皇甫湜見于青龍寺,稱牛

---

① “《唐書》”當爲“《資治通鑑》”,見《資治通鑑·唐憲宗元和七年》。

② “謨”當爲“祥”,見《澠水燕談録》卷七。

③ 此處《函海》本有:今翰林向前科翰林自稱“後輩”,御史銓部中書皆效之。

④ “王保定”當爲“王定保”。

爲卽先輩。”田錫《咸平集・與胡旦書》云:“秀才卽先輩。”按:此謂卽日當爲先輩,猶今牋札中所云“卽元”,莊啓中所云“卽翰撰”也。又《乾饌子》:“閻際美與盧景莊同應舉,閻稱盧曰:‘必先聲價振京洛。’”《雲溪友議》:“劉禹錫納牛僧孺卷曰:‘必先期至矣。’”“必先”與“卽先”,同一推頌意耳。韓儀《與關試後新人》詩有“休把新銜惱必先”句,此“必先”乃指下第同人。今謂下第者曰“來科作解”,又此意矣。

0614 先達　《晉書・虞喜傳》:“喜邑人賀循爲司空,先達貴顯。”

0615 早達　《宋書①・王僧綽傳》:“年二十九爲侍中,自嫌早達。”

0616 英雄入彀中　《摭言》:“文帝幸端門,見新進士綴行而出,喜曰:‘天下英雄入吾彀中矣。’”

0617 謬種流傳　《宋史・選舉志》:“理宗朝,有司命題苟簡,或執偏見臆説,或發策用事訛舛。所取之士既不精,數年之後,復俾之主文,是非顛倒逾甚,時謂之謬種流傳。”

0618 一榜盡賜及第　《邵氏聞見録》:“張齊賢赴廷試,帝欲其居上甲,有司置于丙科,帝降旨,一榜盡除京官通判。”

0619 龍頭屬老成　《遯齋閒覽》梁顥及第謝恩詩:“也知年少登科好,爭奈龍頭屬老成。”

0620 一舉登科日,雙親未老時　相傳是宋汪洙詩。《琵琶》曲:“假饒一舉登科日,難道是雙親未老時。只恐錦衣歸故里,雙親的不見兒。”又云:“如今端的是男兒,行看錦衣歸故里。”皆用此詩。

0621 文章自古無憑據,惟願朱衣暗點頭　《侯鯖録》:“歐陽公知貢舉,常覺座後有一朱衣人點頭者,然後其文入格。因語同列三嘆,嘗有句云云。”柳子文《同文唱和》詩:“徒勞爭墨榜,須信有朱衣。”自注:“朱衣吏事,見《登科前定録》。”

0622 一色杏花紅十里,新郎君去馬如飛　蘇子瞻《送張師厚赴殿試》詩。今作“狀元歸去馬如飛”,訛。

0623 十年窗下無人問,一舉成名天下知　《歸潛志》:“昔語云云。”今進士不得入仕,則“一舉成名天下知,十年窗下無人問”。

0624 一舉首登龍虎榜,十年身到鳳凰池　張唐卿《登科題寺壁》詩,見《夢溪筆談》。或言劉昌言《上吕蒙正》。

---

① “宋書”當爲“南史”,見《南史・王僧綽傳》。

0625 相公 王粲《羽獵賦》:"相公乃乘輕軒、駕四駱。"又粲《從軍行》:"相公征關右,赫怒震天威。"《日知錄》:"前代拜相者,必封公,故稱之曰相公。"《復齋漫錄》:"韓子華兄弟皆爲宰相,其家呼子華三相公,呼持國五相公。"按:今凡衣冠中人,皆僭稱相公,或亦綴以行次曰大相公、二相公,甚無謂也。《道山清話》:"嶺南人見逐客,不問官高卑,皆呼爲相公,想是見相公常來也。"豈因是一方之俗,而遂漸行于各方歟?

0626 閣老 《國史補》:"宰相相呼爲堂老,兩省相呼爲閣老。"《困學紀聞》:"杜少陵《贈嚴閣老》詩:'扈聖登黄閣,明公獨妙年。'嚴武遷給事中,屬門下省,開元曰黄門省,故云黄閣。"《通鑑》王涯謂給事中鄭肅、韓佽曰:"二閣老不用封勅。"亦唐稱給事中爲"閣老"也。近世用杜詩爲宰輔事,誤矣。又《唐書·楊綰傳》:"故事,舍人年久者爲閣老。"

0627 尚書 《珩璜新編》:"尚書與尚食、尚公主同,見《張耳傳》注。而世俗相承以平聲呼,誤也。"按:"尚"字惟《詩·大雅》"肆皇天弗尚",叶韻爲辰羊切,其餘概無平聲。然唐詩"昆耶長者白尚書",已作平聲呼矣。

0628 八座 《通典·職官》:"漢以六曹尚書并一令一僕爲八座,魏以五曹一令二僕射爲八座,隋唐以左右僕射六尚書爲八座。"杜甫有"起居八座太夫人"句。按:今指乘八人輿者曰"八座",不見典記。《南史·齊宗室傳》:"江夏王寶玄與崔慧景應,乘八掆輿至都。"此則當時天子所乘。

0629 三法司 《商子·定分篇》:"天子置三法官。"按:後世"三法司"稱由此起。

0630 總督 《晉書·載記》[1]:王猛辭位表:"總督戎機,出納帝命。""總督"二字見此。

0631 巡撫 《晉書·劉頌傳》:"咸寧中,詔巡撫荆、揚。"《北史·李賢傳》:"今巡撫居此,不殊代邑。"王勃《春思賦》:"寧知漢代多巡撫。"虞世南《和長春應令》詩:"如何事巡撫,民瘼諒斯求。"按:今官制有巡撫,自明洪武辛未勅遣皇太子巡撫陝西爲始,而其文之見前代者,有如右。

0632 憲臺 《二老堂雜志》:"憲部,刑部也;憲臺,御史臺也。今直以諸路刑獄爲憲,雖聖旨處分,勅令所立法,凡及安撫提刑司處,皆以帥憲爲稱。而提刑告詞,並曰憲臺,其失多矣。"按:今更不問掌刑與否,凡大上官概稱憲臺,所失愈遠。

---

① "《晉書·載記》"當爲"《資治通鑑》",見《資治通鑑·晉太宗咸安二年》。

0633 宗師　《莊子》有《大宗師》篇。《漢書[1]·朱浮傳》:"博士之官,爲天下宗師,使孔聖之言,傳而不絶。"

0634 員外　《舊唐書·李嶠傳》:"爲吏部時,志欲曲行私惠,奏置員外官數千人。"《通鑑》:"中宗神龍二年,大置員外官,自京師及諸州凡二千餘人,宦官超遷七品以上員外官者又將千人。"按:時所云"員外"者,謂在正員之外,大率依權納賄所爲,與今部曹不同,故有財勢之徒,皆得假借其稱。

0635 外郎、郎中、待詔、司務　《寓圃雜記[2]》:"吏人稱外郎者,古有中郎、外郎,皆臺省官,故僭擬以尊之。今醫人稱郎中,鑷工稱待詔,染工稱博士,師巫稱太保,茶酒稱院使,皆然。此草率僭妄,名分不明之舊習也,國初有禁。"《日知錄》:"北人謂醫曰大夫,南人謂之郎中,木工、金工、石工之屬皆爲司務。蓋起于宋時,《老學菴筆記》:'北人謂醫爲衙推,卜相爲巡官。'卽此類。"按:周密《武林舊事》載藝流供奉説藥者三人,一曰"楊郎中",一曰"徐郎中",當時卽以醫爲郎中矣。

0636 州尊　《蜀志·秦宓傳》王商與宓書曰:"貧賤亦何可終身?宜一來,與州尊相見。"按:今人稱"府尊"、"縣尊"等,皆昉于此。

0637 鄉先生　《儀禮·士冠禮》:"冠者見于鄉大夫、鄉先生。"注云:"鄉先生,鄉中老人爲大夫致仕者。"按:今稱鄉前輩或曰"鄉老"、或曰"鄉先生"。攄《周禮·叙官》:"鄉老,二鄉則公一人。"此以三公分與六鄉之教之稱,前輩何敢當焉,"鄉先生"爲合。

0638 封君　《史記·平準書》:"封君皆低首仰給。"又:"令封君以下三百石以上吏,以差出牝馬。"《易林》:"多獲得福,富于封君。"按:此謂身有封邑之君,若公侯是也。今以子孫貴顯受封者不當云"封君",或稱"封翁"可矣。

0639 狀元　《摭言》:"放榜後,狀元以下到主司宅門下馬。"又:"狀元以下與主司對拜,拜訖,狀元出行致詞。"按:"狀元"之稱,自唐有之矣。而放榜後未經廷試,卽稱"狀元",則是今所謂"會元"耳。又其時不獨第一人曰狀元,鄭谷《登第後宿平康里》詩:"好是五更殘酒醒,耳邊聞唤狀元聲。"攷谷登趙昌翰榜,係第八名。宋周必大《文稿》有《回姚狀元穎啓》《回第二人葉狀元適啓》《回第三人李狀元寅仲啓》,似凡新進士俱得稱"狀元"也。

0640 榜眼　《雲麓漫鈔》:"世目狀元第二人爲榜眼。"王禹偁《送朱嚴》詩有

---

① "漢書"當爲"後漢書",見《後漢書·朱浮傳》。

② "寓圃"當爲"菽園",見《菽園雜記》卷五。

“榜眼科名釋褐初”句，蓋“榜眼”之名，起于宋初也。《二老堂雜志》：“高宗中興以來，十放進士，其榜眼官職，往往過于狀元。”

0641 探花 《天中記》：“唐進士杏園初會，謂之探花宴。以少俊二人爲探花使，遍遊名園。若他人先折得名花，則二人被罰。”《蔡寬夫詩話》：“故事進士朝集，擇中最年少者爲探花郎，熙寧中始罷之。”按：此則唐之“探花”，非今所謂“探花”，而其名未始不相因也。《雲麓漫鈔》云：“世目第三人爲探花郎。”《漫鈔》作在紹興時，蓋自罷擇年少之後，遂以其名歸諸第三人矣。《明史·選舉志》：“殿試第一甲，狀元、榜眼、探花之名，制所定也。而士大夫又通以鄉試第一爲解元，會試第一爲會元，二三甲第一爲傳臚。”

0642 三元 《文海披沙》：“宋三元，人知有王曾、馮京、宋庠，而不知有楊寘、孫何。明三元，人知有商輅，而不知有黄觀、楊用修云。蜀士在宋時，三元三人，陳堯叟、楊寘、何渙也。觀此，則宋又不止五人矣。然陳與何三元事，竝未見稱于世。”按：宋未嘗有三元之號，謂王曾等三元者，明人追稱之耳。唐崔元翰京兆解頭、禮部狀頭、宏辭及制科三等勑頭，咸首捷。武翊黄亦府選爲解頭，及第爲狀頭，宏辭爲勑頭，時謂“武氏三頭”。章孝標《贈翊黄》詩：“花錦文章開四面，天人科第占三頭。”又張又新時亦號“三頭”。三頭者，猶明人云“三元”也。

0643 庶吉士 見《書·立政篇》。《明史·選舉志》：“洪武八[①]年，廷試擢一甲進士丁顯等爲翰林院修撰，二甲馬京等爲編修，吳文等爲檢討，進士之入翰林，自此始。”又：“使進士觀政于諸司，其在翰林、承勑監等衙門者，曰庶吉士。進士之爲庶吉士，亦自此始也。”

0644 侍衛 《史記·弟子傳》注：“王肅曰：‘子路爲孔子侍衛，故人不敢有惡言。’”“侍衛”二字見此。

0645 進士、舉人、貢生 進士見《禮記·王制》。舉人、貢生，連見于《後漢書·章帝紀》“每尋前代舉人、貢士，或起甽畝，不繫閥閱”是也。“進士出身”入詩，則始于唐徐凝《荅施先輩》曰：“料得仙宫列仙籍，如君進士出身稀。”“舉人”入詩，則白居易有：“乞錢羈客面，落第舉人心。”“歲貢”入詩，則孟浩然有：“孝廉因歲貢，懷橘向秦川。”

0646 武舉 《唐書·選舉志》：“武舉起武后時長安二年。”

0647 監生、生員 《唐書·選舉志》：“元和二年，置東都監生一百員。自天寶後，生徒流散。永泰中，雖置西監生，而館無定員，于是始定生員。”按：“生”謂

---

① “八”當爲“十八”，見《明史·選舉志》。

監生,"員"其數也。以監生、生員爲兩等人,蓋別自宋以來州縣皆設學也。

0648 白身　《元典章》選格有"白身人員":"中書省奏:近來各路行保白身之人申部,中間不無冒濫云云。"按:《魏書·食貨志》:"莊帝頒入粟之制,白民輸五百石,聽依第出身。"白民,猶云白身也。《唐書·選舉志》:"白身視有出身,一經三傳皆通者獎擢之。"仕籍之有白身一途甚久,而魏由入粟,唐由校試,元由保任,制各不同耳。

0649 登仕郎　見《隋書·百官志》。又"文林郎"見《宋史·選舉志》。按:唐宋時有承事、將仕、迪功、宣義等郎,今俱不用,惟七品授文林郎,九品授登仕郎,名猶相因。

0650 從品　《北魏書·官氏志》:"前世職次,皆無從品,魏氏始置之,亦一代之别制也。"按:謂從一品至從九品。

0651 内官、外官　《周語》:"内官不過九御,外官不過九品。"注:"九品,九卿也。"《漢書·終軍傳》:"孤于外官。"注:"謂非侍衛也。"皆與今在京曰"内官"、在各省曰"外官"别。

0652 本色官　《唐書·柳仲郢傳》:"有以藥術進者,詔署鹽官。仲郢以爲醫有本色官,若委錢穀,名分不正。"

0653 堂後官　李心傳《朝野雜記》:"堂後官,謂三省諸房都録事也。補職及一年,改宣教郎。"

0654 稗官　《漢書·藝文志》:"小説出于稗官。"師古注:"稗,猶稊稗之稗,小官也。"按:俚俗嗤流外小官曰"芝麻官",蓋即稊稗之義。

0655 宰官　郭象《南華經》注:"大鵬之與斥鴳,宰官之與御風,同爲累物耳。"王應麟云:"二字始見此。"

0656 官長　《墨子·尚賢中篇》:"賢者,舉而上之,謂之官長。"《慎子·威德篇》:"立國君以爲國,非立國以爲國君也;立官長以爲官,非立官以爲官長也。"

0657 官銜　《封氏聞見記》:"官銜之名,當是選曹補授,須存資歷,聞奏之時,先具舊官名品于前,次書擬官于後,使新舊相銜不斷,故云。"艮園《識小録》:"《家語·禮運篇》:'官有銜,職有序。'注:'銜,治也。'《執轡篇》云:'善御馬者正銜勒,善御民者正百官。'官銜之名本此,封氏記殊無所據。"

0658 備員　《史記·秦始皇紀》:"博士雖七十人,特備員弗用。"《平原君傳》:"毛遂曰:'願君即以遂備員行矣。'"《申屠嘉傳》:"自嘉死後,諸爲丞相者,皆以列侯繼嗣,娖娖廉謹,爲丞相備員而已。"

0659 同寮　《詩·大雅》:"我雖異事,及爾同僚。"《音義》曰:"僚,字又作寮。"《左傳·文七年》:"先蔑奔秦。荀伯盡送其帑于秦曰:'爲同寮故也。'"《孔叢子》:"孟武伯問孔子曰:'古者同寮有服乎?'荅曰:'然,同寮有相友之義。'"《三國·吴志·薛瑩傳》:"同寮之中,瑩爲冠首。"楊慎《丹鉛録》:"《文選》注:'寮,小窻也。'同官爲寮,指其齋署同窗爲義。今士子同業曰同窗,官先事,士先志,官之同寮,亦士之同窗也。"

0660 搢紳 《周禮·典瑞》:"王晉大圭。"注:"晉讀搢紳之搢,謂插于紳帶之間。"疏曰:"漢有搢紳之士,亦謂插笏于紳。"《荀子·禮論》:"縉紳而無鉤帶矣。"楊倞注:"縉與搢同。"《史記·封禪書》:"語不經見,縉紳者不道。"《索隱》曰:"姚氏云:'搢當作縉。'"又《五帝紀》:"薦紳先生難言之。"徐廣注:"薦绅卽縉紳,古文假借耳。"《索隱》:"鄭衆注《周禮》云:'搢讀曰薦。'據鄭意,則薦亦進,進而置于紳帶之間也。"按:《羣碎録》謂"今搢作縉,非",不見《荀子》及姚氏説耶?

0661 月俸 《周禮·太宰》:"禄位以馭其士。"注:"禄,若今月奉也。"《音義》曰:"奉,本或作俸。"又《宫正》:"均其稍食。"疏:"稍則稍稍與之,月俸是也。"

0662 養廉 《宋史·職官志》:"諸路職官,各有職田,所以養廉也。"《金史·伯德特离補傳》:"特离補爲政簡静,不積財,常曰:'俸禄已足養廉,衣食之外何用蓄積?'"

0663 脚色 《北史·杜銓傳》:"楊素驚杜正玄之才,奏。屬吏部選期已過,注色令還。"《朝野類要》:"初入仕,必具鄉貫三代名銜,謂之脚色。"朱子《答任行甫書》:"休致文字,不知要録白繳申脚色之類否。"《元典章》:"保選令史吏員,亦開具姓名脚色,直言所長。"《通雅》:"脚色狀,亦謂之根脚。邇來下司初見上司,猶遞手本,上開出身履歷,所謂脚色是也。"

0664 憑引 《揮麈録》:"本朝及五代以來,吏部給初出官付,不惟著歲數,兼説形貌,以防僞冒。元豐時,改官制,除之。"按:此卽今"憑引"之制。

0665 出缺 《世説》注:"《山濤啓事》曰:'吏部郎史曜出缺處當選。'"

0666 掣籤 《北史·王勇傳》:"胡仁及王文達、耿令貴三人,皆有殊功。還,拜上州刺史。然州頗有優劣,周文令探籌取之。胡仁遂得雍州,文達得岐州,令貴得北雍州。"按:"探籌"卽掣籤,古今語殊耳。

0667 過堂 《摭言》載:"新及第進士,隨座主至部堂初見宰相,通姓名,謂之過堂。"韓偓有《及第過堂日》詩。

0668 参 《能改齋漫録》:"下之見上謂之参,始戰國時也。《國策》曰:'秦王欲見頓弱,頓弱曰:臣之義不参拜,王能使臣無拜可矣。秦王許之。'"

0669 鑽 班固《答賓戲》:"商鞅挾三術以鑽孝公。"李周翰注:"鑽,取必入之義。"《宋史》:"王安石秉政,鄧綰、李定之徒俱以趨媚擢用,士論有十鑽之目。"《古杭雜記》:"史彌遠用事,士夫多以鑽刺得官。伶人俳優者,一人執石鑽之,久而不入,曰:'鑽之彌堅。'一人擊其首曰:'汝何不鑽彌遠,却鑽彌堅耶?'"

0670 夤緣[①]　左思《吴都賦》:"夤緣山岳之岊。"韓愈詩:"青壁無路難夤緣。"《韻會》:"夤緣,連絡也。"按:《易·艮》爻辭:"列其夤,厲熏心。"夤,當中脊之肉也,上下不能相通,而厲熏其心,是有干進之象。

0671 參罰　《漢書·天文志》:"太歲在巳,《太初》在參、罰。"注云:"參爲白虎三星,其下又有三星曰罰。"參、罰之義,蓋取乎此。

0672 調繁簡　《漢書·薛宣傳》:"頻陽縣當數郡湊,其令薛恭職不辦。而粟邑僻小,令尹賞久郡用事吏,宣即奏賞與恭换縣。二人視事數月,兩縣皆治。"按:今調繁簡之制,起此。

0673 告病　始見《穆天子傳》:"盛姬告病。"《史記·汲黯傳》:"黯多病,上常賜告。"注曰:"賜告,得去官歸家。與告,居官不視事。"《漢書·高帝紀》注亦曰:"漢律有予告,有賜告。賜告者,病三月當免。天子優賜其告,使得帶印綬將官屬歸家治病。"

0674 告老　《左傳·襄七年》:"韓獻子告老。"蔡邕《陳太丘碑》:"年已七十,遂隱丘山,懸車告老。"《北史·高允傳》:"允以老疾乞骸骨,不許,乃著《告老詩》。"

0675 起復　錙績《霏雪錄》:"起復者,喪制未終,勉情任用,所謂奪情起復也,如歐公《晏元獻神道碑》'丁父憂去官,已而眞宗思之,即其家起復'及'史嵩之喪父,經營起復'是也。今人不攷,例以服闋爲起復,誤矣。"

0676 陛見　《北史·張普惠傳》:"表乞朝直之日,時聽奉見。自此之後,月一陛見。"

0677 卓異　《漢書·宣帝紀》:"故掖庭令張賀輔導朕躬,恩惠卓異,厥功茂焉。"《後漢書·劉般傳》陳忠疏薦劉愷:"處約思純,進退有度。誠宜簡練卓異,以厭衆望。"

0678 加級　《北史·齊世祖紀》:"河清元年大赦,内外百官,普加泛級。"按:"加級"字見此。而其事漢初已有,《高祖紀》:"故大夫以上,賜爵各一級。"顔師古注曰:"就加之也。"

0679 一階半級　《顔氏家訓·勉學篇》:"或因家世餘緒,得一階半級。及公

---

① 黄侃:"夤緣"猶延緣、沿緣。

私宴集，談古賦詩，塞默低頭，欠伸而已。"《北史·序傳》仲舉曰："吾少無宦情，豈以垂老之年，求一階半級？"

0680 人多缺少 唐趙憬《審官六議》有"人少闕多、人多闕少"之語，"闕"與"缺"同。《苕溪漁隱叢話》："政和間，先君赴調京師，步月景德寺，指月爲對云：'圓少缺多天上月。'同赴調者應聲戲曰：'員多缺少部中官。'"按：《論衡·累害篇》："位少人衆，仕者爭進。"當時蓋已患之。

0681 持祿養交 《管子·明法篇》："小臣持祿養交，不以官爲事，故失其能。"《荀子·臣道篇》："偷合苟安，以持祿養交，謂之國賊。"

0682 食祿有地 《李義山雜纂》："凡説食祿有地，必是差遣不好。"

0683 仕路狹 《後漢書》和帝詔："束修良吏，進仕路狹。"

0684 功成名遂 《老子》："功成、名遂、身退，天之道。"《史記·范雎傳》："中山之國，趙獨吞之，功成名立而利附焉。"《北史·周明帝紀》："功成名遂，建國剖符。"

0685 後來居上 《史記[①]·汲黯傳》："陛下用群臣如積薪，後來者居上。"師古注："或曰積薪之言出《曾子》。"

0686 當官 《左傳》："當官而行。"《周禮》疏："士師所禁[②]，惟在當官。"《晉書·熊遠傳》："當官以理事爲俗吏，奉法爲苛刻。"《三國志·孫奐傳》："奐訥于造次，而敏于當官。"

0687 經官 《晉書·范粲傳》高頵曰："范伯孫名諱，未嘗經于官曹。"

0688 賣官 《後漢書·桓[③]帝紀》："初開西邸賣官，自關内侯、虎賁、羽林，入錢各有差。又私令左右賣公卿，公千萬，卿五百萬。"《五代史·前蜀世家》："徐太妃以教令賣官，自刺史以下，每一官闕，必數人並爭，而入錢多者得之。"

0689 買官 《後漢書·崔寔傳》程夫人曰："崔公冀州名士，豈肯買官？賴我得是。"

0690 賣官鬻爵 《宋書·鄧琬傳》："琬父子竝賣官鬻爵。"李百藥《贊道賦》："直言正諫，以忠信而獲罪；賣官鬻爵，以貨賄而見親。"

0691 官久則富 《史記·貨殖傳》："廉吏久，久更富。"俚語因之。

0692 官官相爲 見元喬孟符《兩世姻緣》曲。

---

① "史記"當爲"漢書"，見《漢書·汲黯傳》。
② "禁"，《周禮·秋官·士師》疏作"施政令"，見《周禮注疏》卷三四。
③ "桓"當爲"靈"，見《後漢書·靈帝紀》。

0693 文官不愛錢，武將不惜死　《宋史·岳飛傳》云云。李白詩有"爲官不愛錢"句。

0694 相門必有相，將門必有將　《史記》孟嘗君語。又《魏志·陳思王傳》引諺云云。《北史·李彪傳》亦引："諺曰：'相門有相，將門有將。'斯不惟其性，蓋言習之所得也。"《南史·王訓傳》："上目送之，曰：'可謂相門有相。'"《王鎮惡傳》："武帝曰：'鎮惡王猛孫，所謂將門有將。"又《史記·任安傳》言"將門之下，必有將類"，《晉書·王沈傳》言"公門有公，卿門有卿"。

0695 將相無種　《史記·陳涉世家》："王侯將相，寧有種乎？"《玉海》許敬宗曰："護兒兒作相，世南男作匠，文武豈有種耶？"

0696 養相體　《金史·完顏奴申傳》："金自南渡之後，爲宰執者，臨事相習低言緩語，互爲推讓，以爲養相體。"

0697 忍辱至三公　《晉書·列女傳》杜有道妻嚴氏戒預書引諺云云。

0698 宰相肚裡好撑船　《水東日記》："南京大理少卿楊公復，能詩有名，其家童往往于玄武湖壖採萍藻爲豚食，吳思菴以其密邇廳事拒之。楊戲答詩云：'數點浮萍容不得，如何肚裡好撑船。'蓋諺有之'宰相肚裡好撑船'，故云。"

0699 伴食宰相　《唐書·盧懷慎傳》："與姚崇對掌樞密，自以吏道不及崇，每事推讓之，人謂之'伴食宰相'。"

0700 鐵面御史　《宋史·趙抃傳》："爲殿中侍御史，彈劾不避權倖，京師目爲鐵面御史。"曾紓《南遊紀舊》："慶歷中，侍御史吳中復，時人謂之鐵面御史。"

0701 五日京兆　詳《漢書·張敞傳》。

0702 金祭酒，銀典簿　陸深《春風堂隨筆》："國子監自祖宗以來，例不刷卷，故諺云云。"

0703 强團練　《楓窗小牘》："臨安有諺，凡見人不下禮曰'强團練'。長老言：錢氏有國時，攻常州，執其團練使趙仁澤以歸。見王不拜，王怒，命以刀抉其口至耳。丞相元德昭救解云：'此强團練，宥之，足以勸忠也。'遂以藥敷創，送歸于唐。故至今以爲美談。"

0704 破家縣令，滅門刺史　敖英《東谷贅言》："人有恒言云云。予謂此言强宗豪右當常誦之，庶幾不敢作奸犯科，爲龔、黄、卓、魯者，不可自誦此言。"楊穆《西墅雜記》："宣德間，慈溪一縣令謂羣下曰：'汝不聞諺云滅門刺史、破家縣令乎？'一父老對曰：'某等只聞得豈弟君子、民之父母。'縣令爲之默然。"

0705 只許州官放火，不許百姓點燈　馮猶龍《譚槩》："田登作郡，怒人觸其名，犯者必笞，舉州皆謂燈爲火。值上元放燈，吏揭榜于市曰：'本州依例放火三日。'"俗語云云,本此。

0706 官不威,牙爪威　《元曲選》李直夫《虎頭牌》、孫仲章《勘頭巾》、李行道《灰闌記》、李致遠《還牢末》皆用此語。

0707 好官不過多得錢耳　《宋史》曹彬語。

0708 笑罵從汝,好官須我爲之　《宋史·鄧綰傳》:"綰諛王安石,除集賢校理。鄉人在都者皆笑且罵,綰云云。"

0709 常調官好做,家常飯好喫　范文正公語,見《獨醒雜志》。

0710 相逢盡道休官好,林下何曾見一人　《集古錄》:"世俗相傳此二句,以爲俚諺。慶歷中,許元爲發運使,因修江岸得石刻于池陽江水中,始知爲釋靈徹詩也。"

卷六　政治

0711 王道本乎人情　劉向《新序》引程子曰："王道如砥，本乎人情，出乎禮義。"①按：此程子，當是程木子。

0712 律設大法，禮順人情　《後漢書》卓茂語。

0713 有治人，無治法　《荀子·君道篇》："有亂君，無亂國；有治人，無治法。"

0714 漢家自有制度　《漢書》："元帝爲太子，嘗侍燕從容言：'陛下持刑太深。'宣帝作色曰：'漢家自有制度，奈何純任德教，用周政乎！'"

0715 我自用我法　《世説》："庾子嵩曰：'我自用我法，卿自用卿法。'"

0716 自我作故　《國語》："哀姜至，公使大夫、宗婦覿用幣。夏父展曰：'非故也。'公曰：'君作故。'"注曰："君所作則爲故事。"張衡《西京賦》："自君作故，何禮之拘？"按：今云"自我作古"，乃别本宋孝宗語也。《宋史·禮志》："孝宗欲不用易月之制，曰：'自我作古何害？'"

0717 奉行故事　《虞書》："若帝之初。"傳云："順舜初攝帝位故事奉行之。"《漢書·魏相傳》："方今務在奉行故事而已。"

0718 便宜行事　《史記·蕭相國世家》："即不及奏上，輒便宜施行，上來以聞。"《漢書·魏相傳》："漢興以來，國家便宜行事。"

0719 因事制宜　出《漢書·韋玄成傳》。又《唐·百官志》："置使之名，或因事而置，事已則罷。"

0720 因利乘便　《史記·秦始皇紀論》："因利乘便，宰割天下，分裂河山。"

0721 發號施令　《書·冏命》文。又《禮·經解》："發號出令而民悦，謂之和。"《鬻子》："發號施令爲天下福者，謂之道。"《文子·道原篇》："未發號施令，

① "王道如砥，本乎人情，出乎禮義"出自宋程顥《論王霸之辨》，見《二程文集》卷二、《宋文鑑》卷五三。

而移風易俗者，其唯心行也。”《管子·輕重篇》：“國非有貧富，通于發號出令，而審于輕重之數。”《漢書·天文[①]志》：“王者卽位，發號施令，亦奉天時。”

0722 三令五申 見《史記·孫武子傳》。

0723 令不虚行 《管子·重令篇》：“國不虚重，兵不虚勝，民不虚用，令不虚行。”

0724 如令 《韓非子·飾邪篇》：“先令者誅，後令者斬，則古者必貴如令矣。”

0725 得體 《禮記》：“官得其體。”疏云：“體者容體，謂設官分職，各得其尊卑之體。”《宋史·岳飛傳》：“小心恭謹，不專進退爲得體。”

0726 得法 《戰國策》：“蒙轂獻典[②]，五官得法，而百姓大治。”

0727 不如法 《史記·孫子傳》：“約束已明而不如法，吏士之罪也。”《後漢書·淳于恭傳》：“教諭孤幼，有不如法，輒反用杖。”《釋名》：“科，課也，課其不如法者。”

0728 奉公守法 《史記·廉藺傳》：“以君之貴，奉公守法則上下平，上下平則國彊。”又《説苑·至公篇》引虞丘子曰：“奉公行法，可以待榮。”

0729 公耳忘私 《漢書·賈誼傳》：“人臣國耳忘家，公耳忘私。”

0730 公道 《文子·上義篇》：“人欲釋而公道行。”《漢書·蕭望之傳》：“庶事理，公道立。”《後漢書·楊震傳論》：“先公道而後身名。”《傅子·通志篇》：“有公心必有公道，有公道必有公制。”許渾[③]詩：“公道世間唯白髮。”李咸用詩：“聖朝公道易酬身。”

0731 明見萬里 《後漢書·竇融傳》：“璽書旣至，河西咸驚，以爲天子明見萬里之外。”

0732 徹底澄清 《北史·宋世良傳》：“爲清河太守，有老人前謝曰：‘府君非唯善政，清亦徹底。’”

0733 不狗顏面 《唐書·長孫無忌傳》：“帝曰：‘聞所在官司，猶自多有顏面。’”《劉知幾傳》：“史局深籍禁門，所以杜顏面，防請謁也。”《元史·相威傳》：“世祖諭曰：‘“朕知卿不狗顏面。’”

0734 屬託不行 《説苑·政理篇》：“晏子曰：‘前臣之治東阿也，屬託不行，

① “天文”當爲“五行”，見《漢書·五行志》。
② “轂”當爲“穀”，見《戰國策·楚策一》。
③ “許渾”當爲“杜牧”，見《樊川文集》卷四《送隱者一絶》。

貨賂不入。'"《漢書・尹翁歸傳》:"于定國欲屬託邑子兩人,令坐後堂待見。定國與翁歸語終日,不敢見其邑子。"

0735 抑强扶弱　《後漢書》:"耿純爲東陽太守,抑强扶弱。"[①]《三國・魏志》:"司馬芝爲河南尹,抑强扶弱。"《北史》:"陸馥[②]爲相州刺史,抑强扶弱。"

0736 矯枉過直　《越絶書》:"子之復仇,臣之討賊,至誠感天,矯枉過直。"仲長統《昌言》論:"逮至清,則復入於矯枉過直之檢。"又《後漢書》注引《孟子》:"矯枉過正。"《鹽鐵論》:"撓枉者過直。"

0737 坐鎮雅俗　《舊唐書・裴度傳》:"雖在江左,王導、謝安坐鎮雅俗,而訏謨方略,度又過之。"任昉《薦士表》:"王暕坐鎮雅俗,弘益已多。"

0738 權時救急　《詩・靡人不周》箋:"賙給之,權救其急。"《左傳》"子産作丘賦"注:"子産權時救急。"

0739 人微權輕　見《史記・穰苴傳》。按:今俗每云"人微言輕",疑其訛。然《東坡文集・與歐陽仲純尺牘》已有"人微言輕"之語。

0740 掣肘　《吕氏春秋・審應覽》:"宓子賤治亶父,恐魯君之聽説人[③],而令己不得行其術也,請吏二人于君俱至亶父。令之書,子賤從旁時掣摇其肘,書之不善,則子賤爲之怒,吏患而辭歸,報于君,君曰:'宓子以此諫寡人之不肖也。'"

0741 摸稜　《唐書・蘇味道傳》:"謂人曰:'決事不欲明白,悮則有悔,摸稜持兩端可也。'故世號摸稜手。"

0742 容情　《搜神記》載王子珍事,有"主者容情,不爲區斷"語。《宋史・選舉志》:"考官容情任意,許臺諫風聞彈奏。"

0743 方命　《尚書》:"方命圮族。"《孟子》:"方命虐民。"按:近人友朋書簡,往往輕易用此二字,思其本義,當悚然汗下也。

0744 具文　《漢書・宣帝紀》:"上計簿,具文而已。"師古注:"雖有其文,而實不副也。"

0745 牽制　《漢書・元帝紀贊》:"牽制文義,優游不斷。"師古注:"爲文義所牽制,故不斷決。"

0746 鉗制　《焦氏易林》:"執囚束繫,鉗制于吏。"

---

① "書"當爲"紀","陽"當爲"郡",見《後漢紀》卷四。

② "馥"當爲"馛",見《北史・陸俟傳》。

③ "説"當爲"讒",見《吕氏春秋・具備》。

0747 糊塗 《宋史·李端傳》[①]:"或言:'端爲人糊塗。'太宗曰:'端小事糊塗,大事不糊塗。'"按:《朱子語錄》以憒憒不曉事曰"鶻突",其説"《書》曰百姓昭明":"乃三綱五常皆分曉,不鶻突耳。""鶻突"卽"糊塗"之音轉。

0748 風流罪過 《北齊書·郎基傳》:"基爲潁川太守,清愼無所營求,唯頗令寫書。潘子義遺之書曰:'在官寫書,亦是風流罪過。'"

0749 作威福 《書·洪範》:"臣無有作福作威。"荀悦《漢紀》:"作威福、結私交、以立彊于世者,謂之遊俠。"劉向《封事》:"大將軍秉事用權,五侯驕奢僭盛,竝作威福,擊斷自恣。"

0750 助桀爲虐 見《史記·留侯世家》及《田單傳》。又《孟子集註》:"飛廉助紂爲虐。"按:俗唯"助紂"之言爲著。

0751 以身試法 《漢書·王尊傳》:"明愼所職,毋以身試法。"《後漢書·馮勤傳》:"欲以身試法耶?將殺身以成仁耶?"

0752 爲法自弊 《史記·商君傳》:"亡至關下,欲舍客舍。舍人曰:'商君之法,舍人無驗者坐之。'商君歎曰:'爲法之弊,一至此哉!'"又《晉書》劉毅有"爲法自弊"之歎。

0753 舞文弄法 《史記·汲黯傳》:"張湯好興事,舞文法。"又《貨殖傳》:"吏士舞文弄法,刻章僞書。"《北齊書·孝昭帝紀》:"廷尉、中丞,執法所在,繩違按罪,不得舞文弄法。"《梁書》武帝求讜言詔:"舞文弄法,因事生奸。"《唐書·郎餘令傳》:陳善弘曰:"舞文弄法,吾不及君。"

0754 不公不法 司馬光與姪帖:"不可恃賴我勢,作不公不法,攪擾官方。"

0755 受贜枉法 史游《急就章》:"受賕枉法忿怒仇。"注云:"受人財者,枉曲正法,忿怒良直,反以爲仇也。"《史記》:"優孟歌:'又恐受贜枉法,爲觸姦[②]大罪。'"《唐書·李朝隱傳》:"贜唯枉法當死。"

0756 賄賂公行 《春秋胡氏傳》:"賄賂公行,上下離析。"《晉書·劉聰載記》:"朝廷内外,無復綱紀,阿諛日進,貨賄公行。"《南史·陳張貴妃傳》:"閹宦之徒,内外交結,轉相引進,賄賂公行。"

0757 權柄 《左傳·襄二十三年》:"既有利權,又執民柄,將何懼焉?"《六韜·守土篇》:"供人國柄,則失其權。"《莊子·天運篇》:"親權者不能與人柄。"《漢書·劉向傳》:"大臣操權柄,持國政,未有不爲害者也。"

---

① "李"當爲"吕",見《宋史》卷二八一。

② "觸姦"當爲"姦觸",見《史記·滑稽列傳》。

0758 功令　《史記·儒林傳》："余讀功令，至廣厲學官之路，未嘗不廢書而歎也。"注云："謂學者課功，著之于令也。"按：近人用此，每若云公家之令，非。

0759 令甲　戴埴《鼠璞》："令甲、令乙、令丙，乃篇次也。漢宣帝詔：'令甲，死者不可復生。'《江充傳》注：'令乙，騎乘車馬行馳道中，没入車馬。'章帝詔：'令丙，箠長短有數。'當時各有篇次，在甲言甲，在乙言乙，在丙言丙，今例以法律爲令甲，非也。"按：《史記·年表》："令甲，稱其忠。"《張釋之傳》："乙令，蹕先至而犯者，罰金四兩。"亦著甲乙之别。如淳《漢書》注曰："令有先後，故曰令甲、令乙、令丙，若今之第一、第二、第三篇。"[①]説更較戴氏詳晰。《宋史·楊時傳》云："凡元祐之政事，著在令甲。"則已犯例稱之譏矣。

0760 治下　《白虎通》："伏羲定人道以治下，治下伏而化之，故謂之伏羲也。""治下"始見此。《漢書》："嚴延年敏捷于事，吏盡節者，皆親鄉之，以是治下無隱情。"

0761 兩造　《書·吕刑》："兩造具備。"孔傳："兩謂囚證，造，至也。"《周禮·大司寇》："以兩造禁民訟。"

0762 六曹　《文獻通考》："政和初，改各州推、判、參軍爲士、户、儀、兵、刑、工六曹掾。"按：此乃今經歷照磨之屬，非書胥也。其士、儀二曹，更與今吏禮房稱號不同。《羣碎錄》輒謂州縣吏、户、禮、兵、刑、工六曹宋徽宗設，未是也。

0763 書手　《輟耕錄》："世稱鄉胥爲書手。《報應記》：'宋衎應明經舉，元和初，至河陰縣，因疾病廢業，爲鹽院書手。'蓋唐已有此名。"

0764 快手　《宋書·王鎮惡傳》："西將及能細直吏快手，有二千餘人。"又《建平王景素傳》："左右勇士數十人竝荆楚快手。"《黄回傳》："募江西楚人，得快射手八百。"《南史》亦作"快手"，《日知錄》："快手之名起此。"

0765 門子　《周禮》："正室謂之門子。"注云："將代父當門者。"蓋適子之稱，與後世官府侍僮絶異。《韓非子·亡徵篇》："羣臣爲學，門子好辯，可亡也。"注云："門子，門下之人也。"此稍與侍僮類。至《舊唐書·李德裕傳》"吐蕃潛將婦人嫁與此州門子"、《道山清話》"都下有賣藥翁，自言少時嘗爲尚書省門子"，則竟屬今所謂"門子"矣。

0766 里長　《隋書》[②]："高祖從蘇威議，以百家爲里，置里長一人。"又《裴蘊傳》："親閲户口，一人不實，則官司解職，鄉正里長皆遠地流配。"按：《墨子·尚

① "若今"以下爲顔師古注。

② "《隋書》"當爲"《資治通鑑》"，見《資治通鑑·隋高祖開皇九年》。

同篇》:“里長順天子政,而一同其里之義。里長既同其里之義,率其里之民,以尚同乎鄉長。”“里長”之名,早見于此。《晉書·職官志》:“縣率百户置里吏一人,其土廣人稀,聽隨宜置里吏。”吏與長,稱號小殊,而制則一,然則“里長”非隋高所創,或廢久而時乃重置耳。

0767 户頭 《後漢書·章帝紀》:“加賜河南女子百户牛酒。”注曰:“此若是户頭之妻,不得更稱爲户,蓋謂女户頭也。”

0768 人夫 《北史·魏獻文六王傳》:“趙郡王謐召近州人夫,搜掩城人,楚掠備至。”

0769 公文 《三國志·趙儼傳》:“公文下郡,緜絹悉以還民。”《北史·蘇綽傳》:“所行公文,綽皆爲之條式。”

0770 文書 《周禮·小宰》:“府掌官契以治藏,史掌官書以贊治。”注云:“治藏,藏文書及器物;贊治,若今起文書草也。”《漢書·刑法志》:“文書盈几閣,典者不能徧睹。”《中論·譴交篇》:“文書委于官曹,繫囚積于囹圄。”《世説·政事門》:“何驃騎看文書,謂王、劉曰:‘我不看此,卿等何以得存?’”

0771 移 《漢書·公孫弘傳》:“移病免歸。”注曰:“移書言病也。”《後漢書·光武紀》:“致[①]僚屬,作文移。”注引《東觀漢記》:“文書移與屬縣也。”《文心雕龍》:“劉歆之《移太常》,文移之首也。”按:凡官曹不相臨敬者,其文書則謂之“移”。

0772 關 《文心雕龍》:“關者,閉也。出入由門,關閉當審;庶務在政,通塞宜詳。韓非云:‘孫亶回,聖相也,而關于州郡。’蓋謂此也。”《宋書·禮志》載文移格式云:“某曹關某事云云。被令,儀宜如是。請爲牋如左。謹關。”按:“被令”猶今云“奉此”、“據此”,“儀宜如是”猶今云“合行”。

0773 邸報 《宋史·曹輔傳》:“政和後,帝多微行,始民間猶未及知。及蔡京謝表有‘輕車小輦,七賜臨幸’語,自是邸報聞四方。”按:“邸報”字見史始此,而《孫樵集》有《讀開元雜報》一篇。又《唐詩話》:“韓翃家居,一日有人叩門賀曰:‘邸報制誥闕人,中書進君名,已除駕部郎中知制誥矣。’”則唐時已有邸報。

0774 告示 《荀子·榮辱篇》:“仁者好告示人。”《後漢書·隗囂傳》:“騰書隴、蜀,告示禍福。”

0775 辭訟 《漢書·薛宣傳》:“辭訟例不滿萬錢不爲移書。”《魏志·杜畿傳》:“民嘗辭訟,有相告者,畿親見爲陳大義,令歸諦思之。自是少有辭訟。”

---

① “致”當爲“置”,見《後漢書·光武帝紀》。

0776 健訟　《容齋四筆》:"《易・訟卦》:'險而健,訟。'以'健'字爲句絶,乃及于'訟'。蒙師點句,輒混'訟'字于上,遂以'健訟'相連。此二字尚爲有説,例以他卦,若'止蒙'、'動豫'之類,將如之何?凡頑民好訟者,但曰'嚚訟'、'終訟'可也。"

0777 打官司　元人《抱粧盒》曲有此三字。

0778 罪過　《史記・秦二世紀》:"大臣及諸公子,以罪過連逮少近三郎官①,無得立者。"《後漢書・班超傳》:"塞外吏士,本非孝子順孫,皆以罪過徙補邊屯。"按:"罪過"字以大小别,不以公私别。後人例以公犯爲罪,私居違碍,則兼稱罪過,其言自六朝然矣。《北史・長孫晟傳》:"晟見牙中艸穢,責令染干除之,染干曰:'是奴罪過。'"又《由吾道榮傳》:"晉陽人謂道榮曰:'我本恒岳仙人,有少罪過,爲天官所謫。'"

0779 詿誤　《史記・陳豨傳》:"趙、代吏人爲豨所詿誤、劫畧者,皆赦之。"《後漢書・寇恂傳》:"陛下遠踰險阻,故狂狡乘間相詿誤耳。"《易林・履之革》:"譌言妄語,轉爲詿誤。"

0780 發覺　《漢書・高帝紀》:"八年秋八月,吏有罪未發覺者,赦之。"《淮南子・氾論訓》:"縣有賊,大搜俠者之盧,事果發覺,夜驚而走。"《後漢書・梁松傳》:"數爲私書請託郡縣,發覺免官。"《論衡・幸偶篇》:"或奸盜大辟而不知,或罰贖小罪而發覺。"

0781 准　周必大《二老堂雜志》:"勑牒凖字,去十爲准,或謂本朝因寇凖爲相而改之,又云曾公亮、蔡京父皆名凖而避。其實不然,予見唐誥已作准,又收五代堂判亦然。頃在樞密院令吏輩用凖字,既而作相,又令三省如此寫,至今遂定。"按:所云則宋孝宗時已復用原文矣,而今仍紛紛作"准",蓋趨便之習,一成難變,卽一字之細有然。

0782 審問　《書・吕刑》:"其審克之。"《詩・魯頌》:"淑問如皋陶。"爲此二字之源。

0783 處分　《古焦仲卿妻》詩:"處分適兄意,那得自任專。"《南史・沈僧昭傳》:"國家有邊事,須還處分。"《北史・宋欽道傳》:"夢見前妻言,被處分爲高崇妻。"《唐邕傳》:"邕手作文書,口且處分,耳又聽受。"按:"分"當音問,今讀平聲者誤,白居易詩"處分貧家殘活計"、劉禹錫詩"停杯處分不須吹"可證。

0784 坐罪　《説苑・奉使篇》:"荆王與晏子語,有縛一人過王而行。王曰:

---

① "近三郎官"當爲"近官三郎",見《史記・秦始皇本紀》。

‘何坐?’曰:‘坐盗。’”按:此即秦漢所云“坐罪”之“坐”。

0785 抵罪　《史記·趙世家》:“齊之事王,宜爲上佼,而今乃抵罪。”《韓非·内儲説》:“君殺老儒,是將以濟陽君抵罪于齊矣。”

0786 開釋　《書·多方》:“開釋無辜,亦克用勸。”

0787 申冤　《易林》:“比户爲患,無所申冤。”《舊唐書·徐有功傳》:“三司受理理匭申冤。”①

0788 招摇　《史記·孔子世家》:“衛靈公與夫人同車,使孔子爲次乘,招摇市而過之。”

0789 誘人犯法　《刑律》詐僞科目有“詐教誘人犯法”。

0790 武斷鄉曲　《史記·平準書》:“兼并豪黨之徒,以武斷于鄉曲。”

0791 不服燒埋　見元人《爭報恩》《兩世姻緣》曲。

0792 停囚長智　佛經引諺。又見《傳燈録》溈山祐語。

0793 敲　《左傳·定二年》:“邾莊公與夷射姑飲酒,私出,閽乞肉焉,奪之杖以敲之。”杜注:“敲閽頭也。”按:俚語以打爲“敲”,本此。

0794 拶　《唐韻》:“拶,姊末切,逼也。”按:今作去聲讀,諸字書無其音。《左傳·定八年》:“涉佗捘衛侯之手。”《音義》曰:“捘,擠也,按也,祖寸切。”或云:拶之讀去,蓋屬“捘”音之轉②。

0795 県首　《説文》:“県,斷首倒懸也。”音讀若澆。《廣韻》:“漢令,先黥、劓、斬左右趾、県首、葅其骨,謂之具五刑。”按:“梟首”之“梟”,依此當作“県”,然《漢書·刑法志》已用“梟”字。

0796 坐地牢　《北史·魏獻文六王傳》:“詔幽于京畿地牢,絶食而死。”《祖珽傳》:“地牢者,乃爲深坑,置諸内。”

0797 先刑後奏　《後漢書·酷吏傳序》:“臨民之職,專事威斷,族滅姦軌,先行後聞。”注曰:“先行刑,後聞奏也。”又《五代史·朱珍傳》:“軍中有犯令,請先斬而後白。”

0798 先打後商量　《元曲選》武漢臣《老生兒》、李壽卿《伍員吹簫》、王實甫《麗春堂》竝用此語。

0799 蒲鞭示辱　《後漢書·劉寛傳》:“吏人有過,但用蒲鞭罰之,示辱而已。”《南史·崔祖思傳》:“叔景眞,位平昌太守,懸一蒲鞭而未嘗用。”

---

① 《舊唐書·徐有功傳》作“三司受表及理匭申冤使”。

② 黄侃:此條精甚。

0800 以一警百　《漢書·尹翁歸傳》:“其收取人心也,以一警百,吏民皆服,恐懼改行。”又《鹽鐵論》:“刑一而正百,殺一而慎萬。”《文中子》:“賞一以勸百,罰一以懲衆。”《傅子》:“擊一警百,刺史之職也。”《北史·孫[1]綽傳》:“殺一利百,以清王化。”韓愈詩:“罰一勸百政之經,不從而誅未晚耳。”

0801 取保　《周禮·大司寇》:“州里任之,則宥而舍之。”疏云:“仍恐習前爲非,故使州長里宰保任乃舍之。”按:此卽後世取保之制。《蜀志·姜維傳》:“魏繫維母于保官以延之。”《北史·宋繇傳》:“局内降人左澤等爲京畿送省,令取保放出。”

0802 保辜　史游《急就章》:“疻痏保辜謕呼號。”顔注曰:“保辜者,各隨其狀輕重,令毆者以日數保之,限内致死,則坐重辜也。”按:“辜”亦作嫴。《説文》解“嫴”爲“保任”,若是,則“保辜”雖二文而一義。

0803 甘結　《續通鑑》:“宋寧宗時,禁僞學,詔監司帥守薦舉改官,并于奏牘前具甘結,申説並非僞學之人。”“甘結”二字見此。

0804 服辯　《元典章·吏制》:“凡府司官對衆審訖,取服辯文狀。”按:今律仍有“獄囚取服辯”條。注云:“服者心服,辯者分辯。理當則服,不當則辯。或服或辯,故曰服辯。”近易其名謂之“遵依”,則有服而無辯矣。

0805 比簿　《周禮·小司徒》:“大比則受邦國之比要。”注云:“今時八月案比是也,要謂其簿。”

0806 門單　《朱子語錄》:“《禹貢》是當時治水事畢,却總作此一書。如今人方量畢,總作一門單耳。”

0807 揭帖　《通雅》:“宋元豐中,詔中書寫例一本納執政,分令諸房揭帖,謂揭而帖之。古貼、帖通用,《世説》‘以如意帖之’是也,今人因有揭帖之名。”

0808 魚鱗圖　《宋史·食貨志》:“魏豹文代趙師嵒爲婺州守,整行經界益力。凡結甲册、户産簿、魚鱗圖、類姓簿,皆創庫匱藏之。”沈文《初政記》:“洪武十三年,户部覈實天下土田,惟兩浙富民畏避徭役,往往以田産詭託親鄰佃僕,奸弊百出。上遣各處查定細底,編類爲册,其法甚備,謂之魚鱗圖册。”

0809 串子　《文字指歸》:“支取貨契曰賗。”今倉庫收帖曰“串子”,“賗”字之省也。

0810 徵比　《周禮·小司徒》:“頒比法,以行徵令。”疏云:“爲較比之法,以徵索于民。”又《縣正》:“各掌其縣之政令徵比。”注:“徵,徵召也;比,案比。”疏

① “孫”當爲“蘇”,見《北史·蘇綽傳》。

云："徵發校比之等也。"按："比校"二字，見《國語》。

0811 加耗 《五代史·王章傳》："周太祖用兵西方，章供饋軍旅，征剝下民。往時民租，一碩輸二升爲鼠雀耗，章乃增一碩輸二斗爲省耗。"按：碩輸二升之制，《停驂錄》云起于後唐明宗。

0812 稅契 《續演繁露》："晉自過江至于梁陳，凡貨賣奴婢、馬牛、田宅，有文券，率錢一萬，輸估四百入官，賣者三百，買者一百，名爲散估，卽今田宅報券輸錢之數。"所謂"稅契"也。

0813 畫卯 李存《義役謡》："五更飯罷走畫卯，水潦載道歸來晡。"

0814 吊卷 青藤山人《路史》："釣、調字，今俱作吊，如吊生員考試、吊文卷查勘，俱誤。吊生員應作'調'，吊文卷應作'釣'也。"《寓圃[①]雜記》："移文中字，有日用不知所自而未能正者。如查字，音義竝與'槎'同，水中浮木也。今云查理、查勘，有稽攷之義。弔，本傷也、愍也。今云弔卷、弔册，有索取之義。票，與'慓'同，本訓急疾，今以爲票帖。綽，本訓寬緩，今以爲巡綽，其亦始方言歟？"[②]

0815 申解 《雲麓漫鈔》："官府多用申解二字，申之訓曰重，今以狀達上官曰申聞，施于簡劄曰申呈，皆無重義。解，古隘切，訓曰除，而詞人上于其長曰解，士人獲鄉薦亦曰得解，皆無除出之義，舉世用之，與歐陽子言打字正同。"[③]

0816 巡逴 《丹鉛録》："今之場屋有巡綽官。《説文》：'綽，緩也。'《詩》'寬兮綽兮'，相如賦'便嬛綽約'，皆是寬緩之義。則'巡綽'字非，當作'巡逴'，樂府伏知道《五更轉》：'一更刁斗鳴，校尉逴連城。'正是巡警之義，此一大證也。"

0817 僉押 《南史》："故事，府州部論事，皆籤前直敘所論之事，後云謹籤，具日下又云某官籤。"按："籤"卽"僉押"之"僉"，古今字變耳。

0818 印窠 《舊唐書·德宗紀》："賜南詔異牟尋等金印銀窠。"黄滔詩："六窠只佩諸侯印。"梅堯臣詩："丹砂挈印窠。"按：今計印之數曰鐖窠[④]，觀此可明其義。

0819 騎縫印 《北史·盧同傳》："請總集吏部、中兵二局勳簿，對句奏案。于黄素楷書大字，令本曹尚書以朱印印之。明造兩通，一關吏部，一留兵局，與奏案對掌，以防揩洗之僞。更請征職白身，具列本州郡縣三長之所；并其實官正職，仰本軍印記其上，然後印縫，各上所司。"騎縫印制見此。《南華經》注："督，

① "寓圃"當爲"菽園"，見《菽園雜記》卷二。

② 黄侃："吊"當作"調"。"查勘"，"查"則察也。"票帖"，"票"則符也。"巡綽"，"綽"則徼也。

③ 黄侃："申"訓引，"解"訓判，皆本字。

④ "鐖"當爲"幾"。

中也；中兩間而立，俗所謂騎縫也。”“騎縫”二字又見此。

0820 知會　《通雅》：“唐武后甲申，轉帖百官令拜表，百官但赴拜，不知何事。此蓋若今之都吏，送知會部堂堂帖，使司官知之。”

0821 公會　《隋書・虞世基傳》：“徐陵聞其名，因公會，一見而奇之。”

0822 議公事　《曲禮》：“公事不私議。”《鹽鐵論》：“前議公事，文學引稱往古，頗乖世務。”

0823 奉憲　《史記・三王世家》：“百官奉憲，各遵其職。”《漢書・景帝紀》：“酷吏奉憲失中。”按：《穆天子傳》：“受勑憲。”注云：“憲，教令也。”

0824 通行　《周禮・小行人》疏：“吉禮、軍禮、賓禮，天子頒之，非所以通行之事，故不言也。”按：後世云“通行曉諭”，同此。又《漢書・高帝紀》：“足下通行無所累。”此“通行”猶言行得開。《張敞傳》：“王姬昆弟及王同族宗室通行，爲之囊橐。”此“通行”猶言通同，意各殊別。

0825 施行　《能改齋漫錄》：“今朝廷行移下州縣，必云主者施行，本《後漢・黄瓊傳》也。”按：《史記・蕭相國世家》：“便宜施行。”《漢書・京房傳》：“房考功事得施行矣。”《王莽傳》：“誣罔天下，不可施行。”俱先言之。蔡邕《獨斷》：“巡狩還，公卿以下陳洛陽都亭前下拜，天子下車，古語曰‘在車則下’，唯此時施行。”亦後漢言也。

0826 知　《左傳・襄二十六年》：“公孫揮曰：‘子産其將知政矣。’”魏了翁《讀書雜鈔》：“後世官制上知字如知府、知縣，始此。”按：“知政”是總國内之政，與後世知府、縣猶若不同。《國語》：“歸惠公而質子圉，秦始知河東之政。”注云：“秦取河東之地而置官司，故知河東之政。”此“知”字但屬一方官司，尤與知府、知縣之“知”脗合。《雲麓漫鈔》：“唐制，縣令闕，佐官攝令，曰知縣事。李翱任上部，誌文云‘攝富平尉、知縣事’是也。”

0827 仰　孔平仲《談苑》：“今公家文移，以上臨下，皆用仰字。”《北齊書・孝昭紀》：“詔定二王三恪是非，禮儀體式亦仰議之。”用“仰”字始此。按：盧同《請集勳簿表》言“仰本軍印記”，在齊孝昭之前。

0828 須至　《朱子文集》公移牓帖末多用“須至”字，如云“須至曉示者”、“須至曉諭約束者”，看定文案申狀亦云“須至供申者”。按：今公文中習爲定式，問其義，則無能言之。據《歐陽公集・相度銅利牒》云“無至悮事者”、《五保牒》云“無至張皇鹵莽者”，亦俱用之篇末。大抵戒之曰“無至”，勸之曰“須至”，其辭僅反正不同耳①。

0829 照得 又公移卷中每用“照對”二字，如“照對《禮》經，凡爲人子不蓄私財云云”、“照對本軍，去年交納人户云云”，多不勝舉。間用“照得”者，唯《約束侵占牓》及别集《委官收糴》《革米船隱瞞》三條而已。所云“照對”，蓋卽契勘之義，“照得”則“照對得”之省文也。今公移皆云“照得”，無復用“對”字矣。

0830 火速 武則天詩：“火速報春知。”李俊民詩：“火速移床待孝先。”今官府徵逮牓帖亦習用。按：《北史·齊武成帝紀》：“特愛非時之物，取求火急，須朝徵夕辦。”“火急”與“火速”義同，柳宗元詩“勸君火急添功用”，蘇軾詩“火急著書千古事”，徐積詩“田事正火急”。而“急”有褊窘之義，今因嫌之不用。

0831 無故擅入 《周禮·士師》：“掌國五禁之法，書而懸于門閭。”注云：“古之禁書亡矣。”今官門有符籍，官府有無故擅入，其悑可言者。

0832 留中不下 見《史記·三王世家》。

0833 交代 《漢書·蓋寬饒傳》：“歲盡交代，自請，願復留。”《後漢書·傅燮傳》：“范津爲漢陽，與燮交代，合符而去。”又“交印”，見《白氏長慶集·和劉夢得詩》：“交印君相次，褰帷我在前。”

0834 去思 《漢書·循吏傳序》：“王成、黄霸等，所居民富，所去見思。”按：去思立碑，唐詩已有。《集古録·虞城李令去思頌》，李白撰文，王遹篆。

0835 德政碑 《水經·濟水》注：“昌邑有成人班孟堅碑，建和十年，從事秦闓等刊石，頌德政碑也。”

0836 攀轅卧轍 《白孔六帖》：“漢侯霸爲臨淮太守被徵，百姓攀轅卧轍，願留期年。”按：《後漢書》但云“遮使者車，或當道而卧”，無四字成文。

0837 立生祠 《史記·萬石君傳》：“慶爲齊相，大治，爲立石相祠。”《漢書·于定國傳》：“其父于公爲郡決曹，決獄平，郡中爲之生立祠，曰于公祠。”按：此立生祠之始，至唐則此風漸盛，其見詩者，朱慶餘《送林使君》云：“想得化行風土變，州人應爲立生祠。”盧延讓《送友赴闕》云：“却笑郡人留不得，感恩惟擬立生祠。”

0838 爾俸爾禄，民膏民脂，下民易虐，上天難欺 《琬琰録》：“乾德三年，立郡國戒石碑，上勒‘爾俸爾禄云云’十六字，採孟昶之辭也。”《玉海》：“紹興二年六月，詔有司摹勒黄庭堅所書《太宗戒石銘》，徧賜守令，重刻之廷石。”《容齋續筆》載孟昶全辭云：“‘朕念赤子，旰食宵衣。言之令長，撫養惠綏。政存三異，道

① 黄侃：“須至”乃告下吏使奉行文書之辭。

在七絲。驅蝗爲理,留犢爲規。寬猛得所,風俗可移。無令侵削,無使瘡痍。下民易虐,上天難欺。賦輿是切,軍國是資。朕之賞罰,固不踰時。爾俸爾祿,民膏民脂。爲民父母,莫不仁慈。勉爾爲戒,體朕深思。’凡二十四句,但語皆不工,惟經表出者,詞簡理盡。”《集古録》:“戒碑起唐明皇,特不見其辭耳。明皇擇令一百六十三人,賜以丁寧之戒,其後天下爲縣者,皆以新戒刻石。”《七修類稿》:“至元癸巳,吾浙《戒石銘》别有四句云:‘天有昭鑒,國有明法。爾畏爾謹,以中刑罰。’”

0839 兼聽則明,偏聽則闇　《管子·君臣篇》:“民别而聽之則愚,合而聽之則聖。”乃此語所本。

0840 旁觀者審,當局者迷　《鹽鐵論》:“從旁議者易是,其當局則亂。”《唐書·元行沖傳》:“當局稱迷,旁觀必審。”

0841 當斷不斷,反受其亂　《史記·齊悼惠世家》引道家之言云云,《春申君傳贊》引語云云。《後漢書·楊倫傳》:“當斷不斷,《黄石》所戒。”注引《黄石公三略》曰:“當斷不斷,反受其亂。”《晉書·慕容垂載記》弟德進言亦引語云:“當斷不斷,反受其亂。”又《羊祜傳》:“當斷不斷,天與不取,豈非更事者恨于後時哉!”《南史·齊宗室傳》:“子良失在儒雅,當斷不斷。”

0842 上不正,下參差　楊泉《物理論》引語云云。

0843 謾上不謾下　《宣政雜録》:“靖康初,民間以竹徑二寸、長五尺許,冒皮于首鼓之,因其製作之法,謂曰謾上不謾下,通衢用以爲戲云。”

0844 上明不知下暗　見張國賓《薛仁貴》劇。

0845 人心似鐵,官法如罏　見王仲文《救孝子》曲。

0846 急急如律令　李濟翁《資暇録》:“符咒之類末句云急急如律令,人以爲飲酒之律,令不得停滯,非也。令,宜平聲。律令,乃雷邊捷鬼,此鬼善走,與雷相疾速,故云如此鬼之疾走也。”《演繁露》:“《風俗通》論漢法九章,因言曰:‘夫吏者治也,當先自正,然後正人,故文書下如律令,言當承憲履繩,動不失律令也。’今符咒家,凡行移悉倣官府制度,則其云如律令者,亦倣官府文書爲之,不必鑿言雷鬼也。”《雲麓漫鈔》:“五字本漢公移常語,張天師漢人,故承用之,道流至今祖述。”按:《文選》陳琳《爲袁紹檄豫州》末云“如律令”,注如程氏引《風俗通》之説。又琳《檄吴將校部》曲末亦云“如詔律令”,《史記·三王世家》亦云“當用如律令”。援以證之,愈見《資暇》之説之鑿。

0847 一朝權在手,看取令行時　朱灣《奉使設宴戲擲籠籌》詩。

0848 官無悔筆,罪不重科　《古今譚槩》載袁節推酒令引俗語云云。

0849 一字入公門，九牛曳不出 《普燈録》黄龍慧南禪師嘗舉揚此語。

0850 公門好修行 見《元曲選》岳百川《鐵拐李》、楊顯之《酷寒亭》二劇。

0851 事官千日，失在一朝 《傳燈録》："王延彬問朗上座：'捧爐神爲甚翻却茶？'朗答云云。"

卷七　文學

0852 讀書百徧，其義自見　《魏志·王肅傳》注："董遇不肯教人，而云必當先讀百徧，言讀書百徧而義自見。"朱子《訓學齋規》引古人云："讀書千遍，其義自見。"

0853 早知窮達有命，悔不十年讀書　《南史》沈攸之語。

0854 讀書不求甚解　《晉書》陶潛語。

0855 讀書破萬卷　杜甫《贈韋左丞》詩。《東皐雜錄》："或問荆公：'老杜詩何故妙絶古今？'曰：'老杜固自言之曰：讀書破萬卷，下筆如有神。'"

0856 讀書三到　《訓學齋規》："余謂讀書有三到：心到、眼到、口到。三到之中，心到最急。"

0857 作相須讀書人　《宋史·太祖紀》謂竇儀云。又《王文正筆錄》："太祖謂盧多遜：'作宰相須用儒者。'"

0858 富貴必從勤苦得，男兒須讀五車書　杜甫《題栢學士茅屋》詩。

0859 共君一夜話，勝讀十年書　《程伊川語錄》："古人有言曰：'共君一夜話，勝讀十年書。'若一日有所得，何止勝讀十年書耶？"

0860 不敢妄爲些子事，只因曾讀數行書　《輟耕錄》載元中書左丞吕忠肅公思誠詩。

0861 書中自有黄金屋　李之彦《東谷所見》："《勸學文》言'書中自有黄金屋'，自斯言一入於胸，未得志時，已惟以金多爲榮矣。"按：《勸學文》未考何人作，觀此知其在宋以前。高則誠《琵琶記》："喜書中今日有女如玉，男兒有書須勤讀，也自有黄金屋，也自有千鍾粟。"全用其文。

0862 客至罷琴書　杜詩："地幽忘盥櫛，客至罷琴書。"

0863 習讀在前生　鄭谷《贈劉神童》句。

0864 不學無術　見《漢書·霍光傳》。

0865 開卷有益　《澠水燕談》："宋太宗詔撰《太平御覽》等書，日覽二卷。因事有闕，則暇日追補。嘗曰：‘開卷有益，朕不以爲勞也。’”

0866 手不釋卷 《華陽博議》：“馬懷素、吕思禮、于休烈、李磎仕宦不釋卷，劉昺、魯肅、崔林、辛術軍旅不釋卷，劉實、王起、趙逸、崔元翰耄耋不釋卷，司馬光童穉不釋卷，裴皞亂離不釋卷，皇甫謐、裴漢疾病不釋卷。”

0867 一目十行 《北齊書·河南王孝瑜傳》：“讀書十行俱下。”《梁書·昭明太子傳》：“讀書數行並下。”

0868 過目不忘 《晉書·苻融載記》：“融下筆成章，耳聞則誦，過目不忘。”《唐書·王起傳》：“起於天下書無不讀，一經目，弗忘也。”

0869 文不加點 《文選·鸚鵡賦序》：“筆不停綴，文不加點。”《北史·杜銓傳》：“杜正玄文不加點。”《盧文偉傳》：“盧絢祖爲二十餘人作表，文不加點。”《梁書·蕭介傳》：“武帝置酒賦詩，介染翰便成，文不加點。”《隋書·許善心傳》：“帝稱其文不加點，筆不停毫。”《摭言》：“李白奉詔草《白蓮花序》，文不加點。”

0870 文過其實 《後漢書·馮衍傳》：“以文過其實，遂廢於家。”

0871 賣文爲活 杜甫《寄斛斯六官》詩：“故人南郡去，去索作碑錢。本賣文爲活，翻令室倒懸。”

0872 咬文嚼字 見元人楊氏《勸夫》曲。

0873 文不識 《西京雜記》：“大姓文不識，家富多書。匡衡與其傭作，而不求償。”按：此疑假設姓名，如今小説之例。《續萱錄》有“賈博諭”、“全若虚”，蓋其類云。

0874 甚有文理 《漢書·高帝紀》賜南海尉佗詔中語。

0875 有道理 《詩》：“有倫有脊。”毛傳云：“所言有道理。”①

0876 是何道理 盧仝《月蝕》詩：“見似不見，是何道理。”

0877 出於何典 《後漢書·孔融傳》：“融與操書，稱‘武王伐紂，以妲己賜周公’。操不悟其嘲己，問出何經典。”《文苑傳》邊孝先曰：“師而可嘲，出何典記？”

0878 不落道 白居易《小童薛陽陶吹觱栗歌》：“衆音覼縷不落道，有如部伍隨將軍。”按：此謂其不旁越他道，今反以文詞錯雜失次爲“不落道”，非。

0879 不通 《論衡·别通篇》：“通人猶富人，不通者猶貧人也。通人胸懷百家之言，不通者空腹無一牒之誦。”《通典》：“魏立太學，學者滿一歲，試通一經爲弟子，不通，遣罷。弟子滿二歲，試通二經，補文學掌故，不通者聽從後輩試。”《燕翼貽謀錄》：“試場問本經義疏，不過記出處而已。攷官批於界行之上，能記

① “毛傳”當爲“鄭箋”：“維民號呼而發此言，皆有道理。”見《毛詩正義》卷十二之一。

則曰通,不記則曰不,其誤記者亦書曰不。"《古文孝經·諫諍章》"是何言與"下有"不通之言也"五字。按:今文無之,而語亦不類,或疑屬舊注誤爲正文。

0880 一竅不通　《吕氏春秋·貴直論》:"紂殺比干而視其心,孔子曰:'其竅通,則比干不死矣!'"高誘注云:"紂心不通,安於爲惡。若其一竅通,則比干不見殺。"又《列子·仲尼篇》:"文摯謂龍叔曰:'子心六孔流通,一孔不達。今以聖智爲疾者,其以此乎?'"

0881 五經掃地　《唐書·祝欽明傳》:"帝與羣臣宴,欽明自言能《八風舞》,帝許之。欽明體肥醜,據地摇頭睆目,帝大笑。盧藏用歎曰:'是舉《五經》掃地矣!'"

0882 皮裏春秋　《晉書·褚裒傳》:"桓彝見而目之曰:'季野有皮裏春秋。'言其外無臧否,而内有所褒貶也。"

0883 一部十七史,從何處説起　薛應旂《宋元通鑑》:"文天祥至燕,丞相孛羅召見。天祥仰首言曰:'自古帝王,有興有廢。'孛羅曰:'且問盤古至今幾帝幾王?'天祥云云。"

0884 既讀孔聖書,必達周公禮　見《元曲選》吴昌齡《斷風花雪月》、賈仲名《蕭淑蘭》二劇。

0885 諸子百家　《後漢書》注:"諸子百六十九家,言百家,舉成數也。"

0886 連篇累牘　《北史·李諤傳》:"連篇累牘,不出月露之形。"《宋史·選舉志》:"寸晷之下,惟務貪多。累牘連篇,何由精妙?"

0887 千篇一律　《藝苑卮言》:"白樂天詩千篇一律,輕看,最能易人心手。"

0888 雙管齊下　郭若虚《圖畫見聞志》:"唐張璪尤善畫松,能手握雙管,一時齊下,一爲生枝,一爲枯幹。"伊世珍《瑯嬛記》:"黄華能雙管並下。"

0889 意到筆隨　《春渚紀聞》:"東坡曰:'吾生平作文,意之所到,則筆力曲折隨之,無不盡意。'"

0890 善書不擇筆　《後山談叢》:"善書不擇紙筆,妙在心手,不在物也。"王肯堂《筆塵》:"能書不擇筆,浪語也。古來唯稱率更令不擇筆,然晉人遺意,至歐陽漸失矣。"

0891 筆重　《唐書·陸餘慶傳》①:"善論事而短於判,人嘲之曰:'説事則喙長三尺,判字則手重五斤。'"按:俗有"一枝筆管千斤重"之語,本此。

0892 飲墨水　《隋書·禮儀志》:"正會日,諸郡上計。付紙,遣陳土宜。書

---

① "《唐書·陸餘慶傳》"當爲"《朝野僉載》",見葉庭珪《海録碎事》卷十二引。

跡濫劣者，飲墨水一升。"又："策秀孝、考廉良，其有脱誤、書濫、文理孟浪者，起立席後，飲墨水。"《太平廣記》："陳繼達本武夫，不知書。夢人以墨水升餘飲之，遂能識字。"黄庭堅詩："睥睨紈袴兒，可飲三斗墨。"劉靜修詩："老覺胸中無墨汁。"按：俗有"丁倒轉來無墨水"語，本此。

0893 惜墨如金 《古今名畫記》："李成作畫，惜墨如金。"樓鑰《題崔老融戲墨》詩："古人惜墨如惜金，老融惜墨如惜命。"

0894 鐵硯磨穿 《五代史·桑維翰傳》："初舉進士不第，人有勸其從他途求仕者。維翰鑄鐵硯示人曰：'硯穿則改而他仕。'卒以進士及第。"

0895 功名紙半張 見鄭德輝《王粲登樓》曲。

0896 白紙上寫著黑字 見元《鴛鴦被》《東堂老》二劇。

0897 一字直千金 《史記·吕不韋傳》："以《吕氏春秋》布咸陽市門，懸千金其上，延諸侯游士賓客，有能增損一字者，予千金。"王獻之帖："揚州一老母，惠臣一餐，無以答其意。臣作一字，令就市價。近觀者三，遠觀者二，未經數日，遂獲千金。"鍾嶸《詩品》："陸機擬古十四首，驚心動魄，幾於一字千金。"張説詩："大風將小雅，一字盡千金。"吴融《贇光上人草書歌》："不係知之與不知，須言一字千金值。"

0898 一字師 《唐詩紀事》①："鄭谷改齊己《早梅》詩'昨夜數枝開'作'一枝開'，人以谷爲一字師。"《詩話總龜》②："張詠'獨恨太平無一事'，蕭楚材請改'恨'爲'幸'，詠曰：'子眞一字師。'"

0899 紇字不識 《嬾眞子》："臧武仲名紇，音恨發切。唐時有誤讀爲'核'者，蕭穎士曰：'汝紇字也不識耶？'"俗言"瞎字不識"，又"紇"字之訛。

0900 不識一丁 《唐書·張弘靖傳》："天下幸無事，爾輩挽兩石弓，不如識一丁字。"洪容齋《俗攷》："今文多用不識一丁字，謂祖《唐書》。以出處考之，乃'个'字，非'丁'字，蓋'个'與'丁'相類，傳寫悮焉。"田藝蘅《留青日札》："天水姜平子仕苻堅，堅宴羣臣賦詩。平子詩有'丁'字直而不屈，堅問其故，曰：'曲下者不正之物，未足以獻也。'堅悦，擢上第。夫'丁'字不屈，乃古'下'字矣。蓋堅羼人，正所謂'丁字不識'者爾。"鮑鉁《亞谷叢書》："《蜀志》《南史》皆有'所識不過十字'之語，恐'丁'字是'十'字，亦未可知。'十'與'丁'又相似，其文亦有

① "《唐詩紀事》"當爲"《詩人玉屑》"或"《五代史補》"，見魏慶之《詩人玉屑》卷六、曾慥《類説》卷二六引。

② "《詩話總龜》"當爲"《詩人玉屑》"或"《鼠璞》"，見魏慶之《詩人玉屑》卷六、戴植《鼠璞》卷上。

據也。”

0901 卽席賦詩　《宋書[①]》:“武帝延後進二十餘人,置酒賦詩。蕭介染翰卽成,臧盾詩不成,罰酒一斗,盾飲盡,言笑自若。帝曰:‘臧盾之飲,蕭介之文,皆卽席之美也。’”按:後世云“卽席賦詩”,昉此,然于原文意頗齟齬。

0902 詩有别才　《嚴滄浪詩話》:“詩有别才,非關書也;詩有别趣,非關理也。”

0903 詩中有畫,畫中有詩　《東坡集·題王維藍關煙雨圖》:“味摩詰之詩,詩中有畫;觀摩詰之畫,畫中有詩。”

0904 供官詩　《太倉稊米集》:“東坡嘗言,古今未有無對者。琴家謂娛俗耳爲‘設客曲’。頃時有作送太守詩者,僕問之,其人曰:‘此供官詩,不足觀。’於是‘設客曲’始有對,戲作俳體云:‘設客元無琴裏曲,供官尚有篋中詩。’”

0905 打油詩　《南部新書》:“有胡釘鉸、張打油二人,皆能爲詩。”《升庵外集》載張打油《雪》詩,卽俚俗所傳“黄狗身上白,白狗身上腫”也,故今又謂之“打狗詩”。

0906 趁韻而已　《朝野僉載》:“景龍中,權龍褒爲左武衛將軍,好賦詩,而不知聲律。皇太子夏日賜宴,獻詩云:‘嚴霜白皓皓,明月赤團團。’或曰:‘豈是夏景?’曰:‘趁韻而已。’太子援筆贊之曰:‘龍褒才子,秦州人士。明月晝耀,嚴霜夏起。如此詩章,趁韻而已。’”[②]

0907 吟安一箇字,撚斷數莖鬚　盧延讓詩。

0908 富於千篇,貧於一字　見《文心雕龍·練字篇》。

0909 絢爛之極,造於平淡　蘇軾《與姪書》:“凡文字少小時須令氣象崢嶸,采色絢爛。漸老漸熟,乃造平淡。其實不是平淡,乃絢爛之極也。”

0910 嬉笑怒駡,皆成文章　黄庭堅《蘇子瞻像贊》云云。

0911 一憑陰隲二文章　《水東日記》載吳思庵遺外孫錢昕習科場句。

0912 大手筆　《晉書·王珣傳》:“夢人以大筆如椽與之,旣覺,語人云:‘此當有大手筆事。’”《南史·陸瓊傳》:“諸官符及諸大手筆,並勑付瓊。”《徐陵傳》:“文、宣時,國家有大手筆,必命陵草之。”《唐書·蘇頲傳》:“與張説以文章顯,稱望畧等,時號‘燕許大手筆’。”

0913 老手　《玉堂雜記》:“上錫史浩宴,命作詩敘之,復俯同其韻,有‘文章

---

① “宋書”當爲“梁書”,見《梁書·蕭介傳》。
② 此處《函海》本有:今人每作詩自謙曰“趁韻”,本此。

藉老手'句。"蘇軾詩:"老手王摩詰,窮交孟浩然。"

0914 大作家 《盧氏雜説》:"王嶼好與人作碑誌,有送潤筆者,誤叩王維門,維曰:'大作家在那邊。'"

0915 宿學 《史記·莊周傳》:"雖當世宿學,不能自解免也。"

0916 飽學 《文心雕龍》:"有飽學而才餒,有才富而學貧。"

0917 名士 《禮·月令》:"季春,勉諸侯,聘名士,禮賢者。"注:"名士,不仕者。"《正義》曰:"名士者,謂其德行貞絶,道術通明,王者不得臣,而隱居者也。賢者乃名士之次。"《隋書·經籍志》有《海内名士傳》《正始名士傳》《江左名士傳》。

0918 秀才 《管子·小匡篇》:"農之子常爲農,樸野而不慝,其秀才之能爲士者,則足賴也。"按:"秀才"字始見於此。楊升庵引趙武靈王"吴越無秀才"之語,云屬二字所起。攷其原文,乃云"秀士",非"秀才"也。《史記·儒林傳》:"公孫弘等議,有秀才異等,輒以名聞。"則秀才之科目著矣。《日知録》:"唐代舉秀才者止十餘人,凡貢舉有博識高才、强學待問、無失俊選者爲秀才,其次明經,其次進士。明初亦嘗舉秀才,乃辟召之名,非所施於科目之士。今俗謂生員爲秀才,非也。"

0919 老秀才 《明實録》:"洪武十四年六月,詔於國子諸生中選才學優等、聰明俊偉之士,得三十七人,命之博極羣書,講明道德經濟之學,以期大用,稱之曰'老秀才'。"按:三字爲今世學者所惡聞,不知其重如此。

0920 諸生 《史記·曹相國世家》:"盡召長老諸生,問所以安集百姓。"《漢書·翟方進傳》:"努力爲諸生學問。"《鍾離意别傳》:"嚴遵與光武帝俱爲諸生。"按:"諸生"猶"諸侯",雖一人亦得云"諸",今仍然也。

0921 時髦 《後漢書·順帝紀贊》:"孝順初立,時髦允集。"

0922 腐儒 《荀子·非相篇》:"《易》曰:'括囊,無譽無咎。'腐儒之謂也。"《史記·黥布傳》:"上折隨何之功,謂何爲腐儒,爲天下安用腐儒。"杜詩:"身世雙蓬鬢,乾坤一腐儒。"①

0923 白面書生 《晉紀》:"高陽王隆曰:'溫詳之徒,皆白面書生。'"《宋書·沈慶之傳》:"欲伐國而與白面書生謀之,事何由濟?"

0924 措大 李濟翁《資暇録》:"代稱士流爲措大,言其峭醋而冠四民之首。

---

① 杜甫《暮春題瀼西新賃草屋五首》:"身世雙蓬鬢,乾坤一草亭。"又《江漢》:"江漢思歸客,乾坤一腐儒。"

一説：衣冠儼然，望之有不可犯之色，如醋之酸而難飲也，故亦謂之酸子。或又云：有士人貧居新鄭之郊，以驢負醋，巡邑而賣，復落魄不調，邑人指其醋馱而號之。又云：鄭有醋溝，其溝東尤多甲族，以甲乙敘之，故曰醋大。愚謂四説皆非也，止當作'措'，以其能舉措大事故云。"以上皆濟翁所錄。按：《全唐詩話》："宣宗謂侍臣曰：'崔鉉眞貴人，裴休眞措大。'"頗合於舉措大事之説。他如《摭言》方干與李主簿互嘲，有"措大喫酒點鹽"之語。《李義山雜纂》："窮措大喚妓女，必不來。"又云："鵶似措大，饑寒則吟。"《五代史·東漢世家》："王得中叩馬而諫，劉旻怒曰：'老措大毋妄阻吾軍。'"《九域志》："蜀王宗銖授司戶參軍，笑曰：'若要頭便斬去，何能作措大官耶？'"《宋史·杜衍傳》[①]："衍食於家，惟一麵一飯，曰：'某本一措大耳。'"《海錄碎事》：宋太祖言："措大眼孔小，賜與十萬貫，則塞破屋子矣。"《北夢瑣言》："江陵號衣冠藪澤，琵琶多如飯甑，措大多如鯽魚。"凡此俱以"措大"爲輕慢辭，濟翁説未盡然矣。

0925 書厨　《齊書·陸澄傳》："讀《易》三年，不解文義，欲撰《宋書》不成。王儉戲之曰：'陸公，書厨也。'"《十國春秋》："諸學士每爲文，先問古今首末於朱遵度，國人號爲'幕府書厨'。"《宋史·吳時傳》："敏於爲文，未嘗屬稿，兩學目之曰'立地書厨'。"按：宋李邦、鄭格、李綱皆以博學强記，人號"書厨"，張大中號"黑漆書厨"；明程濟號"兩腳書厨"。《晉書·劉喬傳》："傅迪好廣讀書，而不解其義。劉柳云：'卿可謂書簏矣'。"簏，猶厨也。諸言"書厨"者，又祖自此。

0926 潤筆　《隋書·鄭繹傳》："高熲戲謂繹曰：'筆乾。'繹答曰：'出爲方岳，杖策言歸。不得一錢，何以潤筆？'"《唐書·柳玭傳》[②]："顧彦暉請書德政碑，玭曰：'若以潤筆爲贈，即不敢從命。'"《宋史·王禹偁傳》："嘗草《李繼遷制》，送馬五十匹爲潤筆，禹偁卻之。"《夢溪筆談》："凡草制除官自給諫待制以上，舊皆有潤筆錢，元豐中詔罷。"

0927 束脩　見《論語》。又《漢書·朱邑傳》："廉潔守節，退食自公，無疆外之交、束脩之餽。"《北史·冀儁傳》："時俗入學書亦行束脩之禮，謂之謝章。"張鳳翼《譚輅》："人知束脩爲子弟餽師之禮，不知《鄧后紀》云'故能束脩，不觸羅網'，注以'約束脩整'釋之。又'鄭均束脩安貧，恭儉節整'，'馮衍圭潔其行，束脩其身'，'劉般束脩至行'，皆是此意。又杜詩《薦伏湛疏》：'自行束脩，訖無毁

① "《宋史·杜衍傳》"當爲"《古今事文類聚别集》"或"《宋名臣言行錄前集》"，見《古今事文類聚别集》卷一八或《宋名臣言行錄前集》卷七。

② "《唐書·柳玭傳》"當爲"《容齋續筆》"，見《容齋續筆》卷六《文字潤筆》。

玷。'注云:'十五以上也。'延篤亦云:'自束脩以來,爲臣不陷於不忠。'何朱注《論語》只以禮物言耶?"

0928 學課錢 《元曲選·金錢記》見此三字。

0929 學堂 《華陽國志》:"文翁立文學講堂,作石室,在蜀郡城南。""學堂"之稱,自此始。《傳燈錄》洪諲有"自小不曾入學堂"語。

0930 學名 《春秋》疏題"杜氏"名下引劉炫云:"漢承焚書之後,諸儒各載學名。"按:今人多於初就傅時定名,故謂名曰學名。據此,則其稱謂舊矣。

0931 學生 《後漢書·靈帝紀》:"光和二①年,始置鴻都門學生。"《唐書·選舉志》:"律學生五十人,書學生三十人,算學生三十人,以八品以下子及庶人之通其學者爲之。"按:此皆學校之生,今概呼弟子爲"學生",非也。

0932 同學 《漢書·蕭望之傳》:"望之事同縣后蒼。以令詣太常受業,復事同學博士白奇。"《後漢書·張酺傳》注:"酺祖充與光武同門學。"

0933 同硯 《漢書·張安世傳》:"小男彭祖,與上同席硯書。"《晉書·劉弘傳》:"少與武帝同居,又同年,共研席。"

0934 同門 《詩》箋:"良朋,善同門也。"《漢書·儒林傳》:"孟喜得《易》家候陰陽災變書,以耀同門梁丘賀。"師古注:"同門,同師學者也。"《後漢書·王丹傳》《北史·李謐傳》皆有"同門生"之稱。

0935 學長 《能改齋漫錄》:"眞宗謂張耆等曰:'知汝等好學,吾當親爲教授。'耆等拜曰:'實臣等之幸也。'乃命耆爲學長,張宗爲副學長,安守中而下爲學生。"

0936 伴讀 《遼史·百官志》:"聖宗太平八年,長沙郡王宗允等奏選諸王伴讀。"《元史·仁宗紀》:"至大五②年,增國子生并陪堂生額,通一經者,以次補伴讀。"

0937 游學 《史記·始皇紀》:"厚招游學。"又《列傳》"荀卿遊學於齊"、"春申君遊學博聞"、"蔡澤遊學干諸侯"。

0938 放學 《陸劍南詩集》:"貪看忘卻還家飯,恰似兒童放學時。"又"上學"亦見劍南詩:"更挾殘書讀,渾如上學時。"

0939 納卷 唐韋承貽《試策夜潛紀》詩:"褒衣博帶滿塵埃,獨自都堂納卷回。"按:《宋史·選舉志》:"紹定四年,臣僚言士人既以本名納卷,或別爲名,或

---

① "二"當爲"五",見《後漢書·靈帝紀》。

② "五"當爲"四",見《元史·仁宗紀》。

易以字,一人而納二三卷。"蓋亦如今制,於未試前,自投名納卷也。

0940 倍書　《周禮·大司樂》注:"倍文曰諷。"疏:"謂不開讀之。"按:古字"倍"與"背"通。

0941 讀生書　姚合《下第》詩:"閉門辭雜客,開篋讀生書。"杜荀鶴《秋日山中》詩:"歸從弟姪讀生書。"

0942 夾註書　杜荀鶴《題王處士書齋》詩:"欺春祇愛和醅酒,諱老猶看夾註書。"

0943 巾箱本　《鼠璞》:"今之刋印小冊謂巾箱本,起於南齊衡陽王均。王手寫五經,置巾箱中。賀玠曰:'家有墳索,何須蠅頭細書?'答曰:'檢閱既易,且手寫不忘。'諸王遂從而效之。古未有刋本,雖親王亦手自抄錄,今刋本無所不備,第以供挾書,非備巾箱之藏也。嘉定間從學官楊璘之奏禁毀,近又盛行。"

0944 書卷　《后山談叢》:"古書皆卷,而唐始有葉子,今稱書冊是也。"《天祿志餘》:"今書籍必數以卷,僅存卷之名耳。古人藏書作卷軸,鄴侯架插三萬軸是也。其後以卷書之難,因變而爲摺,久而摺斷,乃分之爲簿帙,以便簡閱。"

0945 題目　《南史·王僧虔傳》誡子曰:"往年取《三國志》聚床頭,百日許,汝曾未窺其題目。"按:此與今作文者先有題目意合。而古言"題目",義各不同。《魏志·臧霸傳》注:"武帝百官名,不知誰撰,皆有題目,稱臧舜'才穎條暢,識贊時宜'。"此"題目"猶品題也。《北史·念賢傳》:"行殿初成,未有題目,帝詔近侍各名之,賢乃名爲'圓極'。"此"題目"猶題識也。

0946 草稿　《史記·屈原傳》:"王使原爲憲令,屬草稿未定。"二字始見。《春明退朝錄》:"凡公家文書之稿,中書謂之草,樞密院謂之底,秘府有梁朝《宣底》二卷。"

0947 腹稿　《唐書·王勃傳》:"屬文初不精思,先磨墨數升,引被覆面臥,及寤,援筆成文,不易一字,時人謂勃爲'腹稿'。"蘇詩:"袖手獨不言,默稿已在腹。"

0948 宿構　《三國志·王粲傳》:"舉筆成文,無所改定,人嘗以爲宿構。"《北史·杜銓傳》:"杜正藏爲文迅速,有如宿構。"

0949 佳作　《北史·馮熙傳》:"賈元壽撰北芒寺碑,孝文稱爲佳作。"梁昭明太子《荅元圃講頌令》:"得書并所製講頌,首尾可觀,殊成佳作。"李白《宴桃李園序》:"不有佳作,何伸雅懷?"

0950 呈本　《南部新書》:"歐陽率更爲太子起表草,於紙末別標'臣詢呈本'四字。"

0951 粉本　湯垕《畫論》:"古人畫稿,謂之粉本,前輩多寶蓄之。宣和、紹興所藏粉本,多有神妙者。"

0952 影本　《南史》:"蕭思話書,羊欣之影,風流逼好,殆當不減。"《北史》:"周文帝令趙文深至江陵影覆寺碑。"按:今摩書者所謂"影本",祖此"影"字。

0953 詩料　唐[①]詩:"野色供詩料。"陸游詩:"歸遲不是尋詩料。"

0954 尺牘　《漢書·陳遵傳》:"與人尺牘,主者藏弆以爲榮。"按:"牘"本方版,古人長者稱"簡",短者稱"牘",凡筆迹文辭,皆得謂之"尺牘"。《後漢書·魯王睢傳》"上令作草書尺牘",乃筆跡也;杜篤《弔比干》文"敬申弔於比干,寄長懷於尺牘",乃文辭也。自謝宣城詩云"誰謂情可書,盡言非尺牘",後人遂但以箋書當之[②]。

0955 折簡　《晉書·宣帝紀》:"王淩面縛迎帝曰:'淩若有罪,公當折簡召淩,何苦自來耶?'帝曰:'以君非折簡之客故耳。'"《丹鉛錄》[③]:"折簡者,折軍之簡,言禮輕也。《南史》:'謝朓覽孔闓表,自折簡寫之。'此折簡,乃謂擘箋。"

0956 刀筆　《史記·蕭相國世家》:"秦時爲刀筆吏。"《張湯傳》:"起刀筆吏。"《後漢書·劉盆子傳》注:"古者記事以簡冊,謬誤以刀削而除之,故曰刀筆。"

0957 圖書　《聽雨紀談》:"古人私印有曰某氏圖書,或曰某人圖書之記,蓋惟用以識圖畫書籍,而其他則否。今人於私刻印章,概以圖書呼之,可謂誤矣。"按:《劉屏山集》有《詠圖書》詩,《方秋厓稿》有《題刻匠圖書冊》詩,吾衍《竹素山房稿》有《贈刻圖書錢拱之》詩,則宋元人已多以私印爲圖書,或自有所據也。

0958 花押　《東觀餘論》:"唐令羣臣上奏,任用眞草,惟名不得草,後人遂以草名爲花押。"按:古言署名,即今"押"也。其謂之"押"者,見自《魏書》,"崔玄伯尤善行押之書,特盡精巧,而不見遺迹"是也。或以其體之變化,謂之"花字",《北齊·後主紀》"開府千餘,儀同無數。領軍一時二十,連判文書,各作花字,不具姓名,莫知其誰"是也。其後復合二文言之,遂曰"花押"。唐彦謙詩"公文持花押,鷹隼駕聲勢",已嘗用之。蓋"花押"之名,不待唐以後也。

0959 出格題頭　《通雅》:"《春秋正義》引《魏晉儀注》:'寫表章別起行頭者,謂之跳出。'此即今之出格尊題式也,或上條陳開坐則亦分欵題頭。葉少蘊曰:

---

① "唐"當爲"宋",見陳起《江湖後集》卷一三所錄王諶《乍歸》。
② 此處《函海》本有:又《山谷刀筆》皆尺牘。"刀筆"二字見《史記》,謂吏也,以作尺牘,亦不可解。
③ 見楊慎《升庵集》卷五六《折簡》。

‘見開元李暹一告，有低頭起頂。’”

0960 起承轉合　范德機《詩法》：“作詩有四法：起要平直，承要舂容，轉要變化，合要淵永。”按：今世俚儒朝夕誦此四字，不知四字之言詩不言文也。

0961 揣摩　《戰國策》：“簡練以爲揣摩。”《鬼谷子》有《揣篇》《摩篇》。《虞氏春秋》亦有《揣摩篇》，見《史記》。

0962 講貫　《國語》：“士朝而受業，晝而講貫。”柳宗元文：“講貫經籍，俾達奥旨。”《國老談苑》：“范質延士大夫講貫世務，以觀器識。”俱本自《國語》。

0963 推敲　《摭言》：“賈島於驢背吟‘僧敲月下門’句，遇權京尹韓吏部而不覺。洎擁至馬前，則曰：‘欲作敲字，又欲作推字，神遊詩府，致衝大官。’韓曰：‘作敲字佳矣。’”

0964 塗乙　唐試士式，塗幾字，乙幾字。乙音主，與黈同①，文字遺落，鈎其旁以補之，畫作⺄形，非“甲乙”之“乙”也。又《漢書②・東方朔傳》“輒乙其處”，謂止絶處，黈而記之，如今人讀書以朱識其所止作乚形，亦非“甲乙”之“乙”也。

0965 老草③　朱子《訓學齋規》：“寫字未問工拙如何，且要一筆一畫，嚴正分明，不可老草。”按：王褒《洞簫賦》：“憚恅瀾漫，亡偶失儔。”或謂“憚恅”猶“老草”、“瀾漫”猶“漶漫”。然《文選》注訓“憚恅”爲寂靜，與不嚴正分明意大别，未可傅會也。今言“潦草”，乃“老草”之音訛。

0966 杜撰　王楙《野客叢書》：“杜默爲詩，多不合律，故言事不合格者曰‘杜撰’。然又觀俗有‘杜田’、‘杜園’之説，杜之云者，猶言假耳，如言自釀薄酒曰‘杜酒’，此正與‘杜撰’説同。”按：《湘山野録》：“盛度撰張知白神道碑，石中立，急問之曰：‘誰撰？’盛率對曰：‘度撰。’對訖方悟，滿堂大笑。”盛度在杜默前，則知杜撰之説，其來久矣。或云：道藏五千餘卷，惟《道德經》二卷爲眞，餘皆蜀道士杜庭光所撰，故曰“杜撰”。青藤山人《路史》又云：“杜本土音，桑土國土並音去聲，故相沿舍土而直用杜，今人言專局一能而不通大方者，謂之土氣，卽杜也。”其説亦通。

0967 别字　《後漢書・儒林傳》：“讖書非聖人所作，其中多近鄙别字，恐疑誤後生。”《日知録》：“近鄙者，猶今俗用之字；别字者，本當爲此字而誤爲彼也，今人謂之‘白字’，乃‘别’音之轉。”

---

① 黄侃：“乙”卽“⺄”字。音黈乃“丶”字耳。

② “漢書”當爲“史記”，見《史記・東方朔傳》。

③ 黄侃：“老草”卽“恅憚”，正當作“潚膠”。

0968 掉書袋 《南唐書·彭利用傳》:"言必據書史,斷章破句,以代常談,俗謂之'掉書袋'。"

0969 開聰明 《荆楚歲時記》:"社日,小兒以葱係竹竿於窗中擲之,曰'開聰明'。"

0970 曳白 《唐書·苗晉卿傳》:"天寶二載,判入等者六十四人,張奭爲第一。奭本無學,議者譁然不平。帝爲覆實,奭持紙終日,筆不下,人謂之'曳白'。"

0971 偷詩文 《北史》:"魏收每議陋邢邵文,邵曰:'江南任昉,文氣本疎,魏收非直摹擬,亦大偷竊。'收曰:'伊常於沈約集中作賊,何意道我偷任?'"《舊唐書》:"羅威酷嗜江東羅隱作,目己所爲曰《偷江東集》。"《詩苑類格》:"詩有三偷,偷語最爲鈍賊,鄭侯造律,不暇及詩,致使弱手蕪才,公行劫掠,片言可折,此輩無處逃刑。"按:俚語云"偷詩不爲賊",葢因斯言省之。

0972 文臭 《南唐書》:"宋齊丘自署碑碣,每求韓熙載寫之,熙載以紙塞鼻。或問之,對曰:'文臭而穢。'"

0973 覆醬瓿 《漢書·揚雄傳》:"劉歆觀《太玄》《法言》,謂雄曰:'空自苦,吾恐後人用覆醬瓿也。'"《晉書·左思傳》陸機曰:"間有傖父,欲賦《三都》,待其成,取覆醬甕耳。"《黄山谷集·書壺中九華山石》云:"揭而視俗,以求賞音,吾見其支醬瓿於牆角也。"

0974 遭鞋底 溫革《隱窟雜志》:"楊文公有盛名,嘗因草制爲執事者多所點竄,公甚不平,遂取其稿上塗抹處,以濃墨傅之,就加爲鞋底樣,題其旁曰:'世業楊家鞋底。'人問其故,曰:'是他人脚迹。'常傳爲嗢噱。自後行文,遇人塗抹者,必相謔曰:'又遭鞋底。'"按:《玉堂閑話》:"羅隱訾韋貽範曰:'我腳間夾筆,可敵數輩。'"亦以脚迹侮慢人也。

0975 淫詞艷曲 《陳書·江總傳》:"從宴後庭,多爲艷曲淫詞,以相傳諷。"

0976 傳奇 《后山詩話》:"范文正《岳陽樓記》用對語説時景,世以爲奇。尹師魯讀之曰:'此《傳奇》體耳。'《傳奇》者,唐裴鉶所著小説也。"《莊岳委談》:"陶宗儀謂唐爲傳奇,宋爲戲諢,元爲雜劇,非也。唐所謂傳奇,自是書名,雖事藻繢,而氣體俳弱,然其中絶無歌曲,若今所謂戲劇者,何得以爲唐名?或以中事跡相類,後人取爲戲劇張本,因展轉爲此稱,不可知耳。"

0977 小説 《新論》:"小説家合叢殘小語,近取譬論,以作短書。"按:古凡雜説短記,不本經典者,概比小道,謂之小説,乃諸子雜家之流,非若今之穢誕言也。《輟耕錄》言"宋有諢詞、小説",乃始指今小説矣。《水東日記》:"書坊射利之徒，僞爲小説雜書，農工商販，抄寫繪畫，家蓄而人有之。痴騃婦女，尤所酷好，因目爲《女通鑒》。"《七修類稿》："小説起宋仁宗時，蓋時太平日久，國家閒暇，欲進新奇之事以娛之，故小説每得勝回頭之後，即云'話説趙宋某年'。"

0978 兔園册子　《五代史·劉岳傳》："馮道本田家，朝士多笑其陋。旦入朝，任贊、劉岳在其後，道行數反顧，贊問岳：'何爲？'岳曰：'遺下《兔園册》耳。'《兔園册》者，鄉校俚儒教田夫牧子之所誦也，道聞之大怒。"按：類書言梁孝王圃名兔園，王卒，帝以園令民耕種，籍其租以供祭祀，其簿籍皆俚語，故鄉俗所誦云《兔園册子》。此文未知何出。晁公武《讀書志》云："《兔園册》十卷，唐虞世南撰，纂古今事爲四十八門，皆偶麗之語。"至五代時，行於民間村塾，以授學童，故有"遺下《兔園册》"之誚。

0979 日記故事　《小學》引《楊文公家訓》："童稚日記故事，不拘古今，如黄香扇枕、陸績懷橘、叔敖陰德、子路負米之類，只如俗説，便曉此道理。"按：今村塾間即纂黄香等事爲一書，取用楊文公言，題曰《日記故事》。

0980 八股　《日知録》："天順以前，經義之文不過敷衍傳注，或對或散，初無定格，其單句題亦甚少。成化二十三年，會試《樂天者保天下》文，起講先提三句，即講樂天，四股；過接四句，復講保天下，四股；復收四句，作大結。弘治九年，會試《責難於君謂之恭》文亦然，每四股中，一反一正，一虚一實，一淺一深，其兩對題，兩扇立格，則每扇之中各有四股，次第之法亦復如之。故今人相傳謂之'八股'。"

0981 千字文　《南史·周興嗣傳》："帝次韻王羲之書千字，使興嗣爲文。奏，帝稱善。"按：字爲羲之所書，而《玉溪清話》云："梁武帝得鍾繇破碑，愛其書，命周興嗣次韻成文。"《尚書故實》亦云："武帝命殷鐵石於鍾王書搨千字，召周興嗣韻之，一日綴成。"則其中兼有鍾繇書矣。詹和仲言見唐刻千文，儼然鍾繇筆法，不謬也。時梁武帝亦嘗自製千文，《南史·沈旋傳》"旋子眾，仕梁爲太子舍人。武帝製《千文詩》，眾爲注解"是也。梁武前，先有爲《千字文》者，《齊書·宗室傳》[①]"南平王稱子範奇才，使製《千字文》，其辭甚美"是也。梁武後，復有爲《千字文》者，《舊唐書·袁朗傳》"朗製《千字詩》，當時以爲盛作"是也。又隋時秦王俊令潘徽爲《萬字文》，見《北史》徽傳。

0982 百家姓　《玉照新志》："《百家姓》是兩浙錢氏有國時小民所著。蓋趙乃本朝國姓，錢氏奉正朔，故以錢次之。孫乃忠懿王之正妃，其次則南唐李氏。次句'周吳鄭王'，皆武肅而下嬪妃也。"《戒庵漫筆》："《百家姓》單姓四百零八，複姓三

① "《齊書·宗室傳》"當爲"《梁書·蕭子範傳》"，見《梁書·蕭子範傳》。

十,近見有包括謎子詩,末題至正三年中。吳王仲端引《百家姓》,盡包成謎,其複姓乃有四十四,與今本不同。”按:陸放翁詩自注:“農家十月,乃遣子入學,所讀《雜事》《百家姓》之類,謂之村書。”則《百家姓》之有自宋前,無疑也。陳振孫《書錄解題》有《千姓編》一卷,不著撰人,末云:“嘉佑八年,采眞子記。”又明洪武時,翰林編修吳沈等據戶部黄冊,編爲《千家姓》以進,傳之天下,詳《楊升庵外集》。

0983 三字經 蕭良有《龍文鞭影》:“里中熊氏藏有大板《三字經》,明蜀人梁應井爲之圖,聊城傅光宅爲之序,較坊刻多敘元明統系八句,乃知出於明人,究未知誰作也。明神宗居東宫時,曾讀是書。”按:《趙南星集》有《三字經注》一卷,其敘宋以後,亦多出數句,而與《鞭影》所述不同。近人夏之翰《序王伯厚〈小學紺珠〉》曰:“吾就塾時,讀三言之文,不知誰氏作。迨年十七,始知其作自先生,因取文熟復焉,而歎其要而該也。”或又曰:“是書乃宋末區適子所撰,適子字正叔,廣東順德人也。”論其世,則王與區俱不應敘及元明,别本衍出之句,必屬明人意增,故是各不同耳。

0984 神童詩 《湧幢小品》:“汪洙,字德溫,鄞縣人也,九歲善詩。上官聞而召見,時衣短褐以進。問曰:‘神童衫子何短耶?’應聲曰:‘神童衫子短,袖大惹春風。未去朝天子,先來謁相公。’世以其詩銓補成集訓蒙,爲《汪神童詩》。汪登元符三年進士,仕至觀文殿大學士,謚文莊。”按:其前二三葉相傳皆汪詩,其後則雜采他詩銓補。

0985 千家詩 宋劉後村克莊有《分門纂類唐宋千家詩選》,所錄惟近體,而趣尚顯易,本爲初學設也。今村塾所謂《千家詩》者,上集七言絶八十餘首,下集七言律四十餘首,大半在後邨選中,蓋據其本增删之耳,故詩僅數十家,而仍以千家爲名。下集綴明祖《送楊文廣征南》之作,可知其增删之者,乃是明人。

0986 上大人,丘乙己,化三千,七十士,尔小生,八九子,佳作仁,可知礼也 葉盛《水東日記》:“宋學士晚年寫此,必知所自。”祝允明《猥談》:“此孔子上其父書也。上者上書,大人謂叔梁紇,某聖人名,乙已化三千七十士尔,乙一通,言一身所化士如許,小生八九子佳,八九七十二也,言弟子三千中七十二人更佳,作仁可知禮也,仁禮相爲用,言七十二子善爲仁,其於禮可知。”按:《傳燈錄》:“或問陳尊宿:‘如何是一代時教?’陳曰:‘上大人,丘乙己。’”《五燈會元》:“郭功甫謁白雲,雲曰:‘夜來枕上作箇山頌,謝功甫大儒。’乃曰:‘上大人,丘乙己。化三千,七十士。尔小生,八九子。佳作仁,可知禮也。’公切疑,後聞小兒誦之,忽有省。”據此,則知唐末先有此語,北宋時已爲小兒誦矣。其文特取筆畫簡少,以便童蒙,無甚義理,祝氏説傅會無稽。

卷八　武功

0987 有文事者，必有武備　《史記·孔子世家》："有文事者，必有武備；有武事者，必有文備。"

0988 文東武西　《史記·叔孫通傳》："功臣列侯諸將軍軍吏以次陳西方，文官丞相以下陳東方。"《漢書·尹翁歸傳》："田延年行縣至平陽，召吏有文者東，有武者西。翁歸曰：'文武兼備。'"《南齊書·丘巨源傳》："與袁粲書曰：'仰觀天緯，則左將而右相；俯察人序，則西武而東文。'"

0989 文武兼才　《隋書·李雄傳》上謂雄曰："以卿兼文武才，今擬推誠相委。"《唐書·裴行儉傳》帝曰："行儉提孤軍深入萬里，兵不血刃而叛黨禽夷，可謂文武兼備矣，其兼授二職。"

0990 勤王　《左傳·僖二十五年》："狐偃言于晉侯曰：'求諸侯莫如勤王。'"

0991 登壇拜將　《史記·淮陰侯傳》："蕭何言：'王欲拜信爲大將，必擇良日，齋戒，設壇場，具禮，乃可。'王許之。"

0992 福將　《孫子》："將必擇其福厚者。"《東軒襍錄》："宋眞宗次澶淵，虜騎未退，議守天雄軍，魏公曰：'智將不如福將。'乃命王欽若，危坐七日而虜退。"

0993 將家子　《晉書·石勒載記》："大雅愔愔，殊不似將家子。"大雅，勒第二子也。《五代史·唐家人傳》："明宗謂從榮曰：'汝將家子，文章非素習，必不能工。'"又王維《李陵詠》："漢家李將軍，三代將門子。"

0994 完體將軍　見元秦簡夫《東堂老》曲。

0995 强將下無弱兵　《蘇東坡集·題連公壁》曰："俗語云'强將下無弱兵'，眞可信。吾觀連公之子孫，無一不好事者，此寺當日盛矣。"

0996 將在外，君命有所不受　見《史記·孫子傳》。又《信陵君傳》："將在外，主令不受。"

0997 千軍易得，一將難求　《元曲》馬致遠《漢宮秋》、尚仲賢《單鞭奪槊》皆用此語。又鄭廷玉《楚昭公》曲："要得千軍易，偏求一將難。"

0998 一將功成萬骨枯 唐曹松詩。

0999 破軍殺將 《六韜·論將篇》:"兵士踰境,不出十日,必有破軍殺將。"《戰國策》:"范睢曰:'昔齊人伐楚,破軍殺將,再辟千里。'"

1000 敗軍之將,不敢言勇 《吳越春秋》范蠡曰:"臣聞'亡國之臣,不敢語政;敗軍之將,不敢語勇。'"《史記·淮陰侯傳》:"廣武君曰:'敗軍之將,不可以言勇。'"

1001 軍來將敵,水來土堰 見鄭廷玉《楚昭公》劇。

1002 養軍千日,用軍一時 見馬致遠《漢宮秋》劇。按:《晉書·文帝紀》:"相府兵將,止不敢戰。賈充叱曰:'公畜養汝輩,正爲今日耳。'"乃此語所本。

1003 重賞之下,必有勇夫 《黄石公上畧》引《軍讖》曰:"香餌之下,必有死魚;重賞之下,必有勇夫。"

1004 慈不主兵,義不主財 《陳龍川集·喻夏卿墓志》:"昔孟子有取于爲仁不富之論,而世俗之常言曰:'慈不主兵,義不主財。'其説遂以行。而閭巷之奸夫猾子,借是以成其家,雖見鄙于清論,見繩于公法,終不爲之變也。"

1005 按兵不動 《吕氏春秋·恃君覽》:"趙簡子將襲衛,使史默覘之,曰:'其佐多賢也。'簡子按兵而不動。"

1006 杯酒解兵權 詳《宋史·石守信傳》。

1007 陪了夫人又折兵 見元人《隔江鬬智》雜劇,史志中未有其事。

1008 兵貴神速 《魏志·郭嘉傳》:"太祖將襲袁尚,嘉言:'兵貴神速。'"

1009 兵不厭詐 《韓非子·難篇》:"舅犯對晉文公曰:'繁禮君子,不厭忠信;兵陣之間,不厭詐僞。'"

1010 兵行詭道 《孫子·始計篇》:"兵者,詭道也。"《五燈會元》有"兵行詭道"語。

1011 短兵相接 《史記·季布傳》:"丁公逐窘高帝彭城西,短兵接,高祖急,顧曰:'兩賢豈相戹哉!'"《漢書·吾丘壽王傳》:"禁民不得挾弓弩,則盗賊執短兵,短兵接則衆者勝。"《後漢書·光武帝紀》:"賊追急,短兵接,光武自投高岸。"按:三史俱未有"相"字。

1012 草木皆兵 《晉書·苻堅載記》:"堅登城,望八公山草木,皆類人形,顧謂苻融曰:'此亦勍敵也,何謂兵少乎!'"

1013 父子兵 《吳子·治兵篇》:"其衆可合而不可離,可用而不可疲,投之所往,天下莫當,名曰'父子之兵'。"按:元人《陳州糶米》曲"厮殺無如父子兵",本于此。

1014 驕兵　《漢書》魏相曰:“恃國家之大,矜人庶之衆,欲見威于敵者,謂之驕兵,兵驕者滅。”《後漢書》沮授對袁紹亦云。

1015 千兵萬馬　《南史・陳慶之傳》:“洛中謡曰:‘名軍大將莫自牢,千兵萬馬避白袍。’”李德裕《文章論》:“文章當如千兵萬馬,風恬雨霽,寂無人聲。”

1016 兵强馬壯　《搜神記》:“房氏兵强馬壯,難以獲之。”《五代史・安重榮傳》謂人曰:“王有種邪？兵强馬壯者爲之爾。”

1017 勝負兵家之常　《史記・宋世家》子魚曰:“兵以勝爲功,何常言歟?”《唐書・裴度傳》帝曰:“一勝一負,兵家常勢。”

1018 出奇制勝　《史記・田單傳》:“兵以正合,以奇勝。出奇無窮,奇正還相生焉。”

1019 百戰百勝　《孫子・謀攻篇》:“百戰百勝,非善之善也;不戰而屈人,善之善者也。”《戰國策》:“魏太子申過宋外黄,徐子説以百戰百勝之術。”《漢書・韓信傳》:“成安君有百戰百勝之計,一日而失之。”《刀劍録》:“西凉李暠造珠碧刀,銘曰‘百勝’。”

1020 謀定後戰　《唐書・李光弼傳》:“光弼用兵,謀定而後戰,能以少覆衆。”

1021 挑戰　《左傳・宣十二年》:“趙旃請挑戰,弗許。”《晉語》:“公令韓簡挑戰。”《吴語》王孫雄[①]曰:“今夕必挑戰,以廣民心。”《虎韜・臨境篇》:“令我前軍日出挑戰,以勞其意。”《孫子・行軍篇》:“遠而挑戰者,欲人之進也。”《尉繚子・攻權篇》:“分險者無戰心,挑戰者無全氣。”《史記・張儀傳》:“兵勿如者,勿與挑戰。”《漢書・高帝紀》:“卽漢王欲挑戰。”注曰:“挑,徒了反,擿嬈敵求戰也。”按:《史記正義》“挑”亦音田鳥反。唐王建《贈李僕射》詩“每日城南空挑戰”,以仄聲用。今或讀平聲,非。

1022 鏖戰　《漢書・霍去病傳》:“鏖臯蘭下。”師古注曰:“鏖謂苦擊而多殺也,今俗猶謂打擊之甚者曰鏖。”《唐書・王翃傳》:“引兵三千,與賊鏖戰。”范成大詩:“逡巡怯大敵,勇往決鏖戰。”[②]

1023 決雌雄　《史記・孟嘗君傳》:“齊秦雄雌之國也,勢不可兩立爲雄,雄者得天下矣。秦王曰:‘何以使秦無爲雌而可?’馮驩曰:‘如齊復用孟嘗,則雌雄所在未可知。’”《項羽紀》:“項王願與漢王決雌雄。”

---

① “雄”當爲“雒”,見《國語・吴語》。

② 此處《函海》本有:今云“打仗”,或卽此意。

1024 爭鋒 《漢書·張良傳》:"愼毋與楚爭鋒。"《吴王濞傳》:"吴楚兵甚鋭,難與爭鋒。"

1025 鬬來 《漢書·陳湯傳》:"城上人更招漢軍曰'鬬來'。"

1026 鬬智不鬬力 《史記·項羽紀》:"漢王謝項王曰:'吾寧鬬智,不鬬力。'"

1027 攻其無備,出其不意 見《孫子·始計篇》。又《六韜·臨境篇》:"擊其不意,攻其無備。"

1028 算無遺策 《晉書·桓玄傳》:"義軍之事,自謂經略指授,筭無遺策。"《金史·太祖紀贊》:"數年之間,筭無遺策,兵不留行。"

1029 先發制人 《史記·項羽紀》:"先卽制人,後則爲人所制。"《漢書》作"先發制人,後發制于人"。《隋書·李密傳》:"先發制人,此機不可失也。"《資治通鑑》:"李密引《兵法》曰:'先則制于己,後則制于人。'"

1030 柔能制剛,弱能制强 《黄石公上略》引《軍讖》云云。按:《老子》已云:"柔之勝剛,弱之勝强,天下莫不知,莫能行。"《軍讖》豈出《老子》前歟?

1031 强中更有强中手 見元人《桃花女》劇及楊愼《墨池瑣録》。

1032 先下手爲强 《北史·元胄傳》:"周趙王謀害隋帝,帝不之知。胄勸帝速去,曰:'兵馬悉他家物,一先下手,大事便去矣。'"按:"先下手"三字見此,綴以"爲强"二字,見元《謝金吾》劇。

1033 横行天下 《史記·伯夷傳》:"盜跖聚黨數千人,横行天下。"《北史·高昂傳》:"男兒當横行天下,自取富貴。"又《孟子》:"衡行于天下。"《音義》曰:"衡,丁氏音横。"

1034 所向無敵 諸葛亮《心書》:"因天之時,就地之勢,依人之利,則所向無敵,所擊者萬全矣。"

1035 勍敵 《左傳·僖二十二年》:"宋子魚曰:'勍敵之人,隘而不列。'"二字始見。

1036 舟中敵國 《史記·吴起傳》:"起對魏武侯曰:'君不修德,則舟中之人盡敵國。'"

1037 四面受敵 《豹韜·山兵篇》:"深入諸侯之地,遇高山磐石,其上亭亭,無有草木,四面受敵,三軍恐懼,爲之奈何?"《史記·留侯世家》:"雒陽田地薄,四面受敵,非用武之國也。"桓寬《鹽鐵論》:"往者未事胡、越之時,四面受敵,北邊尤被其苦。"

1038 獨當一面 《漢書·張良傳》:"漢王之將,獨韓信可屬大事,當一面。"

1039 一鼓作氣　《左傳·莊十年》曹劌語。

1040 一鼓而擒　《魏志·荀彧傳》:"顔良、文醜,一勇之夫耳,可一戰而擒也。"《輟耕錄》:"花山賊畢四等,縱横出没,三省撥兵,不能收捕。朝廷募鹾徒朱陳,率其黨與,一鼓而擒之。"

1041 旗鼓相當　《後漢書·隗囂傳》:"如令子陽到漢中、三輔,願因將軍兵馬,鼓旗相當。"《三国志·管輅傳》注:"單子春曰:'吾欲自與卿旗鼓相當。'"

1042 聞鼓而進,聞金而退　見《荀子·議兵篇》。

1043 偃旗息鼓　《蜀志·趙雲傳》注:"雲陷敵還,更大開門,偃旗息鼓,曹軍疑有伏兵,引去。"

1044 摇旗納喊[①]　戚繼光《紀效新書》有"各兵呐喊"語,元人《兩世姻緣》劇"摇旗納喊"作"納"。按:《玉篇》:"呐,下聲也,言不出口也。"與"喊"、"叫"適相反矣,不若用"納"字。納,致也,尚爲有説。

1045 堂堂之陣,正正之旗　《孫子·軍爭篇》:"無邀正正之旗,無擊堂堂之陣。"

1046 背水陣　《尉繚子》引《天官書》曰:"背水陣爲絶地,向坂陣爲廢軍。"《史記·淮陰侯傳》:"未至井陘口三十里,止舍。乃使萬人先行,出,背水陣。"

1047 長蛇陣　《孫子·九地篇》:"善用兵得,譬如率然。率然者,常山之蛇也。擊首則尾至,擊尾則首至,擊中則首尾俱至。"庾信賦:"常山之陣長蛇奔穴。"

1048 打迴風陣　見紀君祥《趙氏孤兒》曲。

1049 有局陣　《世説》:"簡文云:'淵源語不超詣簡至,然經綸思尋處,故有局陣。'"

1050 拽動陣脚　《東軒筆錄》:"唐介始彈張堯佐,諫官皆上疏,及彈文彦博,則吴奎畏縮不前,當時謂'拽動陣脚'。"

1051 臨陣帶兵書　《吴語》:"十行一嬖大夫,十旌一將軍,皆挾經秉枹。"韋昭注云:"經,兵書也。"按:此非俗語所云"臨陣帶兵書"者乎?

1052 介胄在身,不能全禮　《曲禮》:"介者不拜,爲其拜而蓌拜。"《孔叢·問軍篇》:"介胄在身,執鋭在列,雖君父不拜。"《尉繚·武議篇》:"竭人之力不責禮,故古者介胄之士不拜。"《史記·絳侯世家》:"亞夫持兵揖曰:'介胄之士不拜,請以軍禮見天子。'"按:《曲禮》注:"蓌拜則失容節。蓌,猶詐也。"疏曰:"著

① 黄侃:"納喊"之"喊"當爲"喝"之轉。"納"當卽"肉"字,"肉"、"喝"皆大聲而嘶也。

鎧而拜，形儀不足，似詐也。”蓋以鎧不宛轉，故致形儀不足，欲其足，則不能也。《尉繚》等謂是優貸介士，失其旨。今劇場云“不能全禮”却得。

1053 鞭長不及馬腹 《左傳·宣十五年》晉伯宗引古人言云。

1054 汗馬之勞 《韓非·五蠹篇》：“棄私家之事而必汗馬之勞，家困而上勿論則窮矣。”《戰國策》：“張儀説楚曰：‘不費汗馬之勞，不至十日，而拒扞關。’”《史記·晉世家》：“矢石之難，汗馬之勞，此受次賞。”《蕭相國世家》：“功臣皆曰：‘蕭何未嘗有汗馬之勞，反居臣等上，何也？’”

1055 匹馬單鎗 《五燈會元》：“慧覺謂皓泰曰：‘埋兵掉鬭，未是作家。匹馬單鎗，便請相見。’”

1056 健兒須快馬 樂府《折楊柳》曲：“健兒須快馬，快馬須健兒。”

1057 相逢不下馬，各自奔前程 《五燈會元》眞淨舉此語。元人《氣英布》劇作“將軍不下馬”。

1058 偎刀避箭 亦見《五燈會元》。按：馬致遠《漢宫秋》劇作“畏刀避箭”，今仍隨語高下，具有二音。

1059 箭無空發 《晉書·陶侃傳》[①]：“朱伺與賊水戰，左右三人上弩以給伺，伺望敵射之，箭無空發。”

1060 單刀直入 《傳燈錄》：“靈祐曰：‘單刀直入，則凡聖盡露眞常。’旻德曰：‘若是作家戰將，便須單刀直入，莫更如何若何！’”

1061 烏合之衆 《後漢書·耿弇傳》：“發突騎以轔烏合之衆，如摧枯折腐耳。”《邳彤傳》：“卜者王郎，集烏合之衆，震燕、趙之北。”干寶《晉紀總論》：“新起之寇，烏合之衆，非吴、蜀之敵也。”

1062 餘勇可賈 《左傳·成二年》：“齊高固曰：‘欲勇者賈余餘勇。’”

1063 有氣力 《史記·吕后紀》：“朱虚侯劉章有氣力。”《吴志·甘寧傳》：“少有氣力，好游俠。”按：《列子》：“取道致遠而氣力有餘。”“氣力”字出此，今倒易其言曰“力氣”，未見所出。

1064 有膽氣 《周益公集·記鄭樞密事》：“乞求有膽氣謹密之人，得奉議郎向，令徒步至平江見張浚等。”

1065 牢不可破 韓愈《平淮西碑》：“并爲一談，牢不可破。”

1066 自固不暇 《晉書·劉聰載記》：“彼方憂自固，何暇來耶？”按：俗言“自顧不暇”，訛。

---

① “陶侃傳”三字衍，見《北堂書鈔》卷一一八《武功部六》“箭無空發”。

1067 勢不兩立　《史記·孟嘗君傳》:"齊秦勢不可兩立。"《三國志·周瑜傳》:"孫權曰:'孤與老賊勢不兩立。'"

1068 立于不敗之地　《孫子·軍形篇》:"善戰者立于不敗之地,而不失敵之敗也。"

1069 坐觀成敗　《史記·任安傳》:"見兵事起,欲坐觀成敗,見勝者欲從合之。"《後漢書·劉表傳》:"擁甲十萬,坐觀成敗,求援而不能助,見賢而不肯歸。"《北周書·蕭詧傳》:"家兄無罪,累被攻圍,同氣之情,豈可坐觀成敗。"

1070 打敗　《北史·邵護傳》:"相將至唐河北,被定州官軍打敗。"

1071 一敗塗地　《漢書·高帝紀》:"天下方擾,諸侯竝起,今置將不善,一敗塗地。"師古注:"一見破敗,即肝腦塗地也。"

1072 窮寇勿追　《逸周書·武稱解》:"窮寇不挌。"挌,擊也。《孫子·軍爭篇》:"歸師勿遏,圍師必闕,窮寇勿追,此用兵之法也。"《後漢書·皇甫嵩傳》董卓引《兵法》:"窮寇勿追,歸衆勿迫。"

1073 救命計　《後漢書·董卓傳》賈詡曰:"救命之計,何功之有?"《北史·魏道武七王傳》:"羅通乂妻,時人穢之,或云其救命計也。"《蘇湛傳》:"蕭寶夤將謀叛,湛哭諫之。寶夤曰:'此是救命之計,不得不爾。'"

1074 三十六策,走是上計　《齊書·王敬則傳》:"敬則倉卒東起,朝廷震懼。東昏侯使人上屋望,見征虜亭失火,謂敬則至,急裝欲走。有告敬則者,敬則曰:'檀公三十六策,走爲上計。汝父子惟應急走耳。'"蓋譏檀道濟避魏事也。

1075 三軍司命　《六韜·奇兵篇》:"將者,人之司命,三軍與之俱治,與之俱亂。"

1076 元帥　《左傳·僖二十七年》:"晉作三軍,謀元帥。趙衰曰:'郤縠可。'"按:此官自此始。

1077 轅門　《周禮·掌舍》:"設車宫轅門。"鄭康成注曰:"謂王行止宿險阻之處,次車以爲藩,則仰車以其轅表門。"《漢書·項籍傳》:"諸侯將入轅門。"張晏注曰:"軍行以車爲陳,轅相向爲門,故曰'轅門'。"

1078 大衆　《禮·月令》:"孟春毋聚大衆。孟夏毋發大衆。仲冬無起大衆。"《管子》:"大衆之所比。"《吳子》:"雖有大衆,莫不驚動。"《漢書》:"單于久不得與其大衆相得。"按:此俱謂大兵大役所會集之人,今惟釋家爲常言矣。

1079 先鋒　《唐書·薛仁貴傳》:"帝遣問:'先鋒白衣者誰?'召見,嗟異。"《五代史》:"史建瑭爲晉兵先鋒,梁人相戒常避史先鋒。"杜詩:"破的由來事,先鋒孰敢爭。"

1080 後勁 《左傳·宣十二年》:“前茅慮無,中權後勁。”

1081 部落 《史記索隱》:“崔浩云:‘匈奴部落名。’”按:“部落”不特爲外裔之稱。《漢書·鮑宣傳》:“部落鼓鳴,男女遮迣。”承上文“縣官”、“繇役”言。《魏志·管寧傳》:“孫狼爲叛,言胡居士賢者,不得犯其部落。”時胡昭居陸渾縣也。

1082 嚮道 《孫子·軍爭篇》:“不用鄉導者,不知地利。”

1083 細作 《爾雅·釋言》:“間,俔也。”註曰:“今之細作也。”《左傳·宣八年》:“晉人獲秦諜。”《釋文》曰:“諜,今謂之細作。”

1084 材官 《史記·申屠嘉傳》:“以材官蹶張從高帝。”《漢書·高帝紀》:“發材官及中尉卒三萬人。”注云:“材官,騎士有材力者。”

1085 營長 《後漢書·第五倫傳》:“倫爲營長。”

1086 行頭 《吳語》:“行頭皆官帥。”按:此謂行列之長,亦稱“行長”。《周禮·弁師》疏:“伍伯者,謂宿衛者之行長。”

1087 都頭 《唐書·兵志》:“諸都領以都將,亦曰都頭。”薛能《登城》詩:“無端將吏逡巡至,又作都頭一隊行。”按:元人小説尊邏卒曰“都頭”,似本于此。

1088 火伴 《南史·卜天興傳》:“弟天生,少爲隊將,十人同火。”杜佑《通典》:“五人爲列,二列爲火,五火爲隊。”《木蘭詩》:“出門看火伴,火伴始驚惶。”柳宗元《段太尉逸事狀》:“叱左右皆解甲,散還火伍中。”按:其所以名“火”,以共一竈爲火食也。後世賈客挾伴,亦謂之“火”,俗因有“火計”之稱。元稹《估客樂》:“出門求火伴,入户辭父兄。”劉攽《中山詩話》:“南方賈人各以火自名,一火猶一部也。”今或作“夥”、作“伙”,皆非。

1089 手下 《三國志·甘寧傳》:“權賜米酒衆殽。寧乃料賜手下百餘人食。”又《太史慈傳》注:“先君手下兵數千,盡在公路所。”

1090 夜不收 詳《兵律條例》。

1091 婁羅[①] 《唐書·回紇傳》:“含具緑[②],華言‘婁羅’也。”蓋聰明才敏之意。《五代史·劉銖傳》:“謂李業等曰:‘諸君可謂僂儸兒矣。’”《宋史·張思均傳》:“思均起行伍,征伐稍有功,質狀小而精悍,太宗嘗稱‘樓羅’,自是人目爲‘小樓羅’焉。”蘇鶚《演義》:“人能摟覽羅綰,謂之‘摟羅’。”“摟”字从手不从木。《酉陽雜俎》:“天寶中,進士有東西朋,各有聲勢。稍傖者多會于酒樓,食畢羅,故有‘樓羅’之號。然梁元帝辭云:‘城頭網雀,樓羅人著。’及《南史·顧歡傳》:

① 黄侃:“婁羅”蓋“磊砢、磊落、礫硌、歷錄、牢籠、玲瓏、寥亮”之同類語。

② “具緑”當爲“俱錄”,見《舊唐書·回紇傳》。

‘蹲夷之儀，樓羅之辯。’則知‘樓羅’之言，非始于唐。”按：古人多取雙聲字爲形容之辭，其字初無定體，故或作“婁羅”，或作“僂儸”，或又以“婁”作“樓”、“摟”。《笑林》載：“漢人過吴，吴人設筍，問：‘是何物？’曰：‘竹也。’歸而煮其牀簀不熟，乃謂其妻曰：‘吴人轣轆，欺我如此。’”“轣轆”亦“婁羅”之轉，大率言其慓狡而已。蘇、段以義説之，皆屬穿鑿。

1092 鐵漢　《該聞録》：“李遵懿握兵江淮，人號‘鐵漢’。”

1093 首級　《漢書・衛青傳》：“斬三千七百級[①]。”師古注：“本以斬敵一首拜爵一級，故以一首爲一級。”

1094 拳勇　《詩・小雅》：“無拳無勇，職爲亂階。”注：“拳，力也。”《管子・小匡篇》：“鄉有拳勇股肱之力，秀出于衆者，則告有司。”《文選・吴都賦》：“覽將師之拳勇，與士卒之揚抑。”[②]

1095 部署　《史記・項羽紀》：“部署吴中豪俊。”《淮陰侯傳》：“欲襲吕后、太子，部署已定。”《三國志・賈逵傳》：“部署諸將，水陸竝進。”《舊唐書・江夏王道宗傳》：“築土山攻安市城，土山崩，道宗失于部署，爲賊所據。”

1096 整頓　《史記・張耳陳餘傳》：“宜整頓其士卒。”《三國志・孫堅傳》：“勑部曲整頓行陳，無得妄動。”

1097 甚設　《戰國策》：“韓傀宗族甚多，居處兵衛甚設。”《史記・大宛傳》：“出敦煌者六萬人，多齎糧，兵弩甚設。”《漢書・李廣利傳》亦云：“齎糧，兵弩甚設。”師古注：“施張甚具也。”按：俚俗謂有盛饌曰“甚設”，誤。

1098 發動　《莊子・天運篇》：“人固有尸居而龍見，雷聲而淵默，發動如天地者乎？”《史記・平準書》：“燕齊之間靡然發動。”又“發作”，見韓愈《南海神廟碑》：“盲風怪雨，發作無節。”

1099 騷動　《孫子・用間篇》：“凡興師十萬，出征千里，日費千金，内外騷動。”《淮南子・兵畧訓》：“貪昧之人，殘賊天下，萬人騷動，莫寧其所。”《史記・游俠傳》：“天下騷動，宰相得劇孟若得一敵國。”又“騷擾”，見《平準書》。

1100 鈔邏　《三國志・陸遜傳》：“韓扁齎表奉報，還遇敵于沔中，鈔邏得扁。”

1101 鈔暴　《後漢書・南匈奴傳》：“遣吴漢等擊之。經歲無功，而匈奴鈔暴日增。”《宋書・張進之傳》：“劫掠充斥，每入村抄暴。”按：“鈔”、“抄”音義同，俗

---

① 《漢書・衛青傳》作“斬輕鋭之卒，捕伏聽者三千一十七級”。

② “師”當爲“帥”，“揚抑”當爲“抑揚”，見《文選・吴都賦》。

以武力凌人，謂之"鈔暴"。

1102 打跳 諸葛亮《心書》："弄刀者傷手，打跳者傷足。"

1103 插打[①] 《劉公嘉話錄》："范希朝赴鎮太原，辭省中郎官曰：'郎中但處分事，如三遍不應，任郎中下手插打。'插打，爲造箭者插羽打幹，謂隕箭射我也。"

1104 鼓噪 《周禮·大司馬》："鼓皆駴，車徒皆噪。"注："吏士鼓噪，象攻敵尅勝而喜也。"《左傳·成五年》："華元享宋公子圍龜。請鼓譟以出，鼓譟以入。"《穀梁傳》："公會齊侯于夾谷，齊人鼓譟而起，欲以執魯君。"《後漢書·光武紀》："王尋圍昆陽，光武從城西水上衝其中堅。城中亦鼓譟而出，中外合勢，震呼動天地。"

1105 挫衄 《晉書·宣帝紀》："亮攻陳倉，挫衄而反。"又《盧志傳》："三軍畏衄，懼不可用。"衄，皆女六反。

1106 操剌[②] 《五代史·漢紀》："耶律德光指劉知遠曰：'此都軍甚操剌。'"按：剌，音辣，世俗以勇猛爲"操剌"也。

1107 琅湯[③] 《管子·宙合篇》："以琅湯凌鑠人，人之敗也常自此。"按：今以不斂攝爲"琅湯"。

1108 飛揚拔扈[④] 《北史·齊神武紀》："侯景專制河南十四年，常有飛揚拔扈之志。"杜甫詩："痛飲狂歌空度日，飛揚拔扈爲誰雄。"

1109 耀武揚威 《元曲選·謝金吾》《兩世姻緣》《單鞭奪槊》皆見。

1110 直撞《史記·樊噲傳》："噲聞事急，乃持鐵盾直撞入，立帳下。"

1111 直衝 《南史·魯廣達傳》："華皎舟師强盛，莫敢進。廣達首率驍勇，直衝賊軍。"

1112 盪 《宋書·顔師伯傳》："單騎出盪。"《孔顗傳》："每戰以刀楯直盪。"盪，皆音湯。隋時童謡："上山喫鹿獐，下山喫牛羊。忽聞官軍至，提刀向前盪。"

1113 作梗 《北史·魏收傳》："羣氏作梗，遂爲邊患。"

1114 出尖 《宋史·兵志》："熙寧間造箭四種，一曰'出尖'。"按：俗以强出任事曰"出尖"，或謂其本于此，猶《史記》"脱穎而出"意也。或又謂"出尖"乃毬

---

① 黄侃："打"正字悉應作"朾"。

② 黄侃："操剌"猶躁戾。

③ 黄侃："琅湯"猶浪蕩。

④ 黄侃："跋扈"正作孛蠆。黄焯按：《詩·卷阿》之"伴奐"、《皇矣》之"畔援"(《玉篇》引作"伴換")、《訪落》之"判渙"、《論語》鄭注之"畔喭"(一作"昄喭")、《漢書》"叛換"，皆"拔扈"之轉語。

門色目，汪雲程《蹴踘譜》："三人定位，一人當頭名出尖，五人場戶名小出尖，六人場戶名大出尖。"竝著備參。

1115 爭交　《夢粱錄》："角觝者，相撲之異名也，又謂之爭交。"按：今謂之"撲交"。

1116 相打　《晉書·諸葛長民傳》："夜眠中每驚起跳踉，如與人相打。"《宋書·黄回傳》："回于宣陽門與人相打。"

1117 作鬧　《舊唐書·武宗紀》："有纖人言宰相作赦書，欲減削禁軍衣糧草料，仇士良曰：'必若如此，軍人須至樓前作鬧。'"蔣氏《昌黎詩注》："宋慶歷中，西師未解，晏元獻大雪置酒西園。歐陽永叔賦詩曰：'須憐鐵甲冷徹骨，四十餘萬屯邊兵。'晏曰：'昔韓愈亦能作言語，赴裴度會時，但云'園林窮勝事，鍾鼓樂清時'，不曾如此作鬧。'"①

1118 擂鼓　《升菴外集》："岑參《凱歌》'鳴笳擂鼓擁回軍'，今本擂作疊，非。近制，啓明定昏鼓三通，曰發擂，當用此字。俗作擂，非。擂亦後增字，然差善于擂。古樂府'官家出游雷大鼓'，'雷'轉作去聲用。"

1119 篩鑼　《雲麓漫鈔》："今人呼洗曰沙鑼，又曰廝鑼，國朝賜契丹、西夏使人皆用此語。究其説，軍中不暇持洗，以鑼代之。又中原人以擊鑼爲篩鑼，東南亦有言之者。篩、沙音相近，篩文爲廝，又小轉也。"

1120 備馬　《南渡錄》："康王南奔，倦息崔府君廟，夢神曰：'追騎已至，宜速去，已備馬矣。'"《天祿志餘》："今北京方言，將出則令人備馬，本此。"按：《説文》有"犕"字，平秘切，引《易》"犕牛乘馬"。《玉篇》云："犕，服也，以鞍裝馬也。"則備馬當正用"犕"字，《南渡錄》未足爲據。

1121 木馬　《南史·齊東昏侯紀》："帝始欲騎馬，未習其事，俞靈韻爲作木馬，人在其中，行動進退，隨意所適，其後遂爲善騎。"按：今習武者所設，造端于此，至唐時則遂盛行，《通典》"武舉制土木馬于里閭間，教人習騎"是也。

1122 雲梯　《墨子·公輸篇》："公輸般爲雲梯之械。"按："雲梯"似始于此。然《虎韜·軍略篇》已云："臨衝視城中，則有雲梯、飛梯②。"

1123 丈八蛇矛　《釋名》："矛長丈八曰稍。"《晉書·劉曜載記》："陳安左手奮七尺大刀，右手執丈八蛇矛，刀矛俱發，輒害五六。隴上人爲歌曰：'七尺大刀奮如湍，丈八蛇矛左右盤，十盪十決無當前。'"《李青蓮集·送鄭灌從軍》："丈八

① 此處《函海》本有："鬧"字始見。

② "梯"，《六韜·虎韜·軍略》、《太平御覽》卷三三六引均作"樓"。

蛇矛出隴西，彎弧拂箭白狼啼。”

1124 尚方斬馬劍 《漢書·朱雲傳》：“願得尚方斬馬劍，斷佞臣一人以厲其餘。”師古注：“尚方，少府之屬官，作供御器物，故有斬馬劍，其劍利可以斬馬也。”按：俗傳句云：“安得尚方斬馬劍，管教斷却佞人頭。”全演《漢書》。

1125 武藝十八事 《讀書記數略》：“一弓、二弩、三鎗、四刀、五劍、六矛、七盾、八斧、九鉞、十戟、十一鞭、十二簡、十三檛、十四殳、十五叉、十六杷頭、十七綿繩套索、十八白打。”

1126 三丁點一 白居易詩：“無何天寶大徵兵，户有三丁點一丁。”《十國春秋》：“高澧括諸縣之三丁抽一者，立都額爲三丁軍。”又《晉書·石季龍載記》：“將討慕容皝，令諸州兼復之家，五丁取三，四丁取二。”

1127 一人拌死，千人莫當 《吴子·勵士篇》：“一人投命，足懼千夫。”《吴越春秋》：“越人作離别辭曰：‘一人判死兮，而當百夫。’”《白虎通·三軍篇》引《傳》曰：“一人必死，十人不能當；百人必死，千人不能當；千人必死，萬人不能當。”

1128 殺人一萬，自損八百 見《元史·本紀》。按：今俗述爲恒語小變云“殺人三千”。

1129 殺人不眨眼 《五燈會元》：“曹翰征胡則，渡江入廬山寺，緣德淡坐如常。翰曰：‘汝不聞殺人不眨眼將軍乎？’德熟視曰：‘汝安知有不懼生死和尚耶？’”又：“僧問風穴沼：‘如何是大善知識？’沼曰：‘殺人不眨眼。’”按：眨，側洽切，《説文》：“目動也。”皮日休詩“當中見魚眨”，用入洽韻。今言目瞬者，皆以爲“眨”，及見“眨”字，往往誤讀爲“貶”，可笑也。

1130 圖王不成，亦可以霸 見桓譚《新論》。又崔元始《正論》：“圖王不成，弊猶足霸；圖霸不成，弊將如何？”

1131 擒賊必擒王 杜甫《出塞》詩：“射人先射馬，擒賊先擒王。”

1132 南征北討，東蕩西除 見《元曲選·賺蒯通》《昊天塔》二劇。

1133 太平本自將軍致，不許將軍見太平 《五燈會元》天衣懷、定慧本俱舉此二語。

1134 唐虞揖讓三杯酒，湯武交爭一局棋 《擊壤集》首尾吟句。

1135 遇文王興禮樂，遇桀紂逞干戈 見《五燈會元》。

1136 眼望捷旌旗，耳聽好消息 見高東嘉《琵琶曲》。按：《元曲選·曲江池》《凍蘇秦》等劇，皆作“眼觀旌捷旗”，疑訛。

卷九　儀節

1137 禮義生于富足　《潛夫論·愛日篇》:"禮義生于富足,盗賊起于貧窮。"

1138 禮不嫌菲　《禮·坊記》:"君子不以菲廢禮。"注云:"不可以其薄不及禮而不行禮。"

1139 禮無不答　《禮·燕義》文。《後漢書·樊英傳》:"英有疾,妻使婢拜問。英下床答拜,曰:'禮無不答。'"《晉書·禮志》:"漢魏故事,群妾見于夫人,夫人不答拜。新禮以爲禮無不答,更制答妾。摯虞以爲:'禮無不答,義不謂此,宜如其舊。'詔可。"

1140 情禮兼到　袁宏《三國名臣贊》:"敬愛既同,情禮兼到。"

1141 禮防君子　《五燈會元》:"僧問石霜圓曰:'既是護法善神,爲甚麽張弓架箭?'圓曰:'禮防君子。'"又:"僧問顯端:'如何是大善知識?'曰:'持刀按劍。'曰:'爲甚如此?'曰:'禮防君子。'"

1142 各不爲禮　《元史·孛术魯翀傳》:"帝師,釋迦之徒,天下僧人師也。余,孔子之徒,天下儒人師也。請各不爲禮。"

1143 儉不中禮　《詩序》:"《蟋蟀》,晉僖公儉不中禮,故作是詩以閔之。"申培《詩説》:"《葛屨》,魏之内子儉不中禮,媵者怨之。"《唐書·王珪傳》:"珪不作家廟,世以儉不中禮,少之。"

1144 分庭伉禮　《莊子·漁父篇》:"萬乘之王,千乘之君,見夫子未嘗不分庭伉禮。"

1145 禮下于人,將有所求　《左傳·昭二十五年》:"將求于人,則先下之,禮之善物也。"

1146 讓禮一寸,得禮一尺　魏武帝《讓禮令》引:"里諺云:'讓禮一寸,得禮一尺。'斯合經之要矣。"按:今俚語"爾敬我一尺,我敬爾一丈",本此。

1147 殺人可恕,無禮難容　見《五燈會元》。按:元人《氣英布》曲作"情理難容",俚俗循之,然語意當以"無禮"爲是。

1148 千里送鵞毛,禮輕人意重 《東坡集·以土物寄少游詩》:"且同千里寄鵞毛,何用孜孜飲麋鹿。"《山谷集·謝陳適用惠紙詩》:"千里鵞毛意不輕。"又詩①:"鵞毛千里贈,所重以其人。"《寓簡》載邢俊臣嘲置花石綱《臨江仙》詞:"巍峨萬丈與天高,物輕人意重,千里送鵞毛。"青藤山人《路史》:"雲南俗傳昔代土官緬氏,遣緬伯高貢天鵞于中朝,過沔陽,浴之,飛去,俄墮一翎。高拾之,至闕下,上其翎,作口號云:'將鵞貢唐朝,山高路遠遥。沔陽湖失去,倒地哭號號。上覆唐天子,可饒緬伯高。禮輕人意重,千里送鵞毛。'"按:此不知何祖,恐屬傅會之説。蘇、黄二公既各用之爲詩,但以爲古諺可耳。

1149 至敬無文 《禮·禮器》:"至敬無文,父黨無容。"按:俗訛爲"至親無文",然"至親無文"亦稍合于"父黨無容"之義。

1150 恭敬不如從命 贊寧《笋譜》:"昔有新婦,不得舅姑意,其婦善承不違。一日歲暮,姑索笋羹,婦答即煮供上。妯娌問之曰:'今臘中,何處求笋?'婦曰:'且膺爲貴,以順攘逆責耳,其實何處求之?'姑聞而悔,後倍憐新婦。故諺曰:'恭敬不如從命,受訓莫如從順。'"

1151 禮生 《梁書》:"劉穀自國子禮生射策高第。"唐德宗冬至赦詔:"掌坐齋郎、禮生、贊者,各減一年勞。"

1152 儀注 《周禮·太史》:"執書以次位常。"疏云:"謂執行祭祀之書,若今儀注。"《後漢書·竇融傳》:"遣從事問會見儀適。"注云:"猶言儀注也。"《舊唐書·經籍志》史類十三:"八曰儀注,以紀吉凶行事。"

1153 禮體 《周禮》正義:"《周禮》爲體,《儀禮》爲履。"《舊唐書·穆宗紀》:"所有君臣獻替,事關禮體者,隨日撰録。"常衮《授李函尚書右丞制》:"雅有學行,通于禮體。"

1154 禮數 《毛詩·我行其野》箋:"刺幽②王不正嫁娶之數。"疏云:"谓禮數也。《左傳》子太叔謂張趯説朝聘之禮。趯曰:'善哉!吾得聞此數。'是謂禮爲數也。"《唐書·裴耀卿傳》:"班爵與公同,而禮數異。"杜詩:"雖云隔禮數,不敢墮周旋。"

1155 禮物 《書·微子之命》:"修其禮物,作賓于王家。"

1156 人事 《晉書·武帝紀》:"泰始四年,頒五條詔書于郡國,五曰去人事。"按:"人事"乃餽遺之稱。韓退之撰《王用神道碑》,用男送馬匹轡鞍及白玉

① 歐陽修《梅聖俞寄銀杏》。

② "幽"當爲"宣",見《毛詩正義》卷一一。

腰帶，朝廷令公受領，集中有《謝許受王用男人事物狀》。後撰《平淮西碑》，韓弘寄絹五百匹充人事，又有《奏韓弘人事物狀》。白居易《奏于頔、裴均欲入朝事宜狀》云："上須進奉，下須人事。"杜牧《謝許受江西送撰韋丹碑綵段等狀》亦有"所寄人事綵段"之語。

1157 人情　杜甫詩："粔籹作人情。"耐得翁《都城紀勝》："趍赴茶酒人，每日與人傳語往還，或講集人情分子。"《元典章》："出使經過州縣，中間要做梯己人情者，必然惠送段匹禮物。"按：以禮物相遺曰"送人情"，唐宋元人皆言之也。

1158 世情　《文選》注引《纏子》："董無心曰：'無心，鄙人也，不識世情。'"陶潛詩："林園無世情。"羅鄴詩："惟有春風不世情。"

1159 客氣　《左傳·定八年》："陽虎僞不見冉猛者，猛逐之，僞顛。虎曰：'盡客氣也。'"按：今以燕居里處多其文貌爲"客氣"，或謂卽本諸此，以亦近僞飾也，愚疑其未然。《論語》"居不容"，《唐石經》及《經典釋文》皆作"居不客"，與今"客氣"之言尤合，陽虎事尚費牽轉。

1160 太謙　見《毛詩·江漢》傳。又《漢書·張安世傳》："君言泰謙。君而不可，尚誰可者！"

1161 多謝　《漢書·趙廣漢傳》："界上亭長曰：'至府爲我多謝問趙君。'"師古注："多，厚也，言殷勤，若今言千萬問訊矣。"辛延年《羽林郎》詩："多謝金吾子，私愛徒區區。"陶潛詩："多謝綺與甪，精爽今何如？"方干詩："多謝郢中賢太守，常時談笑許追陪。"

1162 怠慢　《左傳·僖三十一年》："牲成而卜郊，上怠慢也。"《史·封禪書》："昔東甌王敬鬼而壽，後世怠慢，故衰。"《晉書·郗超傳》："王獻之兄弟見愔，甚修舅甥之禮。及超死，見愔怠慢。"《北史·趙彦深傳》："子仲將温良恭讓，雖妻子亦未嘗怠慢。"又"簡嫚"，見《漢書·五行志》。

1163 不敢當　《儀禮·士相見禮》："非敢求見。"注曰："嫌褻主人，不敢當也。"又："某不敢以聞。"注曰："又益不敢當。"《莊子·讓王篇》屠羊説辭三旌之位曰："説不敢當。"《吕氏·審應覽》："韓公子見魏王曰：'大國命敝邑封鄭之後，敝邑不敢當也。'"《史記·刺客傳》："聶政曰：'不敢當仲子之賜。'"《漢書·杜周傳》："杜延年居父官府，不敢當舊位。"《後漢·光武紀》："李通以圖讖説之，光武初不敢當。"謝承《後漢書》："朱寵爲太尉，猶卧布被，朝廷賜錦被，曰：'不敢當。'"

1164 不知忌諱　《漢書·馮唐傳》："鄙人不知忌諱。"

1165 衆揖　《周禮·司士》："孤卿特揖，大夫以其等旅揖。"注："特揖，一一揖之。旅，衆也。”按：俗有“總揖”之言，當爲“衆揖”。

1166 拜揖　《漢書·汲黯傳》：“見田蚡未嘗拜，揖之。”按：此當謂其不拜，僅揖也。今有以“拜”、“揖”爲一事者，乃俚俗之訛。而宋方回已以入詩云：“幼兒初拜揖，癡女僅梳妝。”

1167 拜教　《魯語》：“叔孫穆子曰：‘《皇皇者華》，君教使臣也，敢不拜教。’”

1168 百拜　出《樂記》。《日知錄》：“古人之拜如今人鞠躬，故通計一席之間，賓主交拜近至于百，注云‘百以喻多’是也。若平禮止一拜，卽人臣于君亦止再拜。唐以下有四拜，《明會典》：‘四拜者，百官見東宫親王之禮。見其父母亦行四拜，其餘親友相見止兩拜禮。’今人書狀動稱百拜，何也？”

1169 稽首、頓首　《周禮·太祝》：“辨九擨，一曰䭫首，二曰頓首。”注：“擨音拜，䭫音啓，本又作稽。稽首，拜頭至地也。頓首，拜頭叩地也。”疏云：“稽首，拜中最重，臣拜君之拜。頓首，平敵自相拜之拜。二種拜俱頭至地，但稽首至地多時，頓首至地則舉，故以叩地言之。”

1170 稽顙拜　《禮·檀弓》：“拜而後稽顙，頽乎其順也；稽顙而後拜，頎乎其至也。三年之喪，從其至者。”顧湄《咫聞錄》：“今喪牌孝帖，孫及曾孫俱寫‘稽首拜’，以爲稽顙太重，頓首太輕，殊不知《周禮》‘稽首’居九拜之首，並非凶拜，何可通用？據《檀弓》，子宜寫‘稽顙拜’，孫及曾孫宜寫‘拜稽顙’。”按：“稽顙”所以形哀，“拜”所以致敬，禮有先後，無偏廢也。惟秦穆公使人弔，重耳稽顙而不拜。此以出亡在外，不得爲後，故不成拜；衛靈公弔，季康子拜稽顙于位，君子譏之。此以魯哀公爲主客，公既拜賓，康子不應更拜也。若儼然爲後，而又無他人主喪，拜賓禮斷無可廢。邇來喪家謝簡，“稽顙”下每不用“拜”字，殊失。

1171 端肅　沈文《初政記》：“洪武三年五月，諭中書省曰：‘今人書劄，多稱稽首、頓首、再拜、百拜，非實禮也，宜定其式。’禮部議：凡致書于尊者，稱端肅奉書，答則端肅奉復；敵已者，稱奉書奉啓而已。”按：《周禮·大祝》有“肅拜”，説者據《少儀》文云是婦人拜，蓋爲禮之輕者。今人非于所甚尊重，不加“端肅”二字，乃沿用明制，與“肅拜”無關涉也。

1172 斂衽　《天香樓偶得》：“今世女人拜稱‘斂衽’。衣之有衽，非女人所專也。蘇子瞻《舟中聽大人彈琴》詩有云‘斂衽竊聽獨激昂’，則男子亦稱‘斂衽’矣。”按：此非獨蘇詩可證，《戰國策》：“江乙謂安陵君曰：‘一國之衆，見君莫不斂衽而拜。’”《史記·留侯世家》：“陛下南鄉稱霸，楚必斂衽而朝。”《晉書·王忱傳》：“張玄正坐斂衽，待其所發。”《初學記》引梁祚《魏國統》：“山濤少有大量，耆老宗長見者斂衽。”《世説》：“左太沖作《三都賦》，詢求皇甫謐爲敘。先相非貳者,莫不斂衽贊述。"陶潛《勸農》詩:"敢不斂衽,敬贊德美。"朱子《答向伯元》:"寄先正遺文,斂衽警誦,不覺終篇。"皆是主男子說。其主女人者,惟《虬髯客傳》有"張氏斂衽前問"一言而已。

1173 唱喏[①]　《宋書·恩倖傳》:"前廢帝言:'奚顯度刻虐,比當除之。'左右因唱諾[②],卽日宣旨殺焉。"按:"喏"本古"諾"字,"倡諾"似卽"唱喏"也。《玉篇》"喏"訓"敬言"。《春渚紀聞》:"才仲携一麗人登舟,卽前聲喏。""聲"亦"唱"之義。

1174 扶　劉熙《釋名》:"拜,于丈夫爲跌,跌然屈折下就地也;于婦人爲扶,自抽扶而上下也。"按:今婦人抑伸其躬,或以手拂其鬢,以代男子之揖,俗言但作"夫"音,不知其字。或云卽"萬福"之"福",音轉訛也。觀《釋名》"抽扶上下"四字,狀婦人作禮之態殊儼然,而《集韻》"扶"字自有"夫"音,解云:"側手曰扶。"與"拂鬢"事亦稍合。則"扶"之爲名,早見自漢,而字非"福"之轉也。

1175 安置　《鶴林玉露》:"陸象山家,每晨興,家長率衆子弟聚揖于廳,婦女道萬福于堂,暮安置亦如之。"按:候尊者宵寢,今人亦云"安置",在釋氏則云"安單"。

1176 迎接　王獻之《桃葉歌》:"但渡無所苦,我自迎接汝。"《北史·孟業傳》:"放還,郡中父老扣河迎接。"

1177 奉送　《白虎通》:"諸侯奔王者喪,分爲三部,有始死先奔者,有中來盡其哀者,有會葬奉送君者。"

1178 請坐　《韓詩外傳》:"客有見周公者,周公曰:'請入。'旣入,曰:'請坐。'"

1179 普請　見《三國志·吳·吕蒙傳》。

1180 敘進　《周禮·小司寇》:"掌外朝之政,以致萬民而詢焉。其位,王南鄉,三公及州長、百姓北面,羣臣西面,羣吏東面,小司寇擯以敘進而問焉。"

1181 敘齒　見《中庸》。《聽雨紀談》:"鄉人敘坐固以齒,而《禮》云:'一命齒于鄉,再命齒于族,三命則不齒于族。'是同輩而敘齒可也。苟非其人,亦以齒尊之,不幾失禮乎?《藍田吕氏鄉約》曰:'非士類者不以齒。'斯言得之矣。"

1182 璧　歸璧事出《左傳》《史記》凡五:晉獻公用荀息議,以垂棘之璧,假道

---

① 黄侃:吾鄉謂之"諾",讀而霸切,或而夜切之撮脣音。古以"諾"爲應,今以"諾"爲呼,施於尊卑無别,略與通語之"叫、唤、喊"同。武昌謂之"咉",於郎切,亦以應爲呼也。

② "唱"當爲"倡",見《宋書》卷九四。

于虞以伐虢，虢亡，隨以滅虞。荀息掾璧前曰："璧猶是也。"此一出也；負羈饋公子重耳，盤飧置璧焉，公子受飧反其璧，二出也；王子朝用成周之寶珪于河津，人得之，將賣之，石也。王定而獻之，復爲玉，三出也；秦昭王願以十五城請易趙璧，藺相如奉璧往，視秦無意償城，使從者懷其璧亡歸于趙，四出也；秦使者夜過華陰，有人持璧遮道言："今年祖龍死。"使者奉璧，具以聞。秦皇使御府視璧，乃二十八年渡江所沉璧也，五出也。世凡却人餽遺，率書其簡曰"璧"，所取何事歟？比虞君則滅亡，比王子朝則篡奪，比秦皇則將死，均非嘉事，故説者獨以藺相如事當之。鬱輪岡《筆塵》①曰："夫秦恃强詐取之，相如以死爭懷歸，此何等事，乃施用于和好之交際哉？"此論良是。則五事中惟負羈一事，稍切合矣。然自居不貪爲寶之義，而以野人視其投贈之人，亦非所以示敬也。《儀禮·聘禮》："君使卿皮弁，還玉于館。"注曰："君子以玉比德焉。以之聘，重禮也。還之者，德不可取于人，相切厲之義也。"視其物同圭璧之薦，而誼不敢當，本此義以爲却交際之禮，始覺其鄭重而謙和也。難者曰："《戴記·聘義》：'已聘而還圭璋，輕財重禮也。'彼注云：'財謂璧琮享幣也。'是所還惟圭璋，而璧固受之。今但云璧，不云圭璋，未可以聘禮説矣。"曰：此僅取其義耳，果足以論禮哉？經所言，諸侯之禮，今士大夫安有圭璋？降差言之，正屬情理之宜。

1183 正 《觚不觚錄》："故事，投刺通于柬面書一'正'字，雖不知所從來，而承傳已久。丙子入朝，見投刺俱不書'正'字，蓋爲避江陵諱故也。"按：今仍通行書之。

1184 比來起居何如 《能改齋漫錄》："今世書問往還，必有此語。《漢武内傳》上元夫人曰：'天靈至尊下降于至濁，不審比來起居何如。'乃知此語久矣。"又《資暇錄》："致書結尾云'附狀起居'，'狀'下宜加'候'字。王肅云'起居猶動静也'，若不加'候'字，但云'附狀動静'乎？"又②："謁尊崇，皆云'祇候起居'，近者復云'謹祇候起居'，其義安在？"

1185 不宣備 《浩然齋視聽鈔》："今人札云'不宣備'，本《文選·楊修〈荅臨淄侯牋〉》末曰'造次不能宣備'。"《香祖筆記》："宋人書問尊與卑曰'不具'，以卑上尊曰'不備'，朋友交馳曰'不宣'，見《東軒筆錄》，今人多不辨。然三字之分别，殊亦未解。"

1186 敬空 沈括《補筆談》："前世卑者致書于尊，書尾作'敬空'字。如從尊暨卑，但于空紙尾批所欲言曰'反某人'，如今批答之類。故紙尾結言'敬空'者，

---

① 當爲《鬱岡齋筆麈》。
② 李涪《刊誤》卷下《起居》。

示行卑不敢更有他語，以待尊者之批反耳。"

1187 單帖、雙帖　《觚不觚録》："故事，吏部尚書體最重，六卿以下投皆用雙摺刺，惟翰林學士以單紅刺往還。六部尚書、侍郎、大小九卿于内閣用雙紅帖，報之單帖。五部九卿于冢宰用雙帖，亦報之單帖。"按：雙帖似即今所云"古柬"。

1188 名紙　《開天遺事》："長安平康坊，妓女所居。每年新進士以紅箋作名紙，游謁其中。"《畱青日札》："古者削竹木以書姓名，故曰刺。後以紙書，謂之名紙。嘉靖初，士夫名紙不過用白録如兩指闊。近者官司年節，悉以大紅紙爲拜帖矣。"按：今惟常往來客，遇主人他出，或畱名紙，其闊仍僅二三指也。

1189 手本　《五石瓠》："官司移會用六扣白柬，謂之手本。萬歷間，士夫刺亦用六扣，然稱名帖。後以青殻粘前後葉，而綿紙六扣，稱手本，爲下官見上官所投。其門生初見座師，則用紅綾殻爲手本，亦始萬歷末年。"按：劉熙《釋名》："下官刺曰長刺，書中央一行而下之也。"又曰："爵里刺，書其官爵及郡縣鄉里也。"今手本單書官銜姓名，俗號一炷香者，長刺也；備書履歷者，爵里刺也。其手本之初創，乃即今所謂全柬也。

1190 大字簡　《寓圃[①]雜記》："有御史欠謹厚者，頗以言路自恃，署名字大至寸許。一郎官厭之，貽之口占，有'諸葛大名垂宇宙，今人名大欲如何'語，諸司傳聞，以爲談笑。大書之風，由是稍息。"按：今翰詹科道相沿用大字簡，功令未嘗有之，豈特效尤此御史歟？

1191 前筵後筵　《羣碎録》："古享禮猶今前筵，燕禮猶今後筵。"

1192 酹酒　《能改齋漫録》："酹酒之始，唐僕射孫會宗集内外親表開宴，有一甥侄後至，及中門，見緋衣官人，衣襟皆酒，咄咄而出。卽席説于主人，咸言無此官。沉思之，乃行酒時，升于階上酹酒，草草傾潑也。自是每酹，引令側身，恭跪一酹而已。"按：酹酒之制，應昉自古裸禮。《周禮·大行人》："享上公再裸而酢，侯伯壹裸而酢，子男壹裸不酢。"古凡享大賓，皆先攝瓚酌鬱鬯之酒，灌地而後送爵，故今飲席效之。

1193 食畢横筯　《李義山雜俎》謂"食畢横筯在羹碗上"爲"惡模樣"，而此風經久未改。徐禎卿《翦勝野聞》："太祖命唐肅侍膳，食訖，横筯致恭。帝問曰：'此何禮也？'肅對曰：'臣少習俗禮。'帝曰：'俗禮可施之天子乎？'坐不敬，謫戍濠州。"

1194 洗塵　《元典章》："至元二十一年，禁治察司條畫：一不得因送路洗塵，

---

① "寓圃"當爲"菽園"，見《菽園雜記》卷二。

受人禮物。”按：凡公私值遠人初至，或設飲，或餽物，謂之“洗塵”，今猶有此言。

1195 喫茶 《老學庵筆記》：“辰、沅、靖州蠻男女未嫁娶者，聚而踏歌，歌曰：‘小娘子，葉底花，無事出來喫盞茶。’”按：俗以女子許嫁曰“喫茶”，有“一家女不喫兩家茶”之諺。

1196 上頭 晉樂府《歡好曲》：“窈窕上頭歡，那得及破瓜。”花蕊夫人《宫詞》：“年初十五最風流，新賜雲鬟使上頭。”韓偓《香奩集》有《新上頭》詩。按：世但以女子始笄曰“上頭”，其實不專主女子也。《南史・孝義傳》：“華寶年八歲，父戍長安，臨别曰：‘須我還，當爲汝上頭。’長安陷，寶年至七十不冠。”《鐵圍山叢談》：“國初，諸王冠，止于宫中行世俗之禮，謂之上頭。”二條皆主男子説。

1197 追節，下財禮① 吴自牧《夢粱錄》：“議親送定之後，遇節序，以冠花綵段酒菓遺送，謂之追節；行聘，謂之下財禮。”

1198 鋪房 《明史・禮志》：“親迎前一日，女氏使人陳設于婿之寢室，俗謂之鋪房。”

1199 開合、挑巾 《夢粱錄》：“凡嫁娶，男家送合往女家，至宅堂中，必請女親夫婦雙全者開合。及娶，兩新人竝立堂前，請男家雙全女親，以秤或機杼挑蓋頭，方露花容參拜。”按：此南宋風俗，杭人至今循行。據黄休復《茅亭客話》：“僞蜀時，有郎官陳損之，年百歲，妻亦九十餘，當時朝士家有婚聘筵會，必請老夫婦以乞年壽爲名。”則請年老雙全之人以佐婚聘，不待南宋時始。而《漢官儀》：“三老五更，必取有首妻男女皆具者。”其濫觴爲更遠矣。

1200 帕蒙首 《彙書》：“近時娶婦，以帕蒙新婦首，不知起于何年。《通典》杜佑議曰：‘拜時之婦，禮經不載，自東漢及于東晉，咸有此事。或時屬艱虞，歲遇良吉，急于嫁娶，爲此制。以紗縠幪女氏之首，而夫氏發之，因拜舅姑，便以成婦。六禮悉捨，合巹復乖，隳政教之大方，成儀容之弊法。’由是觀之，蒙首之法，其傳已久，但古爲失時急娶，不備禮者而然，而今遂爲通行耳。”按：《儀禮・士昏禮》：“婦乘車，加景，乃驅。”註云：“景之制，蓋如明衣，加之，爲行道禦塵，令衣鮮明也。”疏云：“以禪縠爲之。”此與今蒙首之帕酷似，但經未明言其加首。而《隋書》載后婚之禮云：“頭身加幜，至將拜，姆去幜。”知“幜”固并頭身皆加之矣。《通典》所譏，惟以其拜時，而不以其首蒙紗縠。今時婚禮中，尚此加景一端稍有古制存焉，不當以誤讀《通典》而并議之。

1201 撒穀豆 《事物紀原》：“漢京房之女適翼奉，擇日迎之。房以其日不

① 黄侃：吾鄉謂“追節”爲趕節，亦曰“趕人情”。

吉，謂：‘三煞在門，新人不得入。犯之，損尊者及無子。’奉不然之，婦將至門，但以穀豆與草禳之，則煞避而可入也。自是凡嫁娶者皆置草于門閫内，下車則撒穀豆，習爲故事。”①

1202 坐鞍　《歸田錄》：“劉岳《書儀》婚禮有‘女坐婿之馬鞍，父母爲合髻之禮’，不知用何經義。據岳自敘云‘以時之所尚者益之’，則是當時流俗之所爲爾。今士族當婚之夕，以兩倚相背，置一馬鞍，反令婿坐其上，飲以三爵，女家遣人三請而後下，乃成婚禮，謂之‘上高坐’。或有偶不及設此者，則相與悵然咨嗟，以爲闕禮。雖名儒巨公、衣冠舊族，莫不皆然。”《事文類聚》引蘇鶚《演義》云：“國初，婚姻坐女于馬鞍側，此外裔尚乘鞍馬之義也。”按：《唐書》：“突厥默啜請尚公主，詔送金鏤鞍具。默啜以鞍乃塗金，非天子意，請罷和親。鴻臚卿知②逢堯曰：‘漢法重女婿而送鞍，欲安且久，不以金爲貴。’默啜從之。”然則坐鞍之俗，唐已通行，而外國乃由中國教之耳③。

1203 拜堂　兩新人宅堂參拜④，謂之拜堂，唐人有此言也。王建《失釵怨》：“雙杯行酒六親喜，我家新婦宜拜堂。”

1204 傳席　《芥隱筆記》《輟耕錄》俱云：“今新婦至門，則傳席以入，弗令履地。唐人已然，白樂天《春深娶婦》詩：‘青衣傳氈褥，錦繡一條斜。’”按：白本集却謂此爲嫁女家事。

1205 執燭前導　《儀禮·士昏禮》：“從車二乘，執燭前馬。”注云：“使從役執炬火，居前照道。”按：此是從役之事，婦未入門之儀。世俗于參拜禮畢，擇親族中妻子圓滿者，持篩映燭，導引入室，不合于禮。

1206 牽綵　《戊辰雜鈔》：“女初至門，婿迎之，相者授以紅緑連理之錦，各持一頭，然後入，謂之通心錦。”按：《開天遺事》：“張嘉貞欲納郭元振爲婿，曰：‘吾有五女，令各持一絲于幔後，子便牽之，得者爲婦。’元振牽一紅絲，得第三女。”所謂“通心錦”者，殆昉于此⑤。

1207 撒帳　《夢華錄》：“凡娶婦，男女對拜畢，就牀，男向右、女向左坐，婦女以金錢綵菓散擲，謂之撒帳。”《戊辰雜抄》：“撒帳始于漢武帝，李夫人初至，帝迎入帳中，共坐，飲合巹酒，預戒宫人遥撒五色同心花果，帝與夫人以衣裾盛之，云

---

① 此處《函海》本有：今浙江風俗皆然。

② “知”當爲“和”，見《舊唐書》卷一八五、《新唐書》卷一二三。

③ 此處《函海》本有：此俗吳人多用之。

④ “兩新人宅堂參拜”，《函海》本作“今新人入宅參拜”。

⑤ 此處《函海》本有：今江南俗皆尚之。

得多得子多也。”按：佛家有“珍珠撒帳”之説，《泉志》有“撒帳錢”。

1208 煖房 王建詩：“太儀前日煖房來。”《侯鯖錄》：“世之嫁女，三日送食，謂之煖女。”按：“煖”字本當作“餪”。《邵氏聞見錄》：“宋景文納子婦，其婦家饋食物書云‘煖女’。皆曰煖字錯用，宜从食从而从大。其子退檢書，《博雅》中果有‘餪’字。”

1209 會郎、會親 《夢粱錄》：“兩新人于三日或七朝、九日，往女家行拜門禮，廣設華筵，欵待新婿，名曰‘會郎’。至一月，婿家開筵，延欵親家及親眷，謂之‘賀滿月’、‘會親’。”

1210 戲新婦 《抱朴子·疾謬篇》：“世俗有戲婦之法，于稠衆之中，親屬之前，問以醜言，責以慢對，其爲鄙瀆，不可忍論。或更蹙以楚撻，縶足倒懸，酒客酗醬，不知限劑，可嘆恨也。”《升菴外集》：“今此俗世尚多有之，以廟見之婦同于倚市門之倡，誠所謂敝俗也。然自晉世歷千餘年而不能變，可怪哉！”又《北史·齊后妃傳》：“段昭儀，韶妹也。婚夕，韶妻元氏爲俗弄女婿法戲文宣，文宣銜之。”《酉陽雜俎》：“北朝婚禮，婿拜閤日，婦家親賓婦女各以杖打婿爲戲樂，至有大委頓者。”蓋戲婿之俗，亦已久矣。

1211 催生 杭城人家育子，先一月，母家以銀盆盛粟稈一束，上以錦蓋之，并以綵畫鴨蛋、膳食、羊豕、棗栗諸果，及孖兒繡綳、綵衣，送至婿家，名“催生禮”。見《夢粱錄》。

1212 洗兒果 韓偓《金鑾密記》：“天復二年，大駕在岐，皇女生三日，賜洗兒果子。”按：時唐室亂離，昭宗尚復講此，蓋宫掖相仍，欲罷不能，正以見此風之盛于唐也。

1213 滿月 《北史·節義傳》：“李式坐事被收，子憲生始滿月，汲固抱歸藏之。”按：“滿月”二字見此。其以爲慶宴，則始于唐。《唐書·高宗紀》：“龍朔三年，子旭輪生，滿月，大赦。”《外戚傳》：“安樂公主産男滿月，中宗韋后幸其第。”李嶠有《長寧公主滿月侍宴》詩。今或文其辭曰“彌月”，《詩》“誕彌厥月”，彌，終也。鄭氏曰：“終十月而生。”惟吕文成注：“彌，滿也。”然亦非謂兒生及月，不若直云“滿月”爲是矣。《元稹集》有《妻滿月》詩，蓋乳婦踰一月亦云“滿月”，今語猶然。

1214 試周 《顔氏家訓》：“江南風俗，兒生一期，爲製新衣，盥沐裝飾，男則用弓矢紙筆，女用刀尺針縷，並加飲食之物及珍寳物玩，雜置兒前，觀其發意所取，以驗貪廉智愚，名爲試兒。”《玉壺野史》記曹彬周晬日，“左手提干戈，右手取俎豆”，乃其事。《愛日齋叢抄》：“今俗謂試周是也。”

1215 入學忌偶　《北史》:"李渾弟繪,六歲求入學,家人以偶年拘忌,不許。"按:《白虎通》:"七,歲之陽也;八,歲之陰也。"偶年忌,當因于此,今俚俗尚有"七上八落"之説。

1216 生日　《顔氏家訓》:"江南風俗,二親若在,每至生日,常有酒食之事。"《唐書》[①]:"太宗謂長孫無忌曰:'某月日是朕生日,世俗皆爲歡樂,在朕翻爲感傷。'"按:歷代人主生日,宴樂爲壽,實盛于唐。明皇開元十七年八月,上以生日宴百官花蕚樓下,百官上表,請以每歲八月五日爲千秋節。由是代襲爲典,士夫亦略覷效,慶賀成俗。

1217 陰壽　姚旅《露書》:"南州宗室謂親死日爲暗忌,生日爲明忌。宗中極重明忌,親死者遇十生日如五十六十之類,猶追壽焉,族人具禮謁賀,一如存日。"按:唐祝欽明等請列帝誕日,遣使者詣陵如事生。鄭泳《麟溪集》:"始遷祖初生之辰,奉神主堂上,行一獻禮。生忌有祭,雖不具禮經,亦推孝之一事也。"若致親族謁賀,謂之陰壽,搢紳先生恐難言之。

1218 禳疾　《周禮·男巫》:"春招弭,以除疾病。"註:"招吉祥,弭禍祟,而疾病可除矣。"又《女祝》:"掌王后之内祭祀,以時招梗禬禳之事。"註:"招以召祥,梗以禦癘,禬以除灾害,禳以弭變異,四者所以除疾殃也。"巫祝之用,先王未嘗廢,典籍中多不勝舉。

1219 護喪　《漢書·霍光傳》:"光薨,大中大夫任宣與侍御史五人持節護喪事。"此"護喪",非大臣奉特旨不得也。司馬氏《書儀》:"護喪以家長或子孫能幹事、知禮者一人爲之。主人未成服,則護喪爲出見賓;賓入酹,護喪出迎,揖而出,護喪爲之送。"此"護喪"即今所云"陪喪"也。

1220 表喪　《宋書·儀禮志》:"古有懸重,形似凶門。後世出之門前以表喪,俗遂行之。"《孔琳[②]傳》:"奏罷凶門柏歷之式,表以素扇。"按:凶門既本古懸重,而若栢枝之歷歷然。今喪家結白絹爲旒,表之門外,俗呼爲"了前"者,當即是也。素扇,蓋即今所謂"喪牌"。

1221 魂帛　許慎《五經異義》:"大夫無主,束帛依神"。《文獻通攷》:"紹興三十二年[③],禮部侍郎金安節言:竊詳神帛之制,雖不經見,然攷之于古,蓋復之遺意也。古之復者以衣,今用神帛招魂,其意蓋本此矣。"王安石《挽孫適》詩:

---

① "《唐書》"當爲"《愛日齋叢抄》",見《愛日齋叢抄》卷五。
② "孔琳"當爲"孔琳之",見《宋書·孔琳之傳》。
③ "三十二"當爲"三十一",見《文獻通攷》卷一二二《神帛》。

"魂隨帛暫還。"李注曰:"《檀弓》:'重,主道也。'注云:'始死未作主,以重主其神。'今人始死結帛爲之,謂之魂帛,亦主道也。"

1222 招魂旛 《雲麓漫鈔》:"柩之有旗,禮曰死者不可别已,故以其旗識之。古人施于柩前,今人多用竹懸出于屋。陰陽家從而傅會之,以爲死者魂悠揚入于太空,認此以歸。如浙東温、台以至江東諸郡,兼採釋氏之論,易而爲旛,植巨木,高入雲表,甚可怪。"

1223 覆面紙 《儀禮·士喪禮》:"幎目用緇布,方尺二寸。"注:"幎目,覆面者也。"《七修類稿》:"人死以紙覆面,小説以爲起于吳王夫差臨終曰:'吾無面目見子胥,爲我以帛冒之。'此説恐非。只是生人不忍見死者之意。"

1224 殮葬忌裘 《淮南子·氾論訓》:"世俗言曰:'葬死人者,裘不可以藏。'世以爲裘者,難得貴賈之物也,無益于死者,而足以養生,故因其資以讋之。"按:或云俗惑釋氏轉輪之説,裘屬獸皮,慮轉生之爲獸也,故不以衣死者。今據《淮南》時,釋教未行,中國已有此言,則或云未是也。

1225 上廟碎碗 張爾岐《謹俗論》:"近俗之失,其在喪者有二:一者始死,而哭諸鬼神之廟;一者柩出門,而喪主碎器于車。"按:喪出之日,門前然火,户外列灰,顔之推已譏之。碎器事,亦其類也。哭社廟,以爲亡者求宥罪戾,則因釋氏之誣罔致然。

1226 靈座 《朱子家禮》有"大祥徹靈座"文。按:前史或稱"靈床",或稱"靈座",大約名異實同也。其稱"靈牀"者,《後漢書·張奂傳》:"朝殞夕下,措屍靈牀。"《晉書·王徽之傳》:"獻之卒,徽之直上靈牀坐,取琴彈之。"《王濟傳》:"孫楚向濟靈牀曰:'卿常好我作驢鳴,今爲作之。'"《姚興載記》:"梁國兒于平涼作壽冢,每將妻妾入冢飲讌,升靈床而歌。"《南史·殷淑儀傳》:"上每寢,先于靈牀酌奠酒飲之,既而慟哭,不能自反。"其稱"靈座"者,《晉書·顧榮傳》:"榮好琴,家人置琴于靈座。"《南史·張永傳》:"永傷第四子没于虜,服除猶爲立靈座。"《北史·隋宗室傳》:"帝曰:'晉王前送一鹿,我令作脯,擬賜秦王。今亡,可置靈座之前。'"《周羅睺傳》:"夢言'明日當戰',其靈座所有弓箭刀劍無故自動。"合觀諸文,知當時所云"靈床"、"靈座",皆實陳器用,不如今之幻爲小居也。

1227 設像 宋玉《招魂》:"像設君室。"説者謂後世影堂始此。按:《論衡》:"休屠王子金翁叔與父母俱降漢。母死,武帝圖其母于甘泉殿。翁叔從上上甘泉,拜謁起立,向之泣涕沾襟,久乃去。"《世説》:"鍾會兄弟以千萬起一宅,始成,未得移住。荀勗潛往畫鍾門堂,作太傅形像,如平生。二鍾入門,便大感慟,宅遂空廢。"據二事,似漢魏時影堂之制尚未通行,故偶見感傷如此。宋玉所云,止是他人爲之，非人子所自設也。温公《書儀》曰："世俗皆畫影置于魂帛之後，男子生時有像，用之猶無所謂。至于婦人生時，深居閨闥，出則乘輜軿，擁蔽其面。既死，豈可使畫工直入深室，揭掩面之帛，執筆望相，畫其容貌？此殊爲非禮。"程伊川亦不取影堂，言"若多一莖鬚，便是别人"。然就金翁叔、鍾會二事觀之，見人子觸目感心，每有因之油然自發其孝思者，則事雖不本禮經，而于聖人教孝之意，頗有裨益。且古之祭皆有尸，漢後廢尸不行，因時起義，别具影堂，似于禮亦宜之。

1228 助哭　《南史·王秀之傳》："遺命曰：'世人以僕妾直靈助哭，當由喪主不能淳至，欲以多聲相亂。魂而有靈，吾當笑之。'"按：《禮》有"代哭"之文，注曰："代，更也。未殯，哭不絶聲，爲其罷倦。既小斂，可以分時而更哭。"非謂倩他人代之也。

1229 傳鼓　《晉書·良吏傳》："吳隱之居父喪，家貧，乏人鳴鼓。每弔客哭臨，恒有雙鶴警叫。及祥練，復有羣鶴俱集以代鼓。"按：今弔客至，喪家傳鼓爲信，蓋晉已來有之矣。《隋書·禮志》："後齊時，貴人之喪，借朝廷白鼓一面。"其亦用以傳弔客歟？

1230 買路錢　《留青日札》："高子皐曰：'買道而葬，後難繼也。'今人出喪，柩行之道，于前抛金銀紙錢，名曰'買路錢'，即高季買道之遺意也。"按：《日本考》："凡殯出，殯前設香亭一座，名曰'設孤臺'，令一人在前撒銅錢而行，名曰'買路錢'，任其貧乞者拾之。"似此俗又自日本流及中國矣。

1231 魂輿　《文選·陸機〈挽歌〉》："魂輿寂無響，但見冠與帶。"註引："《儀禮》'薦車陳東榮'，鄭玄曰：'進車者象生時將行陳駕，今世謂之魂車也。'"

1232 香亭、影亭　《宋書[①]·禮志》："周廣順元年，葬故樞密使楊邠，用一品禮。香輿、影輿、蓋輿、錢輿、五穀輿、酒醢輿、衣物輿、庖牲輿各一。"按：世亦以帛結小亭，舁以代輿，南宋已然。陸游《家訓》云"近時出葬，或作香亭、魂亭、寓人、寓馬之類，當一切屏去"，是也。

1233 接煞　《顔氏家訓·風操篇》："偏傍之書，死有歸煞。子孫逃竄，莫肯在家；畫瓦書符，作諸厭勝。凡如此比，乃儒雅之罪人，彈議所當加也。"俞文豹《吹劍録》："避煞不知所起，惟唐太常博士李才《百忌歷》載'喪煞損害法'，如巳日死者雄煞，四十七日回殺，十三四歲女雌煞，出南方第三家殺白色，男子至二十日及二十九日，兩次回喪家，故世俗相成，至期必避之。而俗師又以人死日推

① "宋書"當爲"宋史"，見《宋史·禮志二七》。

算，如子日死，則損子午卯酉生人，犯之者，殮時雖孝子亦避，尤可怪也。”按：近世惟北方避煞，南方反之，乃曰“接煞”。陰陽家以人死年月日干支，推算其離魂之日數，自九日至十八日，謂死之後，如其日數而魂來復，于是計日用巫祝以招之。此亦妄説，而較愈于避煞。禮經有唤“皐某復”文，《楚辭》有《招魂》篇，蓋猶畧爲依附。

1234 謝孝 《讀禮通攷》：“後世有謝孝之禮，多謂輓近陋習。不知古《士喪禮》篇‘拜君命及衆賓’已先有然，注謂‘尊者加惠，必往拜謝’，則是所謝者，專指曾來賵賻之人，非盡弔客而徧謝之也。”

1235 周年 《晉書·禮志》：“泰始二年八月，詔曰：‘此上旬，先帝棄天下日也，便以周年。’”“周年”二字見此。其以代小祥之稱，則見于《明會典》。《留青日札》：“今小兒生曰周歲，死者曰周年，吉凶之稱，未嘗混也。所謂推步起戍，故以歲爲始也。周年即期年，唐明皇諱隆基，故改爲周年。”

1236 暖孝 《在閣知新錄》：“暖孝之説，最爲無禮，不意宋時已有此言。宣仁太后上仙，忽有旨下光祿供羊酒若干，爲太后、妃、皇后暖孝。東坡上疏：‘以暖孝出于俚俗，王后之舉，當化天下，不敢奉詔。’有旨遂罷。”《戻聞錄》：“杭俗出殯前一夕，大家則唱戲宴客，謂之煖喪。吳中小民家，亦用鼓樂竟夜，親鄰畢集，謂之伴大夜。”按：“煖喪”與“暖孝”類，亦非禮之甚者，然其風煽延甚久。《鹽鐵論》：“世俗因人之喪以求酒食，幸與小坐而責辦，歌舞俳優，連笑伎戲。”漢時已如是矣。

1237 出孝 《唐書·韋挺傳》：“今俗既葬，隣伍會集，相與酣醉，名曰出孝。”按：西北省猶間有此敝俗。

1238 上墓 《唐書》[①]：玄宗詔曰：“寒食上墓，禮經無聞，近代相承，浸以成俗。士庶有不合廟祭者，何以展孝思，宜許上墓。”按：《周禮·塚人》云：“凡祭于墓，尸。”《孟子》有“東郭墦間祭者”。《左傳》：“辛有適伊川，見被髮于野而祭者。”墓祭古未嘗無，或不甚通行耳。唐享儀云：“宗子在他國，庶子無廟，孔子許望墓以時祭祀。”逮秦始皇起寢殿墓側，漢因不改，諸陵寢皆以晦、望、二十四氣、三伏、社、臘、及四時上飯。今民間以新歲、寒食、十月朝三次。據《程子遺書》：“拜墳則十月一日拜之，感霜露也，寒食則又從常祭禮。”似時僅二次。而李之彦《東谷所見》云：“歲節非掃松也，衹賞梅耳。清明非省墓也，衹踏青耳。”因其所譏，可見宋世亦兼于新歲上墓。

---

① “《唐書》”當爲“《通典》”，見《通典》卷五二《上陵》。

1239 制　朱董祥《讀禮紀畧》:"或問:'期功緦麻皆制乎?'曰:'然。不特期功緦麻也,冠、昏、喪祭皆制,王者治天下之法,無不爲制。制,王制也。'"按:《禮記・喪服四制》有"以恩制"、"以義制"、"以節制"、"以權制",世專于喪言制,蓋本于此,朱氏説似是實非。

1240 從吉[①]　《晉書・孟陋傳》:"喪母,毁瘠殆于滅性,不飲酒食肉,十有餘年。親族迭勸之,然後從吉。""從吉"字見此。《唐律》"不孝"條:"居父母喪,釋服從吉,徒三年。"《疏議》云:"謂制未終而著吉服者。"《齊家寶要》:"今多有爲嫁娶慶賀諸事冒禁忘哀釋服從吉者,而且公然于簡帖中直書'從吉'二字,眞可痛哭流涕矣。"按:今律"釋服從吉"載于"十惡"之條,卽期喪從吉,亦杖六十。

① 黄侃:俗間重酬報,有喪者曾受人輓聯祭帳,未幾而人有慶事,不得準直以償,則報以祝聯壽帳。然俗又多忌諱,不得以制字自稱,故曰"從吉",以表有喪,而又不爲人所惡,亦權道也。若自舉慶事,而曰"從吉"則不可。

卷十　祝誦

1241 天下太平　《禮記·仲尼燕居篇》:"言而履之,禮也;行而樂之,樂也。君子力此二者,夫是以天下太平也。"四字見經僅此。其見于箋注者,《詩序》:"《維天之命》,太平告文王也。"鄭康成曰:"今天下太平矣,故承其意而告之。"《公羊傳》:"麟有王者則至。"何休云:"上有聖帝、明王,天下太平,然後乃至。"見于子史者,《鄧析子·轉辭篇》:"聖人寂然無鞭扑之刑,莫然無叱咤之聲,而家給人足,天下太平。"《吕氏春秋·仲夏紀》:"天下太平,萬物安寧,皆化其上,樂乃可成。"《韓非·忠孝篇》:"天下太平之士,不可以賞勸也;天下太平之士,不可以爲刑禁也。"《史記·夏本紀》:"禹告成功于天下,天下于是太平治。"《漢書·食貨志》:"進業曰登,再登曰平,三登曰太平。"

1242 風調雨順　《唐書·儀禮志》:"武王伐紂,五方神來受事,各以其職命焉。旣而克殷,風調雨順。"蘇詩有"雨順風調百穀登"句。王業①《燕在閣知新錄》:"凡寺門金剛各執一物,俗謂風調雨順:執劍者風也,執琵琶者調也,執傘者雨也,執蛇者順也。獨順字思之不得其解,升菴《藝林伐山》云:'所執非蛇,乃蜃也。蜃形似蛇而大,字音如順。'"

1243 國富民安　《漢書·刑法志》:"齊桓任管仲,而國富民安。"《後漢書·方術傳》:"許楊謂鄧晨曰:'明府興立廢業,富國安民,誠願以死効力。'"皮日休詩:"化之未期年,民安而國富。"又《文選·景福殿賦》注引《春秋説題辭》曰:"國富民康。"今概言"國泰民安",《江南野史》:"應用于一粒麻上書'國泰民安'四字。"《六研齋筆記》:"項子京藏芝麻一粒,一面書'風調雨順',一面書'國泰民安',云出南宋宫中異人所獻者。"

1244 五穀豐登　《龍韜·立將篇》:"戰勝于外,功立于内,百姓歡悦,將無咎殃。是故風雨時節,五穀豐登,社稷安寧。"又《管子·地數篇》:"五穀興豐。"《淮

① "王業"當爲"王棠",見《續修四庫全書》子部。

南子·兵畧訓》:"五穀豐昌。"《漢書·公孫弘傳》:"陰陽和,五穀登。"

1245 八蠻進寶　見《書·旅獒》及《逸周書·王會》。

1246 萬壽無疆　《詩》凡六見,《豳風·七月》與《小雅·天保》《南山有臺》《楚茨》《信南山》《甫田》是也。

1247 千秋萬歲　《韓非·顯學篇》:"巫祝之祝人'使若千秋萬歲',千秋萬歲之聲聒耳,而一日之壽無徵于人。"《樂録·上之回歌》:"千秋萬歲樂無極。"《拾遺記》:"漢靈帝歌'千年萬歲嘉難渝'。"洪遵《泉志》:"千秋錢,逕三分,其文曰'千秋萬歲'。"

1248 壽比南山　《南史·齊豫章王嶷傳》:"謂上曰:'古來言願陛下壽比南山,或稱萬歲,此殆近貌言。如臣所懷,實願陛下極壽百年亦足矣。'"又《庾杲之傳》:"陛下壽等南山,方與日月齊明,豈臣子輕所仰量。"按:《天保》詩"如南山之壽",即此語所昉。

1249 洪福齊天　《元曲選·抱粧盒》劇有此語。又關漢卿《玉鏡臺》曲云"福與天齊"。

1250 壽山福海　《劉誠意集》有《壽山福海圖歌》。

1251 富如江海　《文選·江賦》注引馮衍《爵銘》曰:"富如江海,壽配列眞。"

1252 江山不老　宋林外詞:"嘆今來古往,物換人非,天地裡惟有江山不老。"按:今嬰飾間多鏤"江山不老,日月同年"等字爲祝辭。

1253 海屋添籌　《東坡志林》:"有三老人相遇問年,一曰:'海水變桑田,吾輙下一籌,今滿十籌①矣。'"

1254 華封三祝　《莊子·天地篇》:"堯觀乎華,華封人祝曰:'使聖人壽,使聖人富,使聖人多男子。'"

1255 三多　三多惟見《玉海》②:"楊文莊公言曰:'學者當取三多,乃看讀多,持論多,著述多也。'"今俗云"多福多壽多男子",無所出。華封人但言多男,不可强合。

1256 壽命延長　《論衡》:"氣渥厚而體堅强,則壽命延長。"樂府《長歌行》:"髮白復更黑,延年壽命長。"杜牧《示小姪阿宜》詩:"祝爾願富貴,仍且壽命長。"《法苑珠林》:"菩薩入山中福德之處,淡泊自守,壽命延長,諸天護衛。"《宋史·天竺國傳》:"天竺表來,譯之云:'伏願支那皇帝,福祿圓滿,壽命延長。'"

---

① "籌"當爲"屋",見《東坡志林》卷七。

② "《玉海》"當爲"《小學紺珠》",見《小學紺珠》卷四《藝文類》。

1257 長命富貴 《唐書·姚崇傳》引佛經:“求長命得長命,求富貴得富貴。”《泉志》:“唐中宗出降睿宗女荆山公主,特鑄撒帳錢,其形五出,文曰‘長命守富貴’。”

1258 富貴福澤 《張子·西銘》:“富貴福澤,將厚吾之生也。”

1259 富貴榮華 《史記·外戚世家》:“丈人[①]當時富貴,光耀榮華。”《管子·重令篇》:“事便辟,以富貴爲榮華以相稃也,謂之逆。”《潛夫論·論榮篇》:“所謂賢人君子者,非必高位厚祿、富貴榮華之謂也。”《開天遺事》:“明皇選賈昌爲雞坊五百小兒長,甚愛幸之,時人語曰‘賈家小兒年十二,富貴榮華代不如’。”[②]李嶠《汾陰行》:“山川滿目淚沾衣,富貴榮華能幾時。”

1260 富貴不斷 《博古圖》:漢《千秋萬歲鐵鑑銘》曰:“千秋萬歲,富貴不斷。”

1261 夫尊妻貴 《儀禮》:“夫尊于朝,妻貴于室矣。”《鹽鐵論》:“夫貴于朝,妻貴于室。”《白虎通》:“婦人無爵,嫁而從夫,故夫尊于朝,妻榮于室。”《魏書·宗室傳》:“夫貴于朝,妻榮于室。婦女無定,升從其夫。”按:俗云“夫榮妻貴”,僅見元張國賓《薛仁貴》劇。據經籍,則或言“夫尊妻貴”,或言“夫貴妻貴”,或言“夫尊妻榮”,或言“夫貴妻榮”,獨未有如俗所云者。

1262 八子七婿 《唐書·郭子儀傳》:“八子七婿,皆貴顯朝廷。”按:高則誠《琵琶曲》有“無七男八婿”句,俗承其訛,謂郭子儀七子八婿。

1263 五男二女 《泉志》:“福慶錢文曰:‘伍男貳女,叁公玖卿。’”《東京夢華錄》:“凡孕婦八[③]月,母家以盆盛粟稈,上插花朵及通草帖羅五男二女花樣送之。”《夢粱錄》:“催妝用五男二女花扇。”按:《周禮·職方氏》:“冀州,其民五男三女。”男之多于女者,無如此州。更云二女,甚祝其陽盛也。

1264 麒麟送子 《家語》[④]有“麟紱”事,似即本之。或云本《詩·麟趾》。

1265 麟鳳呈祥 《孔叢子》:“天子布德,將欲太平,則麟、鳳、龜、龍先爲之呈祥。”

1266 子孫昌盛 《潛夫論·正列篇》:“舊時京師,不妨動功。造禁以來,吉祥應瑞,子孫昌熾,不能過前。”《文士傳》:“張濳居吳縣相里,時人諺曰:‘相里張,多賢良。積善應,子孫昌。’”《搜神記》:“長安張氏,有鳩自外入懷,以手探

---

① “人”當爲“夫”,見《史記·外戚世家》。

② “《開天遺事》”當爲“《全唐詩》”,“十二”當爲“十三”,見《全唐詩》卷八七八《神雞童謡》。

③ “八”當爲“人”,見《東京夢華錄》卷五《育子》。

④ “《家語》”當爲“《集語》”,見宋薛據《孔子集語》卷下。

之，不知鳩所在，而得一金帶鈎。自後子孫昌盛，貲財萬倍。"《北夢瑣言》："昔蒲洪以池中蒲生九節，乃改姓蒲，後子孫昌盛。"

1267 五子登科　《宋史·竇儀傳》："竇禹鈞五子，儀、儼、侃、偁、僖，相繼登科。馮道與禹鈞有舊，嘗贈詩，有'靈椿一株老，丹桂五枝芳'句。"陳後山《談叢》："華陰吕君，聘里中女，未行而盲，女家請辭。吕曰：'既聘後盲，君不爲欺，又何辭？'遂娶之，後生五子，皆中進士第，其一丞相汲公也。"

1268 七子團圓　文嘉《嚴氏書畫記》有宋繡《七子圖》、丁玉川《七子團圓圖》。石君寶《秋胡》劇有"人家七子保團圓"語。按："團圓"字唐人多用，如張祜詩："願得入郎手，團圓郎眼前。"白居易詩："家居雖濩落，眷屬幸團圓。"

1269 萬選萬中　《唐書·張薦傳》："員半千稱張鷟'文猶青銅錢，萬選萬中'。"

1270 百發百中　《史記·周本紀》："養由基善射，去柳葉百步射之，百發百中。"王琚《射經》："其的始于一丈，百發百中。寸以加之，至于百步，亦百發百中，乃爲術成。"

1271 金榜題名　《西京雜記》："崔紹暴卒復生，見冥間列榜題人姓名。將相金榜，其次銀榜，州縣小官並是鐵榜。"

1272 雁塔題名　戴埴《鼠璞》："予得唐雁塔題名石刻，細閲之，凡留題姓名者，士庶僧道，前後不一，非止新進士也。唐進士特于曲江宴賞之暇，偶有此會，不應泛以此爲登第慶賀之辭。"

1273 蟾宫折桂　葉夢得《避暑録話》："世以登科爲折桂，此以郤詵對策東堂，自云'桂林一枝'也。自唐以來用之，温廷筠詩'猶喜故人先折桂'，姚鵠詩'折桂新榮盡直枝'。其後以月中有桂，謂之月桂。而月中又有蟾，故或改月[1]爲蟾，以登科爲登蟾宫。"

1274 平步青雲　曹鄴詩："一旦公道開，青雲在平地。"王禹偁詩："青雲隨步登華榻。"按：《史記》"青雲之士"本以道詣言，而東方朔《客難》"抗之在青雲之上"，楊雄《解嘲》"當塗者升青雲"，俱但謂其高超而已。故"青雲"字，隱逸與仕進兩得用之。或只據六朝人言，謂不當入登科詩，泥。

1275 一步高一步　《廣德州志》："梅應發十歲能詩，郡守延而試之，曰：'我本山中人，慣走山中路。不用倩人扶，一步高一步。'後登淳祐進士。"又《五燈會元》："僧問志因：'如何是得力的？'因曰：'脚。'曰：'學人不會。'曰：'一步進

① "月"當爲"桂"，見《避暑録話》卷下。

一步。'"

1276 前程萬里 《南楚新聞》:"魏公崔相,鉉之子也。爲童兒時隨父訪韓滉,滉指架上鷹,命詠之。遂命牋筆,略無佇思。滉歎曰:'此兒可謂前程萬里也。'"

1277 加官進禄 《金史·元妃李氏傳》優言:"鳳凰之飛有四,所應亦異。若向上飛則風雨順時,向下飛則五谷豐登,向外飛則四國來朝,向裏飛則加官進禄。"按:俗又有"官上加官,禄上進禄"之語,見元張國彬《合汗衫》劇。

1278 食禄千鍾 《史記·魏世家》:"魏成子食禄千鍾,什九在外,什一在内。"

1279 一歲九遷 見《漢書·車千秋傳》。又《易林》:"安上宜官,一日九遷。"《南史·到撝傳》:"武帝懷其舊德,一歲三遷。"

1280 金馬玉堂 歐陽修《會老堂口占》:"金馬玉堂三學士,清風明月兩閒人。"

1281 馬到功成 鄭廷玉《楚昭公》、張國賓《薛仁貴》二劇竝有此語。

1282 出將入相 《唐書》:"李德裕出入將相,二十餘年。"[①]崔顥詩:"兩朝出將復入相,五世疊鼓乘朱輪。"

1283 萬里封侯 《漢書[②]·班超傳》:"行詣相者,曰:'當封侯萬里之外。'"

1284 公侯萬代 《後漢書·文苑傳》:"趙壹罪幾死,以友人救,得免。壹遺書謝恩,且爲《窮鳥賦》,末云:'且公且侯,子子孫孫。'"按:今感謝恩德率云"公侯萬代",本于此。

1285 衣錦還鄉 《南史·柳慶遠傳》:"爲雍州刺史,帝餞于新亭,謂曰:'卿衣錦還鄉,朕無西顧之憂矣。'"又《劉之遴傳》:"除南郡太守,武帝謂曰:'令卿衣錦還鄉,盡榮養之理。'"《舊唐書·姜謩傳》:"謩秦州上邽人,薛仁杲平,拜秦州刺史。高祖謂曰:'衣錦還鄉,古人所尚。'"《五代史·吴越世家》:"錢鏐遊衣錦軍,作《還鄉歌》。"

1286 金玉滿堂 《老子》:"金玉滿堂,莫之能守。"《世説》:"王長史謂林公:'眞長可謂金玉滿堂。'林公曰:'金玉滿堂,復何爲簡選?'"《易林·離之兑》:"金玉滿堂,忠直乘危。"又《井之乾》:"左輔右弼,金玉滿堂。"樂府《孟珠曲》:"人言孟珠富,信實金滿堂。"嵇康六言詩:"金玉滿堂莫守,古人安此麤醜。"顧況《哀

---

① "《唐書》"當爲"《補錄紀傳》","李德裕"當爲"李逄吉",見《太平廣記》卷一三八。

② "漢書"當爲"後漢書",見《後漢書·班超傳》。

团》詩:“团生閫中,乃絶其陽。爲臧爲獲,金玉滿堂。”

1287 堆金積玉　李長吉詩:“堆[①]金積玉誇豪毅。”李之彦《東谷所見》:“堆金積玉,來處要明。”按:《論衡·禄命[②]篇》云:“積金累玉,未必陶朱之智。”又云:“白圭、子貢,轉貧[③]致富,積累金玉。”堆金之“堆”,似因與“累”字音近而變。

1288 奔金取寶　陸泳《吴下田家志》:“霜降休節,百工奔金取寶月。”婁元禮《五行雜占》作“畚金取寶月”。按:“奔”字不若“畚”字近是,而今言“畚金”者,實作“般”音。《説文》有“𠦒”字,訓“箕屬,所以推棄也”。《集韻》又有“𢊍”字,訓“儲物也”。二字俱直讀若“般”,則“畚”又不若用“𠦒”、“𢊍”爲是。

1289 利市　《易·説卦傳》:“爲近利市三倍。”《左傳·昭十六年》:“爾有利市寶賄,我勿與知。”《焦氏易林》:“入門笑喜,與吾利市。”《北夢瑣言》:“夏侯孜人號‘不利市秀才’。”《戒菴漫筆》:“唐子畏有一巨册,自錄所作雜文,簿面題曰‘利市’。”

1290 發財　見《禮記·大學》。

1291 吉利　《易·大有》:“上九,自天祐之,吉,无不利。”《潛夫論·愼微篇》:“履信思乎順,又以尚賢,是以吉,无不利也。”《後漢書·西羌傳》:“以戰死爲吉利。”《三國志》注:“魏太祖一名吉利。”

1292 大吉　《易·家人》:“六二,富家大吉。”《公羊傳》:“娶者大吉也,非常吉也。”《荀子·議兵篇》:“始終如一,是之謂大吉。”

1293 百事大吉　《武林舊事·歲除》:“后妃諸閤各進珠翠百事吉利市袋兒。”《癸辛雜志》:“鹽官教諭黄謙之題桃符板句,云:‘宜入新年怎生呵,百事大吉那般者。’”《游覽志餘》:“杭俗元旦簽栢枝于柿餅,以大橘承之,謂之百事大吉。”

1294 吉人天相　《左傳·宣三年》:“石癸曰:‘姞,吉人也。姬、姞偶,其子孫必蕃。’”又《昭四年》:“晉、楚天所相,不可與爭。”按:元曲云“吉人天相”,蓋合二文爲一語。

1295 吉祥如意　見元人《賺蒯通》劇。

1296 吉祥善事　《戰國策》:“蔡澤曰:富貴榮顯,生命壽長,繼其統,守其業,名實純粹,澤流千世,豈非所謂吉祥善事與?”《潛夫論·浮侈篇》:“或坐作竹簧,

---

① “堆”,《全唐詩》卷三九四作“長”。
② “禄命”當爲“命禄”,見《論衡·命禄篇》。
③ “貧”當爲“貨”,見《論衡·命禄篇》。

削鋭其頭，有傷害之象，傅以蠟蜜，有甘舌之類，皆非吉祥善應。”

1297 善氣迎人 《管子·心術篇》：“善氣迎人，親如弟兄；惡氣迎人，害于戈兵。”

1298 和氣致祥 《漢書》：“劉向條災異封事云：‘和氣致祥，乖氣致異。’”

1299 一團和氣 《程子全書》：“謝顯道云：‘明道坐如泥塑人，及接人，渾是一團和氣。’”

1300 和諧 馬縞《中華古今注》：“娶婦之家，先下絲麻鞋一緉，取其和諧之義。”

1301 和合 《周禮·地官·媒氏》疏：“三十之男，二十之女，和合使成婚姻。”《易林》：“使媒求婦，和合二姓。”按：二字見《周禮》注疏尤多，《地官·調人》註：“調，猶和合也。”《夏官·合方氏》疏：“合方，當使天下和合。”《秋官·掌交》注：“有欲相與修好者，則爲和合之。”

1302 如意 《漢書·京房傳》：“陛下雖行此道，猶不得如意。”《宋書·吳喜傳》：“非惟得活，又復如意。”《幽明記》：“餘杭沈縱入山，得一玉豚，從此所向如意。”《搜神記》：“河間管弼，僑居臨水作商賈，往往如意。”按：玩器中有“如意”者，《瑯嬛記》云：“昔有貧士多陰德，遇道士送與一物，謂之如意。凡心有所欲，一舉之頃，隨即如意，因即以名之也。”《晉書·石崇傳》：“王愷以珊瑚樹示崇，崇便以鐵如意擊碎之。”《北史·魏獻文六王傳》：“帝令羽歸，望其稱効，賜如意以表心。”蓋其器之表見久矣。

1303 如願 《左傳·哀九年》注：“陰而得中，有似王者，嫁妹得如其願，受福祿而大吉。”《採異記》：“商人戴歐明常過彭蠡湖，必投供食祀神，數歲不間，忽復過之，有使者迎曰：‘清湖君請見，勿訝也。渠有所酬，子勿受，但乞如願耳。’如其言，果得如願，乃君之婢也。凡商有所欲，悉能致之。後值正旦，如願晚起，商撻之，走入糞壤，遂失所在。”後人元日雞鳴時，輒往積壤間捶呼如願，云使人富，由此。

1304 如適 《鹽鐵論》：“人人安和如適。”又《淮南子》：“義者，比于人心而合于衆適。”按：今云“如適”、“合適”，應作此寫，俗用“式”字，未見典記。

1305 稱心 陶潛詩：“人亦有言，稱心易足。”《晉書·蔡謨傳》：“才不副意，畧不稱心。”《慕容垂載記》：“列土千城，未足以滿其志；冠軍之號，豈足以稱其心。”

1306 稱意 《戰國策》：“貫珠者勸齊襄王下令，言田單能稱寡人之意。”《北史·薛道衡傳》：“帝每曰：‘道衡作文，能稱我意。’”

1307 天緣輻輳　見元喬孟符《金錢記》曲。

1308 福湊　《後漢書·丁鴻傳》:"若勑政責躬,杜漸防萌,則凶妖消滅,害除福湊矣。"梁簡文帝文:"道行則五福俱湊,運閉則六極所鍾。"

1309 百福具臻　《舊唐書·李藩傳》帝問禳灾祈福之説,對曰:"仲尼以神道助順,繫于所行,故答子路云'丘之禱久矣'。漢文帝每有祭祀,使有司敬而不祈。陛下以孔子、漢文之意爲準,則百福具臻。"按:《漢書·王吉傳》又有"福祿其臻"語,若俗所云"千祥雲集,百福駢臻",僅見陰騭文耳。

1310 福祿雙全　見元賈仲名曲。按:俗言"福壽雙全",壽卽五福之首,福已該壽,不當並舉爲雙也。唐和凝詩"結勝雙銜利市錢",卽今以錢寓全俗情。

1311 福祿長久　《焦氏易林》:"宜家壽母,福祿長久。"

1312 天官賜福　《梁元帝旨要》:"上元爲天官賜福之辰,中元爲地官赦罪之辰,下元爲水官解厄之辰。"按:世所言,當本于此。而《嚴氏書畫記》有吳小山等《天乙賜福圖》,凡三天乙爲九宫貴神之首,與三官中之天官别矣。

1313 一路福星　《四友齋叢説》:"宋鮮于侁,人謂之一路福星。"戴翼《賀陳待制啓》云:"福星一路之歌謡,生佛萬家之香火。"用此。按:《星經》:"天福三星在房西。"

1314 福至心靈　史炤《通鑑》疏引諺:"福至心靈,禍來神昧。"畢仲詢《幕府燕談錄》:"吳參政少以學究登科,復中賢良,爲翰林學士,嘗草制以示歐陽公。公戲之曰:'君福至心靈。'"

1315 容容多後福　《後漢書·左雄傳》:"白璧不可爲,容容多後福。"

1316 平爲福　《莊子·盜跖篇》:"知和曰:'平爲福,有餘爲害,物莫不然,而財其甚者也。'"

1317 福壽康寧　《歐陽文忠公集·跋杜祁公墨跡》云:"歲時率僚屬候問起居,見公福壽康寧,言笑不倦。"《陳龍川集·喻夏卿墓志》云:"福壽康寧,子孫彬彬然,皆有可觀者。"《五燈會元》:"趙清獻致富鄭公書云:'執事福壽康寧如是之備,退休閒逸如是之高,所未甚留意者,大事因緣而已。'"

1318 到老安榮　《易林》:"幸入貴鄉,到老安榮。"

1319 平平穩穩　戴復古《寄趙鼎臣》詩:"平平穩穩,爲公爲卿。"又吳澄有"安安穩穩萬年枝"句。

1320 豐富　《易》注:"大有,豐富之世也。"《詩·斯干》正義:"民既豐富,得以生長。"《漢書・西戎論》[①]:"文景玄默,養人五代,天下豐富,財力有餘。"《晉書・和嶠傳》:"家産豐富,擬于王者。"

1321 興隆 諸葛亮《出師表》:"親賢臣,遠小人,先漢所以興隆也。"

1322 旺相 趙岐《孟子》注:"天時,謂孤虚王相之屬。"孫奭《音義》曰:"王、相二字竝去聲。"《論衡・祿命[②]篇》:"春夏休囚,秋冬旺相,非能爲之也,天道自然。"按:陰陽家書,五行遞旺于四時,凡動作宜乘旺相之氣,如春三月則木旺、火相、土死、金囚、水休;夏三月則火旺、土相、金死、水囚、木休。故俗語以凡得時爲"旺相",失時爲"休囚"也。

1323 鬧熱 白居易詩:"紅塵鬧熱白雲冷,好于冷熱中間安置身。"《朱子語類》:"鄂渚闕。先生曰:'做教官須隨分做些課試,方是鬧熱。'"《傳燈錄》:"黄檗曰:'汝等行脚,莫衹圖他熱鬧。'"

1324 升騰 《後漢書・左雄傳》:"踴躍升騰,超等踰匹。"《雲笈七籤》:"表裡兼濟,形神俱超,雖未升騰,吾知必揮翼于丹霄之上矣。"

1325 發跡 司馬相如《封禪文》:"公劉發跡于西戎。"揚雄《解嘲》:"公孫創業于金馬,驃騎發跡于祁連。"《後漢書・耿弇傳》帝曰:"昔韓信破歷下以開基,今將軍攻祝阿以發跡,功足相方。"《晉書・石勒載記》:"劉琨遺勒書曰:'將軍發跡河朔,席卷兖豫。'"《文選》陸機詩:"發跡翼藩後,改授撫南裔。"按:"發跡"猶言興起。

1326 興門户 《晉書・樂廣傳》:"夏侯玄語其父曰:'卿家雖貧,可令專學,必能興門户也。'"

1327 興人家 《北史・慕容燕傳》:"人曰:'此兒闊達好奇,終能破人家,或能興人家。'"

1328 家慶 《韻語陽秋》:"唐人與親久别復歸,云'拜家慶'。盧象詩:'上堂拜家慶,顧與親恩邇。'孟浩然詩:'明朝拜家慶,須著老萊衣。'"按:此不獨唐人云爾,庾信《侯莫陳夫人墓志》:"婦以夫尊,親由子貴,朝奉[③]家慶,兼而有之。"已有此語。

1329 具慶下 《程子全書》:"生日置酒爲樂,若具慶者可矣。"今登科錄,父母俱存,題曰"具慶下",自宋已然。《劍南詩稿》言:"蜀州放解榜,第一人楊鑑具

---

① "《漢書・西戎論》"當爲"《漢書・西域傳贊》"或"班固《西戎論》",見《漢書・西域傳》《太平御覽》卷七九二。

② "祿命"當爲"命祿",見《論衡・命祿篇》。

③ "奉",《庾子山集》卷一六《周大將軍隴東郡公侯莫陳君夫人竇氏墓誌銘》作"章"。

慶下。”

1330 得采　《演繁露》:“采,本采色之采,指投子之文以言也。如白黑之以色别,雉犢之以物别,皆采也。投得何色,其中程者勝,因遂名之曰采。今俗語凡事小而幸獲,皆以采名之,義蓋起此。”

1331 有造化　《莊子》:“天地爲大鑪,造化爲大冶。”按:今以人之饒所得者爲“有造化”,因此,謂其稟受于天地者厚也。元人雜劇有“好造化”、“没造化”等語。

1332 受用　《周禮·大府》:“頒其賄于受用之府。”註:“謂受藏貨賄以給用也。”《朱子語錄》:“不曾經歷許多事過,便去看《易》,也卒未得他受用。”李之彦《東谷所見》:“五十不造宅,六十不製衣。縱饒得受用,能有幾多時?”按:《瓮牖閒評》云:“吳越王錢俶,以其妃生平售用凡百箱,賜孫承祐。見于《談苑》。人云‘受用’,其實當爲‘售用’。”説似未確。《東坡集·佛像贊序》云:“軾妻王氏,臨終夕遺言,舍所受用,使其子爲彌陀像。”此與錢俶妃事甚類,而但作“受用”字。

1333 順流　《史記·留侯世家》:“順流而下,足以委輸。”按:俗凡行事無乖逆,悉爲此言,蓋借其義。

1334 百順　《禮·祭統》:“福者,備也。備者,百順之名也。”

1335 百福　《詩·大雅》:“千祿百福。”《魯頌》:“降之百福。”《攷工記·梓人》:“詒女曾孫諸侯百福。”

1336 五福　見《書·洪範》。又桓譚《新論》云:“五福:壽、富、貴、康寧、子孫衆多。”與《書》不同者二。

1337 享福　《鶡冠子·王鈇篇》:“享其福祿而百事理。”《後漢書·郎顗傳》:“‘天道無親,常與善人。’是故高宗以享福,宋景以延年。”《論衡·骨相篇》:“骨法形體,有不應者,不得久享介福。”《錢氏私誌》載光玉尚主事,上云:“是箇享福的節度使。”宋尚宫《女論語》:“夫婦享福,歡笑忻忻。”

1338 福氣　黄庭堅題跋:“國初翰林侍書王著,用筆圓熟,如富貴人家子,非無福氣,但病在少韻耳。”

1339 福地　《北史·韓麒麟傳》:“王業所基,聖躬所載,其爲神鄉福地,實不[①]遠矣。”《龜山白玉上經》載有“七十二福地”。

1340 福人　《冥祥記》:“僧達謂北海李清曰:‘先生是福人,當易拔濟耳。’”《元史·嚴實傳》:“太宗謂侍臣曰:‘嚴實眞福人也。’”又《孫惟正傳》:“王妃賜其

① “不”當爲“亦”,見《北史·韓麒麟傳》。

母珠絡帽衣，曰：'汝母眞福人也。'"

1341 全福 《亢倉子·用道篇》："靖言語，則福全。"《韓非子·解老篇》："全壽富貴之謂福。"

1342 大福 《禮記》："先王有大福，必有禮以樂之。"《左傳·昭十三年》："楚王大福不再，衹取辱焉。"《易林》："大福允興。"《後漢·隗囂傳》："浩大之福。"

1343 大喜 《戰國策》："公孫戌曰：'臣有大喜三。'"《易林》："新受大喜，復優重職。"晉鮑照疏："大喜卒至，非願所圖。"

1344 燕喜 《詩·小雅》："吉甫燕喜。"《魯頌》："魯侯燕喜。"

1345 四喜 村塾課本有《四喜詩》曰："久旱逢甘雨，他鄉遇故知，洞房花燭夜，金榜掛名時。"洪邁《容齋四筆》嘗載之，云舊傳詩。

1346 入門見喜 《易林》："入門大喜，上堂見母。"

1347 喜從天降 見馬致遠《青衫泪》劇。

1348 喜信 《開天遺事》："新進士及第，以泥金書帖子附于家書中，至鄉曲，親戚以聲樂相慶，謂之喜信。"

1349 好消息 《舊唐書·崔玄暐傳》："母誡之曰：'兒子從宦，有人來云，貧乏不能存，此是好消息；若聞貲貨充足，衣馬輕肥，此是惡消息。'"按："消息"二字，始見《魏少帝紀》。

1350 倒好 《書史會要》①："吾子行題管夫人畫，以好嬉子私印倒用于跋尾。松雪見之曰：'這瞎子道婦人會作畫，倒好嬉子耳。'"按：今市井間有故以春帖倒黏取口號者。

1351 豆湊 《游覽志餘》："杭人以事相邂逅曰'豆湊'，蓋'鬭湊'之訛也。或言吳越風俗除日互擎炒豆交納之，且餐且祈曰'湊投'，殆此語所從出歟？"

1352 湊泊 見《朱子集·與輔漢卿札》。

1353 善富 《論語》："善人是富。"《左傳·襄二十八年》："叔孫穆子曰：'善人富謂之賞，淫人富謂之殃。'"《漢書·貨殖傳》："宣曲任氏折節爲力田畜，善富者數世。"師古注曰："先公後私，率道閭里，故云善富。"按：杭俗號炷燈竹器曰"善富"，不識何義。或曰初以避"燈盞""盞"字音，易名"燃釜"，繼又取其音近字爲吉號也。

1354 來富 《北史》宇文護母作書與護，有"汝叔遣奴來富迎汝"之語。按：今商賈家僮僕每有此等名號，流風已久遠矣。《宋書》言宰相蒼頭呼"宜祿"，

---

① "《書史會要》"當爲"《茯樓雜抄》"，見《説郛》卷三一下。

類此。

1355 歡喜頭　《武林舊事》載南宋供奉優人，有號“歡喜頭”者，他亦多連姓爲吉名，如“賀壽”、“王侯喜”、“諸國朝”、“時豐稔”是也。按：今世優隸猶往往如是。平人好奇者，或不知其可恥，效之。原其始，則在六朝已有。《南史·羊侃傳》有彈箏人“陸大喜”，《通鑑》《後漢》有虢州伶人“靖邊庭”。

1356 百子圖　《天祿志餘》：“唐宋禁中大婚，以錦繡織成百小兒嬉戲狀，名百子帳。”按：程大昌《演繁露》：“唐人婚禮，用百子帳，特貴其名與婚宜。而其制度，則未有子孫衆多之象，蓋穹廬之具體而微者耳。捲柳爲圈，以相連鎖，可張可闔，爲其圈之多也，故以百子總之。”《文選·景福殿賦》：“美百子之特居，嘉休祥之令名。”注引《西京雜記》：“百子池，高祖與戚夫人正月上辰盥濯于此。”亦未言有圖狀也。惟明解縉有《題百子圖》詩，又張居正《應制題百子圖》詩。

1357 百壽圖　《湧幢小品》：“御史張敦之家藏大壽字一幅，自其始祖所遺，字崇四尺有七寸，楷體黑文，其點畫中皆小壽字白文，一一作別體滿百，無一同者。昔庾元威書十牒屏風，作百體書。今壽字百體，多晚出而鮮古傳，然非精書者不能。”據此，則百壽圖亦自明以來始行于世。

1358 壽燭　宋張綱有咏壽燭古體詩三首《代人上鄭相生日》。

1359 成雙　《周禮》：“嫁子娶妻，入幣純帛，無過五兩。”注云：“五兩，五[①]端也。必言兩者，欲得其配合之名。”《史記》注引《帝王世紀》：“上古嫁娶，以儷皮爲禮。”“儷”亦取其偶合也。今嫁娶凡事物必取成雙，蓋古之遺。

1360 起居萬福　司馬光《書儀》疏狀式云：“伏惟某位尊體起居萬福。”宋尚宫《女論語》：“萬福一聲，即時退步。”陸游《老學菴筆記》：“王廣津《宫詞》：‘新睡起來思舊夢，見人忘却道勝常。’勝常猶今婦人言萬福也。”蓋“萬福”之言，宋已盛行。

1361 台候　《張子全書·理窟篇》：“書啓稱台候，或以此言無義理，衆人皆台，安得不台？”按：今言“台甫”、“台啓”之屬甚多，其風亦盛自宋也。

1362 聘物取義　《通志》：“後漢之俗，聘禮三十物，謂玄纁、羊、雁、清酒、白酒、粳米、稷米、蒲、葦、卷柏、嘉禾、長命縷、膠、漆、五色線、合驩鈴、九子墨、金錢、祿得香草、鳳凰、鴛鴦、含利獸、受福獸、魚、鹿、烏、九子母、陽燧鑽，凡二十八。又有丹爲五色之榮，青爲東方之始，共三十物，皆有俗義。”《酉陽雜俎》載“納采”九事，曰“合歡”、曰“嘉禾”、曰“阿膠”、曰“九子蒲”、曰“朱葦”、曰“雙石”、

① “五”當爲“十”，見《周禮注疏》卷一四。

曰“綿絮”、曰“長命縷”、曰“乾漆”，九事皆有詞，各有取義。顧起元《客座贅語》：“金陵人家行納幣禮，其筭合中，用栢枝及絲線、絡果作長串，或翦綵爲鴛鴦，又或用膠漆丁香黏合綵絨結束，或用萬年青草、吉祥草，相詡爲吉慶之兆。觀《通志》，則今俗相沿之儀物，固有自來。”

1363 果面取義 《禮・昏義》：“婦見舅姑，執棗栗腶脩。”何休云：“執腶脩者，取其斷斷自修飾也。”班固云：“棗以其朝早起，栗取戰栗自正也。”《北史・奚康生傳》：“梁直閣將軍徐玄明内附，賜棗柰果，面勑曰：‘棗者早遂朕意，果者果如朕心。’”《癸辛雜志》：“太學除夜，各齋祀神，用棗子、荔支、蓼花三果，蓋取‘早離了’之讖。”

1364 圖畫名意 《嚴氏書畫記》有馬麟《福祿壽圖》、盛子昭《三星拱壽圖》，各名筆畫《八仙慶壽圖》《麻姑獻壽圖》《天乙賜福圖》《南極呈祥圖》《五老攀桂圖》《四妃十六子圖》《一秤金百子圖》《七子團圓圖》《公侯食禄圖》《禄轉三台圖》《英雄不老圖》《爵禄雙全圖》《五福如意圖》《三陽開泰圖》《百庶駢臻圖》《朝綱獨立圖》《中流砥柱圖》《補衮調羹圖》《百禄圖》《四喜圖》，及《海屋添籌》《瑶空笙鶴》《朝陽玉樹》《五鳳朝陽》《獨鯉朝天》《高冠獨步》《芝蘭毓秀》《瓜瓞綿延》等圖。按：古之珍圖，悉取鑒戒，畫史所傳，惟《輕車迅邁》《春龍起蟄》之類，略寓頌揚。宋元以前，未聞有如是之鄙俚名目見于品論，可知此類並起明季。惟嚴嵩之權貴，而涉意書畫，一時士夫遂借此以獻諛也。王鏊《震澤編》言：“夏原吉誕辰，宣宗親繪《壽星圖》以賜。”蓋繪圖祝壽之事，明世盛行。嚴氏所藏，亦大槩祝壽物耳。

1365 器用鏤飾 《南史・魚弘傳》：“有眠牀一張，通用銀鏤金花壽福兩重爲脚。”按：今雖不及其製，而牀闌與諸器具之鏤福壽字者多矣[①]。

1366 嚏祝 《法苑珠林》：“世尊嚏，諸比丘咒願言長壽。時有居士嚏，佛令比丘亦咒言長壽。”按：今童婦輩猶相承襲。

1367 人馬平安 《易林》：“玄鬣黑顙，遠抵天門。見我貞君，人馬安全。”按：元時新官升廳事，隸卒排衙，例有辭云“在衙人馬平安”，雜劇中見之甚多。今遠行及遷居者，亦書此自祝。

1368 吉利吉利，好人相逢，惡人相避 《太平廣記》引《傳記》：“薛昭見一女子升花茵，酌酒酹之云云。”

1369 歲朝把筆，萬事皆吉 《五燈會元》：“浄慈道昌舉此語，云：‘這是三家

① 此處《函海》本有：又長壽字，令童婦輩多鏤爲錢。

村裏保正書門的。’”又：“大梅祖鏡云：‘歲朝把筆，萬事皆吉。記得東村黑李四，年年親寫在門前。’”

1370 春帖　《月令廣義》：“除夜更春帖柱聯，務尚吉祥之語，楣枋間兼貼宜春福禄壽喜等字。又以五色紙鐫爲門綵，又懸麻賡色線，及串諸果爲吉利之名，列掛于户。市上以楮鐫錢，封其扉扇，或掛街衢。郡國風俗，大同小異。”按：《茅亭客話》：“後蜀歲除日，諸宫門各給桃符一對，俾題元亨利貞四字。”今亦有以四字貼門楣者。

卷十一 品目

1371 儗人必於其倫 《禮記·曲禮》文。

1372 人有十等 《左傳·昭七年》:"人有十等,王臣公、公臣大夫、大夫臣士、士臣皁、皁臣輿、輿臣隸、隸臣僚、僚臣僕、僕臣喜臺。"按:鄙諺云"人有幾等人,物有幾等物",本此。

1373 人各有能有不能 《左傳·成五年》趙嬰云。《晉書》袁甫亦云。

1374 節取 《左傳·僖三十三年》:"臼季舉冀缺,曰:'君取節焉可也。'"

1375 高比 《韓詩外傳》:"夫高比所以廣德也,下比所以狹行也。"

1376 校短量長 《唐書·韓愈傳》:"較短量長,惟器是適。"

1377 未達一間 見《揚子法言·問神篇》。

1378 無出其右 《史記·田叔傳》:"漢廷諸臣,無能出其右者。"

1379 小以成小,大以成大 見《法言·五百篇》。

1380 上方不足,下比有餘 見《文選·鷦鷯賦》。又《晉書·王湛傳》:"王濟謂湛:'上方山濤不足,下比魏舒有餘。'"

1381 一人之下,萬人之上 《六韜》:"屈一人下,伸萬人上,聖人自行之。"《史記》[①]:"蕭何諫沛公曰:'能屈于一人之下,而信于千人之上者,湯、武是也。'"《草木子》:"元封西域僧八思麻爲帝師,詔尊之曰:'一人之下,萬人之上,西方佛子,大元帝師。'"

1382 打頭打底 湯垕《畫論》:"畫有十三科,山水打頭,界畫打底。"

1383 流芳百世,遺臭萬年 《晉書·桓温傳》:"男子既不能流芳百世,不足復遺臭萬年耶?"

1384 四遠流名 《蜀志·秦宓傳》:"處士任安,仁義直道,流名四遠。"

1385 出名 《鶡冠子·世賢篇》:"扁鵲之長兄,名不出于家;中兄,名不出于

① "史記"當爲"漢書",見《漢書·蕭何傳》。

閭;扁鵲名出,聞于諸侯。”

1386 指名　《史記·項羽紀》:“陳嬰母曰:‘有所屬而事成,猶得封侯,事敗易以亡,非世所指名也。’”

1387 采名　《漢書·終軍傳》:“偃將幸誅不加,欲以采名也。”《師丹傳》:“獲虚采名,謗議匈匈。”《宋史·選舉志》:“唐以來禮部取士,亦采名譽,觀素學。”

1388 釣名　《管子·法法篇》:“釣名之人,無賢士焉。”《漢書·公孫弘傳》:“以三公爲布被,誠飾詐欲以釣名。”

1389 賣聲　《莊子·天地篇》:“子非獨弦哀歌、賣名聲于天下者乎?”《魏書》:“李謐作《神士賦》,末爲歌曰:‘周孔重儒教,老莊貴無爲。二途雖如異,一是賣聲兒。’”

1390 作聲價　《後漢書·袁紹傳》:“趙忠曰:‘袁本初坐作聲價,好養死士。’”《説文》注:“淮水出玭珠,珠之有聲者。”按:聲,謂聲價也,唐人文有“珠聲玉價”之語。

1391 名下無虚　《晉書·裴憲傳》:“石勒曰:‘名不虚也。’”《孝友傳》:“帝見李密《陳情表》,嘆曰:‘士之有名,不虚然哉!’”《陳書·姚察傳》:“劉臻訪《漢書》疑事十餘條,並爲剖晰。臻謂所親曰:‘名下定無虚士。’”《北史·薛道衡傳》[①]:“聘陳,作《人日》詩,人曰:‘名下固無虚士。’”又《敘傳》:“賀蘭先[②]初見李大師,便改容曰:‘名下固無虚士。’”又《五燈會元》泐潭謂許太守“名不虚傳”。

1392 名而已矣　《晏子春秋·諫下篇》:“景公不悦,曰:‘吾之爲君,名而已矣。’”

1393 有名無實　《漢書·黄霸傳》:“澆淳散樸,並行僞貌,有名無實。”《通典·州郡部》:“東魏將侯景,以河南地降梁,逆亂相尋,有名無實。”

1394 名過其實　《韓詩外傳》:“禄過其功者削,名過其實者損。”《史記·陳豨傳贊》:“招致賓客而下士,名聲過實。”崔瑗《座右銘》:“無使名過實,守愚聖所臧。”

1395 華而不實　《左傳·文五年》:“陽處父華而不實,怨之所聚也。”《晉語》:“秦伯曰:‘中不勝貌,耻也;華而不實,耻也。’”《韓非·難言篇》:“言順比滑澤,洋洋纚纚,然則見以爲華而不實。”《文選·東京賦》:“若僕所聞,華而不實。”

---

① “《北史·薛道衡傳》”當爲“劉餗《隋唐嘉話》”或“劉餗《國朝傳記》”,分別見《説郛》卷三六上、《太平御覽》卷五八六。

② “先”當爲“寬”,見《北史·敘傳》。

《魏志·劉廙傳》注:“魏諷華而不實,此攬世沽名者也。”

1396 大而無當　《莊子·逍遥遊》:“吾聞言于接輿,大而無當。”

1397 美秀而文　《左傳·宣[1]三十一年》:“北宫文子曰:‘子太叔美秀而文。’”

1398 雅人深致　《世説》謝公謂:“《毛詩》‘訏謨定命,遠猷辰告’,此句偏有雅人深致。”《晉書》:“王凝之妻謝氏,謝安謂其有雅人深致。”

1399 平易近人　《史記·魯世家》:“平易近人,民必歸之。”

1400 英雄忌人　《三國志》[2]:“孫策曰:‘劉豫州英雄忌人。’”

1401 高材捷足　《漢書·蒯通傳》:“秦失其鹿,天下共逐之,高材捷足者先得。”

1402 有才情　《世説新語》:“林公謂孫興公、許元度曰:‘二賢故自有才情。’”

1403 大才晚成　《後漢書·馬援傳》:“辭況,欲就邊郡田牧。況曰:‘汝大才晚成。良工不示人以樸,且從所好。’”

1404 大巧若拙　《老子》:“大巧若拙,大辯若訥。”

1405 巧詐不如拙　《魏志·劉曄傳》注引諺。曹植樂府有“巧詐寧拙誠”句。按:《魏志》注“拙”下本亦有“誠”字。

1406 識時務者,在乎俊傑　《蜀志·先主傳》注:“司馬德操曰:‘儒生俗士,豈識時務? 識時務者,在乎俊傑。’”

1407 有志不在年高　《佛祖統紀》:“智玄爲沙彌,年十四講經。李商隱贈詩云:‘沙彌説法沙門聽,不在年高在性靈。’”

1408 止謗莫若自修　《文中子》:“止謗莫若自修,息爭莫若無辨。”《魏志·王昶傳》引諺:“救寒莫如重裘,止謗莫如自修。”《唐書·魏謨傳》亦引諺語:“止謗莫若自修。”又徐幹《中論》:“止謗莫如修身。”

1409 欲蓋彌章　見《左傳》。又《申鑒》:“欲隱彌章。”

1410 救過不贍　《戰國策》:“太后救過不贍,何暇乃私魏醜夫乎?”《史記·酷吏傳》:“九卿碌碌奉其官,救過不贍,何暇論繩墨之外乎?”又《李斯傳》:“救過不給。”

1411 自覺形穢　《晉書·衛玠傳》:“驃騎將軍王濟每見玠,輒曰:‘珠玉在

---

① “宣”當爲“襄”,見《左傳·襄公三十一年》。

② “《三國志》”當爲“《語林》”,見《太平御覽》卷三八五。

側，覺我形穢。'"

1412 妄自尊大　《後漢書·馬援傳》："子陽井底蛙耳，而妄自尊大。"又《袁安傳》："單于既得生口，當復妄自誇大。"

1413 惟我獨尊　佛經："世尊生下，一手指天，一手指地，云：'天上天下，惟我獨尊。'"

1414 自尊　《史記·楚世家》："熊通曰：'王不加我位，我自尊耳。'乃自立爲武王。"

1415 自大　《孔叢子·居衛篇》："自大而不修，其所以大不大矣。"

1416 自愛　《老子》下篇："聖人自愛不自貴。"《法言·君子篇》："自愛，仁之至也；自敬，禮之至也。"《史記·平準書》："人人自愛而重犯法，先行義而後絀恥辱。"古樂府《東門行》："君復自愛，莫爲非。行！"

1417 太滿　《魯語》："景伯對閔馬父曰：'吾笑子之太滿也。'"韋注："滿，驕滿也。"

1418 太横　《史記·主父偃傳》："大臣皆畏其口，賂遺累千金。人或説偃曰：'太横。'"

1419 奇好　《北史·張讜傳》："文成曰：'南人奇好，能重室家之義。'"

1420 奇而又奇　《論衡·超奇篇》："山以土石爲體，其有銅鐵，山之奇也。銅鐵既奇，或出金玉。鴻儒，世之金玉也，奇而又奇矣。"

1421 長進　《吴志·張昭傳》："長子承，勤于長進，篤于物類。"《晉書·和嶠傳》："帝謂：'太子近入朝，差長進。'嶠曰：'聖質如初耳。'"《摭言》："人謂李敬曰：'夏侯孜一箇窮措大，有何長進？'"杜甫《劍器行序》："張旭見公孫大娘舞西河劍器，自是草書長進。"

1422 不長進　《宋書·前廢帝紀》："孝武讓，其書不長進。"《世説》："支道林謂王長史曰：'別君多年，君義言了不長進。'"

1423 中用　《毛詩》："白華菅兮。"箋云："白華已漚，名之爲菅。菅柔忍中用矣。"《周禮·巾車》："共其弊車。"注云："取弊車共于車人，材或有中用之。"又《山師》："辨其物與其利害。"注云："利，其中人用者。害，毒物。"

1424 不中用　《禮·王制》："木不中伐，不粥于市。"注："伐之非時，不中用。"又："禽獸魚鱉不中殺，不粥于市。"注："殺之非時，不中用。"《周禮·廛人》："斂其皮角筋骨。"注："其無皮角及筋骨不中用，亦税之。"《史記·秦本紀》："始皇曰：'吾收天下書，不中用者盡去之。'"《外戚傳》："宫人不中用者，斥出之。"《漢書·王尊傳》："勑掾功曹'各自底厲，其不中用，輒自避退。'"按：《輟耕錄》言

“不中用”見杜預《左傳》注、《三國·吳志》。攷《左傳》：“郤子曰：‘克于先大夫，無能爲役使。’”①杜注但云“不中爲之役使”，未嘗云“不中用”。《吳志·嬪妃傳》亦云：“大臣子女歲一簡閱，不中，乃得出嫁。”“不中”雖即“不中用”意，而經史中可證甚多，不當但舉此未足之語。

1425 不中式 《鹽鐵論》：“廢天下諸錢，專命水衡，或不中式，故有厚薄輕重。”《五代史·張筠傳》：“弟籛市馬于回鶻，坐馬不中式，有司理其價值，籛因鬱鬱而卒。”

1426 不足養 《新序》：“燕相得罪于君，將出亡，召門下諸大夫曰：‘有能從我出者乎？’三問，莫對。燕相曰：‘嘻！亦有士之不足養也。’大夫有進者，曰：‘亦有君之不能養士，安有士之不足養者？’”《後漢書·崔瑗傳》注：“瑗好賓客，盛修肴膳，或言其太奢。瑗聞之，怒曰：‘吾并日而食，以供賓客，而反以獲嗤，諸士大夫不足養如此。’”

1427 不濟 《周語》：“民所曹好，鮮其不濟也。”《北史·宋繇傳》：“高隆之誣宋游道，議欲處以死罪，是時朝士皆忿，爲游道不濟。”

1428 大不是 《北史·隋元德太子傳》：“性謙沖，未嘗忿怒，其有深可嫌責者，但云‘大不是’。”

1429 虚有其表 《開天遺事》：“蕭嵩草蘇頲爲相制，云‘國之瓌寶’。頲父名瓌，明皇曰：‘豈可斥其父名。’擲于地曰：‘虚有其表耳。’”

1430 見其表，未見其裏 《尚書·大傳》：“孔子謂子夏曰：‘子見其表，未見其裏。’”

1431 未測深淺 《文選·吳質〈與魏太子牋〉》：“即以五日到官，初至承前，未知深淺。”《北史·魏高陽王雍傳》：“少俶儻不恒。孝文曰：‘吾亦未能測此兒之淺深。’”

1432 無短長 《史記·越句踐世家》：“朱公長男見莊生，以爲殊無短長。”《漢書》司馬遷《報任安書》：“苟合取容，無所短長之效，可見于此矣。”

1433 無皂白 《毛詩·桑柔》箋：“賢者見此事之是非，非不能分别皂白，言之于王也。”《三國志·鍾繇傳》注：“李膺謂鍾覲曰：‘弟于人何太無皂白耶！’”《晉書·天文志》：“歲星犯天關，此天公憒憒無皂白之徵。”《北史·魏臨淮王傳》：“中山皂白太多，未若濟南風流寬雅。”

1434 黑白分明 《春秋繁露》：“黑白分明，然後民知所去就。”《漢書·薛宣

① 《左傳》無“使”字，杜注：“無能爲之役使。”

傳》:“宣所貶退稱進,白黑分明。”又《王莽傳》:“孜迹雅素,審知白黑。”《焦氏易林》:“昧昧暗暗,不知黑白。”

1435 隨方就圓　《齊書·沈憲傳》:“補烏程令,太守褚淵嘆之曰:‘此人方員可施。’”按:馬致遠《青衫泪》曲所云“隨方就圓”,本此。

1436 隨高就低　《五燈會元》衡嶽能有“苦樂共住,隨高就低”語。

1437 内清外濁　楊泉《太玄經》:“内清外濁,敝衣裹玉。”

1438 寧折不彎　《齊民要術》:“白楊爲屋材,折則寧折,終不屈撓。”

1439 不郎不秀　《留青日札》:“元時稱人以郎、官、秀爲等第,不郎不秀,是言其不高不下也。”按:《日札》著有二説,其一説謂卽《詩》“不稂不莠”之訛,牽强不足取。

1440 没雕當[①]　朱彧《可談》:“都下市井謂作事無據者曰‘没雕當’。衛士順天幞頭一脚下垂者,其儕呼爲‘雕當’,不知名義所起。”《通雅》:“今語‘不的當’卽此聲也。漢有‘雕捍’之語,唐以來有‘勾當’之語,故合之。”按:《玉篇》有‘倜儻’二字,總訓不常;《集韻》平上去三聲皆收,訓義略同,則“雕當”應作“倜儻”。朱氏不得其字,故滋惑也。但據“倜儻”之訓不常,卽是無據,何更云“没雕當”?殆猶不振曰“答颯”俗反曰“没答颯”、不當曰“尷尬”俗反曰“不尷尬”者耶?

1441 惡模樣　《義山雜俎·品目》有“惡模樣”凡十二事。《老學菴筆記》:“秦會之以女孫嫁郭知運,自答聘書,有‘不卑作贅’之語。其夫人欲去之,曰:‘惡模樣。’秦曰:‘必如此乃約束得定。’”

1442 俗不可醫　蘇詩:“無肉令人瘦,無竹令人俗。人瘦尚可肥,士俗不可醫。”

1443 未能免俗　《晉書·阮咸傳》:“未能免俗,聊復爾爾。”按:《家語·困誓篇》:“孔子曰:‘惡有修仁義而不免俗者乎?’”“免俗”二字見此。

1444 脱俗　《幕府燕談録》:“范文正嘗爲人作墓銘,以示尹師魯,師魯言其脱俗。”

1445 務實　《晉語》:“華則榮矣,實則不知,請務實乎。”

1446 守分　《文子·自然篇》:“廉者可令守分,不可令進取。”

1447 本色　《後山詩話》:“退之以文爲詩,子瞻以詩爲詞,如教坊雷大使之舞,雖極天下之工,要非本色。”《傳燈録》懶安答雪峯,有“本色住山人”語。

1448 習氣　《華嚴經》:“斷除一切煩惱習氣。”蘇軾詩:“東坡習氣除未盡,時

① 黄侃:“雕當”卽“倜儻”,亦卽“侜張”、“周章”。

復長篇書小草。"蘇轍詩:"多生習氣未除肉,長夜安眠懶食粥。"

1449 邨氣 《隋唐嘉話》:"薛萬徹尚丹陽公主,太宗嘗謂人曰:'薛駙馬有村氣。'"《續演繁露》:"古無村名,今之村,卽古之鄙也。凡地在國中、邑中,則名之爲都。都,美也,言其人物衣製皆雅麗也,凡言美曰都,'子都'、'都人士'、'車騎甚都'是也。及在郊外,則名之曰鄙,言其樸質無文也。隋世乃有村名,唐令在田野者爲邨,別置邨正一人,則邨之爲義著矣。故世之鄙陋者,人因以'村'目之。"

1450 正氣、邪氣 《文子·符言篇》:"君子行正氣,小人行邪氣。內便于性,外合于義,循理而動,不繫于物者,正氣也。推于滋味,淫于聲色,發喜怒,不顧後患者,邪氣也。"

1451 不明道理 《吴志·陸抗傳》:"小人不明理道,所見末淺。"

1452 不達時宜 《漢書·元帝紀》:"俗儒不達時宜,好是古非今,使人眩于名實,不知所守。"又《食貨志》:"動欲慕古,不度時宜。"《志林》:"東坡坦腹問諸婢:'我此中何所有?'朝雲曰:'一肚皮不合時宜。'"

1453 不識時務 《後漢書·張霸傳》:"鄧騭當朝貴盛,聞霸名行,欲與爲交,霸逡巡不答,衆人笑其不識時務。"又《杜林傳》:"古文雖不合時務,願諸生無悔所學。"

1454 不知世務 《鹽鐵論》:"孟子守舊術,不知世務。"又云:"信往而乖于今,道古而不合世務。意者不足以知士也?"《隋書·柳莊傳》:"江南人有學業者,多不習世務,習世務者又無學業。"《宋史·王安石傳》:"上謂曰:'人皆謂卿但知經術,不曉世務。'"

1455 不識去就 《後漢書·王昌傳》:"或不識去就,强者負力,弱者惶惑。朕甚悼焉。"

1456 不知利害 《莊子·齊物論》:"齧缺曰:'子不知利害,則至人固不知利害乎?'"

1457 不知輕重 《晉書·愍懷太子傳》:"急疾不容復視,實不知紙上語輕重。"

1458 不知甘苦 《墨子·非攻篇》:"有人于此,少嘗苦曰苦,多嘗苦曰甘,則必以此人爲不知甘苦之辨矣。"

1459 不知香臭 《焦氏易林》:"鼻目易處,不知香臭。"按:《詩》"無聲無臭"箋:"耳不聞聲音,鼻不聞香臭。"世謂鼻觸曰"聞",謂氣惡曰"臭",皆初見于此箋也。

1460 不知痛痒　《傳燈録》："僧問棲賢湜'古人斬蛇意旨'，湜曰：'猶未知痛痒。'又："僧問伏龍山'祖師西來意'，山曰：'你恁麽不識痛痒。'"按：痛痒字，始見《蜀志・孟光傳》"指擿痛痒"。

1461 不可教訓　《左傳・文十八年》："顓頊氏有不才子，不可教訓，不知話言。"

1462 不可救藥　《詩・大雅・板》之篇。

1463 不成人　《禮・禮器》："禮也者，猶體也。體不備，君子謂之不成人。"《元史・抄思傳》："訓其子曰：'人有三成人：知畏懼成人，知羞耻成人，知艱難成人。否則與禽獸奚擇？'"

1464 不是人　《朝野僉載》："李日知爲畿赤，不曾行杖。及爲刑部尚書，有令史受勑三日，忘不行，索杖責之曰：'我欲笞汝一頓，恐天下人説你撩得李日知嗔，你亦不是人矣。'遂釋之。"

1465 人樣子　《朱子語録》："'皇極'是指其身爲天下人做個樣子。"范氏《過庭録》："神廟大長公主，哲宗朝重于求配，遍士族中求之，莫中聖意。近臣奏曰：'不知要如何人物？'哲宗曰：'要如狄詠者。'天下因謂詠爲人樣子。"

1466 平民　《書・吕刑》："蚩尤惟始作亂，延及于平民。"《周禮・太宰》"九賦"註："邦中至邦都，此平民也。"疏云："皆是平善之民，先王以農爲本，故謂之平民也，非農民者爲末作。"

1467 好漢　《舊唐書・狄仁傑傳》："則天問仁傑曰：'朕要一好漢任使，有乎？'"蘇詩"人間一好漢，誰似張長史"，用其事。《新唐書》易"好漢"爲"奇男子"，《通鑑》易爲"佳士"。《詢芻録》："漢武征匈奴，二十餘年。馬畜孕重墮殞①罷極，聞漢兵莫不畏者，稱爲漢兒，又曰好漢。"

1468 好好先生　《譚槩》："後漢司馬徽不談人短，與人語，美惡皆言好。有人問徽安否，答曰：'好。'有人自陳子死，答曰：'大好。'妻責之曰：'人以君有德，故此相告，何聞人子死，反亦言好？'徽曰：'如卿之言，亦大好。'今人稱'好好先生'，本此。"按：《後漢書》本傳②云"佳"，此易爲"好"，非典則，然俗語實由此也。元石君寶《曲江池》曲有"好好先生"四字。

1469 老成人　見《詩・大雅》。

1470 後生子　鮑照詩："寄語後生子，爲樂當及春。"

---

① "殞"當爲"殰"，見《四庫全書存目叢書》子部《詢芻録》。

② "《後漢書》本傳"，當爲"《司马徽别傳》"，見《世説新語・言語》劉孝標注引。

1471 游閑公子 《史記·貨殖傳》:"游閑公子,飾冠劍,連車騎,亦爲富貴容。"

1472 宕子 陳思王《怨詩行》:"借問嘆者誰,云是宕子妻。"古《鷄鳴曲》:"蕩子何所之,天下方太平。"按:"宕"、"蕩"二字通用。

1473 輕薄子 《後漢書·馬援傳》:"效季良不得,陷爲天下輕薄子。"梁昭明詩:"洛陽輕薄子,長安遊俠兒。"李頎詩:"結交杜陵輕薄子,謂言可生復可死。"

1474 差人 《南史·劉顯傳》:"沈約策顯經史十事,顯對其九。陸倕聞之,喜曰:'劉郎子可謂差人。'"韓偓詩:"而今若有逃名者,應被品流呼差人。"按:"差"讀異化切,恠也。昌黎詠海詩:"颶風有時作,掀簸眞差事。"亦猶言怪事也。

1475 木人 《史記·灌夫傳》正義:"今俗云人不辨事曰杌杌若木人也。"①按:《論語》云"木訥",《漢書·地理志》云"天水、隴西數郡,民俗質木",皆謂其性之朴,而此直以木偶喻之。今流俗所詆爲"木"者,大率本此。

1476 活死人 《鄭元祐集》有《活死人窩歌爲番陽胡道玄賦》。

1477 細人 見《檀弓》及《吳越春秋》。

1478 濫小人 見《論語》。

1479 方頭 《輟耕錄》:"俗謂不圓通轉變者曰'方頭'。陸魯望詩:'頭方不會王門事,塵土空緇白紵衣。'"唐時已有此語。

1480 艮頭② 又:"杭人好爲隱語,如麄蠢人曰'杓子',朴實人曰'艮頭'"。按:今又增其辭曰"艮古頭"。

1481 糟頭 《元曲選·楊氏勸夫》劇:柳隆卿謂孫大"糟頭"。按:今游閑子挾財逐匪隊,屢被欺脱,不自知者,俗謂之"酒頭",又因"糟"而變也。

1482 狂瞽 《漢書·傳論》:"諸葛、劉、鄭雖云狂瞽,有異志焉。"《晉書》郭璞疏:"敢肆狂瞽,不隱其懷。"

1483 癡漢 《北史·齊文宣紀》:"李集强諫不屈,帝笑曰:'天下有如此癡漢。'"《裴矩傳》:"弟謁之上書正諫,帝曰:'癡漢何敢如此!'"《事類合璧》:"阮宣謂吳衍曰:'癡漢忍斷杯中物耶?'"《開天遺事》:"張方回精神不爽,時人呼爲'癡漢子'。"

1484 風漢 《玉泉子》:"劉賁試策,直言中官,仇士良曰:'奈何放此風漢

① 黄侃:"杌"卽干令升《晉紀·總論》之"蕭杌"。

② 黄侃:吾鄉語朴人則曰"韶頭","艮頭"卽頑頭,"韶"則"杓"之轉,其正字則爲"碩",要之皆古言"頑"也。

及第?'"

1485 鈍漢　《五代史·司空挺傳》:"張彦之詬王正言曰:'鈍漢辱我。'"

1486 大漢　杜荀鶴詩:"不覺裏頭成大漢,昨來竹馬作兒童。"《輟耕錄》:"國朝鎮殿將軍,募選身軀長大異常者充,凡有請給,名曰'大漢衣糧'。"

1487 風子　《蔡寛夫詩話》:"楊凝式仕後唐、晉、漢間,落魄不事檢束,自號'楊風子'。"《圖繪寶鑑》:"梁楷,嘉泰年畫院待詔,嗜酒自樂,號曰'梁風子'。"

1488 賴子　《五代史·高從誨世家》:"南唐與閩、蜀皆稱帝,從誨所向稱臣,蓋利其賜與。俚俗語謂攘奪苟得無媿耻者爲賴子,猶言無賴也,故諸國皆目爲'高賴子'。"

1489 癡種　《越絶書·計倪内經》:"惠種生聖,癡種生狂。"

1490 癡物　《五代史·盧程傳》:"莊宗曰:'朕悞相此癡物,取辱于九卿。'"

1491 俗物　《晉書·王戎傳》:"與阮籍爲竹林游,戎嘗後至。籍曰:'俗物已復來敗人意。'"

1492 廢物　《吴越春秋》:"不能報讐,畢爲廢物。"

1493 老物　《晉書·宣穆張皇后傳》:"柏夫人有寵,后罕得進見。帝卧疾,后往省。帝曰:'老物可憎,何煩出也。'"《遼史·聖宗后蕭氏傳》:"耨斤詈后曰:'老物寵亦有既耶!'"

1494 老獃　《白獺髓》:"范石湖初官到任,其同官聞爲吴郡人,即云獃子,石湖因有'我本蘇州監本獃'之句。後人參大政,其人尚在選,見之,温講同官之好,謙曰:'某老獃無用。'"

1495 老奸巨猾　《宋史·食貨志》:"老姦巨猾,匿身州縣,舞法擾民。"又《北史·酷吏傳》有"大奸巨猾"語。

1496 惡少　《荀子·修身篇》:"無廉耻而嗜乎飲食,可謂惡少者矣。"《漢書·昭帝紀》:"發三輔及郡國惡少年屯遼東。"《唐書·崔融傳》:"天下之關必險道,市必要津,豪宗惡少在焉。"《李紳傳》:"河南多惡少,紳治剛嚴,皆望風遁。"吴均詩:"角觝良家兒,期門惡年少。"韓愈詩:"昨曉長鬚來下狀,隔牆惡少惡難似。"

1497 鈍賊　《詩苑類格》:"詩有三偷,偷語最鈍賊。"

1498 家賊　《宋史·吕嘉問傳》:"竊從祖公弼論新法奏稿,以示王安石,公弼以是坐斥,吕氏號爲'家賊'。"《五燈會元》有李朝請問東山吉:"家賊惱人時如何?"

1499 下流　見《論語》。又《尉繚子·武議篇》:"賞及牛童馬圉者,是賞下流也。”

1500 雜種 《後漢書·度尚傳》:“廣募雜種諸蠻。”《馬融傳》:“雜種諸羌轉相鈔盜。”《晉書·前燕載記贊》:“蠢兹雜種。”沈約樂府:“前訪昌海邑①,雜種寇輪臺。”丘遲詩②:“姬漢舊邦,無取雜種。”

1501 敗類 《詩·大雅》:“貪人敗類。”《太玄經》:“日彊其衰,惡敗類也。”

1502 無賴 《史記·高祖紀》:“大人常以臣無賴。”注云:“江湖間謂小兒多詐狡獪爲無賴。”《漢書·季布傳贊》:“其畫無俚之至耳。”注云:“俚,賴也。言其計畫無所成賴。”《南史·王僧辨傳》:“無賴者多依之,遂謀爲亂。”《唐書·李勣傳》③:“我年十二三爲無賴賊,十四五爲難當賊。”

1503 棍徒 李紳《拜三川守詩序》:“閭巷惡少年,免帽散衣,聚爲羣鬬,或差肩追繞擊大毬,里言謂之‘打棍’,士庶苦之。”按:此“棍”字所起。

1504 潑皮 《元典章》:“有新附軍人,結連惡少潑皮,爲害尤甚。”

1505 鬫將 《白頭閑話》:“都人或十五結黨,横行街市間,號爲鬫將。”

1506 閑漢 《夢粱錄》:“有百姓入酒肆,見富家子弟飲酒,近前唱喏,小心供過,使令買酒命妓,謂之閑漢。”按:今所謂“閑漢”者,乃把持一方、幫唆詞訟之徒,又與宋不同矣。

1507 惰貧 祝允明《猥談》:“奉化有丐户,俗謂之惰貧,自爲匹偶,良人不與接婚。官給衣糧,而家本不甚窘赤,婦女稍粧澤,業枕席。其始皆宦家,以罪殺其人,而籍其牝,官穀之,徵其淫賄,以迄今也。”《紹興府志》:“丐自言宋將焦光瓚部落,以叛宋投金,故擯之曰墮民。”

1508 王八 《五代史·前蜀世家》:“王建少無賴,以屠牛、盜驢、販私鹽爲事,里人謂之‘賊王八’。”《七修類稿》:“今詈人曰‘王八’,或云‘忘八’之訛,言忘孝、弟、忠、信、禮、義、廉、耻,不然也。”

1509 小李 《水東日記》:“京師小李之類,取人腰藏于稠衆中如己物。‘小李’云者,意其爲昔時此盗之首,猶健訟者所云鄧思賢耳。”

1510 釁 《左傳》:“人無釁焉,妖不自作。”《後漢書·第五倫傳》:“諸出入貴戚者,多瑕釁之人。”《文選·廣絶交論》:“敗德殄義,禽獸相若,一釁也;難固易攜,仇訟所聚,二釁也;名陷饕餮,貞介所羞,三釁也。”按:“釁”本物瑕,而人行有

---

① “邑”當爲“驛”,見《樂府詩集·飲馬長城窟行》。

② “詩”當爲“書”,見《文選·與陳伯之書》。

③ “《唐書·李勣傳》”當爲“《隋唐嘉话》”,見《隋唐嘉话》卷上。

瑕缺，亦借以言之。自春秋時至今，未嘗更别。

1511 化　《公羊傳·桓六年》注："行過無禮謂之化，齊人語也。"按：今亦通言之。

1512 頷[①]　《越語肯綮録》："人訾物之醜者曰堪。或詢之，曰：'堪者，不堪也，反詞。'今觀《隋韻》，知爲'頷'字，音堪，物醜貌。"

1513 歹[②]　《字彙》："多改切，好之反也。"《字學訂譌》："俗誤作歺。歺，牙葛切，殘骨也，與歹不同。"按：此字宋以前未見用之，惟《元典章》有"管匠造作，或好或歹"及"送納鷹鷂如歹，徒教耗費支應"等語。

1514 鞁　《西湖游覽志餘》："杭州市人諱低物爲鞁，以其足下物也。"按：《能改齋漫録》："唐人謂事之不振者曰'踏趿'。"鞁，即"踏趿"之省，字當作"趿"。蓋以物之不佳，比照于事之不振耳。

1515 公平　《管子·形勢解》："天公平，故美惡莫不覆；地公平，故小大莫不載。"《韓詩外傳》："正直者，順道而行，順理而言，公平無私。"《漢書·楊惲傳》："惲居殿中，廉潔無私，郎中稱公平。"

1516 方古　《北史·司馬子如傳》："子如性方古，不會俗。"

1517 藴藉　《史記·酷吏傳》："義縱敢行，少藴藉。"《開天遺事》："寧王風流藴藉，諸王弗如也。"按：《詩》"飲酒温克"箋云："能温藉自持。"《釋文》："温，於運反，字通作醖。"《漢書·薛廣德傳》："爲人温雅有醖藉。"師古注："醖，言如醖釀也。藉，言有所薦藉也。"《北史·魏道武七王傳》："子善博通，在何妥下，然風流醖藉，俯仰可觀。"亦作"醖"字。

1518 秀發　《晉書·慕容超載記》："超精彩秀發，容止可觀。"《北史·楊愔傳》："愔辭氣温辨，神儀秀發。"

1519 妥怗[③]　陸機《文賦》："或妥怗而易施。"王逸《楚辭》序："義多乖易，事不妥怗。"張遜《上隋文帝表》："幅幀暫寧，千里妥怗。"韓愈詩："妥怗力排奡。"按："怗"字从心，不當从巾、从貝。

1520 允當　《左傳·僖二十八年》："《軍志》曰：'允當則歸。'"《後漢書·張衡傳》："百揆允當，庶績咸熙。"嵇康《釋宏[④]論》："體清神正，而是非允當。"

1521 軒昂　《三國志·孫堅傳》："董卓受任無功，而軒昂自高。"

---

① 黄侃：即頷頤字。

② 黄侃：當作"嫿"、"儓"、"佁"。"歹"亦俗字，無以下筆。

③ 黄侃："怗"當作"咁"。

④ "宏"當爲"私"，見《嵇中散集》卷六。

1522 聰察　《漢書・宣元六王傳贊》:"淮陽憲王于時諸侯爲聰察矣。"《東觀奏記》:"白敏中感上聰察宏恕。"

1523 老辣　《宋史・晏敦復傳》:"薑桂之性,到老愈辣。"劉克莊《題跋歙郡趙君戣》:"歌行中苦硬老辣者,乃似盧仝、劉叉。"

1524 精緻　《唐書・崔元翰傳》:"好學不倦,用思精緻。"《宋史・律歷志》:"宣和璣衡之制,詳密精緻。"

1525 麤疎　《晉書・謝鯤傳》:"王敦遣兵收周、戴,而鯤弗知。敦怒曰:'君麤疎耶!'"《北史・虞綽傳》:"諸葛潁曰:'虞綽麤疎人也。'"樂府《讀曲歌》:"麻紙語三葛,我薄汝麤疎。"

1526 軟弱　《史記・春申君傳》:"李園,軟弱人也。"《貨殖傳》:"家貧親老,妻子軟弱。"《漢書・王尊傳》:"子伯爲京兆尹,軟弱不勝任。"《文選・劉越石詩》:"嗟予軟弱,弗克負荷。"

1527 輕佻　《左傳・襄二十六年》:"楚師輕窕,易震蕩也。"窕,與"佻"同。《尉繚子・治本篇》:"民有輕佻,則欲心生,爭奪之患起矣。"《晉書・劉聰載記》:"相國輕佻,正可煩一刺客耳。"

1528 空噿　《晉書・王沈傳》:"空噿者以泓噌爲雅量。"

1529 拉答[1]　又:"拉答者有沈重之譽,嗛閃者得清勦之聲。"

1530 蹺欹　《朱子語録》:"聖賢言語自平正,却無蹺欹如許。"《陳龍川集》:"以曹孟德本領,一有蹺欹,便把捉不定。"按:世因"蹺欹"之言,輒謂足跛者曰"蹺"。據《廣韻》:"蹺,揭足。"《集韻》:"舉趾謂之蹺。"實未嘗有"跛"義。

1531 寒乞　《宋書・王皇后傳》:"宫中大集,臝婦人觀之,后以扇障面。帝曰:'外舍家寒乞。'"楊萬里詩:"只有春風不寒乞,隔溪吹度嶺花香。"[2]

1532 希奇　《十洲記》:"品物羣生,希奇特出,皆在于此。"

1533 都大　《朝野雜記》:"提點坑冶鑄錢公事,自咸平時有之。淳熙五年,又加'都大'二字于'提'字之上,以倣川秦茶馬。"按:俚俗謂大之至曰"都大",或因乎此。

1534 老老大大　《傳燈録》:"趙州到茱萸山,山僧曰:'老老大大,何不覓箇住處?'州曰:'向甚處住?'僧曰:'老老大大,住處也不知。'"又:"龐居士問女靈照曰:'古人道:明明百草頭,明明祖師意。如何會?'照曰:'老老大大,作這箇語

① 黄侃:"拉答"即邋遢,實"落拓"之轉也。
② 此處《函海》本有:"寒乞"二字入詩,見此。

話。’”《五燈會元》:“有朋講師謁開元,開元曰:‘老老大大,何必如是?’”又:“曉愚問五祖戒‘不落唇吻’一句,戒曰:‘老老大大,話頭也不照顧。’”“天遊過廬山棲賢,主翁欲不納,曰:‘老老大大,正是質庫中典牛也。’”

1535 端端正正　《路史》引《鶡冠子》:“物之始也傾傾,至其成形,端端正正。”按:本書《泰鴻篇》作“端端王王”,“王”字疑訛。

1536 停停當當　《朱子語録》:“喜怒樂未發,此心停停當當,恰在中間。”

1537 歪歪搭搭　劉仲璟《遇恩録》載明太祖旨云:“男子漢家須學你父親様,做一箇人,休要歪歪搭搭,過了一世。”

1538 善哉善哉　見《列子·湯問篇》。按:凡釋典義旨,多本《列子》。即此語亦自《列子》掇之,可以闚其跡矣。

1539 願天常生善人,願人常行善事　《鶴林玉露》:“豫章旅邸有題十二字云云,鄒景孟表而出之,以爲奇語。”

1540 好門户,惡人身　《北齊書·王昕傳》顯祖罵昕云云。

1541 不是善婆婆　《元曲選·賺蒯通》《貨郎旦》二曲皆有此語。

1542 人善人欺天不欺　又《楊氏勸夫》《花間四友》二曲有此語。

1543 惡人自有惡人磨　又《謝金吾》《賺蒯通》《桃花女》三劇有此語。

1544 成人不自在,自在不成人　《鶴林玉露》引諺。

1545 君子贏得做君子,小人枉了做小人　《朱子語録》説《論語》“富而可求”章,舉此二語。

卷十二　行事

1546 有志者事竟成　《後漢書·耿弇傳》:"將軍在南陽建此大策,常以爲落落難合,有志者事竟成也。"

1547 事有必至,理有固然　《戰國策》譚拾子謂孟嘗君云云。又《晏子春秋》:"物有必至,事有常然,古之道也。"《史記·孟嘗君傳》:"馮驩曰:'物有必至,事有固然。'"

1548 見事風生　《漢書·趙廣漢傳》:"專厲彊壯蠭氣,見事風生,無所迴避。"

1549 因人成事　《史記·平原君傳》:"毛遂招十九人曰:'公等錄錄,所謂因人成事者也。'"

1550 老不曉事　《魏志·陳思王傳》注:"楊修答書云:'修家子雲,老不曉事。'"駱賓王啓:"少好讀書,無慙高鳳;老不曉事,有類揚雄。"

1551 少未更事　《隋書·李雄傳》:"上謂雄曰:'吾兒既少,更事未多。'"陸氏《南唐書》:"烈祖謂韓熙載:'早奮名場,踈儁未更事。'"

1552 不經事少年　《晉書·桓沖傳》:"譏謝安曰:'大敵已至,遣諸不經事少年,衆又寡弱,天下事可知矣。'"

1553 好爲事端　《晉書·文明王后傳》:"后言:'鍾會見利忘義,好爲事端。'"

1554 不做好事　《唐書》:"明宗責王建曰:'汝爲節度使,不作好事。'"①

1555 幾事不密　見《易·繫辭》。又《後漢書·鮑永傳》:"幾事不密,禍倚人壁。"

1556 事不諧　《後漢書·宋弘傳》:"帝謂湖陽公主:'事不諧矣。'"《英雄記》:"京師稱袁文開諺曰:'事不諧,詣文開。'"

---

① "《唐書》"當爲"《新五代史》","王建"下脱"立"字,見《新五代史·王建立傳》。

1557 事急計生　《五代史・梁家人傳》："左右勸友珪：'事急計生，何不早自爲圖？'"又白居易《和微之詩序》："足下用所長見窘，然敵則氣作，急則計生。"

1558 蓋棺事定　晉書[①]劉毅云："丈夫蓋棺事方定。"

1559 事已如此，無可奈何　《漢書・王莽傳》："使羣公以符命白太后，太后曰：'此誣罔天下，不可施行！'太保舜謂太后云云。"

1560 天下本無事，庸人擾之　《唐書・陸象先傳》："嘗曰：'天下本無事，庸人擾之爲煩耳。第澄其源，何憂不簡耶？'"

1561 不關爾事　《北史・趙綽傳》："上斬用惡錢者。綽諫：'此人坐當杖，殺之非法。'上曰：'不關卿事。'綽曰：'陛下置臣法司，欲妄殺人，豈得不關臣事？'"《李林甫外傳》："愛擊毬，略無休日。有道士見之，曰：'此何樂耶？'李顧怒曰：'關足下何事？'"《金史・烏春傳》："虐用其部人，世祖使人讓之，烏春曰：'干汝何事？'"

1562 閑事莫管　《苕溪漁隱叢話》："世間俚語往往極有理者，如云：'聞事莫説，問事不知，閑事莫管，無事早歸。'若能踐此言，豈有不省事乎？又云：'少喫不濟事，多喫濟甚事？有事壞了事，無事生出事。'若能守此戒，豈復爲酒困乎？"

1563 閑人有忙事　《能改齋漫録》："'閑人有忙事'，俗語也。韓偓詩用之云：'須信閑人有忙事，且來衝雨覓漁師。'"

1564 日出事還生　《古今詩話》："武元衡被刺前一夕詩云：'無因住清景，日出事還生。'説者以爲讖也。"

1565 事向無心得　唐章碣詩。

1566 忍事敵災星　司空圖詩。

1567 經事長一智　《雞肋編》載陳無己詩。

1568 好事不出門，惡事行千里　孫光憲《北夢瑣言》引古語。《傳燈録》僧問紹宗"如何是西來意"，紹宗舉此二語。

1569 但知行好事，莫要問前程　馮道詩。

1570 平生不作皺眉事，世上應無切齒人　《復齋漫録》："邵堯夫居洛四十年，安貧樂道，自言未嘗皺眉，故其詩云云。"

1571 人逢好事精神爽　見《五燈會元》。

1572 好事多磨　見高則誠《琵琶記》、曾瑞卿《留鞋記》。

1573 輕事重報　見鄭廷玉《忍字記》。

---

① "書"字衍，見《錦繡萬花谷前集》卷二六。

1574 一家有事百家忙 《廣燈録》汝州首山念舉揚此語。

1575 多事 《家語》金人銘："毋多事，多事多患。"《莊子·天地篇》："多男則多懼，富則多事。"《淮南子·主術訓》："上多故則下多詐，上多事則下多態。"

1576 生事 《公羊·桓八年傳》："遂者何？生事也。"何休注："生猶造也，專事之辭。"《逸周書·周祝解》："忌而不得是生事，欲而不得是生詐。"《文子·符言篇》："木生蟲，還自食。人生事，還自賊。"《春秋繁露》："無危而擅生事，是卑君也。"《文選·景福殿賦》："除無用之官，省生事之故。"

1577 管事 《史記·李斯傳》："高入秦宫，管事二十餘年。"

1578 預事 《唐子》："佐鬬者傷，預事者亡。"

1579 誤事 《晉書·麴允傳》："帝將出降，歎曰：'誤我事者，麴、索二公也。'"《南史·南郡王義宣傳》："阿兄悞人事，乃與癡人共作賊。"

1580 濟事 《左傳·成六年》："聖人與衆同欲，是以濟事。"《吳語》："吾道路悠遠，必無有二命，焉可以濟事。"《世説》："朝議謝幼度北討，人間頗有異同之論。郗超曰：'是必濟事。'"

1581 不濟事 《管子·大匡篇》："施伯曰：'管仲有急，其事不濟。'"又《小問篇》："桓公曰：'事其不濟乎？寡人大惑。'"《北齊書·高昂傳》："高祖曰：'高都督純將漢兒，恐不濟事。'"

1582 了事 《晉書·傅咸傳》："官事未易了也。了事正作癡，復爲快耳。"《甘澤謡》："陶峴富有田業，擇家人不欺而了事者，悉付之。"

1583 不了事 《南史·蔡撙傳》："武帝曰：'卿殊不了事。'撙曰：'臣未嘗有不了事之目。'"

1584 幹事人 《南史·沈文學[①]傳》："宋明帝就褚彦回求一幹事人，爲晉平王上佐。"《北史·李訢傳》："帝指訢謂左右曰：'此人舉動異衆，必爲朕家幹事臣。'"

1585 事體 《後漢書·胡廣傳》："練達事體，明解朝章。"按：謂事之體統，猶云禮體也，今直言作"事體"，非。

1586 工夫 《晉書·范甯傳》："自置家廟，皆資人力，又奪人居宅，工夫萬計。"按：古"工"、"功"字通，《後漢書[②]·王肅傳》"太極以前，功夫尚大"，《三國志》魏詔"當復更治，徒棄功夫"，元稹詩"盡著功夫人不知"，秦韜玉詩"幾回抛却

① "學"當爲"季"，見《南史·沈文季傳》。

② "後漢書"當爲"三國志"，見《三國志·魏書·王肅傳》。

繡功夫”，皆用“功”字。

1587 勤力　《周禮・太宰》：“飭化八材。”疏：“飭，勤也，勤力以化八材。”又《大司寇》：“上功糾力。”注：“功，農功。力，勤力。”《史記・殷本紀》：“告諸侯：‘勤力廼事。’”《漢書・疏廣傳》：“令子孫勤力其中，足以供衣食。”勤，或作“懃”。《潛夫論・考績篇》：“家有五子十孫，父母不察精愞，則懃力者懈弛矣。”

1588 能幹　《後漢書・循吏傳》：“孟嘗清行出俗，能幹絶羣。”《金史・定奴傳》：“請内外五品以上，舉能幹之士，充河北州縣官。”《曹望之傳》：“世宗謂之曰：‘汝爲人能幹而心不忠實。’”《朱子家禮》：“凡護喪，以子弟知禮能幹者爲之。”

1589 嘗試　《荀子・王制篇》：“嘗試之説鋒起。”注曰：“嘗試，謂假借以事試爲之也。”按：《孟子》：“請嘗試之。”乃屬當行之事，恒言則謂其不當行，蓋獨本于《荀子》。

1590 作輟　《法言・孝至篇》：“有人則作之，無人則輟之之謂僞。”

1591 勾當　《北史・序傳》：“事無大小，士彦一委仲舉，推尋勾當。”《唐書・第五琦傳》：“拜監察御史，勾當江淮租庸。”《歸田錄》：“曹彬既平江南回，詣閤門入見，牓子稱‘奉勑勾當公事回’，其不伐如此。’”《却掃編》：“舊制，諸路監司屬官曰‘勾當公事’。建炎初，避上嫌名易爲‘幹辦’。”按：“勾當”乃“幹事”之謂，今直以事爲“勾當”。攄《元典章》延祐三年均賦役詔，有云“只交百姓當差，勾當也成就不得”，蓋其時已如是矣。

1592 施爲　《逸周書・謚法解》：“施爲文也，除亂武也。”《列子・周穆王篇》：“莫知其所施爲也。”

1593 特爲　《墨子・明鬼篇》：“祏觀辜曰：‘鮑在荷繈之中，何與識焉？臣觀辜特爲之。’”

1594 何所不爲　《南史・孔琇之傳》：“有小兒偷刈鄰稻，琇之曰：‘十歲便能爲盗，長大何所不爲？’”

1595 非人所爲　《漢書・外戚傳》：“吕太后召惠帝視人彘，帝大哭曰：‘此非人所爲。’”

1596 欲人勿知，莫若勿爲　見《説苑・正諫》《説叢》二篇及《晉書・苻堅載記》。《淮南子》[①]作“欲人不知，莫如不爲”。《漢書・枚乘傳》：“欲人勿聞，莫若勿言；欲人勿知，莫若勿爲。”

---

① 此處當補“高誘注”，見《淮南子・説林訓》高誘注。

1597 勿以惡小而爲之,勿以善小而不爲 《三國志·蜀·先主傳》注:"遺詔勅後主云。"按:此語先見于《淮南·繆稱訓》,先主蓋本之也。又賈誼《審微篇》:"善不可謂小而無益,不善不可謂小而無傷。"語小别而意亦同。

1598 諸惡莫作,衆善奉行 《增一阿含經》:"一偈之中,便生三十七品及諸法義,迦葉問言何等,阿難説曰:'諸惡莫作,衆善奉行。自淨其意,是諸佛教。'"《指月錄》白居易問鳥窠道林曰"于何是佛法大意",林舉此二語。

1599 尤而效之 《左傳·僖二十四年》《襄二十一年》《定八[①]年》介之推、周王、公叔文子皆有此語。《晉語》:"楚王謂子玉:'郵而效之,郵又甚焉。'""郵"與"尤"通。

1600 童而習之 《法言·吾子篇》:"童而習之,白紛如也。"注云:"言皓首猶亂。"

1601 習貫成自然 《家語·弟子解》:"孔子答孟武伯曰:'少成則若性也,習慣若自然也。'"《漢書·賈誼傳》:"少成若天性,習貫成自然。"按:《爾雅》:"貫,習也。""貫"字本不必从心[②]。

1602 井井有條 《荀子·儒效篇》:"井井兮其有條[③]理也。"

1603 咄嗟便辦 見《晉書·石崇傳》。

1604 家常使令 《史記·外戚傳》:"平陽主曰:'大將軍出吾家,常使令騎從我出入耳。'"《野客叢書》曰:"俗言家常使令,見此。"

1605 一身兩役 《梁書·張充傳》:"出獵西郊,左手臂鷹,右手牽狗,遇父船至,放紲脱鞲,拜于水次。父曰:'一身兩役,毋乃勞乎?'"按:《漢書·王貢等傳贊》"一身而二任之",亦此意。

1606 一勞永逸 見北魏詔。又《齊民要術》:"苜蓿長生,種者一勞永逸。榆砍後復生,不煩耕種,所謂一勞永逸。"

1607 以逸代勞 《吴子·治兵篇》:"以近待遠,以逸待勞,以飽待饑。"

1608 勞而無功 《管子·形勢篇》:"彊不能,告不知,謂之勞而無功。"《荀子·正名篇》:"窮藉而無極,甚勞而無功。"《莊子·天運篇》:"推舟于陸,勞而無功,身必有殃。"《吕氏春秋》:"立功名而不得其具,賢雖過湯、武,亦勞而無功矣。"《黄石公下畧》:"釋近而謀遠者,勞而無功。"《焦氏易林》:"掘井得石,勞而

① "八"當爲"六",見《左傳·定公六年》。

② 此處《函海》本有:此坊本之誤。

③ "條"字衍,見《荀子·儒效》。

無功。”

1609 加功　《漢書·成帝紀》：“中陵、司馬殿門内尚未加功。”

1610 作活　《魏書·北海王詳傳》：“高太妃云：‘今不願富貴，但令母子相保，共汝掃市作活也。’”張籍詩“貧窮作活似村中”、“作活每常嫌費力”。按：此“作”字當讀去聲。

1611 偷工夫　盧仝《寄男抱孫》詩：“下學偷工夫，新宅鋤藜莠。”

1612 出力　《禮記》：“令民無不咸出其力。”《晉書·孫楚傳》：“制禮作樂，闡揚道化，甫是士人出筋力之秋也。”

1613 得力　《史記·貨殖傳》：“桀黠奴，人之所患也。惟刀間收取，使逐魚鹽商賈之利，終得其力。”《後漢書·馬后紀》：“貴而少子，若養他子者得力，乃當踰于所生。”《北夢瑣言》：“盧延讓言：‘平生投謁公卿，不意得力于猫兒狗子。’”

1614 自食其力　《管子·法法篇》：“君子食于道，小人食于力。”《慎子》亦云。《禮·禮器》：“食力無數。”注云：“謂自食其力之人。”

1615 使智不使力　《梁書·孫謙傳》：“高祖曰：‘朕使卿智，不使卿力。’”

1616 力不從心　《後漢書·班超傳》：“超之氣力，不能從心。”

1617 筋疲力盡　司馬温公《田家》詩有“筋疲力盡不入腹”句。

1618 綿力　《漢書·嚴助傳》：“越人綿力薄材。”

1619 喫力　邵子《擊壤集》：“未喫力時猶有説，到收功處更何言。”按：《廣[①]韻》“轂”音同“喫”：“勤苦用力曰轂。”“喫力”字當以“轂”爲正[②]。

1620 賤冗　白居易《與楊虞卿書》：“贊善大夫誠賤冗耳。”[③]

1621 窮忙　《老學菴筆記》：“元豐時評尚書省曹語云：‘户度金倉，日夜窮忙。’”

1622 連忙　《朱子集·雲谷記事詩》：“逐急添茅蓋，連忙畢土功。”

1623 汲汲忙忙　《論衡·書解篇》：“總衆事之凡，典國境之職，汲汲忙忙，何暇著作？”

1624 忙裡偷閑　《江湖長翁集·同陳宰黄簿遊靈山》：“宰云：‘吾輩可謂忙裡偷閑，苦中作樂。’遂以八字爲韻，作詩八首。”

1625 閑時做下忙時用　蘇祐《逌旃瑣言》：“諺云：‘忙家不會，會家不忙。’嘗

---

① “廣”當爲“集”，見《集韻·錫韻》。

② 黄侃：“喫”正當作“圣”。汝潁間謂致力於地曰“圣”。“轂”正當作“愍”，憊也，亦“圣”之轉。

③ 此處《函海》本有：今人稱不閑曰“賤冗所本”。

聞東郡敖靜之云：‘槐花黄，舉子忙，閑時做下忙時用，管甚槐花黄不黄。’”

1626 一日不作，一日不食 《傳燈傳》：“百丈懷海禪師，凡作務執勞，必先于衆，主者密收作具息之。師既徧求作具不獲，而亦忘餐，故有‘一日不作，一日不食’之語。”《野客叢書》：“今俗語謂‘一日不作，一日不食’，而《趙世家》已曰：‘一日不作，百日不食。’”趙孟頫《題耕圖》：“一日不力作，一日食不足。”

1627 一不做，二不休 見《五燈會元》及關漢卿《救風塵》曲。

1628 一動不如一靜 《貴耳錄》：“宋孝宗幸靈隱，有僧靜輝相從。見飛來峯，曰：‘既是飛來，何不飛去？’輝對云云。”

1629 相時而動 《左傳》論鄭莊公語。

1630 將機就機 見《元曲選·柳毅傳書》劇。

1631 將錯就錯 《五燈會元》楊次公辭世偈：“將錯就錯，西方極樂。”《渭南集·敷淨人求買度牒贊》：“將錯就錯也不妨，只在檀那輕手撥。”

1632 將勤補拙 白居易詩：“補拙莫如勤。”黄庭堅《跛奚奴文》：“截長續短，鳧鶴皆憂。將勤補拙，與巧者儔。”莊綽《雞肋編》：“陳無己詩多用一時俚語，如‘拙勤終不補’，用俗語‘將勤補拙’也。”

1633 弄巧成拙 《傳燈錄》龐居士謁道一禪師，有“適來弄巧成拙”語。《二老堂詩話》：“蜀人縷鳩爲膾，配以芹菜。或爲詩云：‘本欲將芹補，誰知弄巧成。’”皆以“拙”字爲歇後語也。黄庭堅《拙軒頌》：“弄巧成拙，爲蛇添足。”

1634 弄假成真 見元人《隔江鬭智》曲。《瑣綴錄》：“羅倫誚吴與弼詩：‘如今弄假却成真，轉見巖巖不可親。弄假到頭終是假，豈能欺得世間人？’”

1635 道了未了 杜荀鶴詩：“道了亦未了，言閑今且閑。”

1636 有始無終 《晉書·劉聰載記》：“小人有始無終，不能如貫高之流也。”《魏書·段承根傳》：“有文思，而性行疎薄，有始無終。”

1637 顧小失大 《韓非·十過篇》：“顧小利，則大利之殘也。”《易林·賁之蒙》：“顧小失大，福逃牆外。”

1638 瞻前顧後 《離騷經》：“瞻前而顧後兮，相觀民之計極。”《後漢書》張衡疏：“向使能瞻前顧後，則何陷于凶患乎？”

1639 旅進旅退 見《越語》。

1640 顧前不顧後 《説苑·正諫篇》：“少孺子對吴王曰：‘園有蟬，悲鳴飲露，不知螳螂在其後。螳螂方捕蟬，不知黄雀在其後。黄雀欲啄螳螂，不知彈丸在其下。臣挾彈欲取黄雀，不覺露沾衣。如此皆務欲得其前，不顧其後之有患也。’”《後漢書·朱暉孫穆傳》：“務進者趨前而不顧後，榮貴者矜己而不待人。”

1641 知進不知退　《鹽鐵論》："商鞅、蒙恬二子，知利不知害，知進不知退，故身死而衆敗。"按：此語祖《易·文言》。

1642 便重不便輕　《容齋續筆》："舊有以書語兩句而證以俗諺者，如'吾力足以舉百鈞，而不足以舉一羽，諺曰便重不便輕'之類。"

1643 上肩容易下肩難　《錢塘遺事》："賈似道初入相，或爲詩曰：'收拾乾坤一擔擔，上肩容易下肩難。'"

1644 急則搦殺，緩則放去　《中阿含經》："猶如力士，捉蠅太急，蠅即便死；捉蠅太緩，蠅便飛去。"

1645 遲是疾，疾是遲　王鞏《聞見近録》："張文定嘗曰：'事不可競，古諺云云，斯甚有理。'"

1646 急行趕過慢行遲　《雞肋編》："陳無己詩'急行寧小緩'，即俚語云云。"

1647 急行無善步　《論衡》："急行無善步，捉住[①]少和聲。"《西京雜記》："枚乘文章敏疾，而有累句，故知疾行無善迹矣。"《唐書·朱敬則傳》作"急趨者無善迹"。陳師道詩："卒行好步不兩得。"又："卒行無好步，事忙不草書。"

1648 行不開　《神異經》："崑崙西有獸焉，名爲混沌，行不開，空居無爲，常咋其尾回轉。"

1649 十步九回頭　《易林》："踐履寒冰，十步九尋。"杜詩："三步回頭五步坐。"《琵琶曲》："馬行十步九回頭。"

1650 應接不暇　《世説》："王子敬云：'從山陰道上行，山川自相映發，使人應接不暇。'"

1651 把捉不定　《朱子語録》："福善禍淫，其常理也。若不如此，便是天也把捉不定了。"

1652 如釋重負　見《穀梁傳》。又《韓非子》[②]："堯舉天下傳舜，若解重負然。"

1653 跳出圈子　《唐音癸籤》："杜少陵樂府盡跳出前人圈子，别换一番鉗鎚。"

1654 寸步不離　《述異記》："吳黄龍中，海鹽陸東與[③]與妻朱氏相重，寸步不相離，時人號比肩人。"

---

① "捉住"，鄧伯羔《藝彀》卷上引《論衡》作"促柱"。

② "韓非子"當爲"淮南子"，見《淮南子·精神訓》。

③ "與"當爲"美"，見《太平廣記》卷三八九引《述異記》。

1655 放倒卽寢　《南部新書》:"杜邠食飽卽寢,或諫之。曰:'布袋盛米,放倒卽寢。'"

1656 横眠竪卧　《五燈會元》:"僧問鹿門慧昭山主:'如何是山中人?'山主云云。"又:"僧問隱山藴聰禪師:'如何是道中人?'師曰:'横眠竪坐。'"

1657 嬾惰　《史記·貨殖傳》注:"徐廣曰:'呰窳,苟且墮嬾之謂也。'"《後漢書·王丹傳》:"載酒肴田間,候勤者勞之。其墮孏者,恥不致丹,兼功自厲。"按:"墮"與"惰"、"孏"與"嬾",古字通用,而後世互易其文,率曰"嬾惰"。陶潛詩:"阿舒已二八,嬾惰故無匹。"高適詩:"余故非斯人,爲性兼嬾惰。"用之亦已久也。

1658 推嬾　陳造詩:"莫靳珠璣袛推嬾。"

1659 作勢　《晉書·王敦傳》:"語吕寶曰:'我當力行。'因作勢而起。"

1660 老把勢　見武漢臣《玉壺春》曲。

1661 巴急[①]　張國彬《合汗衫》曲有"空急空巴"語。按:"巴"似"波"音轉。

1662 打急　趙汝鐩詩:"聞師遊岳去,打急訪高岑。"

1663 打緊　《元典章》:"海道官糧運將大都裡來,是最打緊勾當。"

1664 著死急　《傳燈録》:"行者以拂子擲道忞前曰:'著甚死急。'"

1665 容易　《漢書·東方朔傳》:"談何容易。"《楊惲傳》:"事何容易。"杜詩:"奮飛超等級,容易失沉淪。"孟郊詩:"永謝平生言,知音豈容易。"按:漢人以"何容"二字引"易"字,"容易"非連綴文。自杜詩與"奮飛"爲偶,又楊倞注《荀子》云"忽然,言容易也",後人遂轉相傳習,言"易"者矢口必兼言"容"。

1666 太草草　《五代史·漢臣傳》:"郭威反,遣袁巘等拒之。兵未出,威已至滑州。隐帝懼,謂大臣曰:'昨太草草耳。'"

1667 包荒　見《易·泰卦》。

1668 護短　嵇康《與山濤書》:"仲尼不假蓋于子夏,護其短也。"韓退之《紀夢》詩:"乃知仙人未賢聖,護短凴愚邀我敬。"

1669 藏拙　劉餗《暇記》:"徐陵聘齊,魏收録其文遺陵,陵過江沉之,曰:'吾與魏公藏拙。'"韓退之詩:"倚玉難藏拙,吹竽久混眞。"羅隱詩:"縱無顯效亦藏拙,若有少成甘守株。"

1670 代勞　《廣異記》:"魏元忠呼蒼頭未應,犬忽代呼之,元忠曰:'此犬乃

---

① 黄侃:"巴"卽迫也。

能代我勞。'"李百樂詩:"客心既多緒,長歌且代勞。"①

1671 塞責　《韓詩外傳》:"卞莊子曰:'前與母處,是以戰而北也。今母歿矣,請塞責。'"《漢書·公孫弘傳》:"恐先狗馬填溝壑,無以報恩塞責。"《晉書·庾翼傳》:"往年偷石頭倉米,皆是豪將輩,而直打殺倉監督以塞責。"

1672 託大　《世説》:"庾中郎善于託大,長于自藏。"

1673 失錯　《周禮·太史》:"讀禮書而協事。"疏云:"恐事有失錯。"

1674 走作　《朱子語録》:"開此一線路,恐學者因以藉口,小小走作。"又《文集·答林巒》曰:"此段多用佛語,尤覺走作。"按:《傳燈録》:"僧謂宗一曰:'若不遇于師,幾成走作。'"蓋"走作"亦釋家語也。

1675 作孽　見《書·太甲》。

1676 生是非　《莊子·盗跖篇》:"摇唇鼓舌,擅生是非。"又郭象《齊物論》註:"以是非爲環,而得其中空,則無是無非而能應乎是非。"

1677 繁碎　《南史·鍾嶸傳》:"繁碎職事,各有司存。"或作"煩碎",《北史·畢義雲傳》:"司馬子瑞奏彈義雲,多煩碎罪。"《柳彧傳》:"見上勤于聽受,百寮所奏,多有煩碎。"

1678 鄭重　《漢書·王莽傳》:"皇天所以鄭重降符命之義。"師古注曰:"鄭重,頻煩也。"《廣韻》:"鄭重,殷勤之意。"

1679 便疾　《周禮·内豎》注:"使童豎通王内外之命,給小事者,以其無爲禮,出入便疾也。"

1680 僻脱　《文選·景福殿賦》:"僻脱承便,蓋象戎兵。"注云:"蹵踘之徒,便僻輕脱。"

1681 疲倦　《東觀漢記》:"上擊莽還汝水上,以手飲水,澡盥塵垢,謂傅俊曰:'今日罷倦甚。'"《蜀志·張裔傳》:"晝夜接賓,不得寧息,張君嗣疲倦欲死。"按:"罷"、"疲"字通。

1682 辛苦　《書·洪範》正義:"辛苦之味入口,猶困阨之事在身,故殃厄勞役事爲辛苦也。"《逸周書·酆保解》:"辛苦役商,吾何保守。"《史記·伍子胥傳》:"越王爲人能辛苦,今不滅,後必悔之。"《晉書·顧榮傳》:"懸膽于庭,以表辛苦。"

1683 諈諉　《爾雅·釋言》:"諈諉,累也。"郭注云:"以事相屬累爲諈諉。"竹睡、女睡二切。《列子·力命篇》:"眠娗、諈諉、勇敢、怯疑四人相與游于世。"註

①　此處《函海》本有:本此。

亦引郭氏説。

1684 驚動 《晉書·劉聰載記》:"自當不敢北視,況敢濟乎？不勞驚動將士也。"按:今言煩擾人曰"驚動",亦曰"勞動"。白詩:"勞動故人龐閣老,提魚携酒遠相尋。"亦曰"起動",見元人雜劇。

1685 調度 《離騷》:"和調度以自娛,聊浮游而求女。"《吳志·陸遜傳》:"今日乃知調度自有方耳。"《蜀志·諸葛亮傳》:"臣子孫衣食自足,臣身在外别無調度。"《南史·王僧虔傳》:"誡子曰:'卽化之後,若自無調度,誰復知汝事者。'"

1686 區處 《漢書·黄霸傳》:"具爲區處。"師古曰:"謂分别而處置也。"

1687 處置 《舊唐書·王廢后傳》:"高宗至其囚所,聞言惻然曰:'朕卽有處置。'"《五代史·趙鳳傳》:"明宗言:'此閑事,朕已處置之,卿可無問也。'"韓退之《寄盧仝》詩:"如此處置非所喜。"

1688 料理 《晉書·王徽之傳》:"桓沖謂曰:'卿在府日久,比當相料理。'"《世説》:"韓康伯母聞二吳之哭,語康伯曰:'汝若爲選官,當好料理此人。'"又:"衛展在江州,有相知舊人投之,都不料理。"梁童謡:"黄塵涴人衣,皂莢相料理。"杜甫詩:"未須料理白頭人。"按:"料"字平聲,韓退之詩"爲逢桃樹相料理",康與之詩"東風著意相料理",黄庭堅詩"平生習氣難料理",皆可證。今俗讀如字,而宋曾續"世業中興[①]誰料理",史彌寧"好景賸將詩料理",亦已循俗讀誤。

1689 安排 《莊子·大宗師》:"安排而去化,乃入于寥天一。"謝靈運詩:"處順故安排。"按:安排,乃安于推移之謂。今爲此言者,多失其本義。

1690 擘畫 《困學紀聞》:"擘畫出《淮南子》。"

1691 斟酌 《國語》:"耆艾修之,而後王斟酌焉。"韋昭注:"斟,取也;酌,行也。"《史記·樂書》:"斟酌飽滿,以飾厥性。"《文心雕龍》:"權衡損益,斟酌濃淡。"

1692 擔負 見《詩·玄鳥》箋。《左傳·莊二十二年》:"敬仲辭齊侯曰:'免于罪戾,弛于負擔,君之惠也。'"

1693 把持 《白虎通》:"霸,迫也,把也。迫脅諸侯,把持其政。"《三國·吳志》:"安有四五人把持刑柄,而不離刺轉相蹄齧者也?"《五代史·宦者傳論》:"待人主信已,然後懼以禍福而把持之。人主之勢日孤,則懼禍之心日切,而把持者日益牢。"[②]

---

① "興"當爲"微",見《宋詩紀事》卷四〇《贈吕居仁》。

② 此處《函海》本有:今云"把持",又云"執持"。

1694 屏當　《晉書·阮孚傳》:"客詣祖約,見正料財物,客至,屏當不盡。"按:二字皆讀去聲,《世説》"爲曹夫人併當筐篋",與同。

1695 揮霍　張衡《西京賦》:"跳丸劍之揮霍。"陸機《文賦》:"紛紜揮霍。"按:《文選》註但訓"疾貌",焦竑《字學》云:"摇手曰揮,反手曰攉。"以今恒語驗之,焦訓似得。

1696 打疊[①]　韓偓詩:"打疊紅箋書恨字。"羅大經《鶴林玉露》:"吾輩學道,須是打疊,教心下快活。"王鞏《聞見近録》:"道士謂張文懿:'打疊了未。'"疊,一作"揲"。趙槩《聞見録》:"須當打揲,先往排辦。"蘇子瞻《與潘彦明書》:"雪堂如要偃息,且與打揲相伴。"

1697 打併　朱子《答吕子約書》:"請打併了此,却須有會心處。"楊萬里詩:"打併人間名利心。"

1698 打算　《錢塘遺事》:"賈似道忌害一時任事閫臣,行打筭法以污之。向士璧守潭費用,委浙西閫打算;趙葵守淮,則委建康閫打算。江淮廣帥,皆受監錢之苦。"《元史·循吏傳》:"耿熙擅增制語,有'并打算大小一切衙門等事'十一字。"

1699 催趲　《朱子文集·答王子合》云:"著力催趲功夫,則渠已有行日矣。"按:《廣韻》"趲"訓"散走",《集韻》云:"逼使走也。"朱子《與鄭子上》又有"趲得課程"語,一本作"催儹",訛。

1700 儹那　又《與詹帥論修印板》云:"乞委通曉詳細之人,親自監臨,儹那字數。"按:聚而計事曰"儹",音讀如纂。那,猶搓挪之"挪"。

1701 敁敠　《博雅》:"敠,都果反,量也。"《集韻》:"敁,丁廉切。敁敠,以手稱物也。"[②]按:《莊子·知北遊篇》:"大馬之捶鉤者。"郭象云:"捶,丁果反,謂玷捶鉤之輕重。"則"敁敠"字本作"玷捶",而玷讀如點。然方俗音有高下四聲轉易,不獨玷也。《集韻》又有"敪"字,音與掇同,訓云:"度知輕重曰敁敪。"朱子《與吴宜之簡》有云"點掇"者,則又借字用之。

1702 舞弄　《列子·仲尼篇》:"鄧析顧其徒曰:'爲若舞,彼來者奚若?'"注云:"世或謂相嘲調爲舞弄。"按:凡《史》《漢》云"舞智"、"舞文",皆卽舞弄之説。

1703 擺撥　《世説》:"王、劉與林公共看何驃騎,何看文書不顧。王曰:'望卿擺撥常務,應對玄言。'"

1704 擺脱　韓偓《送人入道》詩:"忸怩非壯志,擺脱是良圖。"《宣和書譜》:

---

① 黄侃:今云"打點"。

② 黄侃:本作"商度"、"章度"。

“李邕擺脱舊習，筆力一新。”

1705 斗潄 《公羊》疏：“無垢加功曰潄，若里語曰斗潄。”揚雄《方言》：“東齊曰鋪頒，猶秦晉言抖藪也。”《法苑珠林》：“抖擻煩惱，去離貪著。如衣抖擻，能去塵垢。”按：三書用字各不同，唐宋人詩多从《法苑》作“抖擻”，或作“斗藪”，而“斗潄”字未見用者。

1706 挼莎 《詩》：“薄污我私。”箋云：“汙煩撋之。”《釋文》云：“猶挼莎也，挼音諾何切。”

1707 壓捺 白居易詩：“壓捺潮頭敵子胥。”《朱子集·與汪長孺》有“遏捺”字，義同。

1708 搪塞 唐彦謙詩：“阿母出搪塞，老脚走顛躓。”按：“搪”字當只作“唐”，《淮南子·人間訓》：“唐有萬穴，塞一，魚遽無由出。”蓋即“唐塞”二字之本。

1709 兜攬 《楊慈湖遺書》：“此身乃天地間一物，不必兜攬爲己。”

1710 撈摸 《朱子文集·答萬正淳》曰：“若只如此空蕩蕩，恐無撈摸也。”又“掏摸”，見《元典章》諸盜部。

1711 末殺 《漢書·谷永傳》：“末殺災異。”師古曰：“末殺，謂掃滅也。”韓退之《貞曜先生墓誌銘》“與世抹摋”，同此。

1712 撒壞 《吳志·潘濬傳》注：“孫權數射雉，濬諫之，出見雉翳，手自撒壞。”按：《説文》：“糂，𥼶，散之也。”《集韻》謂“𥼶”、“撒”同[①]。此字古記少見，而今言“撒手”、“撒潑”之屬甚多。

1713 罷休 《史記·孫武傳》：“吳王謂武曰：‘將軍罷休。’”

1714 停待 《晉書·愍懷太子傳》：“陛下停待。”又“消停”，見《傳燈錄》。

1715 逗遛 《漢書·匈奴傳》：“祁連知虜在前，逗遛不進。”《後漢書·質帝紀》：“太守王喜坐討賊逗遛，下獄。”或作“逗留”，《魏志·曹爽傳》：“訓吏兵，以侯就第，不得逗留。”《北史·何妥傳》：“東土克定，樂人悉反，問其逗留，云是梁人所教。”

1716 躲閃[②] 《元典章》：“出使人員每將站官人等非理拷打，站官人等避怕躲閃，轉致違誤。”按：《玉篇》“躲”但訓“身”，無“隱匿”義。《夷堅志》載車四元事云：“又被渠軃過了六十年。”用“軃”字。

1717 擔閣 林逋詩：“聊爲夫君一擔閣。”

---

① 黄侃：《集韻》甚諦。

② 黄侃：本作“䠷”。

1718 游衍　見《詩·大雅》。

1719 遊蕩　《晉書·食貨志》："敬授人時，各從其業，遊蕩知反，務末自休。"又《博雅》："徜徉，戲蕩也。"

1720 宕　《公羊[1]傳·文十一年》："長狄兄弟三人，佚宕中國。"按：古"蕩"、"宕"通用，如"蕩子"亦稱"宕子"是也，"佚宕"當猶云"戲蕩"。又《廣韻》云："跌踼，行失正也。"《集韻》云："趨趤，逸遊。"蓋皆佚宕之義。

1721 孛相[2]　《吳江志》："俗謂嬉遊曰孛相。"《太倉志》作"白相"，《嘉定志》作"薄相"。按：皆無可證，惟東坡詩有"天公戲人亦薄相"句。

1722 掀轟　陸龜蒙《看雨聯句》："海上風雨來，掀轟雜飛電。"按：《七修類稿》載極怪誕二字，云"見《俗字集》，爲作事軒昂太過之意"，據其音則但當用"掀轟"二字。

1723 厮炒　《國老談苑》："潘邠老詩多犯老杜，王直方云：'老杜復生，須與潘十厮炒。'"《朱子集·與楊子直簡》亦有"厮炒"字。按：《說文》："訬，擾也。"《博雅》："訬，獪也。"則"炒"當以从言爲正。又"厮攪"，見《歐陽文忠集》，其《謝梅聖俞簡》云："家人見誚，好時節將詩去人家厮攪，不知吾輩用以爲樂。"

1724 頑[3]　陳造《田家謡》："小婦初嫁當少寬，令伴阿姑頑過日。"自注："房俗謂嬉爲頑。"

1725 作　《蔡寬夫詩話》："吳人以'作'爲佐音，退之《方橋》詩：'非閣復非船，可居兼可過。君欲問方橋，方橋如此作。'用此音也。"《苕溪漁隱叢話》："老杜有'主人送客無所作'句，則老杜固先用此方言矣。"按："作"字去聲，其音有二：一入二十一《箇》，梁江洪《紅牋》詩："雜彩何足奇，唯紅偏可作。灼爍類蕖開，輕明似霞破。"更在杜、韓二公先也；一入七《遇》，其來甚遠。《莊子》："行修于内者，無位而不作。"《音義》云："作，在路反。"《荀子》："肉腐出蟲，魚枯生蠹。貪利忘身，裁禍乃作。""作"與"蠹"叶爲韻語。《漢書·景帝紀》注："民語曰：'金可作，世可度。'"《後漢書·廉范傳》："民歌曰：'廉叔度，來何暮。不禁火，民安作。昔無襦，今五袴。'"古詩："微物雖輕，拙手所作。餘帛三丈，爲郎別厝。"所叶皆七《遇》字也。唐開元宮人詩"戰袍經手作"，寒山詩"一生嬾惰作"，如此類者，悉當讀爲去聲。今世俗別書"做"字，僅釋氏語錄及元雜劇曾偶見之。

---

① "公羊"當爲"穀梁"，見《穀梁傳·文公十一年》。

② 黄侃：即"婆娑"、"媻姍"、"媻嫯"、"勃屑"之轉。

③ 黄侃：即"玩"字。

卷十三　交際

1726 合志同方　見《禮・儒行》。

1727 想望風采　《漢書・霍光傳》:"天下想聞其風采。"《後漢・趙壹傳》:"士大夫咸想望其風采。"

1728 不期而會　《穀梁傳》:"不期而會曰遇。""貫之會,不期而至者,江人、黄人也。"《史記・周本紀》:"諸侯不期而會盟津者八百。"

1729 無因至前　《史記・鄒陽傳》:"明月之珠,夜光之璧,以闇投人于道路,人無不按劍相眄者。何則?無因而至前也。"

1730 聞呼卽至　《南史・陳慶之傳》:"梁武帝好棋,每從夜至旦不輟。慶之聞呼卽至,甚見親賞。"

1731 相視莫逆　《莊子・大宗師》:"三人相視而笑,莫逆于心,遂相與友。"

1732 何相見之晚　《史記・主父偃傳》:"天子召見,謂曰:'公等安在?何相見之晚也!'"《後漢書・第五倫傳》:"鮮于褒謂倫曰:'恨相知晚。'"《宋史》王昭素、王登仁[①]傳竝有"相見之晚"語。

1733 數見不鮮　《史記・陸賈傳》:"一歲中率不過再三過,數見不鮮,無久慁公爲也。"注曰:"新殺曰鮮。謂時時來見,不必鮮美作食。"按:今直以習見爲不鮮美,非。

1734 生毋相見,死毋相哭　《公羊傳・隱三年》:"宋繆公逐其二子云云。"按:俚俗絶人辭曰"活不見面,死不臨喪",卽斯言。

1735 傳聞不如親見　《荀子・儒效篇》:"聞之不若見之。"《後漢書・馬援傳》:"傳聞不如親見,視影不如察形。"《水經・江水》注:"峽中水疾,悉以臨懼相戒,曾無稱山水之美。及余踐躋至此,始欣然信之,耳聞不如親見也。"

1736 千聞不如一見　《漢書・趙充國傳》:"百聞不如一見,臣願馳至金城,

① "仁"字衍,見《宋史・王登傳》。

圖上方略。"《陳書·蕭摩訶傳》:"侯安都謂曰:'卿驍勇有名,千聞不如一見。'"

1737 聞名不如見面　《北史·列女傳》:"房景伯爲太守,有不孝者,欲案之,入白其母。母曰:'吾聞聞名不如見面,小人未見禮教,但呼其母子來,令其見汝事吾,或應自改。'"

1738 所見不逮所聞　《唐書·崔信明傳》:"鄭世翼遇信明江中,謂曰:'聞公有楓落吳江冷,願見其餘。'信明欣然出多篇。世翼覽未終,曰:'所見不逮所聞。'引舟去。"

1739 聞所聞而來,見所見而去　《晉書·嵇康傳》:"康謂鍾會:'何所聞而來?何所見而去?'會云云。"

1740 招之不來,麾之不去　《史記·汲黯傳》:"莊助曰:'至其輔少主,守堅城,招之不來,麾之不去,雖自謂賁育亦不能奪之。'"又《文子·自然篇》:"所謂無爲者,非謂其引之不來,推之不去也。"

1741 挽不留,推不去　《晉書·鄧攸傳》:"百姓數千留牽攸船,歌曰:'鄧侯挽不留,謝令推不去。'"又黄庭堅《跛奚文》:"三嫗挽不來,兩嫗推不去。"陳師道詩:"俗子推不去,可人費招呼。"

1742 來處來,去處去　《藝文類聚》[①]:"李紳鎮江東,用法嚴明。有龜山寺僧黠而辨,欲以因果勸諭,儼然造謁。紳問:'阿師從何來?'答曰:'貧僧從來處來。'紳卽予以杖而逐之曰:'任汝從去處去。'"

1743 乘興而來,興盡而反　見《晉書·王徽之傳》。

1744 廢然而反　《莊子·德充符》:"適先生之所,則廢然而反。"

1745 怱怱告别　杜甫詩:"相逢惟衮衮,告别莫怱怱。"按:"怱"字,《説文》作"悤",解云:"多遽悤悤也。"《晉書·王彪之傳》"無故悤悤",正作悤。王愔《文字志》:"張芝怱怱不暇草書。"《南史》:"雍州童謡:'莫怱怱,且寬公。'"及工部此詩,皆變體爲"怱"。《説文》别有"勿"字,解云:"州里所建旗,以之趣民,故遽稱勿勿。"王右軍帖"頓乏勿勿",陸雲《與平原書》"南去轉遠,洛中勿勿少暇",杜牧詩"浮生長勿勿",所用則俱"勿"字。近俗書"怱"字,往往省去其心,形與"勿"類,而其義又同爲遽,昧者遂疑二字爲一,附辨正之。

1746 千里相送,終于一别　《廣人物志》李勣别張文瓘引諺云。

1747 樂莫樂兮新相知,悲莫悲兮生别離。　《離騷經》辭。又《水經注》引《琴操》:"杞殖死,其妻援琴作歌云云。"

---

① "《藝文類聚》"當爲"《雲谿友議》",見《雲谿友議》卷上。

1748 丈夫非無淚,不灑離别間 陸龜蒙詩。

1749 别時容易見時難 見鄭廷玉《楚昭公》曲。

1750 人生何處不相逢 《歸田錄》:"寇忠愍準貶雷州司户時,丁晉公、馮相拯同在中書省。丁當秉筆,欲貶崖州,忽自疑,語馮曰:'崖州再涉鯨波如何?'馮唯唯,乃擬雷州。及丁之貶,馮遂擬崖州。當時好事者相語曰:'若見雷州寇司户,人生何處不相逢。'"

1751 猶恐相逢是夢中 白居易詩:"久别偶相逢,猶疑是夢中。"

1752 稠人廣衆 《史記·武安君傳》:"在己左者,愈貧賤,尤益禮敬,與鈞。稠人廣衆,薦寵下輩。"《後漢[1]·江革傳》:"臨淄令楊音高之,設特席,顯異巨孝于稠人廣衆中。"

1753 旁若無人 《史記·刺客傳》:"已而相泣,旁若無人。"《晉書·王澄傳》:"探鵲鷇弄之,神氣蕭然,旁若無人。"《謝尚傳》:"著衣幘作鸜鵒舞,俯仰在中,旁若無人。"《郭文傳》:"頹然踑踞,旁若無人。"《王敦傳》:"振袖揚枹,神氣自得,旁若無人。"《王猛傳》:"被褐談當世之事,捫蝨而言,旁若無人。"

1754 難爲人 《禮·表記》:"君子以義度人,則難爲人。"

1755 以貌取人 《史記·弟子傳》:"以貌取人,失之子羽;以言取人,失之宰予。"

1756 舍己從人 見《書·大禹謨》。

1757 咄咄逼人 《法帖釋文》:"王逸少學衛夫人眞書,咄咄逼人。"

1758 掩人不備 《白虎通》:"襲者行不假途,掩人不備也。"《韓詩外傳》:"孟子妻獨居,踞。孟子欲出之,母曰:'爾何掩人不備也?'"

1759 求人不如求己 《文子·上德篇》:"怨人不如自怨,求諸人不如求之己。"張端義《貴耳集》:"孝宗幸靈隱,見觀音像手持數珠,問曰:'何用?'僧淨輝對曰:'念觀世音菩薩。'問:'自念則甚?'對曰:'求人不如求己。'"

1760 君子不奪人所好 《指月錄》:"秀才問趙州曰:'佛不違衆生所願,是否?'曰:'是。'曰:'某甲欲覓和尚手中拄杖,得否?'曰:'君子不奪人所好。'曰:'某甲不是君子。'曰:'我亦不是佛。'"

1761 爲人須爲徹 見《元曲選》關漢卿《望江亭》。又《爭報恩》云:"救人須救徹。"

1762 能殺人,能活人 《五燈會元》:"歸省曰:'此宗門中,亦能殺人,亦能活

① "後漢"當爲"後漢書補逸",見《後漢書補逸》卷一五。

人。殺人須得殺人刀，活人須得活人句。'"

1763 不信人直　又："僧再問向上事，嗣元曰：'好不信人直。'"

1764 爲人所引　《晉書·劉聰載記》："爲他人所引，遂成癡也。"

1765 爲人所嗾　《北史·宋弁傳》："李沖頗抑宋氏，弁恨沖而與李彪結交。及彪抗沖，沖曰：'汝如狗耳，爲人所嗾。'"按：嗾，蘇后切，使狗聲。

1766 含血噴人　《羅湖野錄》："崇覺空嘗頌野狐話，曰：'含血噴人，先污其口。百丈野狐，失頭狂走。'"

1767 惡水潑人　《傳燈錄》："洪儼謂僧：'莫將惡水潑人好！'"《渭南集·敷淨人贊》："敷道者，一短褐，欠箇甚麽，更要惡水潑。"

1768 人看人　《萬姓統譜》載宋熊知至《觀燈》詩："樓臺上下火照火，車馬往來人看人。"又《友溪[1]乙稿》：《燈夕》詩："樓臺拼飲夜不夜，羅綺飄香人看人。"

1769 不將人做人看　《朱子語録》："柳下惠任袒裼裸裎于我側，分明是不將人做人看了。"

1770 疑人勿用，用人勿疑　《宋史》[2]謝泌《論宰執不許接客》引古人曰："疑則勿用，用則勿疑。"又《金史·熙宗紀》："疑人勿使，使人勿疑。"

1771 責人則明，恕己則昏　《小學》述范忠宣戒子弟語。

1772 等人易得久，瞋人易得醜　徐度《却掃編》："石林公言吳中俚語若'等人易得久，瞋人易得醜'，雖鄙亦甚有理。"

1773 此處不留人，會有留人處　《平陳錄》："張貴妃權寵，沈后經半年不得御，陳主當御沈后處，暫入即還，謂后曰：'何不見留？'贈以詩云：'留人不留人，不留人也去。此處不留人，會有留人處。'"《大業拾遺記》："麗華拜帝一章，辭以不能，麗華笑曰：'嘗聞此處不留儂，會有留儂處。安可言不能？'帝强爲之掾掾。"字句小别。

1774 得饒人處且饒人　《西溪叢語》："蔡州有一道人善棋，凡對局，輒饒人一先，有詩云：'自出洞來無敵手，得饒人處且饒人。'"《老學庵筆記》："紹興末，朝士多饒州人。時有監察發薦京官狀，以關節欲與饒州人。或規其當先孤寒，監司者憤然曰：'得饒人處且饒人。'時傳以爲笑。"

1775 他是何人我是誰　見高則誠《琵琶》曲。

1776 知人知面不知心　見《元曲選》尚仲賢《單鞭奪槊》、孟漢卿《魔合羅》

---

① "溪"當爲"林"，見《文淵閣四庫全書》集部《友林乙稿》。

② "《宋史》"當爲"《宋文鑑》"，見《宋文鑑》卷四二。

二劇。

1777 三人同行小的苦　又關漢卿《蝴蝶夢》曲。

1778 人客　杜甫《感懷[①]》詩："問知人客姓，誦得老夫詩。"白居易《酬周從事》詩："腰痛拜迎人客倦。"[②]

1779 殘客　《梁書》："張纘與何敬容意趣不協，敬容居權軸，賓客輻輳，有詣纘，輙拒不前，曰：'吾不能對何敬容殘客。'"

1780 卒客無卒主　《朝野僉載》："婁師德出使并州，驛將具飯麄，自稱死罪。婁曰：'卒客無卒主人，亦復何損？'"

1781 不速之客　見《易·需卦》。

1782 入幕之賓　《晉書·郗超傳》："謝安曰：'郗生可謂入幕之賓矣。'"

1783 神交　《山濤别傳》："阮藉、嵇康，濤初不識，一與相遇，便爲神交。"《南史·阮孝緒傳》："隱居不交當世，劉訏造之，卽願神交。"按：杜詩云"神交作賦客"，謂宋玉也。依此則雖于古人，亦可言神交。平交，李白詩："府縣盡爲門下客，王侯皆是平交人。"

1784 口頭交　孟郊詩："面結口頭交，肚裡生荆棘。"

1785 勢利交　《漢書·張耳陳餘傳贊》："勢利之交，古人羞之。"《文中子》："以勢交者，勢傾則絕；以利交者，利窮則散。"

1786 交不著　《劉貢父詩話》："蘇子美魁偉，與宋中道竝立，宋穎利而么麽，下睞之，笑曰：'交不著。'蓋京師市井語也。"

1787 水火無交　《漢書·孫寶傳》："杜門不通水火。"《隋書·趙軌傳》："轉齊州别駕，水火不與百姓交。"

1788 没交涉　《傳燈錄》："石頭遷謂藥山儼：'言語動用没交涉。'儼曰：'非言語動用亦没交涉。'遷然之。"范成大詩："春雖與病無交涉，雨莫將花便破除。"

1789 不干涉　《金史·撒离喝傳》："撻不野曰：'太師梁王以陜西事屬公，不野固不敢干涉。'"

1790 不相干　《淮南子·原道訓》："聖人使人各處其位，守其職，而不得相干也。"又《兵略訓》："前後不相撚，左右不相干。"《太玄經》："陰守户，陽守門，物莫相干。"按：干者，犯也。故《衛玠傳》云："非意相干，可以理遣。"今北方人謂無妨礙曰"不相干"是也。南方乃以爲不得當之詞，于義未通。

---

① "感懷"當爲"遣興"，見《全唐詩》卷二二四。

② 此處《函海》本有：今云客來爲"人客來"，本此詩。

1791 有關涉　《史記·梁孝王世家》:"有所關説。"《索隱》曰:"是有所關涉之説于帝也。"

1792 有緣　《儀禮·士相見禮》:"願見無由達。"注:"言無因緣以自達也。"魯褒《錢神論》[①]:"人亦有言,有因有緣。"《古爲焦仲卿妻》詩:"下官奉使命,言談大有緣。"《魏志·董昭傳》:"昭説張楊曰:'曹君故當結之,況今有緣。'"《北史·齊宗室傳》:"後主泣啓太后曰:'有緣,更見家家;無緣,永别。'"

1793 有内應　《漢書·谷永傳》:"永自知有内應,展意無所依違。"

1794 有外心　《左傳·昭三年》:"罕虎謂楚曰:'而固有外心。'"《史記·范雎傳》:"公前以雎有外心。"《吕氏春秋·孝行覽》:"有爲人妻者常外藏,姑妐知之,曰:'爲我婦而有外心,不可畜。'因出之。"

1795 有他心　漢樂府《芳樹篇》:"君有他心,樂不可禁。"又《有所思篇》:"聞君有他心,拉雜摧燒之。"

1796 不見亮　《魏志·杜恕傳》注:"若不見亮,使人刳心著地,正與數斤肉相似,何足有所明。"[②]

1797 不採[③]　《北齊書》:"後主皇后穆氏母名輕霄,本穆子倫婢也。后既立,以陸大姬爲母,更不採輕霄。"按:近俗别作"睬"字,《字彙補》云:"倸睬,俗言也,詞家用之。"

1798 不敢欺　《戰國策》:"周顔率謂齊王曰:'不敢欺大國。'"《史記·滑稽傳》:"西門豹治鄴,民不敢欺。"

1799 不敢攀　古《碧玉歌》:"碧玉小家女,不敢攀貴德。"

1800 不背本　《左傳·成九年》:"范文子曰:'楚囚言稱先職,不背本也。不背本,仁也。'"《周語》:"單襄公謂孫周:'爲晉休戚,不背本也。'"《漢書·陳平傳》:"封平户牖侯,曰:'臣非魏無知,無以至今日,請以臣爵賞之。'帝曰:'若卿可謂不背本矣。'"按:《史記·外戚世家》:"棄捐吾女,壹何不自喜而倍本乎?""倍"、"背"古字通。

1801 不忘本　《晉書·杜預傳》:"邢山有鄭大夫冢,連山體南北之正,而邪東北,向新鄭城,意不忘本也。"按:其語本《禮·檀弓》。

1802 不受籠絡　《宋史·胡安國傳》:"中丞許翰曰:'蔡京得政,士大夫無不

---

① "魯褒《錢神論》"當爲"《晉書》",見《晉書·李密傳》。

② 此處《函海》本有:今作"諒",非。

③ 黄侃:"采"猶取也。

受其籠絡，超然遠舉不爲所污如安國者實鮮。'"

1803 無怨無德 《左傳·成三年》知罃云。

1804 背故向新 《潛夫論·交際篇》："思遠而忘近，背故而向新。"

1805 白頭如新，傾蓋如故 《史記·鄒陽傳》引諺云云。《説苑》[①]作"白頭而新，傾蓋而故"。"而"、"如"古通用。

1806 同業相仇 《素書》："同美相妒，同業相仇。"

1807 同病相憐 《吳越春秋》："子胥述河上歌曰：'同病相憐，同憂相捄。'"《南史·任昉傳》："同病相憐，綴河上之悲曲；恐懼寘懷，知[②]《谷風》之盛典。"又《亢倉子·用道篇》："同病者相愛，同壯者相嫉。"

1808 相與 《吕覽·愼行論》："爲義者始而相與，久而相信，卒而相親。"《史記·滑稽傳》："歡然道故，私情相與[③]。"《後漢書·馮魴傳》："今日相與，尚無所顧。"

1809 相好 《左傳·成十三年》："吕相曰：'昔我獻公及穆公相好，戮力同心。'"《孔叢·雜訓篇》："縣子曰：'吾聞同聲[④]者相好。'"《三國·吳志》："某與孔北海親非骨肉，特以名志相好，有分災共患之義。"

1810 舊相識 《左傳·襄二十九年》："季札聘鄭，見子産，如舊相識。"

1811 半面之識 《東觀漢記》："應奉嘗詣袁賀，賀時將出行，閉門造車，匠于閤中開扇出半面視。奉去後數十年，于路見車匠，識而呼之。"

1812 對面不相識 《傳燈録》："石霜往見楊大年，楊言：'對面不相識，千里却同風。'"按：元雜劇所云"無緣對面不相逢，有緣千里能相會"，本于此也。

1813 相識滿天下 《五燈會元》資國圓進山主語。

1814 冤有頭，債有主 又劍門安分庵主語。

1815 五百年前共一家 見《元曲選》張國彬《合汗衫》、鄭廷玉《忍字記》兩劇。

1816 東道主 《左傳·僖三十年》："燭之武見秦伯曰：'若舍鄭以爲東道主，行李往來，共其乏困，君亦無所害。'"《南史》："王僧辨討侯景，晉州刺史魯廣達出境迎接，資奉軍儲。僧辨謂沈炯曰：'魯晉州亦是東道主人。'"按：世俗謂主人曰"東家"，具觴欵客曰"作東道"，竝因《左傳》語也。不知鄭在秦東，故曰"東

① "説苑"當爲"新序"，見《新序·杂事》。
② "知"當爲"昭"，見《南史·任昉傳》。
③ "與"當爲"語"，見《史記·滑稽列傳》。
④ "聲"當爲"志"，見《孔叢子·雜訓》。

道"。若漢光武謂耿弇曰"是我北道主人",北魏孝武帝謂咸陽王曰"昨得汝主簿爲南道主人","北道"、"南道"俱有所出,則不當概以"東道"言矣。陸燦《庚巳編》云:"《禮記》'主人就東階,客就西階',故諺呼主人爲東道。"此因其窒礙變通,然可備一説。

1817 爲主　《周禮·司市》:"大市,日昃而市,百旅[1]爲主;朝市,朝時而市,商賈爲主;夕市,夕時而市,販夫販婦爲主。"注云:"主謂其多者。"按:今凡處一事、立一言,皆云以何爲主,本于此。

1818 分朋　《北史·長孫晟傳》:"開皇十九年,賜射于武安殿,選善射十二人,分爲兩朋。"《舊唐書·郝處俊傳》:"上元元年,大酺。京城四縣及太常音樂,分東西兩朋。"又《國史補》:"天寶中,禮部貢院有劉長卿、袁成用,分爲朋頭。"

1819 行李　《左傳正義·襄八年傳》:"一介行李。"杜預云:"行李,行人也。"《昭十三年傳》:"行理之命。"杜預云:"行理,使人。"《周語》:"敵國賓至,關尹以告,行理以節逆之。"賈逵云:"理,吏也,小行人也。"孔晁注:"本亦作李字。"然則兩字通用。按:《史記·天官書》"熒惑爲李"徐廣注:"外則理兵,内則理政。"《漢書·藝文志[2]》《黄帝李法》一篇,師古注:"李者,法官之號。"《北史·敘傳》:"李氏先爲堯之理官,因爲氏。"《管子》書"大理"皆作"大李",兩字通用,誠不誣也。蓋"李"者治也,猶俗云"料理"也。世未有不料理而行者,故謂使曰"行李"。《資暇錄》言:"古文使字作岑。《左傳》'行李'乃是行使,後人悮爲李字。"恐是曲説。然"行李"總以人言,世俗但爲資裝之稱,大非。

1820 信　《東觀餘論》:"古者謂使爲信,故逸少帖云'信遂不取',答眞誥云'公至山下,又遣一信見告',《謝宣城傳》云'荆州信去倚待',陶隱居帖云'明旦信還,仍過取反'。凡言信者,皆使人也。今之流俗以遺書餽物爲信,遂謂之書信,而不知前人之語不然。"《丹鉛錄》:"古樂府'有信數寄書,無信長相憶',可證信之必爲使人。"《日知錄》:"以使爲信,始見自東漢以下。若古人所謂信者,乃符驗之别名,如今人言印信、信牌之信,故梁武帝《賜到溉連珠》曰:'研磨墨以騰文,筆飛豪以書信。'而今人遂有書信之名。"

1821 物色　《後漢書·嚴光傳》:"光武令以物色訪之。"《晉書·明帝紀》:"王敦使五騎物色追帝。"《唐書·李泌傳》:"肅宗卽位靈武,物色訪求。"《宋史·趙普傳》:"太祖曰:'若塵埃中可識天子、宰相,則人皆物色之矣。'"按:《禮·月

① "旅"當爲"族",見《周禮·地官·司市》。
② "藝文志"當爲"胡建傳",見《漢書·胡建傳》。

令》:"仲秋之月,命宰祝察物色。"物色,始見于此,本義謂犧牲之色也。人形貌亦有大小、肥瘠、黝皙之不同,與物相等,因即借爲辭耳。然此二字未嘗竟以代察訪用。

1822 先容 《史記·鄒陽傳》:"左右先爲之容。"

1823 中人 曹植樂府:"龍欲升天須浮雲,人欲①仕進待中人。"《晉書·李密傳》:"常望内轉,而朝廷無援。作詩曰:'人亦有言,有因有緣。官無中人,不如歸田。'"按:魯褒《錢神論》亦云"仕無中人",而今惟貨産交易有所謂中人者,其義實即相因。

1824 居間 《史記·灌夫傳》:"賓客居間,遂止,俱解。"《游俠傳》:"邑中賢豪居間者以十數。"

1825 作保 拾得詩:"爲他作保見,替他説道理。"

1826 强中 《潛夫論·斷訟篇》:"貞潔寡婦,或貪其財賄,彊中欺嫁,迫脅遣送。"按:"彊"、"强"字通,元人《鴛鴦被》劇有"强媒硬保"語。

1827 撮合山 《元曲選》馬致遠《陳摶高卧》、喬孟符《揚州夢》、鄭德符《㑳梅香》俱用此語,俚俗以爲媒之别稱。

1828 明輔 又張國賓《薛仁貴》劇有"做箇明輔"語,猶云作證見也。鄭廷玉《楚昭公》劇作"盟府"。

1829 替人 《北史·陳元康傳》:"司馬子如與孫搴劇飲,醉甚而卒,神武命求好替。"《唐書·文藝傳》:"杜審言病甚,宋之問、武平一等省候何如。答曰:'我在,久壓公等,但恨不見替人。'"

1830 冤家 《朝野僉載》:"梁簡文之生,寶志謂武帝:'此子與冤家同年,其年侯景亦生于雁門也。'"《道山清話》:"彭汝礪晚娶宋氏,有姿色,承順恐不及,臨卒書'夙世冤家'四字。"鍾嗣成《點鬼簿》:"沈和甫撰《歡喜冤家》曲本,極爲工巧。"按:諺所云"不是冤家不聚頭",見元高則誠、鄭廷玉曲。

1831 勢利塲 劉克莊詩:"舉世爭馳勢利塲,君于冷處看人忙。"

1832 散塲 《指月錄》:"性空妙普庵主偈:'鐵笛横吹作散塲。'"

1833 分頭 元稹《别李十一》詩:"一程那忍便分頭。"杜荀鶴《送弟》詩:"干戈鬧日分頭去。"

1834 等 《傳燈録》:"布袋和尚在街衢立,或問:'作甚麽?'曰:'等箇人。'"唐路德延《小兒》詩:"等鵲潛籬畔,聽蛩伏砌邊。"按:以俟爲等,俗言也。宋人詩

---

① "欲",《曹子建集》卷六《當墻欲高行》作"之"。

亦屢用之，如范成大云："州橋南北是天街，父老年年等駕迴。"史彌寧云："山院清吟雪作堆，錦囊開口等詩來。"

1835 看　《韓非·外儲説》："梁車新爲鄴令，其姊往看之。"《世説》："陳仲舉爲豫章太守，至，便問徐孺子所在，欲先看之。"又："周鎮泊青溪渚，王丞相往看之。""王恭從會稽還，王大看之。"按：世以尊者造候卑者爲"看"，其言古矣。

1836 應酬　王令詩："清坐想高絶，語言誰應酬。"陸游詩："老來萬事嬾，不獨廢應酬。"

1837 相煩　《後漢書·馬援傳》："丞掾之任，何足相煩。"《晉書·宣帝紀》："此不足以勞君，事欲必克，故以相煩耳。"《慕容垂載記》："子母之軍，殆難爲敵，非冠軍英略，莫可以滅。欲相煩一行可乎？"又"奉煩"，見白居易《和元微之詩序》。序云："微之以近作四十三首命和，題曰：'奉煩只此一度，幸勿見辭。'"

1838 見惠　《本事詩》："李司徒大開筵席，女奴百餘人皆殊色。杜舍人問云：'聞有紫雲者，孰是？'李指示之，杜凝睇良久曰：'名不虚得，宜以見惠。'"《許丁卯集·謝人贈鞭》有"蜀國名鞭見惠稀"句。

1839 見外　《搜神記》：董元範屈李楚賓："願過敝舍，無見外也。"[①]

1840 久闊　《蜀志·許靖傳》："久闊情慉，非夫筆墨所能寫陳。"《晉書·樂廣傳》："嘗有親客，久闊不復來。"劉長卿詩："一展慰久闊，寸心仍未伸。"陳與義詩："城東陳孟公，久闊今何如。"

1841 枉顧　《漢書·淮南王傳》："子高乃幸左顧。"師古注："左顧，猶言枉顧。"又《司馬相如傳》："先生又見客。"師古注："見客，若今人自稱見顧耳。"

1842 光臨　曹植《七啓》："幸見光臨。"

1843 空造　《潛夫論·交際篇》："貧賤難得適也。空造以爲無意，奉贄以爲欲貸。"

1844 致意　《漢書·朱博傳》："遣吏存問致意。"《晉書·簡文帝紀》："謂郗超曰：'致意尊公。'"《孫綽傳》："桓温見綽表，曰：'致意興公。'"

1845 遵教　《漢書·萬石君傳》："子孫遵教如之。"

1846 獻疑　《列子·湯問篇》説愚公移山事，"其妻獻疑"。

1847 得罪　《韓詩外傳》："麥丘叟爲齊桓公壽：'無使羣臣百姓得罪于吾君，無使吾君得罪于羣臣百姓。'桓公不説。叟曰：'子得罪于父，可因姑姊妹謝也；臣得罪于君，可因左右謝也。昔者桀紂得罪于臣民，至今未有爲謝者也。'桓公

---

① 此處《函海》本有："見外"始此。

曰：'善。'"《晏子春秋》作景公事。

1848 開罪 《戰國策》："范雎對秦王曰：'臣東鄙之賤人也，開罪于魏，遁逃來奔。'""孟嘗君謝馮煖曰：'文性懧愚，沉于國家之事，開罪于先生。'"

1849 借重 王銍《跋范仲淹墓志》："魏泰作碧雲騢，假名梅聖俞毀范文正。文正與梅公立朝同心，詎有異論？特聖俞子孫不耀，故挾之借重以欺世。"[①]

1850 隨和 《漢書·梅福傳》："蹈藉名都大郡，求黨與，索隨和。"李奇注曰："求索與己和及隨己者。"

1851 趂哄 《過庭錄》："温公曰：'范淳父不是趂哄的人。'"

1852 打閧 《朱子語錄》："居肆亦有不成事，如閒坐打閧過日底。"按：元人《陳摶高卧》曲云"乾打哄"，亦用"哄"字。

1853 一般見識 《元曲選》武漢臣《老生兒》劇有"和你一般見識"語。

1854 爭長競短 《宋文鑑》黄庭堅《書寄祝有道》[②]曰："人家兄弟無不義者，蓋因娶婦入門，異姓相聚，爭長競短，漸漬日聞，以至背戾，分門割户。"

1855 表情見意 《白虎通》："人之相拜者何？所以表情見意。"

1856 託夢 王粲詩："回身入空房，託夢通精誠。"《三國志》注："蔣濟亡兒托夢其母曰：'我今爲泰山伍伯。'"《搜神記》："琅邪顔畿死，託夢家人曰：'我當復活，愼無葬我。'"

1857 尋夢 李賀詩："大江翻瀾神曳烟，楚魂尋夢風颸然。"按：湯玉茗劇"尋夢"二字本此。

1858 分餘光 《列女傳》："齊女徐吾，夜績而燭不繼，謂鄰婦曰：'一室之中，益一人，燭不爲闇；去一人，燭不爲益明，何愛東壁餘光？幸分之。'"

1859 旁得香氣 《大智度論》："譬如妙香，一人賣，一人買，旁人在邊，亦得香氣。"

1860 近朱者赤，近墨者黑 見傅休奕《太子少傅箴》。又淨住子："近墨必緇，近朱必赤。"王績[③]文："化赤漸乎鄰丹，爲黔資乎邇墨。"又云："麗朱者丹，附墨者黑，蓋漸累而得之也。"

1861 如膠如漆 《韓詩外傳》："子夏曰：'實之與實，如膠如漆。'"《韓非子》："堯無膠漆之約于當世而道行。"《後漢書·獨行傳》："膠漆自謂堅，不如雷與

---

① 此處《函海》本有：按：書見《説郛》内，今無單行者。

② "黄庭堅《書寄祝有道》"當爲"柳開《穆夫人墓誌銘》"，見《宋文鑑》卷一三九、柳開《河東集》卷一四。

③ "王績"當爲"劉知幾"，見《文苑英華》卷九二《思慎賦》。

陳。”古詩：“以膠投漆中，誰能别離此。”

1862 半生半熟　《拊掌録》：“北都有妓，舉止生硬，士人謂生張八，乞詩魏野，野贈詩云：‘君爲北道生張八，我是西州熟魏三。莫怪尊前無笑語，半生半熟未相諳。’”

1863 熟脱　《吹景録·法華文句第一》云：“但成佛時而熟脱之。”吾里謂熟習者曰熟脱，本此。

1864 親密　《三國志·吴五子傳》：“張温言：‘中庶子官最親密。’”嵇康《家誡》：“所居長吏，但宜敬之，不當極親密。”魯褒《錢神論》：“贏二雖少，以致親密。”

1865 孤獨　《史記·魯仲連傳》：“挾孤獨之位。”《易林》：“孤獨特處，莫依爲輔。”

1866 將將朶朶①　莊綽《雞肋編》：“世俗以手引小兒學行謂之朶，有‘將將朶朶’之謡。”按：《易》正義釋“朶頤”云：“朶是動意，如手之捉物，謂之朶也。”《廣韻》别有“跢”字，丁佐切，訓“小兒行”。《集韻》轉平聲，訓“携幼行也”。《類篇》又作“躍”，音與朶同。躍躍，小兒行態。“將”，《爾雅》云：“送也，資也。”謂資輔以送其行也。《説文》作“腁”，云：“扶也。”《儀禮》凡言“相將”，皆謂彼此相扶助。《晉書·載記》：“諸將謂姚萇曰：‘陛下將牢太過。’”注云：“將牢，猶俗言把穩。”《廣畫録》有“乳母將嬰兒圖”。“將將朶朶”之謡，義真而詞遠矣。

1867 暗中摸索②　劉餗《隋唐佳話》：“許敬宗性輕傲，見人多忘之。或謂其不聰，曰：‘卿自難識，若遇何、劉、沈、謝，暗中摸索著亦可識。’”按：今悉以此爲科場閲選之語，其實無關也。“索”一作“揉”，《集韻》：“摸揉，捫搎也。”

1868 提挈　《漢書·張耳傳》：“以兩賢左提右挈。”師古曰：“提挈言相扶持也。”

1869 提拔　《南史·衡陽公諶傳》：“弟誄謂蕭季敞曰：‘君不憶相提拔時耶？’”《庾子山集》：“天澤沛然，謬垂提拔。”③

1870 優貸　《後漢書·袁安傳》：“足示中國優貸，而使邊人得安。”《南史·謝述傳》：“先朝舊勳，宜蒙優貸。”

1871 擡舉　白居易詩：“院名擡舉號爲賢。”元稹④詩：“大都只在人擡舉。”

① 黄侃：當爲“趓趓”，與“差池”、“蹉跎”同意。
② 黄侃：“索”正作“冢”。
③ 此處《函海》本有：“提拔”二字，始于六朝。
④ “元稹”當爲“白居易”，見白居易《霓裳羽衣歌·和微之》。

又《咏牡丹》詩:"風光肯擡舉,猶可暫時看。"張元晏《謝宰相啓》:"驟忝轉遷,盡由擡舉。"

1872 照管　《歐陽公集·與焦千之簡》云:"某不久出彊,欲且奉託照管三數小子。"又《與弟焕》云:"大小墳域,與掛意照管。"《東坡尺牘·答潘彦明》云:"吳待制謫居,不免牢落,望諸君一往見之,諸與照管。"又《答徐宜①之》云:"詹使君,仁厚君子也,極蒙他照管。"《楊誠齋集·插秧歌》:"秧根未牢時②未匝,照管鵞兒與鶵鴨。"③

1873 號召　《管子·小匡篇》:"游士八千人,奉之以車馬衣裘,多其資糧,出游于四方,以號召收求天下之奇士。"《漢書·陳勝傳》:"據陳數日,號召三老豪桀會計事。"《唐書·劉文靜傳》:"今汾、晉避盜者皆在,一朝號召,十萬衆可得也。"

1874 奉承　《書》:"予思日孜孜。"傳:"禹言己孜孜不怠,奉承臣功而已。"《左傳》:"嬰齊受命于蜀,奉承以來,不敢失隕。"《後漢書·樊準傳》:"朝廷雖勞心元元,事從省約,而在職之吏,尚未奉承。"按:諸皆奉禮奉法之謂,而世以趨奉尊貴言之,謬矣。然復别有因也,《小學》范質《示從子杲》詩:"舉世好承奉,昂昂增意氣。不知承奉者,以爾爲玩戲。"蓋今世所云"奉承",乃因"承奉"之詞上下相悞易耳。

1875 調停　《周禮·調人》:"掌司萬民之讐而調和之。"④《言鯖》:"今此職官不舉,而凡親友于兩造相關切者,爲之調停解釋,猶存古意。"

1876 商量　《易》"商兑"注:"商量裁制之謂也。"《曲禮》"商祭"注:"商猶量也,量度燥濕得中用之也。"⑤

1877 計較　《漢書·賈誼傳》:"反脣相稽。"注云:"相與計較也。"《三國志·孫堅傳》:"夜馳見袁紹⑥,畫地計較。"按:一以爭論爲"計較",一以商量爲"計較",今皆言之。

1878 安慰　《古焦仲卿妻》詩:"時時爲安慰,久久莫相忘。"杜甫詩:"未暇申安慰,含情空激揚。"

---

① "宜"當爲"得",見《蘇軾文集》卷五七。

② "時"當爲"莳",見《誠齋集》卷一三。

③ 此處《函海》本有:是"照管"二字,宋以前已有之。

④ "讐"當爲"難"、"調"當爲"諧",見《周禮·地官·調人》。

⑤ "商猶量也"爲鄭玄注,"量度燥濕得中用之也"爲孔穎達疏,見《禮記注疏》卷五。

⑥ "紹"當爲"術",見《三國志·吳志·孫堅傳》。

1879 尋趁　洪覺範詩:“富貴功名苦尋趁。”

1880 交割　《抒情詩》:“唐尚書李曜罷歙州,有佐酒録事媚川,素頗留意,臨發洪飲,不勝離情,有詩曰:‘今日臨行盡交割,分明收取媚川珠。’”

1881 請託　《漢書·何武傳》:“欲除吏,先爲科例以防請託。”

1882 吹噓　《方言》:“吹,助也。”注云:“吹噓,相佐助也。”《北史》盧思道曰:“翦拂吹噓,長其光價。”

1883 慫慂　《方言》:“已不欲喜而旁人説之,不欲怒而旁人怒之,謂之慫慂。”又云:“相勸曰聳,中心不欲而由旁之勸語亦曰聳。”按:“慫”、“聳”二字古通用也。又“從容”亦通作“慫慂”,《史記·衡山王傳》“日夜從容”。

1884 攛掇[①]　《康熙字典》:“俗謂誘人爲非曰攛掇。”朱子《答陳同甫書》:“告老兄且莫相攛掇。”《元典章》:“禁宰殺文書到呵,攛掇各路分裡榜文行者。”史彌寧《杜鵑》詩:“春歸怪見難留住,攛掇元來都是他。”

1885 勾引　《北史·蠻獠傳》:“元法僧在任貪殘,獠遂勾引梁兵,圍逼晉壽。”

1886 搭對　《五燈會元》金山穎曰:“山僧意好相撲,秖是無人搭對,今日且共首座搭對。”

1887 賭賽　《魏書·任城王澄傳》:“高祖令澄爲七言連韻,與高祖往復賭賽。”

1888 排擠　《漢書·杜周傳》:“阿黨所厚,排擠英俊。”《薛宣傳》:“王氏擅朝,排擠宗室。”[②]

1889 鉗勒　《唐書·則天皇后傳》:“帝亦懦昏,舉能鉗勒,使不得專。”按:“鉗”字見《後漢·梁冀傳》:“妻孫壽性鉗忌。”注云:“鉗,鉪也,言其忌害如鉗之鉪物也。”

1890 唐突　《毛詩》鄭箋:“豕之性,唐突難禁制。”《後漢書·段熲傳》:“羌遂陸梁,覆没營隝,轉相招結,唐突諸郡。”曹植《牛鬭》詩:“行至土山頭,欻起相唐突。”晉《子夜歌》:“小喜多唐突,相憐能幾時。”《晉書·周顗傳》:“何乃刻畫無鹽,唐突西施。”《南史·王思遠傳》:“吐論縱横,唐突卿宰。”《陸厥傳》:“那得此道人,禄蔌似隊父唐突人。”又《漢書[③]·孔融傳》:“揬突宫掖。”《文選·長笛賦》

① 黄侃:此“催督”之轉。“督”轉“掇”,猶“弔”轉“至”、“輖”轉“輊”也。

② 此處《函海》本有:此“排擠”二字所由來。

③ “漢書”當爲“後漢書”,見《後漢書·孔融傳》。

"犇遯碭突。""揘"與"碭"皆"唐"之通用字。按:《困學紀聞》云:"唐突,見《南史·陸厥傳》。"不知其前已多見。

1891 戲弄 《史記·藺相如傳》:"大王禮節甚倨,得璧傳之美人,以戲弄臣。"《漢書·司馬遷傳》:"主上所戲弄,倡優畜之。"

1892 愚弄 《左傳·襄四年》:"寒浞施賂于外,愚弄其民。"

1893 厭賤 《廣古今五行志》:"侯景時,定州阿專師曰:'汝等何厭賤我,我捨汝去。'"

1894 欺負 《史記·高祖紀》:"乃紿爲謁。"《索隱》曰:"紿,欺負也。"《漢書·韓延壽傳》:"待下吏施恩厚而約誓明。或欺負之者,延壽痛自刻責。"《北史·邵護傳》:"戴天履地,中有鬼神,勿謂冥昧可以欺負。"

1895 孤負 李陵《答蘇武書》:"陵雖孤恩,漢亦負德。"毛晃《增韻》:"凡孤負字當作孤,俗作辜,非。"按:唐人詩亦有用"辜負"者。

1896 帶累 薛能詩:"莫竊香來帶累人。"姚合詩:"轉覺才華帶累身。"司馬光《與姪帖》:"曹侍中兒帶累侍中貶隨州。"

1897 慁 《禮記·儒行》"不慁君王。"《史記·范雎傳》:"天以寡人慁先王。"[①]《陸賈傳》:"無久慁公爲也。"注云:"慁,猶辱也。"又擾亂義也。

1898 賴[②] 《雞肋編》:"渭州潘源諱言賴,太祖微時,至潘源與人博,大勝。邑人欺其客也,敺而奪之。及即位,幾欲遷發此縣,故以賴爲耻。然未知以欺爲賴,其義何本。"按:《左傳·昭十二年》:"楚子曰:'今鄭人貪賴其田而不我與,我若求之,其與我乎?'"《外傳·晉語》:"已賴其田而又愛其寶。"[③]《漢書·酷吏傳》:"責楊僕受詔不至蘭池宮。"如淳注曰:"本出軍時,欲使之蘭池宮,賴而不去。"《方言》:"賴,讎也,南楚之外曰賴。"郭璞注曰:"賴亦惡名。"[④]據此,則"賴"之爲言已久,其義兼抵脱讎忤,不僅欺而已也。

---

① "王"當爲"生",見《史記》卷七九。

② 黄侃:"欺賴"之"賴","讕"之音轉也。

③ "田"當爲"地"、"寶"當爲"實",見《國語·晉語三》。

④ 黄侃:此則"螯"之借字。

卷十四　境遇

1899 有數存于其間　《莊子·天道篇》:“得之于手,應之于心,口不能言,有數存焉于其間。”

1900 無所逃于天地之間　又《人間世》:“子之愛親,命也;臣之事君,義也,無所逃于天地之間。”

1901 禍福無門,惟人自召　《左傳·襄二十三年》閔子馬謂公鉏云云。按:《道藏·感應篇》嘗襲用此語,世俗遂但爲《感應篇》文,可嗤也。

1902 禍福相倚　《鶡冠子·泰鴻[①]篇》:“禍乎福之所倚,福乎禍之所伏。”賈誼《鵩鳥賦》略同。

1903 轉禍爲福　《説苑·權謀篇》:“孔子曰:‘聖人轉禍爲福,報怨以德。’”《史記·管晏傳》:“其爲政也,因禍而爲福。”《後漢書·郅惲傳》:“陛下令就臣位,轉禍爲福。”《馮衍傳》:“聖人轉禍而爲福,智士因敗而爲功。”《晉書·江統傳》《王敦傳》、《五代史·梁本紀》皆云“轉禍爲福”。又《焦氏易林》:“因禍受福,喜盈我室。”《潛夫論·夢列篇》:“見瑞而縱恣者,福轉爲禍;見妖而戒懼者,禍轉爲福。”

1904 福無雙至,禍不單行　《説苑·權謀篇》:“韓昭侯造作高門,屈宜咎決其不出此門,云:‘此所謂福不重至,禍必重來者也。’”諺小易其文。《傳燈錄》紫桐和尚舉“禍不單行”語。

1905 有奇福,必有奇禍　《列女傳》晉羊叔姬語。

1906 幸災樂禍　《顔氏家訓·誡兵篇》:“每見文士頗讀兵書,承平之世,幸災樂禍;兵革之時,搆扇反覆,此陷身之本也。”按:四字皆見《左傳》,但未連爲一文耳。《僖十四年》:“慶鄭曰:‘背施無親,幸災不仁。’”《莊二十年》:“鄭伯曰:‘王子頽歌舞不倦,樂禍也。’”

---

① “泰鴻”當爲“世兵”,見《鶡冠子·世兵》。

1907 嫁禍 《戰國策》:張儀説魏王:"嫁禍而安國,此善事也。"《史記·趙世家》:"韓所以不入于秦者,欲嫁其禍于趙也。"

1908 横禍 《淮南子·詮言訓》:"内修極而横禍至者,天也,非人也。"

1909 禍根 《吴越春秋·句踐入臣傳》大夫種曰:"吉者凶之門,福者禍之根。"《説苑·敬慎篇》載金人銘曰:"不能愼之,禍之根也。"《漢書·匈奴傳》陳饒曰:"不如椎破故印,以絶禍根。"《潛夫論·斷訟篇》:"禍根不早絶,則或轉而滋蔓。"

1910 禍胎 《漢書·枚乘傳》:"福生有基,禍生有胎;絶其胎,禍從何來?"《晉書·曹毗傳》:"名爲實賓,福萌禍胎。"杜甫詩:"探腸有禍胎。"李商隱詩:"自古窮兵是禍胎。"

1911 薄福 《齊書·武帝紀》[①]:"文惠太子惡西昌侯,嘗曰:'我意中殊不喜此人,當由其福薄也。'"《北史·李諧傳》:"諧子庶死,見夢于其妻曰:'我薄福,托劉氏爲女。'"皇甫枚《非烟傳》:"我亦窺見趙郎大好才貌,此生薄福,不得當之。"《鶴林玉露》:"壽皇謂周益公曰:'好一箇宰相,但恐福薄耳。'"

1912 飛來福 《易林》:"飛來之福,入我居室,以安吾國。"又《後漢書·周榮傳》:"常敕妻子,若卒遇飛禍,無得殯殮。"俚俗人亦謂之"飛來禍"。

1913 後福 《御史臺記》:"陸元方爲鸞臺鳳閣侍郎,臨終曰:'吾陰騭于人多矣,其後福必不衰也。'"

1914 癡福 《五燈會元》風穴沼謂省念曰:"汝作許多癡福作麽,何不體究言句。"

1915 惜福 《唐國史補》:"肅宗爲太子,上使割羊臂臑,以餅拭刃,徐噉之。上喜曰:'福禄當如是愛惜。'"《宋史·太祖紀》戒魏國長公主曰:"汝生長富貴,當念惜福。"《國老談苑》:"查道以儉約率己,爲龍圖待制,每食必盡一器,度不勝,則不復下箸,雖蔬茹亦然,嘗謂諸親曰:'福當如是惜之。'"

1916 延壽 《樂録·上陵曲》:"仙人下來飲,延壽千萬歲。"《吟嘆曲》:"聖主享萬年,皇帝延壽命。"《東坡集·與李公擇書》:"口體之欲,何窮之有,每加節儉,亦是惜福延壽之道。"

1917 有陰德 《淮南子·人間訓》:"有陰德者,必有陽報;有陰行者,必有昭名。"《史記·韓世家贊》:"韓厥紹趙孤以成公孫杵臼、程嬰之義,此天下之陰德也。"《田完世家》:"小斗受賦税,予民以大斗,行陰德于民,民思田氏。"《漢書·

① "《齊書·武帝紀》"當爲"《資治通鑑》",見《資治通鑑·齊世祖永明十一年》。

于定國傳》:"于公言:'我決獄多陰德,子孫必有興者。'"

1918 賞善罰惡　《公羊傳序》疏:"《春秋》者,賞善罰惡之書。"《白虎通·諫諍篇》:"賞一善而衆臣勸,罰一惡而衆臣懼。"《雲笈七籤》:天眞告聖行眞士曰:"行善益算,行惡奪算,賞善罰惡,各有職司,報應之理,毫分無失。"

1919 惡貫滿　《書·泰誓》:"商罪貫盈。"傳曰:"紂之爲惡,一以貫之,惡貫已满,天絶其命。"又《左傳·宣六年》:"使疾其民,以盈其貫,將可殪也。"《韓非子·説林》:"有與悍者鄰,欲賣宅避之。人曰:'是其貫將滿也。'曰:'吾恐其以我爲滿貫也。'"

1920 前定　《宋史·藝文志》有鍾輅《前定錄》一卷。按:"前定"字已見《中庸》,而《中庸》言"人定",恒俗言"天定",不同。

1921 儻來之物　《莊子·繕性篇》:"物之儻來,寄也。"江總《自序》:"軒冕儻來之一物,豈是預要乎?"《唐書·紀王愼傳》:愼女東光縣主曰:"榮寵貴盛,儻來之物,可恃以陵人乎?"

1922 本分　《荀子·非相篇》:"見端不如見本分。"注云:"分,貴賤上下之分。"白居易詩:"忽驚鬌後蒼浪髮,未得心中本分官。"

1923 明分　《列女傳》龐娥親曰:"讎塞身死,妾之明分也;治獄制刑,君之常典也。"

1924 隨分　《易·坤卦》正義:"厚德載物,隨分多少,不必如至聖之極也。"白居易詩:"笙歌與談笑,隨分自將行。"

1925 過分　《論語》:"不遷怒。"《集解》云:"顔子怒不過分。"《左傳·僖二十八年》:"允當則歸。"注云:"無求過分。"《晉書·王敦傳》:"以導之才,何能無失。當任不過分,役其所長。"《唐書·李日知傳》:"屢乞骸骨。妻曰:'産利空空,何辭之遽?'日知曰:'仕至此,已過吾分。欲厭于心,何日而足也。'"

1926 分外　郭象《莊子·達生篇》注:"生之無以爲者,分外物也。"《三國·魏志》程曉疏曰:"上不責非職之功,下不務分外之賞。"

1927 格外　《南史·王綸之傳》袁粲曰:"格外之官,便今日爲重。"《北史·賀若弼傳》:"已蒙格外重賞,今還格外望活。"

1928 不知分　《漢書·張湯傳》趙禹讓湯曰:"君何不知分也!"又韓愈詩:"老翁不量分,累月笞其兒。"

1929 知足不辱　《老子》:"知足不辱,知止不殆。"《三國志·王昶傳》:"語曰:'如不知足,則失所欲。'故知足之足常足矣。"

1930 否極反泰　《吳越春秋·句踐入臣傳》:"時過于期,否終則泰。"梁宣帝賦:“望否極而反泰,何杳杳而無津?”白居易詩:“樂往必悲生,泰來由否極。”①

1931 好心好報 《隋書·譙國夫人傳》:“我事三代主,唯用一好心。今賜物俱存,忠孝之好報也。”

1932 自作自受 《五燈會元》:“僧問金山穎:‘一百二十斤鐵枷,教阿誰擔?’穎曰:‘自作自受。’”

1933 得過且過 《輟耕錄》:“五臺山有鳥名號寒蟲,當夏儀采絢爛,自鳴曰:‘鳳凰不如我。’比至深冬嚴寒之際,毛羽脱落,索然如鷇雛,遂自鳴曰:‘得過且過。’”

1934 得未曾有 見《楞嚴經》。

1935 自我得之,自我失之 《梁書·邵陵王綸傳》:“侯景陷城,高祖嘆云云。”

1936 所得不如所失 《墨子·非攻篇》:“人貪伐勝之名,及得之利,計其所得,反不如所喪之多。”

1937 落便宜是得便宜 《邵氏聞見錄》:“康節先生誦希夷語,作詩云:‘珍重至人嘗有語,落便宜是得便宜。’”《西清詩話》:“石曼卿見二舉子縶邏舍,號呼求救,因召卒長問之,知以窺穴隙被執。曼卿既爲揮解,復占集句調之曰:‘司空憐汝汝須知,月下敲門更有誰。叵耐一雙窮相眼,得便宜是落便宜。’”②

1938 我本無心圖富貴,誰知富貴逼人來 《北史·楊素傳》:“帝謂曰:‘善自勉,勿憂不富貴。’素曰:‘但恐富貴來逼臣,臣無心圖富貴也。’”按:世傳句云云,全演素語。

1939 一朝富貴 東坡居士詩:“文章自足欺盲聾,誰使一朝富貴面發紅。”

1940 富貴輪來到 見元人《誶范叔》曲。

1941 大富由命,小富由勤 見宋尚宫《女論語》。元人《漁樵記》曲作“小富由人”。

1942 富貴他人合,貧賤親戚離 《文選·曹顔遠〈感舊詩〉》。殷浩嘗誦之泣下。按:《慎子》:“家富則疏族聚,家貧則兄弟離。”又此二語所本。

1943 一家富貴千家怨 《草木子》:“至順間,福建廉訪使密蘭沙詩:‘一家富貴千家怨,半世功名百世愆。’”

1944 憂人富 《靈樞經》:“少陰之人,見人有榮,乃反慍怒。”注云:“憂人富

① 此處《函海》本有:所由本也。
② 此處《函海》本有:此語宋以前多有之。

貴也。”

1945 富翁　《論衡・初稟篇》:“富家之翁,生有富骨,治生積貨,至於年老,成富翁矣。”

1946 暴富　《五代史・安重榮傳》:“重榮起于軍卒,暴至富貴。”按:《博雅》:“暴,猝也。”《荀子・富國篇》:“財貨暴暴如丘山。”注亦云:“卒起之貌。”《史記・項羽紀贊》:“何興之暴也!”亦興之猝。今俚俗猶謂忽然富貴者曰“暴發兒”。

1947 矜貴　《列子・楊朱篇》:“不逆命,何羨壽?不矜貴,何羨名?”《隋書・牛弘傳》:“楊素恃才矜貴,輕侮朝臣。”按:此是自矜其貴,而世若以爲“矜惜貴重”之駢語,失之。

1948 貧不學儉,富不學奢　《意林》録《任子》:“諺云:‘富不學奢而奢,貧不學儉而儉。’人情皆能,惟聖人能節之。”《魏志・陳蕭二王傳》注引魚豢曰:“諺云:‘貧不學儉,卑不學恭。’非人情分也,勢使然耳。”《唐書・馬周傳》:“里語云:‘貧不學儉,富不學奢。’言自然也。”李濬《摭異記》李泌奏引諺:“貧不學儉而儉自來,富不學奢而奢自至。”

1949 與其濁富,寧此清貧　姚崇《冰壺誡》云云。又《傳燈録》道匡曰:“寧可清貧自樂,不作濁富多憂。”

1950 貧賤驕人　見《史記・魏世家》。

1951 貧者士之常　《列子・天瑞篇》榮啓期曰:“貧者士之常也,死者人之終也。”《後漢書・獨行傳》孔嵩謂范式曰:“贫者士之宜。”《晉書・皇甫謐傳》:“貧者士之常,賤者道之實,處常得實,没齒不憂。”《殷仲堪傳》:“貧者士之常,焉得登枝而捐其本?”

1952 在家貧亦好　戎昱《長安秋夕》詩。

1953 家貧猶自可,路貧愁殺人　《五燈會元》元禮首座語。

1954 人怕老來貧　陳後山《談叢》引諺曰:“田怕秋旱,人怕老貧。”

1955 窮當益堅,老當益壯　《後漢書・馬援傳》:“嘗謂賓客曰:‘丈夫爲志,窮當益堅,老當益壯。’”王勃《滕王閣序》用此。

1956 身窮心不窮　白居易詩:“賦命有厚薄,委心任窮通。苟知此道者,身窮心不窮。”

1957 人窮令志短　陳師道詩,見《鷄肋編》。又《五燈會元》:“或問法演:‘祖意教意,是同是别?’演曰:‘人貧志短,馬瘦毛長。’”

1958 百巧千窮　陳師道詩:“百巧千窮只短檠。”

1959 窮到骨　杜詩:“已訴徵求窮到骨,更思戎馬淚沾巾。”蘇詩:“故教窮到骨，要使壽無涯。”又：“先生年來窮到骨，問人乞米何曾得。”

1960 窮人家 《青箱雜記》：“晏元獻每言富貴，不及金玉錦繡，惟説氣象，若‘樓臺側畔楊花過，簾幙中間燕子飛’，自舉以語人曰：‘窮人家有此景否？’”

1961 救窮 《説苑·反質篇》：“‘今當凶年，有欲予子隋侯珠者，不得賣也；又欲予子一鍾粟，得珠不得粟，得粟不得珠，子將何擇？’滑釐曰：‘吾取粟耳，可以救窮。’”《雜道書》：“地肺山其下生草，名曰‘救窮’，取食之，可以絶穀。”

1962 窮極 《説文》：“窮，極也。”《荀子·大略篇》：“多有者富，少有者貧，至無有者窮。”

1963 寒賤 《南史·王崐傳》：“外方小郡，當乞寒賤，省官何容復奪之。”

1964 小賤 《史記·秦始皇紀》趙高曰：“高素小賤。”

1965 賤發 《王直方詩話》：“參寥有詩寄少游，少游和云：‘平康在何處？十里盡垂楊。’孫莘老讀之云：‘這小子又賤發也。’”

1966 孤老 《晉書·劉元敏①傳》：“此公孤老，餘年無幾。”《劉曜載記》：“賜孤老貧病，帛各有差。”元結詩：“日行見孤老，羸弱相提將。”

1967 老境 見《曲禮正義》。

1968 倚老賣老 見《元曲選·謝金吾》劇。

1969 人老倒縮 《釋名》：“叟，縮也。人及物老皆縮小于舊也。”

1970 長成 《晉書·苻生載記》：“洪謂：‘此兒狂悖。’將殺之，雄止之曰：‘兒長成自當修改，何至便可如此！’”白居易詩：“二十方長成，三十向衰老。鏡中桃李顔，不得十年好。”

1971 安穩 《三國志·董卓傳》注：“海内安穩，無故移都，恐百姓驚動。”《晉書·顧愷之傳》：“行人安穩，布帆無恙。”

1972 結裹 沈作喆《寓簡》：“今之學者，謂得科名爲了當；仕宦者，謂至從官爲結裹。”

1973 補貼 白居易詩：“追歡逐樂少閑時，補貼平生得事遲。”

1974 回换 《南史·江斅傳》：“王晏啓武帝曰：‘斅重登禮閣，慈渥實優，但其事任，殆同閒輩。’帝曰：‘斅常啓吾，爲其鼻中惡。今既以何胤、王瑩還門下，故有此回换耳。’”

1975 埋没 《南史·郭祖深傳》：“飾口利辭，競相推薦；訥直守信，坐見埋没。”

---

① “元敏”當爲“敏元”，見《晉書·劉敏元傳》。

1976 失脱　《周禮·野廬氏》"聚榛"疏:"有賓客止宿,即聚榛之,不使失脱也。"又《環人》疏:"此環人主環繞賓客,使不失脱。"

1977 流宕　《蜀志·許靖傳》荀彧言:"許文休自流宕以來,與羣士相隨,趨人患急。"樂府《艷歌行》:"兄弟兩三人,流宕在他縣。"張協《七命》:"流宕百罹之儔。"注云:"流宕,謂遠遊。"

1978 亡命　《急就章》:"縛束脱漏亡命流。"注:"命,名也,亡其名籍而流迸也。"《史記·張耳傳》:"少時嘗亡命游外黄。"揚雄《解嘲》:"范雎,魏之亡命也。"

1979 賭命　陳師道詩:"薦賢仍賭命。"

1980 得氣　《漢書·鼂錯傳》:"來而不能困,使得氣去,後未易服也。"

1981 得勢　《荀子·非十二子篇》:"聖人之不得勢者,仲尼、子弓是也;聖人之得勢者,舜、禹是也。"《文子·上德篇》:"小人得勢,君子消亡。"《韓非子·難勢篇》:"堯、舜得勢而治,桀、紂得勢而亂。"

1982 有著落　《朱子語録》:"大抵看道理,要看得他分合各有著落,方是仔細。"

1983 有諒　温庭筠《乾𦠆子》:"梅權衡入試,府題出《青玉案賦》。梅賦曰:'恍兮惚兮,其中有物。惚兮恍兮,其中有諒。犬蹲其旁,鴟拂其上。'自講是乃食案,所以云云,衆大笑。"按:今人于財食有所希冀曰"有諒兒",唐時已云然乎。

1984 不寂寞　《李翱集·韓公行狀》:"生徒喜曰:'韓公來爲祭酒,國子監不寂寞矣。'"

1985 不便當　《元典章》:"額外令試驗人員,在地方待闕,侵官蠹民,實于公私兩不便當。"又:"祗候人家老小,穿的喫的都在百姓身上取。如今喫飯的人多,種田的人少,有久以後,哏不便當。"

1986 生受　《元典章》見處甚多,如云"官人每做賊説謊,交百姓生受","使臣到外頭搔擾,交百姓站赤生受",合觀諸文,大抵即難爲意耳。

1987 平白地　《演繁露》:"太白《越女詞》:'相看月未墮,白地斷肝腸。'此東坡長短句所取,以爲'平白地爲伊腸斷'也。"按:白,猶言空。今俗以徼幸營求而空費心力曰"白白兒",同此。

1988 險　《漢書·外戚傳》:"危殺之矣。"顔師古曰:"危,險也,猶今人言險不殺耳。"按:《穀梁·莊三年傳》"危不得葬","危"義同此。今凡作事幾致喪敗,輒曰"險些"。

1989 左　《左傳·昭四年》:"冢卿無路,介卿以葬,不亦左乎?"杜預注曰:"左,不便。"

1990 疐 《詩》:"載疐其尾。"疏:"謂卻頓而倒于尾上也。"《説文》:"疐,礙不行也。"人欲去而止之也。焦竑《字學》:"俗言'疐住',即此字。"

1991 寒素 《晉書·李重傳》:"劉沈舉霍原爲寒素。荀組以爲:'寒素者,當謂門寒身素。原爲人間流通之事,不應寒素之目。'"

1992 清苦 《吳書·陸抗傳》:"或清苦自立,資能足用。"《東觀漢紀》:"鮑宣嘗就桓少君父學,父奇其清苦,以女妻之。"《古今善言》:"羊續出黄紙補袍以示使人,時人謡曰'天下清苦羊興祖'。"

1993 連蹇 《易》:"往蹇來連。"王弼注:"連,音璉,難也,往來皆難也。"揚雄《解嘲》:"孟子雖連蹇,猶爲萬乘師。"按:蘇州人以作事不揚爲"連蹇","連"讀去聲,與王氏《易》注正合。

1994 答颯① 《南史·鄭鮮之傳》:"范泰誚曰:'卿居僚首,今答颯,去人遼遠,何不肖之甚!'"《文與可集》有"懶對俗人常答颯"句。《能改齋漫録》:"俗謂事之不振者曰踏趿,唐人有此語,《酉陽雜俎》'錢知微賣卜,爲韻語曰:世人踏趿,不肯下錢'是也。"按:"踏趿"、"答颯"字異義同,或又作"塌颯"。范成大詩:"生涯都塌颯,心曲漫崢嶸。"又《集韻》有"傝㒌"字,訓云"惡也",似亦"塌颯"之通。

1995 背悔 《元曲選·盆兒鬼》劇有"老背悔"語。

1996 流落 《明皇雜録》:"李白、杜甫、孟浩然雖有文名,俱流落不偶。"江總詩:"流落今如此。"杜甫詩:"流落意無窮。"按:《史記》有云"留落"者,即流落也。《霍去病傳》:"諸宿將常坐留落不遇。"注云:"謂遲留零落。"

1997 墮落 《詩》"摽梅"傳②:"盛極則墮落。"《荀子·富國篇》:"徒壞墮落。"注曰:"雖苟求功利,旋即毀壞墮落,必反無成功也。"

1998 落魄 《史記·酈食其傳》:"家貧落魄,無以爲衣食業。"注:"落魄,志行衰惡之貌。應劭曰:'魄,音託。'鄭氏曰:'音薄。'晉灼曰:'與落薄、落託義同。'"又通作"落泊",《陳書·杜稜傳》:"少落泊,不爲當世知。"《北史·盧思道傳》:"再被笞辱,因而落泊不調。"

1999 暫時落魄 《傳燈錄》:"神山僧密與洞山行次,忽見白兔過,密曰:'大似白衣拜相。'洞山曰:'積代簪纓,暫時落魄。'"按:今爲此語者,皆讀"魄"爲

① 黄侃:吾鄉云"灑脱"、"拖娑",謂人衣帶昌披爲"拖衣皺胯",其字正當作"屜屖"耳。漢賦作"駁沓"、"儸譶"。黄焯:《吳都賦》作"插堨"。

② "梅"前當有"有"字,見《毛詩正義》卷一。

"薄"。

2000 無聊賴　《漢書·張耳傳》:"使天下父子不相聊。"師古曰:"言無聊賴以相保養。"又《吳王傳》"計乃無聊",《張釋之傳》"尉窘亡聊賴"。《晉書·五行志》謠曰:"雖復改興寧,亦復無聊生。"《慕容德載記》:"王始臨刑,曰:'惟朕一身,獨無聊賴。'"聊,或"作寥",《焦氏易林》:"身無寥賴,困窮乏糧。"

2001 可憐見　《元史·泰定帝紀》即位詔有"薛特[①]皇帝可憐見嫡孫"等語。《元典章》"憐"字作"怜":"至元時,勘屬孔夫子的田地,皇帝可怜見分付各處秀才,每年那田地裏出的錢糧,修廟祭丁外,若有年老無倚靠的秀才,那底每養濟。""大德時,江淮百姓闕食,典賣孩兒每,皇帝可怜見,交官司收贖。"餘見此言之處尚多。

2002 不到頭,没下鞘　郭彖《睽車志》:"逆亮自制尖靴,頭極長鋭,取于便鐙,足底處不及指,謂之不到頭;又制短鞭,僅存其半,謂之没下鞘。"按:《朱子集·與潘叔昌簡》、元鄭德輝《倩女離魂》、谷子敬《城南柳》等曲,皆有"没下梢"語,用字不同。

2003 錯到底　《老學菴筆記》:"宣和間婦人鞋底尖,以二色帛合而成之,名錯到底。"

2004 下場頭　見《元曲選·陳州糶米》《謝天香》二劇。

2005 著道兒　又關漢卿《救風塵》劇。

2006 七顛八倒　《朱子語録》:"當商之季,七顛八倒,上下崩頹。"《五燈會元》道匡、朋彦、道誠、法昭、子涓諸師皆舉此語。按:俗或以"顛倒"爲"丁倒",亦有所本。宋彭城王《讀曲歌》:"鹿轉方相頭,丁倒欺人目。"蓋"顛"原有"丁"音,故詩每以"顛"叶令也。

2007 百孔千瘡　韓退之《與孟尚書書》:"漢氏以來,羣儒區區修補,百孔千瘡,隨亂隨失。"陳師道詩:"昔日剜瘡今補肉","百孔千窗[②]容一罅"。

2008 高來不可,低來不可　《能改齋漫録》:"李祐初任河朔,守官監司怒其喏太文,對衆責之。翌日請見,遂極武,監司愈怒,移文責問。祐供狀云:'高來不可,低來不可,乞指揮明降喏樣一箇。'蓋用俚語也。"

2009 前不得進,後不得退　《韓非子·外儲説》:"延陵卓子乘蒼龍之乘,鈎飾在前,錯錣在後,馬欲進則鈎飾禁之,欲退則錯錣貫之。馬前不得進,後不得

---

① "特"當爲"禪",見《元史·泰定帝紀》。

② "窗"當爲"瘡",見《后山詩注》卷二《出清口》。

退，遂避而逸。"

2010 患生于所忽 《説苑·敬慎篇》："患生于所忽，禍起于細微。"《後漢書》馮衍説廉丹，述此二語。

2011 病加于小愈 見《韓詩外傳》及《説苑·敬慎篇》。

2012 先病服藥 《潛夫論》："養壽之士，先病服藥。養世之君，先亂任賢。"崔元始《正論》："陳兵策于平安之世，譬令未病者服藥。"邵子詩："與其病後能求藥，不若病前能自防。"

2013 心病最難醫 《傳燈録》從諗偈云："若與空王爲弟子，莫教心病最難醫。"按：元人《斷風花雪月》曲云"心病還從心上醫"，《碧桃花》曲云"心病從來無藥醫"，《治世餘聞》載明孝宗詩云"自身有病自心知，身病還將身自醫"，皆推演其意。

2014 養病 《禮記》："酒者，所以養病也。"《周禮·疾醫》："掌養萬民之疾病。"疏曰："此主療治，而云養者，但是療治，必須將養，故以養言之。"又云："以五味、五穀、五藥養其病。"

2015 諱病 《列子·力命篇》："仲父之病病矣，可不諱云。"注云："言病之甚，不可復諱而不言也。"

2016 病根 《後漢書·華佗傳》："有疾者詣佗求療，佗曰：'君病根深，應當剖腹。'"白居易詩有"病根牢固去應難"句。

2017 發動 《晉書·宣帝紀》："衆情謂明公舊風發動。"《北史·徐之才傳》："帝每發動，遣騎追之，針藥所加，應時必效。入秋小定，更不發動。"

2018 平復 《韓詩外傳》："上古醫曰弟父，弟父之爲醫也，以莞爲席，以芻爲狗，北向而祝之，發十言耳，諸扶輿而來者，皆平復如故。"《史記·梁孝王世家》："太后立起坐飡，氣平復。"《後漢書·華佗傳》："刳破腹背，既而縫合，傅以神膏，一月之間皆平復。"

2019 葆養 《列子·力命篇》①："壽夭不存于葆養，窮達不繫于智力。"

2020 將養 《詩》"不遑將父"傳云："將，養也。"《淮南·原道訓》："聖人將養其神，和弱其氣。"《説苑·貴德篇》："聖王之于百姓也，將之養之，育之長之。"又《周禮》疏有"將養"語，詳上。

2021 將息 白居易詩："亦知數出妨將息，不可端居守寂寥。"王建詩："千萬求方好將息，杏花寒食約同行。"《五燈會元》："石霜圓辭李遵勗，臨行曰：'好將

① "《列子·力命篇》"當爲"《郡齋讀書志》"，見晁公武《郡齋讀書志》卷十一《张湛注列子》八卷。

息。'"按:《北史·薛道衡傳》帝曰:"爾侍奉誠勞,朕欲令爾將攝。""攝"較"息"字義長,"將息"恐"將攝"傳訛。然自唐以來,多作"息"字。范文正《與侄帖》云"將息將息不具",司馬温公《與侄帖》亦云"時熱且各自將息"。

2022 保重　歐陽修《與梅聖俞簡》:"春寒保重。"又:"夏熱千萬保重。"又:"千萬冬冷保重。"

2023 無恙　《禮記》:"主人不問,客不先舉。"注云:"客自外來,宜問其安否無恙。"《周禮·大行人》:"三問三勞。"注云:"問,問不恙也。"《司儀》:"問君、問大夫。"注云:"問君曰'君不恙乎',問大夫曰'二三子不恙乎'。"《戰國策》:"趙威后問齊使曰:'歲亦無恙耶?民亦無恙耶?王亦無恙耶?'"《吕氏春秋》:"孔子問弟子從遠方來者,曰:'子之公不有恙乎?子之父母不有恙乎?'"《楚辭·九辨》:"賴皇天之厚德兮,還及君之無恙。"《説苑》:"魏文侯語倉唐曰:'擊無恙乎?'又曰:'子之君無恙乎?'"《史記[①]·李陵傳》:"霍與上官無恙乎?"應劭《風俗通義》:"恙,毒蟲也,食人心。古人草居露宿,故相勞問必曰無恙。"《史記·外戚傳》[②]注承其説,云:"恙者,噬人蟲。"《神異經》變之云:"北方大荒中有獸,咋人則病,名曰獇。獇,音恙。"按:"恙"之爲蟲,不見經傳,惟《説文》"它"字注云:"上古草居患它,相問'無它乎'。""它"卽蛇字,蛇可稱蟲,蛇未嘗别名恙也,則二説似是難并。《神異經》更易"蟲"爲"獸",加"恙"以"犬",尤屬謬悠。《事物紀原》獨取其説,特好奇之過也。世俗相承,則但以恙爲疾病。今卽史傳所用審之,亦若未是。《漢·公孫弘傳》:"不幸罹霜雪之疾,何恙不已。"既云罹疾矣,復云疾病耶?《晉書》顧愷之牋殷仲堪云:"布帆無恙。"布帆何疾病耶?《爾雅·釋詁》:"恙,憂也。"《説文》解"恙"字亦曰"憂也",顔師古注《漢書》亦云"何憂于疾不止也"。持此義以爲準,則于凡言"無恙"者,悉無疑滯;而推之《風俗通》説,亦可測其所因。蓋上古或自有憂患蟲蛇之事,應氏傳聞少差,乃以其問憂患爲問蟲蛇耳[③]。

2024 健否　《三國志》:"華佗謂李成曰:'君病一月小起,一年便健。'"《晉書》:"劉曜瘡甚,孫機進酒數之。曜曰:'何以健耶?當爲翁飲。'"杜甫詩:"明年此會知誰健。"許渾詩:"有藥身常健。"按:俗以身却疾病爲"健",相問訊亦曰"健

---

① "史記"當爲"漢書",見《漢書·李陵傳》。

② "傳"當爲"世家",見《史記》卷四九。

③ 此下《函海》本另有一條:凡臨文及對尊長語,須忌"死"字,以人皆厭見聞也。凡"死"字替代字甚多,如或作"故物",見《史記·司馬相如傳》;或作"長眠",見《太平廣記》;"過世",見《晉書·苻登載記》;或作"不在",見《左傳·哀二十七年》;或曰"就木",見《左傳·僖二十三年》;或曰"歸土",見《禮記·祭義》;或曰"仙遊","仙遊"見道書;或曰"天年不遂",見《後漢書》安帝詔,皆可作替也。

否”。《太平廣記》:“王仙客至長安驛,令塞鴻烹茶簾外,無雙見之,曰:‘郎健否?’”黄庭堅詩:“投荒萬里歸,煩公問健否。”

2025 祿料未盡 《劍南詩集》自注:“俗傳貧士死,見陰吏,爲言當還魂,有三百甕虀祿料未盡。”

2026 天年不遂 《後漢書》:“鄧皇太后立安帝詔:‘天年不遂,悲痛斷心。’”古樂府《雁門太守行》:“天年不遂,早就奄昏。”按:今或以歲事不登當之,誤。

2027 物故 《史記·司馬相如傳》:“治道二歲不成,士卒多物故。”《漢書·蘇武傳》:“武官屬前以降及物故。”師古曰:“物故謂死也,言其同于鬼物而故也。一説不欲斥言,但云其所服用之物皆已故耳。”《後漢書·馬廖傳》:“豫隨廖歸國,考擊物故。”注曰:“物,無也;故,事也,謂死也。”

2028 長眠 《太平廣記》:“鄭郊游陳蔡間,過一塚,駐馬而吟,久不得屬。塚中人續之曰:‘下有百年人,長眠不知曉。’”按:古詩:“生存多所慮,長寢萬事畢。”曹植《髏髑》①詩:“隱然長寢,其樂不渝。”“長寢”即長眠。

2029 過世 《晉書·苻登載記》:“陛下雖過世爲神。”

2030 不在 《左傳·哀二十七年》:“陳成子曰:‘多陵人者皆不在,知伯其能久乎?’”岳珂《桯史》:“秦檜爲相,士大夫一言合意者,立取顯秩,因多不肯外遷。有王仲荀者,于衆中爲滑稽曰:昔有朝士,出謁未歸,客投刺于門,閽者告以某官不在。客叱閽曰:‘凡人死者稱不在,爾何無忌諱至此?歸後謝客,第云出外去可也。’閽曰:‘我官人寧死,却是諱出外去三字。’”

2031 就木 《左傳·僖二十三年》:“重耳謂季隗曰:‘待我二十五年,不來而後嫁。’對曰:‘如是而嫁,則就木焉。’”杜注云:“言將死入木。”

2032 歸土 《禮·祭義》:“衆生必死,死必歸土。”

2033 短命死 見《論語》。

2034 横死 《禮·檀弓》:“死而不弔者三。”疏云:“此論非禮横死,不合弔哭之事。”《南史·陸襄傳》:“襄爲鄱陽内史,枉直無濫。人歌曰:‘人無横死賴陸君。’”《梁宗室傳》:“棟及二弟並鎖密室,侯景敗走,兄弟相扶出,逢杜崱于道,崱去其鎖。弟曰:‘今日免横死矣!’棟曰:‘吾猶有懼。’”《五代史·史弘肇傳》:“帝曰:‘弘肇等專權,使汝曹常憂横死,今吾得爲汝主矣。’”

2035 送死 《三國志·周瑜傳》:“操自送死,而可迎之耶?”《晉書·慕容垂載記》:“去夏桓沖送死,一擬雲消。”

---

① “髏髑”當爲“髑髏”,見《初學記》卷十。

2036 代死　《書·金縢》:“以旦代某之身。”疏云:“必須一子死者,請以旦代死,而令發生。”《晉書·王徽之傳》:“與獻之俱病篤,有術人云:‘人命應終,而有生人樂代者,則死者可生。’徽之曰:‘吾才位不如弟,請以餘年代之。’術者曰:‘代死者以己年有餘,得以足亡者耳。今君與弟算俱盡,何代也?’”按:俚俗亦謂之“替死”,唐孔璋有《請替李邕死表》。

2037 覓死覓活　《隋唐嘉話》:“胡元禮承武后旨,欲陷人死,令大理李日知改斷。再三不從,胡使謂李曰:‘元禮在此,人莫覓活。’李謂使曰:‘日知在此,人莫覓死。’竟免之。”

2038 死裏求生　《晉書·吕光載記》:“乞伏乾歸曰:‘死中求生,正在今日。’”

2039 死者不可復生　《尚書大傳》引孔子語,又見《孫子·火攻篇》《申鑒·政體篇》《漢書·宣帝紀》《路温舒傳》。

2040 出生入死　《老子》下篇:“出生入死。生之徒十有三,死之徒十有三。”《文選·秋興賦》:“彼知安而忘危,故出生而入死。”

2041 醉生夢死　《程子語録》:“雖高才明智,膠于見聞,醉生夢死,不自覺也。”

2042 人生自古誰無死　文天祥《過零丁洋》詩:“人生自古誰無死,留取丹心照汗青。”

2043 何人更向死前休　韓愈《和人送僧》詩:“汝既出家還擾擾,何人更向死前休。”

2044 千人所指,無病而死　《漢書·王嘉傳》引諺云云。《晉書》[①]顔延之《庭誥》亦引。《舊唐書·柳亨傳》孫澤上書作“無病自死”。

2045 乘船走馬,去死一分　《北夢瑣言》引古語云云。今少變云“乘船走馬三分命”。

2046 除死無大災　見馬致遠《黄粱夢》曲。

2047 得命也無毛　見秦簡夫《趙禮讓肥》、王子一《悮入桃源》曲。

2048 死灰復然　《史記·韓安國傳》:“獄吏田甲辱之,安國曰:‘死灰獨不復然耶?’田甲曰:‘然即溺之。’”按:安國所言,復有所本。《列子·黄帝篇》:“巫見壺子,出謂列子曰:‘子之先生死矣,吾見濕灰焉。’明日又與見之,曰:‘幸矣,灰然有生矣。’”

① “晉書”當爲“宋書”,見《宋書·顔延之傳》。

2049 近火先焦　《五燈會元》保寧仁勇師舉揚此語。

2050 臭腐化爲神奇　見《莊子·知北游篇》。

2051 信步行將去,隨天分付來　《七修類稿》[①]:"此古名言,陳世寶《筆疇》易上句曰'順理行將去'。"

2052 常把一心行正道,自然天地不相虧　唐大順時僧元眞《垂訓》詩。

2053 善惡到頭終有報,只爭來早與來遲　《螢雲叢説》:"'善惡若無報,乾坤必有私',此古語也;'善惡到頭終有報,只爭來早與來遲',此古詩也。一是反説,一是正説。"按:此亦元眞詩,通上二語爲一首。

2054 不受苦中苦,難爲人上人　見《元曲選》秦簡夫《東堂老》劇。又《五燈會元》越州天章善[②]有"苦中苦"語。

2055 命中若有終須有,到底無時不奈何　潘子眞《詩話》載任大中詩。按:大中,宋慶歷時人。

2056 人生都是命安排　見高則誠《琵琶》曲。

2057 時來命卽通　羅隱詩:"男兒未必盡英雄,但到時來命卽通。"

2058 待予心肯日,是汝命通時　《翰府名談》:"唐莊宗時,禁旅王慶乞敘功賞,不納。后李嗣源亦言其勞,莊宗曰:'知慶薄有功,但朕見慶,則心憤然,安得更有賜予之意。'因舉唐太宗詩云云。"

---

① "七修類稿"當爲"堅瓠補集",見《堅瓠補集》卷二《順理隨天》。

② "善"前脱"元"字,見《五燈會元》卷一六。

卷十五　性情

2059 禀性難移　《後漢書·方術傳》:“光武謂高獲曰:‘朕欲用子爲吏,宜改常性。’獲對曰:‘臣禀性于父母,不可改之于陛下。’”唐戎昱詩:“千金未必能移性。”按:俗有“山河易改,本性難移”之諺,曾見元《玉壺春》《謝金吾》二曲。

2060 性急　《北史·陳元康傳》:“神武曰:‘我性急。’”

2061 索性　《朱子文集·與吕伯恭書》:“騁意過當,遂煞不住,不免索性説了。”又《語録》:“比干則索性死了,箕子在半上半下處最難。”

2062 下情　《管子·明法篇》:“下情求不上通謂之塞,下情上而道止謂之侵。”《文選·兩都賦序》:“或以抒下情而通諷諭,或以宣上德而盡忠孝。”《晉書·陸納傳》:“外有微物,方守遠郡,欲與公一醉,以展下情。”

2063 情願　《漢書》元帝詔:“骨肉相附,人情之願也。”顔延之《庭誥》:“施其情願,庀其衣食。”蘇軾《與范子豐尺牘》:“婚嫁所須,不可奈何,甚非情願。”

2064 不近人情　《莊子·逍遥游》:“大有徑庭,不近人情焉。”

2065 情理不容　《宋書·始興王休仁傳》:“惟以情理不容,復有善心。”

2066 情恕理遣　《晉書·衛玠傳》:“人有不及,可以情恕;非意相干,可以理遣。”

2067 愛博而情不專　韓退之《與陳給事書》云。

2068 君子愛人以德　《禮記·檀弓》文。《後漢書·荀彧傳》:“董昭等欲進操爵國公,九錫備物。彧曰:‘君子愛人以德,不宜如此。’”

2069 不見可欲,使心不亂　見《老子》上篇。《蜀志·秦宓傳》引道家法作“所欲”。《南史·沈憲傳》褚彦回稱丘仲起曰:“目見可欲,心能不亂,此楊公所以遺子孫也。”

2070 要知心裏事　古樂府:“尺素如殘雪,結成雙鯉魚。要知心裏事,看取腹中書。”按:今諺云“要知心裏事,但聽口中言”,似即因此改竄。

2071 開心見誠　《後漢書·馬援傳》:“開心見誠,無所隱伏。”

2072 良心發見 “見”音現。見《孟子》“牛山”章集注。

2073 小心謹愼 《漢書·霍光傳》:“二十餘年,小心謹愼,未嘗有過。”《後漢書·郭皇后紀》后弟況“小心謹愼”。

2074 鐵石心腸 《三國志·魏武帝紀》注:“令長史王必忠能勤事,心如鐵石。”《皮日休文集》:“宋廣平貞姿勁質,疑其鐵石心腸,不解吐婉媚辭。”

2075 老婆心切 《傳燈錄》:“臨濟自黄檗往參大愚,述三度被打話,愚曰:‘黄檗與麽老婆心切。’”按:世所謂“一片婆心”即此。

2076 心猨意馬 《參同契》注:“心猨不定,意馬四馳。”梁簡文詩:“三修袪愛馬,六意靜心猨。”許渾詩:“機盡心猨服,神閒意馬行。”《南唐書·元宗子從善傳》:“予之壯也,意如馬,心如猱。”

2077 二心兩意 《論衡·調時篇》:“天地之神,用心等也。非有二心兩意,前後相反也。”又《易林·睽之隨》:“五心六意,岐道多怪。”關漢卿《救風塵》曲:“三心二意。”

2078 有心機 《後漢書·宦者傳》:“鄭衆爲人,謹敏有心幾。”

2079 心術 《管子·七法篇》:“實也、誠也、厚也、施也、度也、恕也,謂之心術。”《荀子·非相篇》:“相形不如論心,論心不如擇術。形相惡而心術善,無害爲君子也。”《漢書·藝文志》小説家有“《待詔臣饒心術》二十五篇”。

2080 心狠 《國語》:“宵之狠在面,瑶之狠在心。心狠敗國,面狠不害。”按:“狠”當作“很”。

2081 心醉 《列子·黄帝篇》:“有神巫自齊來,列子見之而心醉。”《顔氏家訓》:“吾值名賢,未嘗不心醉神迷,向慕之也。”《北史·崔瞻傳》:“瞻辭韻温雅,劉師知見而心醉。”

2082 心死 《北史·齊宗室傳》斛律光引諺曰:“奴見大家心死。”《五燈會元》黄龍悟新師自號“死心叟”。馬致遠《青衫泪》曲有“死心搭地”語。

2083 生心 《左傳·隱元年》:“公子吕曰:‘勿與太叔,則請除之,無生民心。’”《莊二十八年》:“嬖五謂晉獻公曰:‘戎之生心,國之患也。’”《文七年》:“趙宣子曰:‘既不受而復緩師,秦將生心。’”《戰國策》:“武安君諫伐趙曰:‘兵出無功,諸侯生心,外救必至。’”《漢書·外戚傳》:“霍顯因生心,辟左右,謂淳于衍:‘幸報我以事。’”《晉書·劉聰載記》:“康相曰:‘願陛下早爲之所,無使兆人生心。’”

2084 多心 《吕氏·審應覽》:“周公口唶不言,以精相告。紂雖多心,弗能知矣。”

2085 甘心　《左傳·莊九年》:"管、召,讐也,請受而甘心焉。"杜注:"言欲快意戮殺之。"《史記·封禪書》:"世主莫不甘心焉。"《索隱》注:"謂心甘羨也。"

2086 燋心　《列子·楊朱篇》:"名乃苦其身,燋其心。"《漢書·路温舒傳》:"大臣憂戚,焦心合謀。"《後漢書·朱浮傳》:"上下燋心。"

2087 負心　《晉書·劉弘傳》:"匹夫之交尚不負心,何況大丈夫乎?"《魏書·文獻[①]六王傳》咸陽王禧曰:"我不負心天家。"

2088 塞心　《後漢書·烏桓鮮卑傳》:"其性悍塞。"注云:"塞謂不通。"猶今人言"塞心"矣。

2089 黑心　《法苑珠林》:"如來在家時,都無欲想,心不染黑,故得斯報。"按:陶穀述萊州右長史于義方《黑心符》,謂"黑心者,繼婦之名也"。魏吳普《本草》以"黄芩"爲"妬婦",李時珍曰:"芩根多外黄内黑,妬婦心黯,故以爲比。"[②]元人《抱粧盒》劇言"劉后一片黑心腸",亦以其妬忌言之。

2090 留心　《文子·微明篇》:"聖人常從事于無形之外,而不留心于已成之内。"《史記·蒙恬傳》:"惟大夫留心。"《三國志·顧劭傳》:"留心下士,惟善所在。"《晉書·慕容德載記》:"周王漢祖皆留心賢哲。"《北史·朱世隆傳》:"深自剋勉,留心几案,遂有解了之名。"

2091 留神　《後漢書·郎顗傳》:"丁寧再三,留神于此。"

2092 留意　《史記·樂毅傳》:"敢獻書以聞,惟君王留意焉。"《刺客傳》:"燕太子謂田光曰:'燕秦不兩立,願先生留意也。'"《漢書·外戚傳》:"陛下未有繼嗣,子無貴賤,惟留意。"《宋書·劉穆之傳》:"帝書素拙,穆之曰:'此雖小事,然宣布四遠,願公小復留意。'"

2093 得意　《詩》箋:"錫我百朋,得祿多,言得意也。"《司馬法》:"天子得意則愷歌。"《史記·蘇秦傳》:"説湣王高宫室大苑囿,以明得意。"《袁盎傳》:"絳侯朝罷,趨出,意得甚。"《宋書·范蔚宗傳》:"詳觀古今著述評論,殆少得意[③]者。"

2094 適意　《史記·刺客傳》:"恣所欲以順適其意。"《晉書·文士傳》:"張翰曰:'人生貴適意耳。'"

2095 合意　陸賈《新語》:"夫子周流天下,無所合意。"《漢書·匡衡傳》:"朕嘉與卿同心合意。"《後漢書·馬援傳》:"伏波論兵,與我意合。"

---

① "文献"當爲"献文",見《魏書·獻文六王傳》。

② 此處《函海》本有:此言近是。

③ "得意",《宋書·范曄傳》作"可意"。

2096 中意　《漢書·江充傳》:"奉法不阿,所言中意。"師古注:"中,當也。"又《杜周傳》:"奏事中意,任用。"

2097 不中意　《漢書·孔光傳》:"以議不中意,左遷廷尉。"《北史·魚俱羅傳》:"弟贇凶暴,令左右炙肉,遇不中意,以籤刺瞎其眼。"《宇文述傳》:"張瑾與述連官,嘗有評議,偶不中意,述張目瞋之。"按:《史記·封禪書》言"康后有淫行,與王不相中",亦是不相中意。

2098 掛意　《唐同昌公主傳》:"公主薨,上日夕惴心掛意。"

2099 執意　《魏書·慕容寶傳》:"中書令眭邃執意抗言。"《宋史·王安石傳》:"性强忮,自信所見,執意不回。"

2100 意智　《後漢書·鮮卑傳》:"蔡邕議曰:'鮮卑據其故地,稱兵十萬,才力勁健,意智益生。'"

2101 小意智　《朱子語錄》:"《管子》書有説得太卑,直是小意智處,不應管仲如此之陋。"

2102 無轉智　又《文集·答陳同甫》有此語。

2103 無佪誠　景祐《集韻》"傀"字、"賽"字俱訓云:"無佪誠貌。"①

2104 有意思　《南史·齊宗室傳》:"晉安王子懋,武帝諸子中最爲清恬,有意思。"

2105 差彊人意　《後漢書·吳漢傳》:"帝曰:'吳公差彊人意,隱若一敵國矣。'"

2106 何足介意　《後漢書·度尚傳》:"所傳②少少,何足介意。"《三國志·蜀先主傳》:"袁公路冢中枯骨,何足介意。"又《列子·黄帝篇》有"不用介意"語。

2107 不如意恒七八　《晉書·羊祜傳》:"祜歎:'天下不如意,恒十居七八。'"陸游③詩:"不如意事常八九,可與人言無二三。"

2108 意氣揚揚　《史記·管晏傳》:"意氣揚揚,甚自得也。"按:《荀子·儒效篇》"揚揚如也"注云:"揚揚,得意之貌。"

2109 沾沾自喜　見《史記·魏其侯傳》。張晏注:"沾沾,言自整頓也。"

2110 大喜過望　《漢書·黥布傳》:"食飲從官,如漢王居。布大喜過望。"

2111 歡喜　《戰國策》:"武安君曰:'秦克趙軍,秦人歡喜。'"《易林》:"心歡

---

① 兩處"佪"當爲"恛",見《集韻·代韻》《志韻》。
② "傳"當爲"亡",見《後漢書》卷三八。
③ "陸游"當爲"方岳",見《秋崖集》卷四《别子才司令》。

喜，利從已。"又："少齊在門，夫子歡喜。"後漢書馬融《與竇伯聞書》曰[①]："賜書見手跡，歡喜何量。"《魏志·賈逵傳》注："李孚比見袁尚，尚甚歡喜。"《唐書·杜審言傳》："武后令賦《歡喜詩》。"《韓昌黎集·元和聖德詩序》："郊天告廟，神靈歡喜。"

2112 喜歡　《三國志·管輅傳》注："劉玢好《易》而不能精，與輅相見，意甚喜歡。"《文選·應璩〈與二從弟書〉》："間者北遊，喜歡無量。"樂府《善哉行》："今日相樂，皆當喜歡。"白居易詩："獨出雖慵懶，相逢定喜歡。"

2113 千歡萬悦　《易林》："千歡萬悦，舉事爲決。"

2114 快活　《五代史·劉昫傳》："諸吏聞昫罷相，皆歡呼曰：'自此我曹快活矣。'"《翰林志》："梅詢見老卒臥日，歎曰：'暢哉！'徐問：'識字乎？'曰：'不識。'梅曰：'更快活也。'"白居易詩："快活不知如我者，人間能有幾多人。"杜荀鶴詩："田翁真快活，婣嫁不離村。"蘇軾詩："豐年無象何處尋，聽取林間快活吟。"

2115 不快　《戰國策》："蔡澤入揖應侯，應侯不快。"《史記·信陵君傳》："行數里，心不快。"《樂毅傳》："太子嘗不快於毅。"《甘茂傳》："文信侯不快，甘羅曰：'君侯何不快之甚也？'"《漢書·趙充國傳》："張安世嘗不快上。"《後漢書·竇武傳》："帝與后不快，幾至成敗。"按：世謂不可意曰"不快"，有疾亦曰"不快"，以上皆不可意之謂。《後漢·華陀傳》："體有不快，起作一禽之戲，怡然汗出。"《魏志》："有士患體中不快，詣華陀，陀曰：'君疾當破腹取之。'"乃有疾之謂也。

2116 不快活　《朝野僉載》桑維翰曰："居宰相，如著新鞋襪，外面好看，其中不快活也。"[②]

2117 快活人　白居易詩："誰知將相王侯外，别有優游快活人。"

2118 快活三郎　見《開元傳信録》。又《武林舊事》元夕舞隊有"快活三郎"、"快活三娘"。

2119 自由　《後漢書·五行志》："樊崇等立劉盆子爲天子，然視之如小兒，百事自由，初不恤録也。"杜甫詩："此時對雪遥相憶，送客逢春可自由。"白居易詩："貧賤亦有樂，樂在身自由。"又白有《自在》詩云："我今實多幸，内外無一礙。所以日陽中，向君言自在。"《五燈會元》華光範有"自由自在"語。

2120 高興　殷仲文詩："獨有清秋日，能使高興盡。"杜甫《北征》詩："青雲動高興。"《九日曲江》詩："晚來高興盡。"

---

① "後漢書"當爲"後漢"，"聞"當爲"向"，見《藝文類聚》卷三一。

② 此處《函海》本有：此語最近俗情。

2121 神王 《莊子·養生主》:“澤雉十步一啄,百步一飲,不蘄畜乎樊中。神雖王,不善也。”《音義》曰:“王,于況反。”《世説》:“大傅府多名士,庾文康云:‘見之常自神王。’”

2122 會得 《十國春秋》:“宋太宗時,或言劉昌言[①]閩語,恐奏對難會。太宗曰:‘我自會得。’”按:會,謂理會也。“理會得”,“理會不得”,宋儒語錄中頻見,今俗若以爲“能”之代字。《傳燈錄》:“僧問宗乘中事,永明曰:‘禮拜著。’曰:‘學人不會。’曰:‘出家行脚,禮拜也不會。’”此雖屬鬬機,亦見當時有以“會”爲“能”者矣。

2123 樂得 《禮·樂記》:“君子樂得其道,小人樂得其欲。”《老子》:“同于道者,道亦樂得之。”《易林》:“還於次舍,樂得自如。”

2124 樂此不疲 《後漢書·光武帝紀》:“太子見帝勤勞,承間進諫。帝曰:‘我自樂此,不爲疲也。’”又《唐書·張文琮傳》:“好寫書,筆不釋手,曰:‘吾好此,不爲倦。’”

2125 爲善最樂 《後漢書·東平憲王傳》:“日者問王處家何等最樂,王言爲善最樂。”按:孔安國《書》傳:“民之行己盡用善道,是多樂也。”東平語蓋本之。内典亦云:“爲善若熟,種種快樂。”[②]

2126 行樂圖 《貞觀畫史》隋朝官本有劉項畫《少年行樂圖》。按:今人凡自寫小照概謂之“行樂”,源實由此。

2127 樂極生悲 《太公陰謀》:“武王《觴銘》曰:‘樂極則悲,沉湎致非。’”《淮南子·道應訓》:“物盛而衰,樂極則悲,日中而移,月盈而虧。”又漢武帝《秋風辭》:“歡樂極兮哀情多。”陶潛《閒[③]情賦》:“悲樂極以哀來。”

2128 苦中作樂 《大寶積經》:“心如吞鈎,苦中作樂想故。”

2129 忽忽不樂 《史記·韓長孺傳》:“益東徙屯,意忽忽不樂。”《漢書·梁孝王傳》:“上疏欲留,弗許。歸國,意忽忽不樂。”

2130 恨恨 《晉書·周浚傳》:“鄙州上下,所以恨恨也。”

2131 怨氣滿腹 《後漢書·祭祀志》:“羣臣言宜封禪泰山,詔曰:‘即位三十年,百姓怨氣滿腹,吾誰欺,欺天乎?’”

2132 生氣 《晉語》子犯曰:“未報楚惠而抗宋,我曲楚直,其衆莫不生氣。”

---

① “言”下脱“習”字,見《十國春秋》卷九三。

② 此處《函海》本有:余應考,詩題爲《善人爲寶》,有句云“南國人堪憶,東平語不忘”,首蒙擊賞。

③ “閒”當爲“閑”,見《陶淵明集》卷五。

2133 出氣　《五代史·伶人傳》:"諸伶每侮弄縉紳,羣臣憤嫉,莫敢出氣,或反相附托以希恩。"

2134 爭閒氣　《東坡志林》:"桃符與艾人爭詈不已,門神解之曰:'吾輩不肖,方傍人門户,何暇爭閒氣耶?'"

2135 焦躁　見《朱子集·答黄子耕簡》。

2136 隱忍　《漢書·劉輔傳》:"小罪宜隱忍。"《後漢書·孔融傳》:"雖有重戾,必宜隱忍。賈誼所謂'擲鼠忌器'也。"

2137 倬偟　《楚辭·九思》:"遽倬偟兮驅林澤。"注:"倬偟,驚恐貌。"一作"章皇"。《文選·羽獵賦》:"章皇周流。"注:"猶彷徨也。"

2138 荒忙　白居易《夢井》詩:"念此瓶欲沉,荒忙爲求請。"按:荒,當爲"巟"之借字。巟,見《説文》,《廣韻》加草作"慌"。今言昏遽者皆云"慌忙"。

2139 惶恐　《漢書·朱博傳》:"右曹掾史皆移病卧。博問其故,對言:'惶恐。'"《王莽傳》:"吏民惶恐,屬縣屯聚。"

2140 忐忑　《五音集韻》:"音毯忒,心虚也。"《道藏三元經》:"心心忐忑。"

2141 懊憹　《鼠璞》:"《晉·禮儀志》有'懊憹歌',上烏浩反,下奴浩反,即今之懊惱字。"《集韻》《類篇》"憹"俱奴刀切,注云:"懊憹,痛悔也。"音如鏖猱。按:邵堯夫詩有"他人蒿惱人"句,蒿惱,猶懊憹,而一但自己不快、一有攪亂人義,小别。

2142 煩惱　河上公《老子》注:"天地惡煩惱,人心惡多欲。"

2143 不耐煩　《宋書·庾登之傳》:"弟炳之爲人强急而不耐煩。"《五代史·唐明宗家人傳》:"曹氏謂王氏曰:'我素多病,而性不耐煩,妹當代我。'"劉希夷詩:"幽人不耐煩,振衣步閒寂。"蕭穎士《貽韋司業書》:"頃來志若轉不耐煩。"

2144 好嬉子　吾子行有"好嬉子"三字私印,見《荻樓雜抄》。

2145 苦惱殺　朱子《答廖子晦書》:"今人得書不讀,只要賣錢,是何見識?苦惱殺人,奈何奈何?"

2146 何苦　《史記·黥布傳》:"何苦而反?"《晉書·宣帝紀》:"何苦自來?"樂府《讀曲歌》:"合散無黄連,此事復何苦。"

2147 徒自苦耳　《後漢書·馬援傳》:"士生一世,但取衣食裁足,致求盈餘,徒自苦耳。"又《漢書·揚雄傳》:"劉歆觀《太玄》《法言》,謂雄曰:'空自苦。'"《後漢·杜根傳》:"或問根曰:'往者遇禍,天下國家同義,知故不少,何至自苦如此?'"

2148 佯爲不知　《左傳·定十二年》:"子僞不知。"注云:"佯不知。"《史記·

范雎傳》:“佯爲不知永巷而入其中。”《封禪書》:“文成爲帛書以飯牛,佯不知,言曰:‘此牛腹中有奇。’”按:佯,亦作“狎”。《吳子·論將篇》:“其追北,狎爲不及;其見利,狎爲不知。”又作“陽”,見《左傳音義》。

2149 三不知　《左傳·哀二十七年》:“荀文子曰:‘君子之謀也,始衷終皆舉之,而後入焉,今我三不知而入之,不亦難乎?’”姚福《青溪暇筆》:“俗謂茫遽曰三不知,卽始中終三者皆不能知也,其言蓋本《左傳》。”按:《宋史》馬廷鸞阨于賈似道,求去,陛辭云:“天下安危,人主不知;國家利害,羣臣不知;軍前勝負,列閫不知。”此亦與俗言合,識以備參。

2150 貴人多忘　《唐摭言》王泠然與御史高昌宇書有此語。按:元人《漢宫秋》《凍蘇秦》《風光好》《范張雞黍》《魔合羅》等曲,並云“貴人多忘”。今俗于“忘”下增“事”字,未見所出。

2151 健忘　司空圖詩:“齒落傷情久,心驚健忘頻。”白居易詩:“老來多健忘,惟不忘相思。”范成大詩:“舊客①姓名多健忘,家人長短總佯聾。”按:忘,去聲。俗讀平聲,非。

2152 健羨　《史記自序》:“去健羨,絀聰明。”又“健慕”猶言健羨,見《太平廣記》道術門。

2153 割捨不得　《淮南子·説山訓》:“割而舍之,鏌邪不斷肉。”《詩譜》:“陸士衡才思有餘,但書太多爲礙,能痛割捨乃佳耳。”《侯鯖録》:“王晉卿暴得耳疾,意未能堪,求方于東坡。坡曰:‘君是將種,斷頭穴胸,當無所惜,兩耳堪作底用、割捨不得?限三日疾去,不去,割取兩耳。’晉卿灑然而悟。”

2154 方寸亂　《資暇錄》:“今人稍惑撓未決,則云方寸亂矣。此不獨誤也,何失言甚歟?《蜀志》:‘徐庶從昭烈率兵南行,母爲曹操所虜。庶將辭昭烈詣曹,乃自指心曰:本欲與將軍共圖王霸之業,今母爲彼獲,方寸亂矣。’苟事不相類,其可輕用耶?”

2155 内熱　《左傳·昭元年》:“女陽物而晦時,淫則生内熱惑蠱之疾。”《莊子·人間世》:“朝受命而夕飲冰,我其内熱歟?”按:《孟子》“熱中”,亦《莊》所云“内熱”之義。

2156 渴睡②　《六一詩話》:“客譽吕君工詩,胡旦問其警句,客舉一篇,卒章云‘挑盡寒燈夢不成’,笑曰:‘乃一渴睡漢耳。’明年吕中甲科,使人寄語胡曰:

① “舊客”,《石湖詩集》卷二九《早衰》作“僚舊”。
② 黄侃:“渴”正作“潡”,“瞌”亦俗字。

‘渴睡漢狀元及第矣。’”《嬾眞子》載舉子求易韻事，曰：“老人渴睡。”蘇子瞻詩：“吳興太守老且病，堆案滿前長渴睡。”按：“渴”本作“瞌”，“渴”乃借字用之。《集韻》：“眼瞌，欲睡貌。”貫休《畫羅漢》詩：“瞌睡山童欲成夢。”《朱子語錄》：“秦兵曹瞌睡。”《五燈會元》：“元沙備云：‘千里行脚，不消箇瞌睡寐語。’溈潭英云：‘堂中瞌睡，寮裏抽解。’神鼎諲云：‘驚回多少瞌睡人。’雪竇雅云：‘霹靂過頭猶瞌睡。’”及鹿苑暉、保福展、寶應、進雲、臺岑所云“瞌睡漢”，俱正用“瞌”字。

2157 念酸　馬令《南唐書·舒雅傳》：“韓熙載不拘禮法，嘗與雅易服燕戲，猱雜侍婢，入末念酸，以爲笑樂。”

2158 太子細[①]　《北史·源思禮傳》：“爲貴人當舉網維，何必太子細也！”[②]杜甫詩“野橋分子細”、“醉把茱萸子細看”[③]，《傳燈錄》祖印云“更須子細”、文偃云“大須子細”，俱用“子”字。白居易詩“世路風波仔細諳”，作“仔”。

2159 想當然　《後漢書·孔融傳》：“融與曹操書，稱‘武王伐紂，以妲己賜周公’。操不悟，後問出何經典。對曰：‘以今度之，想當然耳。’”按：蘇長公以“想當然”對梅聖俞，乃宗孔語。

2160 非非想　《楞嚴經》：“于無盡中，發實盡性，如存不存，若盡非盡，如是一類，名爲非想非非想處。”

2161 尋思　《後漢書·劉矩傳》：“有爭訟，引之于前訓告，以爲忿恚可忍，縣官不可入，使歸更尋思。”

2162 更思量　《北史·和士開傳》：“事太怱促，猶欲王等更思量。”

2163 胡思亂量　《朱子集·答潘文叔》曰：“宜于日用之間，稍立課程，不要如此胡思亂量，過却日子也。”董弅《閑燕常談》：“何槖入視帑藏倉庾，時有胡思者爲司農卿，槖屬言曰：‘大卿切弗亂量。’思應曰：‘諾。’至客次，方悟其以俗言爲戲。”

2164 晝有所思，夜形爲夢　《列子·周穆王篇》：“晝想夜夢。”《潛夫論·夢列論》：“晝有所思，夜夢其事。”

2165 舉世盡從愁裏老　杜荀鶴《宿臨江驛》詩也。《高齋詩話》：“荀鶴‘舉世盡從愁裏過’，正好對退之‘何人肯向死前休’。”按：荀鶴下句“誰人肯向死前閑”，與退之所别原只二字，而上句作“愁裏老”，不作“過”也。

---

① 黄侃：“子𦘕”之轉也。

② “爲貴人當舉網維”當爲“爲政貴當舉綱”，“必”下脱“須”，見《北史·源思禮傳》。

③ 此處《函海》本有：本此。

2166 愁人莫向愁人説，説向愁人愁殺人　《五燈會元》廣德、周保、寧璣皆舉此二語。

2167 不風流處却風流　《唫囈集》："沈樞謫筠州，攜二鬟去，數年歸，嫁皆處子。潘方壽以詩寄曰：'鐵石心腸延壽藥，不風流處却風流。'"《五燈會元》普能、梵言、慧空三師俱舉句云："有意氣時添意氣，不風流處却風流。"

2168 怒者常情，笑者不可測　《唐書·魚朝恩傳》："釋菜，執《易》升坐，言《鼎》有覆餗象，以侵宰相。王縉怒，元載怡然，朝恩云云。"

2169 可以共患難，不可以共處樂　《吳越春秋》范蠡言越王爲人云云。

2170 智者千慮，必有一失；愚者千慮，必有一得　《史記·淮陰侯傳》廣武君云云。

2171 一人不敵衆人智　《任子》："一人之智，不如衆人之愚。"

2172 智謀短淺　《漢書·孔光傳》："臣光智謀短淺，犬馬齒载，誠恐一旦顛仆，無以報稱。"

2173 深謀遠慮　賈誼《過秦論》："深謀遠慮，行軍用兵之道。"

2174 陰謀詭秘　高似孫《鬼谷子序》："窮天之用，賊人之私，而陰謀詭秘，有金匱韜略之所不能該者。"

2175 妬賢嫉能　《史記·高祖紀》："王陵曰：'項羽妬賢嫉能，所以失天下也。'"諸葛亮《心書》："爲將有八弊，一曰貪而無厭，二曰妬賢嫉能。"

2176 天資刻薄　《史記·商君傳贊》："商君，天資刻薄人也。"

2177 資質佳　《吳志·顧邵傳》："小吏資質佳者，奬令就學，擇其先進，擢置左右。"①

2178 聰明自誤　蘇軾詩："人皆養子望聰明，我被聰明誤一生。"

2179 剛愎自用　《金史·赤盞合喜傳》："性剛愎，好自用。"按：《左傳》："先縠剛愎不仁。"《韓非子》："鮑叔牙剛愎而悍上。""愎"音若别，俗以負氣不肯親人曰"愎氣"，卽此字。

2180 夢夢　見《詩·小雅·正月》及《大雅·抑篇》。

2181 憒憒　《太玄經》："曉天下之憒憒，瑩天下之晦晦。"《三國志·蔣琬傳》："楊敏毁琬'作事憒憒'。"《孫琳傳》："罵其妻曰：'汝父憒憒，敗我大事。'"《世説新語》："王導末年略不省事，歎曰：'人言我憒憒，後人當思此憒憒。'"

2182 落落穆穆　《晉書·王澄傳》："澄謂衍曰：'兄形似道，而神鋒太儁。'衍

---

① "左右"當爲"右職"，見《三國志·吳志·顧邵傳》。

曰：'誠不如卿落落穆穆然。'"

2183 悠悠忽忽　《文選·高唐賦》："悠悠忽忽，怊悵自失。"《世説》："劉伶身長六尺，而悠悠忽忽，土木形骸。"

2184 恍恍惚惚　《六韜·選將篇》："有湛湛而無誠，有恍恍惚惚而反忠實。"

2185 昏昏昧昧　《列子·力命篇》楊朱語楊布云。

2186 顛顛癡癡　《北史·齊文宣紀》："游行市廛，問婦人曰：'天子何如？'答曰：'顛顛癡癡，何成天子？'"

2187 忉忉怛怛　《易林》："忉忉怛怛，如將不活。"

2188 滯滯泥泥　陸象山《語錄》："凡事莫如此滯滯泥泥。"

2189 痿痿羸羸　《傳燈錄》："藥山惟儼曰：'我痿痿羸羸，且恁麽過時。'"

2190 忠厚　《詩序》："《行葦》，忠厚也，周家忠厚，仁及草木。"《史記·韓安國傳》："智足以當世取舍，而出於忠厚焉。"《世説》："吳四姓舊目云：張文，朱武，陸忠，顧厚。"

2191 倜儻　《晉書·劉殷傳》："性倜儻，有濟世之志。"《南史·何遠傳》："本倜儻，尚輕俠，至是折節爲吏。"夏侯湛《東方朔贊》："倜儻博物，觸類多能。"倜，他歷切，本又作"俶"。《廣雅》："俶儻，卓異也。"《史記·魯仲連傳》："好奇偉俶儻之畫策。"《漢書·司馬遷傳》："惟俶儻非常之人稱焉。"《晉書·袁耽傳》："少有才氣，俶儻不羈。"

2192 落度　《三國志·楊儀傳》："寧當落度如此。"《晉書·五行志》童謡："元超兄弟大落度。"按：度，音鐸，世謂不拘謹修飾曰"落度"，一作"落托"。晉樂府《懊憹歌》："攬衣未結帶，落托行人斷。"又作"樂託"，《世説》："謝中郎曰：'王修載樂托之性，出自門風。'"又作"落拓"，《北史·楊素傳》："少落拓，有大志，不拘小節。"

2193 坦率　《晉書·庾亮傳》："坦率行己。"《北史·李廣傳》："坦率無私，爲士流所愛。"《成淹傳》："子霄好爲文詠，坦率多鄙俗。"《唐國史補》："德宗微行西明寺，宋濟方抄書，上曰：'茶請一椀。'濟曰：'鼎水方煎，自取之。'問姓行，曰：'姓宋，第五。'須臾聞呼官家，濟惶懼。上曰：'宋五坦率。'後聞禮部放榜，濟以誤失官韻無名。上曰：'宋五又坦率也。'"

2194 靈利[①]　《東坡雜纂二續》載"謾不得"四事，其一曰"靈利孩兒買物"。《陸象山語錄》："既是一箇人，如何不打叠教靈利。"《悦生隨抄》："范蜀公言：'家

---

① 黄侃：正當作"㚟儷"。

中子弟，連名百字，幾乎尋盡矣，或曰百靈、百利、百巧、百窮，必未取以名也。’蜀公爲之大笑。”按：《五燈會元》宗智謂雲巖“不妨靈利”，潙山謂智閑“聰明靈利”，及“靈利座主”、“靈利道者”、“靈利衲子”、“靈利漢”、“靈利人”，俱作“靈利”。而此語之見字書者，惟《廣韻》“伶”字下云：“伶利，快性人也。”則“伶利”其正文矣。朱淑眞詩云“始知伶俐不如癡”，《字彙》云“方言謂黠慧曰伶俐”，俱傳文未得眞也。

2195 遲鈍 《論語》包咸注：“訥，遲鈍也。”《漢書・翟方進傳》：“號遲頓不及事。”顔師古曰：“頓讀曰鈍。”《三國志・孫奂傳》：“吾初憂其遲鈍，今治軍，諸將少能及者，吾無憂矣。”《北史・李渾傳》：“李繪答崔湛曰：‘下官膚體疎嬾，手足遲鈍，不能近追飛走，遠事佞人。’”

2196 孟浪[①] 《莊子・齊物論》：“夫子以爲孟浪之言，而我以爲妙道之行也。”《音義》曰：“孟如字，或武葬反。向氏云：無趣舍之謂。崔氏云：不精要之貌。”左思《吴都賦》：“若吾子之所傳，孟浪之遺言。”注云：“不委細貌。”按：《集韻》謂向秀讀“孟”爲“莽”，今吴中方言所云“莽浪”，乃即“孟浪”。

2197 倔强 《史記・陸賈傳》：“欲以新造未集之趙[②]，屈彊于此。”《漢書・匈奴傳》：“楊信爲人剛直屈强。”《後漢書・盧芳傳論》：“附假宗室，掘彊歲月之間。”《鹽鐵論》：“倔强倨傲，自稱老夫。”楊泉《太玄經》：“强梁者亡，崛强者折。”《五代史・李嚴傳》：“孟知祥倔彊於蜀。”按：以上用字各不同，音義悉同。

2198 生硬 白居易《初到忠州》詩：“吏民生硬都如鹿。”《拊掌錄》言北妓張八“舉止生硬”。

2199 疲軟 《漢書・賈誼傳》：“坐罷軟不勝任者，不曰罷軟，曰‘下官不職’。”“罷”與“疲”通。《晉書・劉頌傳》：“今世士人決不悉疲軟也。”

2200 闒茸 賈誼《弔屈原文》：“闒茸尊顯兮，讒諛得志。”司馬遷《報任安書》：“在闒茸之中。”桓寬《鹽鐵論》：“諸生闒茸無行。”

2201 佁儗 司馬相如《大人賦》：“仡以佁儗。”佁，讀如熾。注云：“固滯貌。”《釋[③]韻》云：“不前也。”杜甫《西嶽賦》：“千乘萬騎，蝬畧佁儗。”柳宗元《夢歸賦》：“紛若倚而佁儗。”李白《送王屋山人》詩：“五月造我語，知非佁儗人。”歐陽修啓：“以末途之佁儗，説定價[④]於妍媸。”俱本自相如賦。

---

① 黄侃：當作“莽莨”，亦與“蝄蜽”同。

② “趙”當爲“越”，見《史記・陸賈傳》。

③ “釋”當爲“集”，見《集韻》卷七。

④ “價”當爲“鑒”，見《文忠集》卷九五《上胥學士偃啓》。

2202 懵懂[①]　《廣韻》:“懵懂,心亂也。”《傳燈錄》石霜慶諸有“太懵懂”語。《談藪》:“甄龍友平生給捷,一時懵懂。”《畫繼》:“翟耆年嘲米元暉詩:‘善畫無根樹,能描懵懂山。’”

2203 癡獃　《廣韻》:“獃,五來切。獃癡,象犬小時未有分别。”《范石湖集》有《賣癡獃》詞。宋无《啽囈集》:“沈樞紹興中爲詹事,和議成,樞語同列曰:‘官家好獃。’上聞之,謫筠州。”按:世俗以“獃”、“騃”通用。考字書“騃”五駭切,從未有平聲讀者,葢其義雖同訓癡,而實爲兩字[②]。

2204 狡猾　《左傳·昭二十六年》:“王子朝曰:‘若我兄弟甥舅,獎順天法,無助狡猾。’”《史記》:“雖有狡猾之民,無離上之心。”《方言》:“小兒多詐,謂之狡猾。”

2205 放肆　《關尹子》:“一鰕至微,亦能放肆乎大海。”《文選·陳琳〈檄吳將校部曲〉》:“猶鷇卵始生毛翰,而便陸梁放肆。”《宋書·樂志》:“咨爾巴子無放肆。”《唐書·劉乂傳》:“乂亦一節士,少放肆,爲俠行。”

2206 窶數　《釋名》:“窶數,猶局縮,皆小意也。”李詡《俗呼小錄》:“鄙嗇計較者爲摟搜。”“摟搜”正“窶數”之轉也。

2207 贉貼[③]　讀若濫紺。《集韻》、《類篇》俱訓“貪財也”。按:今蘇州有“贉貼毛病”語。

2208 墨尿　《容齋四筆》:“柔訶諂笑,專取容悦,世謂之迷癡。雖爲俚言,亦有所本。《列子》:‘墨尿、單至、嘽咺、憋懯四人相與游于世。’張湛注:‘墨,音眉。尿,勑夷反。《方言》:江淮之間謂之無賴。’所釋雖不同,然大畧具是。”按:《列子》言若人名者,寓言也。揚雄《方言》:“江淮間凡小兒多詐而獪,或謂之墨尿。”與張注所引頗異。《集韻》亦云:“墨尿,黠詐貌。”皮日休《反招魂》:“上曖昧而下墨尿。”

2209 眠娗　《列子·力命篇》“眠娗”、“諈諉”、“勇敢”、“怯疑”四人亦相與游。張注云:“眠,莫典切。娗,徒典切,瑟縮不正之貌。”洪容齋云“世謂中心有媿見之顏色曰緬覥”,即此。按:《方言》:“眠娗,欺謾之語也。”郭璞注:“相輕易蚩弄也。”亦與張注異義。即時俗驗之,大抵言“墨尿”者,當依《方言》訓黠詐;言“眠娗”者,當依《列子》注訓瑟縮。《五燈會元》智遷云“得恁靦靦覥覥”,葢即當

---

① 黄侃:正作“蒙兜”、“懵兜”。
② 黄侃:非也,實爲一字。
③ 黄侃:即“婪酣”。

用“眠娗”而不知其字，漫以音發之也。

2210 蠢苴① 《指月錄》：“五祖演禪師，綿州人，造白雲端，端謂曰：‘川蠢苴。’”又：“明覺顯與棲賢禔蠢苴不合。”《五燈會元》：“眞淨詬文準曰：‘乃敢爾蠢且耶？’”按：蠢，朗假切。山谷曰：“蠢磋，泥不熟也。苴，查滓也。”葢謂其未經鑪鞲，所謂糟粕也。今凡性情麄率、不自檢點者，俗以此語目之。

2211 㜸𡡛 《漢書·賈誼傳》：“㜸后②亡節。”注云：“㜸𡡛而無志節。”《説文》：“㜸，胡結切，頭衺骫態也。𡡛，古屑切，頭傾也。”直讀若列挈。按：俗謂人胸次不坦夷、舉事拗戾以乖忤人者，有此目，而其字未之知也，愚謂當用此二字。然蔡邕《短人賦》云：“其餘尫公，劣厥僂窶，嘖嘖怒語，與人相拒，衆人患忌，難以爲侶。”劣厥，亦乖忤之辭，而音相近，並著之，俟知者擇焉。

2212 兜搭 《楊升菴外集》：“氀毼，本夷人服名，上音兜，下音達，今人謂性劣者爲氀毼。”《七修類稿》：“挽踏，取桔槔取水之義，上以手挽而入，下以脚踏而出，謂其展轉不散釋也，借喻人難理會。”按：二説俱牽强不經，當但作“兜搭”。《晉語》：“在列者獻詩，使弗兜。”注云：“兜，惑也。”“搭”則粘附之義，多所兜惑，而搭住不解，意自顯然。

2213 陰毒 《北史·高隆之傳》：“隆之性陰毒。”《楞嚴經》：“如陰毒人懷抱蓄惡。”

2214 潑賴③ 《餘冬序錄》：“蘇州以醜惡曰潑賴。”“潑”音如派，雲南夷俗諜言誣陷人曰“毕賴”之事，葢亦“潑賴”之轉。

2215 執 《宋史·吕蒙正傳》：“上欲選人使朔方，蒙正以名上，上不許。他日三問，三以其人對。上曰：‘卿何執耶？’對曰：‘臣非執，陛下未諒耳。’”按：《莊子·養生主》有“執而不化”語，後世凡言“執意”本之。此單舉“執”字，與今恒言最合。

2216 婆④ 《晉書·陶侃傳》：“老子婆娑，正坐諸君輩。”《王述傳》：“致仕之年，不爲此公婆娑之事。”按：古人凡云“婆娑”，皆屬遲戀之義，故今以性不決捷爲“婆”。

2217 乖⑤ 邵子《擊壤集》有《安樂窩中好打乖吟》。《朱子語錄》：“張良少

---

① 黄侃：即“濾苴”。

② “后”當爲“詬”，見《漢書·賈誼傳》。

③ 黄侃：即“刺屮止”。

④ 黄侃：即“嫳”字。

⑤ 黄侃：即“姡”字。

年也任俠殺人,後來因黄石公教得來較細,此其所以乖也。"按:"乖"之本義爲戾、爲睽、爲背異。羅隱《詠焚書坑》詩:"祖龍算書渾乖角,將謂詩書活得人。"乖角,猶乖張也。而世率以慧爲乖角,其故不解。或云:乖者與人相約,稍值利害則背異而避之自全,反以不背者爲癡,此正所謂乖角者。然其説亦費曲折。揚雄《方言》有云:"凡小兒多詐而獪,或謂之姡。"注云:"言黠姡也。""姡"字長言之,則轉爲"乖",今正謂小兒黠獪曰"乖",本指未泯没也。

2218 悖　《集韻》:"悖,部本切,性不慧也。"[1]按:《晉書》:"豫章太守史疇以體肥大,目爲笨伯。"《唐書[2]》注:"舉柩夫謂之倴夫。""笨"、"倴"皆麄率儜劣之貌,字相通用,而與"悖"有主貌、主性之别,又三字皆从大从十而不從本。世俗概以"笨"爲不慧,據《説文》,"笨"爲"竹裏",與"笨伯"之"笨",亦不同也。

① 黄侃:當以"笨"爲本字。笨,竹裏也,猶混淪之意。
② 當爲"資治通鑑",見《資治通鑑·唐懿宗咸通十二年》"夫"胡三省注:"夫,舁柩之夫也。"

卷十六　身體

2219 畏首畏尾　《左傳·文十七年》鄭子家引古人言曰:“畏首畏尾,身其餘幾?”

2220 徹頭徹尾　程子《中庸解》:“誠者,物之終始,猶俗言徹頭徹尾。”又朱子《答吕伯恭書》有“從頭徹尾”語。

2221 有頭無尾　《朱子語録》:“若是有頭無尾底人,便是忠也不久。”又云:“斐然成章,也是自成一家了,做得一章有頭有尾,與今學者有頭無尾底不同。”按:《戰國策》甘茂謂秦王:“若能爲此尾。”注云:“尾,終也。”

2222 垂頭塞耳　《後漢書·殤帝紀》:“刺史垂頭塞耳,阿私下比。”《馬嚴傳》:“不卽垂頭塞耳,採取財賂。”

2223 垂頭喪氣　《韓昌黎集·送窮文》:“主人于是垂頭喪氣,上手稱謝。”

2224 垂頭搨翼　《文選·陳琳〈檄豫州文〉》:“方畿之内,簡練之臣,皆垂頭搨翼,莫所憑恃。”

2225 藏頭伉腦①　《朱子語録》論《周易》云:“聖人有甚麽説話要與人説,便分明説了,不應恁地千般百樣,藏頭伉腦,教後人自去多方推測。”

2226 撞頭搕腦　《葉水心集·修路疏》:“南來北往,何憂帶水拖泥;朝去暮歸,不到撞頭搕腦。”又《五燈會元》慈濟聰有“撞頭磕額”語。

2227 擺頭撼腦　白居易《黄雀》詩:“擺頭撼腦花園裏,將謂春光總屬伊。”又韓退之詩有“擺頭笑且言”句,《五燈會元》洞山乾有“摇頭擺腦”語。

2228 摇頭擺尾　《傳燈録》:“元安辭臨濟去,濟曰:‘門下有箇赤梢鯉魚,摇頭擺尾向南方去,不知向誰家虀瓮裏淹殺。’”《五燈會元》:“孚上座謂雪峯曰:‘和尚摇頭,某甲擺尾。’僧昭參圓晤曰:‘師若摇頭,弟子擺尾。’”②

① 黄侃:“伉”猶閡也。

② 此處《函海》本有:今云“擺尾摇頭”。

2229 焦頭爛額　《漢書·霍光傳》:"曲突徙薪亡恩澤,焦頭爛額爲上客。"

2230 銅頭鐵額　《龍魚河圖》:"蚩尤氏兄弟七十二人,皆銅頭鐵額。"《十洲記》:"聚窟洲有鑿齒長牙銅頭鐵額之獸。"《太平廣記》引《逸史》:"有術士謂安祿山曰:'公有陰兵五百,皆銅頭鐵額,常在左右。'"

2231 三頭八臂　《梁書·扶南國傳》:"俗事天神,以銅爲像,二面者四手,四面者八手,手各有所持,或小兒,或日月,或鳥獸。"《法苑珠林》:"修羅道者,體貌麤鄙,並出三頭,重安八臂。"梁簡文《大敬愛寺刹下銘》:"八臂三目,頂帶護持。"

2232 伸頭縮頸　許洞《嘲林君復》詩:"豪門送物鵝伸頸,好客臨門鱉縮頭。"

2233 光頭圓腦　鄭清之《咏茄》詩:"光頭圓腦作僧看。"

2234 無出頭　《三國志·吕布傳》注:"與袁術書曰:'足下鼠竄壽春,無出頭者。'"王明清《摭青雜説》載項四郎救徐七娘事曰:"寧陪些少結束,嫁與一本分人,豈可教他作倡女婢妾,一生無出頭耶?"

2235 放出一頭地　朱子《名臣言行錄》:"歐陽文忠試禮部進士,得蘇文忠,語人曰:'老夫終當避此人,放出一頭地。'"

2236 出頭不得　《冥報記》:"大業時,宜州皇甫遷轉胎豬腹,賣社家,將次縛殺,見夢妻兒,得贖還。比鄰相嫌者,並以豬爲譏駡。兒女私報豬云:'爺作業不善,受此豬身,男女出頭不得。請往徐家,送食供養。'"

2237 擡頭不起　《開天遺事》:"華陰簿張彖爲守令所抑,歎曰:'若立身矮屋之下,使人擡頭不起。'棄官而去。"《朱子集·答潘叔昌》曰:"世俗近年有一種議論,愈見卑狹,令人擡頭不起,轉身不得。"

2238 努出頭來　文彦博詩:"努出頭來放早衙。"

2239 頭上安頭　黄庭堅《拙軒頌》:"頭上安頭,屋下蓋屋,畢竟巧者有餘,拙者不足。"《傳燈錄》:"元安示衆曰:'今有一事問汝等,若道是,卽頭上安頭;若道不是,卽斬頭求活。'"

2240 錯安頭　《宋史·李先傳》:"人目以俚語爲錯安頭,謂其無貌而有材也。"

2241 没頭腦　《朱子語錄》:"佛氏亦可謂'夭壽不貳',然'修身以俟之'一段,全不理會,所以做底事皆無頭腦。"《鶴林玉露》:"李白見永王璘反,便從臾之。詩人没頭腦,至于如此。"

2242 大頭腦　又《語錄》:"要見得一大頭腦分明,便于操舍之間,有用力處。"

2243 佤頭　《元史·武宗紀》:"徽政使佤頭等言:'别不花以私錢建寺,爲國祝釐。’”按：㧟音如哇[①]，不正也。元俗質朴，即其形以爲名。海寧有元祭酒桀㧟頭墓，談遷《海昌外志》狥俗作“歪頭”，非。

2244 頭目 《荀子·議兵篇》：“下之于上也，若手臂之扞頭目也。”按：元號領軍官爲“頭目”，中統元年，“詔軍人陣亡者家屬，仰各頭目用心照管”，見《元典章》，義本于《荀子》也。

2245 爲頭 《元典章》：“監察合行事件，有丞相爲頭，尚書省官，某大夫爲頭，一同奏過。”按：今以率衆先事曰“爲頭”，沿于此。又至元三十年奏：“和尚先生秀才一處，若有爭差約會，和尚爲頭兒的，先生爲頭兒的，秀才爲頭兒的，一同問者。”所云“頭兒”，蓋謂儒學及僧道官也。當時稱謂如此，今惟以之號“工師”矣。

2246 改頭换面 寒山《詩》：“改頭换面孔，不離舊時人。”晁迥《客語》：“違順美惡，皆是一體改頭换面了出來。”《五燈會元》：“宗杲謂張無垢曰：‘門下既得此話欛，可改頭换面，説向儒家，使殊塗同歸。’”

2247 肥頭大面 《太平廣記》：“唐逸士殷安嘗謔其子堪爲宰相曰：‘汝肥頭大面，不識古今，噇食無意智，不作宰相而何？’”

2248 灰頭土面 《五燈會元》：“僧問神鼎諲：‘如何是清淨法身？’曰：‘灰頭土面。’”

2249 三頭二面 《李義山雜俎》：“愚昧之流，三頭二面趨奉人。”又《涑水家儀》：“凡女僕兩面二舌，虚飾造讒者，逐之。”元李行道曲有“兩面三刀”語。

2250 頭不梳，面不洗 《五燈會元》：“僧問慧顒：‘如何是無縫塔中人？’顒舉語云云。”按：二語爲俚俗童謡，此可驗其謡之久遠。

2251 玉面 《韓詩外傳》：“楚莊王謂鄭伯云：‘君子不令臣交易爲言，是以使寡君得見君之玉面。’”按：凡尊人之辭，如曰“玉體”、“玉趾”，皆本先秦古書，《戰國策》“恐太后玉體之有所郄”、《左傳》“寡君聞君親舉玉趾”是也。

2252 面孔 《開天傳信記》：“黄幡綽嘲劉文樹曰：‘文樹面孔，不似胡孫。胡孫面孔，强似文樹。’”[②]

2253 作面子 《舊唐書·張濬傳》：“濬出軍討太原，中尉内使餞于長樂，楊復恭奉巵酒屬濬。濬辭曰：‘聖人賜酒，已醉矣。’復恭曰：‘相公握禁兵，擁大旆，

---

① 黄侃：正作“竵”。

② 此處《函海》本有：此“面孔”二字之由。

獨[1]一面，不領復恭意作面子耶？'濬笑曰：'賊平之後，方見面子。'復恭銜之。"按：此卽今北方人所謂"做臉兒"。

2254 有何面目　《史記·孟嘗君傳》："客見文一日廢，皆背文而去。今賴先生復得其位，客亦有何面目見文乎？"《漢書·司馬遷傳》："亦何面目復上父母之丘墓乎？"《後漢書·吳祐傳》："謂馬融曰：'李公之罪，成于卿手，何面目見天下人？'"《趙苞傳》："食禄而避難，殺母以全義，有何面目立于天下？'"

2255 面目可憎，語言無味　見韓退之《送窮文》。

2256 人面獸心　見《史記·匈奴傳贊》。又《晉書·孔嚴傳》："降附之徒，皆人面獸心，難以感義。"《劉元海等載記論》："彼人面而獸心，見利則棄君親，臨財則忘人義者也。"《宋書·明帝紀》："子業人面獸心，見于齠日。"《北史·太武五王傳》："人面獸心，去留難測。"《隋書》盧思道《勞生論》："居家則人面獸心，不孝不義。"《舊唐書》于志寧上太子書："人面獸心，豈得以禮教期？"按：《列子·黄帝篇》："人未必無獸心，夏桀、殷紂、魯桓、楚穆狀貌七竅皆同于人，而有禽獸之心。"《三國志·陸瑁傳》："公孫淵屏在海隅，雖托人面，與禽獸無異。"孟郊詩："古人形似獸，而有大聖德；今人表似人，獸心安可測？"卽皆"人面獸心"之說。又《晉書》："苻朗至揚州，或問：'見王吏部兄弟未？'朗曰：'非人面而狗心、狗面而人心者乎？'王忱貌醜而才慧，國寶貌美而才劣，故朗云然。"此其語意不同。

2257 當面蹉過　《五燈會元》明悟有"當面拈來，郤成蹉過"語。又："大圓問智策：'汝自天台來，見智者麼？'策曰：'當面蹉過。'"

2258 君子不羞當面　見《元曲選》張國彬《合汗衫》劇。

2259 人面逐高低　又王子一《悞入桃源》曲。

2260 唾面自乾　《舊唐書·婁師德傳》："教其弟耐事，弟曰：'有人唾面，潔之而已。'師德曰：'未也。潔之是違其怒，正使自乾耳。'"

2261 剝面皮　《西京雜記》："曹元理計囷米數，出差一升，而中有一鼠。元理曰：'遂不知鼠之殊米，不如剝面皮矣。'"《裴氏語林》："賈充謂孫皓曰：'何以剝人面皮？'皓曰：'憎其顏之厚也。'"

2262 面皮厚　《南史·卞彬傳》："書鼓云：徒有八尺圍，腹無一寸腸。面皮厚如許，受打未詎央。"又"面皮薄"見庾信詩："向人長曼臉，由來薄面皮。"

2263 顏厚　《書·五子之歌》："顏厚有忸怩。"《詩·小雅》："顏之厚矣。"《文選·閒居賦》："雖吾顏之云厚，猶内愧于寧蘧。"《唐書·劉蕡傳》："李郃曰：'蕡

---

① "獨"下脱"當"字，見《舊唐書·張濬傳》。

逐我留，吾顔其厚耶？’”《開天遺事》：“進士楊光遠干索權豪無厭，或遭撻辱，略無改色。時人云：‘光遠慚顔，厚如十重鐵甲。’”

2264 奴顔婢膝 《抱朴子・交際》：“以奴顔婢膝爲曉解。”《宋史・陳仲微傳》：“俛首吐心，奴顔婢膝。”陸龜蒙詩：“奴顔婢膝眞乞丐，反以正直爲狂癡。”

2265 樺皮臉 元人《丸經》引俚語云：“眼睛飽，肚裏饑；樺皮臉，拖狗皮；輸便怒，赢便喜；喫別人，不回禮。”

2266 爲耳目 《漢書・張耳傳》：“趙人多爲耳、餘耳目者。”《蓋寬饒傳》：“奉錢半給吏民爲耳目，爲事者朱博，因親信之，以爲耳目。”《南粤傳》：“吕嘉居國中甚重，粤人信之，多爲耳目者。”《魏志・閻温傳》注：“孫賓碩令兩騎扶趙岐，岐以爲是唐氏耳目也，甚怖。”《晉書・徐邈傳》：“謂范甯曰：‘足下留意百姓，故廣爲視聽，然不可縱小吏爲耳目也。自古以來，肯爲人左右耳目者，無非小人。’”《南史・齊宗室傳》：“坦之見帝不可奉，乃改附明帝，密爲耳目。”《北史・爾朱世隆傳》：“兆曰：‘叔父在朝多時，耳目應廣，如何令天柱受禍？’”按：《老子》：“聖人爲天下，渾其心，百姓皆注其耳目。”《鬼谷子・符言》：“有主周，一曰長目，二曰飛耳。”皆與爲耳目説表裏。

2267 刮目相待 《三國志・吕蒙傳》注：“蒙答魯肅曰：‘士别三日，卽當刮目相待。’”《北史・楊愔傳》：“愔小字秦王，源子恭曰：‘常謂秦王不甚察慧，今更欲刮目視之。’”

2268 眼孔大 《唐書・安祿山傳》：“帝爲起第京師，以中人督役，戒曰：‘善爲部署，祿山眼孔大，毋令笑我。’”按：眼孔，見《本事詩》：“張元一嘲武懿宗云：‘未見桃花面皮，先作杏子眼孔。’”

2269 眼孔小 《海錄碎事》：“太祖與趙普議論不合，念桑維翰。普言維翰愛錢，上曰：‘苟用其長，當護其短。措大眼孔小，賜與十萬貫，則塞破屋子矣。’”

2270 眼穿 杜詩：“新愁眼欲穿。”韓詩：“眼穿常訝雙魚斷。”

2271 眼差 姚合詩：“身閒眠自久，眼差事還遥。”差，讀如咤。

2272 眼力 劉禹錫詩：“減書存眼力，省事養心王。”姚合詩：“簿書銷眼力，觴酒耗心神。”按：《孟子》已云：“既竭目力焉。”

2273 揚白眼 《南史・陳宗室傳》：“新安王伯固生而龜胸，目通睛揚白。”按：“龜胸”見史亦僅此。

2274 眄刀眼 《晉書・陳訓傳》：“訓謂甘卓頭低而視仰，相法名爲眄刀。”

2275 鬼眼 張舜民《畫墁錄》：“太祖謂陶穀一雙鬼眼，神宗謂杜常一雙鬼眼。”

2276 夜眼　《肘後方》:“治卒死尸厥,用白馬夜眼二枚。”《本草拾遺》:“馬無夜眼者毒,其眼在足膝上,馬有此能夜行,故名。”

2277 眼珠子　《博雅》:“目謂之眼,珠子謂之眸。”《文選》注引《韓詩》說:“無珠子曰矇,珠子具而無見曰瞍。”按:諺[1]所云“有眼卻無珠”,見元人《舉案齊眉》曲。

2278 青盲　《後漢書·獨行傳》:“任永、馮信並托青盲以避世難。”

2279 獨眼龍　《五代史·唐紀》:“克用一目眇,其貴也,人號獨眼龍。”《五燈會元》:“大潙謂匡仁曰:‘向後有獨眼龍爲汝點破在。’仁聞婺州明招謙出世,往禮拜,言下大悟,謙眇一目也。”

2280 凡夫肉眼　《涅槃經》:“天眼通非礙,肉眼礙非通。”《摭言》:“鄭光業試策,夜忽有同人突入,命取水煎茶,欣然從之。光業狀元及第,其人貢一啓曰:‘當時不識貴人,凡夫肉眼;今日俄爲後進,窮相骨頭。’”

2281 有千里眼　《北史·楊逸傳》:“爲光州刺史,廣設耳目,善惡畢聞,人咸言楊使君有千里眼,那可欺之。”

2282 賣眼　梁武帝詩:“賣眼拂長袖,含笑留上客。”

2283 眉來眼去　劉孝威詩:“窗踈眉語度,紗輕眼笑來。”按:元白仁甫《牆頭馬上》曲所云“眼去眉來”,本此。

2284 眼飽腹中饑　《樂錄·烏夜飛》曲:“暫請半日給,徙倚娘店楣。目作宴填飽,腹作宛惱饑。”周繇《嘲段成式詩序》:“廣陽公宴段柯古,速罷馳騁,坐觀花艶,或有眼飽之嘲,因而賦詩。”又《九經》引俚語,見上。

2285 眼不見爲淨　《五燈會元》西臺其辨師舉此語。

2286 眼中釘　《五代史·趙在禮傳》:“在禮在宋州,人尤苦之。已而罷去,宋人喜相謂曰:‘眼中拔釘,豈不樂哉!’”《古今風謠》:“宋眞宗時,丁謂用事。童謡云:‘欲得天下寧,須拔眼中丁。’”元曲《楊氏勸夫》有“眼中疔”語,《五燈會元》善昭有“拔卻眼中楔”語。

2287 耳而目之　《吕氏·審分覽》:“任登舉士膽胥己于趙襄子,襄子以爲中大夫。相國曰:‘意者君耳而未之目耶?’襄子曰:‘吾舉登也,已耳而目之矣。登所舉,吾又耳而目之,是耳目人終無已也。’遂不復問,而以爲中大夫。”

2288 耳聞不如目見　《説苑·政理篇》:“耳聞之,不如目見之;目見之,不如足踐之。”《魏書·崔浩傳》:“李順等曰:‘耳聞不如目見,吾曹目見,何可共辨?’

[1] “諺”,《函海》本作“今”。

浩曰:‘汝謂我不目見,便可欺也。’”

2289 舌敝耳聾 《戰國策》:“蘇秦曰:‘舌敝耳聾,不見成功。’”

2290 耳聾眼黑 《傳燈錄》:“百丈被馬祖一喝,直得三日耳聾眼黑。”

2291 六耳不同謀 又:“泐潭會問:‘如何是佛祖西來意?’馬祖云:‘六耳不同謀,且去。’”

2292 重聽 《漢書・黄霸傳》:“許丞廉吏,重聽何傷?”《文選・七發》:“虚中重聽,惡聞人聲。”

2293 仰人鼻息 《後漢書・袁紹傳》:“孤客窮軍,仰我鼻息。”按:鄙語“向人喉下取氣”,猶此。

2294 穿鼻 《南史・張弘策傳》:“徐孝嗣才非柱石,聽人穿鼻。”《北史・齊高祖紀》:“爾朱榮戒兆曰:‘爾非賀陸渾匹,終當爲其子穿鼻。’”按:此以牛爲喻,言其受制使也。

2295 酸鼻 《漢書・鮑宣傳》:“父子夫婦不能相保,誠可爲酸鼻。”《後漢書・竇融傳》:“忠臣則酸鼻流涕,義士則曠若發矇。”

2296 齇鼻 《南史》:“宋前廢帝肆罵孝武爲齇奴。”《北史》:“王氏世齇鼻,江東謂之齇王。”《玉篇》:“鼻上皰曰齇。”

2297 齆鼻 齆,音瓮。《埤蒼》:“鼻病也。”《十六國春秋・後趙録》:“王謨齆鼻,言不清暢。”《埤雅》引語云:“蛇聾虎齆。”《幽明録》:“桓司空有參軍教鸜鵒語,遂無所不名。當大會,令效座人語。有一人齆鼻,語難學,因以頭納瓮中效焉。”《甕牖閑評》:“王充《論衡》云:‘鼻不知香臭爲瓮。’[①]則今人以鼻不清亮爲瓮鼻,作此瓮字,不爲無自矣。”

2298 鼻涕長一尺 見王褒《僮約》。又《北史・齊宗室傳》:“文宣性雌懦,時有涕出。永安王浚恒責左右:‘因何不爲二兄拭鼻?’”按:俚俗嘲人雌懦曰“縮鼻涕不上”,本此。

2299 作如此嘴鼻 《金史・畢資倫傳》:“宋破金盱眙,守將納合買住降,北望拜哭,謂之辭故主。資倫駡曰:‘國家未嘗負汝,何所求死不可,乃作如此嘴鼻耶?”黄庭堅《題摹鎖諫圖》:“陳元達,千載人也,畫者胸中無千載韻,使元達作如此嘴鼻,豈能死諫不悔哉?”按:世譏庸劣之貌,但云“嘴鼻”,蓋因此語割裂。

2300 嘴尖 《揮麈餘話》:“詹大和坐累下大理,李傳正操俚語詬之曰:‘子嘴尖如此,誠姦人也。’”《元曲選・三度臨岐柳》劇有“嘴尖舌頭快”語。

---

① 黄侃:即“齆”字。

2301 口尚乳臭　《漢書・高帝紀》:"王問:'魏大將誰?'曰:'栢直。'王曰:'是口尚乳臭,不能當吾韓信。'"《晉書・桓玄傳》:"卞範曰:'元顯口尚乳臭,劉牢之大失物情,土崩之勢可翹足而待。'"

2302 黄口小兒　《北史・崔暹傳》崔㥄竊言文宣帝爲"黄口小兒"①。

2303 病從口入、禍從口出　傅休奕《口銘》。

2304 留口喫飯　《傳燈録》:"僧問:'向上一路如何傳?'弘瑫曰:'且留口喫飯著。'"

2305 赤口毒舌　盧仝《月蝕歌》:"烏②爲居停主人不覺察,貪向何人家,行赤口毒舌。"《武林舊事》:"端午以青羅作赤口毒舌,帖子懸門楣,以爲禳襘。"

2306 口燥唇乾　漢樂府《善哉行》:"來日大難,口燥唇乾。"杜甫《茅屋爲秋風所破》詩:"唇焦口燥呼不得。"

2307 唇亡齒寒　見《文子・上德篇》。《左傳・僖五年》:"宫之奇曰:'諺所謂輔車相依,唇亡齒寒者,虞虢之謂也。'"《哀八年》:"子洩對吴王曰:'夫魯,齊晉之唇。唇亡齒寒,君所知也。'"按:《戰國策》言"唇揭齒寒","揭"猶掀也。《莊子・胠篋篇》"唇竭則齒寒","竭"不可解,似亦"揭"字之訛。

2308 金牙鐵齒　《易林》:"金牙鐵齒,西王母子。"又:"金牙鐵齒,壽考宜家。"

2309 切齒　《史記・荆軻傳》:"樊於期曰:'此臣之日夜切齒腐心者也。'"《漢書・王莽傳》:"言必切齒。"《後漢書・馬援傳》:"季良尚未可知,郡將下車輒切齒。"

2310 摩牙　《文選・長楊賦》:"鑿齒之徒,相與摩牙而爭之。"按:俗以口舌相競爲"摩牙",似即借用其語。

2311 吞不摇喉　《魏志・王粲傳》注:"曹子丹,汝非徒机上肉,吴質吞汝不摇喉,咀汝不摇牙。"按:今諺云"吞汝到肚裏摇",蓋因斯語小變。

2312 刀在頸　《國語》單襄公曰:"人有言'兵在其頸',其郤至之謂乎?"《吴志・是儀傳》:"今刀鋸已在臣頸,何敢隱諱。"《唐書・陳京傳》:"百官凛凛,常若兵在頸。"按:今罵人不畏法斂攝曰"刀已在頸"。

2313 芒刺在背　《漢書・霍光傳》:"光驂乘,上嚴憚之,若有芒刺在背。"《唐書・崔日用傳》:"謂人曰:'吾生平所事,皆適時制變,不專始謀。然每一反思,

① "暹"當爲"㥄","口"當爲"頷",見《北史・崔㥄傳》。

② "烏"當爲"鳥",見《全唐詩》卷三八七。

若芒刺在背。'"

2314 膝癢搔背 《鹽鐵論·利議章》:"議論無所依,如膝癢而搔背。"

2315 轉背 《南史·蔡廓傳》:"徐羡之曰:'與人共計,云何裁轉背便賣惡于人?'"

2316 斷腰絶脊 《戰國策》:"黄歇説秦昭王:'斷齊、秦之要,絶楚、魏之脊,天下五合六聚而不敢救也。'"

2317 豎起脊梁 《指月錄》:"東齋謙謂道川曰:'汝舊呼狄三,今名道川。川卽三耳,能豎起脊梁辦個事,其道如川之增,若放倒,則依舊狄三也。'"

2318 胸中鱗甲 《三國志·蜀·陳震傳》震説李平"胸中有鱗甲"①。

2319 推心置腹 《後漢書·光武帝紀》:"降者更相語曰:'蕭王推赤心置人腹中,安得不投死乎!'"

2320 腹心内爛 《宋書·五行志》:"明帝諒闇,又有異謀,是以下逆上,腹心内爛也。"

2321 以小人之腹爲君子之心 《左傳》文。蘇轍《古史·蔡世家論》作"以小人之情度君子之腹"。

2322 自家肚皮自家畫 《五燈會元》曇秀答僧云。

2323 隔層肚皮隔垜牆 見李致遠《還牢末》曲。

2324 出孃肚皮 《傳燈錄》:"慧清上堂曰:'汝等若是箇漢,從孃肚皮裏出來,便好作獅子吼。'"

2325 身材 又南泉謂黄檗:"身材没量大,笠子大小生。"唐無名氏詩:"三十六峯猶不見,况伊如燕這身材。"

2326 挺身 《漢書·五行志》:"挺身獨與小人晨夜相隨。"注云:"挺,引也。"《劉屈氂傳》:"屈氂挺身逃。"注云:"引身而逃難。"《五代史·王思同傳》:"諸鎮兵潰,思同挺身走長安。"按:世俗以"挺身"爲勇往之辭,據諸文乃適相反。惟《三國志》注"龐娥親挺身奮手,拔李壽刀",有勇往象。然其勇在奮手拔刀,而"挺身"仍只作引身解。蓋"引身而進"、"引身而退",同一"引"也。

2327 脱身 《史記·張耳傳》:"亡命外黄,外黄富人女嫁之,耳是時乃脱身游。"《漢書·卜式傳》:"與兄弟田宅財物,脱身去。"

2328 交手 《北史·齊宗室傳》:"斛律光曰:'小兒輩弄兵,一與交手卽亂。"《南史·李安人傳》:"相者曰:'君後當大富貴,與天子交手共戲。'"

① "胸",《三國志·蜀書·陳震傳》作"腹"。

2329 出手　《陳書·徐陵傳》:"每一文出手,好事者已傳寫成誦。"蘇軾詩:"詩句對君難出手。"

2330 放手　《後漢書·明帝紀》:"殘吏放手。"注:"謂貪縱爲非也。"杜詩:"刈葵莫放手,放手傷葵根。"

2331 游手　《儀禮·聘禮》:"大夫二手受栗。"注云:"受授不游手,愼之也。"《後漢書》章帝詔:"務盡地力,勿令游手。"《唐書·竇軌傳》:"下令諸縣,有游手末作者按之。"

2332 隨手　《史記·韓信傳》:"鍾離眛曰:'吾今日死,公隨手亡矣。'"《後漢書·華佗傳》:"曹操積苦頭風眩,佗針之,隨手而差。"

2333 斷手　唐書[①]高祖勑云:"使至,知玄堂已成,不知諸作早晚得斷手否。"杜甫《題江外草堂》詩:"經營上元始,斷手寶應年。"按:凡營造畢工謂之"斷手"。

2334 失手　方干詩:"名場失手一年年。"

2335 下手　《傳燈錄》:"慧藏對馬祖曰:'若教某甲自射,直是無下手處。'"又:"僧問:'天地還可雕琢也無?'靈默曰:'汝試下手看。'"《揮麈錄》:"碑工李仲寧,太守使劖黨籍姓名,曰:'不忍下手。'"

2336 動手　《全唐詩話》:"商則任廩丘尉,性廉,而令丞皆貪。一日宴會,令丞皆舞而動手,尉則回身而已。令問之,曰:'長官與贊府皆動手,尉更動手,百姓何容活耶?'人皆大笑。"《七修類藁》:"此取銀動手之起也。"

2337 毒手　《靈樞經》:"手毒者,試按龜,置龜器下而按手其上,五十日而龜死。手甘者,如故也。"《晉書·石勒載記》:"謂李陽曰:'孤往日厭卿老拳,卿亦飽孤毒手。'"《五代史·李襲吉傳》:"毒手尊拳,相交于旦暮。"

2338 反覆手　《漢書·陸賈傳》:"殺王降漢,如反覆手耳。"師古曰:"言其易,即孟子云'反掌'意。"

2339 手滑　《唐書》:"武宗欲誅楊嗣復、李珏,杜景見李德裕曰:'天子年少,不宜手滑。'"[②]《夢溪筆談》:"范希文謂同列曰:'諸公勸人主法外殺近臣,一時雖快意,他日手滑,雖吾輩未敢保。'"[③]

2340 落吾手　杜甫詩:"不意青草湖,扁舟落吾手。"白居易《泛春池》詩:"天

① "書"字衍,見郭知達《九家集注杜詩》卷八《寄題江外草堂》注。

② "《唐書》"當爲"《資治通鑑》","杜景"當爲"杜悰",見《資治通鑑·唐武宗會昌元年》。

③ "他日手滑,雖吾輩未敢保"見《鼠璞》卷下,《夢溪筆談·人事二》作"不宜教手滑"。

與愛水人,終當落吾手。"

2341 在手頭 魚玄機詩:"欲將香匣收藏卻,且惜時吟在手頭。"

2342 心閒手敏 見嵇康《琴賦》。

2343 手忙腳亂 《朱子文集·答蔡季通》曰:"某過伯諫,見收公濟書,大段手忙腳亂也。"《五燈會元》:"僧問大悲和尚:'如何是大悲境中人?'曰:'手忙腳亂。"邵康節詩:"高吟大笑洛城裏,看盡人間手腳忙。"楊誠齋《觀蛛絲》詩:"忽有一蚊觸蛛網,手忙腳亂便星奔。"

2344 炙手可熱 《唐書·崔鉉傳》:"時語曰:'鄭楊段薛,炙手可熱。'"崔顥詩:"莫言炙手手可熱,須臾火盡灰亦滅。"杜甫詩:"炙手可熱勢絶倫,慎莫近前丞相嗔。"

2345 唾手可決 《後漢書·公孫瓚傳》注:"瓚曰:'始天下兵起,我謂唾手可決。'"《唐書·隱太子建成傳》:"利兵麋之,唾手可決。"又《褚遂良傳》:"帝欲自討遼東,遂良言但遣一二慎將,唾手可取。"

2346 縮手旁觀 《昌黎集·祭柳子厚文》:"不善爲斲,血指汗顔。巧匠旁觀,縮手袖間。"

2347 束手無措 《癸辛雜志》:"束元嘉知泰州,禁醋甚嚴,有大書于都門者曰:'束手無措。'"按:束手,始見《史記·春申君傳》。

2348 伸手不見掌 《五燈會元》:"僧問金山穎:'如何是和尚家風?'曰:'伸手不見掌。"

2349 左手得來右手用 又:"僧問淨慈昌:'心法雙忘時,生滅在甚麼處?'曰:'左手得來右手用。"

2350 手印 《周禮·司市》注:"質劑,若下手書。"疏云:"漢時下手書,即今畫指券。"黄庭堅《涪翁雜説》引此段云:"豈今細民棄妻子手摹者乎?"按:細民或不知書,惟印手指文以取信,元人雜劇所謂"離書手印"是也。

2351 染指 《左傳·宣四年》:"子公染指于鼎,嘗黿而出。"

2352 刺手指 《易林》:"針頭刺手,百病瘳愈。"按:此法嘗見《素問》,今俗多爲之,而醫家薄之不用。

2353 染指甲 始詳自《癸辛雜志》,云:"時回回婦多喜爲此。"《花史》:"李玉英秋日採鳳仙花染指甲,于月中調弦,或比之落花流水。"

2354 十指有長短 劉商《擬胡笳十八拍》:"手中十指有長短,截之痛惜皆相似。"《七修類藁》謂曹植詩,誤。

2355 大拇指撓癢,隨上隨下 見《元曲選》李行道《灰闌記》。

2356 老手舊肐膊,窮嘴餓舌頭　周遵道《豹隱紀談》引《栗齋詩話》俚語對偶云云。

2357 難將一人手,掩盡天下目　曹鄴《讀李斯傳》詩。

2358 嗔拳不打笑面　《事物紀原》:"江淮俗每作諸戲,必先設嗔拳笑面村野之人,以臘末作之,不知何謂也。"《歲時記》:"村人逐除,必戴假面作勇力之勢,謂之嗔拳。"《五燈會元》:"僧問雲臺因:'如何是和尚家風?'因曰:'嗔拳不打笑面。'"

2359 破拳　盧仝《寄男抱孫》詩:"兩手莫破拳,一吻莫飲酒。"

2360 孤掌難鳴　《傳燈錄》:"僧請道匡示箇入路,匡側掌示之曰:'獨掌不浪鳴。'"元戴善夫《風光好》曲作"孤掌難鳴"。按:《韓非子·功名篇》:"一手獨拍,雖疾無聲。"乃即此語之祖。

2361 如失一臂　《北史·薛道衡傳》:"出檢校襄州總管,帝愴然曰:'今爾之去,朕如斷一臂。'"《唐書·薛收傳》:"帝幸東都,留元超輔太子監國,手勅曰:'朕留卿,若失一臂。'"

2362 好脚跡　《南部新書》:"李逢吉知貢舉,榜未放,而入相。及第人就中書省見座主,時人稱好脚跡門生。"

2363 赤脚　杜甫詩:"安得赤脚踏層冰。"韓退之詩:"一婢赤脚老無齒。"《養痾漫筆》:"眞宗用方士拜章上帝,上帝遣赤脚大仙爲嗣,卽仁宗也。"按:《漢書》"赤地千里"注:"空盡無物曰赤。"流俗有"赤貧"、"赤手"、"赤膊"等言,皆此義。

2364 動脚　《南史·張暢傳》:"城内乏食,百姓咸有走情,若一旦動脚,則各自散去。"《北史·李崇傳》:"淮南萬里,繫于吾身,一旦動脚,百姓瓦解。"

2365 費脚手　朱子《答敬夫集大成説》:"來説似頗傷冗,費脚手,無餘味矣。"

2366 七手八脚　《五燈會元》:"德光上堂偈云:'七手八脚,三頭兩面,耳聽不聞,眼覷不見,苦樂順逆,打成一片。'"

2367 前脚後脚　《水經·濡水》注:"秦始皇于海中作石橋,入海四十里,見海神。神怒其負約,令速去。始皇轉馬還,前脚獨立,後脚隨崩,僅得登岸。"

2368 前人失脚,後人把滑　《餘冬序錄》:"今世俚語云云,卽漢諺'前車覆,後車戒'之意也。"

2369 頭痛救頭,脚痛救脚　《素問·刺瘧論》:"刺者必問其病之所先發者刺之,先頭痛及頭重者,刺頭上及兩額間出血;先手臂痛者,刺手少陽少陰十指間;先足脛痠痛者,刺足陽明十指間。"按:俗諺所云,當源于此。

2370 作人脚指 《北史·李幼廉傳》:"神武責諸人曰:'卿等作得李長史一脚指不!'"

2371 脚在肚下 《五燈會元》:"僧問淨覺本:'一進一退時如何?'曰:'脚在肚下。"

2372 脚搭著腦杓 見關漢卿《救風塵》曲。

2373 披髮童子 《史記·日者傳》:"司馬季主曰:'公見夫披髮童子乎?'"

2374 蒜髮 《北齊書·慕容紹宗傳》:"吾年二十以還,恒有蒜髮,昨來蒜髮忽然自盡。以理推之,蒜者算也,吾算將盡乎?"《本草》:"蕪菁子壓油塗頭,能變蒜髮。"

2375 染鬚髮 《漢書·王莽傳》:"莽染其鬚髮,進所徵杜陵史氏女爲皇后,備嬪御等百二十人,日夜與方士考驗方術,縱淫樂。"《宋書·謝靈運傳》:"何長瑜嘲府僚詩云:"陸展染鬚髮,欲以媚側室。青青不解久,星星行復出。"劉禹錫詩:"近來年少輕前輩,好染髭鬚作後生。"

2376 張飛鬍 李商隱《驕兒》詩:"或謔張飛鬍,或笑鄧艾吃。"

2377 將謂鬍鬚赤,更有赤鬚胡 《傳燈録》百丈海語。

2378 鬍麻黑胖長 《閒中古今録》:"奉化應履平知縣,考滿,吏部試,論雖優,而貌頗侏儒,不得列。題詩部門,有'爲官不用好文章,只要鬍麻黑胖長'之句。"

2379 火燒眉毛 《五燈會元》:"僧問蔣山佛慧:'如何是急切一句?'慧曰:'火燒眉毛。"

2380 眉頭不伸 《南史·王玄謨傳》:"性嚴,未嘗妄笑,時人言彦德眉頭未曾伸。"《五代史·郭崇韜傳》:"宦官言:'崇韜眉頭不伸,常爲租庸惜財用,陛下雖欲有作,其可得乎?'"

2381 眉毫不如耳毫 《甕牖閒評》:"諺云:'眉毫不如耳毫,耳毫不如老饕。'故蘇東坡作《老饕賦》。"按:此語今見于《風鑑家書》。

2382 頭毛 《啓顔録》:"僧法軌形容短小,李榮嘲之曰:'身長三尺半,頭毛猶未生。'"

2383 蓋膽毛① 《傳燈録》:"德謙謂僧曰:'汝道我有幾莖蓋膽毛?'"

2384 寒毛 《晉書·夏統傳》:"聞君之言,不覺寒毛盡戴。"《唐書·鄭從讜傳》:"捕反賊,誅其首惡,皆寒毛惕伏。"《儂雅》:"人身三萬六千毛孔,遇寒落而

① 黄侃:乃脅毛也。

復生,故曰寒毛。"

2385 一毛不拔　見《孟子》。《文選·廣絶交論》:"莫肯廢其半菽,罕有落其一毛。"《東坡文集·與陳季常尺牘》曰:"鄉諺有云'缺口鑷子',君識之乎?"自注:"缺口鑷子,取一毛不拔,恐未嘗聞,故及。"

2386 吹毛求疵　《韓非子》:"不吹毛而求小疵,不洗垢而察難知。"《漢書·景十三王傳》:"今或無罪,爲臣下所侵辱,有司吹毛求疵。"①又《北史·崔浩傳》云"披毛求瑕",《文心雕龍·奏啓篇》云"吹毛取瑕"。

2387 毛病　徐咸《相馬書》:"馬旋毛者,善旋五,惡旋十四,所謂毛病,最爲害者也。"王良《百一歌》:"毛病深知害,妨人不在占。大都如此類,無禍也宜嫌。"黄山谷《刀筆》有"此荆南人毛病"之語。按:此本説馬,人有闕德,借以喻之。然據《韓非·五蠹篇》云:"不才之子,父母怒之,鄉人譙之,師長教之,三美加焉,而其脛毛不改。"今所云"毛病",正謂其終身不能悛改者也,似其源又别出於此,非獨借喻於馬矣。

2388 皮相　《韓詩外傳》:"延陵季子問牧者姓氏,牧者曰:'子乃皮相士也,何足語姓氏哉!'"《史記·陸賈傳》:"足下以目皮相,恐失天下之能士。"

2389 頑皮　《太平廣記》皮日休作《龜詩》嘲歸仁紹,有"頑皮死後鑽須徧"句。

2390 粘皮帶骨　《詩話總龜》:"作詩畏粘皮帶骨,石曼卿《紅梅》詩,恨其粘皮骨也。"

2391 妍皮不裹癡骨　《晉書·慕容超載記》:"姚興召超與語,深自匿晦,興大鄙之,謂姚紹曰:'諺云'妍皮不裹癡骨',妄語耳。"

2392 斷送老頭皮　《侯鯖録》:"杞人楊朴被召,其妻作詩送之云:'今日捉將官裏去,這回斷送老頭皮。'"

2393 老骨頭　《摭言》:"陳太師有愛姬徐氏,郫城令女也。令欲因女求牧,私示詩云:'深宫富貴事風流,莫忘生身老骨頭。'聞者鄙之。"②

2394 懶到骨　劉因詩:"山人懶到骨,一出動經秋。"

2395 怨入骨髓　《史記·秦本紀》:"繆公怨此三人,入於骨髓。"《漢書·吴王傳》:"或不洗沐十餘年,怨入骨髓。"

2396 剜肉作瘡　《傳燈録》:"臨濟到鳳林,鳳林曰:'有事相借問,得麽?'臨

---

① 此處《函海》本有:語本此。

② 此處《函海》本有:今老人向後生輩稱"老朽",意同。

濟曰:‘何得剜肉作瘡?’”又:“雲門曰:‘拈一毫頭盡大地一時明得,也是剜肉作瘡。’”

2397 醫得眼前瘡,剜卻心頭肉 《資治通鑑》載聶夷中詩。

2398 以肉爲心 《賈子·淮難篇》:“世人不以肉爲心則已,若以肉爲心,人亦可知也。”按:即諺云“人心肉做”。

2399 古貌古心 韓退之詩:“孟生江海士,古貌又古心。”

2400 寒心 《逸周書·史記解》:“刑始於親,遠者寒心。”《戰國策》:“秦王之暴而積怨於燕,足爲寒心。”《史記索隱》:“凡人寒甚則心戰,恐懼亦戰,今以懼譬寒,言可爲心戰。”

2401 定心 《楚詞》:“定心廣志,余何畏懼兮。”《漢書·谷永傳》:“定心爲善,捐忘邪志。”

2402 虚心 《莊子·漁父篇》:“得聞聖教,敢不虚心。”

2403 心花 梁簡文帝啓:“心花成樹,共轉六塵。”李白詩:“登眺餐惠風,心花期啓發。”

2404 心肝 《晉書·劉曜載記》:“隴上歌曰:‘隴上壯士有陳安,軀幹雖小腹中寬,愛養將士同心肝。”按:世以愛之至者呼曰“心肝”,非無本矣。

2405 潤肺 《開天遺事》:“楊貴妃宿酒初消,多苦肺熱,晨游後苑,口吸花露以潤肺。”

2406 壯膽 《唐書》①:“汝陽王璡醉,不能下殿,上遣人掖出之。璡曰:‘臣以三斗壯膽,不覺至此。’”

2407 斗膽 《三國志·姜維傳》注:“死時見剖,膽如斗大。”梁簡文《七勵》:“牽鈎壯氣,斗膽豪心。”胡曾啓:“推諸葛之秤心,負姜維之斗膽。”

2408 明目張膽 《史記·張耳傳》:“將軍瞋目張膽,出萬死不顧一生之計。”《唐書·韋思謙傳》:“丈夫當敢言地,要須明目張膽。”《宋史·劉安世傳》:“明目張膽,以身任責。”

2409 披肝露膽 《後漢書·郎顗傳》:“臣生長草野,不曉禁忌,披肝露膽,書不擇言。”《晉書·杜弢傳》:“吾得披露肝膽,没身何恨。”《唐書·員半千傳》:“何惜玉陛方寸地,不使臣披露肝膽。”

2410 膽如天 劉叉詩:“酒腸寬似海,詩膽大於天。”《竹坡詩話》:“夔峽道

---

① “唐書”當爲“唐史”或“唐史拾遺”,見陰勁弦《韻府羣玉》卷一二“三斗壯膽”條,或黄希、黄鶴《補注杜詩》卷二《飲中八仙歌》注。

中，自杜少陵題詩，至今無敢作者。一監司過而和之，大書其側。有人嘲之云：‘想君吟咏揮毫日，四顧無人膽似天。’”

2411 賊膽虚　見關漢卿《蝴蝶夢》曲

2412 牽腸割肚　同上。

2413 肚裏淚下　《四朝聞見録》：“憲聖對高宗曰：‘大姐姐遠在北方，臣妾短於定省。每遇天日清美，侍上宴樂。方一思之，肚裏淚下。’”

2414 此淚從何來　《大唐新語》：“姚崇寢疾，成敬奇造宅省焉，對崇涕泣。既去，崇惡其諛媚，謂子弟曰：‘此淚從何而來？’”

2415 拾人涕唾　《嚴滄浪詩話》：“答吳景先書云：‘僕之詩話，是自家鑿破此片田地，非拾人涕唾得來者。’”

2416 握兩手汗　《元史》：“憲宗召趙璧問曰：‘天下如何而治？’對曰：‘請先誅近侍之尤不善者。’憲宗不悦。璧退，世祖曰：‘秀才，汝渾身都是膽耶？吾亦爲汝握兩手汗也。’”

2417 白汗交流　《戰國策》：“驥服檻[①]車而上大行，蹄伸膝折，白汗交流。”《淮南子·修務訓》：“挈一石之尊，則白汗交流。”

2418 噇膿灌血　傅肱《蟹譜》載宋齊丘説酒令用俚語云云，詳見後卷。

2419 吐下鮮紅血，只當蘇木水　見關漢卿《救風塵》曲。

2420 瀝血　《南史·孫法宗傳》：“父隨孫恩入海被害，尸骸不收。法宗聞世間論，是至親以血瀝骨，當悉凝浸，乃操刀沿海，見枯骸則刻肉灌血，如此十餘年，終不能逢。”又《梁宗室傳》：“豫章王綜母初在齊東昏宫，及得幸武帝，七月而生綜，宫中多疑之。俗説以生者血瀝死者骨，滲卽爲父子。綜乃私發東昏墓，出骨，瀝臂血，試之有驗。”

2421 五臟神　白居易詩：“睡適三尸性，慵安五藏神。”

2422 誌　《漢書》注：“中國通呼黑子爲黶子，吳楚謂之誌，誌者記也。”《廣韻》始别有“痣”字。

2423 疙瘩　《淮南子·齊俗訓》：“親母爲其子治疙秃，血流至耳，見者以爲愛之至也。使出於繼母，則以爲嫉也。”疙，魚乙切。《正字通》：“頭瘡突起也。”按：今以皮膚小腫爲“疙瘩”，當如是寫。瘩，都合切，見《字林》。元人《秋胡》劇作“扢搭”，非。

2424 瘑瘥　《集韻》：“瘑瘥，疥瘡也。”音若杲老。

① “檻”當爲“鹽”，見《戰國策·楚策四》。

2425 了鳥 《通雅》："魏明帝使公卿負土築淩雲臺，公卿顛頓，其面了蔦，其衣了蔦。本作了鳥，升菴謂其義鄙褻，男子之私也。智攷《方言》：'佻、抗，縣也。'注曰：'了佻，懸物，丁小反。'胡身之注《鑑》曰：'船長曰舸䑥，衣長曰袨衵，謂其形寫䆫也。其爲私稱，或非古語。"按："鳥"之本字爲"𠄏"，從倒"了"也，《廣韻》："都了切，懸也。"世以其不適于楷體，故率借用"鳥"字。《水經・洧水》注："有水懸注澗下，俗人覩其挂於塢側，遂目之爲零鳥水。"其所言似涉鄙褻。

2426 小便 《左傳・定三年》："閽以瓶水沃庭曰：'夷射姑旋焉。'"注云："旋，小便也。"《晉語》："少溲於豕牢。"注云："少，小也。溲，便也。"

2427 後溲 《史記・倉公傳》："不得後溲。"注云："大便也。"《群談採餘》："俗以人有分而己無分，慰之者曰：'待後溲。'蓋戲慢之辭，今訛爲搜索之搜，因不以爲憾。"

2428 乾屎橛 《指月錄》："臨濟曰：'赤肉團上有一無位眞人，未證據者看看。'有僧出問，濟曰：'是乾屎橛。'又僧問：'惟一如何是道中人?'曰：'乾屎橛。'"按：此即莊周所謂"道在屎溺"。

2429 自屎不覺臭 《五燈會元》保寧仁勇舉此語。

2430 影跡無端 《宋書・謝靈運傳》："今影跡無端，假謗空設，終古之酷，未之或有。"

2431 摇尾乞憐 《韓昌黎文集》："若俛首帖耳，摇尾而乞憐者，非我之志也。"

2432 頭尾相稱 見《傳燈錄》疎山仁與石霜問答。

卷十七　言笑

2433 名正言順　見《論語》。

2434 要言不煩　《三國志·管輅傳》注："輅言'善《易》者不論《易》'，何晏含笑讚之曰'可謂要言不煩也'。"

2435 忠言逆耳　《家語·六本篇》："孔子曰：'良藥苦於口而利於病，忠言逆於耳而利於行。'"《史記·留侯世家》引二語上下易置，"良藥"作"毒藥"。

2436 言過其實　《管子》："言不得過實，實不得延名。"《論衡》："儒者之言，溢美過實。"《三國志·馬良傳》："先主謂諸葛亮曰：'馬謖言過其實，不可大用。'"

2437 言大非誇　蘇軾《六一居士集序》："言有大而非誇者，達者信之。"

2438 言人人殊　《史記·曹相國世家》："盡召長老諸生，問所安集百姓，諸儒以百數，言人人殊。"

2439 交淺言深　《戰國策》："客有見人於服子者，服子罪之曰：'交淺而言深，是亂也。'客曰：'不然。交淺而言深，忠也。昔者堯見舜於草茅之中，桑陰移而受天下傳。使交淺者不可以深談，則天下不傳也。"《後漢書·崔駰傳》："交淺而言深者，愚也。"

2440 書不盡言，言不盡意　《易·繫辭》文。

2441 一言出口，駟馬難追　《鄧析子·轉辭篇》《説苑·説叢篇》皆云："一言而急，駟馬不能及。"《舊唐書·孫伏伽傳》引《論語》云："一言出口，駟不及舌。"歐陽修《筆説》："俗云'一言出口，駟馬難追'，《論語》所謂'駟不及舌'也。若較其理，卽俗諺爲是。然則泥古之士，學者患之也。"

2442 所言公，公言之　《史記》宋昌語。

2443 姑妄言之，姑妄聽之　《莊子·齊物論》："爲女妄言之，女以妄聽之。"

2444 無二言　《越語》："王曰：'無是貳言也，吾已斷之矣。'"

2445 一家言　《史記·自序》："成一家之言。"又《晉書·王接傳》："常謂左氏是一家書。”

2446 食言 《書·湯誓》:“朕不食言。”《晉語》:“虢之會,魯人食言。”《左傳》:“孟武伯謂郭重:‘何肥也?’哀公曰:‘是食言多矣,能無肥乎?’”揚子《法言》:“或問信,曰:‘不食其言。’”

2447 生言 《晉語》:“驪姬既遠太子,乃生之言。”注云:“生讒言也。”

2448 造言生事 《孟子》:“好事者爲之也。”朱注:“好事,謂喜造言生事之人也。”又“作言造語”,見《莊子·盗跖篇》。

2449 異言異服 《禮記》:“禁異服,識異言。”

2450 薄唇輕言 見《靈樞經》。按:俚語“嘴唇薄嚚嚚,貫會説嘮呶”,本於此。

2451 閉口不言 《史記·張儀傳》:“願陳子閉口無復言。”《鹽鐵論》:“倪大夫閉口不言。”

2452 何不早言 《説苑·反質篇》:“始皇因侯生之諫,默然久之,曰:‘汝何不早言?’”《史記·秦二世紀》:“謂宦者曰:‘公何不蚤告我?乃至於此。’宦者曰:‘蚤言皆已誅,安得至今?’”

2453 能言不能行 《荀子·大略篇》:“口能言之,身不能行者,國用也;口不能言,身能行之者,國器也。”《史記·吳起傳贊》:“能行之者未必能言,能言之者未必能行。”《鹽鐵論》:“躄者能言遠,不能行也。”

2454 事無不可對人言 《宋史·司馬光傳》:“平生所爲,未嘗有不可對人言者。”

2455 可與人言無二三 《嘯虹筆記》:“‘可與人言無二三’,世習傳語也。貳師乃云‘可與言人無二三’,更覺有味。”

2456 言出子口,入吾耳 《三國志·諸葛亮傳》劉琦謂亮云云。

2457 善言不可離口,善藥不可離手 《困學紀聞》:“此孟詵之言也,《觀物外篇》取之(孟詵見《唐書·隱逸傳》[1])。”

2458 前言不及後語 《五燈會元》:“僧問天童澹交師如何舉唱,交云云。”

2459 巧言不如直道 《元曲選》鄭德輝《王粲登樓》、鄭廷玉《忍字記》皆用此諺。

2460 無言不當瘂 《五燈會元》風穴延沼師云。按:“瘂”與“啞”同。

2461 花言 晉樂府《懊儂歌》:“内心百際起,外形空殷勤。既就頽城感,敢

---

① “孟詵見《唐書·隱逸傳》”爲閻若璩按語。

言浮花言。”按:《易林》:“華言風語,自相詿誤。”古“花”字多通作“華”,似即花言。

2462 糞土言　《左傳·襄十四年》:“臧紇唁衛侯,與之言,虐。退而告其人曰:‘衛侯不得入矣,其言糞土也。’”

2463 麄言細語　《傳燈録》:“麄言及細語,皆歸第一義。”

2464 先入之語　《漢書·息夫躬傳》:“毋以先入之語爲主。”

2465 街談巷語　《漢書·藝文志》:“小説家流,蓋出於稗官,街談巷語,道聽途説之所造也。”又張衡《西京賦》:“街談巷議,彈射臧否。”曹植《與楊修書》:“街談巷説,必有可采。”

2466 談吐　《南史·賀革傳》:“子徽美風儀,善談吐,深爲革愛。”《梁宗室傳》:“暎弟通明,美姿容,善談吐。”

2467 談柄　《天禄志餘》:“近人以口實爲談柄,或云笑柄,非也。古人清談,多執麈尾,故有談柄之名。《傳燈録》‘栖雲寺大朗法師每談論,手執松枝爲談柄’是也。”

2468 游談　《戰國策》:“游談之士,無敢盡忠於前。”《後漢·仇覽傳》:“天子修設太學,豈但使人游談其中。”蔡邕《與袁公書》:“朝夕游談,從學宴飲。”按:《國策》所云卽游説之謂也,漢人則指謂浮游之談,今言率本於漢。

2469 老生常譚　《三國志·管輅傳》:“此老生之常譚。”又《唐書·魏徵傳》:“此老儒常語。”

2470 高談雄辨　庾信詩:“高談變白馬,雄辨塞飛狐。”杜甫詩:“高談雄辨驚四筵。”按:俚俗所云“高談闊論”,見元賈仲名《對玉梳》曲。

2471 抵掌而談　《戰國策》:“蘇秦説趙王,華屋之下,抵掌而談。”

2472 談何容易　《漢書》東方朔《非有先生論》:“吳王曰:‘可以談矣。’先生曰:‘於戲!可乎哉?可乎哉?談何容易!’”《焦氏易林》:“君子服之,談何容易。”

2473 不能贊一辭　見《史記·孔子世家》。

2474 欲加之罪,不患無辭　《左傳·僖十年》:“里克曰:‘欲加之罪,其無辭乎?’”注云:“言不患無辭。”

2475 無可告訴　《漢書·司馬遷傳》:“身居囹圄之中,誰可告訴者。”《後漢書·張奂傳》:“孤微之人,無所告訴。”《唐書·劉蕡傳》:“君門萬里,不得告訴。”杜詩:“江上被花惱不徹,無處告訴只顛狂。”

2476 自有公論　《世説》:“庾公問王大將軍:‘卿有四友,何者居右?’王曰:

‘其自有公論。’”

2477 存而勿論 《莊子·齊物論》:“六合之外,聖人存而勿論。”

2478 君子道其常 《荀子·榮辱篇》:“君子道其常,而小人道其怪。”又《天論篇》:“君子道其常,小人計其功。”

2479 説長道短 《文選·崔瑗〈座右銘〉》:“無道人之短,無説己之長。”

2480 亂道 《漢書·張禹傳》:“新學小生,亂道悮人,宜無信用。”按:今人自謙所作輒曰“亂道”,宋人已言之。歐陽修《與梅聖俞簡》云:“亂道一兩首,在謝丈處,可署與臧否之。”又《荅連職方》云:“亂道思潁詩一卷,贏以見志,閑中可資一噱。”

2481 惟命是聽 《左傳·成二年》:“賓媚人致晉師曰:‘若其不幸,敢不惟命是聽。’”

2482 衮衮可聽 《晉書·王戎傳》:“裴頠論前言往行,衮衮可聽。”

2483 聞所未聞 《法言·淵騫篇》:“七十子之於仲尼也,日聞所不聞,見所不見。”《史記·陸賈傳》:“尉陀曰:‘越中無足與語,至生來,令我日聞所未聞。’”《袁盎傳》:“欲致天下賢士大夫,上日聞所不聞,明所不知。”《後漢書·鄭康成傳》:“依方辯對,咸出問表,皆得所未聞。”《南史·劉杳傳》:“王僧孺訪杳血脉所因,歎曰:‘可謂得所未聞。’”《唐書·鮑防傳》:“防稱穆質曰:‘使上聞所未聞,不亦善乎?’”《牛叢傳》:“任補闕,數言事,宣宗曰:‘叢使朕聞所未聞。’”

2484 其應如響 《子華子》:“必以其類,其應如響。”按:《左傳》“今與王言如響”,亦言其相應也。

2485 輕諾寡信 見《老子》。

2486 金諾 《史記》曹丘生揖季布曰:“楚人諺曰:‘得黄金百斤,不如季布一諾。’”

2487 啓金口 《晉書·夏侯湛傳》:“金口玉音,漠然沉默。”梁昭明太子《七契》:“必枉話言,敬聆金口。”唐劉得仁詩:“猶祈啓金口。”按:《家語》:“周廟有金人,三緘其口。”故後人以不妄言者爲“金口”也。

2488 空口説 《舊唐書·憲宗紀》:“裴度曰:‘君子小人,觀其所行,當自區别。’上曰:‘卿等既言之,當行之,勿空口説。’”

2489 口説無憑 見喬孟符《揚州夢》曲。

2490 説千説萬 《朱子語録》:“今人解《易》者説千説萬,與《易》全不相干。”又《五燈會元》西禪舜有“千説萬説”語。

2491 説三道四 《女論語》:“莫學他人,不知朝暮;走徧鄉邨,説三道四。”又

“言三語四”，見《元曲選·玉壺春》《謝金吾》二劇。

2492 説得行不得　《傳燈録》：“唐莊宗賜存奬馬，奬墮馬傷足，唤院主作木楞子，曰：踠腳法師，説得行不得。”

2493 癡人前説夢　黄山谷《題跋》：“觀淵明責子詩，想見其人豈弟慈祥，俗人便謂淵明子皆不肖，可謂癡人前不得説夢也。”《朱子文集·答李伯諫》曰：“來書云子貢之明達，性與天道，猶不與聞，此正癡人前説夢之過也。”《冷齋夜話》：“僧伽行江淮間，或問：‘汝何姓？’曰：‘姓何。’又問：‘何國人？’曰：‘何國人。’唐李邕作碑，不曉其言，乃書傳曰：‘師姓何，何國人。’正所謂對癡人説夢耳。僧贊寧編入僧史，又從而解之，此又夢中説夢也。”《陸象山語録》亦引俗諺“癡人面前説不得夢”。

2494 逢人説項　《尚書故實》：“楊敬之愛才公正，知江表士有項斯，贈詩云：‘平生不解藏人善，到處逢人説項斯。’斯因此名達長安，遂登科第。”①

2495 背地厮説　《雞肋編》載浙西諺：“蘇杭兩浙，春寒秋熱，對面厮啜，背地厮説。”

2496 説得天花亂墜　《五燈會元》地藏恩云：“釋迦老子，住世四十九年，説得天花亂墜，爭似展腳堂中打睡。”又保寧璣云：“縱饒説得天花亂墜，頑石點頭，算來多虚，不如少實。”

2497 眞人面前不説假　亦見《五燈會元》。

2498 逢人只可少説話　劉改之詩，對句云“賣術不須多要銀”②。

2499 千呼萬唤　白居易《琵琶行》：“千呼萬唤始出來。”

2500 有理不在高聲　《五燈會元》大溈善果師語。

2501 高聲大駡　《文選·任彦升〈奏彈劉整〉》有“高聲大駡”及“相駡”等文。

2502 不做聲，不做氣　《朱子語録》：“鄉原是不做聲不做氣、陰沉做罪過的人。”

2503 吞聲　鮑照詩：“吞聲躑躅不敢言。”按：《五燈會元》普孜、奉能、慧南並有“飲氣吞聲”語，元人曲作“忍氣吞聲”。

2504 揚聲　樂府《江陵樂》：“逢人駐步看，揚聲皆言好。”《朝野僉載》：“宗元成門外揚聲，奮臂直入。”

2505 雌聲　《晉書·桓温傳》：“温得一老婢，乃劉琨妓也。見温曰：‘公聲甚

---

① 此處《函海》本有：今云“逢人説項”，用此事也。

② “要銀”，《龍洲集》卷五《贈術士》作“覓錢”。

似劉司空，恨雌耳。'"韓退之詩："雌聲吐欵要。"[①]《老學菴筆記》："韓魏公聲雌，文潞公步碎。"

2506 蠻聲　馬致遠《青衫泪》曲："聽不上蠻聲獠氣。"

2507 軟聲　梁簡文帝詩："密態隨流臉，嬌歌逐軟聲。"

2508 軟語　《法苑珠林》："有婆羅門以摩沙豆易一態驢，知其弊惡，不可苦語，便更作軟愛語稱譽之，驢聞歡喜。"

2509 眼語　《漢書·李陵傳》："未得私語，即目視陵。"注云："今俗所謂眼語者也。"梁昭明太子詩："眼語笑靨近來情，心懷心想甚分明。"《五代史》："韓建謂梁祖曰：'天子與宫人眼語，恐公不免也。'"按：俚俗謂黠慧者曰"眼亦能語"。

2510 語不離窠　《五燈會元》文悦云："語不離窠，道焉能出蓋纏。"按：窠，謂窠臼也，達觀有"語不離窠臼"之語。

2511 人平不語　又："守卓云：'人平不語，水平不流。'"按：即韓公云"不得其平則鳴"之意。

2512 詭話　《穀梁傳·文六年》："士造辟而言，詭辭而出。"范甯注："詭甯，不以實告人也。"按：今以虚誑辭爲"鬼話"，當屬"詭話"之訛。《北史》："夏侯夬亡，諸人至靈前酌飲。從兄欣宗，忽鬼語如夬平生。"《水經注》："鮮于冀鬼見白日，書表自理，云：'臣不勝鬼言，謹因千里驛聞。'"此俱是眞鬼話，與俗義不符，若《易林》"人面鬼口"，則義符而辭别。

2513 話頭　《鶴林玉露》："陳了翁日與家人會食，食已，必舉一話頭，令家人答。"陸游《送姪住山》詩："日光猶射車牛背，不用殷勤舉話頭。"

2514 話欛　《羅湖野録》："寄寂音頌曰：'飜身跳擲百千般，冷地看他成話欛。'"《鶴林玉露》載安子文自贊曰："今日到湖南，又成閑話靶。"按："欛"、"靶"字通，"話欛"即猶云談柄。

2515 説大話　《傳燈録》雲門偃曰："忽一日眼光落地，無汝掠虚説大話處。"[②]

2516 清茶淡話　司馬温公《題趙舍人菴》曰："清茶淡話難逢友，濁酒狂歌易得朋。"見《王直方詩話》。

2517 指空話空　見元人《桃花女》曲。

2518 閒口論閒話　見關漢卿《救風塵》劇。又吴昌齡《東坡夢》作"閒口論閒

---

① 此處《函海》本有：本此。

② 此處《函海》本有：今人有"説大話使小錢"之語。

事"。

2519 口業　《楞嚴經》什提云:"我有口業。"《淨住子》:"口業是患苦之門,禍累之始。"白居易詩:"些些口業尚誇詩。"蘇軾詩:"口業不停詩有債。"

2520 藉口　《左傳·成二年》:"苟有以藉口而復于寡君。"《正義》曰:"無物則空口難[1]以爲報,少有所得則于口爲藉。服虔曰:'今河南俗語,治生求利少有所得,皆言可用藉手矣。'同此。"

2521 爲口實　見《書·仲虺之誥》。

2522 開口　《韓詩外傳》:"仁以爲質,義以爲理,開口無不可爲人法式者。"《史記·信陵君傳》:"公子誠一開口請如姬,如姬必許諾。"

2523 失口　《禮·表記》:"君子不失口于人。"又"失言",見《論語》。

2524 噤口　《史記·日者傳》:"宋衷、賈誼噤口不能言。"《鼂錯傳》:"鄧公曰:'臣恐天下之士噤口不敢復言也。'"

2525 如出一口　《戰國策》江乙曰:"州侯相楚主斷,左右俱曰'無有',如出一口矣。"《孔叢子》:"衛君言計是非,而羣臣和者如出一口。"《宋史·范鎮傳》:"鎮與司馬光議論,如出一口。"

2526 口吧吧　《五燈會元》黄龍道震師偈:"枯椿怒石人,何得口吧吧。"《渭南集·大慧眞贊》:"平生嫌遮老子説法,口巴巴地。"

2527 口嘮噪[2]　《陳龍川集·答朱元晦書》:"亮未嘗干與外事,只是口嘮噪,見人説得一切事情,便喊一餉,一似曾干與耳。"又《傳燈録》稜和尚謂道匡曰:"你每日口嘮嘮地作麽?"

2528 口快　朱彧《可談》:"客次最不可妄談,與呼人姓名,恐對人子弟道其父兄名,及所短者,必貽怒招禍,俗謂之口快,乃是大病。"《五燈會元》雲門偃曰:"從上來事莫趂口快亂問。"《元曲選·合同文字》劇有"口快心直"語。

2529 衝口出　《東坡文集·跋歐陽公書》云:"此數十紙,皆文忠公衝口而出,縱手而成,初不加意者也。"《朱子文集·答吕伯恭》云:"不得已而有言,則衝口而出,必至傷事。"

2530 口觜　《五燈會元》道瓊首座偈云:"口觜不中祥老子,愛向叢林鼓是非。"按:"觜"卽口,而流俗複言,宋有然也。

2531 嘴頭硬　《朝野僉載》:"尚書右丞陸餘慶轉洛州長史,其子嘲之曰:'陸

---

① "難"字衍,見《春秋左傳注疏》卷二五。

② 黄侃:《説文》作"呶"、"嘮"。呶,女交切。嘮,敕交切。

餘慶筆頭無力嘴頭硬。’”

2532 插嘴 《五燈會元》慧林深有“插嘴厮駡”語。按:《説文》“婳”音同插,解云:“疾言失次也。”俚言“插嘴”當从女作“婳”爲正。

2533 多嘴多舌 《元曲選·瀟湘雨》劇有此語。

2534 磕牙料嘴 又《舉案齊眉》劇有此語。

2535 摇脣鼓舌 見《莊子·盗跖篇》。

2536 箝口結舌 《漢書·鼂錯傳》:“恐天下士箝口不敢復言。”《潛夫論·賢難篇》:“此智士所以鉗口結舌,括囊共默而已也。”《易林·比之咸》:“杜口結舌,心中拂鬱。”又《否之巽》:“杜口結舌,言爲禍母。”陸機表:“箝口結舌,不敢上訴所天。”白敏中《息夫人不言賦》:“外結舌而内結腸,先箝心而後箝口。”

2537 饒舌 《隋書·五行志》[①]載齊時謡:“盲老公背受大斧,饒舌老母不得語。”《傳燈録》:“閭丘公牧台州,乞豐干一言,曰:‘到任後謁文殊、普賢,在國清寺執爨滌器者寒山、拾得是也。’閭丘訪之,見二人致拜,二人笑曰:‘豐干饒舌。’”

2538 賣舌 梁簡文《七勵》:“賣舌彈劍,買義追仁。”梅堯臣詩:“從來師儒[②]空賣舌。”

2539 啓齒 《舊唐書·長孫無忌傳》:“酒杯流行,發言啓齒。”郭璞《遊仙》詩:“粲粲啓玉齒。”柳宗元《乞巧文》:“抃嘲似傲,貴者啓齒。”歐陽徹詩:“啓齒羞談使鬼錢。”

2540 伶牙俐齒 見元人《楊氏勸夫》曲。

2541 淄牙扯淡[③] 《游覽志餘》:“杭人有諱本語而巧爲俏語者,如訴人嘲我曰‘淄牙’,胡説曰‘扯淡’,有謀未成曰‘掃興’,無言默坐曰‘出神’,則自宋時梨園市語之遺,未之改也。”按:“淄牙”當作“緇牙”,“扯淡”當作“哆誕”,於義庶有可通。

2542 喝彩 陸游詩:“酒酣博塞爲歡娱,信手梟盧喝成彩。”馬臻詩:“新腔翻得梨園譜,喜入王孫喝采聲。”《五燈會元》龍興、洪諲二師俱有“雙陸盤中不喝彩”語。

2543 説詤 《説文》:“詤,夢言也。”《吕氏·先識覽》:“瞑者目無由接而言

① “《隋書·五行志》”當爲“《北齊書·斛律光傳》”,見《北齊書·斛律光傳》。
② “師儒”當爲“儒帥”,見《宛陵集》卷一七《十一日垂拱殿起居聞南捷》。
③ 黄侃:“淄”當爲“嘖”之轉。

見，詭。"按：今俗俱加艸爲"謊"，《元典章》嘗用之，如云"官人令史每做賊説謊"，"廉訪司官人，一般做賊説謊"，"那般説謊，咱每差人交覷去者"。

2544 打諢　《遼史·伶官傳》："打諢的不是黄幡綽。"《道山清話》："劉貢父言每見介甫《字説》，便待打諢。"《古今詩話》："山谷云：'作詩如雜劇，臨了須打諢，方是出場。'"《石林詩話》："東坡'繫懣割愁'之語，大是險諢，何可屢打。"按：《唐書·元結傳》："諧官顀臣，怡愉天顔。"《李栖筠傳》："賜百官宴曲江，教坊倡顀雜侍。"《吕氏童蒙訓》云："顀卽諢字。"李肇《國史補》云："顀語始自賀蘭廣、鄭涉。"①

2545 發咒　《朱子語録》説《論語》"子見南子"章云："夫子似乎發咒模樣。"②

2546 養家咒　賈仲名《對玉梳》曲："看的昧心經，念的養家咒。"

2547 切祝　《東坡尺牘·與某知縣》云："兒子魯鈍不及事，惟痛與督勵也，切祝切祝。"又《與開元明師》云："拙詩一首，不須示人，切祝切祝。"《朱子集·與方伯謨》亦云："千萬留意，至祝至祝。"按：今人簡牘多作"切囑"、"至囑"，據前人"囑"字似但用于卑幼，尊及平等皆用"祝"也。

2548 丁寧　見《詩·採薇》箋。《漢書·谷永傳》："日食地震，以丁寧陛下。"《後漢書·郎顗傳》："丁寧再三。"《北史·劉曠傳》："有諍訟者，輒丁寧曉以義理。"韓愈《月蝕》詩："丁寧附耳莫漏泄。"按：《國語》："戰以錞于丁寧，儆其民也。""丁寧"本取儆戒爲義，不必定著言辭。加口爲"叮嚀"字，訓爲囑辭，始見於景祐《集韻》。陸游《和張功父》詩"叮寧一語宜深聽"，"丁"字用"口"，而"寧"未然。

2549 分付　《漢書·原涉傳》："具記衣被棺木下至飯含之物，分付諸客，諸客奔走市買。"按：此言分别委付，以其客有多人故也。《三國志·鮮卑傳》："軻比能每鈔畧財物，均平分付，終無所私。"義尤顯白。後人只當一"付"字用，雖只一人，而亦謂之"分付"。白居易《題文集櫃》詩："只應分付女，留與外孫傳。"韓偓詩："分付春風與玉兒。"蓋已然矣。時俗又專以爲囑告之義，尤非。

2550 數　《左傳·昭二年》："鄭公孫黑將爲亂，子産使吏數之曰：'而有死罪三。'"杜註："責數其罪。"又《史記》"漢高帝數項羽"，"范雎數須賈"。今俗謂舉責人曰"數説"，本此。

---

① 黄侃："諢"、"鄆"皆今所謂"頑"也。

② 此處《函海》本有："發咒"二字見此。

2551 白 《漢書・高帝紀》:"上令周昌選趙壯士可令將者,白見四人。"《後漢書・鍾皓傳》:"鍾瑾常以李膺言白皓。"按:今謂陳述事義於上曰"白",且有"稟白"之語,"稟"字未見出處,或曰:"稟本受命之義,在下者不敢自專,必陳達請命而行,因以謂稟。"然請命與受命,終自别也。

2552 訣 《通雅》:"以言託人曰訣,一作咉,今俗作央。"[①]按:"訣"字於亮切,《説文》:"早知也。"又於敬切,《博雅》:"問也。"並無央音。咉雖讀央,《廣韻》《集韻》並訓"膺聲",《通雅》言未知何本。

2553 招呼 《列子》注引《蒼頡篇》曰:"挑,謂招呼也。"《書》"籲俊"疏:"招呼賢俊之人,與共立於朝。"

2554 分疏 《漢書・袁盎傳》注:"師古曰:解者若今言分疏。"《北齊書・祖珽傳》:"高元海奏珽不合作領軍,帝令珽引入自分疏。"

2555 儳和 《後漢書・孔僖傳》:"鄰房生梁郁儳和之。"注:"儳,謂不與之言而旁對也,音仕鑒反。"

2556 傅會 《漢書・袁盎傳》:"雖不好學,亦善傅會。"張晏注曰:"因宜附著會合之。"《後漢書・張衡傳》:"作《二京賦》,精思傅會,十年乃成。""傅"一作"附",《賈逵傳》:"逵能附會文致。"《文心雕龍》有《附會篇》,曰:"何謂附會? 謂總文理,統首尾,彌綸一篇,使雜而不越者也。"

2557 滑稽[②] 《楚辭・卜居篇》:"突梯滑稽。"《史記》有《滑稽傳》,《索隱》曰:"滑,音骨;稽,音雞。周誕生解云:'滑,亂也;稽,同也。'謂辯捷者能亂同異也。一云:酒器,可轉注吐酒,終日不已,言俳優吐辭不竭如之也。"《正義》云:"滑讀爲淈,水流自出;稽,計也,言其智計宣吐如泉流無盡也。"顔師古《漢書》注:"滑稽,轉利之稱也。滑,亂也;稽,礙也,言變亂無留礙也。一説:稽,攷也,言可滑亂,不可攷校也。"

2558 謈怨 焦竑《字學》:"俗以恨人陷害曰謈怨。"按:《漢書・東方朔傳》:"武帝令倉監榜郭舍人,舍人不勝呼謈。"注:"謈,自冤痛之聲也。"《列子・天瑞篇》:"向氏以國氏之謬己也,往而怨之。"俗乃以二事合爲一辭。

2559 咕噥 《廣韻》:"噥噴,語出《字林》。"《集韻》或从言作"譨":"語不明也。""咕"字不見字書,唯元吴昌齡《斷風花雪月》曲有"咕噥"語。

---

① 黄侃:"訣"正作"約",非《説文》"訣"義。

② 黄侃:乃"傀"之緩音。

2560 僝僽[①]　《玉篇》[②]:"僝僽,惡罵也。"劉克莊詩:"僝僽書生屋角花。"

2561 謑落[③]　《荀子·非十二子篇》:"無廉恥而任謑詬。"按:謑,謂詈辱也。高則誠《琵琶曲》有"奚落"語,"奚"蓋"謑"誤。

2562 發作　《三國志·孫皎傳》:"權讓之曰:'近聞卿與甘興霸飲,因酒發作,侵凌其人。'"

2563 炰烋　《詩·大雅》:"女炰烋于中國。"音若庖哮。一作"咆咻"。左思《魏都賦》:"吞滅咆咻。"注云:"猶咆哮,自矜健之貌也。"《廣韻》:"謂咆哮,熊虎聲。"

2564 囉唣[④]　《元曲選》楊顯之《瀟湘雨》劇有此二字,今人習言,而字書未見"唣"字。

2565 嘈雜　《文選·東都賦》:"奏嚴鼓之嘈囐。"《文賦》:"務嘈囋而妖治。"注引《埤蒼》曰:"嘈啈,聲貌。"《玉篇》:"嘈嘈,哳哳,聲也。"按:囐、囋、啈、哳四字俱才葛切,與"雜"音近,直作"嘈雜",惟見《抱朴子》:"曲宴密集,管絃嘈雜。"

2566 嘤喝[⑤]　邵伯温《聞見後錄》:"歐陽公曰:'蠅可憎矣,尤不堪蚊子,自遠嘤喝來咬人也。'"

2567 包彈　王楙《野客叢書》:"包拯爲臺官,嚴毅不恕,朝列有過,必須彈擊,故言事無瑕疵者曰没包彈。"按:如其説,則作"褒彈"者非矣。

2568 黄六　李氏《疑耀》:"京師勾欄中諢語,以紿人者曰黄六。蓋黄巢兄弟六人,巢爲第六,而多詐騙,故以爲詈也。"

2569 雌黄　《晉書·王衍傳》:"每談莊老,義理有不安,隨即改更,世號口中雌黄。"按:古人謄寫卷籍,有筆誤則以雌黄塗而改之,故云。

2570 荒唐[⑥]　《莊子·天下篇》:"莊周以謬悠之説,荒唐之言,時恣縱而不儻。"《音義》曰:"荒唐,謂廣大無域畔也。"按:"荒"與"唐"皆空之義,或者莊又取此。

2571 支離　《法言·五百篇》:"或問:'天地簡易,而聖人法之,何五經之支離?'曰:'支離,蓋其所以爲簡易也。'"注云:"支離,言分散也。"按:俗以語言哤

---

① 黄侃:"僝"讀爲"孱王"之"孱","僽"正作"敮",醜也。
② 《玉篇》前《函海》本有:"僝僽"二字,見于宋人詞甚多,然亦入詩。
③ 黄侃:"奚落"乃"謔"之緩音。
④ 黄侃:即"呶嘮"之略變,今人云"覼瑣"。
⑤ 黄侃:今作"吆喝",語出于禮經之"噫興"。
⑥ 黄侃:猶"曠蕩"。

雜爲“支離”,因此。《莊子·人間世》所謂“支離”乃不全貌,與今語義遠。

2572 含胡[①] 《唐書·顔杲卿傳》:“祿山斷其舌,曰:‘復能駡否?’杲卿含胡而絶。”《陸贄傳》:“論西北邊守,朝廷每爲含糊,未嘗窮究曲直。”又《文選·洞簫賦》有“哂啁”字。

2573 厭瓚[②] 《中山詩話》:“世謂事之陳久爲瓚,蓋五代時有馮瓚,其人魯戇,有所聞見,他人已厭熟,而乃甫爲新奇道之,故今多稱瓚爲厭熟。”按:《荀子·勸學篇》:“問一而告二謂之囋。”“囋”音同瓚,世云“厭瓚”者,似當依《荀子》用“囋”,以其言支蔓爲可厭也,“馮瓚”説殊無證據。

2574 囒哰 《方言》:“哰囒謰謱。”郭注:“平原人好囒哰。”《廣韻》説“囒哰”:“語不可解也。”

2575 嘮呶 《説文》:“嘮呶,讙也。”按:俚俗有云“嘮叨”者,即此小轉[③]。“叨”音滔,訓貪,與讙言略無關涉,惟元曲每云“絮絮叨叨”。

2576 薹糟[④] 沈周《客座新聞》載顧成章俚語詩,有“姑姑嫂嫂會薹糟”句,“薹糟”喻瑣屑也。

2577 絮 《兩鈔摘腴》:“《方言》以濡滯不決絶曰絮,猶絮之柔韌牽連無幅也。富、韓並相,時有一事,富公疑之,久而不決。韓曰:‘公又絮。’富變色曰:‘絮是何言也?’劉夷叔嘗用爲《如夢令》云:‘休休絮絮,我自明朝歸去。’”按:今又以言語煩瑣爲絮,所謂“絮絮叨叨”是也,《宋景文筆記》有“冬許晚絮”之語。

2578 碎 《晉書·李密傳》:“張華問:‘孔明言教何碎?’密曰:‘昔舜、禹、皋陶相與語,故簡;《大若》[⑤]與凡人言,宜碎。孔明與言者無己敵,言教是以碎爾。’”《杜預傳》:“凡所興造,必考度始終,或譏其意碎。”《北史·蘇綽傳》:“爲政不欲過碎,碎則人煩。”按:今西北人嫌人言語煩瑣曰“何碎也”,與南方云“絮”意同。

2579 嚃 《廣韻》:“嚃,徒落切,口嚃嚃無度。”按:世俗有所云“嚃頭”者,正謂出言無度人也。

2580 趙 《戒菴漫筆》:“今人以虚妄不實,斥之曰趙。《爾雅》:‘休,無實李。’注云:‘一名趙李。’蓋無實者虚也,疑即此趙字。”按:今俚語云“趙七趙八”,

① 黄侃:“胡”正作“互”。

② 黄侃:《説文》有“瀾瀆”。

③ 黄侃:“叨”正作“謟”:往來言也,大牢切。“往來言”即俗所謂“話説三徧”。

④ 黄侃:即“唧嘈”、“囋嘈”。

⑤ “若”當爲“誥”,見《晉書·李密傳》。

乃《戒菴》所謂斥之之辭。

2581 發笑　《漢書·司馬遷傳》:"適足以發笑而自點耳。"

2582 絶倒　《晉書》:"王澄,字平子,每聞衛玠言,輒歎息絶倒。時人語曰:'衛玠談道,平子絶倒。'"

2583 齒冷　《南史·樂預傳》:"此事人笑褚公,至今齒冷。"

2584 冷笑　《北史·崔贍傳》:"贍立異議,魏收笑而不言。贍曰:'何容讀國士議文,直此冷笑?'"

2585 駭笑　《易林》:"嬰兒駭笑,未有所識。"

2586 癡笑　《神異經》:"東方有人,不妄語,恒笑,倉卒見之如癡。"《太平御覽》①:"今人言癡笑,本此。"盧仝《示添丁》詩:"父憐母惜擱不得,却生癡笑令人嗟。"

2587 乾笑　《能改齋漫錄》:"世言笑之不情者爲乾笑。《宋書》:'范蔚宗就刑於市,妻孥别罵,范乾笑而已。''乾笑'自此始。"

2588 開口笑　《莊子·盗跖篇》:"人除病疲死喪憂患,其中開口而笑者,一月之中不過四五日而已矣。"杜牧詩"人世難逢開口笑"用之。又《北史·魏宗室傳》:"元萇未嘗開口笑,帝曰:'公一生不笑,今日當爲朕笑。'"

2589 捧腹笑　《史記·日者傳》:"司馬季主捧腹大笑。"

2590 縮鼻笑　《北史·崔㥄傳》:"㥄素與魏收不協,收後專典國史,㥄恐被惡言,乃悦之曰:'昔有班固,今則魏子。'收縮鼻笑之,憾不釋。"《南史·庾杲之傳》:"杲之語魏使曰:'朝廷欲掃蕩京洛,尅復神州,所以家家賣宅耳。'魏使縮鼻而不荅。"

2591 呵呵大笑　《晉書·石季龍載記》:"石宣臨石韜喪,不哭,直言呵呵,使舉衾看尸,大笑而去。"《傳燈錄》:"百丈海哀哀大哭,繼乃呵呵大笑。"②

2592 笑嘻嘻　《朱子語錄》:"嘗見畫本老子,笑嘻嘻地,便是箇退步占便宜底人。"

2593 笑林　《能改齋漫錄》:"秘閣有《古笑林》十卷。"按:今有編集笑話者,倣此。

2594 笑中刀　《舊唐書·李義府傳》:"與人語,必嬉怡微笑,而褊忌陰賊,故時人言其笑中有刀。"《傳燈錄》:"踈山僧匡仁謂溈山'元來笑裏有刀'。"白居易

---

① 《太平御覽》卷三九一引張華注。

② 此處《函海》本有:"呵呵"二字,又見宋人詞,非俗字也。

詩:“且滅嗔中火,休磨笑裏刀。”按:俗又作隱語曰“鞘里藏刀”,元馬致遠《薦福碑》曲用之。

2595 笑面虎 龐元英《談藪》:“王公衮居常若嬉笑,人謂之笑面虎。”又《老學菴筆記》:“蔡元度對客善笑,雖見所憎者,亦親厚無間,人莫能測,謂之笑面夜叉。”

2596 陪笑臉 見《元曲選》關漢卿《謝天香》、曾瑞卿《留鞋記》。

2597 見笑大方 《莊子·秋水篇》:“吾長見笑於大方之家。”

2598 笑殺天下人 《唐書·鄭綮傳》:“制詔下,命爲相。歎曰:‘萬一然,笑殺天下人。’”

2599 生哭人 《晉書·王濟傳》:“令公主入,泣請帝留齊王攸。帝怒曰:‘自是朕家事,而王濟連遣婦來生哭人!’”《劉聰載記》:“劉敷屢泣諫之,聰怒曰:‘爾欲得使汝公死乎?朝朝夕夕來生哭人。’”

2600 乾啼濕哭 《北齊書·尉景傳》:“何須乾啼濕哭,不聽打耶?”

2601 男啼女哭 《白香山集·發商山》詩:“兒啼婦哭不聞聲。”《劉誠意集·悲杭城》詩:“健兒披髮走如風,女哭男啼撼城郭。”

2602 急淚 《通鑑》:“宋世祖令諸臣下哭貴妃,悲者當厚賞,醫術人羊志嗚咽極悲。他日,有問志者曰:‘卿那得此副急淚?’志曰:‘我爾日自亡妾耳。’”

2603 號咷 《易》:“同人先號咷後笑,旅人先笑後號咷。”

2604 梗塞 《北史》:“魏任城王孫順見先王故榻,便梗塞涕泗交流,久而不能言。”

2605 打嚏有人説 《詩》:“願言則嚏。”傳曰:“願,猶思也。蓋他人思我,我則嚏之也。”箋曰:“今俗人嚏則曰‘人道我’,此古之遺語也。”蘇軾《元日》詩:“曉來頻嚏爲何人?”康進之《負荆》曲:“打嚏耳朵熱,一定有人説。”

2606 若要好,問三老 應璩詩:“昔有行道人,陌上見三叟。年各百餘歲,相與鋤禾莠。住車問三叟,何以得此壽?上叟前致詞,室中嫗粗醜。中叟前致詞,量腹節所受。下叟前致詞,夜卧不覆首。要哉三叟言,所以能長久。”按:諺所云云,當源於此。宋謝良《中山狼傳》:“東郭先生紿狼曰:‘民俗有疑,必詢三老。’”

2607 路上行人口似碑 《五燈會元》太平安舉語云:“勸君不用鐫頑石,路上行人口似碑。”俞琰《書齋夜話》:“娶妻不用求良媒,書中女子顔如玉;有名何必鐫頑石,路上行人口似碑。可爲切對。”

2608 口甜如蜜鉢,心苦似黄蘗 見元武漢臣《玉壺春》曲。

2609 閉口深藏舌,安身處處牢 馮道《詠舌》詩。

2610 此去好憑三寸舌,再來不值半文錢　張叔仁《送謝疊山入燕》詩。

2611 渾身是口難分解　見《元曲選》馬致遠《黄粱夢》。又關漢卿《三勘蝴蝶夢》云:"渾身是口怎支吾。"

2612 話不投機一句多　又賈仲名《對玉梳》曲。

2613 相罵無好言,相打無好拳　《五燈會元》保寧勇舉此二語。

2614 來説是非者,便是是非人　亦見《五燈會元》。

2615 是非只爲多開口,煩惱皆因强出頭　見《元曲選》孟漢卿《魔合羅》劇,楊顯之以上一語爲曲。

2616 休將我語同他語,未必他心是我心　又《抱粧盒》劇。

2617 逢人只可三分話,未可全抛一片心　《續燈録》大覺璉語,高則誠《琵琶曲》用之。

2618 莫言閒話是閒話,往往事從閒話生　唐衛準詩。準,大歷時進士。

卷十八 稱謂

2619 鉅公 《漢書·郊祀志》:"一父老言'吾欲見鉅公'。"鄭氏注曰:"鉅公,天子也。"張晏曰:"天子爲天下父,故曰鉅公也。"按:世或以謂公卿,誤甚。

2620 執事 《儀禮·特牲饋食》:"主人及賓、兄弟、羣執事即位門外。"《左傳·僖二十六年》:"展喜告齊孝公曰:'寡君使下臣犒執事。'"《因話錄》:"前輩與大官書多呼'執事'與'足下',劉子玄《與宰相書》曰'足下',韓退之《與張僕射書》曰'執事',即其例也。"按:"執事"本謂從列與事之人,致書者謙不斥尊,若云陳達其左右者耳。

2621 先生 《韓詩外傳》:"古謂知道者曰先生,何也?猶言先醒也。不聞道術之人,則冥于得失,眊眊乎其猶醉也。故世人有先生者,有後生者,有不生者。"鄭康成《禮記》注:"先生,老人教學者。"趙岐《孟子》注:"學士年長者謂之先生。"按:今"先生"之稱泛矣,而教學者獨專之,實合于經訓也。

2622 老先生 《史記·賈誼傳》:"每詔令下議[①],諸老先生不能言,賈生盡爲之對。"按:三字初見于此,未嘗以相稱也,相稱則自宋起。《劉元城語錄》曰"老先生居洛,先生從之蓋十年",所云"老先生"乃司馬君實;《渭南集·東坡像贊》曰"是老先生,玉色敷腴",俱以稱老前輩;《乾淳起居注》"上謂史浩曰'當爲老先生一醉'",則其稱及同時人矣。王世貞《觚不觚錄》云:"京師稱極尊者曰老先生,自内閣至大小九卿皆如之。門生稱座主,亦不過曰老先生而已。"

2623 太先生 《何氏語林》:"元次山祖元亨卒,門人私謚曰太先生。"按:死[②]時以爲謚,則生時不應稱也。

2624 老先 《漢書·梅福傳》:"叔孫先非不忠也。"師古曰:"先,猶言先生也。"《鼂錯傳》:"公卿言鄧先。"師古曰:"猶言鄧先生也。"按:前明太監稱卿大

---

① "下議"當爲"議下",見《史記·賈誼傳》。

② "死"字據《函海》本補。

夫,每曰“老先”而不云“生”,古亦有之矣。

2625 老丈　《搜神記》:“管輅至南陽平原,見一少年,嗟歎而過。少年曰:‘老丈有何事嗟歎?’”或稱“丈丈”,《全唐詩話》:“鄭谷幼年,司空圖見而奇之,曰:‘曾吟丈丈詩否?’曰:‘吟得丈丈《曲江晚眺》斷篇。’”按:丈,猶言丈人也。李白有《過崔八丈水亭》詩,杜甫有《贈李八丈判官》詩。《愛日齋叢抄》[①]云:“曾吉甫在舘中,同舍相約:曾公前輩可尊,是宜曰丈,餘人自今各以字自行。”稱“丈”之尊若此。

2626 大老　《南史·沈曇慶傳》:“吾處世無才能,圖作大老子耳。”按:此與孟子云“大老”别。流俗謂藉勢張大、好人趨承曰“大老官”是也。宋時江州民呼其公亦曰“大老”,見《侯鯖録》。

2627 太翁　《南史·齊廢帝鬱陵王紀》:“高帝方令左右拔白髪,問之曰:‘兒言我誰耶?’答曰:‘太翁。’高帝笑謂左右曰:‘豈有爲人作曾祖而拔白髪者乎?’即擲鏡、鑷。”按:此屬曾孫稱曾祖也。陸游《戲遣老懷》詩:“阿囝略知郎罷意,稚孫能伴太翁嬉。”似但謂祖。

2628 太公　《史記·齊世家》:“西伯獵,得吕尚,曰‘吾太公望子久矣’,故號‘太公望’。”《後漢書·李固傳》:“固女文姬,具知事本,默然獨悲,曰:‘李氏自太公以來,積德累仁,何以遇此?’”注:“太公,謂祖父郃也。”按:今人稱祖爲“太公”,此其所本。又《漢書》高帝父號稱“太公”,今間有稱父爲“太公”者,亦未爲謬。

2629 公公　《吕氏春秋》:“孔子弟子從遠方來,孔子荷杖而問之曰:‘子之公不有恙乎?’次及父母,次及兄弟妻子。”按:此所云“公”者祖也,今浙東猶稱祖曰“公公”。

2630 家公　《列子·黄帝篇》:“家公執席。”《易林》:“卒成禍亂,災及家公。”《顔氏家訓》:“昔侯霸之孫稱其祖父曰家公。”《資暇録》:“山簡謂年幾二十,不爲家公所知。按:此乃指其父,非祖也。”《晉書·劉胤傳》:“王悦曰:‘聞温平南語家公云,連得惡夢,思見代者。尋云可用劉胤。此乃温意,非家公也。’”所云“家公”,亦謂其父導耳[②]。

2631 尊公　《晉書·簡文帝紀》:“郗超請省其父,帝曰:‘致意尊公,志士痛朝危,忠臣哀主辱。’”《陳壽傳》:“謂丁儀子曰:‘可覓千斛米見與,當爲尊公作佳

---

① “《愛日齋叢抄》”當爲“《容齋隨筆》”,見《容齋隨筆》卷一五。

② 此處《函海》本有:今蜀語乃謂外祖曰“家公”。

傳。’”《北史·崔㥄傳》:“㥄謂邢子才曰:‘卿知我意屬太丘不?’邢告㥄子贍曰:‘尊公意欲結姻陳元康。’”《舊唐書·柴紹傳》:“紹謂平陽公主曰:‘尊公將掃清多難,紹欲迎接義旗。’”

2632 家祖、家父、家母 《顔氏家訓》:“昔陳思王稱其父曰家父、母曰家母,潘尼稱其祖曰家祖。古人之所行,今人之所笑也。今南北風俗,言其祖及二親,無云家者。田里猥人,方有此言。蔡邕書集,稱其姑女曰家姑、家妹;班固書集,亦云家叔,今並不行也。”《賓退録》:“顔之推北齊人,逮今幾七百年,稱家祖者,復紛紛皆是,名家望族亦所不免。家父之稱,亦多有之,但家母之稱少耳。”按:今“家母”之稱,亦復紛紛皆是。

2633 家君 《易經》:“家人有嚴君焉。”後人因自稱其父曰“家君”。《墨子·尚同篇》:“家君發憲布令其家。又使家君總其家以尚同于國。”《晉書·隱逸傳》:“桓沖詣劉遴之,辭曰:‘宜先詣家君。’”《世説》:“陳元方對父客曰:‘君與家君期日中,日中不至,則是無信。’”《西京雜記》:“家君作彈棋獻帝。”又云:“家君謂《爾雅》小學也。”王勃《滕王閣序》:“家君作宰,路出名區。”稱人父亦曰“尊君”,或曰“尊大君”。《晉書·王述傳》:“坦之言桓温求婚,述怒排之。温見坦之曰:‘我知尊君不肯耳。’”《謝鯤傳》:“温嶠謂鯤子尚曰:‘尊大君豈惟識量淹遠。’”

2634 先君 范甯《穀梁傳序》:“先君北蕃回軫,頓駕于吳。”《晉書·解系傳》:“不奉先君遺教,公若與先君厚,往日衰頓,當垂書問。”《世説》:“孫興公作《庾公誄》,既成,示庾道恩。庾慨然送還之,曰:‘先君與君,自不至于此。’”按:此三人所稱,皆屬已故之父,與今言合。然古人不特以稱父也,《孔叢子》:“子順曰:‘吾先君之相魯。’”孔安國《尚書序》曰“先君孔子”,《後漢書·孔融傳》亦曰“先君孔子”,順爲孔子六代孫,安國十一代孫,融去孔子更遠,而皆云“先君”,則凡父祖以上概得加此稱矣。《北史》:“穆紹讓元順曰:‘老身與卿先君亟連職事。’”則稱人之父,亦得云“先君”矣。《孟子》曾西稱曾子曰“吾先子”,先子,猶先君也。趙岐言曾西乃曾子之孫,王應麟辨以爲子。

2635 先父 張湛《列子序》:“湛聞先父曰:‘吾先君與劉正輿皆王氏甥也。’”按:此“先父”是自稱其父,而《晉書·鳩摩羅什傳》“吕光言‘道士之操不踰先父’”,則謂什父炎也,蓋稱人之父亦有云“先父”者。

2636 先姑 《魯語》敬姜曰:“吾聞之先姑。”

2637 尊老 《南史·孝義傳》:“何子平事母至孝,月俸得白米,輒貨市粟麥,曰:‘尊老在東,不辦米,何心獨饗白粲?’”按:此乃自稱其母,而今世專以稱父。

2638 堂老 周嬰《卮林》:"《儀禮·有司徹》曰:'主婦北堂。'《士昏禮》曰:'姑洗于北洗。'鄭注曰:'北洗,在北堂。'主婦也,姑也,非母之稱乎?李陵書'老母終堂',潘岳賦'太夫人在堂',顔延之《秋胡》詩'上堂拜家慶',固知高堂之上,慈母所居,自昔然矣。隋侯夫人《自傷》詩'偏親老北堂',杜甫詩'慈顔赴北堂',岑參詩'北堂倚門望君憶',此後代堂老、令堂之稱所祖耳。"按:世俗又或稱"萱堂"、"萱親",則因北堂而牽連及之。孟郊詩:"萱草集堂陛,遊子行天涯。慈親倚堂門,不見萱草花。"乃其牽連之祖。

2639 大人 《史記·高帝紀》:"謂太上皇曰:'大人常以臣爲無賴。'"《漢書·霍去病傳》:"遣使迎父仲孺,跪曰:'去病早不自知爲大人遺體。'"此稱父爲"大人"也。《漢書·淮陽獻王傳》:"張博云:'王遇大人亦解。'"。《後漢書·黨錮傳》:"范滂謂母曰:'惟大人割不可忍之恩,勿增戚戚。'"此稱母爲"大人"也。又漢疏受扣頭曰"從大人議",則以"大人"稱叔。唐柳宗元謂劉禹錫母曰"無辭以白大人",則以"大人"稱他人之父母。

2640 老子 《老學庵筆記》:"南鄭俚俗謂父曰老子,雖年十七八,有子亦稱老子。乃悟西人所謂大范老子,蓋尊之以爲父也。"按:西人並不以"老子"爲尊,雖自稱有①然。《後漢書·韓康傳》:"亭長使奪其牛,康卽與之。使者欲奏殺亭長,康曰:'此自老子與之,亭長何罪?'"康乃京兆霸陵人,正可爲的證者。《三國志·甘寧傳》注:"夜入魏軍,軍皆鼓譟舉火,還見權,權曰:'足以驚駭老子否?'"此"老子"似謂曹操,權豈欲尊操而云然乎?《晉書·陶侃傳》:"顧謂王愆期曰:'老子婆娑,正坐諸君輩。'"《應詹傳》:"鎮南大將軍劉弘謂曰:'君器識弘深,後當代老子于荆南矣。'"《庾亮傳》:"諸君少住,老子于此興復不淺。"諸人不皆西産,而其自稱如此,必當時無以稱父者,故得通行不爲嫌。若《五代史·馮道傳》:"耶律德光誚之曰:'汝是何等老子?'對曰:'無才無德,癡頑老子。'"更顯見其稱之不尊矣。

2641 爺② 《南史·侯景傳》:"前世吾不復憶,惟阿爺名標。"隋《木蘭詩》:"軍書十三卷③,卷卷有爺名。阿爺無大兒,木蘭無長兄。願爲市鞍馬,從此替爺征。"又云:"朝辭爺孃去,暮宿黄河邊。不聞爺孃唤女聲,但聞黄河流水鳴濺濺。"程大昌《演繁露》:"後世呼父爲爺,又曰爹。雖宫禁稱呼亦聞其音,竇懷貞

① "有",《函海》本作"亦"。
② 黄侃:"爺"初但作"耶",正作"㸙",本以呼母,轉以呼父。
③ "三"當爲"二",見《樂府詩集》卷二五。

爲國爺，是其事也。唐人草檄亦曰：‘致赤子之流離，自朱耶之板蕩。’”按：“爺”、“爹”之稱，固出唐前，而竇懷貞事乃云“國奢”，非“爺”字也。

2642 爹[①] 戴良《失父零丁》有“今月七日失阿爹”語。《方言》《博雅》《廣韻》“爹”皆訓父，而其音作徒我切或大可切。《南史·始興王憺傳》：“詔徵還朝，人歌曰：‘始興王，人之爹，赴人急，如水火，何時復來哺乳我？’荆土方言謂父爲爹，故云。”注亦云：“爹，徒我切。”至《集韻》始增有陟邪一切，蓋其音自唐後起也。陸游《避暑漫抄》：“太后回鑾，上設龍涎沉腦屑燭，后曰：‘爾爹爹每夜嘗設數百枝。’上微謂憲聖曰：‘如何比得爹爹富貴。’”

2643 孃[②] 《南史·齊宗室傳》：“帝謂子良曰：‘汝何不讀書？’曰：‘孃今何處？何用讀書？’帝即召后還。”《北史·隋宗室傳》：“帝謂勇昔語衛王曰：‘阿孃不與我一好婦女。’因指皇后侍兒曰：‘皆我物。’”《隋書·韋世康傳》：“與子弟書曰：‘孃春秋已高，温清宜奉。’”《木蘭詩》：“朝辭爺孃去。”杜甫詩：“爺孃妻子走相送。”《朝野僉載》：“婁師德責其鄉人曰：‘汝辭父孃，求覓官職，不能謹潔，知復奈何？’”《廣異記》：“李萇聞簷上呼曰：‘此是狐婆作祟，何以枉殺我孃兒？’”《輟耕錄》：“娘字，俗書也，古無之，作孃爲是。”按：《説文》：“孃，頻擾也，肥大也。”[③]其義只如此。以之稱母，雖始六朝，終亦近俗。若“娘”字，古非無有，特其義更謬戾。《北史·齊后妃傳》有“馮娘、李娘、王娘、穆娘”，皆宫中之賤媵。《子夜歌》：“見娘喜容媚，願得結金蘭。”《黄竹子歌》：“一船使兩槳，得娘還故鄉。”《江陵女歌》：“拾得娘裙帶，同心結兩頭。”則皆用於男女期會之辭。以此思之，其可不攷而誤用耶？《廣韻》云：“孃，母稱。娘，少女之號。”此二語最明晰可遵。

2644 爺爺 《宋史·宗澤傳》：“威聲日著，北方常尊憚之，必曰宗爺爺。”孫穀祥《野老紀聞》：“狄青爲樞密使，怙惜士卒，每得衣糧，皆負之曰：‘此狄家爺爺所賜。’”

2645 孃孃 蘇轍《龍川雜志》：“仁宗稱劉氏爲大孃孃，楊氏爲小孃孃。”按：後世稱母后曰“孃孃”，蓋自宋之宫禁然矣。《錢氏私誌》：“董夫人對慈聖云：‘須是娘娘處分。’”《避暑漫抄》：“神廟欲問西北虜罪，一日，被金甲見太皇太后曰：‘娘娘，臣著此好否？’”“娘娘”當是“孃孃”，傳寫譌。

2646 嬭嬭 龔熙正《續釋常談》引《焦仲卿妻》詩“媒人下床去，諾諾復嬭

① 黄侃：正作“㚣”。
② 黄侃：由“乳”聲轉爲“嬭”，“嬭”又作“孃”、“娘”。
③ “頻”，《説文解字》作“煩”。

嬭"。按:今本皆作"爾爾",龔氏所見本或自别耶?

2647 太太　胡應麟《甲乙剩言》:"有一邊道轉御史中丞,作《除夕》詩云:'幸喜荆妻稱太太,且斟柏酒樂陶陶。'蓋部民呼有司眷屬,惟中丞以上得呼太太耳,故幸而見之歌咏,讀者絶倒。"何良俊《四友齋叢説》:"松江十來年間,凡士夫妻年未三十卽呼太太。前輩未有此,大爲可笑也。"按:今燕秦之地,雖丐婦無不稱"太太"者。

2648 阿爹　王明清《摭青雜記》載徐七娘事:"女常呼項四郎爲阿爹,因謂項曰:'兒受阿爹厚恩,死無以報,阿爹許嫁我以好人,人不知來歷,亦不肯娶我。'"按:今農賈之家稱尊老者曰"阿爹",項故秦州商也。

2649 阿嬭[①]　《博雅》:"嬭,母也,奴解反,楚人呼母曰妳。"按:《説文》"爾"本作"尒",故"嬭"亦變體爲"妳",今吳俗稱祖母曰"阿妳"。李商隱《雜俎》七不稱意,其一曰"少阿妳","少"讀去聲,或云此蓋謂祖母也。《柳貫集》有《祭孫秬》文,曰:"阿翁與汝阿爹阿妳,以家饌祭于中殤童子阿秬之魂。"其云"阿爹阿妳",乃實秬之父母。《廣異記》載滎陽鄭會呼其妻之乳母曰"阿妳"。蓋凡婦人尊老者,槩有"阿妳"之稱,今亦然也。

2650 阿姆[②]　《詩·采蘋》箋[③]:"姆者,婦人五十無子,出不復嫁,以婦道教人,若今乳母也。"《通典》晉袁準曰:"保母者,當爲保姆,春秋宋伯姬侍姆是也,非母之名也。"按:姆,卽"母"音之轉,漢呼乳母曰"阿母",見《後漢書·楊震傳》,今通謂之"阿姆"。《北史》宇文母與護書曰:"元寶、菩提及汝姑兒賀蘭盛洛,並唤吾作阿摩敦。"阿摩,疑亦"阿姆"之轉。

2651 阿八　《韓昌黎集·祭女拏文》有"阿爹阿八"之語。《正字通》:"夷語稱老者爲八八,或爲巴巴。"按:《玉篇》有"爸"字,訓"父也"[④],蒲可切。《集韻》:"吳人呼父曰爸。"亦必駕切。其字今隨方俗高下轉爲四聲,讀平曰"巴",上曰"把",去曰"霸",入曰"八"。"巴"與"八"皆借字就音,"爸"則其本字,而"把"、"霸"其本音也。

2652 朝奉　吕種玉《言鯖》:"徽俗稱富翁爲朝奉,亦有出。漢有奉朝請,無定員,本不爲官位,東京罷省三公、外戚、皇室、諸侯,多奉朝請。奉朝請者,逢朝會請召而已。退之、東坡並用之,蓋如俗稱郎中、員外、司務、舍人、待詔之類。"

---

① 黄侃:"嬭"本"乳母"之合音而變也。俗亦作"奶",又轉爲"孃"。

② 黄侃:"姆"正作"娒"。

③ "《詩·采蘋》箋"當爲"《儀禮·士昏禮》注",見《儀禮注疏》卷五。

④ 黄侃:"爸"卽父也。黄焯:《廣雅·釋親》"爸,父也",不始《玉篇》。

按:《史記·貨殖傳》:"秦皇令烏氏倮比封君,以時與列臣朝請。""朝請"之制,秦已有之,不始漢也。宋官階有"朝請",有"朝奉",品級相等。《職官志》云:"諸朝請、朝散、朝奉大夫從六品,諸朝請、朝散、朝奉大夫郎正七品。"今徽賈假此稱謂,雖屬竊冒官階,要亦慕烏倮之爲貨殖雄也。方回《桐江集·郫路有呼予老朝奉者》作詩云:"誰忽呼予老朝奉,須知不是贋稱呼。"徽嚴間之習爲此稱久矣。

2653 孺人 江淹賦:"左對孺人,右抱穉子。"儲光羲詩:"孺人善逢迎,穉子解趨走。"韓退之詩:"已呼孺人戛鳴瑟。"張籍詩:"公疾浸日加,孺人親[①]藥湯。"按:《曲禮》:"大夫妻曰孺人,士曰婦人,庶人曰妻。"古無論職官大小,其妻通稱"孺人",故見詩文爲多。宋宣和時,罷縣君,改孺人爲第八等,而世俗相仍不改。丘濬《家禮儀節》云:"無官者妣稱某氏夫人,今制二品方得封夫人,僭越太甚,不若從方俗借稱孺人。"

2654 家叔 《三國志》諸葛恪著論諭衆,有"近見家叔父表"之語。家叔父,謂孔明也。又叔父故者,古亦稱亡叔。《晉書》:"桓玄問王楨之曰:'我何如君亡叔?'楨之曰:'亡叔一時之標,公千載之英。'"

2655 家舅 《晉書·習鑿齒傳》:"定省家舅。"《世説》:"李弘範曰:'家舅刻薄。'"按:舅亦有"亡舅"之稱,《周益公集·祭外宗諸塋文》有曰"亡舅通判二十八大夫"。

2656 家兄 《晉書·何充傳》:"王敦曰:'家兄在廬江定佳,廬江人咸稱之。'"《謝幼度傳》:"謝安謂戴逯曰:'卿兄弟志業何殊?'逯曰:'下官不堪其憂,家兄不改其樂。'"《王羲之傳》:"庾翼曰:'見足下答家兄書,焕若神明,頓還舊觀。'"

2657 家姊 《列女傳》:"袁次陽取馬季長女,問曰:'賢姊未嫁,而卿先行,有何汲汲乎?'答曰:'家姊有宋伯姬之風,家君庶堯之配舜,世乏此賢,故其躊躇。'"

2658 家嫂 《晉書·謝朗傳》:"安謂坐客曰:'家嫂詞情慷慨,恨不使朝士見之。'"

2659 弟婦 《禮·喪服傳》:"謂弟之妻婦者,是嫂亦可謂之母乎?"敖繼公《集説》曰:"以當時有謂弟妻爲婦者,故引而正之,以言其不可也。"按:《爾雅》:"弟之妻爲婦。"註云:"猶言新婦也。""弟婦"之稱,亦本于古,然但女子謂其弟妻而已。

---

① "親"當爲"視",見《全唐詩》卷三八三《祭退之》。

2660 母母嬸嬸　吕祖謙《紫薇雜記》:"吕氏母母受嬸房中婢拜,嬸見母母房婢拜,即答。"按:今俗兄婦呼弟婦爲"嬸嬸",弟婦呼兄婦爲"姆姆",即"母母"也。又《明道雜志》:"經傳無'嬸'與'妗'字,攷其説,'嬸'乃'世母'二字合呼,'妗'乃'舅母'二字合呼。"

2661 阿伯　《五代史補》:"李濤弟澣娶婦竇氏,出參濤,濤答拜,澣曰:'新婦參阿伯,豈有答禮?'"按:婦人呼夫之兄爲"伯",唐有之矣。

2662 小郎　《晉書》:"王獻之與賓客談議,事理將屈,謝道韞使婢白曰:'新婦欲與小郎解圍。'"《世説》:"王夷甫妻郭氏令婢擔糞,王平子諫之,郭大怒曰:'昔夫人臨終,以小郎囑新婦,不以新婦囑小郎。'"《通鑑》:"唐鄭顥尚萬壽公主,顥弟顗嘗危疾,上遣使視之,還問:'公主何在?'曰:'在慈恩寺觀戲。'上召責之曰:'豈有小郎病不往省視,乃觀戲乎?'"宋張耒《寄衣曲》:"別來不見身長短,試比小郎衣更長。"

2663 令兄　《詩》:"此令兄弟,綽綽有裕。"按:此後世稱"令兄"、"令弟"所本。蘇籀《欒城遺言》:"貢父嘗謂公所爲訓辭曰:'君作强于令兄。'"公謂子由,兄謂子瞻。

2664 令弟　謝靈運《酬從弟惠連》詩:"末路值令弟,開顔披心胸。"《北史·王晞傳》:"晞小名沙彌,與邢子良遊處。子良與其兩兄書曰:'賢弟彌郎,意識深遠。'"按:今人稱人弟曰"令弟",自稱其弟曰"賢弟",與古人正相易用之矣。

2665 舍弟　魏文帝《與鍾繇書》:"令舍弟子建,因荀仲茂時從容喻鄙旨。"《杜工部集》有《得舍弟消息》詩。按:古亦有稱"家弟"者,《世説》載戴逯答謝安曰:"家弟不改其樂。"《周書·杜杲傳》隋文帝稱弟安成曰"家弟"。家、舍之别,本無甚大義理。今人守之若定制,其源蓋由于宋司馬光《書儀·答人慰問狀》云:"兄曰家兄,弟曰舍弟,姊曰家姊,妹曰小妹。"

2666 尊兄　《三國志·馬良傳》:"與諸葛亮書曰:'尊兄應期贊世,配業光國。'"注云:"良與亮結爲兄弟,或相有親,故呼尊兄耳。"按:古惟自稱其兄爲尊兄,故裴氏注之如此。《齊書》:"東平王儼于南宫見新冰早李,還,怒曰:'尊兄已有,我何意無!'"乃自謂其兄也,今則爲朋友通稱。

2667 況　《白虎通》[①]:"兄,況也,況父法也。"《廣雅》:"兄,況于父。"按:古書"況"字多通作"兄",《管子·大匡篇》:"召忽曰:'雖得天下,吾不生也,兄與我同齊之政也。'"漢《樊毅華嶽碑》:"君善必書,兄乃盛德。"《漢書》尹翁歸、翟牧俱

---

① 《白虎通》前《函海》本有:杭州人呼兄曰"況老"。

字子兄。師古曰:"兄讀爲況。"又《詩》"倉兄填兮"、"職兄斯引",注皆云:"兄與怳同。"今俗呼兄爲"況",其來夐矣。劉熙《釋名》:"兄,荒也。荒,大也。青徐人呼兄爲荒。""荒"與"況"亦音相近。

2668 哥[①] 《舊唐書·讓帝憲傳》:"册斂之日,玄宗出手書置靈座前,曰:'大哥孝友,近古莫儔。'又云:'大哥嫡長,合當儲貳。謂之手足,惟有大哥。'"玄宗又有《同玉眞公主過大哥園池》詩,張九齡詩序云:"上幸寧王第,敘家人禮,上曰:'大哥好作主人。'"《酉陽雜俎》:"帝亦呼寧王爲寧哥。"《五代史·伶官傳》:"孔謙兄事伶人景進,呼爲'八哥'。"按:"哥"本古"歌"字,無訓兄者。《廣韻》始云:"今呼兄爲哥。"則此稱自唐始也。《晉書·西戎傳》:"吐谷渾與弟分異,弟追思之,作《阿干之歌》。"阿干,鮮卑謂兄也。阿哥,當卽"阿干"之轉。《漢武故事》言西王母授帝《五嶽眞形圖》,帝拜受,王母命其侍者曰:"四非荅哥哥。"[②]此僞書,不足爲據。

2669 亡兄亡弟 《晉書·周嵩傳》:"王敦既害周顗,而使人弔嵩。嵩曰:'亡兄天下人,爲天下人所殺,復何所弔?'"《元四王傳》:"煥繼帝,弟渾後封顯義亭侯。帝曰:'封此兒,不以寵稚子也。亡弟當繼嗣,不獲已耳。'"

2670 亡姊 《晉書》:"王爽言:'亡姑、亡姊伉儷二宫。'"《周益公集》有《亡姊尚氏夫人墓志》。按:世俗例,兄姊言先,弟妹言亡,而古人概不嫌别,在南宋猶如是也。

2671 丈人 王弼《易》注:"丈人,嚴莊之稱。"《論衡·氣壽篇》:"人形一丈,正形也,尊公嫗爲丈人。"《通鑑》:"唐韋執誼係杜黄裳婿,杜勸執誼請太子監國。執誼驚曰:'丈人甫得一官,奈何啓口議禁中事乎?'"《雞肋編》:"獨稱妻父丈人,自柳宗元呼楊詹事爲丈人始。"《清波雜志》:"《蜀先主傳》載'漢獻帝舅車騎將軍董承'之語,裴注云:'漢靈帝母董太后之姪,于獻帝爲丈人。蓋古無丈人之稱,故謂之舅也。'後呼丈人爲外舅,其本此乎?然《後[③]漢·匈奴傳》書且鞮單于云'漢天子,我丈人行',若曰此語止爲尊老言,非專指妻之父則可;謂古無丈人之名,後學竊有疑焉。"

2672 丈母 《史記·刺客傳》注:"尊婦嫗爲丈人者,《漢書》謂淮陽憲王外王母爲丈人,詩云'丈人故嫌遲'。"則稱其翁"丈人",應得並其嫗曰"丈母"。《顔氏

---

① 黄侃:"哥"亦"翯"之對轉也。

② "《漢武故事》"當爲"《漢武帝内傳》","四非荅哥哥"當爲"四非荅哥,哥畢",見《太平廣記》卷三。

③ "後"字衍,見《清波雜志》卷七。

家訓》:"周弘讓言:'父母中外姊妹,亦呼丈人。'然古未見丈人之稱施于婦人也。今中外丈人之婦,猥俗呼爲丈母,士大夫謂之王母、謝母云。"《猗覺寮雜記》:"今專稱外姑曰丈母。柳子厚有祭楊詹事丈人、獨姑氏丈母文①,則知唐已如此。"范公偁《過庭錄》:"陳叔易自號'澗上丈人',里人子從叔易學文,而好修飾頭面,舉止妖嬈,人目爲'澗上丈母'。"《六研齋二筆》:"趙子昂有《與管公札》云:'上覆丈人節幹、丈母縣君。'"

2673 岳翁 《青城山記》:"青城爲五岳之長,故名丈人山。世俗呼人婦翁爲令岳,妻之伯叔父爲列岳,往往因此。"《歸田錄》:"今人呼妻父爲嶽公,以泰山有丈人峯;妻母爲泰水,不知出何書也。"按:以上二說,最爲得解,但未詳其稱昉自何代。《漢書·郊祀志》大山川有"岳山",小山川有"岳壻山",推其名義,似在漢時已然。《釋常談》:"唐開元時封禪泰山,張説爲封禪使,説婿鄭鎰本九品官。舊例封禪後,自三公以下皆轉遷一階一級,惟鎰是封禪使女婿,驟遷至五品。時人語曰:'此泰山之力也。'因此以妻父爲泰山。"《事文後集》言:"《神仙傳》:'泰山有父老,失其姓名。今稱婦翁曰泰山,或者出此,訛以傳訛耶?'"又云:"晉樂廣乃衛玠妻父,所謂岳丈,或當云樂丈耳。"三説似皆未確。

2674 倩 《史記·倉公傳》:"黄氏諸倩見京下方石。"注:"倩,女婿也。"《説文》②:"倩,男子之美稱,若草木之蔥蒨也。"《方言》:"東齊間婿謂之倩。"注曰:"言可借倩也。"《老學菴筆記》:"昭德諸晁謂婿爲借倩之倩,近世方訛爲倩盼之倩。"

2675 郎君 《世説》:"諸葛瑾爲豫州,遣别駕詣臺,語云:'小兒恪知談,卿可與語。'速連往詣恪,恪不與相見。後相遇,别駕唤'咄咄郎君'云。"《古爲焦仲卿妻》詩:"不堪吏人婦,豈合令郎君。"又云:"直説太守家,有此令郎君。先嫁得府吏,後嫁得郎君。"按:"郎君"是貴公子之稱,唐亦以稱新進士。《摭言》:"薛逢策羸馬赴朝,值新進士前導,曰:'回避新郎君。'"李商隱詩:"郎君官貴施行馬,東閣無因得再窺。"

2676 官人 《韓昌黎集·王適墓志》:"一女憐之,必嫁官人,不以與凡子。"杜甫《逢唐興劉主簿》詩:"劍外官人冷。"按:唐時惟有官者方得稱"官人",宋乃不然,若周密《武林舊事》所載"金四官人以棋著、李大官人以書會著、陳三官人以演史著、喬七官人以説藥著、鄧四官人以唱賺著、戴官人以捕蛇著",吳自牧

① "姑"當爲"孤",見《柳宗元集》卷四一。
② "説文"當爲"説文繫傳",見《説文繫傳》卷一五。

《夢粱錄》又有"徐官人幞頭舖"、"崔官人扇面舖"、"張官人文籍舖"、"傅官人刷牙舖",當時殆無不"官人"者矣。

2677 娘子 《輟耕錄》:"都下自庶人妻以及大官之國夫人,皆曰娘子。攷史隋柴紹妻李氏、唐平陽公主有娘子軍,花蕊《宮詞》'諸院各分娘子位',昌黎有《祭周氏二十娘子文》。以此推之,古之公主、宮妃,以與民間共稱娘子,不分尊卑,有自來矣。"按:《唐書·楊貴妃傳》:"宮中號娘子,儀禮與皇后等。"此亦宮妃稱"娘子"之證也。《楊國忠傳》:"帝欲以太子監國,國忠大懼,歸謂姊妹曰:'今當與娘子等併命矣。'"此大官夫人稱"娘子"之證也。李昌符《婢僕》詩:"推道那家娘子卧。"此民間通稱"娘子"之證也。《雲溪友議》:"或謂李端端曰:'李家娘子,纔出墨池,便登雪嶺。'"此倡伎亦稱"娘子"之證也,《輟耕錄》俱未引。

2678 小官人 《澠水燕談錄》:"李文定以女妻孫明復,孫固辭。文定曰:'吾女不妻先生,不過爲一小官人妻。先生德高天下,幸壻李氏,榮貴莫大于此。'"

2679 小娘子 《搜神記》:"徐元指王大夫養女曰:'只此小娘子,便是大夫冤家矣。'"《霍小玉傳》李益呼小玉曰"小娘子",《韓退之集·祭女挐》文稱"小娘子"。歐陽修《與連元禮簡》:"承賢郎小娘子見過,有佳兒女如此,朋友當共慶也。"按:《夢粱錄》載杭人議親帖子,"開寫第幾位娘子",蓋當時女子在母家即稱娘子,故《集韻》訓"娘"爲少女,《北齊書》有"耳順尚稱娘子"之誚。

2680 内人 《天祿識餘》:"唐女妓入宜春院謂之内人,今概稱妻爲内人,非。"按:宜春院説,見崔令《教坊記》。王建《宮詞》"寒食内人常白打,庫中先散與金錢",張祜詩"三百内人連袖舞","内人已唱春鶯囀",所云似是女妓。然此惟唐時爲然,前古大不然也。《周禮·内宰》"會内人之稍食",《内小臣》"正内人之禮事",《閽人》"幾内人之出入",《寺人》"掌内人之戒令",《典婦功》"授内人之事齎",《内豎》"有祭祀、賓客、喪紀之事,則爲内人蹕"。凡云"内人",皆指女御,卽天子八十一御妻也。平人之妻而上方于天子九御,方嫌其過於尊貴,飜謂之瀆其妻室乎?《禮·檀弓》:"敬姜言文伯死,朋友諸臣未有出涕者,而内人皆行哭失聲。"鄭康成注:"内人,妻妾也。"可見此稱之通于臣下,自春秋時然。經文詳備如此,顧獨牽惑于後世小説乎?又世亦稱妻曰"内子",白居易有《代内子賀兄嫂》詩。攷《禮·雜記》:"内子以鞠衣。"注:"内子,卿之適妻。《春秋傳》:'趙姬請逆季[①]隗于狄,趙衰以爲内子,而已下之。'"以此自稱其妻,亦覺過于尊貴。

2681 妹妹 《路史》註"桀妻妹喜":"妹者,以妹妹目之。"《北齊書》:"南陽王

① "季"當爲"叔",見《禮記·雜記上》鄭玄注、《左傳·僖公二十四年》。

綽兄弟皆呼父爲兄兄，母爲家家，乳母爲姊姊，婦爲妹妹。”按：猥俗間有呼妻爲“妹妹”者，沿此習歟？

2682 阿姨[①]　《南史·齊宗室傳》：“衡陽王鈞年五歲，所生區貴人病，左右依常以五色餅飴之，不肯食，曰：‘須待姨差。’”又：“晉安王子懋，母阮淑媛病危篤，請僧行道。有獻蓮花供佛者，子懋流涕禮拜曰：‘若使阿姨因此和勝，願諸佛令華竟齋不萎。’”按：《爾雅》：“妻之姊妹同出爲姨。”《釋名》：“母之姊妹曰姨，亦如禮謂從母爲娣而來，則從母列也，故雖不來，亦以此名之也。”《通典》引晉袁準論曰：“《左傳》臧宣叔娶于鑄而卒，繼室以其姪，穆姜之姨子也。以《爾雅》言之，穆姜不得言姨。此緣妻姊妹之姨，因謂爲姨也。姊妹相謂爲姨，故其子謂之姨子，其母謂之姨母。”時俗于妻之姊妹，單稱曰姨；母之姊妹，姨下加母，所言是矣。其父之側庶亦稱姨者，姨本姊妹俱事一夫之稱，後世無從媵之禮，而側庶實與媵比，故雖非母姊妹，而得借此稱之。

2683 小兒　《吴志》：“孟宗母作厚蓐大被，曰：‘小兒無德致客，爲此以待貧之學者，庶可得以氣類接。’”《晉書·裴秀傳》：“秀母賤，嫡宣氏使進饌于客，客爲之起。母曰：‘微賤如此，當應爲小兒故。’”《北魏書·自序》：“李延實子彧爲大使，送客填門，延實曰：‘小兒今行，何以相勗？’”按：此皆自言其子，與今語同。

2684 小女　《晉書·劉聰載記》：“聰子約死而復蘇，言過一國，引之入宫，曰：‘劉郎後年來必見過，當以小女相妻。’”按：此亦自言其女。

2685 孩兒　《書·康誥》：“若保赤子。”傳云：“孩兒。”按：父母謂其子曰“孩兒”，見自北宋。《晁氏客語》：“范純夫引疾乞歸，太母宣諭曰：‘昨日孩兒再三留他，可諭與，且爲孩兒留，未可求去。’”所云“孩兒”，謂哲宗也。

2686 鵶兒[②]　《五代史·唐本紀》：“李克用少驍勇，軍中號曰李鵶兒。”按：“鵶兒”是小兒之稱，因其年甚少，故云。

2687 嘔鵶　陳造詩：“寧堪歲攬減，又抱兩嘔鵶。”自注：“淮人以歲饑爲年歲攬減，越人以嬰兒爲嘔鵶。”按：《荀子·富國篇》注：“唲嘔，嬰兒語聲。唲，於佳反，嘔音謳。”“倪嘔”、“嘔鵶”，惟上下文易置異耳。又《禮·雜記》注：“嬰，猶鷖彌也。”《孟子》注：“倪，弱小倪倪者也。”《音義》曰：“倪謂繄倪。”《釋名》曰：“嬰兒，或曰嫛婗，嫛言是人也，婗其啼聲也。”《集韻》曰：“吳人謂赤子曰孲牙，音若鵶牙。”觀諸説，可洞然于“鵶兒”、“嘔鵶”之義。

---

① 黄侃：此“姬”字，實當作“妭”。

② 黄侃：此當作“萌芽”之“芽”。

2688 寶寶 《留青日札》:“今人愛惜其子,每呼曰寶寶,蓋言如珍寶也。亦作保保,人以爲保抱護持之義。殊不知保保者,元人尊重之稱,如曰‘丞相王保保’。又國初曹國李文忠亦稱李保保,見《草木子》。”按:元人每有以小名著者,其名多取自恒語,如“保保”當仍是保護意耳。

2689 親家翁 《後漢書·應奉傳》注:“至親家李氏堂,令人以他辭請朗。”《魏志·王淩傳》注:“淩少子明山投親家食,親家告吏執之。”《隋書·房陵王勇傳》:“劉金驎呼雲定興作親家翁。”《唐書·蕭嵩傳》:“嵩子衡尚新昌公主,嵩妻入謁,帝呼爲親家。”《避暑雜抄》:“蕭嵩自稱唐朝左僕射、天子親家翁。”儲光羲有《酬陳掾親家翁秋夜有贈》詩,白居易有《贈皇甫規親家翁》詩。《五代史》:“劉昫與馮道爲姻家,而同爲相。道罷,李愚代之。愚素惡道爲人,凡事有稽失者,必指以誚昫曰:‘此公親家翁所爲。’”按:“親”字今作去聲,古音亦然,盧綸《王駙馬花燭》詩“人主人臣是親家”可證。

2690 親家公 《隋書·李渾傳》:“帝謂宇文述曰:‘吾宗社幾傾,賴親家公獲全耳。’”

2691 主人翁 《史記·范雎傳》:“雎謂須賈曰:‘願借乘車駟馬于主人翁。’”《漢書·東方朔傳》:“董偃見尊不名,稱主人翁。”《陳書·沈洙傳》:“門生陳三兒牒稱主人翁。”又《漢書·戾太子傳》:“李壽趨抱解太子,主人公遂格鬭死。”韓退之《燈花》詩:“更煩將喜事,來報主人公。”

2692 東家母 《淮南子·説山訓》:“烹牛以饗其里,而罵其東家母,德不報而身見殆。”

2693 仁兄 《後漢書·趙壹傳》壹《報皇甫規書》曰:“實望仁兄昭其懸遲。”又晉温嶠《與陶侃書》謂侃爲“仁公”。

2694 吾兄 傅咸《贈何劭、王濟》詩:“吾兄既鳳翔,王子亦龍飛。”按:稱朋儕曰“吾兄”,見簡帖甚多,入詩僅見。

2695 小弟 王季友《觀于舍人畫山水》詩:“于公大笑向予説,小弟丹青能爾爲。”按:自謙曰“小弟”,二字入詩,亦僅有也。

2696 晚生 邵伯温《聞見錄》:“吴内翰黯狀元及第歸,謁范文正曰:‘某晚生偶得科第,願受教。’”按:此“晚生”雖非自稱,而亦爲之漸矣。《觚不觚錄》:“翰林舊規,先登甲第七科者,投刺皆稱晚生,餘不爾也。”

2697 侍生 《觚不觚錄》:“正德間,御史于巡撫投刺稱晚生,尋稱晚侍生,又稱侍教生,已而巡撫俱稱侍教生,已而與巡撫俱稱侍生。蓋由南北多警,遷擢既驟,巡撫不必耆宿,御史多有與之同臺者,又功罪勘報,其權往往屬之御史也。”

又云："翰林後三科者，其答刺則曰侍生。"

2698 小生　《漢書·朱雲傳》："小生欲相吏耶？"《張禹傳》："新學小生。"按：此皆責人語也。若自稱"小生"，則始于韓退之，其《與孟東野聯句》云"小生何足道"，《酬盧院長望秋作》云"嗟我小生值强伴"。《柳柳州集》："楊尚書寄郴筆，知是小生本様，令更商榷，使盡其功，輒獻長句。"吕和叔《渭海集序》："不遠數千里，授簡小生。"

2699 下官　《通典》："凡郡縣内史相，並于國主稱臣。宋孝武多積忌，始革此制，不得稱臣，直云下官而已。"《南史·宋始興王濬傳》："義綦曰：'下官初不識士衡，何忽見苦也？'"《王曇[1]傳》："帝問王弘：'卿弟何如卿？'荅曰：'若但如下官，門户何寄？'"《王僧虔傳》："作飛白示顧寶先，寶先曰：'下官今爲飛白屈矣。'"《荀伯子傳》："謂王弘曰：'天下膏粱，惟使君與下官耳。'"《沈慶之傳》："衆人雖見古今，不如下官耳學也。"《齊·范縝傳》："與竟陵王設風花之喻曰：'墜茵席者，殿下是也；落糞溷者，下官是也。'"《梁·曹景宗傳》："帝數晏見功臣，共道故舊，景宗酒後謬妄，或誤稱下官。"按：以上俱屬宋孝武後，而漢樂府曰"下官奉使命，言談大有緣"，《晉書》戴逯曰"下官不堪其憂"，則宋已前非無是稱，特不爲制耳。

2700 卑人　《漢書·劉輔傳》引里語曰："腐木不可爲柱，卑人不可爲主。"

2701 老夫　《禮·曲禮》："大夫七十而致事，自稱曰老夫。"《左傳·隱四年》石碏曰："老夫耄矣，無能爲也。"《昭元年》趙孟曰："老夫罪戾是懼。"《昭二十四年》鄭太叔曰："老夫其國家不能恤。"《史記》："尉佗爲書謝帝，自稱曰：'蠻夷大長老夫臣佗。'"

2702 老身　《五代史·漢家人傳》："太后李氏謂周太祖曰：'老身未終殘年，屬此多難，惟衰朽托于始終。'"按：婦人老者每自稱"老身"，此其證也。然前此男子亦嘗以自稱矣，《北史·穆榮傳》："元順醉入穆紹寢所，紹讓曰：'老身二十年侍中，與卿先君亟連職事，何宜相排突也？'"

2703 漢子　《北齊書·魏蘭根傳》："顯德怒云：'何物漢子，我與官不肯就。'"《北史·邢劭傳》："宣武以劭言告崔暹道：'此漢不可親信。'"《老學菴筆記》："今謂賤丈夫曰漢子，蓋始于十六國時。"

2704 小人　《錢氏私誌》："燕北風俗，不問士庶皆自稱小人。"按：《左傳》潁考叔曰："小人有母，皆嘗小人之食。"如此類頗多，則其來古矣。又《晉書·王藴

---

① "曇"下脱"首"字，見《南史·王曇首傳》。

傳》:"王道子醉呼爽爲小子,爽曰:'亡祖長史與簡文皇帝爲布衣交,亡姑、亡姊,伉儷二宫,何小子之有?'"蓋"小子"乃卑賤之稱也。

2705 小底　《宋會要》:"至道二年九月,帝閲試所擇兵士驍騎,試射,中者六十人,以殿前小底爲軍額。"《晉公談録》:"皇城使劉承規,在太祖朝爲黄門小底。"周輝《北轅録》:"小底入報,傳旨免禮。"《字典》:"凡供役使者曰小底。"《金史·傳論》:"金人所謂寢殿小底,猶周之綴衣;所謂護衛,猶周之虎賁也。"按:今胥役及庶民緣事對官長俱自稱"小的"。"的"與"底",古今字也。宋儒語録凡須用"的"字爲助語處,皆用"底"字①。

2706 奴才　《晉書·劉元海載記》:"成都王既敗,元海曰:'穎不用吾言,遂自奔潰,眞奴才也。'"《劉曜載記》:"田崧曰:'若賊氐奴才,安敢欲希覬非分?'"《水經注》:"李特至劍閣,歎曰:'劉氏有此地,而面縛于人,豈不奴才也!'"《唐書》②:"郭子儀曰:'子儀諸子皆奴才也。'"鮑鈞《稗勺》:"明代宦官,對上稱奴儕,今人訛儕爲才。"

2707 蒼頭　《漢書·鮑宣傳》:"蒼頭廬兒,皆用致富。"《霍光傳》:"使蒼頭奴上朝謁。"孔穎達《禮記》疏:"漢家僕隸,謂之蒼頭,以蒼巾爲飾,異于民也。"孟康《漢書》注:"黎民黔首,黎、黔皆黑也。下民陰類,故以黑爲號。漢名奴爲蒼頭,非純黑,以别于良人也。"按:"蒼頭"之稱,不始于漢。《戰國策》:"蘇秦説魏曰:'竊聞大王之卒,武力二十餘萬,蒼頭二十萬,奮擊二十萬,厮徒十萬。'"已言之,但是兵卒非奴隸,爲小别耳。

2708 小厮③　《劍南集》有《示小厮》絶句二首。《觚不觚録》正德中一大臣投書劉瑾,自稱"門下小厮"。

2709 安童④　《夢粱録·雇覓人力》有"私身、轎番、安童"等人。按:俚俗小説每有"安童"之稱,嘗疑其爲"家童"之訛。今據此,則當時自有此稱。

2710 鼻　《燕北雜記》:"北界漢兒多爲契丹淩辱,駡作十里鼻。十里鼻,奴婢也。"《余氏辨林》:"吴俗諱奴爲鼻,解者曰裝門面耳。或曰象鼻能觸人,豬鼻善掘地,義取其生事。蓋臆説也。"

2711 觪兒　《北夢瑣言》:"高崇文詩'那箇觪兒射雁落',鄙俗語呼人曰觪兒也。"按:《玉篇》有"嶠"字,渠堯切,引《埤蒼》云:"不知是誰也。""觪"當是"嶠"之

---

① 黄侃:"底"、"的"皆"者"之轉。

② "《唐書》"當爲"《資治通鑑》",見《資治通鑑·唐代宗大曆三年》。

③ 黄侃:厮,厮養也。

④ 黄侃:安,"阿"之轉。

借字①。

2712 張三李四　《朱子語録》:"《易》惟説這箇道理如此,何曾有甚張三李四?"王安石《擬寒山》詩:"張三袴口窄,李四帽簷長。"又云:"莫言張三惡,莫愛李四好。"《五燈會元》録酒仙遇賢歌:"張三也識我,李四也識我。"又:"僧問龍興裕:'如何是學人自己?'曰:'張三李四。'僧問澄湜:'如何是佛?'曰:'張三李四。'"按:此是假設爲姓名也。《三國志·王修傳》注:"太祖與修書曰:'此君沉滯冶官,張甲李乙,尚猶先之。'"宋顔延之《庭誥》亦云"張甲李乙",梁范縝《神滅論》:"張甲之情,寄王乙之軀;李丙之性,托趙丁之體。"蓋姓氏中惟張、李等爲衆盛,故即泛舉言之。《顔氏家訓》謂士大夫呼中外諸母曰"王母謝母",《科場條貫》謂試録中考官不許稱"張公李公",亦非其實姓也。

2713 張王李趙　朱弁《曲洧舊聞》:"俚俗有張王李趙之語,猶言是何等人,無足掛齒牙之意也。宣和間,張子能、王履道、李士英、趙聖從俱在政府,張王李趙之語,喧于朝野。"按:此語正依《梁書》"張甲"、"王乙"、"李丙"、"趙丁"之次,非俚俗所偶然杜撰。

2714 劉四張五　《南史》:"張稷爲豫章王主簿,與劉繪俱見禮接,未嘗呼名,稱爲劉四張五。"行弟相稱,自斯著矣。《摭言》:"唐高祖呼裴寂爲裴三,德宗呼陸贄爲陸九、宋濟爲宋五。"《臆乘》:"前輩行第多見之詩,少陵稱謫仙爲李十二、鄭虔爲鄭十八、嚴武爲嚴八、張建封爲張十三、裴虬爲裴二,文公稱王涯爲王二十、李建爲李十一、李正封爲李二十八、侯喜爲侯十一,柳州稱文公爲韓十八,劉禹錫稱元稹爲元九,高適稱少陵爲杜二、張旭爲張九,樂天稱劉敦夫爲劉二十三,李義山稱趙滂爲趙十五、令狐綯爲令狐八,儲光羲稱王維爲王十三,皇甫冉稱柳州爲柳八、鄭堪爲鄭三,山谷稱東坡爲蘇二,后山稱少游爲秦七,少游稱后山爲陳三、山谷爲黄九。"按:如《南史》是古重其人,方作是稱。而山谷《題李氏園》詩云:"題詩未有驚人句,會喚謫仙蘇二來。"少游言于東坡曰:"以先生爲蘇二,大似相薄。"蓋宋人值所尊者,行第下多加"丈"字,唐例漸不行矣。

2715 何第五　《晉書·何準傳》:"兄充爲驃騎將軍,勸令仕。準曰:'第五之名,何減驃騎?'"準于兄弟中第五,故有此言。又《宋書·樂志》:"《讀曲歌》:'死罪劉領軍,誤殺劉第四。'"按:士林中行次相呼,未有"第"字。其加"第"者,閭閻儇薄之稱謂耳,而前古亦已有之。

---

① 黄侃:今變云"腳兒",俳戲人一人曰一腳,俗或寫"角"、又"腳色",皆"嗃"、"骿"之變也。語根仍是"渠其"字。

2716 張底 《隋唐嘉話》:"崔湜爲中書令,張嘉貞爲舍人。湜輕之,嘗呼爲張底。"按:此亦儇薄之稱。

2717 阿大、阿三、阿五、阿六、阿八 《晉書·王藴傳》:"子恭往省王悦,留十餘日,曰:'與阿大語,蟬聯不得歸。'藴曰:'恐阿大非汝之友。'阿大,悦小字也。"又:"謝道藴曰:'一門叔父則有阿大、中郎。'"此"阿大"之見于史者。《隋書》:"滕穆王瓚,高祖呼爲阿三。"《五代史》:"唐廢帝小字阿三。"此"阿三"之見于史者。《南史·齊宗室傳》:"帝謂穎達曰:'汝是我家阿五。'"又:"安陸王子敬,武帝第五子也,帝嘗曰阿五。"《隋書》:"蘭陵公主字阿五。"此"阿五"之見于史者。《南史》:"梁臨川王宏,文帝第六子,帝呼阿六。"《張融傳》:"融第六子寶積,何點呼之曰阿六。"此"阿六"之見于史者。《南史·梁宗室傳》:"南平王偉,文帝第八子也,武帝謂曰阿八。"此"阿八"之見于史者。又《魏志·杜恕傳》注:"孟康以於郭后有外屬,並受九卿賜拜,時共輕之,號爲阿九。""阿九"亦見于史,但非其行第耳。《北史·蠻獠傳》:"獠無氏族之别,又無名字,所生男女,惟以長幼次第呼之。其丈夫稱阿謩、阿段,婦人稱阿夷、阿等之類,皆語之次第稱謂也。"今中華男子,幼呼行次,長則有名,婦人亦終身以行第呼。曾三異《同話録》:"婚禮有所謂問名,《公羊傳》言:'婦人許嫁,字而笄之。'不知名與字之義如男子乎?亦只類今世大小一二之别乎?"據此,則宋時婦人固無名字,只以"大"、"小"、"一"、"二"爲名字矣。

2718 大二、小二 《北史·崔儦傳》:"崔長謙與崔休第二子仲文同年而月長,其家謂大二、小二。"長謙乃休姪也。《東坡集·與聖用弟尺牘》稱聖用"小二秀才"。

2719 大娘、二娘 《明皇雜録》有"公孫大娘",《廣異記》有"何二娘",《南史》有"劉三娘",杜工部詩有"黄四娘",《唐書》有"李五娘",古樂府有"丁六娘",《李青蓮集》有"段七娘"。《輟耕録》:"南方謂婦人之卑賤者曰某娘、曰幾娘。"按:《禮·喪服小記》:"男子稱名,婦人書姓與伯仲。"疏云:"伯仲隨其次也。"則如"公孫大娘"之類,正于古禮爲合。惟"娘"字爲後人所率加,然亦"娘子"之省文,不必定言其卑賤也。但古云幾娘,皆冠其母家之姓,如"劉三娘",乃劉孝綽妹,行第當亦從母家矣。元曲稱蔡伯喈妻曰"趙五娘"、劉知遠妻曰"李三娘",皆可近取爲證。時俗必于嫁後稱娘,故悉以姓第改隨其夫。

2720 老 《容齋三筆》:"東坡詩用人名,每以老字爲助語,非真謂其老也。如'老濞宫粧傳父祖'、'便腹從人笑老韶'、'老可能爲竹寫真'、'不知老奘幾時歸'、'會使老謙名不朽'之類,皆隨語勢而然。白樂天嘗云'每被老元偷格律',

蓋亦有自來矣。”按：今朋友晤談，莊稱曰某兄，狎稱曰老某，昉自此歟？但“可”、“㚒”等皆其名之下字，今則舉繫上字，又不相同。

2721 此老　《宋書·趙鼎傳》：“此老倔强猶昔。”杜甫詩：“此老無聲淚垂血。”又《唐書》：“武昭儀怒褚遂良，曰：‘何不撲殺此獠？’”“獠”音亦讀若老，而辭義逈别。

2722 此公　《晉書·劉敏元傳》：“同縣管平年七十餘，偕西行，爲盜所劫。敏元曰：‘此公孤老，願諸君舍之。’賊曰：‘此公于君何親？吾不放此公。’敏元曰：‘此公窮老，神祇尚當哀之。’”

2723 此家　《魏志·杜畿傳》：“張時謂畿曰：‘此家疎誕，不中功曹。’”《吴志·朱然傳》：“征祖中獻捷，權曰：‘此家前初有表，孤以爲難，今果如其言。’”又《漢書·外戚傳》：“是家輕族人，得無不敢？”《後漢書·皇后紀》：“是家志不好樂，雖來無歡。”“是家”、“此家”，皆猶言此人。

2724 大家　杜荀鶴詩：“百歲此中如且健，大家閑作卧雲翁。”《摭遺》載唐人《梅花》詩：“憑仗高樓莫吹笛，大家留取倚欄看。”按：《葉水心集·募修路疏》：“欲向這裏做些方便，須是駄家發大慈悲。”駄家，卽大家，隨其方音借字。

2725 渠①　《古焦仲卿妻》詩：“雖與府吏要，渠會總無緣。”白居易詩：“憐渠已自解詩章。”蘇軾詩：“於菟駿猛不類渠。”《集韻》作“倮”，訓曰“吴人呼彼之稱”。

2726 你②　字本作“伱”，又或作“伲”。《廣韻》：“秦人呼旁人之稱。”《北史·李密傳》：“宇文化及瞋目大言曰：‘與你論相殺事，何須作書傳雅語！’”“你”字初見于史。《藝苑雌黄》：“唐時有‘遮莫你古時五帝，何如我今日三郎’之語。”羅隱《謁文宣王廟代答》詩：“吾今尚自披簑笠，你等何須讀典墳。”

2727 我儂③　《隋書》：“煬帝宫中喜效吴音，多有儂語。”樂府《子夜》等歌用“儂”字特多，若“郎來就儂嬉”、“郎唤儂底爲”之類。《湘山野録》載吴越王歌：“你輩見儂底歡喜，永在我儂心子裏。”程倚《悼賈島》詩：“馳譽超前輩，居官下我儂。”宋褧《江上歌》：“我儂一日還到驛，你儂何日到邕州。”按：吴俗自稱“我儂”，指他人亦曰“渠儂”。古《讀曲歌》“冥就他儂宿”，《孟珠曲》“莫持艷他儂”，隋煬帝詩“箇儂無賴是横波”。“他儂”、“箇儂”，猶之云渠儂也，元好問有“大是渠儂被眼謾”句。

---

① 黄侃：卽“嗎”字。本只作“其”，作“迈”。
② 黄侃：卽“尒”字。
③ 黄侃：今變爲“你老”、“他老”，或云“你囊”、“他囊”。“我老”之稱則廑施於戲謔。

卷十九 神鬼

2728 神道設教 出《易·觀卦》。

2729 聰明正直爲神 《左傳·莊三十二年》："史嚚曰：'神，聰明正直而壹者也。'"

2730 敬之如神明 又《襄十四年》："民奉其君，愛之如父母，仰之如日月，敬之如神明，畏之如雷霆。"《荀子·彊國篇》《韓詩外傳》皆作"親之如父母，畏之如神明"。

2731 舉頭三尺有神明 徐鉉語，見《南唐書》。

2732 善神相逢，惡神遠去 《史記·秦始皇紀》："始皇夢與海神戰，問占夢博士，曰：'有惡神，當除去，而善神可致。'"按：今語云云，本此。

2733 山神伎倆有限 《傳燈錄》道樹曰："野神多作伎倆，眩惑于人。只消老僧不見不聞，伊伎倆有窮，吾不見不聞無盡。"蘇軾詩："寄語山神停伎倆，不聞不見我何窮。"

2734 若有神助 《論衡·命祿篇》："富貴若有神助，貧賤若有鬼禍。"

2735 如神 《列子·黄帝篇》："有巫自齊來，知人死生、存亡、禍福，期以歲、月、旬、日，如神。"《漢書·趙廣漢傳》："發姦擿伏如神。"《酷吏傳》："奄忽如神。"

2736 戲弄神祇 《後漢書·隗囂傳》："反戾飾文，以爲祥瑞。戲弄神祇，歌頌禍殃。"

2737 求神拜鬼 王建樂府："三年不得消息，各自拜鬼求神。"

2738 神出鬼没 《黄石公兵略》："神出而鬼行。"

2739 鬼使神差 見高則誠《琵琶》曲，又見臧晉叔選本《張天師》《碧桃花》二曲。

2740 土偶誚木偶 《戰國策》："淄上有土偶人與桃梗相與語，桃梗曰：'子，西岸之土也，挺子爲人，至歲八月雨降，淄水至，則汝殘矣。'土偶曰：'吾西岸之土也，土則復西岸耳。子東國之桃梗，淄水至，流子而去，漂漂者將何如耳？'"

《史記·孟嘗君傳》作木偶人與土偶人語。

2741 上可陪玉皇大帝，下可陪悲田院乞兒　東坡自道語，見高文虎《蓼花洲閑録》。按：今諺有云"上與王公並坐，下與乞丐同眠"，本于此。

2742 生爲上柱國，死作閻羅王　韓擒虎語，見《隋書》本傳。

2743 玄天上帝　《周禮·大宗伯》："以禋祀昊天上帝。"司農注："昊天，天也；上帝，玄天也。"《典瑞》"旅上帝"注亦云："上帝，玄天。"今道家所奉玄天上帝，乃眞武神，與《周禮》注云别也。《元史·成宗紀》："大德七年，加封眞武爲元聖仁威玄天上帝。"

2744 三官　《後漢書·劉焉傳》注引《典略》："熹平時，漢中張角爲五斗米道，以符呪療病。其請禱之法，書病人姓氏，説服罪之意，作三通，其一上之天著山上，其一埋之地，其一沉之水，謂之三官手書，使病者家出五斗米以爲常。"按：此天地水三官造端之確據。謝氏《文海披沙》、郎氏《七修類稿》各以木金水臆説傅會道藏，謂三官俱周幽王諫臣，一曰唐宏，一曰葛雍，一曰周實，皆未有實徵也。其神之尊奉于世，由漢以來，蓋未嘗絶。《通志》有《三元醮儀》一卷，《宣和畫譜》："大歷中，周晦有《三官像》。"

2745 水府三官　《留青日札》："今稱水府三官者，起于僞唐保大中，上水府馬當，中水府采石，下水府金山，皆有王號，宋因加封爵祭告。"

2746 東嶽　吴澄《山嶽碑》："嶽者地祇，其祭壇而弗廟。五嶽四瀆總立廟，自拓拔氏始，唐乃各立廟于五嶽之麓。東嶽之徧于天下，則肇于宋之中葉。"

2747 東嶽乞壽　《後漢書·方術傳》："許峻自言：'少嘗篤病，三年不愈，乃謁泰山請命。'"《集異記》："貞元初，李納病篤，遣押衙王祐禱于岱嶽。"按：據此則漢唐皆有其俗。《孝經援神契》言："泰山，天帝之孫也。主召人魂，故世以人生修短，東嶽得以主之，而死則歸魂于此。"古《怨詩》："人間樂未央，忽然歸東嶽。"應璩《百一詩》："年命在桑榆，東嶽與我期。"均本于《援神契》也。

2748 炳靈公　《文獻通攷》："後唐長興三年，詔以泰山三郎爲威雄將軍。宋大中祥符元年，加封炳靈公。"按：後世傳炳靈公爲東嶽之子，據此則非妄説。《魏書·段承根傳》："父暉，師事歐陽湯，有一童子與暉同志。後二年辭歸，從暉請馬，暉戲作木馬與之。童子甚悦，謝曰：'吾泰山府君子，奉敕游學，今將歸，損[①]子厚贈。'言訖，乘馬騰空而去。"是東嶽之有子見自正史，愈若可信。

2749 碧霞元君　《山東考古録》："世人多以碧霞元君爲泰山之女。後之文

① "損"當爲"煩"，見《魏書·段承根傳》。

人知其説不經，曲引黄帝遣玉女事以附會之。不知當日所以褒封，固眞以爲泰山女也。封號雖自宋時，而泰山女説，西晉前已有之。”張華《博物志》：“太公望爲灌壇令，朞年，風不鳴條。文王夢見一婦人當道而哭，問其故，曰：‘我東海泰山女，嫁爲西海婦，欲東歸，灌壇令當吾道，令有德，吾不敢以暴風過也。’明日，文王召太公歸，已而果有驟雨疾風去者。”泰山女，蓋卽傳于此事。

2750 太歲 《論衡·難歲篇》：“工技之説移徙：‘抵太歲，凶；負太歲，亦凶。’”太歲之有禁忌久矣，其祀典定於明。《餘冬序錄》：“國初肇祀太歲，禮官雜議，因及陰陽家説，十二月將，十二時所值神名，謂非經見，唐宋不載祀典，惟元時每月大興作。祭太歲、月將、日直于太史院，太祖乃定祭于山川壇之正殿，而以春夏秋冬四時月將分祀兩廡。”

2751 太歲方動土 岳珂《桯史》：“建隆三年五月，詔增修大內，時太歲在戌，司天監以興作之禁，毋繕西北隅。藝祖曰：‘東家之西，卽西家之東，太歲果何居焉？使二家皆作，歲將誰凶？’于是卽日涖撤一新之。”《贊寧傳載略》：“吳越時人董表儀，欲撤屋掘土。陰陽家言太歲居此方，不可具工。旣而掘深三尺許，得一肉塊，人言卽太歲也。董投之河，後亦無禍。”《廣異記》：“晁良貞性剛，不怖鬼神，嘗掘太歲地，見一白物，鞭之數百，送通衢，夜使人陰聽之。三更後，車騎甚衆，問：‘太歲何故受此屈辱不讎報之？’太歲曰：‘彼正榮盛，無奈之何。’”

2752 城隍神 《集古錄》：“李陽冰《記》曰：‘城隍，祀典無之，吳越有爾。’”《困學紀聞》：“北齊慕容儼鎮郢城，城中先有神祠，俗號城隍神。則六朝已有之。”閻若璩《補訂》：“《隋·五行志》：‘梁武陵王紀祭城隍神，將烹牛，有赤蛇繞牛口。’紀與儼同時。《經籍志》：‘鮑至撰《南雍州記》。’《記》云：‘南陽城內見有蕭相國廟，相傳謂爲城隍神。’《記》文則《通典》引者。”

2753 土地 《孝經緯》：“社者，土地之神。土地闊不可盡祭，故封土爲社，以報功也。”《論衡·譏日篇》：“如土地之神，惡人擾動，雖擇日，何益哉？”按：今凡社神俱呼“土地”，惟塋旁所祀稱“后土”。丘濬《家禮儀節》曰：“温公《書儀》本《開元禮》，《家禮》本《書儀》。其喪禮，開塋域及窆與墓祭，俱祀后土。后土之稱，對皇天也，士庶家有似乎僭。《文公集》有《祀土地》文，今擬改后土氏，亦爲土地之神。”又《剪勝野聞》：“太祖嘗微行，與監生某入酒家飲。坐客滿案，惟供司土地几尚餘空。帝攜之地，曰：‘神姑讓我坐。’乃與生對席焉。秣陵人家因皆供司土神于地。”今到處多相沿此風也。

2754 土神 《太平御覽》引裴玄《新言》：“俗間有土公之神，云土不可動。今玄有五歲女孫，卒病。詣市卜，云犯土，乃卽依方治之，病率愈。然後知天下果有土神矣。"《齊民要術》載《祝麴》文曰："東方青帝土公，南方赤帝土公，西方白帝土公，北方黑帝土公，中央黄帝土公，主人某甲謹相祈請云云。"今祝土著所舉土神名號，尤繁夥焉。

2755 火祖　《漢書·五行志》："帝嚳時有祝融，堯時有閼伯氏，民賴其德，死則以爲火祖。"按：今恒言猶獨于火神稱祖。

2756 竈神　《月令》："孟夏祀竈。"《周禮》註："顓頊氏有子曰黎，祀爲竈神。"《淮南子·氾論訓》："炎帝作火，而死爲竈。"《莊子·達生篇》："竈有髻。"《音義》司馬彪云："髻，竈神著赤衣，狀如美女。"許慎《五經通義》謂："竈神姓蘇，名吉利。或云姓張，名單，字子郭。其婦姓王名摶頰，字卿忌。"《酉陽雜俎》謂："神名隗，一名壤子，有六女，皆名察洽。其屬神有天帝嬌孫、天帝大夫、硎上童子、突上紫官等。"按：諸説不同，未審孰是。流俗稱之曰"竈君"，或曰"竈王"。《戰國策》："復塗偵謂衛君曰：'昔日臣夢見竈君。'"唐李廓《鏡聽詞》曰："匣中取鏡辭竈王。"君與王，皆經道之，而竈君尤古。

2757 門神　《禮·祭法》："大夫三祀，門、行、族厲。"《王制》"大夫祭五祀"，謂司命、中霤、門、行、厲也。《喪大記》注"君釋菜"："以禮[①]禮門神。""門神"二字見此。今謂其左曰"門丞"，右曰"户尉"，葢本自道家書。《楓窗小牘》："靖康以前，汴中門神多翻樣，戴虎頭盔，而王公之門至以渾金飾之。"《月令廣義》："近畫門神爲將軍、朝官諸式，復加爵、鹿、蝠、囍、寶馬、瓶、鞍等狀，皆取美名，以迎祥祉。世俗沿傳，莫攷其何昉也。"

2758 壽星　《爾雅》："壽星，角亢也。"注云："數起角亢，列宿之長，故云壽星。"《史記·封禪書》："杜、亳有壽星祠。"《索隱》云："壽星，葢南極老人星也，祠之以祈福壽。"《宋史·禮志》："唐開元中，特置壽星壇，常以千秋節日祭之。"按：世俗畫壽星像，頭每甚長。據《南史·夷貊傳》："毗騫王身長丈二，頭長三尺，自古不死，號長頸王。"畫家意或因乎此，然則所畫乃毗騫王，非壽星矣。

2759 西王母　《爾雅》："觚竹、北户、西王母、日下，謂之四荒。"《大戴禮》："舜時西王母獻白玉琯。"按：西王母特海外國名，如後世八百媳婦之類，非神人也。《山海經》言"其狀如人，豹尾虎齒，蓬髮戴勝，是司天之厲及五殘"，神人之説乃自此起。然司災厲及五刑殘殺之氣，則亦非吉神也。惟《穆天子傳》言"天子觴西王母于瑶池之上"，西王母作謡，有"將子無死"句。又《吳越春秋·陰謀傳》："大夫種進九術，一曰尊天事鬼，以求其福。越王乃立東郊祭陽，名曰東皇

① "以禮"二字衍，見《禮記·喪大記》鄭玄注。

公;立西郊祭陰,名曰西王母。事之一年,國不被災。"由是祈福壽者循以爲習,設爲貴婦人像祀之。《酉陽雜俎》云:"西王母姓楊,名回,一名婉衿。"《集仙錄》云:"西王母者,九靈太妙龜山金母也,姓侯氏,三界十方女子之登仙得道者,咸隸焉。《山經》所云,乃王母之使,金方白虎之神,非王母眞形也。"其説似難深信。

2760 魁星 《癸辛雜志》:"太學先達歸齋,各有光齋之禮,狀元則送鍍金魁星杯柈一副。"《儼山外集》[①]:"天順癸未會試京邸,戲爲魁星圖,貼于座右,無何失去。時陸鼎儀寓友人温氏,出以爲翫,惘然問所從來,云:'昨日倚門,見一兒持此,以果易之。'予默以爲吾二人得失之兆矣。"按:雜説中載魁星事,所見惟此二條。但以爲儀設圖玩,未嘗祀之也。魁特北斗之首,古人凡首皆謂之魁。《夏書》"殲厥渠魁"、《曲禮[②]》"不爲魁"、《史[③]·游俠傳》"閭里之俠原涉爲魁",均非美辭。而以字形肖像,直指爲鬼,且覺褻瀆之甚。顧寧人《日知錄》言"魁"當"奎"之訛,"奎爲文章之府,文士宜祀",亦屬調停説耳。今祠觀中多祀其像,漸及學宫,不知何時所起。

2761 文昌梓潼君 《明一統志》:"梓潼神姓張,名亞,字惡子。其先越嶲人,徙居梓潼縣之七曲山。自秦伐蜀,世著靈異。宋建炎以來,累封仁文聖武孝德忠文王。"按:"張惡子"見崔鴻《後秦錄》,其言曰:"姚萇至梓潼嶺,見一神人,謂之曰:'君早還秦,秦無主,其在君乎?'萇請其姓名,曰:'張惡子也。'及萇稱帝,卽其地立張相公廟祀之。"唐李商隱有《張惡子廟》詩,孫樵有《祭梓潼神君》文,莫或言其主文。《北夢瑣言》作"張蝁子",謂:"本嶲州張生所養蛇,因而祠之。僞蜀王建世子元膺蛇相兇惡,竟以作逆伏誅。誅之夕,梓潼廟祝亟爲蝁子所責,云:'我久不在山[④],何以致廟宇荒穢如是?'由是蜀人乃知元膺爲廟蛇之精矣。"依其説,則其神尤無足重。近人知其不合,乃援詩所云"張仲"傅之。傅之無因,則更造十七世語,以張仲、張亞爲一人而轉世。鄙誕至此,顧足爲文學士所信奉耶?愚謂文昌神與梓潼神别,非張亞亦非張仲,蓋漢蜀文翁也。《蜀志·秦宓傳》云:"蜀本無學士,文翁遣相如東受七經,還教吏民,于是蜀學比于齊魯,漢家得士,盛于其世。夫能移風易俗,非禮所秩有益于世者乎?宜立祠堂。"又云:"蜀有汶阜之山,江水出焉,帝以會昌,神以建福。"世俗流傳斯語,輾轉糾合,以

---

① "《儼山外集》"當爲"《菽園雜記》",見陸容《菽園雜記》卷二。
② "曲禮"當爲"檀弓",見《礼记·檀弓上》。
③ "史"當爲"漢書",見《漢書·游俠傳》。
④ "我久不在山",《太平廣記》卷四五八作"我久在川,今始方歸"。

“帝以會昌”之語合文翁之姓，以“神以建福”之語合祠堂之事，更以創禮殿圖之梓潼文君牽與文翁爲一人，是以號之曰“文昌梓潼帝君”。學官自文翁修起成都，漢武因之，令天下郡國皆立學校，其制得不絶至今，文翁固不愧斯文主也。

2762 張仙　陸深《金臺紀聞》：“世所傳張仙像，乃蜀王孟昶《挾彈圖》也。蜀亡，花蕊夫人入宋宫，念其故主，偶攜此圖懸于壁，且祀之謹。太祖幸而見之，致詰焉，詭曰：‘此我蜀中張仙神，祀之令人有子。’非實有所謂張仙也。蜀人劉希向余如此説。”郎瑛《七修類稿》：“張仙名遠霄，五代時遊青城山得道者。蘇老泉曾夢之，挾二彈，以爲誕子之兆。老泉奉之，果得軾、轍，有《贊》見集中。人但謂花蘂假託，不知眞有張仙也。”按：二説互異，陸氏但得傳言，郎氏略有徵據。高青丘有《謝海雪道人贈張仙畫像》詩，亦云“蘇老泉嘗禱而得二子”。孟昶曾屢入朝，太祖寧不辨其貌而爲花蘂所紿耶？二説中，郎説爲長。

2763 天妃　潛説友《臨安志》：“神爲五代時閩王統軍兵馬使林願第六女，能乘席度海，雲游島嶼，人呼龍女。宋雍熙四年，昇化湄洲，後常衣朱衣飛翻海上，土人祠之。宣和中，路允迪使高麗，中流震風，七舟俱溺，獨路所乘，神降于檣，無恙。使還奏聞，特賜順濟廟號。紹興時，以郊典封靈惠夫人。淳熙朝，易爵以妃。”《元史·祭祀志》：“南海女神靈惠夫人，以護海運有奇應，加封天妃。”按：國朝康熙二十二年，以助克澎湖，又加封天后，編列祀典。

2764 金龍四大王　《金龍山聖蹟記》：“謝公緒，會稽諸生，居錢塘安溪，宋謝太后姪也。三宫北行，公投苕溪死，門人葬其鄉之金龍山。明太祖吕梁之捷，神顯靈助焉，遂勅封金龍四大王，立廟黄河之上。其後擁護漕河，往來粮艘，惟神是賴。”邵遠平《戒山文存》：“神父司徒公仲武生四子，紀、綱、統、緒，神居季，故號四大王。”

2765 祠山張大帝　《能改齋漫録》：“張王本前漢烏程横山人，始于長興順靈鄉發迹，役陰兵導流，欲抵廣德。先時與夫人李氏期，每餉必鳴鼓三聲，當自至，毋令夫人至開河所。後鼓爲烏啄，王詣鼓壇，知其悮。逡巡夫人鳴鼓，復爲悮而不至。夫人遂詣河所，見王爲大豬，驅陰兵開鑿河瀆。王變形未及，耻之，遂避跡于横山之頂。居民思而立廟于山西南隅，夫人至縣東二里而化，人亦立廟。”《留青日札》：“武當人張秉遇仙女，謂曰：‘帝以君功在吳分，故遣我爲配，生子以王其地。’且約逾年再會。至期，女抱子歸秉，其子名渤，後爲祠山神也。”《田家雜占》：“二月八日爲張大帝生辰，前後必有風雨，俗號‘接客風、送客雨’，極驗。”

2766 二郎神　《朱子語録》：“蜀中灌口二郎廟，當時是李冰因開離堆有功，立廟。今來現許多靈怪，乃是他第二兒子。初間封爲王，後來徽宗好道，謂他是甚麽眞君，遂改封眞君。向張魏公用兵，禱其廟，夜夢神語云：'我向爲王，有血食之奉，故威福得行。今爲眞君，號雖尊，凡祭我以素食，故無威福，須復封我爲王。'魏公遂乞復其封。不知魏公是有此夢，還復一時用兵，託爲此説。"按：今二郎神所在多奉，而俗以演義之謬，謂神姓名曰"楊戩"，讀此爽然。

2767 劉猛將軍 汪沆《識小録》："相傳神劉鋭即宋將劉錡弟，歿而爲神，驅蝗江淮間有功。本朝雍正十二年，詔有司歲冬至後第三戊日及正月十三日致祭。"

2768 千勝將軍 陳善《杭州志》："張巡子亞夫，以巡死國，拜金吾大將軍。巡守睢陽時，善出奇敗賊，亦名千勝將軍，宋時祔祀汴都巡廟。南渡後，杭人别祠新安坊橋。"按：亞夫拜金吾大將軍，見《新唐書》。而李翰《進巡傳表》曰："亞夫雖受一官，不免饑寒之患。江淮既巡所得，宜封以百户。"蓋其初沮時議，詔恤甚薄，自翰等議定而始有金吾之拜也。

2769 鐵四太尉 《淩柘軒集》有《吳山東嶽廟化鐵四太尉疏》，言四神皆膺侯爵，"一曰靈應，二曰福祐，三曰忠正，四曰順佑"。今杭人但呼之曰"鐵哥哥"。

2770 十王 《法苑珠林》："閻羅王者，昔爲沙毗國王，常與維陀如生王戰，兵力不敵，因立誓願爲地獄主。臣佐十八人悉忿懟，同誓曰：'後當奉助治此罪人。'十八人卽主領十八地獄也。"又引《閻羅王五天使者經》："人死當墮地獄，則主者持行白閻羅王，具其善惡，閻羅王爲現五使者而問言。"按：如所言，閻羅原只一人，治事分現，則爲五人，其僚佐則十八人。今釋子云十殿閻羅，無一可合。《睽車志》："張叔言判冥鬼有十人，而十人内兩是婦人。"《翻譯名義》亦云："閻羅一名琰魔，此云雙王，其兄及妹皆作地獄主，兄治男事，妹治女事，故曰'雙王'。"而今所畫十王並無女像，轉輪王王一四天下，非主冥道，今概列十王中。彼教之説，已難莊論。而世之談彼教者，更非其本教矣。

2771 見閻王 《朝野僉載》："崔泰之《哭李嶠》詩曰：'魂隨司命鬼，魄逐見閻王。'"《五燈會元》淨曇偈曰："五十六年成話欛，今朝死去見閻王。"

2772 四金剛 《長阿含經》："東方天王，名多羅吒，領乾闥婆，及毗舍闍神將，護弗婆提人。南方天王，名毗琉璃，領鳩槃茶，及薜荔神，護閻浮提人。西方天王，名毗留博叉，領一切諸龍，及富單那，護瞿耶尼人。北方天王，名毗沙門，領夜叉羅刹將，護鬱單越人。"按：此卽四金剛也。謂之金剛，因所執杵以號之也。《婆沙論》："四天王身長一拘盧舍四分之一。"西國以五百弓爲拘盧舍，八尺爲弓，蓋其長百丈。故今凡塑天王，皆特長大。然彼又云："三十三天身長半拘盧舍，帝釋身長一拘盧舍。"而今作諸天帝釋像，仍只尋常，何也？

2773 韋馱　《翻釋名義》:"韋馱是符檄,用徵召也,與今所稱護法韋馱無涉。其護法者,蓋跋闍羅波膩。跋闍羅,此云金剛;波膩,此云手。其手執金剛杵,因以立名。"《正法念經》:"昔有國夫人生千子,試當來成佛之次,至樓至,當第千籌。其第二夫人生二子,一願爲梵王,請千兄轉法輪;次願爲密跡金剛神,護千兄教法。今因狀其像于伽藍之門。"

2774 王靈官　《明史·禮志》:"隆恩眞君者,玉樞火府天將王靈官也。宋徽宗時,嘗從薩守堅傳符法。永樂中,以道士周思得能傳靈官之法,乃于禁城西建天將廟。宣德中,改封眞君。"按:靈官受法薩守堅,薩復受法于林靈素,而林乃一詩弈道士耳。

2775 鍾馗　沈括《補筆談》載唐人《題吳道子畫鍾馗記》略云:"明皇夢二鬼,一大、一小。小者竊太眞紫香囊及上玉笛,繞殿而奔。大者捉其小者,擘而啖之。上問:'爾何人?'奏云:'臣鍾馗,卽武舉不捷之士也,誓與陛下除天下之妖孽。'"《五代史·吳越世家》:"歲除,畫工獻《鍾馗擊鬼圖》。"按:鍾馗,與《攷工記》云"終葵"者通,其字反切爲"椎"。椎以擊邪,故借其意以爲圖象。明皇之說,未爲實也。

2776 天聾地啞　王逵《蠡海錄》:"梓潼文昌君從者曰'天聾地啞',蓋不欲人之聰明用盡,故假聾啞以寓意,夫天地豈可以聾啞哉?"

2777 龜蛇二將　《酉陽雜俎》:"太和中,朱道士者遊廬山,見澗石間蟠蛇如堆錦,俄變巨龜。訪之山叟,云是眞武現。"《靈應錄》:"沈仲霄子于竹林見蛇纏一龜,將鋤擊殺之。其家數十口,旬日内相次而殞。有識者曰:'玄武神也。'"《雲麓漫鈔》:"玄武本北方之神,祥符間避諱改眞武。後興醴泉觀,得龜蛇,道士以爲眞武現,自後奉事益嚴。其繪像披髮、黑衣、仗劍、踏龜蛇,從者執黑旗焉。"按諸說,則龜蛇卽眞武所化現,不特爲從將也。

2778 和合二聖　《游覽志餘》:"和合神卽萬回哥哥。"按:《太平廣記》引《談賓錄》及《兩京記》:"萬回姓張氏,弘農閿鄉人也。其兄戍役安西,父母遣其問訊,朝齎所備往,夕返其家。弘農抵安西萬餘里,因號'萬回'。"今和合以二神並祀,而萬回僅一人,不可以當之矣。國朝雍正十一年封天台寒山大士爲和聖,拾得大士爲合聖。

2779 利市仙官　夏文彦《圖繪寶鑑》:"宋嘉禾好爲利市仙官,骨格態度,俗工莫及。"仙官之畫爲宰官身久矣。元虞裕《談撰》謂:"江湖間多祀一姥,曰'利市婆官',或言'利市波'乃神所居地名,非婆也。"此或其一方所見有然。

2780 牀公牀婆　曾三異《同話錄》:"崔大雅在翰苑,夜直玉堂,忽降旨令撰祭牀婆子文。惘然不知格式，邀周丞相問之，云：'亦有故事，但如常式：皇帝遣某人致祭於牀婆子之神曰：汝司牀簣云云。'"按：此但言"牀婆"，未及"牀公"。逮閱楊循吉詩有云"買餳迎竈帝，酌水祀牀公"，知"牀公"亦已爲宋世所祀。

2781 紫姑 《顯異錄》："紫姑萊陽人，姓何名媚，字麗卿，壽陽李景納爲妾。爲大婦曹氏所嫉，正月十五夜，陰殺之厠間。上帝憫之，命爲厠神。故世人以其日作其形于厠間，迎祝以占衆事。"按：俗呼爲"坑三姑"，三之行次，未見所出。

2782 馬明王 《原化傳拾遺》："蠶女當高辛時，舊蹟在蜀廣漢，不知姓氏。其父爲人所掠，母誓于衆曰：'有得父還者，以女嫁之。'衆莫應，惟素所乘馬聞言絶拘絆去。數日，父乃乘馬歸。母白之故，父曰：'安有人而偶非類乎？'馬跑，父怒殺之，曝皮于庭。皮忽捲女飛去，栖于桑間，化爲蠶。一日，女乘雲駕此馬，謂父母曰：'太上以兒心不忘義，授以九宮仙嬪矣。'由是宮觀皆塑女像祈蠶，披馬皮，謂之馬頭娘。"《七修類稿》："所謂馬頭娘，本《荀子·蠶賦》'身女好而頭馬首'一語附會，俗稱馬明王。"明王，乃神之通號，或作"鳴"，非。

2783 水草大王 《同話錄》："世傳水草大王爲金日磾。"

2784 三郎 《史記·秦始皇紀》："以罪過連逮少近三郎官①，無得立者。"《索隱》注："謂中郎、外郎、議②郎。"按：今吏胥家俱奉三郎之神，本此。

2785 五顯靈君 《水經·洛水》注："嵩麓有九山廟，廟有碑云：'九顯靈君者，太華之元子。'"按：今云"五顯"，疑屬"九顯"傳訛。

2786 五通神 《龍城錄》："柳州舊有鬼名五通，余始到，不之信。一日，偶發篋易衣，盡爲灰燼，乃爲文醮訴于帝。帝懇我心，遂爾龍城絶妖邪之怪。"《武林聞見錄》："嘉泰中，大理寺決一囚，數日見形獄吏云：'泰和樓五通神虚位，某欲充之，求一差檄，言差充某神位，得此爲據可矣。'如其言，經數月，人聞樓上五通神日夜喧鬨，吏乃泄前事，爲增塑一像，遂寂然。"按：今委巷荒墟多建矮屋，繪版作五神像祀之，謂之五聖。《留青日札》云："卽五通神也。或者謂明太祖定天下，封功臣，夢陣亡兵卒千萬請恤，太祖許以五人爲伍，處處血食，乃命江南家立尺五小廟，俗稱爲五聖堂。"依其説，則"五聖"與"五通"蓋不同矣。

2787 樹頭五聖 《周禮·大司徒》注③："野無社主者，不立壇壝，但依其野所宜樹木以棲田神。"按：今謂野中大樹皆有神棲止，稱曰"樹頭五聖"。"五聖"

① "近三郎官"當爲"近官三郎"，見《史記·秦始皇本紀》。
② "議"當爲"散"，見《史記·秦始皇本紀》司馬貞索隱。
③ 所引出自毛奇齡《西河集》卷一一八《野樹神錄》。

之號,俗人所率加也。樹頭之神,固言禮者所必及也,《水經·漸江水》註:"山陰有大樹神廟。"

2788 魚花五聖　《管子·輕重篇》:"立五厲之祭,祭堯之五吏,春獻蘭,秋斂落;原魚以爲脯,鯢以爲殽,若此,則澤魚之征,百倍異日。"按:今所謂"魚花五聖",源于此。

2789 五道將軍　《三國典畧》:"崔季舒未遇害,其妻晝魘云:'見人長一丈,徧體黑毛,欲來逼己。'巫曰:'此是五道將軍,入宅者不祥。'"《留青日札》:"今謂五道將軍,盜神也。余意出于《莊子·胠篋篇》:'妄意室中之藏,聖也;先入,勇也;後出,義也;知可否,智也;分均,仁也。'是五者,豈所謂五道耶?"

2790 神君　《史記·封禪書》:"上求神君,舍之上林中蹏氏觀。神君者,長陵女子,以子死,見神于先後宛若。宛若祠之其室,民多往祠。平原君亦往祠,其後子孫以尊顯。及上卽位,則厚禮置祠之内中。聞其言,不見其人云。"《留青日札》:"今淫祠凡稱神君者,起此。"

2791 神將　《封禪書》:"八神將自古有之,或曰太公以來作之齊[①]。"

2792 明王　《北魏書·地形志》:"東彭城郡渤海縣有東海明王神。"按:今社神封號概曰"明王",已見于此。

2793 六丁　《後漢書·梁節王傳》:"從官卞忌,自言能使六丁。"注曰:"六丁,謂六甲中丁神也。若甲子旬中則丁卯爲神、甲寅旬中則丁巳爲神之類也。役使之法,先齋戒,然後其神至,可使致遠方物及知吉凶也。"

2794 馬下　《漢書》:"高祖四年,梁巫祠房中堂上之屬,荆巫祠堂下之屬。"師古曰:"堂下,在堂之下。"按:《庚巳編》:"吳俗雜祀城隍土地諸神,别祀馬下,謂其神之從官也。"馬下,猶古所謂堂下。

2795 幽司錄事　《南史·沈僧昭傳》:"自云爲泰山錄事,幽司中有所收錄,必僧昭署名。俄復謂人曰:'吾昔爲幽司所使,實爲煩碎,今已自解。'乃開匣出黄紙書,上有一大字,字不可識。"按:近世有等妄人,自言爲活無常,情事類此。

2796 牛頭　《冥祥記》:"宋何澹之得病,見一鬼,形甚長壯,牛頭人身,手執鐵叉。沙門慧義曰:'此牛頭阿旁也。'"《傳燈錄》國清奉曰:"釋迦是牛頭獄卒,馬祖是馬面阿旁。"又《翻譯名義》:"頻那是猪首,夜迦是象鼻。"此謂二使者形狀如是,乃亦牛頭馬面之類。

2797 夜叉　《翻譯名義》:"夜叉,此云勇健,亦云暴惡,舊稱閱叉。"《西域記》

① "齊"字衍,見《史記·封禪書》。

云："藥叉之訛羅刹，此云速疾鬼，亦云暴惡，其女者則名囉叉斯。"

2798 鬼 張揖《博雅》："鬼，慧也。"揚雄《方言》："儇黠者，自關而東或謂之鬼。"按：今不獨關東然矣，《淮南・人間訓》："荆人鬼，越人機。"當從此解，彼注云"好鬼"，未是。

2799 小鬼 《左傳・文三[①]年》："夏父弗忌曰：'吾見新鬼大，故鬼小。'"《史記・封禪書》："杜主在秦中，最小鬼之神者。"《漢舊儀》："顓頊有三子，死而爲疫，一居人宫室區隅爲小鬼，善驚小兒。"

2800 小鬼頭 《揮麈後録》："王和父尹開封，有誣首人謀亂者，和父訊之，曰：'小鬼頭，没三思至此。'"《山居新語》："名妓曹秀娥，呼鮮于伯機爲伯機。鮮于佯怒曰：'小鬼頭，焉敢如此無禮？'"[②]

2801 窮鬼 《山海經》："恒山四成有窮鬼居之，各在一摶。"《韓昌黎集・送窮文》"三揖窮鬼而告之"，用此也。又張祜詩："鄉人笑我窮寒鬼，還似襄陽孟浩然。"焦贛《易林》："貧鬼守門，日破我盆。齟齟齧齧，貧鬼相責。"

2802 耗鬼 《説文》"魖"字解云："耗鬼也。"《文選・東京賦》"殘夔魖與罔像"，注亦引《説文》。又《集韻》有"魹"字，音與耗同。

2803 魔鬼 《南史・梁武帝紀》："同泰寺災，帝曰：'斯魔鬼也。'"

2804 彊鬼 《禮記・郊特牲》："鄉人裼。"鄭注："裼，彊鬼。"《周禮・司巫》疏引之云："彼逐疫厲之事，故以裼爲彊鬼。"

2805 死鬼 《晉書・李壽載記》："龔壯作詩七篇，託言應璩以諷壽。壽曰：'若今人所作，賢哲之話言也；古人所作，死鬼之常辭耳。'"

2806 醉鬼 《元氏掖庭記》："龍淑妃貪而且妬，百計千方致人苦楚，不能飲者，强令之飲，多至十椀，是名醉鬼。"又"酒鬼"，見楊維楨詩："金榼墮地非酒鬼，巾箱以驢行萬里。"

2807 獨脚鬼 陸游詩："波横吞舟魚，林嘯獨脚鬼。"

2808 無頭鬼 《後漢書・儀禮志》注："無頭鬼曰獝狂。"又《北史・樊子蓋傳》："臨終日，見斷頭鬼，前後重沓，爲之厲云。"

2809 毛手鬼 蘇軾《艾子雜説》："齊國有一毛手鬼，凡當爲相，必以手攌之，其人遂忘平生忠直，默默而已。"

2810 白日鬼 《游覽志餘》："宋時臨安，姦黠繁盛，有以僞易眞者，至以紙爲

---

① "三"當爲"二"，見《左傳・文公二年》。

② "山居新語"當爲"山居新話"，"秀娥"當爲"娥秀"，見《山居新話》卷二。

衣,以銅鉛爲銀,以土木爲香藥,變换如神,謂之白日鬼。"《七修類稿》:"浙江有賊曰白日鬼,多在舟船作禍。彼中人見凡誕謾者,亦指爲白日鬼(見宋劉跂《暇日録》)。今人不知所來,以空手得錢謂之'白入己',乃反以'鬼'字爲訛。"

2811 地頭鬼　見馬致遠《青衫泪》劇。

2812 鬼市　《唐書·西域傳》:"西海有市,貿易不相見,各置直物于旁,名鬼市。"《避暑録話》①:"海邊鬼市,半夜而合,雞鳴而散。"《歲時記》:"務本坊西門鬼市,或風雨曛晦,皆聞其嘯聚之聲。"施肩吾詩:"腥臊海邊多鬼市,島夷居處無鄉里。"

2813 鬼兵　《晉書·王羲之傳》:"孫恩攻會稽,凝之語將佐曰:'吾已請大道鬼兵相助,賊自破矣。'"《北史·齊武成紀》:"河清三年,晉陽訛言有鬼兵,百姓競擊銅鐵捍之。"《蜀檮杌》:"太倉軍使徐瑶善格鬬,其兵皆文身黧黑,稱爲鬼兵,瑶爲鬼魁。"

2814 鬼火　王逸《九思》:"神光兮熲熲,鬼火兮熒熒。"《淮南子》注:"兵死之血爲鬼火。"

2815 鬼門關　《文選》注引《海東經》:"東海有山曰度索,名曰鬼門,萬鬼所聚。"《唐書·地理志》:"容州北流縣南有兩石相對,遷謫至此者,罕得生還,俗號鬼門關。諺曰:'鬼門關,十人去,九不還。'"李德裕詩:"崖州在何處,生度鬼門關。"②

2816 鬼畫符　元好問詩:"真書不入今人眼,兒輩從教鬼畫符。"

2817 鬼打墻　《易林》:"衆鬼瓦聚,中有大怪。"按:俗云"打墻",因"瓦聚"文小變。

2818 爲鬼爲蜮　見《詩·小雅》。又《子華子·晏子篇》:"極其回邪,如鬼如蜮。"《唐書·魏徵傳》:"人漸澆詭,不復還樸,爲鬼爲蜮,安得而化哉!"

2819 是中有鬼　歐陽玄《睽車志》:"梅侍讀晚年躁于禄位,而病足,常撫其足而詈之曰:'是中有鬼,令我不得至兩府者,汝也。'"

2820 冷如鬼手　《世説》:"王朗之雪中詣王螭,持其臂。螭撥手曰:'冷如鬼手馨,彊來捉人臂。'"

2821 難見如鬼　《戰國策》蘇秦曰:"楚謁者難見如鬼。"

2822 人不知,鬼不見　《墨子·耕柱篇》:"巫馬子謂墨子之爲義也,人不見

---

① "《避暑録話》"當爲"《避暑漫抄》"或"《番禺雜記》",見陶宗儀《説郛》卷三九上、卷六一下。

② 《全唐詩》卷一二一作"杨炎《流崖州至鬼門關作》"。

而貴，鬼不見而富。”元人《争報恩》《冤家債主》等曲俱有“人不知，鬼不覺”語。

2823 白日見鬼 《老學菴筆記》載元豐時二十四曹語“工屯虞水，白日見鬼”。按：謂工曹簡寂甚也。《桯史》：“劉改之填詞，有云‘被香山居士，約林和靖，與蘇公等，駕勒吾回’。飲間出示珂，珂曰：‘句固佳，然恨無刀圭藥療君白日見鬼證耳。’”

2824 時衰鬼弄人 杜荀鶴詩：“勢敗奴欺主，時衰鬼弄人。”①

2825 有錢可使鬼 魯褒《錢神論》：“諺曰：‘錢無耳，可使鬼。’凡今之人，惟錢而已。”一本又引“諺曰‘有錢可使鬼’，而況于人乎？”《幽求子》：“可以使鬼者，錢也；可以使人者，權也。”按：黄庭堅詩“既無使鬼錢，又無封侯骨”，劉克莊詩“垂橐何須使鬼兄”，沈周《咏錢》詩“有堪使鬼原非謬”，如是用者不一。

2826 使鬼推磨 《幽明録》：“有新死鬼，形疲瘦，忽見生時友人，死及二十年而肥健，問曰：‘卿那得爾？’友鬼曰：‘但爲人作怪，人必怖，當與卿食。’新鬼往一家，西廂有磨，就捱之，如生人捱法。家主語子弟曰：‘神憐吾家貧，令鬼推磨。’乃輦麥益之，至夕磨數斛，疲頓乃去，駡友鬼曰：‘卿何誑我？’”《治世餘聞》：“弘治乙卯，有代貴官子弟入試高第者，時人詩曰：‘有錢買得鬼推磨，無力却教人頂缸。’”②

2827 人作千年調，鬼見拍手笑 《雞肋編》載北宋俚語云云。又《雲溪友議》：“朗公梵志詩：‘世無百年人，擬作千年調。打鐵作門限，鬼見拍手笑。’”陳無已詩“早作千年調”、“一生也作千年調”，俱用之。

2828 白日無談人，昏夜無説鬼 《龍城録》引諺語：“白日無談人，談人則害生。昏夜無説鬼，説鬼則怪至。”《全唐詩》集末卷收載。

2829 牡丹花下死，做鬼也風流 見《元曲選》曾瑞卿《留鞋》劇，又李好古《張生煑海》云：“牡丹花下鬼風流。”孫仲章《勘頭巾》云：“碧桃花下死，做鬼也風流。”

2830 肚皮裏懷鬼胎 見元人《抱粧盒》曲。

2831 鬼門上貼卦 見高則誠《琵琶曲》。

2832 閻羅王是鬼做 《五燈會元》智門光祚舉此語。

2833 死人身邊有活鬼 《豹隱紀談》引古俚語對偶見此句。

2834 做箇飽死鬼 《朝野僉載》：“婁師德有鄉人爲屯官犯贓，師德切責，將一楪饀餅與之曰：‘噇却作箇飽死鬼去。’”

2835 拾兔兒鬼 《睽車志》：“楊邁畋獵，見草中一兔，搏之無所得，如是者數

---

① 《老學庵筆記》卷四轉述杜荀鶴詩作“世亂奴欺主，年衰鬼弄人”。

② 此處《函海》本有：本此。

次，卽芟草求之，得兔骨一具，乃兔之鬼也。"按：俗謂撮空曰"拾兔兒鬼"，應本于此。

2836 説鬼　《避暑錄話》："子瞻在黄州及嶺表，談諧放蕩，有不能談者，則彊之説鬼。"

2837 見鬼　《莊子·達生篇》："桓公田于澤，管仲御，見鬼焉。"《論衡·解除篇》："病人困篤，則見鬼之至。"

2838 嚇鬼　《啓顔錄》："唐有方姓者，好矜門第。人謂豐邑公相何親，曰：'是再從伯父。'人大笑曰：'旣是方相姪兒，只堪嚇鬼。'"

2839 爲祟　《説文》："祟，神禍也。"《左傳》："晉侯有疾，卜曰：'實沈、臺駘爲祟。'""楚昭王有疾，卜曰：'河爲祟。'"《晉書》："羊聃疑殺郡人簡良，後遇疾，恒見簡良爲祟而死。"

2840 弄精魂　《朱子文集》："會得則活潑潑地，不會得時只是弄精魂。"《五燈會元》："溥藍問夏英公：'那箇是自家底？'公對以偈，藍曰：'也是弄精魂。'"

2841 成精作怪　見谷子敬《城南柳》劇。

2842 年老成精　見《首楞嚴經》。

2843 少所見，多所怪　《牟子》："少所見，多所怪。見槖駝，謂馬腫背。"

2844 見怪不怪，其怪自敗　《藝[1]文類聚》引《見異錄》："魏元忠未達時，家貧，獨一婢，方爨，有老猿爲看火，婢驚白公。公曰：'猿閔我闕僕，爲執爨耳。'又嘗呼蒼頭，未應，犬代呼之，公曰：'孝順狗也。'又獨坐，有羣鼠拱于前，公曰：'汝輩飢，求食于我耶？'乃飼之。又一夕夜半，有婦女數人立于牀前，公曰：'汝能徙我于堂下乎？'婦人竟舁堂下。曰：'可復徙堂中乎？'羣婦舁舊所。曰：'能徙我于街市乎？'羣婦再拜而去，曰：'此寬厚長者，可同常人玩之哉？'故語云云。"《五燈會元》法輪齊添師、金陵俞道婆俱嘗舉揚此語。

2845 抽籤[2]　《幸蜀記》："王衍禱張惡子廟，抽籤，得'逆天者殃'四字。"劍南詩自注："予出蜀日，遣僧乞籤于射洪陸使君祠，使君以老杜詩爲籤，予得《遣興》五首中第二首。"《朱子語類》謂："《易》爻辭如今籤解耳。"按：諸籤解最家諭户曉者，莫如關帝籤。據陸粲《庚巳編》："蘇州江東神行祠，在教場之側，以百籤決休咎，甚著靈異。記所知者數事：一長洲趙同魯乞得詩云'前三三與後三三'，一縣橋許氏得詩云'萬里鵬程君有分'，一周應良得詩云'巍巍獨步向雲间'，一

① "藝"當爲"事"，見《古今事文類聚》前集卷四八。
② 黄侃：卽"讖"也。

陶麟得詩云‘到頭萬事總成空’，一毛欽得詩云‘憶昔蘭房分半钗’。”凡此俱今關帝籤句也，陸氏謂其神姓石名固。然則此百籤，初不屬關帝，其移就未詳何時。

2846 結草 王宏《卜記》：“《楚辭》‘索藑茅以筳篿’，即今人結草折竹爲卜也。”《華陽國志》：“夷俗好徵巫鬼，投石結草，官常以盟詛要之。”

2847 擲筊[①] 韓愈《謁衡嶽廟》詩：“手持盃珓導我擲。”程大昌《演繁露》：“問卜于神，有器名盃珓，以兩蚌殼投空擲地，觀其俯仰，以斷休咎。後人以竹木畧斲削，使如蛤形，而中分爲二。”改字作“校”，或作“簽”，更誤作“筊”。按：《荆楚歲時記》：“秋分以牲祠社，擲簽于社神，以占來歲豐歉。”《石林燕語》：“高辛廟有竹桮筊，以仰爲陽筊，俯爲陰筊，一仰一俯爲聖筊。”則“簽”、“筊”字亦用之久矣。

2848 酌獻 《詩》：“君子有酒，酌言獻之。”《宋史・樂章》：“酌獻告神，禮以時舉。”范成大詩：“男兒酌獻女兒避，酹酒燒錢竈君喜。”按：今謂設樂供神曰“酌獻”，或云“祝獻”也。據經籍，“酌獻”爲是。

2849 牲頭祭 《周禮・夏官・小子》：“掌珥社稷。”鄭司農注：“珥，以牲頭祭也。”疏云：“漢時祈禱有牲頭祭。”按：《禮記・郊特牲》：“用牲于庭，升首于室。”謂既用全牲以祭，復登其首于北牖下也。今人只用牲頭，蓋沿珥祭之制。

2850 許賽牛羊 《晉書・藝術傳》：“庾亮病大困，戴祥占之曰：‘昔公于白石祠中祈福，許賽其羊，至今未解，故爲此鬼所苦。’亮曰：‘有之，君是神人也。’”《南史・王敬則傳》：“刧帥既出，敬則于郭下神廟中設酒會，曰：‘吾前啓神，神若擔負[②]，還神十牛，今不得違誓。’即殺十牛解神。”曰“許”、曰“還”，皆今俚語所承。

2851 迎會 王穉登《吳社編》：“凡神所棲舍，具威儀簫鼓雜戲迎之，曰會。富人有力者，捐金借騎以主其事，謂之會首。里豪市俠嘯召儔侶，亦曰會首。荒隅小市，不能爲會，各殫其才智，以俟大會併入之，曰助會。會所經行，市人之家張筵列炬，士女羅拜，曰接會。”按：此風今到處皆然，不特吳中也。《律例》“迎神賽會者杖”，詳《禁止司[③]巫邪術》條。

2852 朝山 《鹽鐵論》：“古者無出門之祭。今富者祈名嶽，望山川，椎牛擊鼓，戲倡舞像。”按：俗于遠處進香謂之“朝山”。據文，則此俗之興由于西漢。

2853 拜愿 《宣府志》：“市人于五月十三日爲父母妻子或己身疾病，具香紙

---

① 黄侃：正當作“教”，或即“爻”字，“筊”借字也。

② “神若擔負”當爲“若負誓”，見《南史・王敬則傳》。

③ “司”當爲“師”，見《大清律例》卷一六。

牲醴于城隍廟拜禱，自其家門，且行且拜，至廟乃止，謂之拜愿。”今各處皆沿其風。

2854 枷鎖愿　《夢粱録》：“東嶽聖誕，士庶答賽心悰，或專獻信香者，或答重囚帶枷鎖者，道路絡繹，無日無之。”

2855 神坐　《周禮·遂師》：“幄帟先。”註曰：“先張神坐也。”《儀禮·少牢饋食》：“設几于筵上。”注曰：“布陳神坐也。”《東觀餘論》：“近歲，有商于一耕夫得漢石刻數種，有云‘圈公神坐’、‘綺里季神坐’、‘角里先生神坐’，皆漢人隸書。”“神坐”之稱古矣。

2856 甲馬　《天香樓偶得》：“俗于紙上畫神佛像而祭賽之，謂之‘甲馬’，以此紙爲神佛憑依，似乎馬也。”《武林舊事》有“印馬作坊”。

2857 替代　《同話録》：“紙畫代人，未知起何時。今世禱禳者用之，板刻印染，肖男女之形，而無口。北方之俗，歲暮，則人畫一枚，于臈月廿四夜佩之于身，除夕焚之，謔詞有‘若還替得你，可知好裹’之語。”《閒窗括異志》載：“荆南都頭李遇病困，魂至陰司，方與一相識先死者語，忽又一人曰：‘追到李遇。’遇遂蘇，身下卧一畫人，號爲替代。”然則“替代”之來久矣。又《三國志·杜畿傳》注引《魏氏春秋》曰：“畿嘗見童子，謂之曰：‘司命使吾召子。’畿固請之，童子曰：‘今將爲君求相代者，君慎勿言。’言卒，不見。後二十年，畿乃言之，其日遂卒。”此又後世畫人無口所由來歟？

2858 送羹飯　《睽車志》：“有巫送鬼，自持咒前行，令一童擔羹飯。既行，童覺擔漸重，至不能任。巫曰：‘此冤鬼難送也。’”

2859 冥寶　《清異録》：“周世宗發引之日，金銀錢寶皆寓以形，雕印字文，黄曰泉臺上寶，白曰冥遊亞寶。”

2860 紙錢　《唐書·王璵傳》：“漢以來葬者皆有瘞錢，後世里俗稍以紙寓錢爲鬼事，至是璵乃用爲禳祓。”按：《法苑珠林》：“紙錢起于殷長史。”洪慶善《杜詩辨证》云：“齊東昏侯好鬼神之術，剪紙爲錢，以代束帛，至唐盛行其事。”王叡詩“紙錢灰出木棉花”、李山甫詩“可要行人贈紙錢”、徐凝詩“無人送與紙錢來”皆言之。邵康節春秋祭祀亦焚紙錢，程伊川問之，曰：“冥器之義也。脱有益，非孝子順孫之心乎？”宋王炎有《清明日先塋掛紙錢》詩。

2861 福　《穀梁傳·僖十年》：“祠致福于君。”《周禮·天官·膳夫》：“祭祀之致福者。”疏云：“諸臣祭家廟，祭訖，致胙肉于王，謂之致福。”《春官·大宗伯》：“脈膰之禮，親兄弟之國。”注云：“賜其肉，同福禄也。”按：今謂牲物曰“福禮”，分胙曰“散福”，本古人之言也。

卷二十 釋道

2862 卽心是佛 《傳燈錄》:"三祖問二祖:'何名佛法?'曰:'卽心是佛,卽心是法。'有僧問大梅:'見馬大師得箇什麽?'梅曰:'大師道卽心卽佛。'僧曰:'大師近又道非心非佛。'梅曰:'恁他非心非佛,我只管卽心卽佛。'"

2863 一佛出世 《隋書·經籍志》:"每一小刼,則一佛出世。"《南唐書·浮屠傳》:"淮北僧號小長老,自言慕化而來。後主大喜,謂之一佛出世。"李燾《宋長編》:"太祖嘗云:'朝廷除一舍人,六親喜溢,諺云一佛出世。'"

2864 見佛不拜 《五燈會元》:"性空妙普菴主結茅秀州,建炎初,荷策往見賊魁徐明,明欲斬之。爲文自祭,有云:'二十四臘,逍遥自在。逢人則喜,見佛不拜。'賊駭異,釋之。有僧問曰:'既見佛,爲甚不拜?'曰:'家無二主。'"

2865 揀佛燒香 寒山詩:"擇佛燒好香,揀僧歸供養。"按:下句亦卽揀僧布施之語。

2866 借花獻佛 《過現因果經》:"瞿夷寄二花于善慧仙入以獻佛。"按:元雜劇有"借花獻佛"語,"借"當是"寄"之訛。

2867 泥多佛大 《王荆公集·重游草堂寺詩》:"佛古但泥多。"李壁注云:"泥多佛大,俚語。"按:《傳燈錄》郢州徹嘗舉揚此語。

2868 佛頭放糞 《傳燈錄》:"崔相公入寺,見鳥雀于佛頭上放糞。問如會:'鳥雀還有佛性否?'曰:'有。'曰:'爲什麽向佛頭放糞?'會曰:'是。伊爲什麽不向鷂子頭上放?'"

2869 佛面上刮金 《湧幢小品》:"諺云'佛面上刮金',陋之也。嘉靖初,用工部侍郎趙璜奏,没入正德末所造諸寺繪鑄佛像,刮取金一千三十餘兩,正合諺語,可笑。"按:《祥冥記》:"貞觀二十年征龜兹,有薛孤訓者爲行軍倉曹,及屠龜兹後,乃于精舍剝佛面金。"是趙璜事,唐人有先爲之者。

2870 僧來看佛面　邢居實[1]《拊掌錄》:"趙閲道罷政閒居,每見僧,接之甚恭。有士人以書贄見,閽者不爲通,士人曰:'参政便直得如此敬重和尚?'閽者曰:'也半看佛面。'士人曰:'更那輟不得些少來看孔夫子面?'"

2871 抱佛脚　孟郊詩:"垂老抱佛脚,教妻讀《黄庭》。"劉攽《中山詩話》:"王丞相論沙門道,因曰:'投老欲依僧。'客遽對曰:'急則抱佛脚。'王曰:'投老欲依僧是古詩一句。'客亦曰:'急則抱佛脚是俗諺全語,上去投,下去脚,豈不的對?'王大笑。"張世南《宦遊紀聞》:"云南之南一番國,專尚釋教,有犯罪應誅者,捕之急,趨往寺中,抱佛脚悔過,便貰其罪。今諺云'閑時不燒香,急來抱佛脚',乃番僧之語,流于中國也。"

2872 佛在心頭坐,酒肉穿腸過　見《元曲選》吴昌齡《東坡夢》劇。

2873 見在佛,過去佛　《歸田錄》:"太祖初幸相國寺,至佛像前,問當拜否,僧録贊寧奏曰:'見在佛不拜過去佛。'上笑頷之,遂爲定制。"

2874 活佛　元韓邦靖詩:"更寵番僧取活佛,似欲清淨超西天。"按:二字入詩,僅見。

2875 歡喜佛　《留青日札》:"禁中自來有佛堂釋殿,嘉靖時議除去,命大學士李時、禮部尚書夏言入看。大善殿内有金銀鑄男女淫褻狀者,名曰歡喜佛。傳聞欲以教太子,慮其長于深宫不知人事也。十五年五月,夏言題請燬滅。"

2876 觀音像　《莊岳委談》:"今塑畫觀音者,無不作婦人相。攷《宣和畫譜》,唐宋名手寫觀音像甚多,俱不飾婦人冠服。《太平廣記》載一仕宦妻爲神所攝,因作觀音像奉焉,其妻尋夢一僧救之得甦。則唐以前塑像亦不作婦人也。宋小説載甄龍友《觀音偈》云:'巧笑倩兮,美目盼兮,彼美人兮,西方之人兮。'則宋時所塑,或已致訛。元僧譾陋無識,遂以爲妙莊王女,可一笑也。"按:楊慎《詞品》載壽厓《詠魚籃觀音》,有"窈窕豐姿都没賽,茜裙不把珠瓔蓋"之句,魚籃爲觀音變相,故作婦人。世俗不察,遂一承其相耳。

2877 大士　大士不特觀音,且不特文殊、普賢。《傳燈録》佛耶舍多謂鳩摩羅多:"昔世尊記曰:'吾滅後千年,有大士出現月氏,汝應斯運。"又:"懷海、普願、智藏同依馬祖,入室時,稱三大士。"則諸祖師俱得有"大士"稱。按:《韓詩外傳》:"孔子與子路、子貢、顔淵言志,謂子路曰:'勇士哉!'謂子貢曰:'辨士哉!'謂顔淵曰:'大士哉!'"《管子·法法篇》曰:"務[2]物之人,無大士焉。""大士"文本

---

① "邢居實",《説郛》卷三四作"元懷"。

② "務"當爲"矜",見《管子·法法》。

出儒傳，而爲釋氏所掠用也。

2878 菩薩 《翻譯名義》："菩薩本云菩提薩埵，大論釋云：'菩提，佛道也。薩埵，成衆生也。'天台解云：'用諸佛道以成就衆生，故名。'省其二字，乃云菩薩，經誦中或又作布薩。"

2879 羅漢 又："阿羅漢者，阿爲不，羅漢爲生，後世中更不生，故名。"按：依其說，則"阿"字定不當省去。

2880 善財 《華嚴經》："善財童子，歷参五十三員善知識，末後到彌勒閣。"按：善財于東洋紫竹林参觀世音，乃其第二十八参，特五十三員善知識之一。而度善財者，彌勒與文殊也，後人以五十三参俱附觀世音案中，何耶？

2881 三清 《明史・禮志》："佛生西方竺國。宗其教者，以本性爲法身，德業爲報身，并眞身爲三，其實人一耳。道家以老子爲師。朱子有云：'玉清元始天尊既非老子法身，上清靈寶道君又非老子報身，設有二像，又非與老子爲一，別自爲太清太上老君，蓋倣釋氏而又失之者也。'"

2882 元始天尊 晁氏《讀書志》："《度人經》三卷，元始天尊說。《唐志》有其目，古書也。道家云：'元始天尊，生于太元之先，姓樂，名静信，常存不滅。每天地開闢，則以秘道授諸仙，謂之開刼度人。'其學有授籙之法，名曰齋；有拜章之儀，名曰醮；又有符咒服餌及存想導引之方，烹錬變化之術，其類甚衆。"

2883 天師 《莊子・徐無鬼篇》："黄帝再拜稽首，稱天師而退。""天師"之名，昉此。《晉書・郗超傳》："愔事天師道，而超奉佛。"《殷仲堪傳》："少奉天師，精心事神。"所云"天師"，即道家張天師也。李膺《蜀記》："張道陵病瘧，于邱社中得咒鬼術書，遂解使鬼法，入雀鳴山，自稱天師。熹平末，爲蟒蛇所噏，子衡假設權方，以表靈化，生縻雀跡，置石崖頂。至光和二年，遣使告曰：'正月七日，天師昇元都。'于是衡爲係師，衡子魯爲嗣師。中平時，魯據漢中，與其弟角爲五斗米道以惑天下。"按：《王羲之傳》言王氏世事張氏五斗米道，可見晉時衣冠盛族多趨奉之，不特郗愔、殷仲堪也。自晉至宋，子孫二十餘傳，皆居龍虎山，世授其法。大中祥符時，始以王欽若言召見，賜號先生。元以來改號眞人，而世但沿其初稱，謂之"天師"。

2884 八仙 《王弇州集・題八仙圖後》云："八仙者鍾離、李、吕、張、藍、韓、曹、何也，不知其會所由起，亦不知其畫所由始。余所覩仙跡及圖史亦詳矣，凡元以前無一筆，而近如泠起敬、吴偉、杜堇稍有名者，亦未嘗及之。或庸妄畫工，合委巷叢俚之談，以是八公者，老則張，少則藍、韓，將則鍾離，書生則吕，貴則曹，病則李，婦女則何，爲各據一端作滑稽觀耶？八公可攷其七，獨李公者諸方外稗官皆不載，惟聞之乩。"《莊岳委談》："《通志》有《八仙圖》，又有《八仙傳》(注：唐江積撰)，則此目自唐時已有之。然或他有其人，未必是鍾、吕之儔。元人慶壽詞有鍾、吕、二韓等，知今世所繪八仙起于元世。"按：沈炯《林屋館碑》："淮南八仙之圖，瀨鄉九井之記。"所云八仙，卽八公也。《太平廣記》引《野人閑話》云："西蜀道士張素卿，神仙中人也。蜀主生日，或收得素卿所畫八仙眞形八幅，以獻孟昶。歡賞久之，賜物甚厚。八仙者，李己、容成、董仲舒、張道陵、嚴君平、李八百、范長壽、葛永璝。"黄氏《茅亭客話》及《圖畫見聞志》俱如此説，則古自别有八仙之目矣。元人雜劇如馬致遠《岳陽樓》、范子安《竹葉船》、谷子敬《城南柳》皆舉稱仙者八人，與世俗所繪符其七，惟無何仙姑、有徐仙翁殊耳。鐵拐李事，亦惟詳于岳百川劇，則其起于元世，又何疑焉？

2885 酒仙　杜甫《飲中八仙歌》："李白斗酒詩百篇，自稱臣是酒中仙。"

2886 睡仙　《神仙拾遺傳》："夏侯隱登山渡水，每閉目美睡，同行者聞其鼻鼾之聲，而步不差跌，時號睡仙。"

2887 半仙　《天寶遺事》："宫中寒食鞦韆，帝嘗呼爲半仙之戲。"《武林舊事》有"施半仙善弄泥丸"。

2888 仙風道骨　《宋名臣傳》："錢若水過華山，見陳摶，大加賞歎，以爲有仙風道骨。"

2889 俗眼不識神仙　薛用弱《集異記》："王昌齡、高適、王涣之共詣旗亭貰酒，密觀諸伶所謳若詩爲多。諸伶不喻其故，已詰其事，競拜曰：'俗眼不識神仙'。"

2890 一子成道，九族生天　見《元曲選·貨郎旦》劇。

2891 祖師　《春秋正義》："啖助曰：'三傳之義本皆口傳，後之學者乃著竹帛，而以祖師之目題之。"《漢書·外戚傳》："定陶丁姬，《易》祖師丁將軍之玄孫。"師古注曰："祖，始也。丁寬，《易》之始師。"按：今釋、道二家濫稱"祖師"，而儒家反不置口矣。

2892 本師　《史記·樂毅傳》："樂臣公學黄帝、老子，其本師號曰河上丈人。"

2893 道士　胡三省《通鑑》注："道家雖宗老子，而西漢以前未嘗以道士自名。至東漢始有張道陵、于吉等，是道與佛教皆起于東漢時。"趙與時《賓退錄》："《黄帝内傳》雖有道士行禮之文，但謂有道之士，非今之道士也。"按：《春秋繁露》云："古之道士有言：'將欲無陵，固守一德。'"蓋亦有道之士。

2894 道人　《漢書·京房傳》："道人始去，涌水爲災。"注云："道人，有道術之人也。"《地理志》:"代郡道人縣。"注云:"本有仙人遊其地,因以爲名。"《智度論》:"得道者名曰道人。"按:今以不簪薙而執役于釋道門者爲道人,非。

2895 火居道士 唐錦《夢餘錄》:"吴中呼道士之有室家者爲火居。宋太祖時,始禁道士不得蓄妻孥,前此皆有家室。"按:唐鄭熊《番禺雜志》云:"廣中僧有室家者,謂之火宅僧。""火居"之稱,猶此。

2896 貧道 《葉石林燕語》:"晉宋間佛教初行,未有僧稱,通曰道人,自稱則曰貧道。今以名相稱,蓋自唐已然,而貧道之名廢矣。"按:《世説新語》:"支道林嘗養數馬,曰:'貧道重其神駿。'"又:"竺法深答劉尹曰:'君自見其朱門,貧道如遊蓬户。'"《南史·荀伯子傳》:"釋慧英[1]答荀昶曰:'若非先見,貧道不能爲。若先見而答貧道,奴皆能爲。'"《北史·韓麒麟傳》:"法撫謂韓顯宗曰:'貧道生平以來,惟服郎耳。'"以上俱六朝時僧自稱"貧道"之證。《傳燈錄》所載唐世諸僧仍稱"貧道"爲多,李華撰《雲禪師碑》雲謂韋元輔,有"貧道檀像一龕,敬以相奉"語。石林謂唐改其稱,不盡然。今此稱亦不竟廢,但改屬之道士,不屬之僧耳。

2897 和尚 《晉書·佛圖澄傳》:"法常與法佐對車夜談,言及和尚。比旦佐入見澄,澄已知之。于是國人每相語曰:'莫起惡心,和尚知汝。'"按:此二字,見正史之始也。《魏書·釋老志》:"浮圖澄爲石勒所宗信,號爲大和尚。""大和尚"又始見此。《翻譯名義》:"和尚,外國名,漢言知有罪知無罪也。"

2898 師姑 《傳燈錄》:"有尼參保福從展。展問:'阿誰?'侍者報曰:'覺師姑。'"又:"五臺智通忽大悟曰:'師姑元是女人作。'"按:《廣異記》:"大歷時,某寺尼令婢往市買餅,見朱自勸,問云:'汝和尚好否?'又云:'聞汝和尚未挾纊,今附絹二疋與和尚作寒具。'婢承命,持絹授尼。"則唐時尼亦稱"和尚"。《雞肋編》云:"京師尼諱師姑,號女和尚。"有自來也。

2899 沙門 《後漢書·郊祀志》注:"沙門,漢言息心,削髮出家,絶情洗欲,而歸于無爲也。"《翻譯名義》:"此出家之都名也,秦言勤行。"

2900 闍黎 《寄歸傳》:"梵語阿遮黎耶,唐言執範,今稱訛畧。"

2901 頭陀 青藤山人《路史》:"頭陀,梵語也,元是杜多二字,轉音爲頭陀,華言抖擻也。言三毒之塵,坌于心胸,須振迅而落之也。"

2902 沙彌 《魏書·釋老志》:"爲沙門者,初修十誡,曰沙彌。"《善覺要覽》:"落髮後稱沙彌,華言爲息慈,謂得安息于慈悲之地也。或云初入佛法,多存俗情,故須息惡行慈也。"

---

① "英"當爲"琳",見《南史·荀伯子傳》。

2903 上人　《能改齋漫録》:"唐人多以僧爲上人,如杜子美'巳上人茅屋'是也。《增一阿含經》:'有能改過者爲上人。'《摩訶般若經》:'一心行阿耨菩提心不散亂,是名上人。'《十誦律》:'人有四種:一麄人,二濁人,三中間人,四上人。'"按:晉時稱釋子多曰道人,至鮑明遠始有《秋日示休上人》詩。

2904 師兄　《温公續詩話》:"惠崇詩每犯古人,或嘲之云:'不是師兄多犯古,古人詩句犯師兄。'"按:《五燈會元》:"寶壽稱譚空和尚師兄,空曰:'汝却與我作師兄。'"則"師兄"乃其同道中之稱耳。

2905 長老　《漢書·外戚傳》:"近世之事,語尚在長老之耳。"按:此爲凡年高者之通稱,而世俗但以呼僧之老者,習成不變,可嗤也。

2906 侍者　《國語》:"展禽曰:'夏父弗忌必有殃。'侍者曰:'若有殃,焉在?'"《漢書·外戚傳》有"侍者李平",《西域傳》有"侍者馮嫽"。按:此爲凡卑幼之通稱,世亦以專屬僧家。

2907 典座　《傳燈録》:"潙山在百丈會下作典座。"又令遵有"笊籬、木杓分付與典座"語。按:釋家云"典座",猶居士云"司廚"。凡寺院各僧,例分東西兩序,其職麄事者屬于東序,典座等是也。《五燈會元》雪峯在洞山爲飯頭,慶諸在潙山爲米頭,道匡在招慶爲桶頭,灌溪在末山爲園頭,紹遠在石門爲田頭,智通在潙山爲直歲,曉聰在云居爲燈頭,嵇山在投子爲柴頭,義懷在翠峯爲水頭,佛心在海印爲淨頭,此類皆東序職,而"典座"之名,尤著于俗。

2908 應赴僧　《禪宗記》:"禪僧衣褐,講僧衣紅,瑜珈僧衣葱白。瑜珈者,今應赴僧也。

2909 秃　《北齊書·文宣帝紀》:"晉陽有沙門,乍愚乍智,時人呼阿秃師。"《北夢瑣言》:"高駢謂開元寺十年後當有秃丁數千作亂。"《五燈會元》:"張無盡敘龍安末後句,雲菴罵曰:'此吐血秃丁,脱空妄語,不得信。'"《太平廣記》引《河東記》:"夜叉罵經行寺僧行蘊曰:'賊秃奴,何起妄想之心。'"《啓顔録》:"盧嘉言見三僧,戲曰:'阿師並不解摴蒱乎?'僧未喻,盧曰:'不聞俗語云:三箇秃,不敵一箇盧。'"按:此以"犢"、"秃"音近借戲。

2910 居士　《禮·玉藻》:"居士錦帶。"注謂:"道藝處士也。"《韓非子》:"齊有居士任[①]矞、華仕,不臣天子,不友諸侯。"《魏志·管寧傳》:"胡居士,賢者也。"按:居士,本于釋家無所涉,自《楞嚴經》以愛談名言、清淨自居爲居士,普門疏以多積財貨、居業豐厚爲居士,而釋子乃以之呼在家人。

① "任"當爲"狂",見《韓非子·外儲説右上》。

2911 信士 《金石文字記》:"漢《曹全碑》陰:義士某千,義士某五百。義士,蓋但出財之人。今人出財布施皆曰'信士'。宋太宗朝避御名,凡'義'字皆改爲'信',今之'信士'即漢碑所稱'義士'也。"

2912 檀越 《翻譯名義》:"檀那,唐言施主也。又稱檀越,檀,即施也。此人行施,則越貧窮海矣。"

2913 門徒 《册府元龜》:"唐開元二年制:百姓[1]家多以僧尼道士爲門徒,相與往還,妻子無所避忌,甚成敝俗。"《日知錄》:"今江南尚有門徒之稱,或云門眷。"按:《晉書·唐彬傳》:"東海閻德門徒甚衆,獨目彬爲廊廟材。"《北史·李密傳》:"師事國子助教包愷,愷門徒皆出其下。"《南史·宋文帝紀》:"上好儒雅,命何承天立史學,謝元立文學,各聚門徒。江左風俗,于斯爲盛。""門徒"本儒家正當之稱,僧道假之,遂成敝醜耳。

2914 外道人 《正法念經》:"沙門不得近一切戲論人、外道人。"《淨住子》:"有名無德者,外道也;有德無名者,佛道也。"

2915 方外 《莊子·大宗師》:"孔子曰:'彼,遊方之外者也;而丘,遊方之内者也。'"

2916 左道 《禮·王制》:"執左道以亂政,殺。"疏云:"地道尊右,右爲貴。《漢書》:'右賢左愚,右貴左賤。'故正道爲右,邪道爲左。"

2917 作佛事 《五代史·石昂傳》:"禁其家不可以佛事污吾先人。"《宋史·穆修傳》:"母死,不飯浮屠,不爲佛事。"《儒林公議》:"馬元居喪不爲佛事,但誦《孝經》而已。"《元史·文宗紀》:"至順元年,中書省言:'近歲帑廩空虚,其費有五:一曰作佛事。'"《順帝紀》:"至元二十二年,李士瞻疏時政二十條:一曰省佛事,以節浮費。"按:《元典章》皇慶元年旨云:"今後但做好事處,只與素茶飯。"所謂"好事",即佛事也。

2918 佛曲 《西河詩話》:"佛曲,在隋唐有之,不始金元。如唐樂府有《普光佛曲》《日光明佛曲》等八曲入婆陀調,《釋迦文佛曲》《妙華佛曲》等九曲入乞食調,《大妙至極曲》《解曲》入越調,《摩尼佛曲》入雙調,《蘇蜜七俱佛曲》《日騰光佛曲》入商調,《邪勒佛曲》入徵調,《婆羅樹佛曲》等四曲入羽調,《遷星佛曲》入般涉調,《提梵》入移風調。今吴門佛寺,猶能作梵樂,每唱佛曲,以笙笛逐之,名清樂,即其遺意。"按:《晉書·鳩摩羅什傳》:"天竺俗甚重文制,其宫商體韻,以入管弦爲善。凡覲國王,必有贊德,經中偈頌,皆其式也。"是佛曲可逐笙管,自

---

① "姓"當爲"官",見《册府元龜》卷一五九。

其未入中國,原有然矣。《樂府雜録》:"長慶中,講僧文叙善吟經,其聲宛暢,感動里人。樂工狀其念四聲觀世音菩薩,乃撰文叙子曲。"至是而佛經無不可吟,不獨偈頌然矣。《南唐書·浮屠傳》:"僧應之喜音律,嘗以讚禮之文寓諸樂譜,其聲少下,而終歸于梵音。讚念協律,自應之始。"此更以近俗樂譜參雜更改,以取悦衆聽矣。今吴門佛寺所作,求其爲應之遺聲,恐尚未合,詎能遠合于隋唐時佛曲耶?

2919 藏經　《隋書·經籍志》:"梁武帝于華林園中總集釋氏經典,凡五千四百卷。沙門寶唱撰《經目録》。"按:此是佛經有藏之始,《南史·姚察傳》遂有"讀一藏經"之説。

2920 度牒　《唐會要》:"天寶六載制:僧尼道士令祠部給牒。"《唐書·食貨志》:"安禄山反,楊國忠遣御史崔衆至太原,納錢度僧尼道士,旬日得百萬緡。明年,御史鄭叔清與宰相裴冕又議度僧道收貲。"按:此是鬻度牒之始。

2921 疏頭　《潛夫論·浮侈篇》:"裁好繒作疏頭,令工彩畫,顧人書祝,虚飾巧言,欲邀多福。"按:由是言可知"疏頭"之制,自漢有之。

2922 蘭盆會　《荆楚歲時記》:"七月十五日,僧尼道俗悉營盆作盂蘭盆會。"《唐六典》:"中尚署七月望日,進盂蘭盆。"楊炯有《盂蘭盆賦》。《翻譯名義》:"盂蘭,西域之語轉,本云烏藍,此翻救倒懸,盆是貯食之器。三藏云:'盆羅百味,式供三尊,仰大衆之恩光,救倒懸之倉急。'"

2923 鍊度　陸游《家訓》:"黄老之學,本于清淨自然,地獄天宫,何嘗言及?黄冠輩見僧獲利,從而效之,送魂登天,代天肆赦,謂之鍊度。可笑甚多,尤無足議。"

2924 功德　《説文》:"讄,禱也,累功德以求福也。"按:俗謂延僧祈誦曰"作功德",義昉于此。

2925 修行　《漢書·儒林傳》:"嚴彭祖曰:'凡通經術,固當修行先王之道。'"《淮南子·詮言訓》:"君子修行而使善無名,布施而使仁無章。"按:修行,本士君子所共務,自《晉書》謂鳩摩羅什不拘小檢,修行者頗疑之,後人遂專以爲釋氏言。如白居易《長齋》詩:"三春多放逸,五月暫修行。"蘇軾《僧爽白鷄》詩:"斷尾雄雞本畏烹,年來聽法伴修行。"

2926 布施　《周語》:"享祀時至,布施優裕。"《文子·自然篇》:"爲惠者,布施也。"《莊子·外物篇》:"生不布施,死何含珠爲?"《荀子·哀公篇》:"富有天下而無怨財,布施天下而不病貧。"《韓非·顯學篇》:"上徵斂于富人而布施于貧家,是奪力儉而與侈墮也。"《淮南子·道應訓》:"不義得之,又不能布施,患必至矣。"又《齊俗訓》:"爲義者,布施而德。"《論衡·定賢篇》:"使穀食如水火,雖貪悋之人,越境而布施矣。"按:諸云"布施"皆自我施諸人,今僧道則但勸人之施我。故雖古之善言,而其義淆亂,擇言者以爲嫌矣。

2927 供養 《毛詩·蓼莪》箋:"供養日寡矣,而我不得終養。"《儀禮·既夕》注:"燕養,平常所用供養也。"《禮記·曾子問》注:"婦有供養之禮,故必祭而成婦義。"《戰國策》:"得甘脆以養親,親供養備。"《白虎通》:"王者有六樂,所以作供養。"按:二字本義如此,今徒以奉神佛言,不得當矣;或且以飯僧道言之,悖哉。

2928 講經説法 《道藏·太上經》:"末世道士,講經説法,儀軌云何。"按:今惟僧講經,道士無其事矣。僧之講經,始見于《晉書》,"鳩摩羅什講經于草堂寺"是也。

2929 上章 《晉書·王獻之傳》:"獻之遇疾,家人爲上章,道家法應首過,問其有何得失。"按:此當卽張氏五斗米道所用書疏三通、一上之天者也。

2930 拜星斗 《吳志·周瑜傳》:"命道士于星辰下爲之請命。"按:《漢書·藝文志》雜占類有《禳祀天文》十八卷,星斗之禳或源此,然書亡久矣。

2931 解土 《容齋四筆》:"世俗營建宅舍,或遭小疾厄,皆云犯土,故道家有《謝土司章醮》之文。攷《後漢書·來歷傳》:'安帝時,皇太子驚病不安,避幸乳母野王君王聖舍。太子廚監邴吉以爲聖舍新繕修,犯土禁,不可御。'然則古有其説矣。"按:《論衡·解除篇》:"世間繕治宅舍,鑿地掘土,功成作畢,解謝土神,名曰'解土'。"《後漢書》注引《東觀記》:"鍾離意到縣,作屋既畢,爲解土,祝曰:'興功役者,令百姓無事。如有禍祟,令自當之。'"此二條言更詳明,且均漢人之説,《容齋》未之引。

2932 放生 《列子·説符篇》:"邯鄲民正旦獻鳩于趙簡子,簡子曰:'正旦放生,示有恩也。'"按:放生事始見于此。

2933 斷屠 高承《事物紀原》:"《唐會要》曰:'武德二年正月詔:自今以後,每正月、五月、九月及每月十齋日,並斷屠。'此斷屠之始。"按:《隋書·禮志》:"祈雨不應,乃徙市禁屠,百官斷傘扇。"許觀《東齋記事》:"隋高祖仁壽二年詔:六月十三日是朕生日,宜令海內斷屠。"則此事隋已有之,不始于唐。

2934 喫素 鄭康成《禮》注:"素食,平常之食。"《漢書·霍光傳》:"昌邑王典喪不素食。"注云:"素食,菜食無肉也。"《金史·世宗紀》:"山陵每以朔望致祭,朔則用素,望則用肉。"《東京夢華錄》有"素食店",《劍南集》有《素飯》詩。《鼠璞》:"今俗人食三長月素,釋氏《智論》:'天帝釋以大寶鏡照四部神州,每月一移，察善惡，正、五、九月，照南贍州。'唐人于此三月，不行死刑，曰三長月，因戒屠宰，是以天帝釋爲可欺也。"《燕翼詒謀録》："北俗每遇月三七日不食酒肉，葢重道教之故。"《東谷所見》："世人于斗降、三八、庚申、甲子、本命日茹素，謂之齋戒，不知平日之用心何如也。古語兩語甚好：'寧可葷口念佛，莫將素口駡人。'"按：此風肇始于唐，盛行于宋。沿至今日，名目轉多，更有辛素、竈素、三官素、觀音素、準提素、玉皇素，婦人女子有一月間僅三數日不持素者。

2935 齋僧　《唐六典》："凡國忌日，兩京定大寺觀各二散齋，諸道士僧尼皆集于齋所。"《五代會要》："晉天福五年，令每遇國忌，行香之後，齋僧一百人，永爲定制。"按：南北朝史傳凡云請僧設齋，或云設幾百人齋、設千人齋，皆卽齋僧事也。《二程全書》："天竺之人重僧，見僧必飯之，因使作樂于前。今乃爲之于死者，至如慶禱，亦雜用之，是甚義理？"

2936 行香　《雲麓漫鈔》："《遺教經》云：'比丘欲食，先燒香唄。案法師行香，定坐而講，所以解穢流芬也。'乃中夏行香之始。"《西溪叢語》："行香起于後魏及江左齊梁間。每燃香薰手，或以香末散行，謂之行香。唐文宗朝，省臣奏設齋行香，事無經紀[①]，乃罷。宣宗復釋教，仍行其儀。"《演繁露》："《南史》：'王僧達好鷹犬，何尚之設八關齋，集朝士，自行香，次至僧達曰：願郎且放鷹犬。'其謂行香次及僧達者，卽釋教之行道燒香也。行道燒香者，主齋之人親自周行道場之中，以香爇之于爐也。東魏靜帝常設法會，乘輦行香，高歡執爐步從。凡行香者，步進前，而周匝道場，仍自炷香爲禮。靜帝人君也，故以輦代步，不自執爐，而使高歡代執也。以此見行香只是行道燒香，無撒香末事也。"按：今作佛事，僧偕主齋者持爐巡壇中，或儀導以出街巷，曰行香，與《演繁露》説正合。

2937 燒香禮拜　《晉書·佛圖澄傳》："王度疏：'斷漢[②]人悉不聽詣寺燒香禮拜，以遵典禮。'"《魏書·釋老志》："金人率長丈餘，不祭祀，但燒香禮拜而已。"

2938 香火因緣　《北史·陸法和傳》："但于空王佛所，與主上有香火因緣，故相救援耳。"綦毋潛詩："世界蓮花藏，行人香火緣。"白居易詩："臭帑世界終須出，香火因緣久願同。"

2939 燒斷頭香　元王仲文《救孝子》曲有"前生燒著斷頭香"句。

2940 在家出家　《廬山蓮社録》："謝靈運謂生法師曰：'道人將謂俗緣未盡，

① "紀"當爲"據"，見《西溪叢語》卷下。
② "漢"當爲"趙"，見《晉書·佛圖澄傳》。

不知我在家出家久矣。'"《白氏長慶集》有《在家出家》詩。

2941 還俗 《宋書·徐湛之傳》:"沙門惠休善屬文,世祖命使還俗。"《魏書·釋老志》:"沙門師賢,當罷佛法時,假爲醫術還俗,而守道不改。"

2942 得道 《素問·金匱眞言論》:"非其人勿教,非其眞勿授,是謂得道。"《南史》:"謝靈運謂孟顗曰:'得道應須慧業。'"《抱朴子》:"上士得道,成天官;中士得道,栖集崑崙;下士得道,長生世間。"

2943 九轉丹成 《茅君内傳》:"九轉還丹,合九十晝夜而成。"江淹詩:"須待九轉成,終會長沙市。"黄滔詩:"三徵不起時賢議,九轉丹成道者言。"

2944 五體投地 《翻譯名義》:"雙膝雙肘及頂至地,名五體投地。"

2945 三教一體 《白虎通·三教篇》:"三教一體而分,不可單行。"按:其所云"三教",謂夏教忠,殷教敬,周教文也。俚俗以儒、釋、道爲三教,而云三教原來是一家,蓋近世二氏之徒希推援者所妄造,前未有出。

2946 五祖傳六祖 《傳燈録》:"五祖言盧行者不會佛法,悟道謂之過量人,方傳得衣鉢。"按:盧行者卽六祖慧能,自初祖至六祖,皆以法并信衣相傳。六祖以后,不復傳衣。今特舉六祖爲諺,亦有以也。

2947 知過去未來 《搜神記》:"管輅善解諸術,知未來過去之事。"

2948 是法平等,無有高下 見《金剛經》。

2949 天上人間,方便第一 《景行録》:"千經萬典,孝義爲先。天上人間,方便第一。"

2950 南無 《法苑珠林》:"南無,或作南摩,或作那謨,又或作納慕、娜謨、那摸。《善見論》翻歸命覺,或翻信從。其云和南者,此翻恭敬。"按:此屬梵音,故無定字,古西方人通爲此語。《穆天子傳》:"膜拜而受。"一言曰"膜",兩言卽"南無"也。《堅瓠集》謂"佛居西方,西方金也,至南而無,火尅金也",殊屬傅會。周憲王《元宮》詞:"自從授得毘盧咒,日日持珠念那摩。"二字入詩,僅見。

2951 至心 《晉書·王嘉傳》:"候之者,至心則見之,不至心則隱形不見。"按:《道經》云"至心朝禮",本此。

2952 僧道送喪 《燕翼貽謀録》:"喪家命僧道誦經、設齋、作醮,曰資冥福也。出喪用以導引,又何義乎?至于鐃鈸,夷樂也,彼方燕饗則擊之,而可用于喪柩前乎?開寶三年十月,詔開封府禁止,士庶之家喪葬不得用僧道威儀前引。而今犯禁者,仍所在皆是也。"

2953 七七、百日 《北齊書·孫靈暉傳》:"南陽王綽死,每至七日、至百日,靈暉恒爲請僧設齋行道。"《南史·齊宗室傳》:"魚復侯子響既自縊,上心怪恨,百日于華林作齋，上自行香。”《北史·胡國珍傳》：“詔自始薨至七七，皆爲設千人齋，百日設萬人齋。”《王玄威傳》：“獻文百日，玄威自竭家財，設四百人齋。”皇甫湜《韓公神道碑》：“遺命習俗畫寫浮屠，日以七數之，及據陰陽所謂吉凶，一無污我。”李翺《去佛齋説序》：“故温縣令揚垂撰集喪儀，其一篇云：‘七七齋，以其日送卒者衣服于佛寺，以申追福。’翺以此事傷禮，故論而去之。”《吹劍錄》載温公語曰：“世俗信浮屠，以初死七日至七七日、百日、小祥、大祥，必作道場功德，則滅罪生天，否則入地獄。夫天堂無則已，有則賢人生；地獄無則已，有則小人入。以父母死而禱佛，是以其親爲小人、爲罪人也。”萬斯同《羣經雜説》：“漢明帝營壽陵之詔有云：‘過百日，惟四時設奠。’百日之説，始見于史。意者爾時佛法初入，明帝卽用其教耶？《開元禮·卒哭篇》注有‘古之祔在卒哭，今之百日也’二語，此可爲唐用百日之據。及攷李習之《去佛齋説》，深詆佛家七七之説，則知唐人固多用七七、百日以爲治喪之節矣。”按：田藝蘅《玉笑零音》云：“人之初生，以七日爲臘，死以七日爲忌。一臘而一魄成，故七七四十九日而七魄具矣；一忌而一魂散，故七七四十九日而七魂泯矣。”《明會典》：“公卿亡故，以次遣官致祭十五壇，聞喪、入殮、首七至終七、下葬、百日、新冬、周年、二周、除服。”至此而“七七”、“百日”竟著之于典禮。

2954 十八地獄　《南史·夷貊傳》：“劉薩何暴亡更蘇，説至十八地獄，隨報重輕，受諸楚毒。”《唐書·傅奕傳》：“上疏極詆浮屠法，中書令蕭瑀曰：‘地獄正爲是人設矣。’”《宣和畫譜》：“吴道子畫地獄變相，得陰騖陽授、陽作陰報之理。”按：《龍舒經》謂六根、六塵、六識爲十八界，根塵識不得其所，卽地獄之因緣耳，故地獄言有十八。蘇子瞻《地獄變相偈》“乃知法界性，一切惟心造”是也。司馬公所稱“天堂無則已，有則君子登；地獄無則已，有則小人入”，本唐虔州刺史李舟與妹書語，見李肇《國史補》。

2955 肉燈肉香　《南史·梁武帝紀》：“有沙門智泉鐵鉤掛體，以燃千燈，一日一夜，端坐不動。”蘇舜欽《聞見錄》：“歲大旱，仁宗祈雨甚切，至然臂香以禱，宫人内璫皆然。”《清異錄》：“齊趙人好以身爲供養，謂兩臂爲肉燈臺，頂心爲肉香爐。”

2956 藥師燈　《北周書·張元傳》：“其祖喪明，元讀《藥師經》，見盲者得視之言，遂請七僧，然七燈，七日七夜，轉《藥師經》。言願祖目明見，元求代闇。如此經七日，其夜，夢一老翁以金鎞治其祖目。”《灌頂經》：“救脱菩薩白佛言：‘若有尫羸痛惱，請諸僧七日七夜齋戒誦經，勸然七層之燈，懸五色續命神旛四十九首。燈亦復爾，七層每一層七燈，轉如車輪，其遭厄難，可以過度。’”救脱菩薩，葢卽藥師佛也。

2957 寄庫 葉隆禮《遼志》:"遼俗,十月内五京進紙衣甲器械,十五日國主與押番臣密望木葉山奠酒,用番字書狀,同燒化以奏山神,曰'寄庫'。"按:今婦人焚寓錢于生前,作佛事寄屬冥吏,以冀死後取用,葢遼俗之漸染也。

2958 弄花鈸 《吹劍錄》:"出殯之夕,有少年僧出,弄花鈸、花鼓槌,耑爲悦婦人,掠錢物之計。"《古杭雜記》:"佛事有所謂花鼓槌者,每舉法樂,則一僧三四棒在手,輪轉拋弄。"

2959 坐餓關 《青溪暇筆》:"近日一番僧自西域來,不御飲食,日啗棗果數枚而已。所坐一龕,僅容其身。如欲入定,則令人鎖其龕門,加紙密糊封之。或經月餘,謦欬之聲亦絶。人以爲化去,潛聽之,但聞掐念珠歷歷。有叩其術者,則勸人少思、少睡、少食耳。"按:釋典雖有入定之説,而不必封鎖于龕中也。今惟坐餓關者,有似此僧所爲,疑此風卽從此僧而起。

2960 滿廊僧不厭,一片俗嫌多 《苕溪漁隱叢話》載劉義《落葉詩》也,俚俗相傳云"滿堂僧不厭,一箇俗人多",文義全誤。

2961 山寺日高僧未起,算來名利不如閑 見高則誠《琵琶》曲。

2962 王子去求仙,丹成入九天。山中方七日,世上已千年 《水東日記》:"凡鄉學小童臨倣字書,皆昉于此。爾傳我習,幾徧海内,然皆莫知所謂。或云僅取字畫少,無他深義。諸暨陳儒士洙云:'嘗見宋學士晚年以眼明自夸,細書小字及此,學士其知所自者耶?'"

卷二十一　藝術

2963 積財千萬,不如薄藝隨身　顏之推《家訓》引諺。

2964 士農工商,各守一業　《管子·小匡篇》:"士農工商四民,國之石民也。"注云:"士農工商,各守其業,不可遷也,猶之柱下石也。"

2965 九流　《漢書·藝文志》:"儒家者流五十三家,道家者流三十七家,陰陽家者流二十一家,法家者流十二家,名家者流十家,墨家者流六家,從横家者流十二家,雜家者流二十家,農家者流九家。"《爾雅》疏:"九流者,序六藝爲九種,言于六經,若水之下流也。"

2966 三百六十行　田汝成《游覽志餘》:"杭州三百六十行,各有市語。"按:《點鬼簿》鄭廷玉有"一百二十行販",《揚州樂府》又屈彦英有"一百二十行院本"。元人但云"一百二十",增多爲三百六十,乃明人言耳。

2967 四司六局　《輟耕錄》:"宋時官府貴家置四司六局,各有所掌。故筵席排當,凡事整齊。"《夢粱錄》:"凡官府春宴、鄉會、鹿鳴宴及聖節滿散祝壽公筵,俱差撥四司六局人員督責。或府第齋舍,亦于官司差借執役,合用陳設書畫、器皿盤合、動用之事,則顧唤局分人員,俱可圓備。四司者,帳設司、茶酒司、厨司、臺盤司;六局者,果子局、蜜煎局、菜蔬局、油燭局、香藥局、排辦局也。其人祗直慣熟,不致失節,省主者之勞也。"按:杭俗謂事事求整備曰"四司六局",乃是時遺語。

2968 生業　《詩·衛風》:"既生既育。"箋云:"生,謂財業也。"《史記·封禪書》:"李少君常餘金錢衣食,人皆以爲不治生業而饒給。"

2969 本業　《淮南子·修務訓》:"中人之才,無本業所修,方術所務,焉得無睥面掩鼻之容哉!"《鹽鐵論》:"方今之務在趨本業,養桑麻,盡地力也。"《後漢書·馮衍傳》:"知臣之貧,數欲本業之。"注云:"欲遺其財,爲立基本生業也。"《舊唐書·文宗紀》:"勅李絳所進《兆人本業》三卷,令所在州縣寫本散配鄉村。"

2970 改業　《廣川畫跋》:"相傳吴道子畫地獄變相,時京師屠酤漁罟之輩見者,皆懼罪改業。"《白氏長慶集》有《改業》詩。

2971 生活 《文子·道德篇》:"自天子以下至于庶人,各自生活。"《史記·日者傳》:"家之教子孫,當視其所以好,好含苟生活之道,因而成之。"《北史·祖瑩傳》:"文章須自出機杼,何能共人同生活也。"《胡叟傳》:"蓬蓽草筵,惟以酒自適,謂友人曰:'我此生活,似勝焦先。'"《南史·梁臨川王宏傳》:"帝曰:'阿六,汝生活大可。'"《摭言》:"裴令公夜宴聯句,楊汝士曰:'笙歌鼎沸,勿作此冷淡生活。'"

2972 活計 王建詩:"貧兒活計亦曾聞。"白居易詩:"休厭家貧活計微。"蘇軾《與蒲傳正尺牘》:"千乘姪言公全不作活計,常典錢買書畫奇物,欲老弟苦勸公。"

2973 手藝 柳宗元《梓人傳》:"彼將舍其手藝,專其心智,而能知體要者歟?"

2974 手技 《史記[①]·張安世傳》:"家童七百人,皆有手技作事。"按:《荀子·禮論》:"持手而食者,不立宗廟。"注云:"持其手而謀食,謂農工。"即手技之説也。又伶人雜弄,世亦謂之手伎,晏元獻有"曲榭回廊手伎喧"句。

2975 技癢 《風俗通》:"高漸離變姓名,傭保于人,聞堂上擊筑,技癢,不能無出言。"潘岳《射雉賦》"徒心煩而伎懩。"注云:"有藝欲達曰伎懩。""懩"與"癢"通。《懶眞子》:"技癢者,謂人懷其技藝不能自忍,如身之癢也。"梁簡文《答湘東王書》:"有慚技癢,更同故態。"杜甫《哀鄭虔》詩:"貫穿無遺恨,薈蕞何技癢。"陸龜蒙《新秋言懷》詩:"才疎惟自補,技癢欲誰抓。"

2976 高手 司馬彪《續漢書》:"東平王蒼病,詔遣太醫丞將高手醫治病。"

2977 名工 《周禮·攷工記·輪人》:"謂之國工。"注云:"國之名工。"韓安國[②]《几賦》:"齊貢金斧,楚入名工。"

2978 工頭 《考工記》:"凡攻木之工七。"疏曰:"此已下言工之頭數。"

2979 作坊 《五代史·史宏肇傳》:"隱帝夜聞作坊鍛甲聲,以爲兵至,達旦不寐。"

2980 行頭 《周禮·肆長》疏:"一肆立一長,使之檢校一肆之事,若今行頭者也。"

2981 行家 《盧氏雜説》:"織綾錦人李某,投官錦行不售,吟詩云:'莫教官

① "史記"當爲"漢書",見《漢書·張安世傳》。

② "韓安國"當爲"鄒陽",見《西京雜記》卷四、《文選補遺》卷三三。

錦行家見，把此文章呋向他。'”《傳燈録》寰普云：“耕夫製玉漏，不是行家作。”

2982 當家　沈作喆《寓簡》：“近世言翰墨之美者，多云合作。予問邵公濟合作何意，曰：‘猶俗當家也。’當去聲。”

2983 琴棋詩酒　《方秋厓稿》：“舊傳有客謁一士夫，題其刺云‘琴棋詩酒客’，因與談笑，戲成一詩。”

2984 寫字著棋　《春渚紀聞》：“古人作字謂之字畫，弈棋謂之行棋，不知何時改作寫字、著棋，此天下至俗無理之語，而并賢愚皆承其説，何也？”

2985 屎詩糞棋　《唐詩紀事》：“顧著作況在茅山，有一秀才行吟得句云：‘駐馬上山阿。’久不得屬，顧云：‘風來屎氣多。’秀才審知是況，慙愓而退。”今嘲惡詩曰“屎詩”，此其出典。《夢溪筆談》：“林君[1]復多所學，惟不能棋，嘗言：‘吾于世間事，惟不能擔糞著棋耳。’”以棋比糞。今嘲低棋曰“糞棋”，此其出典。

2986 盲棋　洪咨夔詩[2]：“掠邊趂手是盲棋。”

2987 棋逢敵手　《晉書・謝安傳》：“安棋劣于玄，是日玄懼兵至，遂爲敵手。”杜荀鶴《觀棋》詩：“有時逢敵手，對局到深更。”

2988 敗棋有勝著　《五代史・周臣傳論》：“勝者所用，敗者之棋也，爲之易置其處而勝矣。”楊慎《病榻手吹》引諺語：“敗棋有勝著。”

2989 投高壺　《淮南・兵略訓》：“敦六博，投高壺。”按：卽今之“天壺”。

2990 編曲　《莊子・大宗師》：“或編曲，或鼓琴，相和而歌。”按：此當謂編撰歌曲，原注以曲爲蠶薄，恐非。

2991 念曲、叫曲　《夢溪筆談》：“不善歌者，聲無抑揚，謂之念曲；聲無含韞，謂之叫曲。”

2992 寫照　《晉書・顧凱之傳》：“傳神寫照，正在阿堵中。”或亦謂之“寫眞”，《顔氏家訓》：“武烈太子偏能寫眞。”梁簡文《咏美人看畫》詩：“可憐俱是畫，誰能辨寫眞。”白居易《自題寫眞》詩：“我貌不自識，李放寫我眞。”

2993 禄命　《史記・日者傳》：“卜者多虚高禄命，以悦人志。”《論衡・命義篇》：“人有命，有禄。命者，富貴貧賤也；禄者，盛衰興廢也。”

2994 推五星　晁氏《讀書志》：“《秤星經》以日、月、五星、羅睺、計都、紫氣、月孛、十一曜，演十二宫宿度，以推人貴賤、壽夭、休咎。不知其術之所起，或云天竺梵學也。按《洪範》曰：‘歲月日時無易，百穀用成，乂用明，俊民用章，家用

① “君”當爲“逋”，見《夢溪筆談・人事二》。
② 《和黄伯淵見寄》：“涼邊趁手應盲棋。”

平康。月之從星，則以風雨。'泠州鳩曰：'武王伐殷，歲在鶉火，月在天駟，一曰在析木之津，辰在斗柄，星在天黿。'以此言之，五星之術，其來尚矣。蓋可以占國，則可以占事；可以占事，則可以占人也。然術家用日、月、五星，而又加以交初、交中之神，紫氣、月孛之宿，初、中者，交食之會，亦可以意求。惟氣、孛無稽，而術家獨以爲效，且曰土木之餘氣。五星之行，土木最遲，而爲吉凶者久，故有餘氣云。"

2995 子平　劉玉《已瘧編》："談星命者，惟子平多中。傳宋有徐子平精于星學，故後世術士宗之。予聞之隱者云：'子平名居易，五季人，嘗與麻衣道者陳圖南同隱華山，葢異人也。'今之推子平者，祖宋末徐彦升，其實非子平也。"

2996 八字　《文海披沙》："李虚中以人生年月日所直干支，推人禍福生死，百不失一。初不用時也，自宋而後，乃並其時參合之，謂之八字。"按：唐有《珞琭子三命》一卷，祿命家奉爲本經。三命，卽年、月、日干支也。宋林開加以時、胎，謂之五命，撰《五命秘訣》一卷，皆見晁氏《讀書志》。今所謂"八字"，既取用時，仍不加胎，非三命，亦非五命，乃四命耳。然吳融《送策上人》詩已云："八字如相許，終辭尺組尋。"此"八字"當指推命者説，豈唐時亦兼有此推法耶？

2997 十二宫　《猗覺寮雜記》："星辰家以十二宫看人命，不知所本，而其來久矣。李賀《惱公》詩云：'生[1]時應七夕，夫位在三宫。'杜牧之《自撰墓志》云：'予生于角星，昴畢于角爲第八宫，曰疾厄宫，亦曰八殺宫，土星在焉，火星繼來。星工楊晞曰：木在張爲角，爲第十一福德宫，木爲福德大君子，救于其旁，無虞也。'"

2998 小運　許氏《説文》："包字，象人懷妊，巳在中，象子未成形也。元氣起于子，男左行三十，女右行二十，俱立于巳，爲夫婦懷妊于巳，巳爲子，十月而生。男起巳至寅，女起巳至申，故男年始寅，女年始申也。"《演繁露》："此卽今三命家謂'男生一歲，小運起寅；女生一歲，小運起申者'是也。其説若出附會，而今世命術通用其説，禍福甚驗。不知許氏于何得之，殆漢世已有推命之法，而許氏得之耶？或是許氏自推男女之理，而日者取以爲用也？"

2999 飛九宫　《丹鉛錄》："九宫七色之説，出于《乾鑿度》。其色六一八爲白，二黑，三碧，四緑，五黄，七赤，九紫。大統歷中，每月列于下方，謂之飛九宫。"按：《唐會要》載"九宫貴神"："天蓬星，太乙坎水白；天内星，攝提坤土黑；天衡星，軒轅震木碧；天輔星，招摇巽木緑；天禽星，天符中土黄；天心星，青龍乾金

① "生"當爲"王"，見《全唐詩》卷三九一。

白；天柱星，咸池兑金赤；天任星，太陰艮土白；天英星，天乙離火紫。"今時憲書但列其色，不著其名。

3000 建除　《淮南子·天文訓》："寅爲建，卯爲除，辰爲滿，巳爲平，主生。午爲定，未爲執，主陷。申爲破，主衡。酉爲危，主杓。戌爲成，主少德。亥爲收，主大德。子爲開，主太歲。丑爲閉，主太陰。"《史記·日者傳》："孝武時聚會占者七家，辨訟不決。"内有"建除家"。按：太公《六韜》有"背建向破"之語，則此十二名目自三代已有。今時憲書用之，而與十二辰不相配屬。

3001 重交單折　《周禮·太卜》疏："就《易》文卦畫，七八爻稱九六，用四十九蓍，三多爲交錢，六爲老陰也；三少爲重錢，九爲老陽也。兩多一少爲單錢，七爲少陽也；兩少一多爲折錢，八爲少陰也。"《儀禮》疏亦云："重錢九也，交錢六也，單錢七也，折錢八也。"

3002 父子兄弟財鬼　京房《易傳》："鬼爲繫爻，財爲制爻，天地爲義爻，福德爲寶爻，同氣爲專爻。"陸績注曰："天地即父母也，福德即子孫也，同氣即兄弟也。"

3003 六神　《升庵外集》："今之《易》卜以甲乙起青龍，丙丁起朱雀，戊起勾陳，己起螣蛇，庚辛起白虎，壬癸起玄武。蓋不通理者，遷就之蔽。戊己同爲土，豈可分爲二？螣蛇爲北方水獸，何以移之中央乎？改定其次，戊己共起勾陳，而壬起螣蛇，癸起玄武，方得其當。此誤千餘年矣，卜之不驗，豈不由此？"

3004 六壬課　晁氏《讀書志》："《六壬課鈐》一卷，未詳何人所纂。以六十甲子加十二時，成七百二十三課，三傳入以占吉凶。《隋書》載六壬之書兩種，《金鑾密記》及《五代史記》頗言其驗。今世龜筮道息，而此術獨行。"

3005 馬頭易　《隋書·藝術傳》："臨孝恭著《孔子馬頭易卜書》一卷。"按：其書久亡，流俗有所云馬頭神數者，假其名以冀其術之售耳。

3006 擲卦錢　《揮麈録》[①]："擲卦以錢，自嚴君平始，唐詩'井有君平擲卦錢'。"

3007 堪輿　《漢書·藝文志》有"《堪與金匱》十四卷"。揚雄賦："屬堪輿以壁壘。"注云："堪輿，天地總名也。"按：《周禮》疏引《堪輿經》"黄帝問天老事"，似言歷象之書。《史記·日者傳》以堪輿爲占家之一。世俗專以談地理者爲堪輿，非矣。

3008 風水　《張子全書》："葬法有風水山岡之説，此全無義理。"司馬温公

① "《揮麈録》"當爲"《升菴集》"，見楊慎《升菴集》卷六六《擲卦以錢》。

《葬論》:"《孝經》云'卜其宅兆',非若今陰陽家相其山岡風水也。"《朱子語録》:"古今建都之地,莫過于冀。所謂無風以散之,有水以界之也。"二字義,卽此二語可明。

3009 來龍 《賓退録》:"朱文公言:'雲中諸山,冀州來龍也。'"《書録解題》:"《龍髓經》《疑龍經》《辨龍經》等書,多盱江吴炎見遺。江西有風水之學,往往人皆道之。"按:《水經·穀水》注:"北芒連嶺修亘,自洛口西踰平陰,悉芒龍也。""龍"之説已見于此。

3010 方位 《朱子語録》:"孤虚,以方位言,如俗言某方利、某方不利之類。"按:《史記》:"日辰不全,故有孤虚。"注以六甲旬中所無二辰爲孤、中二辰爲虚,與方位之説不相應。時憲書所云方位,則以干支除戊己,排列四正,以乾坤巽艮四卦列四維。地理家所用羅盤亦然,《水經注》中屢有其説,《穀水》注云:"晉水合北川二水,自乾至巽。"《汝水》注云:"青陂廟碑言陂在縣坤地。"《洧水》注云:"張伯雅墓引水入塋城爲沼,沼在丑地。"《沔水》注云:"丙穴穴口向丙。"蓋六朝時已大行其法矣。

3011 八宅 《論衡·詰術篇》引《圖宅術》曰:"宅有八術,以六甲之名,數而第之,第定名立,宫商殊别。宅有五音,姓有五聲。宅不宜其姓,姓與宅相賊,則犯罪遇禍。"按:今相陽宅所云"八宅",卽八術也,其兼五聲五姓之説,久置不談。

3012 臨官冠帶 《隋書·經籍志》有《臨官冠帶書》一卷。

3013 擇日 《論衡·辨祟篇》:"起功、移徙、祭祀、喪葬、行作、入官、嫁娶,不擇吉日,不避歲月,觸鬼逢神,則發病生禍。"又《譏日篇》引《沐書》及《裁衣書》語云:"沐與洗足、盥手、浴去身垢等也。洗、盥、浴不擇日,而沐獨有日。何也?在身之物,莫重于冠。造冠無禁,裁衣有忌。何也?"按:"起功"以下七事,日者之大凡具矣。"沐"則今兼言"浴",裁衣之外,今更有冠帶日。其因王氏之譏,而踵增之歟?

3014 六合 《古詩爲焦仲卿妻作》:"六合正相應,良吉三十日。今已二十七,便可去成婚。"《唐書·吕才傳》:"才撰《禄命篇》曰:'長平坑降卒,非俱犯三刑。南陽多近親,非俱當六合。"

3015 三合 《齊東野語》:"淳熙中,孝宗及皇太子朝上皇于德壽宫,周益公詩:'一丁扶火德,三合鞏皇基。'蓋高宗生于丁亥,孝宗生于丁未,光宗生于丁卯故也。陰陽家以亥卯未爲三合,用事可謂切當。"《月令廣義》:"如子月逢子年或申辰年,皆爲一氣,宜配申子辰日,謂之三合年月日。"

3016 歸忌往亡 《後漢書·郭躬傳》:"桓帝時,有陳伯敬者,行路聞凶,便解駕留止；還觸歸忌，則寄宿鄉亭。”注引《歷法》曰：‘歸忌日，四孟在丑，四仲在寅，四季在子，其日不可遠行、歸家及徙也。”《論衡・辨祟篇》：“塗上之暴尸，未必出以往亡；室中之殯柩，未必還以歸忌。”

3017 空亡　晁氏《讀書志》：“空亡之説，本于《史記》‘孤虚’。”劉禹錫《題破屏》詩：“畫時應值空亡日，賣處難逢識别人。”

3018 歲德　《越絶書・計倪内經》：“太陰在陽，歲德在陰，歲美在是，聖人動而爲之制。”

3019 歲破　《論衡・辨祟篇》：“宅有盛衰，若歲破、直符，當[①]知避也。”又《難歲篇》：“移徙抵太歲名曰歲下，負太歲名曰歲破，皆凶。”

3020 血忌月殺　《論衡・譏日篇》：“祭祀之歷，以血忌、月殺之日爲凶。”又《辨祟篇》：“血忌不殺牲，而屠肆不多禍。”按：以上俱漢以前日者之言，沿傳至今，最爲久遠。

3021 楊公忌　《軌論》：“宋術士楊救貧習堪輿術，爲時俗所推，其膚制一年有十五日，百事禁忌，名曰楊忌。其日多賢哲誕生，如孔子及唐代宗、宋孝宗、孟嘗君、崔信明、蘇東坡之流，錯雜不論。今用其日者，亦未蒙禍害。”

3022 周堂　陸泳《吴下田家志》：“嫁娶、下葬，皆忌周堂不通。”按：陸泳宋人，其説似即起于宋。

3023 陰陽生　《元典章》：“元貞元年二月，中書省奏定陰陽教授，令各路公選老成厚重，藝術精明，爲衆推服一名，于三元經書出題，移廉訪司體覆舉用。”按：元設陰陽學，學中習業者，乃謂之陰陽生，所習書以《周易》爲首，而凡天文地理星命占卜及相宅相墓選日諸術，悉期精通。明以來學廢，而陰陽生但依附道家，名實甚不稱矣。

3024 醫生　《元典章》：“至元二十二年，設各路醫學教授學正，訓誨醫生，照依降去十三科題目，每月習課醫義一道，年終置簿，申覆尚醫監，較優劣。但是行醫之家，每朔望集本學三皇廟前，焚香，各説所行科業，講究受病根由，時月運氣，用過藥餌，是否合宜，仍仰各人自寫，曾醫愈何人，治法藥方，具教授考較，備申擢用。”按：史游《急就章》有“醫匠”文，顔師古注曰：“療病之工也。”古之號醫亦但曰“匠”、曰“工”而已，今特以“生”稱之，乃由元設學校課起也。

3025 大小方脉　《内經》：“醫凡一十三科，第一曰‘大方脉’，二曰‘小方脉’。”按：“大方脉”謂雜醫科，“小方脉”謂小兒科也。

---

① “當”當爲“不”，見《論衡・辨祟篇》。

3026 金瘡醫 《龍韜·王翼篇》:"方士三人,主百藥以治金瘡。"《晉書·劉曜載記》:"使金瘡醫李永療之。"按:今謂之外科。

3027 祝由科 《素問》:"往古恬澹,邪不能深入,故可移精祝由而已。今之世,祝由不能已也。"王冰注:"祝説病由,不勞鍼石,故曰祝由。"按:《説文》"褶"字下云:"祝,褶也。"乃卽"祝由"。《後漢·方術傳》:"趙炳善越方。"注:"善禁咒也。"蓋祝由術多行于南越,故又謂之"越方"。

3028 單方 《素問》引《眞要大論》:"君一臣二,奇之制也;君二臣四,偶之制也。"注云:"奇謂古之單方,偶謂古之複方。"

3029 懸壺 《後漢書·方術傳》:"汝南市中有老翁賣藥,縣一壺于肆頭,及市罷,輒跳入壺中。"按:今醫家以揭所標識曰"縣壺",本此。

3030 撮藥 《史記·倉公傳》:"菑川王美人,懷子不乳,意以莨蕩藥一撮,以酒飲之,旋乳。"按:今醫家量藥曰"撮",本此。

3031 醫不三世,不服其藥 《曲禮》文。

3032 三折肱,知爲良醫 《左傳·定十三年》齊高彊語。又《楚辭·九章》:"九折臂而成醫。"

3033 良醫之門多病人 《尚書大傳》:"子貢對東郭子思曰:'檃栝之旁多枉木,良醫之門多疾人。'"《荀子·法行篇》作"多病人"。

3034 有病不治,恒得中醫 《漢書·藝文志》引諺。

3035 醫治不死病 《孔叢子·執節篇》:"死病無良醫。"《淮南子·説山訓》:"良醫者,常治無病之病。"《後漢書·蘇意傳》:"良醫不能救亡命,强梁不能與天爭。"

3036 庸醫司性命 陸游詩:"庸醫司性命,俗子議文章。"

3037 醫者意也 《子華子·北宮意問篇》:"醫者,理也;理者,意也。意其所未然,意其所將然,而謹訓于理,夫是以謂醫。"《後漢書·方術傳》:"郭玉對和帝曰:'醫之爲言意也,腠理至微,隨意用巧。'"《事文前集》:"唐[①]胤宗善醫,或勸其著書,荅曰:'醫者,意也。思慮精則得之,口不能宣也。'"

3038 信巫不信醫 《史記·扁鵲傳》:"病有六不治,信巫不信醫,不治也。"

3039 小巫見大巫 《莊子》逸篇:"小巫見大巫,拔茅而弃,此其所以終身弗如。"《吳志·張紘傳》注:"陳琳荅紘書云:'小巫見大巫,神氣盡矣。'"

3040 老醫少卜 陸佃《禮記解》引此語爲《曲禮》"醫不三世"之證。《鶡冠

---

① "唐"下脱"許"字,見《古今事文類聚前集》卷三八。

子・世賢篇》注亦引此語。《三餘贅筆》:"世言老醫少卜,醫以年高爲貴,人皆知之,少卜不知何謂。據王彦輔《麈史》云:'老取其閲,少取其決。'乃知俗語其來久矣。"

3041 卜以決疑,不疑何卜　《左傳・桓十一年》楚鬬廉語。《舊唐書・張公謹傳》:"太宗將討建成、元吉,遣卜者占之。公謹曰:'凡卜筮將以決嫌疑,今既事在不疑,何卜之有?'"

3042 不卜可知　《説苑・指武篇》:"武王問太公曰:'吾欲不卜而知吉,爲之有道乎?'"

3043 拆字　《二老堂雜志》:"謝石善拆字,徽宗特補承信郎。"按:《通志・藝文略》有《相字》書,即拆字也。其術不始于謝,而謝名爲最著。

3044 圓夢　《浩然齋視聽鈔》:"圓夢出《南唐近事》:馮僎舉進士,時有徐文幼能圓其夢。"按:占夢事最古,《漢・藝文志》載《黄帝長柳占夢》十一卷,《周禮・司寤》掌王六夢,蓋其大略也。其謂之圓夢,亦非始于南唐。李德裕載《明皇十七事》云:"或毁黄幡綽在賊中,與大逆圓夢,皆順其情,而忘陛下積年之恩寵。"已見此圓字矣。

3045 摸骨相　《嘉話録》:"貞元末有相骨山人,瞽雙目。人求相,以手捫之,必知貴賤。"《吴越備史》:"錢王因事道餘杭,有瞽者善摸骨相,集龍光橋,王請相焉。"按:《北齊書》:"神武帝與劉貴獵于沃野,一老母自言善暗相,徧捫諸人皆貴,而指麾俱由神武。"《北史・皇甫玉傳》:"文宣試玉相術,故以帛巾抹其眼,使歷摸諸人。"俱此術也。

3046 相逐心生　《青箱雜記》:"相形不如相心,諺曰:'有心無相,相逐心生;有相無心,相隨心滅。'"

3047 相書　《晉書・束皙傳》:"汲冢有《瑣語》十一篇,諸國卜夢妖怪相書也。"按:《漢書・藝文志》有《相人》二十四卷、《相寶劍刀》二十卷、《相六畜》二十八卷,摠得謂之相書。今相畜者寥寥,相器物則成絶響矣。

3048 耕織圖　《困學紀聞》:"仁宗寶元初,嘗圖耕織于延春閣。"《樓攻媿集》:"中興后,伯父璹爲於潛令,念農夫蠶婦之作苦,究訪始末,爲耕織二圖。耕自浸種至入倉,凡二十一事;織自浴蠶至剪帛,凡二十四事。事爲之圖,繫以五言詩。賜對之日,遂以進呈,玉音嘉獎。"

3049 耕當問奴,織當問婢　《宋書・沈慶之傳》:"治國譬如治家,耕當問奴,織當問婢。"《隋書・柳彧傳》《宋史・李溥傳》俱引此二語。《魏書・邢巒傳》作"耕則問田奴,絹則問織婢"。

3050 長工、短工 《唐書·百官志》:"凡工匠以四月至七月爲長工,二、三、八、九月爲中工,十月至正月爲短工。"《三餘贅筆》:"吳中田家,凡久傭于人者謂之長工,暫傭者謂之短工,插蒔時曰忙工。《唐六典》:'凡役有輕重,功有短長。'蓋夏至日長,冬至日短,若一等定功,則枉棄時刻。大約中功以十分爲率,長功加一分,短功減一分,至忙功,價幾倍之。"按:《六典》説與《百官志》同,其長短以晷刻定。田家所謂"長工"、"短工",則以顧賃久暫言之。都卬牽合爲一,非也。

3051 雇工① 《漢書·鼂錯傳》:"斂民財以顧其功。"師古曰:"顧若今言雇賃也。"按:顧,卽"雇"字。《平帝紀》:"天下女徒已令歸家,顧山錢月三百。"亦作"顧",師古注曰:"不親役之,但令一月出錢三百顧人也。"《史·平準書》注"雇手牢盆",《後漢書·桓帝紀》"見錢雇直",《宦者傳》"十分雇一",則皆作"雇"。

3052 客作 《野客叢書》:"江西俚俗駡人曰'客作兒'。陳從易《荔枝詩》:'橄欖爲下輩,枇杷客作兒。'僕謂斥受雇者爲'客作',已見于南北朝。觀袁翻謂人曰:'邢家小兒,爲人客作奉表。'此語自古而然。"按:"客作"字不僅見南北朝,《漢書·匡衡傳》②:"邑大姓多書,衡乃與客作,而不求價。"《三國志》③:"焦光饑則爲人客作,飽食而已。"《高士傳》:"夏馥入林慮山中,爲冶工客作。"皆是也。

3053 經紀 《朝野僉載》:"滕王嬰、蔣王惲皆好聚斂,高宗賜諸王帛,勅曰:'滕叔、蔣兄自能經紀,不須賜帛,與麻二車爲錢緡。"《韓昌黎集·柳子厚墓志》曰:"舅弟盧遵又將經紀其家。"按:"經紀"乃幹運之謂,故世謂商販曰作"經紀"。

3054 牙郎 《舊唐書·安祿山傳》:"祿山爲互市牙郎。"《劉貢父詩話》:"今人以駔儈爲牙郎,本謂之互郎,謂主互市事也。唐人書'互'作'㸦','㸦'與'牙'字相似而訛。"按:"牙"、"互"二字,古原通用,非因唐人訛也。《周禮·鼈人》:"掌取互物。"注云:"互,通作牙。"牙,牡齒也,上下交錯。《北史·文苑傳》:"彼此好尚,牙有異同。"乃卽"互有異同"。

3055 開大鋪 李涉詩:"都市廣長開大鋪,疾來求者無相悞。"按:鋪,普胡切,陳布也;又普故切,賈肆也。《唐書·食貨志》:"一家内別有宅舍店鋪,所貯錢竝須計用在此數。"《宋史·禮志》④:"開禧後,兵興,追擾百色行鋪,不復舉矣。""鋪"皆從金,流俗别作"舖",未見字書。

3056 開小店 《南史·劉休傳》:"休婦王氏妬,明帝聞之,令于宅後開小店,

---

① 黄侃:正作"故"。
② "《漢書·匡衡傳》"當爲"《西京雜記》",見《太平御覽》卷六一九。
③ "《三國志》"當爲"《三國志》注",見《三國志》卷十一。
④ "《宋史·禮志》"當爲"《朝野類要》",見《朝野類要》卷一。

使王氏親賣皂莢掃帚以辱之。"《古今注》:"店,置也,所以置貨鬻物也。"

3057 鹽商　《鹽鐵論·本議章》:"燕、齊之魚鹽,待商而通。"又《輕重章》:"籠天下鹽鐵之利,以排富商。"《白香山集》有《鹽商婦》樂府。

3058 茶商　《宋史·趙開傳》:"痛減額以蘇茶户,輕立價以惠茶商,則私販必衰。"

3059 木客　《越絶書》:"木客冢去縣十五里,句踐伐善材獻吴,故曰木客。"《水經注》:"句踐使工人伐榮楯,久不得歸,工人憂思,作《木客吟》。"

3060 貨郎　文嘉《嚴氏書畫記》有宋蘇漢臣《嬰兒戲貨郎》八軸,又本朝名筆《貨郎擔》十四軸。《九宫譜》曲調有貨郎兒正宫,與仙吕出入,又轉調貨郎兒,與南吕出入。

3061 行販　《晉書·石勒載記》:"年十四隨邑人行販洛陽,王衍見而異之。"按:今以肩販蔬果等物行賣街巷爲行販。"行"當如字,而方俗讀之若"杭"。

3062 書鋪　張籍《送楊少尹》詩:"得錢只了還書鋪,借宅常時事藥欄。"

3063 藥店　宋《讀曲歌》:"飛龍落藥店,骨出只爲汝。"又張籍詩:"長安多病無生計,藥鋪醫人亂索錢。"

3064 表背匠　《唐書·百官志》:"校書郎有榻書手、筆匠三人,熟紙裝潢匠八人。"《歸田錄》:"裝潢匠恐是今之表背匠。"按:"表"亦作"褾",東坡尺牘"近購得先伯父手啓一通,躬親褾背題跋"是也。"背"又見陸務觀詩"自背南唐落墨花"。今俗用"裱褙"字,"裱"爲領巾,"褙"爲襦,皆别字也。《能改齊漫錄》云:"俗以羅列于前者謂之裝潢子。"此乃云"裝幌子"耳。"幌子"者,市肆之幖,取喻張揚之意,與《唐書》"裝潢匠"似不相關。

3065 裁縫　《周禮·縫人》注:"女御裁縫王及后之衣服,則爲役助之,宫中餘裁縫事,則專爲焉。"按:後世衣工,本如古之縫人,而縫必先裁,故鄭氏兼言之,今遂習呼爲"裁縫"矣。

3066 染工　《北史》:"染工王神歡者以賂自進,宇文護以爲計部下大夫。"

3067 銀工　《宋史·李邦彦傳》:"父浦,銀工也。"薛昭緯《謝銀工》詩:"早知文字多辛苦,悔不當初學冶銀。"

3068 漆工　《後漢書》:"申屠蟠爲漆工。"

3069 木匠、土匠　《論衡·量知篇》:"能斲削梁柱,謂之木匠;能穿鑿穴埳,謂之土匠;能彫琢文書,謂之史匠。文吏之學,當與木土之匠同科。"《清異錄》:"木匠又曰手民。"

3070 大小木石作、鋸作 《文獻通攷》:"宋李誡[1]撰《將作營造法式》三十四卷,其濠寨石作、大小木調鏇鋸作、泥瓦、彩畫刷飾,俱各分類爲書。"

3071 宕户 《集韻》:"采石工謂之宕户。"

3072 竈户 《宋史·食貨志》:"凡鬻鹽之地曰亭,場民曰亭户,或曰竈户。"

3073 魚户 《蟹譜》:"錢氏間置魚户、蟹户,專掌捕魚蟹,若台之藥户畦户、睦之漆户比也。"按:宋元人詩多用"漁户"字。

3074 船長 《文選·謝宣遠詩》:"榜人理行艫。"李善注:"榜人,船長也。"按:杜詩稱"梢工"曰"長年三老",猶此。時俗謂之"家長","家"當是"駕"音訛,以其駕舵、駕艫,故號"駕長"耳。

3075 水手 《宋史·河渠志》:"吕梁、百步兩洪湍淺險惡,水手捧户盤剝人,邀阻百端,商賈不行。"東坡居士詩:"便合與官充水手,此生何止略知津。"[2]

3076 驢夫 《五代史·盧程傳》:"有假驢夫于程者,程帖興唐府給之。"二字始見史。

3077 閒丁 《周禮·太宰》:"以九職任萬民,九曰閒民,無常職,轉徙執事。"注云:"轉徙執事,若今傭賃也。"按:今北方貧民無恒業者仰人短賃,執雜役爲給,謂之"閒丁",卽因古"閒民"語而小變也。南方謂郵役之可借賃者曰"執事行",蓋亦"轉徙執事"之遺語。

3078 倉頭 《晉書·石崇傳》:"水碓[3]三十餘區,倉頭八百餘人。"按:今謂掌倉廩者曰"倉頭"也。

3079 火頭 《南史·何承天傳》:"東方曼倩發憤于侏儒,遂與火頭倉[4]子稟賜不殊。"按:今謂掌炊爨者曰"火頭"也。

3080 師公 《夢粱錄》:"凡分茶酒肆賣下酒食品,廚子謂之量酒博士師公。"按:廚子之别呼當爲"司供",而《夢粱錄》作此二字,其義未明,應亦率爾音發,未足爲典要。

3081 酒保 《鶡冠子·天則篇》:"酒保先貴食者。"注云:"酒保,貨酒者也。"又《世兵篇》:"伊尹酒保,太公屠牛。"《史記·刺客傳》注亦云:"伊尹,酒保也。"《漢書·欒布傳》:"傭賃于齊,爲酒人保。"《音義》曰:"可保信,故謂之保。"《後漢書·杜根傳》:"逃竄爲宜城山中酒家保。"注引《廣雅》曰:"'保,使也。'言爲人傭

① "誡"當爲"誡",見《文獻通攷》卷二二九。
② 此處《函海》本有:本此。
③ "碓"當爲"碓",見《晉書·石崇傳》。
④ "倉"當爲"食",見《南史·何遜傳》。

力，保任而使也。”

3082 酒挏工　《説文》“挏”徒總切：“擁引也。”《漢書·禮樂志》：“給大官挏馬酒。”注：“謂以馬乳爲酒，挏引乃成也。”按：“挏馬”爲酒中難造之貴品，世之稱酒工者，輒兼“挏”字，乃寓贊美之意，而今以與“胴肛”音同，鄙之。

3083 茶博士　見裴啓《語林》。

3084 茶坊酒店　米芾《畫史》：“程坦、崔白之流皆足于茶坊酒店遮壁，不入吾曹議論。”

3085 賣餅　《漢書·王莽傳》：“王盛者，賣餅。容貌應卜相，徑從布衣登用，爲前將軍、崇新公。”《魏志·閻温傳》注：“趙岐于市中販胡餅，孫賓碩見之曰：‘視處士之貌，非似賣餅者。’開車户載之，驅歸。”《魏略》：“鍾繇以《公羊傳》爲賣餅家。”

3086 賣糖　《後漢書·馮衍傳》注：“衍《與任武達書》曰：‘跳梁叫呼，販糖之妾，不忍其態。’”《南齊書·傅琰傳》：“賣鍼賣糖二老姥爭團絲，琰縛絲于柱鞭之，密視，有鐵屑，乃罰賣糖者。”按：二事則古惟婦人賣糖。

3087 賣炭　白居易《新樂府序》：“賣炭翁，苦官市也。”《傳燈録》：“黑眼和尚答人問佛法曰：‘十年賣炭漢，不知秤畔星。’”

3088 磨鏡　“負局先生，因磨鏡濟人疾苦”，見《列仙傳》。“徐孺子齎磨鏡具，會葬江夏黄公”，見《世説補》。

3089 販傘　《歐陽文忠集·與梅聖俞簡》：“販傘者回，來索書，聊寫區區。”

3090 賣婆　米芾《書史》：“每歲荒及節迫，往往使老婦駔携書畫出售。”楊慎曰：“婦駔，今之賣婆也。”又《五燈會元》宗慧有“賣鞋老婆腳趔趄”語。按：“鞋”是錯舉辭，猶今云賣花婆，以其所賣繁瑣，卽一該其餘也。

3091 剃頭　《法苑珠林》：“優波離爲五百釋子剃髮師，不輕不重，泯然除淨。”黄庭堅詩：“身不出家心若住，何須更覓剃頭書。”楊文公《談苑》：“唐朝宫中嘗于學士院取眠兒歌。眠兒歌者，卽剃胎頭文也。”按：剃，本作鬀，《周禮·薙氏》注：“薙讀如鬀小兒頭之鬀。”《説文》：“鬀，鬄髮也。大人曰髡，小兒曰鬀。”徐鉉曰：“俗别作剃，非。”

3092 案摩　《素問》：“經絡不通，病生于不仁，治之以案摩。”《説苑》：“扁鵲治趙太子暴疾，使子朝炊湯，子儀脉神，子術按摩。”按：按摩本醫家之一科，而今以爲賤工之役。據《北史·趙邕傳》：“司空李沖之貴寵也，邕以年少端謹，出入其家，給按摩奔走之役。”斯時蓋已以爲卑賤矣。

3093 香水行　耐得翁《都城紀勝》：“七寶謂之骨董行，浴堂謂之香水行。”

3094 淘沙　《史記正義》:"橇,如今杭州淘沙船。"《關尹子》:"破礦得金,淘沙得金,揚灰終身,無得金者。"按:二書知淘沙之術及其所用器具,皆甚久遠。

3095 擔糞　《南史·到溉傳》:"何敬容言:'溉尚有餘臭,遂學作貴人。'溉祖彦之初以擔糞自給,故世以爲譏。"

3096 收驚　《庚巳編》:"有一輩媪,能爲收驚見鬼諸法,自謂'五聖陰教',其人卒與鬼魅爲奸。"按:今小兒被驚,猶有以此鬼法誑婦女者。

3097 關肚仙　《青溪暇筆》:"成化時,鷹揚衛巡捕官捉一男子,腹中能作人語,人問之,腹中應答可怪。醫書言:'人腹作聲,隨人語爲應聲蟲,服雷丸自愈。'則知乃疾也,非怪也。"按:此特屏氣詭爲,并非疾也。村巫假以求食,妄謂之"關肚仙"。當時托此術者想不多,故見以爲怪,今遍處紛紛矣。

3098 太保　《宋史·孫子秀傳》:"爲吳縣簿,有妖人自稱水仙太保,子秀按治之,沉諸太湖。"《書齋夜話》:"今之巫者言神附其體,南方俚俗稱爲太保。"按:《律》禁止師巫邪術,條舉及其目,蓋邪術之尤也。

3099 男作女工　《太玄經》:"男女事不代之字。"注云:"男而女事,事失之甚,何不代之字育乎?"《義山雜俎》載"無見識"十五事,"男兒學女工"一也。《遼史·蕭余里也傳》:"便佞滑稽,善女工。"

3100 良工不示人以樸　見《後漢書·馬援傳》。

3101 價廉工省　見王禹偁《竹樓記》。

3102 班門操斧　柳宗元《王氏伯仲唱和詩序》:"操斧于班郢之門,斯强顔耳。"

3103 匠作半估料　《宋史》:"文彦博曰:'工師造物,初必少計,冀人易于動工。及既興作,知不可已,乃方增多。'"①

3104 木匠帶枷自做得　王銍《續雜俎》"自做得"六事,一曰"木匠帶枷"。

3105 盧醫不自醫　《韓非子·説林》引諺曰:"巫咸雖善祝,不能自祓也;秦醫雖善除,不能自彈也。"按:秦醫,即盧醫。《史記》注云:"扁鵲,姓秦氏,家于盧。"

3106 夾板醫駝子　《百喻經》:"譬如有人,卒患脊僂,詣醫療治。醫以酥塗,上下著板,用力痛壓,不覺雙目一時併出。脊雖得直,命不得存。"②

3107 自做師婆自跳神　見元賈仲名《對玉梳》曲。

---

① "《宋史》"當爲"《宋史紀事本末》","物"當爲"屋",見《宋史紀事本末》卷九。
② 此處《函海》本有:後人取入笑林,本此。

通　俗　編

附　直語補證

（下 册）

［清］翟灝　撰
顏春峰　點校

中 華 書 局

卷二十二　婦女

3108 女人　《後漢書》:"班昭《女誡》云:'三者,女人之常道;四者,女人之大德。'""女人"之稱,自漢然也。

3109 女客　《周禮・内宰》:"致后賓客之禮。"注云:"女賓之賓客。"《文選》宋玉賦:"妾巫山之女也,爲高唐之客。"《玄怪録》:"蜀帥章仇謂其妻曰:'何不盛設盤筵,邀召女客。'"

3110 女倠[①]　毛甡《越語肯綮録》:"俗呼新婦爲女倠,其汎相呼則曰倠,稍年長者曰老倠。其字無正音,且無他字可比,呼者但音女裙切而已,此會稽、甬上二郡方音。而《廣韻・魂部》"儸"載其字,但字書僅注曰姓,非正義。惟《廣韻》注曰'女字',則正指女人稱耳。"

3111 女兒子　《古今樂録》有《女兒子》二曲。

3112 玉女　《禮記・祭統》:"國君取夫人之辭曰:'請君之玉女與寡人共有敝邑。'"注云:"玉女者,美言之,君子於玉比德焉。"《吕氏春秋・貴直論》:"晉惠公淫色暴慢,身好玉女。"亦猶言美女耳。後世神其説,有"金童玉女"之辭。《神異經》:"東王公常與玉女投壺。"司馬相如賦:"排閶闔而入帝宫兮,載玉女而與之歸。"揚雄賦:"玉女無所眺其清矑。"王延壽賦:"玉女闚窗而下視。"均若指天女言。《宋書・符瑞志》遂實之云:"玉女,天賜妾也。"

3113 采女　《後漢書・皇后紀論》:"置美人、宫人、采女三等。"注引《風俗通》:"采者,擇也。"

3114 石女　《太玄經》:"廓無了[②],室石婦。"注云:"求室而得石婦,無復嗣續之道。"《維摩詰經》謂之"石女兒"。《飜譯名義》:"梵言如扇提羅,此云石女。"

3115 好人家兒女　王明清《揮麈後録》:"錢伯誠妻唐氏,正肅公介之孫,隨

---

① 黄侃:此即"人"之變爲撮唇音耳,非"倠"字。

② "了"當爲"子",見《太玄經》卷四。

其姑長公主入禁中,過受釐殿,或讀釐爲離。夫人曰:'受禧也,蓋取宣室受釐之義。'后喜,顧主曰:'好人家男女終是別。'"《五燈會元》:"僧問可休曰:'大作業底人來,師還接否?'曰:'不接。'曰:'爲甚不接?'曰:'幸是好人家男女。'"

3116 小家女 古《碧玉歌》:"碧玉小家女,不敢攀貴德。"又"小家子",見《漢書·霍光傳》"使樂成小家子得幸將軍,至九卿封侯"是也。

3117 兒女情多 鍾嶸《詩品》:"張華兒女情多,風雲氣少。"

3118 兒女態 韓退之詩:"無爲兒女態。"陸游詩:"惜別自憐兒女態。"

3119 一男一女 《鹽鐵論》:"古者夫婦之好,一男一女,而成家室之道。"

3120 新郎新婦 《少室山房筆叢》:"今俗以新婚時男稱新郎,女稱新婦。攷新婦之稱,六朝已然,而唐最爲通行,見諸史及小説稗官家,不勝髮數。然自主逮事翁姑言,非主新嫁也。新郎君,唐以稱新獲第者,亦不聞主新娶。惟宋世詞調有《賀新郎》,或當起于此時。"

3121 夫人 《後漢書·應奉傳》注引《汝南記》:"元義謂人曰:'此我故婦,非有他過,家夫人遇之實酷。'"《韓昌黎集·孟東野墓志》:"年幾五十,始以尊夫人之命來集京師,從進士試。"按:所云"家夫人"、"尊夫人",皆其母也。今但以稱人妻,非矣。又米芾《書史》云:"魯公有《與夫人帖》一幅,乃是其媍。"①

3122 太夫人 《漢書》:"文帝七年,令列侯太夫人、夫人無得擅徵捕。"如淳注曰:"列侯之妻稱夫人,列侯死,子復爲列侯,乃得稱太夫人。子不爲列侯,不得稱也。"婦人之稱"太"者,古蓋慎重如是。

3123 賢德夫人 《吴越備史》:"忠懿王妃孫氏入覲,賜號賢德夫人。"按:今浙東西凡神偭之配,悉稱賢德夫人;贊仰賢婦人,亦習爲此語,當猶吴越故民之遺。

3124 接腳夫人 《玉泉子》:"唐相白敏中始娶,已朱紫矣,嘗戲其妻曰'接腳夫人'。"

3125 夾寨夫人 《五代史·唐家人傳》:"莊宗攻梁軍于夾城,得符道昭妻侯氏,寵專諸宫,宫中謂之'夾寨夫人'。莊宗出兵四方,常以侯氏從。"按:近時小説有所云'壓寨夫人'者,前無所聞,似即"夾寨"之訛。

3126 夫娘 《升菴外集》:"南宋蕭齊崇尚佛法,法琳《辨正論》云:'閣内夫

---

① 《函海》本作:今人互相稱謂,各從其習。閒嘗考之,多戾於古,而莫甚於家庭之間。如稱人妻曰"尊夫人",唐以前皆以稱人母,見《昌黎集·孟東野墓志》"始以尊夫人之命來集京師"是也。男女人倫之始,不可不正。

娘，悉令持戒；麾下將士，咸使誦經。’‘夫娘’之稱本此，謂夫人娘子，蓋美稱也。是時，北則胡后却扇於曇猷，南則徐妃薦枕於瑶光，龜兹王納女於鳩摩羅什，不以爲恥。後世緣以夫娘爲惡稱，陶九成直謂駡語，蓋未見六朝雜説耳。”

3127 小姐[①]　錢惟演《玉堂逢辰録》：“掌茶酒宫人韓小姐，與親事孟貴私通，多竊寶器遺之。後事泄，小姐乃謀放火。”“小姐”二字初見於此，然是人名，非稱謂也。元曲則概稱仕女爲“小姐”，明朱有燉《元宫詞》：“簾前三寸弓鞋露，知是嬛嬛小姐來。”以之入詩。按：《文選》嵇康《幽憤詩》：“恃愛肆姐，不訓不師。”注引《説文》：“姐，嬌也。”子豫切。繁欽《與魏文帝牋》有“史妠、謇姐”，注：“謂當時樂人。”《開天遺事》寧王有“樂妓寵姐”，陶穀《清異録》有“平康妓瑩姐”，《東坡集》有“妓人楊姐”，“姐”特甚賤之稱，俗惟貴家女方得呼之，何相戾也？嘗攷《説文》正本，乃知《選》注所引少欠分晰，蓋其訓“嬌”者乃屬“媎”字，而“姐”自别見，訓云：“蜀人謂母曰姐，《淮南》謂之社。”兹也切。《廣雅》亦云：“姐，母也。”《四朝聞見録》言高宗吳后稱太后曰“大姐姐”，《能改齋漫録》言近世稱女兄爲姐，蓋尊之也。然則“小姐”之“姐”爲本字，其以爲賤名者，乃“媎”字之省耳。

3128 拏兒　《姑蘇志》：“俗呼女兒曰‘拏兒’，拏音如，拏上聲。”[②]按：此本方音之借，然宋人皆借用“娜”字，《宋史·列女傳》有“童八娜”，《咸淳臨安志》有“張娜兒橋”，“娜”即“女”音之轉。

3129 養婦　《三國志·東夷傳》：“沃沮國女至十歲，壻家即迎之，長養爲婦。”按：貧民不能備六禮者，率迎女待年於家，近世多有，不特一國然也。

3130 長舌婦　《詩·大雅》：“婦有長舌。”

3131 孤兒寡婦　《晉書·石勒載記》：“大丈夫行事當礌礌落落，終不能如曹孟德、司馬仲達欺他孤兒寡婦，狐媚以取天下也。”

3132 孤孀　《淮南子·修務訓》：“弔死問疾，以養孤孀。”又《原道訓》：“童子不孤，婦人不孀，含德之所致也。”按：“孤”與“孀”是兩類人，俗統呼嫠婦曰“孤孀”，非。

3133 媽媽[③]　《廣雅》：“媽，母也。”字本音姥，今轉讀若馬。按：《群碎録》云：“北地馬分羣，每一牡將十餘牝而行，牝皆隨牡，不入他羣，故今稱婦人曰媽媽。”憑臆之説，恐難深信。

---

① 黄侃：呼母曰“姐”，姐，字也。呼姊曰“姐”，“姊”之轉音也。汎稱年少婦女曰“姐”，由“姊”推之也。

② 黄侃：吾鄉讀去聲，又轉爲奴夜切。

③ 黄侃：即“姆”之音轉。

3134 老娘 《倦游錄》："苗振就館職，晏相曰：'宜稍温習。'振曰：'豈有三十年爲老娘，而倒綳孩兒者乎？'"則謂穩婆爲"老娘"，其來舊矣。《楊誠齋詩話》："潤州大火，惟存衛公塔、米元章菴。元章喜，題曰：'神護衛公塔，天留米老菴。'有輕薄子于"塔"、"菴"上添'爺'、'娘'二字嘲之，以元章母嘗乳哺宫中也。"則謂妳婆爲"老娘"，來亦舊矣。俗或謂妻曰"老娘"，殊不典。

3135 妳婆[①] 《晉書·桓玄傳》："妳媪每抱詣温，輒易人後至。"《宋書·何承天傳》："荀伯子嘲承天爲妳母。"《舊唐書·哀帝紀》："天祐二年，妳婆楊氏賜號'昭儀'，妳婆王氏封'郡夫人'。"曰"媪"、曰"母"、曰"婆"雖小不同，乳哺之稱"妳"一也。

3136 乾阿妳 《北齊書·恩倖傳》："陸令萱配入掖庭，後主襁褓之中，令其鞠養，謂之乾阿妳。"《東坡集·與千之姪尺牘》有"葬却老妳"語，自注云："子由乾妳也。"按：保姆不乳哺者，今猶襲此稱。《史記》注云："但祭，不立尸，曰乾封。""乾"有權假之義，鄙俗謂義父母曰"乾爺孃"，同此。

3137 丫頭[②] 劉禹錫《寄小樊》詩："花面丫頭十三四，春來綽約向人時。"《輿地志》："弋陽有大石如人首而岐，名丫頭岩。或題詩云：'何不梳妝便嫁休，長教人唤作丫頭。'"

3138 妮子[③] 《五代史·晉家人傳》："耶律德光遺書李太后曰：'吾有梳頭妮子，竊一藥囊，以奔于晉，今皆在否？'"王通叟詞有"十三妮子緑窗中"句，今山左目婢曰"小妮子"。

3139 細婢 《北夢瑣言》："柳僕射仲賢失意，將一婢於成都鬻之。婢語女儈曰：'某雖賤人，曾爲柳家細婢，安能事賣絹牙郎耶？'"

3140 健婦勝丈夫 樂府《隴西行》："健婦持門户，亦勝一丈夫。"

3141 醜醜婦，勝空房 《東坡居士集》："膠西趙明叔家貧好飲，常云：'薄薄酒，勝茶湯；醜醜婦，勝空房。'其言雖俚，而近乎達。"

3142 醜婦家中寶 見元秦简夫《東堂老》曲。

3143 自古佳人多薄命 見《東坡詩集》。又《香山集》："巧婦才人常薄命，莫教男女苦多能。"

3144 紅粉贈與佳人 鄭德輝《王粲登樓》劇："寶劍贈烈士，紅粉贈佳人。"

---

① 黄侃："妳"即"乳"之音變。

② 黄侃："丫"之語根作爲"亞"、"衺"，亦借"枒"、"鴉"爲之。

③ 黄侃："妮"亦"奴"、"拏"、"娜"之轉。

3145 不聽婦人言　《漢書·王陵傳》引鄙語:"兒婦人口不可用。"《晉書·劉伶傳》:"婦人之言,慎不可聽。"《明史·孝義傳》:"太祖問鄭濂治家長久之道,對曰:'謹守祖訓,不聽婦言。'"

3146 美女不觀燈　《閨範》注引諺:"美女不觀燈,美男不看春。"

3147 好女不穿嫁時衣　見《元曲選·舉案齊眉》劇。

3148 男女混雜　《北史·柳彧傳》:"倡優雜伎,詭狀異形,外内共觀,曾不相避,男女混雜,緇素莫分。穢行因此而生,盜賊由斯而起。"

3149 男來女往　《北齊書·王紘傳》:"紘言:'突厥與宇文男來女往,必當與影響。'"

3150 三婆兩嫂　《老學菴筆記》載:"尚書省二十四曹語:'吏勳封考,三婆兩嫂。'蓋駕幸臨安後,士大夫亡失告身、批書者多行賄賂,吏曹吏胥皆致富餘,故云。"

3151 情人眼裏有西施　《復齋漫錄》:"情人眼裏有西施,鄙語也。山谷取以爲詩,其《荅益公春思》云:'草茅多奇士,蓬蓽有秀色。西施逐人眼,稱心斯爲得。'"按:《魯連子》:"心誠憐,白髮玄;情不怡,艷色媸。"語雖不同,實爲斯諺之祖。

3152 唐突西施　《晉書·周顗傳》:"庾亮謂顗曰:'諸人咸以君方樂廣。'顗曰:'何乃刻畫無鹽,唐突西施也?'"

3153 冰肌玉骨　《竹坡詩話》:"'冰肌玉骨清無汗,水殿風來暗香滿。'此詩爲花蘂夫人作。"

3154 國色天香　《松窗雜錄》:"明皇内殿賞牡丹,問侍臣牡丹詩誰爲首,奏云:'李正封詩曰:國色朝酣酒,天香夜染衣。'帝謂妃子曰:'妝臺飲一紫金盞酒,則正封之詩可見矣。'"

3155 千嬌百媚　《七林》有"七娥三粲百媚千嬌"之語。又樂府《淳于王歌》:"百媚在城中,千媚在中央。"

3156 作嬌　樂府《華山畿辭》:"投壺不得箭,憶歡作嬌時。"

3157 嬌滴滴　薩都剌《題四時宫人圖》:"椅後二女執纓立,案前二女嬌滴滴。"

3158 韻　《槁簡贅筆》:"王黼撰《明節和文貴妃墓志》云:'六宫稱之曰韻。'蓋當時以婦人有標致者,俗目之爲韻,何所言之瀆也?"

3159 十相具足　《法苑珠林》:"十地菩薩,如十五日月,明相具足。"

3160 十人九慕　朱德潤樂府:"外宅婦十人,見者九人慕。"

3161 尤物移人 《左傳·昭二十八年》:“叔向母曰:‘有尤物足以移人,苟非德義,則必有禍。’”

3162 酒色過度 《晉書·郭璞傳》:“璞性輕易,嗜酒好色,時或過度,干寶誡之。”《北史·徐之才傳》:“武成酒色過度,恍忽不恒,病發。”

3163 酒色財 《後漢書》:“楊秉嘗從容言曰:‘我有三不惑,酒、色、財也。’”王禕《華川巵辭》:“財者陷身之阱,色者戕身之斧,酒者毒腸之藥。人能於斯三者致戒焉,災禍其或寡矣。”按:明人更益以“氣”爲四①,今習爲常言,莫知其原祇三也。

3164 色衰愛弛 《韓非子·説難篇》:“彌子色衰愛弛,得罪於君。”《漢書·外戚傳》:“李夫人曰:‘以色事人者,色衰而愛弛。’”

3165 獻醜 《後漢書·郭皇后紀論》:“及移意愛,析燕私,雖惠心妍狀,愈獻醜焉。”

3166 麤醜 應璩詩:“麤醜人所惡,拔白自洗蘇。”又:“上叟前致辭,室中嫗粗醜。”嵇康詩:“古人安此麤醜,獨與道德爲友。”

3167 頗醜 《淮南子·精神訓》:“毛嬙、西施,猶頗醜也。”注:“頗,頭也,言極醜也。”按:今言醜之至者曰奇醜,當以“頗”爲典則。然《世説》又云:“許允婦奇醜。”

3168 出乖弄醜 見喬孟符《金錢記》、關漢卿《金線池》二曲。

3169 家醜不外揚 《五燈會元》:“僧問化城鑒:‘如何是和尚家風?’曰:‘不欲説。’曰:‘爲甚如此?’曰:‘家醜不外揚。’”《元曲選·爭報恩》《㑳梅香》二劇皆以此爲中冓語。

3170 脂粉加醜面 《唐子》引諺曰:“脂粉雖多,醜面徒加;膏澤雖光,不可潤草。”

3171 滿頭都是假 《佩韋齋輯聞》:“咸淳末,禁都下婦人飾珠翠,悉以琉璃代玉。民謡曰:‘滿頭都是假,無處不琉璃。’時似道當國,‘假’謂‘賈’,‘琉璃’謂‘流離’耳。”

3172 東塗西抹 《摭言》:“薛逢策羸馬赴朝,值新進士綴行而出,斥令回避。逢遣价語之曰:‘莫乞相,阿婆三五少年時,也曾東塗西抹來。’”按:塗,卽俗云“搽粉”之“搽”,《史記·東方朔傳》“老拍塗”,叶入麻韻。此薛逢以婦人爲喻,今

① 黄侃:海剛峯有《四箴》。

或謂筆跡汎濫曰“東塗西抹”，誤也[①]。

3173 脂粉氣　《捫蝨新語》：“林邦翰論詩云：‘梨花一枝春帶雨，句雖佳，不免有脂粉氣。’”宋之問《傷曹娘》詩：“獨憐脂粉氣，猶著舞衣中。”

3174 粉飾　《韓詩外傳》：“善辯治人者，故人安之；善粉飾人者，故人樂之。”《三國志》：“諸葛瑾等疏曰：‘故將軍周瑜之子，昔蒙粉飾，受封爲將。’”按：“粉飾”亦喻言，《史記・滑稽傳》：“視人家女好者，云當爲河伯婦，共粉飾之。”乃屬其本義。

3175 粧點　《南史・馮淑妃傳》：“攻晉城，陷十餘步，將士乘勢欲入，帝勅且止，召淑妃共觀之。淑妃粧點，不獲時至，城遂不得下。”

3176 打扮[②]　見《廣韻》“扮”字注。《中原雅音》：“俗以粧飾爲打扮也。”黄公紹詩：“十分打扮是杭州。”何應龍詩：“尋常打扮最相宜。”又“粧扮”，見沈明臣《竹枝詞》：“女兒粧扮采蓮來。”

3177 通頭　和凝詩：“魚犀月掌夜通頭。”

3178 卸頭　司空圖詩：“逐他女伴卸頭遲。”按：婦人謂髮曰“頭”，《全唐詩》載南中諺云：“秋收稻，夏收頭。”謂婦人截髮而貨，歲以爲常也。其假髻亦謂之“假頭”，《晉書・五行志》：“婦女緩鬢傾髻，以爲盛飾。先於木及籠上裝之，名曰假頭。貧家不能自辦，自號無頭，就人借頭。”“卸頭”語，可因二事而明。

3179 穿耳　《輟耕録》：“或謂晉唐間人所畫士女多不帶耳環，以爲古無穿耳者。然《莊子》云：‘天子之諸御，不爪揃，不穿耳。’是古亦有之矣。”按：《説文》謂“珥即琉耳”，則《詩》傳已言之。但充耳雖懸于耳，而未穿貫耳中。《釋名》云：“穿耳施珠曰璫。”此本出於蠻夷所爲，中國人效之耳。《吳志》諸葛恪曰“母之于女，恩愛至矣，穿耳附珠，何傷於仁”，杜甫[③]詩“玉環穿耳誰家女”，乃漢唐來士女穿耳之證。至《山海經》言“青要之山宜女子，其神小腰、白齒，穿耳以鐻”，則更在敻古矣。

3180 纏足　張邦基《墨莊漫録》：“婦人之纏足，傳記皆無所出，惟齊東昏侯有鑿金爲蓮花、令潘妃行其上一事，而不言其足若何。古樂府六朝詞人體狀婦人眉目、脣口、腰肢、手指無不有，獨無一言稱纏足。唐杜牧、李商隱之徒亦然，僅韓偓《香奩集》有《咏屧子》詩云‘六寸膚圓光緻緻’。唐尺短，以今較之，亦自

---

① 黄侃：諦甚。

② 黄侃：此“成辦”之轉。

③ “杜甫”當爲“張籍”，見《全唐詩》卷三八六《蠻中》。

小,然不言其弓也。《道山新聞》:‘李後主宮嬪窅娘,纖麗善舞,後主作金蓮高六尺,令窅娘以帛繞足,令纖小屈上,作新月狀,著素韈舞其中,回旋有淩雲之態。唐鎬咏之曰:蓮中花更好,雲裹月長新。由是人皆效之。’以此知扎腳自五代始也。”胡震亨《唐音癸籤》:“從來婦人足履之制,惟《晉書·五行志》附見兩言云:‘男子履方頭,婦人圓頭。’而《唐·車服志》爲最詳,其言云:‘后妃大禮著舄,燕見用履,命婦亦同。’而民俗不盡遵用,武德初婦人曳綫韈,開元中用綫鞋,侍兒則著履。夫鞋、韈同圓頭之式,適于足小之用。而履之方而貴者,反令賤者躡之。詳繹時風,纏足自寓,亦何必明白言之、始謂史書有載哉?他如‘鈿尺裁量減四分,纖纖玉筍裹春雲。五陵年少欺他醉,笑把花前出畫裙’,杜牧有詩。‘新羅繡行纏,足趺如春妍’,見晉《清商曲》;‘纖纖作細步,精妙世無雙’,見漢《焦仲卿妻》詩。云古無詩,亦失攷。”高士奇《天祿志餘》:“《史記》:‘臨淄女子彈弦跕躧。’又云:‘揄修袖,躡利屣。’利者,以其首之尖鋭而言也。又《襄陽耆舊傳》言:‘盜發楚王塚,得宮人玉屐,晉世履有鳳頭、重臺、分梢之制,石崇屑沉香爲塵,使姬人步之無跡。’東昏之事,崇已先之矣。唐段成式詩‘知君欲作閒情賦,應願將身托繡鞋’,《花間集》云‘慢移弓底繡羅鞋’,亦屢見詩詠矣。”按:五代以前纏足之証,尚不止是。温庭筠《錦鞋賦》“粲織女之束足”,“束”非纏之謂乎?夏侯審《被中繡鞋》詩“雲裹蟾鉤落鳳窩”,“蟾鈎”非新月之説乎?白居易新樂府“小頭鞋履窄衣裳,青黛點眉眉細長”,《瑯嬛記》“馬嵬老嫗拾得楊妃雀頭履,長僅三寸”,尤爲顯然。溯其最先,則《漢雜事秘辛》載吳姁審視梁后一節有云:“足長八寸,底平指斂,約縑迫袜,束微如禁中。”“約縑迫袜”四字,乃漢時已纏足之的證,而其長猶八寸也。至唐人詩則云“六寸膚圓光緻緻”,宋秦少游詞則云“腳上鞋兒四寸羅”,元人雜劇輒言“三寸金蓮”,見此事由漸而甚,不必鑿指某時某人創也。

3181 蘇州頭、杭州脚 《藝林伐山》:“南渡后,妓女窄韈弓鞋如良人,故當時有‘蘇州頭、杭州脚’之諺。”

3182 破瓜 孫綽《情人碧玉歌》:“碧玉破瓜時,郎爲情顛倒。”宋謝幼槃詞:“破瓜年紀小腰身。”按:俗以女子破身爲“破瓜”,非也。“瓜”字破之爲二“八”字,言其二八十六歲耳。若吕巖《贈張洎》詩“功成當在破瓜年”,則八八六十四歲。

3183 月事 《黄帝内經》:“月事以時下,謂婦人天癸匝月而至也。”《史記》:“濟北王侍者韓女病,月事不下。”又:“程姬有所避。”注云:“有月事不御。”劉熙《釋名》:“以丹注面曰‘的子’。天子、諸侯嬖妾以次進御,有月事者止不御,難以口陳，故注此於面，的然而識也。”王建《宫詞》：“密奏君王知入月，唤人相伴洗裙裾。”按：謝監逸《東陽溪中贈詩》云：“明月在雲間，迢迢不可得。”《荅》云：“但問情若何，月就雲中墮。”月墮，蓋狎語、比語也。李太白《越女詞》：“東陽素足女，會稽素舸郎。相看月未墮，白地斷肝腸。”即用謝詩，而意較顯。《説文》引《漢律》有“姅變”之語，亦指謂月事。

3184 陪嫁　《舊唐書》：“高宗詔天下嫁女者，所受財皆充所嫁女之資裝，其夫家不得受陪門之財。”按：俗云“陪嫁”，本“陪門”之“陪”也，今亦謂之“嫁粧”。《律例》：“非理毆子孫之婦致廢疾者，追還嫁粧。”

3185 洞房花燭　庾信《咏舞》詩：“洞房花燭明，燕餘雙舞輕。”四字始見。

3186 續弦　《十洲記》：“鳳麟洲人以鳳喙麟角合煎作膠，能續弓弦。”《漢武外傳》：“西海獻鸞膠，帝弦斷，以膠續之弦，弦兩端遂相著，終日射之不斷。帝悦，賜名續弦膠。”杜甫詩：“麟角鳳觜世莫識，煎膠續弦奇自見。”杜牧之詩：“天上鳳凰難得髓，世間那有續弦膠？”按：今俗謂喪妻曰“斷弦”，再娶曰“續弦”。村農市賈，無不言之。

3187 同牀　《韓非子·八姦篇》：“凡人臣之所道成姦者有八術，一曰在同牀。何謂同牀？曰：貴夫人、愛孺人託於燕處之虞，乘醉飽之時而求其所欲，此必聽之術也。爲人臣者，内事之以金玉，使惑其主，此之謂同牀。”

3188 一牀　《讀禮疑圖》：“北齊賦民之法，以一夫一婦爲一牀。”

3189 重身　《詩·大雅》：“大任有身。”傳云：“身重，謂懷胎也。”《素問》：“問岐伯曰：‘婦人重身，毒之奈何？’”

3190 有喜　《番禺記》：“廣州謂婦人娠者曰有歡喜。”按：今江以南通爲此言，但省去“歡”字，不同耳。

3191 安胎藥　《晉書·苻生載記》：“使太醫令程延合安胎藥，問人參好否，藥分多少。”按：此類多見方書，于史傳則僅見。

3192 墮胎藥　《南史·徐孝嗣傳》：“孝嗣在孕，母不願有子，以擣衣杵自舂其腰，并服墮胎藥，胎更堅。”

3193 坐草　《淮南·本經訓》注：“孕婦，將就草之婦也。”《晉書》①：“陳仲弓爲太丘長，出捕盗，聞民在草不起子者，回車治之。”《七修類稿》：“今諺謂臨産曰‘坐草’，起此。”

3194 養　董斯張《吹景録》：“生子曰養，語亦有本，《韓詩外傳》：‘王季立而

---

① “《晉書》”當爲“《世説新語》”，見《世説新語·政事》。

養文王。’”

3195 相思 《漢書·外戚傳》:“上望見李夫人之貌,愈益相思,悲感作詩。”按:後人言男女繫戀爲“相思”,其出處不勝枚舉,此爲初見史者。

3196 懷春 出《詩·召南》。

3197 效顰 《莊子·天運篇》:“西子病心而矉,其里之醜人見而美之,歸亦捧心而效其矉。”矉,即“顰”之古字。《晉書·戴逵傳》:“美西施而學其顰。”李白詩:“蛾眉不可妬,況乃效其顰。”按:此寓言,其醜人未嘗著誰某也。《太平寰宇記》載諸暨縣有“西施家”、“東施家”,黄庭堅等始鑿言“東施效顰”[1]。

3198 喫醋 《在閣知新錄》:“世以妬婦比獅子,《續文獻通攷》:‘獅子日食醋酪各一瓶。’喫醋之説,殆本此。”

3199 粧么[2] 見關漢卿《玉鏡臺》劇,猶今人所謂“粧腔”。

3200 假撇清 見李文蔚《同樂院博魚》曲。

3201 獿 《南史·王琨傳》:“王懌不辨菽麥,人無肯與爲婚,家以獿婢恭心侍之,生琨。”《楊升庵外集》:“獿音搔,今駡獿奴,本此。”按:今駡者之意,乃謂婦人妖淫,並不謂其賤陋,不當用《南史》字。晉書[3]童謡曰:“鄴中女子莫千妖,前至三日抱胡腰。”“千妖”二字反切之,乃爲“�”也。

3202 調戲 《左傳·襄六年》:“宋華弱與樂轡少相狎,長相優。”杜預注:“狎,親習也。優,調戲也。”《後漢書·馮衍傳》[4]:“醉飽過差,輒爲桀紂,房中調戲,散布海外。”《晉書·熊遠傳》:“羣臣會同,務在調戲酒食而已。”

3203 嬲 晉《閣道謡》:“和嶠鞅,裴楷鞦,玉[5]濟剔嬲不得休。”嵇康《與山巨源書》:“足下若嬲之不置。”《隋書·經籍志序》:“釋迦之苦行也,諸外道邪人並來嬲惱,以亂其志,而不能得。”按:嬲,奴鳥切,俗謂纏擾不休也。詩家每用其字,王安石云“細浪嬲雪千娉婷”,韓駒云“弟妹乘羊車,堂中走相嬲”。

3204 泥 杜詩:“忽忽窮愁泥殺人。”《升庵外集》:“俗以柔言索物曰泥,乃計切[6],諺所謂軟纏也。元稹‘泥他沽酒拔金釵’,楊乘‘晝泥琴聲夜泥書’,鄧文原‘銀燈影裏泥人嬌’,用者不一,字或作詛,亦作妮。”

---

① 黄庭堅《次前韻謝與迪惠所作竹五幅》:“今代捧心學,取笑如東施”。

② 黄侃:“么”即“樣”之轉。

③ “書”字衍,見《玉臺新詠》卷九《晉惠帝時童謡歌》。

④ “《後漢書·馮衍傳》”當爲“馮衍《與婦弟任武達書》”,見《後漢書·馮衍傳》李賢注引。

⑤ “玉”當爲“王”,見《世説新語·政事》。

⑥ 黄侃:鄉語加以鼻音,讀尼漾切。

3205 嫺嫪　《説文》[1]："嫺嫪，戀惜也。"按：娼妓謂游婿曰"嫺嫪"，乃此二字，不知者訛爲"孤老"，將謂義何取耶？

3206 情人　晉樂府《子夜謌》："情人不還卧，冶遊步明月。"《通典》叙六朝謌曲云："江南皆謂情人爲歡。"

3207 嫖[2]　《字典》："俗謂淫邪曰嫖。"按：傳記中此字少見，惟《漢·景十三王傳》："廣川王立，爲陶望卿謌曰：'背尊章，嫖以忽。'"但言女子别父母遠去，不關淫邪事。孟康注曰："嫖，匹昭反。"與俗讀若瓢者亦異。

3208 倡優下賤　見《漢書》賈誼《治安策》。

3209 三姑六婆　《輟耕録》："三姑者，尼姑、道姑、卦姑也；六婆者，牙婆、媒婆、師婆、虔婆、藥婆、穩婆也。

3210 行院　《武林舊事》載南宋百戲社名，行院曰"翠錦社"。吴任臣《字彙補》："俗謂樂人曰衖衏。"衖衏，與"行院"同。

3211 勾闌　《唐音癸籤》："《韻書》：'勾闌，木爲之，在階除。'《古今注》：'漢顧成廟槐樹，設扶老鉤欄。'其始也。《段國沙州記》：'吐谷渾於河上作橋，謂之河厲，勾闌甚嚴飭。'王建《宫詞》、李長吉《館娃歌》俱用爲宫禁華飾，自晚唐李商隱輩用之倡家情詞，如'簾輕幕重金勾闌'之類，宋人相沿，遂專以名教坊，不復他用。據《漢書》注'賣隸妾納闌中'，則以爲麗飾稱可，以爲寓簡賤意專稱亦可。"

3212 花娘　《輟耕録》："倡妓爲花娘，李賀《申胡子觱栗歌序》'命花娘出幕，徘徊拜客'是也。"按：梅聖俞有《花娘歌》云："花娘十四能歌舞，籍甚聲名居樂府。"

3213 婊子[3]　《集韻》有"婊"字，但云"女字"，不著良賤之别。《字典》："俗呼倡家爲婊子。"

3214 甘婆　《晉書·武十三王傳》："甘姆尼僧，尤爲親暱。"又《五行志》："會稽王道子，寵幸尼及甘母。"按：女之老者，能以甘言悦人，故字從甘，其音讀若鉗。或謂老倡曰"虔婆"，誤。

3215 老鴇　臧晉叔《元曲選》引丹丘先生言曰："妓女之老者曰鴇，鴇似雁而大，喜淫無厭，諸鳥求之卽就，世呼爲獨豹者是也。"

---

① "《説文》"當爲"《聲類》"，見唐陸德明《經典釋文》卷三十引。

② 黄侃：正作"姘"，猶"苹"之爲"薸"也。

③ 黄侃：此"婢"之轉，《輟耕録》作"裱"。

3216 烏龜 《堅瓠集》:"古者諸侯立國,皆有守龜,藏之太廟,與寶玉並重,目老成人曰國之蓍蔡,陸龜蒙、王龜齡、彭龜年、楊龜山等多取爲名字。不知何時以龜子目倡妓之夫,詩文遂不敢用,委巷之人取爲駡詈之具。"按:《東皐雜録》:"東坡謁微仲,值其晝寢,久之方覺,戲言唐時有進六目龜者,或作口號云:'六隻眼兒睡一覺,抵别人三覺。'微仲不悦。"似當時有以龜爲不美者矣。《雞肋編》云:"天下方俗各有所諱,楚州人諱烏龜頭,言郡城象龜形,常被攻,而術者教以擊首而破也。"此宋時諱龜之證。然僅屬一方,亦無關於帷簿不修之事。惟《輟耕録》載《嘲廢家子孫》詩:"宅眷皆爲撑目兔,舍人總作縮頭龜。"兔望月而孕,喻婦女之不夫而姙也。所云"縮頭龜"者,正與委巷訕詈意合。然則以龜子目倡妓之夫,肇端在元世耳。

3217 娼根 見元李行道《灰闌記》曲。又"養漢精",見李文蔚曲。

3218 瓦剌國 洪容齋《俗攷》:"瓦剌虜人最醜惡,故俗詆婦女之不正者曰瓦剌國。"汪价《儂雅》:"今俗轉其音曰歪賴貨。"按:《言鯖》云:"勢有不便順謂之乖剌,剌音賴。東方朔謂'吾强乖剌而無當',杜欽謂'陛下無乖剌之心',今俗駡曰'歪剌'沿此。"此説雖亦有依據,然不如前説直捷。

3219 私窠子 容齋《俗攷》:"雞雉所乳曰窠,即科也。《晏子春秋》:'殺科雉者,不出三月。'私科,蓋言官妓出科,私妓不出科,如乳雉也。"

3220 美人局 《武林舊事》:"游手奸黠,有所謂美人局者,以娼妓僞爲妻妾,引誘少年爲事。有水功德局,以求官、覓舉、訟獄、交易爲名,假借聲勢,脱漏財物。"《元典章》"大德十年,禁局騙"條,亦言及美人局。

3221 養瘦馬 白居易《有感》詩:"莫養瘦馬駒,莫教小妓女。後事在目前,不信君看取。馬肥快行走,妓長能歌舞。三年五歲間,已聞换一主。借問新舊主,誰樂誰辛苦。"按:俗以揚州教小妓者爲"養瘦馬",本此詩。

3222 嬥包兒 《儼山外集》①:"京師婦女嫁外方人爲妻妾者,初看以美者出拜,及臨娶,乃以醜者易之,名曰嬥包兒。"

3223 擦坐 南宋《市肆記》:"有小鬟不呼自至,歌吟强聒,以求支分,謂之擦坐。"

3224 跳槽 《丹鉛録》:"元人傳奇以魏明帝爲跳槽,俗語本此。"

3225 吕 《玄池説林》:"狐之相接也,必先吕。吕者,以口相接。"按:此傳奇中猥褻廋語,乃亦有本。

---

① "《儼山外集》"當爲"《菽園雜記》",見陸容《菽園雜記》卷七。

3226 男風　晏公《類要》有“左風懷、右風懷”二類，男爲左，女爲右，鄙俗省其“懷”字言之，宋人詩話有以“惡説南風五兩輕”爲謔語者。

3227 陳姥姥　吕種玉《言鯖》：“今婦人褻服中有巾帨之類，用於穢處，而呼其名曰陳姥姥。雖委巷之談，非無自也。隋禦衛將軍陳稜討杜伏威，伏威率衆拒之，稜閉壁不戰，伏威送以婦人褻服，謂之陳姥姥。豈沿其稱歟？”按：《舊唐書·杜伏威傳》但云“遺稜婦人之服，并致書號爲陳姥，以激怒之”，未有以褻服爲“陳姥姥”之説，吕氏言恐未确。

3228 春畫　《漢書·景十三王傳》：“海陽畫屋爲男女贏交接，置酒請諸父姊妹飲，令仰視之。”春畫殆始此也。張衡《同聲歌》：“衣解巾紛卸，列圖衾枕張。素女爲我師，儀態盈萬方。衆夫所希見，天姥教羲皇。”《緯書》言黄帝得房中之術于素女，故詩云云。所謂“列圖”者，亦後世春畫之由漸乎？《迷樓記》：“煬帝令畫工繪士女交合之圖數十幅，懸於閣中。上官時自江外回，鑄烏銅屏，可環寢所，磨以爲鑑，詣闕投進。帝以納迷樓，而御女其間，纖毫皆入鑑中。帝大喜曰：‘繪畫得其象耳，此得人眞容也。’以千金賜上官時。”宋畫苑有《春宫秘戲圖》，所畫蓋此類也，故亦謂之“春宫”。

3229 以色事他人，能得幾時好　李白詩。

3230 寧斷嬌兒乳，莫斷郎殷勤　樂府《前溪歌》。

3231 易求無價寶，難得有情郎　魚玄機《贈鄰女》詩。

3232 黄金用盡教歌舞，留與他人樂少年　司空曙《嫁伎》詩。一作韓滉《聽樂自述》。

卷二十三 貨財

3233 良賈深藏若虛 見《大戴禮·曾子制言篇》。又《史記·老莊傳》。

3234 多錢善賈 《韓非子·五蠹篇》引鄙諺曰："長袖善舞,多錢善賈。"《史記·范雎蔡澤傳》亦引此二語。

3235 奇貨可居 《史記·吕不韋傳》："見子楚而憐之,曰：'此奇貨可居也。'"

3236 滯貨 《周禮·泉府》："掌以市之征布。斂市之不售,貨之滯于民用者,以其賈買之。"又《廛人》注："滯貨不售者,官爲居之。"《抱朴子》："和璧變爲滯貨,柔木廢于勿用。"《世説》注："謝安鄉人有罷中宿縣者,問其歸貲,曰：'惟有五萬蒲葵,又以非時爲滯貨。'安乃取其中者捉之,于是士庶競慕,價增數倍。"按：《閱耕餘録》謂"俗以不合時宜曰滯貨,出于《世説》",不知其先出《周禮》也。

3237 人棄我取 《史記·貨殖傳》："白圭樂觀時變,故人棄我取,人取我與。"

3238 取東償西 束晳《貧家賦》："債家至而相敦,乃取東而償西。"

3239 生處不如聚處 《管子》："物之所生,不若其所聚。"

3240 市井 《毛詩》疏："市井者,《白虎通》言：'因井爲市,故曰市井。'《風俗通》言：'人至市有所鬻賣者,當于井上洗濯令潔,乃到市也。'《春秋井田記》云：'八家九頃二十畝共爲一井,因井爲市,交易而退,故稱市井。'然則本由井田中交易爲市,國都之市亦因名之。"《後漢書·循吏傳》注略同。《管子》注："立市必四方,若造井之制,故曰市井。"

3241 開市 《易林》："開市作喜,建造利事。"按：賈肆每值歲初皆揭書曰"開市大利",本此。

3242 市道 《史記·廉頗傳》："天下以市道交,君有勢則從君,君無勢則去。"《漢書·劉輔傳》："卑人不可以爲主,市道皆知之。"《晉書·華譚傳》："許由讓天子之貴,市道小人爭半錢之利,此相去不啻九牛毛也。"

3243 利孔　《管子·國蓄篇》:"利出一孔者,其國無敵;出二孔者,其兵不詘;出三孔者,不可以舉兵;出四孔者,其國必亡。"《商子·弱民篇》:"利出一孔,則國多物;利出十孔,則國少物。"《鹽鐵論》:"諸侯好利則大夫鄙,大夫鄙則士貪而庶人盗,是開利孔而爲民罪梯也。"

3244 便利　《論衡·是應篇》:"商人必求便利以爲業,買物安肯不求賤,賣物安肯不求貴。"按:或云"便利",猶言"便易",《錢神論》"市井便易,不患耗折"是也,今以其下文繹之,似未然。唐宋人有云"便宜"者,蓋卽此言耳。

3245 據本生利　《周禮·地官·泉府》:"凡民之貸,以國服爲之息。"疏曰:"貸者,卽今之舉物生利。所出之利,各以其于國服事之税爲息也。周時不據其贏所得多少,據本徵利。王莽時,據所贏多少,皆據利徵什一。"

3246 惟利是視　《左傳·成十三年》:"秦與楚盟曰:'余雖與晉出入,余惟利是視。'"

3247 利令智昏　《史記·平原君傳贊》引鄙語云云。又《北史·孫騰等傳論》引鄙語曰:"利以昏志。"

3248 利欲熏心　黄庭堅《贈别李次翁》詩:"利欲熏心,隨人翕張。"

3249 貪小利,失大利　《吕氏·慎大覽》:"小利,大利之殘也。達子請金齊王以賞軍,齊王怒,不給。及戰,大敗,燕人入國,相與爭金于美唐。此貪于小利以失大利者也。"《新論·貪愛篇》:"秦欲伐蜀,路嶮不通,乃斲石爲牛,多以金置牛後,號牛糞之。蜀侯使五丁力士塹山填谷以迎石牛,秦人帥師隨後,滅其國,以貪小利失其大利也。"

3250 賤買貴賣　《戰國策》:"趙希寫謂建信君曰:'良賈不與人爭買賣之賈,而謹伺時,時賤而買,時貴而賣。'"《漢書·景帝紀》:"受財物賤買貴賣,論輕,更議著令。"《鹽鐵論》:"開委府于京以籠貨物,賤卽買,貴卽賣。"

3251 賣弄得過　《墨莊漫錄》:"歐陽公與韓子華、王禹玉同直玉堂,嘗約五十八歲卽致仕。後過限七年,方踐前志,謂子華曰:俗諺云'也賣弄得過裏'。"按:"賣弄"字,見《後漢書·楊震傳》"賣弄威福"、《朱浮傳》"賣弄國恩"。

3252 賣假不賣眞　元稹《估客樂》:"火伴相勒縛,賣假莫賣誠。交關但交假,交假本生輕。"許棐《馬塍種花翁》詩:"年少傳語翁,同業勿相妬。賣假不賣眞,何獨是花樹。"

3253 半價賣　《漢書·食貨志》:"朝令而暮改,當其有者,半價而賣。"

3254 無二價　《孟子》:"市賈不貳。"趙注云:"無二賈者也。"《漢書·王莽傳》:"奏爲市無二賈之制,犯者象刑。"《後漢書·韓康傳》:"賣藥于長安市,口無二價,三十餘年。”

3255 估價擡價 《五代史·漢臣王章傳》:“俸廪不堪者,命有司高估其價,估定又增,謂之擡估。”

3256 隨時價取贖 《魏志·王昶傳》注:“任嘏與人共買生口,各雇八匹。後生口家來贖,時價值六十匹,共買者欲隨時價取贖,嘏自取本價,共買者慚。”

3257 借本治生 見《潛夫論·斷訟篇》。

3258 生意活動 《圖繪寶鑑》:“吳道子畫人物,有八面生意活動。”按:世之商賈習爲此言,蓋以“生業”訛爲“生意”,漫借及之。

3259 素封 出《史記·貨殖傳》注曰[①]:“無秩禄爵之入,而富與封君比者,命曰素封。”

3260 敵國富 《宋史·秦檜傳》:“檜開門受賂,富堪敵國。”

3261 鬬富 《五燈會元》天衣懷有“敢與八大龍王鬬富”語。按:世謂鬬富爲石崇、王愷事,《晉書》但云“爭豪”,不云“鬬富”也。

3262 載寶 《左傳·昭二十年》:“衛公載寶以出。”《禮·檀弓》:“南宫敬叔必載寶而朝。”

3263 元寶 《宋史·食貨志》:“太宗鑄太平通寶,淳化時,故鑄淳化元寶,後凡改元更鑄皆曰元寶。至改元寶元,仁宗仍命以通寶爲文。”按:漢王莽更作錢布之品,名曰“寶貨”,嗣後錢文因有“通寶”、“元寶”之稱。《北史》趙郡王琛取元寶爲字,又趙貴亦字元寶。唐富人有王元寶,似以錢多號之,未必其名字也。近世復稱金銀大鋌爲“元寶”,别無所證。

3264 聚寶盆 《餘冬序錄》:“舊傳沈萬三家有聚寶盆,貯少物,經宿輒滿,百物皆然,他人試之則不驗。事聞,太祖取入,試不驗,遂還沈氏。後沈氏籍没,乃復歸禁中。嘗疑世豈有此物,比見宋初人吳淑《秘閣閑談》云:‘巴東下岩院主僧,水際得一青磁碗,攜歸折花供佛前,明日花滿其中。更置少米,經宿米亦滿,錢及金銀皆然,自是院中富盛。院主年老,一日過江檢田,懷中取碗擲中流,徒弟驚愕,師曰:吾死,爾等寧能謹飭自守?棄之,不欲使爾增罪戾也。’然則昔人亦嘗傳此。世果有此物乎?院主之識高矣。”又《鬱輪岡筆麈》[②]:“沈萬三聚寶盆,後爲帝碎而埋之金陵南門下,故門名聚寶。觀《聞見錄》,知宋時已有其事,錄云:‘主父齊賢,自言少時羈貧,客齊魯村落中。有牧羊兒入古墓中求羊,得一

---

① “注”字當出删,見《史記·貨殖列傳》。

② 當爲《鬱岡齋筆麈》。

黄磁小扁瓶，時田中豆荚初熟，因用以盛之，纔投數荚，隨手輒盈滿。兒驚以告同隊兒，三四試之皆然。道上行人見之，投數錢，隨手亦滿，遂奪以去。兒啼告其父，父方耕，持鋤追行人，及之，相爭競，以鋤擊瓶破，猶持碎片以示齊賢，其中皆五色畫人面相貫聯，色如新'云。"

3265 金銀山　《神異經》："西方日宫之外有山焉，長十餘里，皆大黄之金，不雜土石。又南方有銀山，長五十里，悉是白銀。"

3266 錢樹　《三國志》："邴原得遺錢，拾以繫樹枝，人效繫之者多，遂謂之神樹。"按：後世有"錢樹"之説，卽本此也。《明皇雜録》："許子和，吉州永新倡家女，入宫因名永新。臨卒，謂其母曰：'錢樹子倒矣。'"

3267 含利獸　梁元帝《纂要》："秦漢有怪獸含利之戲。"張衡《西京賦》："含利颬颬，化爲仙車。"薛綜注云："含利，獸名，性吐金，故曰含利。"按：含利之狀，諸書未詳，而俚俗春帖有若狻猊之屬，張口吐金，與摇錢樹、金銀山、聚寶盆交錯並列，蓋以意爲其象耳。

3268 孔方兄　《晉書》魯褒《錢神論》："親之如兄，字曰孔方。"

3269 家兄　又："見我家兄，莫不驚視。"

3270 板兒　董穀《碧里雜存》："國初至弘治，皆行好錢。正德時，京師交易者稱錢爲板兒，所使皆低惡之錢，以二折一，但取如數，而不視善否。既而南方亦行板兒，好錢遂閣不行。"按：今京師猶有以二折一之例，但呼小錢，其好錢乃謂之"老官板兒"。陶岳《泉貨録》曰："閩王審知鑄大鐵錢，亦以開元通寶爲文，五百文爲貫，俗謂之銠玏。"今云"老板"者，似當爲"銠玏"，以其亦五百爲貫，相承其俗稱耳。

3271 王老　《獨異志》："唐富人王元寶，元宗問其家財多少，對曰：'臣請以一縑繫南山一樹，南山樹盡，臣縑未窮。'時人謂錢爲王老，以有元寶字也。"按：今葉子戲有所謂"王老"者，初不解其何義，觀此方曉。

3272 萬萬貫　《居易録》："宋張文忠公叔夜招安梁山濼榜文云：'有赤身爲國不避兇鋒，拏獲宋江者，賞錢萬萬貫，執雙花紅；獲李俊義者，賞錢百萬貫，雙花紅；獲關勝、呼延綽、柴進等者，賞錢十萬貫，花紅有差。'今鬬葉子有萬萬貫、千萬貫、百萬貫、花紅遞降等，采用叔夜榜文中語也。"

3273 鋌　《南史・梁盧陵王傳》："嗣子應不慧，見内庫金鋌，問左右：'此可食不？'"《舊唐書・薛收傳》："上書諫獵，太宗詔賜黄金四十鋌。"《五代史・賈緯傳》："言桑維翰死，有銀八千鋌。"《傳燈録》："藥山儼令供養主抄化甘行者，捨銀兩鋌。"按：世俗計金銀以"錠"，"錠"爲"鋌"之訛也。"錠"乃有足燈，蓋今燭臺之類,與金銀略無關涉。古計墨亦曰幾鋌,今并訛爲“錠”矣。

3274 幕 孫宗鑑《東皋雜録》:“今人擲錢爲博者,戲以錢文面背爲勝負,曰字、曰幕,幕讀如漫。”《漢書·西域傳》:“罽賓國以金銀爲錢,文爲騎馬,幕爲人面。”注:“如淳曰:‘幕,音漫。韋昭曰:錢背也。’顔師古曰:‘幕卽漫耳,無勞借音。’”

3275 錢文 《漢書·食貨志》:“市肆異用,錢文大亂。”按:錢曰文者,以其面字言之,而仍不以字數計也。《孟子》疏:“西子至吳市,觀者各輸金錢一文。”《水經注》:“劉寵去郡,父老人持百錢出送,寵各受一文。”《南齊書·鬱林王紀》:“每見錢,輒曰:‘我昔思汝,一文不得,今得用汝。’”唐張祜詩:“歸來不把一文錢。”

3276 長錢、短錢 《抱朴子》有“取人長錢,還人短陌”語。《隋書·食貨志》:“自破嶺以東,八十爲百,名曰東錢;江郢以上七十爲百,名曰西錢;京師以九十爲百,名曰長錢。”《金史·食貨志》:“民間八十爲陌,謂之短錢。官用足陌,謂之長錢。”

3277 金錢 見《漢書·西域傳》。《述異記》引漢諺:“雖有珠玉,不如金錢。”《南史·吕僧珍傳》:“僧珍生子,宋季雅往賀,署函曰錢一千,僧珍親自發函,乃金錢也。”

3278 見錢 見,音現。《漢書·王嘉傳》:“元帝時,外戚貲千萬者少,故水衡少府見錢多也。”師古注:“見在之錢也。”《後漢書·桓帝紀》:“以助稟貸其百姓,使民者以見錢雇直。”《南史·齊豫章王嶷傳》:“薨後,第庫無見錢,武帝敕月給第見錢百萬。”

3279 本分錢 《唐書·裴延齡傳》:“陛下本分錢,用之無窮,何所難哉?”

3280 儭錢① 《齊書·張融傳》:“殷淑妃薨,建齋灌佛,僚佐儭者多至一萬,融獨注儭百錢。”按:作佛事者給僧直曰“儭”,而前人用字各不同。《翻譯名義》云:“達嚫,此云施財。”《尊婆須密論》作“檀嚫”,《梁高僧傳》:“杯渡分身他土,所得嚫施,回施黄欣。”其“嚫”字從口。寒山詩:“封疏請名僧,䞋錢兩三樣。”《傳燈録》:“南泉設齋,甘行者請黄檗施財。檗曰:‘財法二施,等無差别。’甘曰:‘恁麽道,爭消得某甲䞋。’”《法苑珠林》有“䞋施部”,其“䞋”字從貝。吳均《續齊諧記》:“蔣潛以通天犀導上晉武陵王晞,晞薨,以襯衆僧。”其“襯”字從衣。

3281 脚錢 《朝野僉載》:“監察御史李畬請禄米,送至宅,母問脚錢幾,令史曰:‘御史例不還脚車錢。’母令送脚錢以責畬。”《豹隱紀談》:“吳俗重至節,互送節物,顔侍郎度有詩譏之云:‘脚錢費盡渾閑事,原物多時却再歸。’”

---

① 黄侃:此“薦”或“贊”之轉語,非譯音也。

3282 脚價銀　《舊唐書·張建封傳》："宦者主宫市，抑買人物，仍索進奉門户及脚價銀，人將物詣市，至有空手而歸者。"

3283 賞賜包　《在閣知新録》："今以銀錢勞使，人謂之紙包。宋《武林遺事》云'大内賜包子'，卽賞紙包也。又：'公主下嫁，外庭奉表稱賀，賜宰執以下金銀錢盛包子有差。'"

3284 隨包　《後漢書·宦者傳》："每郡國貢獻，先輸中署爲導行費。"注云："貢獻外别有所入，以爲所獻物之導引也。"按：世俗所謂"隨包"，昉此。

3285 門包　又《梁冀傳》："客到門，不得通，皆請謝門者，門者累千金。"按："門包"昉此。

3286 贖命錢　《北史·和士開傳》："士開見人將加刑戮，多所營救，旣得免罪，卽令諷諭，責其珍寶，謂之贖命物。"

3287 撒花錢　《心史》："元兵犯宋，凡得州縣鄉村，排門脅索金銀，曰撒花。"《元典章》："中統庚申詔，凡拜見、撒花等物，並行禁絶。"又："官司收捕草賊，賊有降者，將刼擄財物于收捕官處作撒花錢，並宜禁斷。"《七修類稿》："三佛齊國來朝貢時，跪于殿陛，先撒金銀花，次以眞珠龍腦，謂之撒花，蓋彼人至重禮也。後元兵至宋闕，索財與之，曰撒花錢，亦以重禮媚之耳。"

3288 拜見錢、追節錢　《草木子》："元末，官吏貪污，其問人討錢，各有名目。所屬始參，曰拜見錢；逢節，曰追節錢；生辰，曰生日錢；管事，曰常例錢；送迎，曰人情錢；論訴，曰公事錢。覓得錢多，曰得手；除得州美，曰好地分，漫不知忠君愛國爲何事也。"

3289 草鞋錢　《傳燈録》："南泉願曰：'漿水錢且置，草鞋錢教誰還。'""夾山謂月輪曰：'子且還老僧草鞋錢，然後老僧還子米價。'"按：此以釋子行脚言也，其公人出差索草鞋錢，則曾見岳百川《鐵拐李》劇。

3290 乾茶錢　耐得翁《都城紀勝》："水茶坊，乃娼家聊設桌凳，以茶爲由，後生輩甘于費錢，謂之乾茶錢。"

3291 姨夫錢　《七修類稿》："杭有無賴子，承父業，延商貨賣。有客至，則入其財爲己有，客索時，又俟後客之貨，轉賣償焉。年復年，客復客，名曰姨夫錢，蓋以夫死，姨復可以嫁人之意耳。"按：此語至今傳之。

3292 喫錢　《元典章》："體察使臣要肚皮旨，使臣每到外頭，因事取受錢物，更有多喫没體例，交百姓生受。"按：肚皮，乃當時喫錢物之廋辭，今不復著，惟喫則猶言之。

3293 直錢　《朱子語録》："束修是至不直錢底，羔雁是較直錢底。"《雪浪齋日記》:"韓持國句'一池秋水沸龜魚',前人評云:'沸字直錢。'"

3294 不直一錢 《史記·灌夫傳》:"罵臨汝侯曰:'平生毁程不識不直一錢,今日乃呫囁耳語。'"《急就章》:"帔敝囊橐不直錢。"《鶴林玉露》:"士大夫若愛一文,不直一文。"

3295 手中無錢 《論衡·量知篇》:"手中無錢,之市,使貨主問曰:'錢何在?'曰:'無錢。'貨主必不與也。夫胸中無學,猶手中無錢也。"庾信《演連珠》嘗用此二語。

3296 無錢可把撮 應瑒詩:"貧子語窮兒,無錢可把撮。"

3297 有錢在處樂 白居易詩:"嘗聞俗間語,有錢在處樂。"

3298 用錢如水 《鶴林玉露》:"軍無賞,士不往;軍無財,士不來。用兵之法,使錢如使水。"梅堯臣詩:"用錢如水贈舞兒。"

3299 錢如糞土 《後漢書·袁譚傳》:"輕榮財于糞土,貴名位于丘岳。"《晉書·殷浩傳》:"官本臭腐,故將得官而夢尸;錢本糞土,故將得錢而夢穢。"摯虞《庫屋銘》:"有財無義,恒家之殃。無愛糞土,以毁五常。"

3300 錢如蜜 《冷齋夜話》:"仲殊嘗客館古寺中,道俗造之,輒就覓錢,皆相顧羞縮曰:'初不多辦來,奈何?'殊曰:'錢如蜜,一滴也甜。'"

3301 守錢虜 《後漢書·馬援傳》:"凡殖貨財産,貴其能施賑也,否則守錢虜耳。"陸游詩:"富貴空成守錢虜,吾今何止百宜休。"又《唐子》:"守錢不施,謂之錢奴。"元人有《看錢奴》雜劇。

3302 賠錢貨 《元曲選》石君寳《曲江池》、喬孟符《兩世姻緣》、無名氏《桃花女》、賈仲名《對玉梳》皆以此爲女子自誚之辭。

3303 錢是人之膽 又鄭廷玉《後庭花》曲用此語。

3304 錢不露陌 見《五燈會元》。今云"露白",訛。

3305 在錢眼裏 《武林聞見錄》:"張循王善治生,紹興間内宴,有優人作善天文者云:'世間貴人必應星象,我能悉闚之。'法當用玉衡對其人,玉衡不能卒辦,用銅錢一文亦可,乃令闚光堯,曰'帝星也',秦師垣,曰'相星也',韓蘄王,曰'將星也',及張循王,曰:'不見其星,只見張郡王在錢眼裏坐。'"

3306 非錢不行 《三國志·夏侯玄傳》注:"蔣濟曰:'洛中市賈,一錢不足則不行。'"《朝野僉載》:"鄭愔爲吏部侍郎,掌選,貪贓不法。引銓日,有選人以百錢繫靴帶,行步有聲。愔見,問之,對曰:'當今赴選,非錢不行。'"又魯褒《錢神論》:"忿爭非錢不勝,幽滯非錢不拔,怨讐非錢不解,令聞非錢不發。"

3307 錢可通神 張固《幽閒鼓吹》:"唐張延賞判一大獄,召吏嚴緝。明旦,案上留小帖云:'錢三萬貫,乞不問此獄。'張怒,擲之。明日復帖子云:'十萬貫。'遂止不問。子弟乘間偵之,張曰:'錢十萬可通神矣。無不可回之事,吾懼禍及,不得不止。'"又"錢可使鬼",詳前卷。

3308 將錢買憔悴　見武漢臣《玉壺春》曲。

3309 有錢者生,無錢者死　漢諺:"廷尉獄,平如砥,有錢生,無錢死。"又魯褒《錢神論》:"死可使活,生可使殺。"

3310 殺人償命,欠債還錢　李之彦《東谷所見》引諺云云。

3311 得人錢財,與人消災　見《元曲選》李行道《灰闌記》。

3312 財多命殆　《後漢書·馮衍傳》:"位尊身危,財多命殆,鄙人知之。"

3313 財與命相連　支允堅《異林》:"常言財與命連,人合掌,十指一一相對,屈其中二指,次第開之,獨無名指不能開,以酒色財氣分配,正值財也。"

3314 財上分明大丈夫　見《元曲選·龐居士》曲。

3315 君子愛財,取之以道　《五燈會元》洞山曉聰、東林道顔皆舉此二語。

3316 無財鬬力,有財鬬智　《史記·貨殖傳》:"無財作力,少有鬬智。"《正義》曰:"言少有錢財,則鬬智巧而求勝也。"

3317 以財爲草　《説苑·説叢篇》:"以財爲草,以身爲寶。"

3318 財主　《周禮·朝士》"凡民同貨財者"注[①]云:"同貨財,謂財主出債與生利還生,則同有貨財。"又"凡屬責者"疏云:"謂有人取他責,乃别轉與人,使子本依契而還財主。"《世説》:"陳仲弓曰:'盜殺財主,何如骨肉相殘?'"按:古云"財主",俱對債者而言,非若今之泛稱富室。

3319 財會　《周禮·大宗伯》:"以禬禮哀圍敗。"注:"同盟者,會合財貨,以更其所喪。"疏:"國被禍,喪失財物,則同盟之國會合財貨歸之。《春秋》澶淵之役,謀歸宋財。"

3320 財源　《荀子·富國篇》:"財貨渾渾如泉源,汸汸如江河。"

3321 財運　《拾遺記》:"人生財運有限,不得盈溢,懼爲身之患害。"

3322 財氣　《夢書》:"夢見禾稼吉,財氣生。"

3323 横財　《獨異志》:"盧懷慎暴卒,夫人崔氏曰:'公清儉廉潔,賂遺毫髮不留。張説納貨山積,其人尚在,奢儉之報,豈虚也哉?'宵分,公復生,曰:'冥司有三十爐,爲張説鼓鑄横財,我無一焉,豈可並哉?'言訖復絶。"陸游詩"地下無

① "注"當爲"疏",見《周禮注疏》卷三五。

人鑄横財"[①],用此。

3324 銅臭 《後漢書·崔寔傳》:"寔從兄烈因傅母入錢五百萬,得爲司徒,問其子鈞曰:'吾居三公,于議者何如?'鈞曰:'議者嫌其銅臭。'烈怒,舉杖擊之。"皮日休詩"吳中銅臭户"、蘇軾詩"東縣聞銅臭",皆用此。

3325 有 《詩·大雅》:"爰衆爰有。"箋[②]曰:"有,財足也。"《列子·説符篇》:"孟氏窘于貧,羨施氏之有。"注曰:"有,猶富也。"

3326 有分、無分 《左傳·昭十二年》:"楚子曰:'四國皆有分,我獨無有。'子革曰:'齊,王舅也。晉及魯、衛,王母弟也。楚是以無分,而彼皆有。'"注:"分,謂珍寶之器,扶問反。"

3327 無中生有 《老子》:"天下萬物生于有,有生于無。"《列子·天瑞篇》引《黄帝書》曰:"形動,不生形而生影;聲動,不生聲而生響;無動,不生無而生有。"

3328 稱家之有無 《檀弓》子游問喪具,夫子云。

3329 家私 《續漢書》:"靈帝造萬金堂以爲私藏,復寄小黄門常侍家私錢,至數千萬。"楊瑀《山居新語》:"江西吕師夔,至元間分折家私作十四分。"[③]

3330 家道 猶云"家私"也。皮日休《花翁》詩:"不知家道能多少,只在句芒一夜風。"

3331 論家計 古《捉搦歌》:"何不早嫁論家計。"

3332 作家 《蜀志·楊戲傳》注引《襄陽記》:"楊顒謂諸葛亮曰:'爲治有體,請以作家譬之。"按:作家,本猶治家,而俗以畜積財産言之。《晉書·食貨志》漢靈帝言:"桓帝不能作家,會無私畜。"俗所祖述,蓋自此。

3333 掘藏 《淮南子·人間訓》:"掘藏之家必有殃,以言大利而反爲害也。"《晉書·束晳傳》:"汲冢有《梁丘藏》一篇,言丘藏金玉事。"《採蘭雜志》[④]:"吳俗遷居,預作飯,米下置猪臓共煮之。及進宅,使婢以箸掘之,名曰掘藏。臨掘,向竈祝曰:'自入是宅,大小維康。掘藏致富,福禄無疆。"

3334 抽豐[⑤] 《野獲編》載都城俗事對偶,以"打秋風"對"撞太歲"。蓋俗以自遠干求,曰"打秋風";以依托官府,賺人財物,曰"撞太歲"也。《暖姝由筆》載靖江郭令《辭謁客》詩,有"秋風切莫過江來"之句。《七修類稿》:"米芾札中有

① "人"當爲"爐",見《劍南詩藁》卷一四《哭王季夷》。

② "箋"當爲"注",見朱熹《詩集傳》卷六。

③ "新語"當爲"新話","折"當爲"析",見《山居新話》卷四。

④ "《採蘭雜志》"當爲"《嘉蓮燕語》",見陶宗儀《説郛》卷三一下。

⑤ 黄侃:當作"抽分"。

'抽豐'二字,卽世云秋風之義。"蓋彼處豐稔,往抽分之耳。

3335 縮囊　《易林·賁之涣》:"乾無潤澤,利少囊縮。"按:俚俗以漸致貧窘曰"縮囊"。

3336 賣假香　魯應龍《括異志》:"華亭黄翁,世以賣香爲業,販栢木及藤頭,斷截蒸透,醮墨水,攤乾貨賣。淳熙間,泊船東湖,湖口有金山王廟。夜三鼓,忽有人揎起毆之曰:'汝何貨賣假香,可速去來。'次日抵舍,病月餘而斃。"按:浙西語,凡作僞破露,槪云"獲著賣假香者矣",當本于此。

3337 調白　《元典章》:"惡黨局騙財物,其局之名七十有二,略舉如太學龜、美人局、調白之類是也。"按:以假易眞爲"調白",今猶聞其目。

3338 脱空　《十國春秋》:"郭忠恕責馮道曰:'令公累朝大臣,誠信著天下,今一旦反作脱空漢乎?'"《雲笈七籤》:"有脱空王老,時人莫知年歲,隱現自若,屢于人間蟬蜕轉脱,故人謂之脱空王老。"按:里俗有"脱空祖師"之説,豈卽指其人歟?

3339 空頭漢　《北史·斛律金傳》帝駡李若云:"空頭漢合殺。"

3340 外頭花花裏頭空　《宣政雜錄》:"宣和初,燕民來居京師,俗有歌云:'臻蓬蓬,外頭花花裏頭空。'"

3341 空裏得來空裏去　《治世餘聞》:"南京守備太監劉瑯以貪婪積貲,而信神異。有玉縧環值價百鎰,術士紿令獻玉皇,遂竊之而出。或爲詩笑之,有'空裏得來空裏去,玉皇原不繫縧環'句。"

3342 債多不愁　李流芳詩:"人言債多能不愁,我因爲作終夜憂。"①

3343 放債　《容齋五筆》:"今人出本以規利,謂之放債,又名生放。攷之亦有所來,《漢書·谷永傳》:'至爲人起責,分利受謝。'顔師古曰:'言富賈有錢,假託其名,代爲之主,放與他人,以取利息,而共分之。'此放字所起也。"

3344 收債　《史記·孟嘗君傳》:"問何人可收債于薛者,舍人曰:'馮公無他伎能,宜可令收債。'"

3345 京債　《舊唐書·武宗紀》:"會昌二年二月中書奏,赴選官多京債,到任填還,致其貪求,罔不由此。"按:近世外官初選,在京借銀辦裝,謂之"京債",唐亦有然。

3346 私債　《鹽鐵論》:"高枕談卧,無叫號者,不知憂私債與吏正戚者之愁也。"皮日休詩:"農時作私債,農畢歸官倉。"范成大詩:"牋訴天公休掠剩,半償

---

① "我因爲作終夜憂",《檀園集》卷二《南歸戲爲長句自解》作"我今真作隔夜憂"。

私債半輸官。”

3347 前生債 《唐音戊籤》:“鄭還古《吉州道中》詩:‘若有前生債,今朝不懊還。’”又“來生債”,見元人雜劇。

3348 當 《左傳·哀八年》:“以王子姑曹當之。”注云:“言求吳王之子以交質。”《漢書·匈奴傳》:“漢出三千餘騎入匈奴,捕虜數千還,匈奴終不敢取當。”注云:“當者,報其直。”《後漢書·劉虞傳》:“虞所賚賞,典當于夷,瓚復抄奪之。”注云:“當,音丁浪反。”按:俗謂質舖曰“當”,“當”字義,備此三書。唐以前,此事惟僧寺爲之。《南史·循吏傳》:“甄彬以束苧就長沙寺庫質錢,後贖苧,于苧束中得五兩金,送還寺庫。”《五燈會元》:“天游過廬山,主僧不納,曰:‘正是質庫中典牛也。’”《老學庵筆記》言:“僧寺作庫,質錢取利,謂之長生庫。”皆此也。唐《異聞集》:“薛仿作《霍小玉傳》云:‘服玩之物,多托于西市寄附鋪侯景先家。’”見此時士庶家有效僧寺爲之者,然但謂之“寄附鋪”,而無“當”名。《清河書畫舫》云:“展子虔眞跡,有宋時印文曰‘台州市房務抵當鋪印’。”則易“寄附”爲“抵當”矣。其更省去“鋪”字單稱曰“當”,不知又起何時。

3349 鈔 《明會典》:“國初止有商稅,未嘗有船鈔。宣德間,始設鈔關。”《儼山外集》①:“鈔字,韻書平去二聲,爲掠取、錄寫之義,無以爲楮幣名者。今之鈔卽古之布,但古以皮,今以楮耳。《宋史》有鹽鈔,蓋卽鹽引也。鈔之名,始見《金史》,時有交鈔之制,以一貫至五十貫名大鈔,一百文至七百文名小鈔,元以來沿襲其制。”②按:鈔關之設,本藉以收鈔而通鈔法也。今鈔法久停,而關名未易,里俗謂富人曰“鈔老”、佩囊曰“鈔袋”、費錢財曰“破鈔”,皆仍宋、元、明用鈔時語。

3350 合同 《周禮·天官·小宰》:“聽稱責以傅別,聽買賣以質劑。”注云:“傅別,謂爲大手書于一札,中字別之。質劑,謂兩書一札,同而別之。”又《秋官·朝士》:“凡有責者,有判書以治。”疏云:“半分而合者,卽質劑、傅別,分支合同,兩家各得其一者也。”按:今人產業買賣,多于契背上作一手大字,而于字中央破之,謂之合同文契。商賈交易,則直言合同而不言契。其制度稱謂,由來俱甚古矣。

3351 帳 《周禮·遺人》疏:“當年所稅多少,總送帳于上。”《漢書·光武紀》注:“郡國計,若今之諸州計帳也。”《北史·高恭之傳》:“秘書圖籍,多致零落,詔

① “《儼山外集》”當爲“《菽園雜記》”,見陸容《菽園雜記》卷八。
② 《函海》本此處有:今名關曰“鈔關”,所沿襲也。

令道穆總集帳目。"按:幃幄曰帳,而計簿亦曰帳者,運籌必在幃幄中也[①]。今市井或造"賬"字用之,諸字書中皆未見。

3352 主故　《日知録》:"市井人謂頻相交易者爲主顧。《後漢書》有'主故'字,'顧'當是'故'之譌。"按:元馬致遠《青衫淚》曲有云"舊主顧"者,則其訛亦久矣。

3353 子本　見《周禮·朝士》疏。《韓昌黎集·柳子厚墓志》:"男女質錢,約不時贖,子本相侔,没爲奴婢。"元稹《估客樂》:"子本頻蕃息,貨賂日兼并。"黄山谷詩:"更當力貧開酒椀,走謁鄰翁稱子本。"按:子音孳,孳,息也。俗不知其字,或訛"資本"[②]。

3354 資斧　見《易·旅卦》。

3355 羡餘　《唐書·食貨志》:"淮南節度使杜亞等,皆徼射恩澤,以常賦入貢,名曰羡餘。"《宋史·食貨志》:"王逵得緡錢三十萬,進爲羡餘。"

3356 盤纏　《元典章》户部例有"長行馬斟酌盤纏"條,刑事例有"侵使軍人盤纏"條。按:二字元以前未見用者,方回《聽航船歌》"三日盤纏無一錢",亦是降元后作。

3357 梯己　《心史》:"元人謂自己物,則曰梯己物。"《元典章》:"押馬人員,于中夾帶梯己馬匹,出使經過州縣,中間要做梯己人情,如此類甚多。"《山居新語[③]》:"嘗見周草窗家藏徽宗在五國城寫歸御批,有云'可付與體己人'者,即所謂梯己人。"按:今西北人多有此言,若云狗私利耳。

3358 注　《莊子·達生篇》:"以瓦注者巧,以鈎注者憚,以黄金注者殙。"《淮南·説林訓》作"鉒",注云:"鉒者,提馬也,博家謂之投翮。"按:今博家猶以所累錢物爲"注"。《墨莊漫録》載李元膺《十憶詩》,其《憶博》有"袖映春葱出注遲"句[④]。

3359 孤注　《宋史長編》:"澶淵之役,王欽若譖曰:'寇準以陛下爲孤注。'"《元史·伯顏傳》:"宋將士曰:'今日我宋天下猶賭博孤注[⑤],輸贏在此一擲耳。'"《賓朋宴語》:"博者以勝彩累注,敗者惟有畸零,不累注數,謂之孤注。"

---

① 黄侃:此説繆。"帳"乃"中"("治中"、"升中"皆此"中"字)之轉。黄焯:"中"轉爲"帳",猶"江"從"工"而讀古雙切耳。《匡謬正俗》七引古豔歌"中"與"香"、"傍"爲韻,云"中,之當反,音張",是也。

② 此處《函海》本有:又"子母錢"見《白孔六帖》,"子本"之"子"即"子母"之"子"也。

③ "語"當爲"話",見《山居新話》卷四。

④ 以上三處"博"原訛"慱",據《函海》本改。

⑤ "博"原訛"慱",據《函海》本改。

3360 囊家 王得臣《麈史》:"世之糾率蒱博者,謂之公子家,又謂之囊家。一有賭,兩人以上,須置囊,合依條檢文,投錢入囊。"宋清《博經》①:"假借錢物謂之囊家,計一而取謂之乞頭。"②

3361 頭家 《吹景集》:"博戲者③,立一人司勝負,曰頭家。唐《文④英華》薛㥄有《戲摴蒱頭賦》云:'鑒座中之奔北,爲席上之司南。'"

3362 乞頭 《東坡志林》:"都下有道人賣諸禁方,其一曰'賭錢不輸方'。少年有好慱者⑤,以千金得之,歸發視其方,但曰:'止乞頭。'"

3363 用度 《後漢書·光武帝紀》:"頃者師旅未解,用度不足,故行什一之稅。"《宋史·職官志》:"户部掌軍國用度,以周知其出入盈虚之數。"

3364 流通 《鹽鐵論》:"大農開利百脉,萬物流通,而縣官富實。"《孔帖》:"唐崔陵爲觀察使,商賈流通,貲物益饒。"

3365 花費 見《律》"損壞倉庫財物"條下。

3366 乾没 《史記·酷吏傳》:"張湯始爲小吏,乾没,與長安富賈田甲之屬私交。"徐廣注曰:"乾没,隨勢浮沉也。"如淳曰:"得利爲乾,失利爲没。"《三國·魏志·傅嘏傳》:"諸葛恪揚聲欲向青徐,嘏言:恪豈輕根竭本,寄命洪流,以徼乾没乎?"裴注云:"有所徼射,不顧乾燥與沉没而爲之也。"⑥《晉書·潘岳傳》:"爾當知足,而乾没不已乎。"《張駿傳》:"霸王不以喜怒興師,不以乾没取勝。"《魏書·宋維傳》:"元义寵勢日隆,便至乾没。"《北史·甄琛傳》:"世俗貧競,乾没爲風。"《顏氏家訓》:"陸機犯順履險,潘岳乾没取危。"《抱朴子》:"忘膚髮之明誠,尋乾没之難冀。"按:諸所云大抵皆徼幸取利之義。而世俗又以掩人財物爲乾没,其言則自唐以後始。《五代史·李崧傳》:"李嶼僕與葛延遇,爲嶼商賈,乾没其貲。"《宋史·河渠志》:"孟昌齡妄設隄防,多張梢椿之數,每興一役,乾没無數。"王明清《揮麈後錄》:"某家有《逢辰錄》,爲錢仲昭假去乾没。"

3367 賒 《周禮·泉府》:"凡賒者,祭祀無過旬日,喪紀無過三月。"疏云:

---

① 以上兩處"博"原訛"慱",據《函海》本改。

② 此處《函海》本有:今人又謂之"打頭",又謂之"頭家"。

③ "博"原訛"慱",據《函海》本改。

④ "文"下脱"苑"字,見《文苑英華》卷一〇〇。

⑤ "慱"當爲"博"。

⑥ 黄侃:"乾没"猶連言緩急、存亡,而以裴注爲定義。俗云"死活要錢"、"横直要錢"、"左右要錢",則"乾没"者猶云"不管乾底濕底"耳。或云"乾没"猶"干冒"。《國語》云"戎狄冒没輕儳","冒没"猶"乾没"矣。

“二者事大，故賖與民，不取利。”《漢書[①]・劉盆子傳》：“吕母釀醇酒，少年來沽者，輒賖與之。”按：此經史中初有“賖”字。

3368 折[②]　《荀子・修身篇》：“良賈不爲折閲不市。”注云：“折，損也，謂損所閲賣之物價也。”《淮南子・齊俗訓》：“農無廢功，工無苦事，商無折貨。”《漢書・食貨志》：“攷檢厥實，用其本賈取之，毋令折錢。”按：今商賈以虧其本價爲“折”。

3369 賠　《升庵外集》：“昔高歡立法，盗私物，十備五；盗官物，十備三。後周詔：侵盗倉廪，雖經赦免，徵備如法。備，償補也，音裴，今作賠，音義同，而賠字俗，從備爲古。”按：舊字書皆無“賠”字，惟《字彙》載焉。

3370 算　《類篇》《集韻》皆又上聲讀，音損管切。按：今俗有此言，謂人之計小利而吝于出納也。或云“省節”之“省”訛爲此音，未是。

3371 喫虧[③]　杜牧詩：“却笑喫虧隋煬帝，破家亡國爲何人。”一本作“喫虚”。

3372 討便宜　寒山詩：“凡事莫過分[④]，盡愛討便宜。”又李涉《山居》詩：“想得俗流應大笑，不知年老識便宜。”《傳燈録》：“丹霞與龐居士戽水，曰：‘得便宜者少。’龐曰：‘誰是落便宜者。’”

3373 得便宜處不可再去　《邵氏聞見録》：“康節先生嘗誦希夷之語曰：‘得便宜事不可再作，得便宜處不可再去。”按：鄙諺“得利不可再往”，卽此意。

3374 家有千貫，不如日進分文　見《元曲選》秦簡夫《東堂老》劇。

① “漢書”當爲“後漢書”，見《後漢書・劉盆子傳》。

② 黄侃：方音今讀若舌。

③ 黄侃：卽“契澗”。

④ “過分”，《全唐詩》卷八〇六《詩三百三首》作“容易”。

卷二十四 居處

3375 安居樂業 仲長統《昌言》:"安居樂業,長養子孫,天下宴然。"諸葛亮《心書》:"昔者,聖人之致理也,安其居,樂其業。"

3376 安土重遷 《漢書·元帝紀》:"永光四年詔:安土重遷,黎民之性。"又《焦氏易林》:"安居重遷,不去其廛。"

3377 求田問舍 《魏志·陳登傳》:"劉備謂許汜曰:'君有國士之名,而求田問舍,言無可采。'"《南史·顔延之傳》:"延之啓買人田,不肯還直,荀赤松奏曰:'求田問舍,前賢所鄙。延之惟利是視,無所顧忌。'"陳造詩:"已辦求田問舍謀,登臨那復更悲秋。"范成大詩:"求田問舍亦何有,歲晚倦游思故鄉。"

3378 作舍道旁,三年不成 《後漢書·曹褒傳》引諺云云。《詩·小雅》:"如彼築室于道謀。"朱子注云:"古語'作舍道邊,三年不成',蓋出于此。"

3379 退避三舍 《左傳·僖二十三年》:"楚子謂重耳:'若反晉國,則何以報?'對曰:'晉楚治兵,遇于中原,其避君三舍。'"《僖二十八年》:"晉及楚戰于城濮,退三舍避之。"

3380 三宫六苑 《小學紺珠》:"唐太和時有三宫,郭皇后居興慶宫,王太后居義安殿,文宗母蕭后居大内;又有三苑,曰西内苑、東内苑、禁苑。"按:近人有"三宫六苑"語,蓋誤。

3381 快樂仙宫 《三朝北盟會編》:"王繼先占豐樂橋官地,屋宇宏麗,都人謂之快樂仙宫。"①

3382 空中樓閣 《夢溪筆談》:"登州四面臨海,春夏時遥見空際有城市樓臺之狀,土人謂之海市。"按:今凡言行虚搆者,世率取此譬之。

3383 無地起樓臺 魏野《贈寇萊公》句。

3384 近水樓臺 俞文豹《清夜錄》載蘇麟《上范文正公》詩:"近水樓臺先得

① 此處《函海》本有:"快樂"二字見此。

月，向陽草木易爲春。”

3385 上樓去梯　《孫子·九地篇》：“帥與之期，若登高而去其梯。”《世説》：“殷中軍廢後，恨簡文曰：‘上人著百尺樓上，擔將梯去。”按：此屬喻言，而其事亦實有。《蜀志·諸葛亮傳》：“劉琮將亮游後園，共上高樓，飲宴之間，令人去梯，因謂亮曰：‘今日上不至天，下不至地，可以言未？’”

3386 坐不垂堂　《史記·袁盎傳》引語云：“千金之子不垂堂，百金之子不騎衡。”司馬相如《諫獵疏》引鄙諺：“家絫千金，坐不垂堂。”

3387 昇堂　《定命錄》：“張文瓘少時，曾有人相之云：‘當爲相，然不得堂食。’及在此位，每昇堂欲食，卽腹脹痛。”按：凡州縣臨廳事，今皆謂之“昇堂”。

3388 哄堂　《海錄碎事》：“唐制，三院上堂絶言笑。雜端大笑，則合坐皆笑，謂之哄堂。”

3389 堂上一呼，堂下百諾　《吕覽·貴直論》：“宋王飲酒，室中有呼萬歲者，堂上盡應，堂上已應，堂下盡應，門下庭中聞之，莫敢不應。”按：元人《舉案齊眉》《誶范叔》劇皆云“堂上一呼，階下百諾”，乃隱括此段文。

3390 矦門一入深如海　崔郊句。《唐宋遺史》載其本事甚詳。又杜荀鶴《對酒吟》：“客路如天遠，矦門似海深。”

3391 高門大屋　見《史記·孟子荀卿列傳》。

3392 高大門閭　見《漢書·于定國傳》。

3393 千門萬户　《史記·封禪書》：“帝作建章宫，度爲千門萬户。”《易林》：“千門萬户，大福所處。”《文選·西都賦》：“張千門而立萬户。”《靈光殿賦》：“千門相似，萬户如一。”

3394 門户　《魏志·曹爽傳》注：“桓範謂曹羲曰：‘于今日卿等門户倒矣。’”《晉書·王敦傳》：“我兄老婢耳，門户衰矣。”《周顗母李氏傳》：“我屈節爲汝家作妾，門户計耳。”《南史·孝義傳》：“孫棘妻寄語屬棘：‘君當門户，豈可委罪小郎？’”《古詩》：“健婦持門户，亦勝一丈夫。”杜詩：“鼎食分門户，詞場寄國風。”《唐書·宰相世系表》：“有爵爲卿大夫，世世不絶，謂之門户。”

3395 有門户　《韓非子·内儲説》：“聽有門户，則臣壅塞。”注云：“各聽所從，若門户然。”又《亡徵篇》：“不以衆言參驗，用一人爲門户者，可亡也。”按：世以私通關説曰“尋門户”，本此。

3396 同門異户　《法言·君子篇》：“吾于荀卿之于子思、孟軻，見同門而異户也。”又《淮南子·人間訓》：“物類之相摩近，而異門户者，衆而難識也。”

3397 撑門柱户　見王褒《僮約》。

3398 倚門傍户 《五燈會元》:“僧問紙衣和尚:‘如何是賓中賓?’曰:‘倚門傍户。’”又:“智賢小參偈曰:‘倚他門户傍他牆,剛被時人喚作郎。’”

3399 門當户對 《燕在閣知新録》:“《世説》云:‘王長史往與支語,不大當對。’”今俗語“門當户對”,本此。

3400 不出户,知天下 見《老子》。按:今諺“秀才不出門,能知天下事”,卽此語。

3401 杜門不出 《戰國策》:“公子虔杜門不出,已八年矣。”《管子·輕重丁篇》:“城陽大夫積資財,而遠近兄弟皆饑寒,滅其位,杜其門而不出。”

3402 尊門 《晉書·傅咸傳》:“經過尊門,冠蓋車馬填塞衢巷。”按:今指稱他人之門則曰“尊門”,亦曰“貴門”。《古焦仲卿妻》詩:“往昔初陽歲,謝家來貴門。”

3403 寒門 《蜀志·張任傳》:“家世寒門。”《北史·李諤傳》①:“上品無寒門。”

3404 善門 《輟耕録》:“丘處機祖父業農,世稱善門。”

3405 專門 《漢書·儒林傳》:“嚴彭祖、顔安樂各專門教授。”又:“夏侯勝從父子建卒自顓門名經。”顓,與“專”通。

3406 門風 《世説新語》:“王修載樂託之性,出自門風。”又注引《阮孚别傳》:“孚風韻疎淡,少有門風。”《宣和書譜》:“御府藏王羲之眞跡,有門風帖。”

3407 留後門 《鶴林玉露》:“紹興時,劉豫入寇,趙元鎮請高宗親征。喻子才曰:‘今若直前,萬一蹉跌,退將焉託?要須留後門,庶幾進退有據。’”

3408 門外漢 《五燈會元》:“圓智舉東坡詩‘溪聲便是廣長舌,山色豈非清淨身’曰:‘若不到此田地,如何有這箇消息?’此菴曰:‘是門外漢耳。’”

3409 破落户 《咸淳臨安志》:“紹興二十三年,上謂大臣曰:‘近令臨安府收捕破落户,編置外州,本爲民間除害,乃今爲人訴其恐嚇取錢。令有司子細根治,務得其實。’先是行在號破落户者,巧于通衢竊取人物,故有是命。”

3410 開門揖盜 《吴志·孫權傳》:“張昭曰:‘開門而揖盜,未可以爲仁也。’”《南史·羊侃傳》:“吾不能妄受浮説,開門揖盜。”

3411 賊去後關門 《傳燈録》傾心寺法瑫舉此語。

3412 門下 《戰國策》:“齊人馮煖使人屬孟嘗君,願寄食門下。”《史記·信陵君傳》:“誡門下有敢爲魏王使通者,死。”《張儀傳》:“求見蘇秦,秦乃誡門下人

① “《北史·李諤傳》”當爲“《晉書·刘毅傳》”,見《晉書·刘毅傳》。

不爲通。"《鄭當時傳》:"誡門下,客至無貴賤,無留門者。"《漢書·司馬相如傳》:"臨邛諸公,皆因門下獻牛酒交驩。"按:諸所云"門下",皆謂使役之人。惟《後漢書·承宫傳》:"過徐盛廬聽經,遂請留門下。"注引《續漢書》:"宫棄其猪,猪主欲笞之,門下生共禁止。"又云:"宫得虎所殺鹿持歸,肉分門下,取皮上師。"此云"門下"者,乃門弟子。蓋弟子之稱"門下",自後漢起也。

3413 宇下　《左傳·昭十三年》:"衛人饋叔向曰:'諸侯事晉,未敢携貳,況衛在君子宇下,而敢有異志乎?"注云:"屋宇之下,喻近也。"

3414 屋下架屋　《世説》:"庾仲初作《揚都賦》,人人競寫,都下爲之紙貴。謝太傅云:'不得爾,此是屋下架屋耳。'"注云:"王隱論揚雄:《玄經》雖妙,非益也,是以古人謂其屋下架屋。"《顔氏家訓·序致篇》:"魏晉來所著諸子,理重事複,猶屋下架屋,床上施床耳。

3415 白屋出三公　《漢書·主父偃[①]傳》:"士或起白屋而致三公。"

3416 心寬不在屋寬　白居易《小宅》詩:"何勞問寬窄,寬窄在心中。"用俗諺也。

3417 離家一里,不如屋裡　見《元曲選·硃砂擔》劇。

3418 聚族而居　《左傳·襄二十八年》:"慶封奔吴,聚其族而居之。"

3419 住東頭,住西頭　《世説》:"士龍住東頭,士衡住西頭。"

3420 一宅分爲兩院　見楊文奎《兒女團圓》劇。

3421 各自一家　《蜀志·先主傳》:"元起常資給先主,元起妻曰:'各自一家,何能常爾耶?'"

3422 當家　《史記·始皇紀》:"百姓當家,則力農工。"《朝野僉載》:"婁師德曰:'若犯國法,卽師德當家,兒子亦不能捨。'"范成大詩:"晝出耘田夜績麻,村莊兒女各當家。"

3423 私房　《北史·崔昂傳》:"孝芬兄弟孝義慈厚,一錢尺帛不入私房。"《北周書·韋叔裕傳》:"早喪父母,事兄嫂甚謹,所得俸祿,不入私房。"[②]

3424 入室操戈　《後漢書·鄭康成傳》:"何休曰:'康成入吾室,操吾戈以伐我乎?'"

3425 十室九空　《景定建康志》載鄭俠《和王安石》詩:"何處難緘口,熙寧失政中。四方三面戰,十室九家空。"蔣子正《山房隨筆》載文本心《上賈相啓》:"人

---

① "主父偃"當爲"吾丘壽王",見《漢書·吾丘壽王傳》。
② 此處《函海》本有:今俗言婦女積餘錢曰"私房",本此。

家如破寺，十室九空。太守若頭陀，兩粥一飯。”

3426 鄉館 《東皐子集》附有崔善爲《荅王無功載酒鄉館》詩。

3427 開館 《後漢書》：“來艷好學下士，開館養徒。”

3428 開東閣 《漢書·公孫弘傳》：“起客舍，謂之東閤，招迎賢士。”《後漢書·班固傳》：“東平王蒼以至戚輔政，開東閣，延英雄。”

3429 閣下 《因話録》：“古者三公開閣，郡守比古諸矦，亦有閣，故皆稱閣下。”

3430 束之高閣 《晉書·庾翼傳》：“杜乂、殷浩並才冠當世，翼弗之重，語人曰：‘此輩宜束之高閣。’”韓愈詩：“《春秋》三傳束高閣，獨抱遺經究終始。”按：此“閣”猶《禮記》“七十有閣”之“閣”，俗所謂閣板也。

3431 寄人籬下 《張融集自序》：“丈夫當删《詩》《書》制禮樂，何至因循寄人籬下！”又嚴羽《答吳景仙書》：“僕之詩話非傍人籬壁、拾人涕唾得來者。”

3432 籬挈樋，樋挈籬 《戒菴漫筆》：“今人以相助爲挈輔，語曰‘籬挈樋，樋挈籬’，是卽輔車相依之義。”

3433 飛簷走壁 《朝野僉載》：“柴紹弟集[1]輕趫迅捷，踊身而上，挺然若飛，能自簷頭捻椽，復上越百尺樓，嘗著吉莫靴走上磚城，至女牆，手無攀引。太宗謂此人不可處京邑，出爲外官，時人號之爲壁龍。”

3434 東壁打西壁 《傳燈錄》國清奉荅僧問“西來意”云云。《五燈會元》覺海、道楷答僧問“和尚家風”，皆舉斯語。按：卽《史記》“家徒壁立”意。

3435 壁角落頭 見《東坡集·大慧眞贊》。按：馬致遠《薦福碑》曲稱“閣落裏”，“閣”字誤用。

3436 壁上臺歷 劉克莊詩：“今年臺歷無人寄，且就郫翁壁上看。”按：俚俗以此號《春牛圖》也。

3437 隔牆有耳 《管子·君臣下篇》：“古有二言：‘牆有耳，伏寇在側。’牆有耳者，微謀外泄之謂也；伏寇在側者，沉疑得民之道也。”按：《詩·小弁》“耳屬于垣”，亦此意。

3438 土相扶爲牆，人相扶爲王 見《北齊書·尉景傳》。

3439 一梁拄一柱 《五燈會元》慶閑看僧堂云。

3440 托梁易柱 《帝王世紀》：“紂能倒拽九牛，撫梁易柱。”《論衡·語增篇》亦云。

---

① “集”當爲“某”，見《朝野僉載》卷六。

3441 梁上君　《後漢書·陳寔傳》："有盜夜入其室，止于梁上。寔陰見，起命子孫，正色訓之曰：'人不可不自勉，不善之人，未必本惡，習以性成，遂至於此，梁上君子者是矣。'盜大驚，投地歸罪。"

3442 石敢當　見史游《急就章》。注云："敢當，言所當無敵也。"《墨莊漫錄》："慶歷中，張緯宰莆田，得一石，其文曰：'石敢當，鎮百鬼，壓災殃，官吏福，百姓康，風聲盛，禮樂昌。'有大歷五年縣令鄭押字記。"《繼古叢編》："吳民廬舍遇街衢直衝，必設石人或植片石，鐫石敢當以鎮之，本《急就章》也。"按：或據《五代史》："劉知遠爲晉押衙，高祖遇唐愍帝于傳舍，知遠使勇士石敢袖鐵鎚侍高祖，以虞變。"謂植石所鐫取此。既大歷時有鐫之者，斷知此説非矣。劉元卿《賢奕錄》、陳繼儒《群碎錄》俱以"石敢當'三字爲人姓名，攷史游原文，石本爲姓，其敢當字。宋延年等雖嘗有名之説，而顔注非之，今未可遽以爲實。

3443 爲塔已將及尖　俗語云云，喻功垂成莫毁也。《五代史·李崧傳》："晉高祖深德之，陰遣人謝曰：'爲浮屠者必合其尖。'"蓋欲崧之始終成己事，與俗語略同。

3444 頭無片瓦　《唐書·五行志》："咸通時童謠曰：'頭無片瓦，地有殘灰。'"《傳燈錄》："夾山問船子和尚：'如何是道者？'曰：'此人上無片瓦，下無卓錐。'"

3445 土崩瓦解　始見《春秋考異郵》。《鬼谷子·抵巇篇》："土崩瓦解而相伐射。"《史記·始皇紀》："秦之積衰，天下土崩瓦解。"《主父偃傳》："天下之患，在于土崩，不在于瓦解。"《吳志·陸遜傳》："諸軍四面蹙之，土崩瓦解，死者萬數。"《北史·齊紀總論》："持瓢不止百人，搖樹非惟一手，於是土崩瓦解，衆叛親離。"

3446 瓦解冰消　見《唐書·李密傳》。《五燈會元》："圓智偈曰：'兒孫不是無料理，要見冰消瓦解時。'"又雲龍歸、長興滿、鐵佛嵩、慧日堯並嘗舉"冰消瓦解"語。

3447 上漏下濕　《莊子·讓王篇》："原憲居環堵之室，上漏下濕，匡坐而弦。"《淮南子·原道訓》："蓬户瓮牖，揉桑爲樞，上漏下濕，潤浸北房。"《鹽鐵論》："廣厦洞房者，不知專屋狹廬、上漏下濕者之瘤也。"

3448 曲突徙薪　見《漢書·霍光傳》。《説苑·權謀篇》"突"字作"堗"。

3449 跨竈　《海客日談》："馬前蹄之上有兩空處，名竈門。馬之良者，後蹄印地之迹反在前蹄印地之前，故名跨竈，言後步趲過前步也。一説，竈上有釜，釜與父音同，故子能勝父謂之跨竈。"按：二説當以前説爲是，而東坡《荅陳季常書》有“撞破烟樓”語，卻即“跨竈”之義。

3450 倒竈 《太玄經》：“竈滅其火，惟家之禍。”按：此卽俗語[1]所本。

3451 竈經 《隋書·經籍志》五行家有《竈經》十四卷，梁簡文帝撰。

3452 門户井竈 《急就章》“門户井竈廡囷京”，四字聯文。

3453 家厨 《五代史·蘇逢吉傳》：“逢吉已貴，益爲豪侈，謂中書堂食爲不可食，乃命家厨進羞，日極精善。”

3454 洗厨 《田家五行雜占》：“二月八日，俗謂祠山神生辰，有接客風、送客雨，初十日雨，謂之洗厨雨。”

3455 分爨 任昉《彈劉整文》：“未别火食。”注云：“兄弟未嘗分爨也。”

3456 烟爨 謝承《後漢書》：“徐相爲長沙太守，常食乾飯，不發烟爨。”《汝南先賢傳》：“太原舊俗以介子推焚骸，一月寒食，莫敢烟爨。”

3457 鄰比 《詩》：“洽比其鄰。”“鄰比”字昉於此。《三國志》注：“管輅與鄰比兒共戲土壤中，輒畫地作天文。”嵇康《家誡》：“自非知舊鄰比庶幾已下，欲請呼者，常辭以他故，勿往也。”

3458 薖座 《詩》：“碩人之薖。”《廣韻》《集韻》“薖”並苦禾切，直讀若科。李詡《俗呼小録》：“俗謂所居曰科座，實當爲薖座也。”

3459 牙門 《資暇録》：“兵書言牙旗者，將軍之旗。軍中必豎牙旗於門，是以史傳咸作牙門字。”《封氏見聞記》：“近代謂府廷曰公衙，字本作牙，古掌武備者，象猛獸以牙爪衛，故軍前旗曰牙旗。近俗尚武，遂通呼公府爲牙門。”

3460 公館 《禮·曾子問》：“公館復，私館不復。”注云：“公館若今縣官舍。”疏云：“謂公家所造之館，及公之所使爲命停舍之處。”

3461 場屋 《日知録》：“場屋者，于廣場之中而爲屋，不必皆開科試士之地也。”《隋書·音樂志》：“每歲正月十五日，于端門外，建國門内，綿亘八里，列爲戲場，百官起棚夾路，從昏達旦，以縱觀之。”故戲場亦謂之“場屋”，元微之《連昌宫詞》：“夜半月高弦索鳴，賀老琵琶定場屋。”

3462 壇場 《楚語》：“使能知玉帛之類，壇場之所，上下神祇姓氏之所出，而率舊典者爲之宗。”《韓非·七術篇》：“齊人請齊王與河伯遇，爲壇場於大水之上。”《史記·文帝紀》：“廣增諸祀壇場。”《淮陰侯傳》：“擇良日齋戒，設壇場，具禮拜之。”《三國志·魏文帝紀》注：“請輒整頓壇場，至吉日受命。”又云：“速卽壇場，柴望上帝。”

[1] 此處《函海》本有“倒竈”二字。

3463 玉堂　肇見宋玉《風賦》，至漢則有殿名"玉堂"，《翼奉傳》"久污玉堂之署"是也。世人專稱翰林苑，則以宋太宗《賜蘇易簡》詩"翰林承旨貴，清淨玉堂中"爲始。

3464 精舍　《學林新編》："晉孝武幼奉佛法，立靜舍于殿門，引沙門居之，因此俗謂佛寺曰靜舍，亦曰精舍。"按：漢儒者教授生徒，其所居悉稱"精舍"。范書《包咸傳》"咸住東海，立精舍講授"，《黨錮傳》"劉淑、檀敷俱立精舍教授"，《姜肱傳》"盗就精廬求見"，注云："精廬，即精舍也。"以此觀之，"精舍"本爲儒士設，晉時别居沙門，乃襲用其名焉耳。《三國志》注引《江表傳》曰："于吉來吳，立精舍，燒香讀道書，製作符水以療病。"晉武以前，道士亦嘗襲"精舍"名矣。

3465 白屋　《韓詩外傳》："窮巷白屋之士，周公所先見者四十九人。"《漢書》注："白屋者，白蓋之屋，以茅覆之，賤人所居。"

3466 青樓　古樂府："大路起青樓。"注引《齊書》："武帝興光樓，上施青漆，謂之青樓。"曹植詩："青樓臨大路，高門結重關。"駱賓王詩："大道青樓十二重。"上官儀詩："青樓遥敞御溝前。"按：諸詩俱明指金張門第。而後人例呼妓館，則始於梁劉邈《採桑行》"倡女不勝愁，結束下青樓"。太白《樓船觀伎》詩亦云"對舞青樓妓，雙鬟白玉童"也。

3467 寺　羅壁《志餘》[①]："漢設鴻臚寺，待四方賓客。永平中，佛法入中國，館摩騰法蘭于鴻臚寺。次年，勅洛陽城西雍門外立白馬寺，以鴻臚非久居之館，故别建處之，其仍以寺名者，以僧爲西方之客，若待以賓禮也，此中國有僧寺之始。"

3468 觀　羅壁《志餘》[②]："胡澹菴言：'觀有四，一曰朶樓，魯兩觀是也；一曰藏書所，漢東觀是也；一曰遊觀處，謝玄暉賦屬玉觀是也；一曰高可望，《黄帝内傳》置元始眞容於高觀上是也。'今老氏居，疑本《内傳》。"按：《關尹傳》："尹喜結草爲樓，精思致道。周康王聞之，拜爲大夫。以其樓可觀望，故號此爲關尹草樓觀。"又《事物紀原》："周穆王好神仙，召尹軌、杜仲，居終南草樓，因號樓觀，由是奉仙之地皆名曰觀。"

3469 庵　劉熙《釋名》："草圓屋曰蒲，又謂之庵。庵，奄也，所以自奄覆也。"《拾遺記》："漢任末編茅爲庵。"《後漢書》："皇甫規監關中兵，親入菴廬巡視。"注云："菴廬，軍行宿室也。"按：今凡奉佛小舍稱"菴"。《飜譯名義》云："菴羅本果

---

① "《志餘》"當爲"《識遺》"，見《文淵閣四庫全書》子部雜家類二雜考之屬。

② "《志餘》"當爲"《識遺》"，見《文淵閣四庫全書》子部雜家類二雜考之屬。

樹名,此樹開花,花生一女,國人歎異,封其園,園既屬女,女宿善冥熏,以園奉佛,佛卽受之而爲所住。”此説荒誕難信,而故書“庵”或從草,因此《廣韻》云:“庵,小草舍。菴,果名。”是也。黄山谷謂“菴非屋,不當從广”,乃斥“庵”爲俗書,殆偏惑於“菴羅果”之説歟?

3470 倉敖 《甕牖閑評》:“敖乃地名,秦以敖地爲倉,故爾。今所在竟謂倉爲敖,蓋循習之誤。”《唐書·裴耀卿傳》云“東幸就敖粟”,楊文公《談苑》亦云“此寺前朝廢爲倉敖”,均以倉爲敖者,抑亦循習之故。

3471 臺門 《禮·禮器》:“家不臺門。”疏云:“兩邊築土爲基,基上起屋曰臺門。諸侯有保捍之重,故爲臺門,而大夫不得爲也。”故《郊特牲》云:“臺門而旅樹,大夫之僭禮也。”《左傳·定三年》:“邾子在門臺。”注云:“門上有臺。”蓋卽臺門之制,而説之稍不同也。按:凡高大之門,時俗漫呼之曰“臺門”,雖未嘗有築土爲基之實,而其名僭矣。

3472 誃門 《文選·東京賦》:“誃門曲榭。”《晉書·劉曜載記》:“誃門旦空。”《集韻》:“誃,音移,凡門堂别出曰誃。”《在閣知新録》:“今府縣衙門有正門,有旁門。旁門卽誃門,世俗作儀門,訛。”

3473 三門 《釋氏要覽》:“寺宇開三門者,《佛地論》云:‘謂空門、無相門、無作門。’”按:作“山門”者,據此爲訛。然“山門”亦自有出,《高僧傳》:“支遁于石城山立栖光寺,宴坐山門,遊心禪苑。”

3474 家堂 《後漢書·延篤傳》:“吾嘗昧爽櫛梳,坐於家堂,朝誦《詩》《書》。”

3475 便坐 《漢書·張禹傳》:“見之于便坐。”注:“謂非正寢,可以延賓之處。”又《萬石君傳》:“子孫有過失,不誚讓,爲便坐,對案不食。”

3476 東西箱① 《儀禮·覲禮》:“俟於東箱。”注②云:“正寢之東西室皆曰箱,言似箱篋之形。”《爾雅·釋宫》:“室有東西箱曰廟,無東西箱曰寢。”《史記·司馬相如傳》:“青虯蚴蟉於東箱。”《龜筴傳》:“入於端門,見於東箱。”《漢書·周昌傳》:“吕后側耳東箱聽。”《晉書·鳩摩羅什傳》:“龍出東箱井中。”史游《急就章》:“墼、壘、廥、廄、庫、東箱。”《學齋佔畢》:“箱取箱篋,今世誤作東廂、西廂,非。”按:《説文》自有“廂”字,訓云“廊也”。《漢書》“側耳東箱”,《史記》作“東廂”。又《漢·諸侯王表》“不降階序”。師古注曰:“序,謂東西廂。”《晉書·五行

---

① 黄侃:廂,“序”之轉語,未制字耳。

② 《漢書·周昌傳》“吕后側耳於東箱聽”顔師古注。

志》:"永建三年,旱,天子親自露坐陽德殿東廂請雨。"①《王羲之傳》:"郗氏求壻于導,導令就東廂徧觀子弟。"凡此均作"廂"字,然則"箱"與"廂"古本通用,未得議今世之誤矣。

3477 衖　《霏雪錄》:"俗呼屋中別道爲衖,本當作弄。《集韻》:'弄,㢝也。'《南史》:'蕭諶接鬱林王出,至延德西弄,弒之。'卽今所云衖者。"按:《爾雅》"衖門謂之閎",《博雅》"閎謂之衖",《楚辭》"五子用失乎家衖",《説文》變體作"䣆",訓云"里中道"。"衖"實古字,非俗書,特其音義皆與"巷"通,爲與今別耳。元《經世大典》有所謂"火衖"者,注云:"衖音弄。"蓋今音乃自元起。又俚俗有"衖唐"之呼,"唐"亦路也,《詩》云"中唐有甓"。

3478 天井　《孫子·行軍篇》:"凡地有天井、天牢。"注云:"四高中下,勢如四屈者爲天井。"按:今江以南,人多稱庭墀際曰"天井"。或云卽本《孫子》,以其四周簷宇高而此獨下也。愚據《周禮》測之,似以其上露天,下設井,因謂之"天井"耳。井者,漏井,屋舍前受水潦之所,《天官》"宫人爲井匽,除其不蠲"是也。並記之,俟覽者採擇。

3479 甬道　《史記·秦始皇紀》:"作甘泉前殿,築甬道。"注云:"謂於馳道外築垣牆如街巷。"《淮南子·本經訓》:"修爲牆垣,甬道相連。"注云:"甬道,飛閣複道也。"

3480 影壁　鄧椿《畫繼》:"楊惠之塑山水壁,爲天下第一。郭熙見之,又出新意,遂令圬者不用泥掌,止以手搶泥,或凹或凸,俱所不問,乾則以墨隨其形跡,暈成峯巒林壑,加之樓閣人物,宛然天成,謂之影壁,其後作者甚盛。"

3481 煖坑　《舊唐書·高麗傳》:"冬月皆作長坑,下然熅火以取煖。"按:《水經注》:"觀雞水東有寺,寺起大堂,下悉結石爲之,上加塗墍。基内疏通,枝經脉散。基側室外爨火,炎勢内流,一堂盡温。"此蓋卽煖坑也,則中華已自北魏前有之。

3482 窨　《説文》:"窨,地室也。"今謂地窖藏酒曰"窨"。《後漢書·光武紀》注:"蠶室,窨室也。"

3483 天窗　《文選·靈光殿賦》:"天窗綺疏。"注云:"高窗也。"李商隱詩:"鳥影落天窗。"范成大詩:"天窗曉色半熹微。"

3484 太師窗　《老學菴筆記》:"秦太師作相第,中窗上下及中一二眼作方眼,餘作疎櫺,謂之太師窗。"今多此式。

---

① "《晉書·五行志》"當爲"《後漢書·周舉傳》","永建"當爲"陽嘉",見《後漢書·周舉傳》。

3485 亮槅 《甕牖閑評》:“取明槅子,人多呼爲亮槅。《夷堅志》乃云‘廊上列水盆、帨巾,堂壁皆金漆凉槅子’,卻又用此‘凉’字,作平聲。”

3486 天花板 《山房隨筆》:“元好問妹手自補天花板,作詩云:‘補天手段暫施張,不許纖塵落畫梁。’”按:天花板,即古所謂“綺井”。

3487 歡門 《夢粱録》:“食店近裏,門面窗牖皆朱緑五彩裝飾,謂之歡門。”按:《易林》:“坐立歡門,與樂爲鄰。”二字所由取義耶?

3488 卍字欄 和凝詩[①]:“卍字闌干菊半開。”

3489 㮑 《説文》:“㮑[②],署也。扁從户册者,署門户也。”《文選·景福殿賦》:“爰有禁㮑,勒分翼張。”元王士點專有《禁扁》一書。

3490 竹燈棚 范成大《上元紀吴下節物》詩:“篔簹仙子洞。”自注:“坊巷以連枝竹縛成洞門,懸燈多至數千重。”

3491 上馬石 《升菴外集》:“今之上馬臺,古之乘石也。”《周禮·隸僕》:“下士二人,王行,洗乘石。”注云:“王登上車之石也。”

3492 礓礤子[③] 《武林舊事》諸小經紀有賣“礓礤子”。《字彙補》:“礤,音擦。姜礤石,出《大内規制記》。”按:此當是階磴之稱,而杭俗惟以呼樓梯之簡小者。

3493 烟囱 《越語肯綮録》:“竈突曰烟囱,讀作匆,見《隋韻》。”按:張祜[④]詩“鼻似烟窗耳似鐺”,“窗”當是傳刻譌。

3494 屋� 《通雅》:“�,所監切,今以屋東西榮柱外之宇爲�。嘗見工匠謂屋兩頭爲山,猶其遺聲,實是�字。”按:韓退之《寄盧仝》詩:“每騎屋山下窺矙,渾舍驚怕走折趾。”王安石詩:“浮雲倒影移窗隙,落木回飇動屋山。”范成大詩:“一段農家好光景,稻堆高出屋山頭。”[⑤]《老學菴筆記》:“葉夢錫刺史常州,民有起高屋,屋山覆蓋鄰家,鄰家訟之。”並即“山”字用焉,則亦不必泥矣。

3495 櫋聯 《説文》“櫋”字下云:“屋櫋聯也。”音如眠。《楚辭·九歌》:“擗蕙櫋兮既張。”注:“析蕙覆櫋屋也。”按:今謂之“眠簷”,二字皆譌。

3496 護朽 《升菴外集》:“拄搘頭,今俗名護朽。陸文量引《博物志》:‘蚴蟉似龍而小,性好立險,故飾于護朽上。’則‘護朽’之名古矣。”

3497 雨篛 《懷麓堂集》有《次韻吴匏庵雨篛》詩。篛,音踏,蔽雨客扉也。

---

① “和凝”當爲“張公庠”,見張公庠《宫詞》。

② “㮑”,《説文解字》作“扁”。

③ 黄侃:吾鄉呼石階長短皆曰“礓礤”。尋其正字,當作“階砌”。

④ “張祜”當爲“崔涯”,見崔涯《嘲李端端》。

⑤ 黄侃:吾鄉言正云“山頭”。

《唐韻》作“楷”。

3498 東司　《傳燈録》:“趙州諗謂文遠曰:‘東司上不可與汝説佛法。’”朱暉《絶倒録》載宋人《擬老饕賦》,有“尋東司而上茅”句。按:俚言“毛司”,據此當爲“茅司”也[①]。

3499 鷹架　司馬公《書儀》:“挽重物上下,宜用革車,或用鷹架木。”

3500 作馬　《天香樓偶得》:“木工以三木相攢而歧其首,横木於上以施斧斤,謂之作馬,此象形也。《周禮·掌舍》:‘設梐枑再重。’注云:‘梐枑,行馬也,遶舍交木以御衆。’《漢官儀》:‘光禄勳門施行馬。’今官府理事時,衙門前横木以禁人走,卽行馬之意。謂之馬者,義亦畧取象形。”

3501 門扇　《漢書·霍光傳》:“黄門宦者各持門扇,王入,門閉,昌邑羣臣不得入。”《後漢書·應奉傳》注:“車匠於門内開扇,出半面視奉。”

3502 匡當　《説文》“榧”字注云:“筐當也。”“當”字注[②]云:“今俗有匡當之言。”二字不同,應以無竹爲正。《玉篇》又有“閶”字,訓云:“門閶。”其實亦只應書“匡”。

3503 間架　《唐書·德宗紀》:“建中四年,税屋間架,上屋錢二千,中一千,下五百。”[③]白居易詩:“五架三間一草堂。”羅隱《鎮海軍使院記》:“肥楹巨棟,間架相稱。”

3504 縫　宋李誡《木經》:“椽數多,卽逐縫取平,每縫並減上縫之半,若第一縫二尺,第二縫一尺,第三縫五寸之類。”按:縫,去聲。今木工計屋,每隔一柱謂之“一縫”是也。

3505 卯眼[④]　亦見《木經》。按:《程子語録》:“榫卯員則員,榫卯方則方。”卯,蓋卽卯眼。

3506 窟籠　《宋景文筆記》:“孔曰窟籠,語本反切。”按:《集韻》别有“寵”字,訓云:“孔寵,穴也。”

3507 逋峭[⑤]　《卻掃編》:“文潞公問蘇丞相頌曰:‘魏收有逋峭難爲之語,何謂?’蘇曰:‘聞之宋元獻公云:事見《木經》,蓋梁上小柱名,取有曲折之義耳。’蘇

① 黄侃:“司”當爲“廁”字之聲譌。

② 《説文繫傳》卷十一“榧”字。

③ “上屋錢二千,中一千,下五百”出自《新唐書·食貨志》:“屋二架爲間,上間錢二千,中間一千,下間五百。”

④ 黄侃:“卯”卽冒、瑁。諸侯執圭朝天子,天子執玉以冒之。似犁錧,蓋取上下相合。今謂枘鑿相合曰“對卯”,不合曰“不對卯”。人意相順違,道之亦然。

⑤ 黄侃:今曰“波俏”,《説文》作“庯�”,吾鄉語倒之爲“峭迸”。

以文人多用近語而未及此，乃爲一詩云：‘自知伯起難逋峭，不及淳于善滑稽。’”

3508 了鳥 李商隱詩：“鎖門金了鳥，展幛玉鵶叉。”按：此“了鳥”即屈戌[①]，懸著門户間，以備釦鎖，俗人謂之搭鋻。

3509 釘頭 杜牧《阿房宫賦》：“釘頭磷磷，多于在庾之粟粒。”

3510 木柹 《後漢書·楊由傳》：“風吹削柹。”《晉書·王濬傳》：“詔修戰艦，木柹蔽江而下。”《説文》：“柹，削木札也。”音肺。

3511 麻擣 《夢溪筆談》：“韓王治第，麻擣錢一千二百餘貫，其他可知。”自注云：“塗壁以麻擣土，世俗遂謂塗壁麻爲麻擣。”

3512 脂灰 《孫公談圃》：“王青未遇時，貧甚，有人告曰：‘何不賣脂灰，令人家補璺器？’青如其言，家資遂豐。是時京師人無賣此，今則多矣，蓋自青始也。”

3513 紙筋 《雲笈七籤》：“鍊紫精丹，用黄土紙筋爲泥，泥瓶子身三遍。”

3514 落墨 韋昭《國語》注：“五尺爲墨。”今木工各用五尺以成宫室，其名爲墨，則墨者工師之五尺也[②]。按：今木工所用曰“六尺杆”，小變矣。而度材之初，謂之“落墨”，猶其遺言。

3515 定嚮 《論衡·詰術篇》：“五姓之宅門，各有宜嚮。嚮得其宜，富貴吉昌；嚮失其宜，貧賤衰耗。”蓋起宅開門之必定嚮，久矣。

3516 點草架 《木經》：“舉折之制，先以尺爲丈，以分爲寸，側畫所建之屋于平正壁上，定其舉之峻慢，折之圜和，然後可見屋柱之高下，卯眼之遠近。今俗謂之定側様，亦曰點草架。”柳宗元《梓人傳》：“畫宫于堵，盈尺而曲盡其制，計其毫釐而搆大厦，無進退焉。”説與之同。

3517 標榜 《史記·留侯世家》：“武王表商容之閭。”《索隱》曰：“表者，標榜其里門。”《後漢書·百官志》：“凡有孝子、順孫、貞女、義婦及學士爲民法式者，皆扁表其門。”

3518 整頓 《後漢書·劉寵傳》：“整頓灑掃，以待劉公。”《水經注》：“過水側老子廟，有雙石闕，甚整頓。”又：“東亭�北山徼中，有石林，甚整頓。”

3519 修娖 《唐書》[③]：“中和二年，修娖部伍。”按：娖，音捉，俗謂整葺爲“修娖”。

3520 枝梧 《史記·項羽紀》：“諸將懾服，莫敢枝梧。”注：“小拄爲枝，斜拄

---

① 黄侃：吾鄉有此語，或變爲“樓尼”之音。

② “今木工各用”三句出自《康熙字典》“尺”字下。

③ “《唐書》”當爲“《資治通鑑》”，見《資治通鑑·唐僖宗中和三年》。

爲梧。

3521 安置　《朝野僉載》:"唐太宗勅賜任瓌二宫女,瓌妻妬,爛秃女髮,詔因令二女别宅安置。"又"安插",見《元典章》:"將不應人數安插吏部。"

3522 門帖　《南史·庾杲之傳》:"魏使問杲之曰:'百姓那得家家題門帖賣宅,荅曰:'朝廷既欲掃蕩京洛,尅復神州,所以家家賣宅耳。"按:所題如今云"此屋出賣"。

3523 門簿　《儼山外集》①:"京師風俗,每正旦,主人皆出賀,惟置白紙簿並筆研于几,賀客至,書其名,無迎送也。"按:今謂之"門簿",其風到處皆然。

① "《儼山外集》"當爲"《寓圃雜記》",見《日下舊聞考》卷一四七引。

卷二十五 服飾

3524 冠冕 《左傳·昭九年》:"王使詹桓伯辭晉曰:'我在伯父,猶衣服之有冠冕,水木之有本源也。'"《三國志·龐統傳》:"司馬徽稱統當爲南州士之冠冕。"《南史·殷景仁傳》:"風力局榦,冠冕一時。"《北史·崔㥄傳》:"㥄父子並詩人之冠冕。"

3525 領袖 《晉書·裴秀傳》:"時人語曰:'後進領袖有裴秀。'"《魏舒傳》:"文帝器重之,曰:'魏舒堂堂,人之領袖也。'"又《胡毋輔之傳》、《南史·王訓傳》《劉繪傳》俱云"爲後進領袖"。

3526 平天冠 《容齋三筆》:"祭服之冕,自天子至于下士,執事者皆服之,特以梁數及旒之多少爲别。俗呼爲平天冠,蓋指言至尊乃得用。《後漢·輿服志》蔡邕注'冕冠'曰:'鄙人不識,謂之平天冠。'然則其名之傳久矣。"按:《齊書·輿服志》亦云"平冕黑介幘,今謂平天冠。"

3527 大市裏賣平天冠 《詩話總龜》:"宋廖融、潘若沖,詩家之勍敵,多有生徒。太宗以策取士,生徒引去。融曰:'豈知今日詩道,一似大市裏賣平天冠,並無人問。'"

3528 棄如弁髦 《左傳·昭九年》:"豈如弁髦,而因以敝之。"疏云:"凡加冠之禮,先用緇布冠斂括垂髦,三加之後,棄去此冠,不復更用,故云'因以敝之'。"

3529 著幘不安 《北史·平秦王歸彦傳》:"歸彦額骨三道,著幘不安。"《直語類録》:"俗言'肉脊不安',蓋'著幘'音近之訛。"

3530 脱帽露頂 杜詩:"脱帽露頂王公前。"

3531 好戴高帽 《北史·熊安生傳》:"宗道暉好著高翅帽,大屐。州將初臨,輒服以謁見,仰頭舉肘,拜于屐上,自言學士比三公。"按:今謂虚自張大、冀人譽己者曰"好戴高帽子",蓋因乎此。

3532 張冠李戴 《留青日札》:"俗諺云'張公帽掇在李公頭上',有人作賦曰'物各有主,貌貴相宜。竊張公之帽也,假李老而戴之'云云,亦可謂善謔者。"

3533 振裘挈領　《荀子·勸學篇》:"若挈裘領,詘五指而頓之,順者不可數也。"桓譚《新論》:"舉網以綱,千目皆張;振裘持領,萬毛自整。治大國者,亦當如是。"

3534 稱體裁衣　《考工記·函人》:"凡爲甲,必先爲容。"疏云:"須稱服者形體大小長短,而裁制札之廣袤。"《南齊書·張融傳》:"太祖手詔賜融衣曰:'今送一通故衣,是吾所著,已令裁減,稱卿之體。'"

3535 豐衣飽食　李翱《懷幽賦》語。又《鹽鐵論》:"繇賦省而民富足,温衣飽食,藏陳出新。"《摭言》:"堂頭官人豐衣足食,所往無不克。"

3536 天衣無縫　《靈怪錄》:"郭翰暑月卧庭中,有人冉冉自空而下,曰:'吾織女也。'徐視其衣,並無縫。翰問之,謂曰:'天衣本非針線爲也。'"

3537 隨身衣服　《冥報記》:"伍五娘請姊作功德救助,姊曰:'卒難濟辦,隨身衣服請以用之。'"

3538 衣莫若新,人莫若故　《晏子春秋》語。又竇玄妻詩:"衣不厭新,人不厭故。"按:《商書》:"人惟求舊,器非求舊,惟新。"今俚語云"衣是新底好,人是舊底好",同一説。

3539 衣冠不正,朋友之過　孔平仲《送朱君貺》詩:"人得朋友衣冠正。"按:《管子》有云:"衣冠不正,則賓者不肅。"俗諺似由此變文。

3540 爲他人作嫁衣裳　薛逢[①]《貧女》詩。

3541 祇重衣衫不重人　《五燈會元》繼昌偈云:"五陵公子爭誇富,百衲高僧不厭貧。近來世俗多顛倒,祇重衣衫不重人。"元曲關漢卿《蝴蝶夢》作"只敬衣衫不敬人"。

3542 著衣喫飯量家道　又:雲峰悦以此語答人問佛。

3543 手長衫袖短　《藝文類聚》:"《謝襦啓》:'自憐袖短,雖納手而猶寒。'"用此諺。《五燈會元》石霜永全舉揚之。

3544 更衣　《儀禮·士冠禮》:"賓就次。"注:"次,門外更衣處,以帷幙簟席爲之。"《周禮·掌次》:"張尸次。"注:"尸次,祭祀之尸所居更衣帳。"《漢書·灌夫傳》:"坐乃起更衣。"師古注:"凡久坐者,皆起更衣,以其寒煖或變也。"《楊敞傳》:"延年起,至更衣。"師古注:"古者延賓,必有更衣之處。"《東方朔傳》:"上數微行,後乃置更衣,從宣曲以南十二所中休更衣,投宿諸宫。"劉敞《刊誤》曰:"貴賤同此名也。"按諸注,則"更衣"乃實言更易衣服。而《論衡·四諱篇》云:"更衣

① "薛逢"當爲"秦韜玉",見《全唐詩》卷六七〇。

之室,可謂鼂矣。”則似指以爲廁。漢人之言,必亦有所據也。

3545 和衣睡 楊萬里詩:“連拳羸僕和衣睡。”按:白居易有《合衣寢》詩,又張本詩“一詩草就渾衣卧”。“合衣”、“渾衣”,俱猶云“和衣”。

3546 傳衣鉢 《摭言》:“新進士謝主司訖,請第幾人謝衣鉢。衣鉢謂得主司名第也,其或與主司先人同名第,即謝大衣鉢。”《邵氏聞見録》:“范質舉進士,主司和凝愛其才,以第十三登第,謂曰:‘君文宜冠多士,屈居十三者,欲君傳老夫衣鉢耳。’後質位至宰相,與凝同有詩云:‘從此廟堂添故事,登庸衣鉢亦相傳。’”按:“傳衣鉢”本釋家故事,唐宋間舉子借以比師弟耳。

3547 紈袴子弟 《漢書·敘傳》:“綺繻紈袴。”注云:“並貴戚子弟之服。”《宋史·魯宗道傳》:“館閣育天下英才,豈紈袴子弟得以恩澤處耶?”束晳《玄居釋》:“丹墀走紈袴之童,東野遺白顛之叟。”杜甫詩:“紈袴不餓死,儒冠多誤身。”

3548 荆釵布裙 《列女傳》梁鴻妻孟光事。《宋書》江斅《讓昏表》:“年近將冠,皆已有室,荆釵布裙,足得成禮。”

3549 賴帬帶 《清波雜志》:“蔡卞之妻王夫人知書,卞每有國事,先謀于牀第,然後宣于廟堂。及拜右相,家宴張樂,伶人揚言曰:‘右丞今日大拜,都是夫人帬帶。’中外傳以爲笑。”

3550 脱韡 《舊唐書·崔戎傳》:“戎去華州刺史,將行,州人戀惜,至有解韡斷鐙者。”按:好官去任,遮道脱韡,偶出自一時民情,歷今遂循爲故事。

3551 隔韡搔癢 《詩話總龜》:“詩不着題,如隔韡搔癢。”

3552 踏破鐵鞋無覓處 《蓬萊鼓吹》附録夏元鼎詩云:“踏破鐵鞋無覓處,得來全不費工夫。”馬致遠《岳陽樓》曲作“踏破芒鞋”。

3553 脚瘦草鞋寬 《續燈録》東京道隆答僧問道中人語。

3554 履雖鮮,不加于枕 見《漢書·賈誼傳》。又《太公六韜》:“冠雖敝,加于首;履雖新,履于地。”

3555 長枕大被 蔡邕《協初賦》:“長枕橫施,大被竟牀。”

3556 同衾共枕 《太平廣記》:“潘章與楚國王仲先爲友,情若夫婦,便同衾共枕,交好無已。後同死合葬,冢生一樹,柯葉無不相抱,人號共枕樹。”又引《八朝窮怪録》劉子卿遇康王廟女,有“同衾共枕”語。

3557 一牀錦被權遮蓋 白仁甫《牆頭馬上》曲。

3558 帷薄不修 《漢書·賈誼傳》:“古者大臣有坐污穢淫亂男女無别者,不曰污穢,曰‘帷薄不修’。”

3559 修飾邊幅 《後漢書·隗囂傳》:“坐飾邊幅,以高深自安。”《馬援傳》:

"修飾邊幅如偭人形。"注云:"若布帛之修其邊幅也。"《南史·任昉傳》:"爲新安太守,在郡不事邊幅。"梁武帝《餝選人表》:"冒襲良家,即成冠族;妄修邊幅,便爲雅士。"

3560 有方幅　《北史·樊子蓋傳》:"帝曰:'今以二孫委公,宜選貞良宿德、有方幅者,教習之。'"《南史·蕭坦之傳》:"帝遣内左右賂沈文秀,不受,怒語坦之,坦之曰:'若詔勑出賜,文秀寧敢不受!政以事不方幅,故仰還耳。'"①

3561 席卷　《史記》賈誼《過秦論》:"席卷天下。"《漢書·朱買臣傳》:"席卷南行。"

3562 坐針氊　《晉書·杜錫傳》:"愍懷太子署針著錫所,常坐氊中。"蘇軾詩:"劍米有危炊,針氊無穩坐。"

3563 緜裹針　《松雪齋集·跋東坡書》:"公自云:'余書如綿里鐵,觀此書外柔内剛,眞所謂綿裹鐵也。'"按:《元曲》云"綿裹針"。

3564 裹牽綿　《留青日札》:"酒曰水緜襖,北人名曰裹牽綿。貧兒諺云:'一尺布,不遮風。一碗酒,煖烘烘,半夜裹做號寒蟲。'言醒則依舊冷也。"

3565 著針線　《陳龍川集·答朱元晦書》:"諸儒學問,各有長處,而人人須著些針線,其無針線者,却又輕佻,不是屈頭肩大擔底人。"

3566 無針不引線　《淮南子·説山訓》:"先針而後縷,可以成帷;先縷而後針,不可以成衣。"按:諺語本此。

3567 絲來線去　《朱子語録》:"聖人肚腸,更無許多廉纖纏繞,絲來線去。"

3568 寸絲不挂　《傳燈録》:"尼玄機往參雪峯,雪峯曰:'機日織多少?'曰:'寸絲不挂。'遂退。雪峯曰:'袈裟角拖地也。'機回首,雪曰:'大好寸絲不挂。'"

3569 袖頭打領,腋下剜襟　《五燈會元》鎮州萬壽和尚語。

3570 拆東補西　《雞肋編》載陳無己詩"拆東補西裳作帶"。

3571 染舊作新　《李盱江集·答黄著作書》:"今之學者,但誦得古文十數篇,拆南補北,染舊作新,盡爲名士矣。"

3572 十樣錦　《新異録》:"孟氏在蜀,製十樣錦箋。"《夢粱録》:"湖船有百花、十樣錦等名。"

3573 錦上添花　王安石《即事》詩:"麗唱仍添錦上花。"李璧注云:"錦上添花,俚語。"黄庭堅《了了菴頌》:"又要涪翁作頌,且用錦上添花。"

3574 挑花　秦韜玉《織錦婦》詩:"挑花日日出新奇。"《律例》:"織造違禁段

① "文秀"當爲"文季","還"當爲"遣",見《南史·蕭坦之傳》。

疋，機户及挑花、挽花工同罪。”

3575 時新花樣 《盧氏雜説》：“逆旅中有人續至，自言姓李，世織綾錦，以薄技投官錦坊，皆云今時花樣與前不同。不謂伎倆兒以文彩求售者，不重于世如此。”《全唐詩》録韓常侍《織錦》篇：“並他時世新花樣，虚費工夫不直錢。”

3576 渾金璞玉 《晉書・王戎傳》：“戎目山濤如渾金璞玉，人皆欽其寶，莫名其器。”

3577 美如冠玉 《史記・陳丞相世家》：“絳、灌等咸讒陳平曰：‘平雖美丈夫，如冠玉耳，其中未必有也。’”注云：“飾冠以玉，光好外見，中非所有。”《南史・鮑泉傳》：“帝責泉曰：‘面如冠玉，還如木偶，鬚似蝟毛，徒勞繞喙。’”

3578 抛磚引玉 《傳燈録》：“趙州稔謂大衆：‘有解問者出來。’一僧便出禮拜。稔曰：‘比來抛磚引玉，却引得箇墼子。’”盧綸詩有“投磚敢望酬”句。

3579 點鐵成金 《聞見後録》：“黄魯直稱杜老詩‘如靈丹一粒，點鐵成金’。”《竹坡詩話》：“東坡用樂天語作小詞，非點鐵成黄金手不能也。”又唐劉得仁詩：“囊中曾有藥，點土亦成金。”貫休詩：“安得龍猛筆，點石爲黄金。”

3580 黄金入櫃 《明一統志》：“金櫃山在揚州府南七里，山多葬地。諺云：‘葬于此者如黄金入櫃。’故名。”

3581 金不换 《冷齋夜話》：“琴曲十小調，皆隋賀若弼製，一曰不换金，二曰不换玉。”《墨經》：“凡墨日日用之，一歲纔減半分，如是者，萬金不换。”

3582 掌中珠 《文心雕龍・書記篇》：“潘岳哀詞，稱‘掌珠’、‘伉儷’，引俗説而爲文辭者也。”杜甫《寄漢中王》詩：“掌中榮見一珠新。”

3583 擂盤珠 《輟耕録》：“凡納婢僕，初來時曰擂盤珠，言不撥自動；稍久曰算盤珠，言撥之則動；既久曰佛頂珠，言雖撥亦不動。此雖俗諺，實切事情。”

3584 明珠暗投 見《史記・鄒陽傳》。

3585 得匣還珠 《韓非子・外儲説》：“楚人有賣其珠于鄭者，爲木蘭之櫝，薰以椒桂，綴以金玉，鄭人買其櫝而還其珠。”

3586 藥珠 《論衡・率性篇》：“隨侯以藥作珠，精耀如眞。”按：珠之最有聲者，各載籍咸舉隨侯珠，而僞珠亦出隨侯，可資博聞也。

3587 糯米珠 白居易[1]《估客樂》：“一解市頭語，便無鄉里情。鍮石打臂釧，糯米吹項瓔。”

3588 銷金 《唐六典》：“有十四種金，曰銷金、曰拍金、曰鍍金、曰織金、曰研

① “白居易”當爲“元稹”，見《全唐詩》卷四一八。

金、曰披金、曰泥金、曰鏤金、曰撚金、曰戧金、曰圈金、曰貼金、曰嵌金、曰裹金。”《老學庵筆記》:“紹興中,有貴人爲俳諧體詩曰:‘緑樹帶雲山罨畫,斜陽入竹地銷金。’”

3589 金鋄玉瓖　馬融《廣成頌》文。按:鋄,音滅[①],世謂馬飾曰“鋄銀事件”,婦飾曰“瓖嵌生活”,當用此“鋄”、“瓖”字。

3590 假金方用眞金鍍[②]　李紳《答章孝標》詩:“假金只用眞金鍍,若是眞金不鍍金。”

3591 賣金須是買金人　《五燈會元》崇壽江舉揚此語。

3592 首飾　劉熙《釋名》有《首飾篇》。按:冠冕、弁幘、簪纓、笄瑱之屬,劉總列于此篇,則凡加于首者,不論男、婦,古通謂之首飾也。今獨以號婦人釵珥,非矣。

3593 頭面　《東京夢華錄》:“相國寺兩廊,賣繡作領抹花朵珠翠頭面之類。”《乾淳起居注》:“太上、太后幸聚景園,皇后先到宫中起居,入幕次,换頭面。”按:俗呼婦人首飾曰“頭面”,據此,則宋已然矣。《燕翼貽謀錄》云:“婦人冠,舊以漆紗爲之,而加金銀珠翠彩色裝花諸飾。仁宗時,宫中以白角改造,長至三尺,有等肩者。”今杭俗女子初嫁,有所謂“大頭面”,當本于此,蓋亦宋俗之遺也。《留青日札》云:“富貴婦女赴人筵席,金玉珠翠首飾甚多,一首之大,幾于合抱。”亦指“大頭面”言歟?

3594 生活　《元典章》工部段疋條:“本年合造生活,比及年終,須要齊足。”又:“造作生活好歹體覆絲料,盡實使用。”按:以段疋爲“生活”,前無所見,似即起于元也。田藝蘅《張應祥墓志》:“命匠造冰絲,不得作僞,直不加昂,而生活易售。”則明人遂有用入文者。

3595 緞　《康熙字典》:“緞,音遐,履跟之帖也。又音斷,義同,今以爲紬緞字,非是。”按:今所呼“緞”者,宋時謂之“紵絲”,《咸淳臨安志》“染絲所織”是也。《三朝北盟會編》雖有“索猪肉段子”之文,所云乃“段疋”之“段”。《説文》:“帛分而未麗曰疋,既麗曰段。”並非其一種名也。此字之誤用,似直起于明季。

3596 粉綾　田藝蘅《詩談》:“花綾著油粉,非獨近時有之,自唐已然。”蘇拯《織綾辭》:“不學鄰婦事慵嬾,蠟揩粉拭謾官眼。”

3597 清水　《元典章》:“隨路織造段疋,須要清水夾密,無藥綿粉飾,方許

---

① 黄侃:正當作“鉗”,以鐵有所劫束也。
② 黄侃:“鍍”正作“塗”、“圖”。

貨賣。"

3598 霞頭　《苕溪漁隱叢話》:"世傳有霞頭隱語,是半山老人作,云:'生在色界中,不染色界塵。一朝解纏縛,見性自分明。'"按:"霞頭"者,帛角識物主姓氏處,染時先以草纏結之,使不漫滅。

3599 帵子　《容齋五筆》:"今綵鋪謂剪裁之餘曰帵子。"帵,一懽切,見《廣韻》,注云:"裁餘也。"

3600 袼支　《禮記·深衣》:"袼之高下,可以運肘。"鄭注:"袼者,衣袂當腋之縫也。"按:俗謂腋下曰"肋袼支",本此。

3601 袷裏　《急就章》注:"衣裳施裏曰袷。"《史記·匈奴傳》:"服繡袷綺衣。"注:"言繡表綺裏。"潘岳《秋興賦》:"藉莞蒻,御袷衣。"杜甫《雲安九日》詩:"地偏初衣袷。"按:今或以"夾"當之,宋人亦有然者。《邵氏聞見錄》言"仁宗四時衣夾",只用"夾"字。

3602 托裏　韓偓詩:"白羅繡屧紅托裏。"

3603 幞頭　《唐書·車服志》:"幞頭起于後周,便武事也。"《廣韻》:"幞頭者,裁幅巾出四脚,以幞其頭,故名焉。"《二儀實錄》:"古以皁羅三尺裹頭,號頭巾。三代皆冠列品,黔首則以皂絹,至周武帝依古三尺裁爲幞頭。"《宋史·儀服志》:"幞頭,一名折上巾。後周時止以軟帛垂脚,隋始以桐木爲之,唐始以羅代繒,惟帝服則脚上曲,人臣下垂,五代漸變平直。國朝之制,君臣通服平脚,乘輿或服上焉。其初以藤織草巾爲裏,紗爲表,而塗以漆。後惟以漆爲堅,去其藤裏,前爲一折,平施兩脚,以鐵爲之。"按:此則"幞頭"之式凡屢變,君臣文武皆嘗服之。今優場所備各冠,大半是其遺製。

3604 東坡巾　《東坡居士集》:"父老爭看烏角巾,應緣曾見宰官身。溪邊古路三叉口,獨立斜陽數過人。"按:後人取此詩意寫東坡像,因有"東坡巾"之稱。然此乃坡公謫嶺外時詩,其巾爲被罪所裹。《王直方詩話》謂元祐之初,士夫效東坡頂短簷高桶帽,謂之"子瞻樣"。則當時復有東坡帽,何後人稱彼不稱此耶?

3605 烟氊帽　見《元曲選》李文蔚《同樂院博魚》、高文秀《黑旋風》二劇。

3606 緑頭巾　《元典章》:"至元五年,准中書省劄:'娼妓穿著紫皂衫子,戴角冠兒,娼妓之家長并親屬,男子裹青頭巾。'"《松雪齋集》論曲云:"院本中有娼夫之詞,名曰緑巾詞,雖有絶佳者,不得並稱樂府。"《七修類稿》:"唐史:'李封爲延陵令,吏人有罪,不加杖罰,但令裹碧緑以辱之,隨所犯輕重以定日數,後人遂以著此服爲耻。'今吳中謂人妻有淫行爲緑頭巾,樂人巾制以碧緑,意皆由此而來。但當時李封何以必用緑巾?及見春秋時有貨妻女求食者緑巾裹頭,以別貴賤，乃知其來已遠，李封亦因是以辱之耳。”按：《七修》説竟無從檢覆，其燕説哉。欲原此制之因，惟《漢書・東方朔傳》：“董偃緑幘傅韝，隨公主前，伏殿下。”師古注：“緑幘，賤人之服也。”爲可徵引。

3607 號衣　軍士所服也。高駢《閨怨》詩：“如今又獻征南策，早晚催縫帶號衣。”

3608 馬衣　《孟子》：“許子衣褐。”趙岐注：“以毳織之，若今馬衣。”按：世俗以袍爲馬衣，製雖不同，而其名古。

3609 雨衣　《左傳》：“陳成子衣製，杖戈。”杜預注：“製，雨衣也。”又“油衣”，見《隋書・煬帝紀》：“觀獵遇雨，左右進油衣。”

3610 百家衣　《冷齋夜話》：“集句詩，山谷謂之百家衣體。百家衣，小兒文褓也。”陸游詩：“文章最忌百家衣。”

3611 水田衣　《象教皮編》：“袈裟，一名水田衣。”王維詩：“乞飯從香積，裁衣學水田。”按：時俗婦女以各色帛寸翦間雜，紩以爲衣，亦謂之“水田衣”，是眞王維所謂“學水田”者。據《潛夫論・浮侈篇》云：“剋削綺穀，寸竊八采，以成榆莢無窮水波之文，碎刺縫紩，詐爲裙襦衣被，費繒百縑，用工十倍。”則此衣自漢有之，而其源則由于縫人之售所竊耳。

3612 直掇　《傳燈録》：“普化謂市人：‘乞我一箇直裰。’”林逋《寄李山人》詩：“身上祇衣粗直掇，馬前長帶古偏提。”蘇轍《孔平仲惠蕉布》詩：“更得雙蕉縫直掇，都人渾作道人看。”按：《説文》：“裻，衣躬縫也。”《集韻》云“或作䙫褶”，又《周禮》疏：“中央爲督，所以督率兩旁。”《莊子・養生主》“緣督以爲經”，《音義》亦云“中也”，《六書故》云：“人身督脉，當身之中，貫徹上下，故衣縫當背之中達上下者，亦謂之督。”據此，則“直掇”字本當作“裻”，而“督”亦可借用。若“裰”則補破之義，不應聯“直”字爲名，作“掇”則更無義矣。

3613 海青　《心史》：“元俗以出袖海青衣爲至禮。衣曰海青者，海東青本鳥名，取其鳥飛迅速之義。”

3614 搭護　鄭思肖詩：“騣笠氊靴搭護衣，金牌駿馬走如飛。”自注：“搭護，元衣名。”按：俗謂皮衣之表裏具而長者曰“搭護”，頗合鄭詩意。《居易録》言“褡褸，半臂衫也，起于隋時，内官服之”，乃名同而實異。

3615 缺襟袍　《中華古今注》：“隋文帝征遼，詔武官服缺胯襖子，取軍用無所妨也。”按：今缺襟袍亦曰“行衣”，蓋因其意。

3616 霞帔　《唐書・司馬承禎傳》：“睿宗起問道術，錫霞文帔以還，公卿賦詩送之。”劉禹錫有“霞帔仙官到赤城”句。按：《太極金書》謂元始天帝被珠繡霞帔，故此衣爲道家所至貴重。若婦人冠誥之服，但當云“帔”，不當贅以“霞”字。

3617 背子 《説文》：“無袂衣謂之褙。”趙宧光《長箋》曰：“半臂衣也，武士謂之蔽甲，方俗謂之披襖，小者曰背子。”按：半臂、蔽甲、背子三服，似各不同。《事原》引《實錄》曰：“大業中，内官多服半除，卽長袖也。唐高祖減其袖，謂之半臂。”則“半臂”非竟無袖，特袖減短耳。《元史・后妃傳》曰：“世祖后製一衣，前有裳無衽，後長倍于前，亦無領袖，綴以兩襻，名曰比甲，以便弓馬。”此卽武士所服蔽甲，其前後長短不齊，而下有綴，皆非今背子也。而古背子與今背子，亦制度别。《中華古今注》曰：“背子，禮見賓客舅姑之服也。隋大業末，宫人、百官母妻著緋羅蹙金飛鳳背子，以爲朝服。”蓋時所云“背子”乃卽今所云“霞帔”，今“背子”則爲妓妾輩之常服，良貴惟燕褻服之，乃元明時樂伎所著皂褙遺製，其貴賤直天淵矣。

3618 細簡裙 梁簡文詩：“馬裙宜細簡。”《類篇》有“襉”字，注云：“裙幅相攝也。”《集韻》又作“襇”。

3619 假髻 《周禮・追師》注：“副，婦人首飾，三輔謂之假髻。”《博雅》：“假結謂之鬠。”《晉書・五行志》：“太元中，婦女緩鬢傾髻以爲盛飾，用髮既多，不可恒戴，乃先于木及籠上裝之，名曰假髻，或名假頭。”

3620 珠花 《玉臺新詠・范靜妻沈氏〈詠步摇花〉》云：“珠花縈翡翠，寶葉間金瓊。低枝拂繡領，微步動瑶英。”按：《釋名・首飾類》云：“華，象草木之華也。”婦飾之有假花，其來已久。其以珠寶穿綴，則僅著于六朝。今珠花有所謂顫鬚者，行步摇動，應卽“步摇”之所以名也。

3621 珠松 《晉書・輿服志》：“首飾則假髻、步摇，俗謂之珠松是也。”《隋書・禮志》亦云。

3622 弔朵 《東京夢華錄》：“宫嬪皆眞珠釵，插弔朶，玲瓏簇羅。”

3623 鬧裝花 《余氏辨林》：“京師兒女多翦綵爲花，或草蟲之類，曰鬧嚷嚷，卽古所謂鬧裝也，白樂天詩‘貴主冠浮動，親王轡鬧裝’是已。”又元强珇《西湖竹枝詞》：“湖上女兒學琵琶，滿頭多插鬧裝花。”

3624 蓪草花 《外紀》：“晉惠帝正月賞宴，百花未開，令宫人翦五色通草花。”唐王叡詩：“蓪草頭花柳葉裙。”李咸用《咏紅薇》詩：“畫出看還欠，蓪爲插未輕。”按：今云“葱草”者訛。

3625 五兵飾 《晉書・五行志》：“元康中，婦人之飾有五兵佩。又以金銀玳瑁之屬爲斧鉞戈戟以當笄。干寶謂‘婦人而以兵器爲飾，此妖之甚者’。”按：近時婦人猶不廢此飾，如所云“關王刀”、“吕布鎗”之類，習久成常，莫以爲怪。

3626 釵頭符　《抱朴子》："五月五日，翦綵作小符，綴髻鬟爲釵頭符。"

3627 骨笄　《隋書·禮儀志》："有喪則九族以下婦人皆骨笄。"按：古喪制，婦人笄用篠竹曰"箭笄"，或用白理木曰"櫛笄"，亦曰"惡笄"，其吉笄乃用象骨爲之。兹于喪用骨笄，實非古也。

3628 孝頭䘗　《越語肎綮錄》："髽髻垂紒曰頭須。初疑爲蘇字，後見《廣韻》'䘗'字注云'頭䘗'，卽是字也。或曰婦首垂巾皆曰䘗，用之孝服特一耳。今越俗頭䘗上亦加孝字，可驗。"按：《朱子家禮》："斬衰，婦人用布頭䘗、竹釵。"丘濬《家禮儀節》補曰："頭䘗，以略細布爲之，長八寸，用以束髮根而垂其餘于後。此卽古所謂'總'也。"

3629 香珠　洪芻《香譜》："三洞珠囊，以雜香擣之，丸如梧桐子大，青繩穿之，此三皇眞元之香珠也。"按：今香珠之製，昉此。元陳櫟有《咏木犀珠》詩。

3630 手記　《詩》箋[①]："古后妃羣妾以禮進御，女史書其月日，授之以環，以進退之。生子月辰，以金環退之。當御者，以銀環進之，著于左手；既御者，著于右手。"謂之"手記"。亦曰"指鐶"，《晉書·西戎傳》："大宛娶婦，先以同心指鐶爲聘。"

3631 煖耳　唐邊塞曲："金裝腰帶重，錦縫耳衣寒。"《天祿志餘》："耳衣，卽煖耳也。"

3632 搭羅兒　《武林舊事》載諸小經紀，有"髮垛兒、搭羅兒、香袋兒、符袋兒、襻膊兒"。按：搭羅，乃新涼時孩子所戴小帽，以帛維縷如髮圈然。

3633 裍裙　《儂雅》："小兒被爲裍，如俗呼緥裙、緥被是也。"今則轉呼爲"抱"矣，誤。

3634 褥　《越語肎綮錄》[②]："《廣韻》'褥'音内沃切。初疑'内'字必'肉'字之訛，及觀其注曰'小兒衣'，始知果'内'字也。内沃切，衲字，卽俗呼小兒藉者。"

3635 膝褲　《致虛雜俎》："袴韈，今俗稱膝袴。"《朱子語錄》："秦太師死，高宗告楊郡王云：'朕免膝褲中帶匕首矣。'"《餘冬序錄》引此云："縛膝下褲脚，今日婦女下體之飾，豈當時男子亦或著膝褲耶？"

3636 踏袎　俗呼膝褲曰"踏袎"，亦本古也。張祜《柘枝舞》詩："却踏聲聲錦袎催。"《集韻》去聲"袎"字訓"韈頭"，上聲作"𡚒"，訓"韈上"，二字通用也。李肇

---

① "箋"當爲"傳"，見《毛詩註疏》卷三。

② 《越語肎綮錄》前《函海》本有：今呼被下鋪者大小皆曰"褥"。

《國史補》:"馬嵬店媪收得楊妃錦㘞一隻。"楊維禎詩"天寶年間窄袎靻",卽言其事。《東京夢華錄》有"韈袎巷"。

3637 裹脚 《釋名》:"偪,謂行縢,言以裹脚,可以跳騰輕便也。"

3638 花韡 《魏志》:"武帝《與楊彪書》云:'今遺足下織成花韡一緉。'"按:俚俗有"穿花韡"之言。

3639 靸鞋 《輟耕錄》:"西浙之人以草爲履而無跟,名曰靸鞋。"《炙轂子》引《實錄》云:"靸與鞋、舄,三代皆以皮爲之。始皇二年,始用蒲爲,名靸鞋;二世加鳳頭,仍用蒲。晉永嘉元年,用黄草,宫内妃御皆著。"按:此均謂南方之"靸鞋"也。北方所謂"靸鞋",則製以布而多其繫。《北夢瑣言》有"霧是山巾子,舡爲水靸鞋"句,不知孰指也。靸,悉合切,在"颯"字韻下。

3640 釘鞋 《舊唐書》[①]:"德宗入駱谷,值霖雨,道路險滑,李昇等六人護乘輿,著行縢釘鞵,更鞚上馬以至梁州。"陳造《江湖長翁集·題濟勝七物》有《釘鞋》一首。又葉適詩:"火把照夜色,釘鞋明齒痕。"

3641 女蒲鞋 劉章《咏蒲鞋》詩:"吳江江上白蒲春,越女初挑一樣新。纔自繡窗離玉指,便隨羅韈步香塵。"按:章,五代初人也。今吳下阿娘猶通行此飾。胡應麟謂近世婦以纏足故,絶無用之者,殆未至吳下耶?《太平寰宇記》以草履爲蘇州土産,當亦指此。

3642 高底鞋 《留青日札》:"高底鞋,卽古之重臺履也。"謝觀詩有"來索纖纖高底鞋"句。按:劉熙《釋名》:"晚下如舄,婦人短者著之。"晚下,疑亦高底之類。

3643 蘇頭 摯虞《决疑要錄》:"流蘇者,緝鳥尾垂之若旒然,以其藥下垂,故曰蘇。"按:俗呼絛帨之蕊曰"蘇頭",又吳音"蘇"、"鬚"同呼,亦曰"鬚頭",皆卽流蘇之義。

3644 荷包 《宋書·禮志》:"朝服肩上有紫生袷囊,綴之朝服之外,俗呼曰紫荷。或云漢代以盛奏事,負荷以行也。"按:此"荷"字當讀去聲,而《能改齋漫錄》載劉偉明詩"西清直寓荷爲橐",歐陽脩啓以"紫荷垂橐"對"紅藥翻階",皆讀之爲"芰荷"之"荷"。今名小袷囊曰"荷包",亦得綴袍外以見尊上,或者卽因于紫荷耶?馬致遠《黄粱夢》劇云:"一舉成名,是我荷包裏物。"

3645 手巾 《漢名臣奏》:"王莽斥出王閎,太后憐之,親自以手巾拭閎泣。"《古爲焦仲卿妻》詩:"手巾掩口啼。"《世説新語》:"殷浩語左右:'取手巾與謝郎

---

① "《舊唐書》"當爲"《資治通鑑》",見《資治通鑑·唐德宗貞元三年》。

拭面。'……殷仲堪于手巾函中出文，示王恭。"

3646 指揞　《説文》："揞，縫指揞也。"《玉篇》："帞，指揞也。"按：此即流俗呼"頂針"者。李賀詩："繡沓搴長縵，羅帬結短封。"沓，與"揞"同。

3647 書帊　《西京雜記》："秘閣圖書，表以牙籤，覆以錦帊。"《唐書·禮儀志》："讀《月令》于帝前，畢，覆以帊。"《説文》："帛二幅爲帊。"按：世俗多用"帕"字，《南史·張譏傳》"錯綵經帕，即母之遺制"亦用之，然"帊"爲正文。

3648 椅背案衣　《金史·儀衛志》："東宫視事，用明金團花椅背，案衣則用素羅。"

3649 被袋　《資暇錄》："被袋非古製，比者遠行則用。太和九年，以十家之連，邐迤連謫，人人不自期，常虞倉卒之譴，每出私第，咸備四時服用。舊以紐革爲腰囊，至是服用既繁，乃以被易之成俗。今大中以來，吳人亦結絲爲之。"按：《晉書·惠帝紀》："侍中黄門被囊中齎私錢三千，詔貸，買飯以供宫人。"則被囊古非無有，李氏所云，特其時制度別耳。

3650 火石袋　《舊唐書·輿服志》："武官五品已上，佩鞊韘七事。七謂佩刀、刀子、磨石、契苾、眞噦、厥計筒、火石袋。"按：古人取火之具，雖家居亦常佩。《禮·内則》子事父母、婦事舅姑，俱左佩金燧、右佩木燧，以備長者使令取火。但不知易燧以火石，肇端自何時也。

3651 裝束　《北史·李弼傳》："勒所部，命皆裝束。"《瑯嬛記》："粉黛衣服首飾皆有神，昔楊太眞裝束，每件呼之。"李白詩："渾成裝束皆羅綺。"裝束，蓋男女通辭也。

3652 針黹　《爾雅·釋言》："黹，紩也。"注云："今人呼縫紩衣爲黹，陟几切。"按：黹，音近指，俗云"鍼指"，實當爲鍼黹。楊奂孫《烈婦歌》"十三巧鍼指，十四婉步趨"，誤用。

3653 彌縫　《左傳·僖二十六年》："彌縫其闕。"《昭二年》："敢拜子之彌縫敝邑。"杜注："彌縫，猶補合也。"

3654 補綻　《禮記》："衣裳綻裂，紉箴請補綴。"《後漢書·崔寔傳》："期子[①]補綻決壞，枝拄傾邪。"

3655 補納　《魏武令》："吾衣皆十歲也，歲解浣補納之耳。"

3656 熨貼　《史記·扁鵲傳》"毒熨"注："謂毒病之處，以藥物熨貼也。"杜甫詩："美人細膩熨貼平，裁縫滅盡針線迹。"

---

① "子"當爲"于"，見《後漢書·崔寔傳》。

3657 緜密 庾肩吾《書品》:“吳王體裁緜密。”《宣和書譜》:“蕭思話學書于羊欣,下筆緜密。”

3658 細緻 《釋名》:“縑者,絲細緻,數兼于布絹也。細緻者,染縑爲五色,細且緻,不漏水也。”

3659 粗繰① 《元典章·選絲事理》有“夏季段疋粗繰不堪”之語。按:字書“繰”乃縑屬,早、悄二音,又通爲“繅”,未嘗有音操、訓粗者。謂之“粗繰”,葢時俗借用字也。東坡《大慧眞贊》有“麄慥”文,則但以性情言。

3660 單薄 《古詩》:“居貧衣單薄,腸中常苦飢。”白居易詩:“衣裘不單薄,車馬不羸弱。藹藹三月天,閑行亦不惡。”歐陽修《與姪簡》:“十四郎自縣中來,見其衣裝單薄。”

3661 褦襶 魏程曉《嘲熱客》詩:“今世褦襶子,觸熱到人家。”《天香樓偶得》:“褦襶,衣厚貌。一云不曉事,非。今俗見人衣服粗重者曰‘衲裰’,即此之譌耳。”

3662 襤褸 《左傳》:“篳路襤褸。”《方言》:“凡人貧衣被醜弊謂之襤褸。”《小爾雅》:“布褐而紩之,謂之藍縷。”《説文》:“襤,無緣也;褸,衽也。”又俗有“襤衫”之語,衫音如三,《玉篇》:“衫破貌。”

3663 衣冠忌白 《演繁露》:“《隋志》宋齊間,天子私宴著白高帽,士庶以烏。太子在永福省,帽亦以白紗。隋時以白帢通爲慶弔之服,國子生服白紗巾。晉人著白接䍦。《酒譜》云:‘接䍦,巾也。’南齊垣崇祖守壽春,著白紗帽,肩輿上城。今人必以爲怪,古未以白爲忌也。樂府《白紵歌》:‘質如輕雲色如銀,製以爲袍餘作巾。’袍、巾俱用白也。《唐六典》天子服亦有白紗帽,其下服如裙襦,皆以白。眎朝聽訟,皆以進御,則猶存古制也。然其下注云‘亦用烏紗’,知古制雖存,未必肯多用,故以烏紗代之。則習見忌白,自唐起矣。”按:三代殷人尚白,其時服色或通用白,無忌。若周則不然矣,《儀禮》:“士喪,主人乘惡車,白狗幦。”注云:“白于喪飾宜。”《周禮·巾車》:“素車素飾,小服皆素。”注云:“以白土堊車,其褋服亦以素繒爲緣,此卒哭所乘。”周既以白爲凶飾,則其朝祭服自不與之同色。《曲禮》云:“父母在,衣冠不純素。”非以白爲嫌忌之明文乎?晉宋間,士夫率以任誕爲曠,忘吉凶哀樂之節爲高,流風所播,上下相靡。《晉·五行志》:“魏武裁縑帛爲白帢,干寶曰:‘縞素,凶象也。’”又《后妃傳》:“三吳女子相與簪白花,望之如素柰。傳言天公織女死,爲著服,乃杜后崩兆。”觀二事,知當時固

① 黄侃:繰、糙皆作草次之“草”。

有不自忌者，而審禮君子，已隨議其後矣。《繁露》所舉，俱非著爲令典之事。其在《宋書・禮志》則云："今以單衣白帢爲弔服。"《隋・禮儀志》則云："白帢白紗單衣，帝爲羣臣舉哀則服之。"亦何嘗以白通慶弔哉？至《宋書》言："明帝末年多忌諱，以白門爲不詳。江謐誤犯，帝變色曰：'白汝家門。'"《御覽》引《宋春秋》："帝諱白字，屏門書古來名文，有白字輒改易，玄、黄、朱、紫，隨意代之。"[①]《金樓子》言："子婚日疾風雪下，帷幕變白，以爲不祥。"則尤六朝忌白之灼然者也。

① 《太平御覽》卷七〇一"屏門"作"屏風"，"隨意"作"隨宜"。

卷二十六 器用

3664 大器晚成 《老子》:"大方無隅,大器晚成。"《論衡·狀留篇》:"大器難[①]成,寶貨難售。"《後漢書·馬援傳》:"況謂援:'汝大才,當晚成。'"

3665 大器小用 《後漢書·邊讓傳》:"大器之於小用,固有所不宜也。"《唐書·孫思邈傳》:"獨孤信見而異之曰:'聖童也,顧器大難爲用耳。'"

3666 不成器 《禮·學記》:"玉不琢,不成器。"《晉書·嵇紹傳》:"沛國戴晞,少有才智,時人許以遠致,紹以爲必不成器。"

3667 器皿 見《孟子》趙岐注:"皿所以覆器也。"《禮·禮器》:"宫室之量,器皿之度。"

3668 什物 《史記·五帝紀》:"舜作什器於壽丘。"索隱曰:"什,數也,蓋人家常用之器非一,故以什爲數,猶今云什物也。"《後漢書·周榮傳》:"贈送什物,無不充備。"按:元虞裕《談撰》云:"什物者,成周軍法二伍爲什,食用之器必共之,故器用通謂什物。"似不若《索隱》説之確也。

3669 家生 《夢粱錄》載"家生動事",如桌、凳、凉牀、交椅、兀子之類。

3670 鋪陳 《後唐史》:"上賜宰相李愚錢百緡,鋪陳物十三件。"

3671 東西[②] 《兔園册》:"明思陵謂詞臣曰:'今市肆交易,止言買東西,而不及南北,何也?'輔臣周延儒曰:'南方火,北方水,昏暮叩人之門户,求水火無弗與者,此不待交易,故惟言東西。'思陵善之。"按:此特一時捷給之對,未見確鑿。古有"玉東西",乃酒器名。《齊書·豫章王嶷傳》:"上謂嶷曰:'百年亦何可得,止得東西一百,於事亦濟。'"已謂物曰"東西"。物産四方而約言"東西",正猶史紀四時而約言"春秋"焉耳。

---

① "難"當爲"晚",見《論衡·狀留篇》。

② 黄侃:"玉東西"見宋人詞,然當以《齊書·豫章王嶷傳》爲語原。東西,依擬不定之辭,猶言"左右、上下、出入、往來",移以指物,則爲通名,今俗語言時爲"早晚",指數爲"多少",亦其比方矣。

3672 零零碎碎　《朱子語録》:"有屋舍了,零零碎碎,方有安頓處。"

3673 關戾子　《晉書·天文志》:"張衡製渾象,與天相應,因其關戾。"《傳燈録》:"承古有言,牛頭横説豎説,猶未知有向上關棙子。"《黄山谷集·贈嗣直弟頌》:"向上關棙子,未曾説似人。"又《答劉静翁頌》:"四萬八千關棙子,與君一箇鎖匙開。"

3674 成軸　《管子·宙合篇》:"多備規軸者,成軸也。夫成軸之多也,其處大也不究,其人小也不塞。"注云:"軸以轉規,大小須悉備。"按:今以有成式爲"成軸",是也。

3675 欛柄①　《藝林伐山》:"張無垢言:'欛柄入手,則開道之際,改頭换面。'今講學者悉用此語,而不知所自出也。"按:朱子《答萬正淳》亦云:"日用間須有箇欛柄,方有執捉,不至走失。"

3676 没把鼻②　《後山詩話》:"蘇長公:'有甚意頭求富貴,没些把鼻使姦邪。'有意頭、没把鼻,皆俗語也。"《吕紫薇詩話》:"廬陵士子作賦嘲吳鑄云:'大段意頭之没,全然把鼻之無。'"《草木子》:"文及翁作《雪詞》嘲賈似道云:'没把没鼻,霎時間做出謾天謾地。'"按:"把"猶言柄,"鼻"猶言紐,以器爲喻也。佛經説多根樹一則云:"我等没巴鼻,只爲求他妻。今遭寒與凍,各各被他迷。"東坡詩文往往暗用佛經,後山未深攷,但謂其用俗語也。鼻,毗至切。《五燈會元》:"大溈喆偈云:'月生二,東西南北没把鼻。'雪峯欽偈云:'不瞥地,蹉過平生没巴鼻。'"俱叶寘韻,近人譌讀若"别"。高則誠《琵琶》曲"這般説謊没把臂",本用寘韻,而改"鼻"爲"臂",得非狥俗誤耶?

3677 露底裏　《後漢書·竇融傳》:"口陳肝膽,自以底裏上露,長無纖介。"

3678 方底圓葢　《顔氏家訓》:"娣姒之比兄弟,則疎薄矣。今使疎薄之人,而節量親厚之恩,猶方底而圓葢,必不合矣。"

3679 方枘圓鑿　宋玉《九辨》:"圓鑿而方枘兮,吾固知鉏鋙而難入。"《史記·孟子傳》:"持方枘欲内圜鑿,其能入乎?"

3680 斧擊鑿,鑿入木　《元史·畏答兒傳》:"太祖命兀魯發兵,其將木徹台横鞭馬鬣不應。畏答兒奮然曰:'我猶鑿也,諸君斧也。鑿非斧不入,我請先發。'"

3681 大斧斫了手摩挲　《雞肋編》載北宋俚語。陳師道詩"斧斫仍手摩"

---

① 黄侃:正作"把"。

② 黄侃:"鼻"如尊鼻、劒鼻之鼻,可執處也。

用此。

3682 斬釘截鐵 《朱子語録》:"孟子説義利等處,説得斬釘截鐵。"牛戩《畫評》:"黄筌畫竹,如斬釘截鐵。"

3683 鉛刀一割 《東觀漢紀》:"班超疏曰:'臣乘聖漢神威,冀効鉛刀一割。'"《晉書》①:"譙王承答王敦曰:'鉛刀豈無一割之用!'"

3684 一刀兩斷 《朱子語録》:"克己者,是從根源上一刀兩斷,便斬絶了。"又云:"聖人發憤便忘食,樂便忘憂,直是一刀兩斷,千了百當。"

3685 剛刀雖利,不斬無罪之人 《五燈會元》雲菴淨舉揚此語。

3686 抽刀不入鞘 見《元曲選》王仲文《救孝子》劇。

3687 木刀 《隋書·禮志》:"佩刀之刃,以木代之,名象劍,又名容刀。"《唐書·地理志》:"定州新樂縣有木刀溝,有民木刀居溝旁,因名之。"按:俗詆人遲鈍曰"木刀",而古人有以爲名者矣。

3688 角弓反張 見《周禮·司弓矢》"天子之弓"節疏。

3689 弓燥手柔 《三國志·魏文帝紀》注:"歲之暮春,和風扇物,弓燥手柔,草淺獸肥,與族兄子丹獵鄴西終日。"

3690 矛楯 《韓非子·難篇》:"人有鬻矛與楯者,譽其楯之堅,物莫能陷也。俄而又譽其矛,曰物無不陷也。人應之曰:'以子之矛,陷子之楯,何如?'其人弗能應也。"

3691 前車覆,後車誡 《晏子春秋》《漢書·賈誼傳》俱引諺云云,《説苑》引《書》云云。又《荀子·成相篇》:"前車已覆,後未知更何覺時!"《韓詩外傳》:"前車覆而後車不誡,是以後車覆也。"

3692 同舟共濟 《孫子·九地篇》:"吴人與越人相惡也,當其同舟而遇風,其相救也如左右手。"《周易略例》:"投戈散地,則六親不能相保;同舟而濟,則胡越何患乎異心。"《後漢書·朱穆傳》:"將相大臣,均體元首,共輿而馳,同舟而濟,輿傾舟覆,患實共之。"

3693 破釜沉舟 《史記·項羽紀》:"引兵渡河,沉舟破釜甑,以示士卒必死,無一還心。"

3694 及溺呼船 《三國志·董卓傳》:"及溺呼船,悔之無及。"

3695 順水推船 見《元曲選》關漢卿《竇娥冤》、康進之《負荆》、無名氏《漁樵記》三曲。

---

① "《晉書》"當爲"《資治通鑑》",見《資治通鑑·晉中宗太興三年》。

3696 不善使船嫌溪曲　《朱子語録》:"人多言爲事所奪,有妨講學,此爲不能使船嫌溪曲者也。"《癸辛雜志》:"予書不知其拙,往往歸過筆墨,所謂不善操舟而惡河之曲也。"按:諺云"不善使船嫌港曲,不善寫字嫌筆禿",二語本聯屬,故周密近取爲譬。

3697 搭船　唐廖融《夢仙謡》:"擬就張騫搭漢槎。"按:俗云"搭船","搭"字見此。

3698 苦船　《西溪叢語》:"今人病不善乘船,謂之苦船,北人謂之苦車。苦,音庫。"《集韻》亦作"痁"。按:卽今所謂暈船。

3699 鐘鳴漏盡　《史記》[1]:"魏田豫曰:'年過七十而居位,猶鐘鳴漏盡而夜行,罪人也。'"《魏書·游明根傳》:"臣桑榆之年,鐘鳴漏盡。"《隋書·柳彧傳》:"和平子年垂八十,鐘鳴漏盡。"

3700 揜耳盗鐘　《吕氏春秋·不苟論》:"人有盗鐘者,鐘大不可負,以椎毁之,鐘況然有音,恐人聞而奪之,遽自揜其耳。"《晉書·宣帝紀論》:"竊鐘掩耳,以衆人爲不聞。"用其事。按:今言"揜耳偷鈴",始見於《傳燈録》元沙備云:"塞耳偷鈴,徒自欺誑。"潙山祐云:"簸上座雖得便宜,爭奈揜耳偷鈴。"朱子《答江德功》亦云:"成書不出姓名,以避近名之譏,此與揜耳偷鈴之見何異?"

3701 現鐘不打,更去煉銅　見《元曲選》馬致遠《青衫泪》劇。

3702 木鐘　《漢書·百官志》:"將作大匠屬官有主章。"師古注曰:"今所謂木鐘者,蓋章音之轉耳。"按:是唐有木鐘之官,今以假借官事欺人曰"撞木鐘",或者因此。

3703 弄塤　《康熙字典》:"塤乃土器不堅之物,故時俗稱人慣弄虚澆者曰弄塤。"

3704 膠柱鼓瑟　《文子·道德篇》引老子曰:"執一世之法籍,以非傳代之俗,譬猶膠柱調瑟。"《史記·藺相如傳》:"王以名使括,若膠柱而鼓瑟耳。"揚子《法言》:"以往聖之法治將來,譬膠柱而鼓瑟。"《淮南子·齊俗訓》作"膠柱調琴"。

3705 在鼓裏　《釋名》:"瞽,鼓也,瞑瞑然如合於鼓皮也。"按:俗詆懵昧之人曰"如在鼓裏"。

3706 關門擊鼓,鼓聲在外　卽《詩》"鼓鐘於宫,聲聞于外"之義。

3707 解鈴還是繫鈴人　見《指月録》。

---

① "《史記》"當爲"《三國志》",見《三國志·魏志·田豫傳》。

3708 床上安床 《續畫品》:“南齊毛稜善於布置,比其叔父惠秀,則床上安床。”《陸象山集·與朱子論太極書》云:“上面加無極,正是疊床上之床;下面著眞體字,正是架屋下之屋。”

3709 卧榻側豈容他人鼾睡 《宋史長編》:“江南主遣徐鉉入奏,乞罷兵。上云云。”

3710 越俎代庖 見《莊子·逍遥遊篇》。

3711 探囊取物 《五代史·南唐世家》:“李穀謂韓熙載曰:‘中國用吾爲相,取江南如探囊中物耳。’”

3712 車載斗量 《三國志·孫權傳》注:“文帝曰:‘吳如大夫者幾人?’趙咨曰:‘車載斗量,不可勝數。’”《朝野僉載》:“武后時官濫,民間謡曰:‘補闕連車載,拾遺平斗量。’”

3713 踢斛淋尖 《律例》:“倉官斗級,不令納户行槩,踢斛淋尖,多收斛面者杖。”

3714 老古錐 朱子《示内弟》詩:“清宵白日供遨蕩,愁殺堂頭老古錐。”

3715 認錯定盤星 朱子詩[1]:“記取淵冰語,莫錯定盤星。”《五燈會元》石窗恭頌:“不得雲門行正令,幾乎錯認定盤星。”圓澄巖偈:“領取鈎頭意,莫錯定盤星。”

3716 盆滿鉢滿 《三朝野史》:“馬光祖知京口,福王府訴民不還屋錢。光祖判云:‘晴則雞卵鴨卵,雨則盆滿鉢滿。福王若要屋錢,直待光祖任滿。’”

3717 鼎鐺尚有耳 《宋史》太祖叱雷德驤語。按:俚諺“瓶兒罐兒,尚有耳朶”,本於此。

3718 承熱鐺子 《啓顔録》:“齊高祖與近臣作謎,帝先作之。石動箭射曰:‘煎餅。’帝曰:‘是也。’動箭復爲是謎。帝射不得,問是何物,對曰:‘煎餅。’帝曰:‘我始作之,何因更作?’動箭曰:‘承大家熱鐺子頭,更作一箇。’”按:卽近俗所謂“趂熱鍋”。

3719 瓦罐終須井上破 《雞肋編》:“陳無己詩多用一時俗語,如‘瓶懸甇間終一碎’,卽俗語云云也。”按:《漢書·陳遵傳》述楊雄《酒箴》曰:“子猶瓶矣,居井之眉。臧水滿腹,掌于纆徽。一旦叀礙,爲甇所轠。身提黄泉,骨肉如泥。”注云:“言瓶爲井甇所擊,終破碎也。”陳詩與俗語,皆由於此。

3720 無梁桶休提 見高文秀《黑旋風》、馬致遠《任風子》二曲。

---

① “詩”當爲“詞”,見《晦菴集》卷十《水調歌頭·聯句問訊羅漢》。

3721 桶底脱　《傳燈錄》雪峯告巖頭曰:"我問德山從上宗乘事,德山打一棒曰:'道甚麽,我當時如桶底脱相似。'"《五燈會元》:"眞歇了入廚看煮麪次,忽桶底脱,衆皆失聲曰:'可惜許。'了曰:'桶底脱,合歡喜,因甚煩惱?'僧曰:'和尚卽得。'"

3722 打破砂盆問到底　黄庭堅《拙軒頌》有"打破砂盆一問"句。按:問,音同璺。《儀禮》疏:"坼,兆璺也。"揚子《方言》:"秦晉間器破而未離,謂之璺。"砂盆質極脆薄,破則其璺到底,俗怪人詰問不已而爲斯語。同音假借,古風人之例也。

3723 乞兒般漆碗　《墨莊漫錄》:"晏叔原聚書甚多,每有遷徒,其妻厭之,謂叔原有類乞兒搬漆碗,叔原因賦《搬漆碗》詩。"

3724 趙老送燈臺,一去便不來　《歸田錄》:"鄙語云云,不知是何等語,雖士大夫亦往往道之。天聖中,有尚書郎趙世長爲西京留臺御史,有輕薄子送以詩云:'此回眞是送燈臺。'世長深惡之,其後竟卒於留臺也。"按:元楊文奎曲作《趙杲送曾哀》,蓋音之譌。

3725 燈臺不自照　見康進之《李逵負荆》曲。

3726 誰有閒錢補笊籬[①]　《元曲選》石君寶《秋胡戲妻》、高文秀《黑旋風》、鄭廷玉《後庭花》皆用此諺。按:笊籬,見《唐書·安祿山傳》,楊萬里詩作"罛羅"。

3727 一網打盡　《宋史·江休復傳》:"坐預進奏院祠神落職,同坐者皆有名士,言者喜曰:'吾一網打盡矣。'"[②]《齊東野語》:"淳祐辛卯[③],鄭丞相清之議牒杭學游士限日出齋,諸士爲檄文有云:'始陰諷其三緘,終盡打於一網。'"

3728 繖[④]　《左傳·定四年》:"備物、典册。"疏云:"謂國君威儀之物,若今繖扇之類。"《晉書·輿服志》:"功曹吏繖扇騎從。"[⑤]《康熙字典》:"《爾雅》'纁帛縿'注:'衆旒所著,正幅爲縿。'此卽繖字之原也。"按:古亦謂雨蓋曰"繖",如《史記·五帝紀》注"舜以兩繖自扞",《晉書·王雅傳》"遇雨請以繖入",以其同覆首上,借名也。"傘"字始見于《南史》"王縉[⑥]以笠傘覆面",而《金史·儀衛志》書威

---

① 黄侃:"笊"即"罩"之轉。

② "同坐者"以下見《宋史紀事本末》卷二九。

③ "辛卯"當爲"辛亥",見《齊東野語》卷六。

④ 黄侃:"繖"乃"衰"之音轉。俗作"傘",正"衰"古文𧘚之變。

⑤ 此處《函海》本有:"繖"字始此。

⑥ "縉"當爲"籍",見《南史·王籍傳》。

儀之"繖",亦概作"傘"。今俗相承,遂置"繖"字不用。

3729 掌扇 《演繁露》:"今人呼乘輿所用扇爲掌扇,殊無義,蓋障扇之譌也。江夏王義恭爲宋孝武所忌,奏革諸侯制度,障扇不得用雉尾,是也。凡扇言障,取遮蔽爲義。以扇自障,通上下無害,但用雉尾飾之,則乘輿制度耳。蔡嶷小詞有曰'扇開仙掌',誤也。"

3730 開先牌 《武林舊事》小經紀有"開先牌"。葉紹翁《詠先牌》詩:"相隨萬里途,汝豈被名驅。挂壁疑無用,辭家不可無。店翁先洒掃,津吏認稱呼。舉子無錢刻,惟將印紙糊。"按:此似即今所謂"起馬牌",而當時舉子亦得有之。

3731 花藤轎 《夢粱錄》:"婚娶用花藤轎,往女家迎取新人。"按:今謂"花頂轎",蓋訛。

3732 兜子 《宋史長編》:"興國七年,李昉言工商庶人聽乘兜子,擔者不得過二人。"

3733 馬車騾車 《宋書·禮志》:"漢制,賈人不得乘馬車。遭喪者,聽得白服乘騾車。"

3734 羊頭車 《蓉塘詩話》:"鎮江以東有獨輪小車,謂之羊頭車。張文潛《輸麥行》:'羊頭車子毛布囊,泥淺易涉登前岡。'始見詩人用之。"

3735 脚船 施肩吾《贈鹽官主人》詩:"出路船爲脚,供官木是奴。"

3736 夜航船 龔明之《中吴紀聞》:"夜航船惟浙中有之,然其名舊矣,古樂府有《夜航船》曲。"按:樂府云"夜行船",不云"航"也。皮日休《答陸天隨》詩:"明朝有物充君信,樒酒三瓶寄夜航。"韋莊《和李秀才》詩:"酒市多逋客,漁家足夜航。"乃嘗用之,方回有《聽航船歌》詩十首。

3737 頭倉、中倉 元稹《遭風》詩:"檣烏斢折頭倉掉。"歐陽詹《宿建溪》詩:"隔簾微月入中倉。"按:流俗用"艙"字,非古。

3738 馬門 《猗覺寮雜鈔》:"船門曰馬門,蓋闖字之分也,引首而觀曰闖。"

3739 眠桅 元稹詩:"後侣逢灘方曳䌫,前宗到浦已眠桅。"按:舟人諱倒桅曰"眠桅",今言"免桅",譌也。桅,本作"梶",《釋名》云:"船前立柱曰梶。梶,巍也,巍巍然高也。"

3740 彈子[①] 《齊東野語》:"舟子稱牽船之索曰彈子,意謂俗諺。而鍾會呼捉船索爲百丈,趙氏注云:'百丈者,牽船篾,内地謂之笪。'笪,音彈,是知方言皆有所據。"

① 黄侃:亦作"簞",正作"笪",《一切經音義》引《説文》:"箬也。"

3741 籠頭　《説文》"鞥"字解云："轡鞥，一曰龍頭絓。"方以智曰："即今所呼籠頭也。"《北史·畢義雲傳》："有孽子與侍婢姦通，爲其著籠頭，繫之庭樹。"《歷代名畫記》："陶弘景隱居茅山，梁武帝欲徵用。陶畫二牛，一以金籠頭牽之，一則𨑹就水草。武帝知其意，不以官爵逼之。"

3742 庋背　《禮·内則》注："閣以庋食物也。"《釋文》："庋，九毁切，《説文》作庪。"《七修類稿》："市肆間木格閣板謂之鬼背兒。庋與鬼，音近訛也，蓋鬼背兒當用庋字。"《嚴滄浪詩話》："此不足以書屏障，僅可與閭巷小人文背之詞。"所云"背"，乃即庋背。

3743 匱　《尚書》："納金縢之匱中。"《漢書·高帝紀》："金匱石室。"《夏侯嬰傳》："得印一匱。"《鹽鐵論》："天子以海内爲匣匱。"《六書故》："今通以藏器之大者爲匱，次爲匣。"唐或有从木作"櫃"者，徐浩《古蹟記》："武延秀得帝錫二王眞蹟，會客，舉櫃令看。"白居易《長慶集·題文集櫃》云："破柏作書櫃，櫃牢柏復堅。"今世悉承用之，而"匱"字但以爲匱乏。

3744 厨　《晉書·顧凱之傳》："凱之嘗以一厨畫寄桓玄。"《南史·陸澄傳》："王儉戲之曰：'陸公，書厨也。'"《夢溪筆談》："大夫七十而有閣，閣者，格板，以皮膳羞，正是今之立鐀。今吳人謂立鐀爲厨者，原起於此，以其貯食物也，故謂之厨。"

3745 食籮[①]　《癸辛雜志》："尹梅津無子，螟蛉石、羅二姓，人爲語曰：'梅津一生辛勤，只辦得食籮一擔。'"按：《史[②]·張敖傳》注："篗輿，編竹木爲之，形如今之食輿。"食輿，猶云食籮，但輿兼竹木，籮則專以竹編。

3746 抽替[③]　《南史·殷淑儀傳》："既薨，孝武帝思見之，遂爲通替棺。欲見，輒引替覩屍。"《癸辛雜志》："李仁甫爲《長編》，作木厨十二枚，每厨作抽替匣十二枚，每替以甲子誌之。"

3747 倚卓　楊億《談苑》："咸平、景德中，主家造檀香倚卓。"《傳燈錄》："桂琛指倚問元沙：'喚這箇作甚麼？'元沙曰：'倚子。'"齊己《白蓮集》有《謝人寄南榴卓子》詩。《宋史》鹵簿有"金倚"。《元史》[④]："肆赦儀，閤門官取赦書於卓子讀。"《通雅》："倚卓之名，見於唐宋，而小説有椅桌字。黄朝英言：'椅，木名。棹，與櫂通。但當用倚卓。'"按："桌"字元以前未見，"椅"則陸龜蒙詩"竹床蒲椅

① 黄侃："籮"爲"籃"之轉。
② "史"當爲"漢書"，見《漢書·張耳陳餘傳》。
③ 黄侃："替"正作"遞"。
④ "《元史》"當爲"《金史》"，見《金史·禮志九》。

但高僧"已用之。《程子語錄》云:"天下無一物無禮樂,且置兩隻椅子,纔不正,便無序。"張子《理窟》云:"古人無卓椅,智非不能及也,但席地則體恭耳。"朱子《家禮》載用器具,有"卓子"、"交椅"。三大賢俱以"倚"爲"椅",則不可斥爲俗矣。

3748 八仙卓 晁補之《雞肋集》有《八仙案銘》云:"東皐松菊堂,飲中八仙案。八仙何必來,松菊是吾伴。"按:此"卓"名自北宋有之,而所謂"八仙"乃飲中八仙也。

3749 太師椅 《桯史》:"秦檜賜第,詔就第賜燕,假以教坊優伶。有參軍前,褒檜功德,一伶以交椅從,參軍方拱揖就椅,忽墜其幞頭,露巾鐶。伶指問曰:'此何鐶?'曰:'二聖鐶。'伶曰:'爾但坐太師交椅,此鐶掉在腦後,可耶?'檜怒,下伶于獄。"

3750 橙 《晉書·王獻之傳》:"魏時,淩雲殿榜未題,而匠者誤釘,乃使韋仲將懸橙書之。"《晉陽秋》:"何無忌與高祖夜謀,其母置橙於屏風上窺之。"《涪翁雜説》:"橙,橘屬,今人書凳爲橙,非。"按:"橙"既屢見舊史,而"凳"惟《傳燈錄》用之[1]。涪翁偏執釋氏文,而不信舊史,是其蔽也。

3751 棺材 《南史·齊宗室傳》:"始安王遥光勸上誅高武諸子孫,令太醫煑椒二斛,并命辦數十具棺材。"又《張敬兒傳》:"嘗爲吴泰家擔水,通其愛婢。事發,將被泰殺,逃賣棺材中,以蓋加上,乃免。"按:棺材,本謂中爲棺之材木,而世以呼已成之棺。據二事,則齊梁時已然。

3752 壽器 《集韻》:"壽,音同壽,棺也。"焦竑《字學》:"生前預製棺曰壽,俗言壽器。"按:《杜樊川集》:"池州李使君没後十一日,處州新命始到,哭以詩云:'縉雲新令詔初行,纔是孤魂壽器成。'"祇用"壽"字。

3753 和頭 《戰國策》:"魏惠公曰:'昔王季葬渦山之尾,欒水齧其墓,見棺前和。'"謝惠連《祭古冢》文:"中有二棺,前後無和。"按:《玉篇》有"稞,胡戈切",《廣韻》作"脉",皆云棺頭,蓋與"和"通用也。又《漢書·酷吏傳》:"何所求死子?桓東少年場。"注云:"陳宋之間,言桓聲如和。"今人稱棺前後曰"和頭",亦轉音曰"桓頭"。

3754 七星板 《顔氏家訓》:"吾死當松棺二寸,衣帽以外不得自隨,牀上惟施七星板。"《識小錄》:"今人棺底用板名七星,或仍其製,但云牀上,似不在棺中。"

---

① 黄侃:即"登"字。

3755 錫杖　《翻譯名義》:"由振時作錫。錫,聲也,亦名聲杖。"《根本雜事》:"沙門乞食,深入長者之家,遂招譏謗。佛云:'可以聲警覺之。'乃作錫杖。"

3756 木枴[1]　《五代史·漢紀》:"遣王峻奉表契丹,耶律德光賜一木枴。峻持歸,彼國人望之,皆避道。"按:《集韻》云"枲杖也,或作枴",則"枴"乃或作"之"字,其正當作"枲"。

3757 雨具　《論衡·明雩篇》:"孔子出使,子路齎雨具。有頃,天果大雨。"

3758 望子　《廣韻》:"青帘,酒家望子。"按:今江以北,凡市賈所懸標識,悉呼"望子"。訛其音,乃云"幌子"。

3759 概　《禮·月令》:"仲春之月,正權概。"《管子·樞言》:"釜鼓滿,則人概之;人滿,則天概之。"《荀子》:"水主量必平,盈不求概。"《韓非子》:"概者,平量者也。吏者,平法者也。"按:此即平斗斛具,世俗誤呼入聲,往往不知其字[2]。

3760 曲尺　《史記·禮書》索隱:"矩,曲尺也。"《文選·魏都賦》注:"鉤,曲尺也。"

3761 秤　《史記·廉頗傳》:"食肉一秤。"[3]《小爾雅》:"斤十爲衡,衡半爲秤。"《太平御覽》:"諸葛亮曰:'我心如秤,不能隨人低昂。'"《嘉話錄》:"上官昭容母夢人與秤曰:'持此秤量天下士。'"按:"秤"字始見《廣韻》,注云"俗稱字"。《淮南子》"角斗稱"、《隋·律歷志》"新稱"、"古稱",俱即"稱"字用之。今人分平、去二音,指呼其器爲去聲,以量物輕重爲平聲。據《月令》"蠶事既登,分繭稱絲"、《攷工記·㮚氏》注"權謂稱分之",音義俱"尺證切",則雖量物亦讀去也。杜詩:"姹女縈新裛,丹砂冷舊秤。"恐是趁筆之誤。

3762 秤星　《在閣知新錄》:"今謂秤上斤兩爲花星,唐人有之。賈島《牛山》詩:'鑿石養蜂休賣蜜,坐山秤藥不爭星。'"按:包何《秤送孟儒卿》詩亦有"衡直衆星隨"句,又拾得詩:"銀星釘稱衡,緑絲作稱紐。"《傳燈錄》竇峯云:"無星秤子有甚辨處。"

3763 等子　《三器圖義》:"《皇祐新樂圖》有銖秤,其圖一面有星,一面繫一盤,如民間金銀等子。"李方叔《師友談記》:"邢和叔嘗曰:'文銖兩不差,非秤上秤來,乃等子上等來也。'"《朱子語錄》:"某《集注》下字時,直是秤等輕重,方敢寫出。"輔廣《孟子答問》亦云:"是從分金等子上説將來。"按:"等"以別金銀等次

---

① 黄侃:即"丫"字,聲借爲"冎",加木作"枴"。
② 黄侃:入聲者其字作"杚",平也。亦不誤。
③ "食肉一秤",見《隋唐兩朝志傳》第八二回。

立名。張世南《宦游紀聞》云:"寧和殿有玉等子,以諸色玉次第排定,凡玉至比之,高下自見。"此其制別義同,流俗所用"戥"字,近人妄造。

3764 籌馬 《禮記·投壺篇》:"請爲勝者立馬,一馬從二馬,三馬俱立,請慶多馬。"註云:"馬,勝算也。謂之馬者,若云技藝若此,任爲將帥乘馬也。"《周禮·大司馬》注:"爭禽者罰以假馬。"疏云:"假馬謂獲禽所算之籌。"虞氏《天香樓偶得》:"馬之爲名,所施不一,如《禮記》所云,是以計數之物爲馬也。今俗猜枚之物,謂之拳馬;賭博者以物衡錢,謂之馬子;交易者以銅爲法,衡銀輕重,謂之法馬,皆屬計數之意。"

3765 鑰匙 《史記·魯仲連傳》:"魯人投其籥。"《正義》:"籥,鑰匙也。"《黄庭經》:"玉匙金鑰常完堅。"

3766 簡板 《老學庵筆記》:"王荆公以金漆板代書帖,士人效之。已而苦其往來泄漏,遂用兩竹片相合,以紙片封其際。久之,其製漸精,或以縑囊盛而封之,南人謂之簡板。淳熙末,朝士乃以小紙相往來,謂之手簡,簡板幾廢。"按:今猶有所謂簡板者,承其名耳。

3767 書榹 《集韻》:"榹,藉書具。"漢杜篤有《書榹賦》。按:今稱"護書",非。

3768 文房四寶 晁氏《讀書志》:"《文房四寶》五卷,宋蘇易簡撰,集古今筆硯紙墨事實,繼以賦頌述作。"《避暑錄話》:"世言歙州具文房四寶,謂筆墨紙硯也。謝翱《晞髮集》有《訪文房四友》詩,即指四寶。

3769 骨董① 《霏雪錄》:"骨董乃方言,初無定字。東坡嘗作骨董羹,《晦庵語錄》只作'汩董',今亦稱古董。"《通雅》:"唐《引船歌》'得董紇那耶,揚州銅器多。'得董之得,音丁紇反。《通鑑》:'唐玄宗幸望春樓,觀韋堅新潭。陜尉崔成甫居前船,唱《得寶歌》。'胡身之注:'先是俚歌曰得董紇那耶,其後得寶符於桃林,成甫乃更紇董曰《得寶歌》。'觀此,可知唐人方言呼寶近董,而得董之音,即今骨董二字之原。"

3770 硯瓦 邵伯温《聞見後錄》:"硯瓦者,唐人語也,非謂以瓦爲硯,蓋硯之中心隆起如瓦狀,以不留墨爲貴。"米芾《畫史》:"晉唐皆鳳池硯,中心如瓦凹,故曰硯瓦。筆因凹勢鋒圓,故其書畫皆圓。"按:二説相反,未知孰是。李咸用有《謝人遺端溪硯瓦》詩,信其爲唐人語也。或云古初硯實用陶瓦,觀昌黎《毛穎

---

① 黄侃:《説文》有"匫"字:"古器也。"然"骨董"猶"活東",乃"科斗"之轉。文字以"科斗"爲最古,移以言凡古物。

傳》稱硯爲“陶泓”可見，理亦有之。

3771 墨海　《西京雜記》：“黄帝有玉一紐，治爲墨海，其文曰‘帝鴻氏之硯’。”按：今書大字用墨多，則以瓦盆磨之，謂其盆曰“墨海”，此其命名由來。

3772 筆鍩　《諸皐記》：“宣車坊槐樹下有大蝦蟇扶二筆鍩。”按：卽筆套也①。古無“套”字，《説文》：“搭，韜也。”鍩以金，有所冒也，皆卽“套”之本字。《廣韻》收“套”字，但訓“長大”。《五代史》“後唐與梁人戰胡盧套”，《集韻》據之，增有“河曲”之訓，而其字皆从“長”。今从“镸”者，惟《宋史・輿服志》言“金輅有金鍍銅套筒”，其義則正與《説文》解“鍩”者同。後世相承，凡物有所冒，悉謂之“套”，非古也。

3773 水滴　《西京雜記》：“玉蟾蜍一枚，大如拳，腹空容五合水，王取以爲書滴。”

3774 水中丞　林洪《文房圖贊》稱水盂爲“水中丞”。

3775 不求人　《陳定宇集》有《不求人贊》云：“雖不求人兮，未免求木奴之指，孰若反掌以自搔兮，君子求諸己。”按：《能改齋漫錄》引《音義指歸》曰：“如意者，古之爪杖也，或骨、角、竹、木，削作人手指爪，安柄可長二尺許。或脊有癢，手所不到，用以搔抓，如人之意。”然則“不求人”與“如意”同原，而其本名爲爪杖也。

3776 刀子　俗呼器物，多以“子”爲助。惟“刀子”與“刀”，似有大小之别。《宋書・朱齡石傳》：“剪紙著舅枕，自以刀子懸擲之，百擲百中。”《南史・到撝傳》：“王敬則執榠楂，以刀子削之。”《袁彖傳》：“武帝在便殿，用金柄刀子削瓜。”《北史・齊文宣帝紀》：“戲以刀子𠢐楊愔腹，崔子高掣刀子而去之。”《徐之才傳》：“有以骨爲刀子柄者，之才曰：‘此人瘤也。’”《隋書・薛道衡傳》：“胡仲操就孺借刀子，削爪甲。”《舊唐書・輿服志》：“武官佩鞊鞢七事，一曰佩刀，二曰刀子。”《急就章》注：“羠羊角差小，堪爲刀子把。”觀諸説則“刀子”之爲小刀顯然。又《博異志》：“木師古取篋中便手刀子，于牀頭席下，用壯其膽。”便手，蓋猶今云解手。

3777 摺疊扇　《耆舊續聞》②載《摺骨扇》詞，有“數摺聚清風，一捻生秋意”句。《容齋四筆》謂：“此詞朱翌所作，因張安國書扇而載《于湖集》中。翌與東坡同時，東坡言：‘高麗白松扇，展之廣尺三四，合之只兩指許。’卽此。”《圖畫見聞

① 黄侃：“套”乃俗會意字，正當作“韜”耳。

② 《耆舊續聞》前《函海》本有：“古有團扇、紈扇而無摺疊扇，今扇皆用摺疊扇。考之”一段話。

志》:"高麗使每至中國,或用摺叠扇爲私覿,其扇用鴉青紙上畫婦人鞍馬,或以銀泥爲雲氣月色之狀,謂之倭扇,本出于倭國也。"《春風堂隨筆》:"南宋以下,詩詞咏聚頭扇甚多,予收得楊妹子所寫絹扇面,摺痕尚存。"《夢粱録》有"小周家摺揲扇鋪"。按:此扇流行中國,據諸文則在于北宋。《天禄志餘》謂"元時高麗始以充貢,明永樂間稍效爲之",非也。

3778 眼鏡 《七修續稿》:"聞貴人有眼鏡,老年觀書,小字畢見,誠世寶也。此以活大車渠之珠囊製之,常須養之懷中,勿令乾死,然後可照字。"吴寬《匏翁集·謝人送西域眼鏡》詩:"世傳離婁明,雙睛不能没。千年黄壤間,化生[1]直百鎰。"按:此物始于明之中葉,自西域傳行,賈胡誇誕其言,故當時人受其愚罔如此。據《劉跂暇日記》:"杜和叔鞫獄,取水晶十數種以入,案牘故暗者,以此承日照之,其文立見。"斯卽眼鏡所由製,不待西域人發其祕也。

3779 自鳴鐘、洋琴 馮時可《蓬窗續録》:"外國道人利瑪竇出自鳴鐘,如小香盒,一日十二時,凡十二次鳴。又出番琴,其製以銅鐵絲爲弦,不用指彈,只以小板按之,聲更清越。"按:二器亦自明有之,蓋與眼鏡同入中國。

3780 僧磬 陸劍南詩:"聖賢雖遠詩書在,殊勝鄰翁擊磬聲。"自注:"釋氏謂銅鉢曰磬。"按:鄙俗因釋家之竊爲此號,竟若忘其眞磬之製,宜表明也。

3781 馬上鼓 《周禮·大司馬》:"師帥執提。"註云:"提,謂馬上鼓,有曲木提持,鼓立馬髦上者,故謂之提。"

3782 開門鼓 白居易詩:"晨光出照屋梁明,初打開門鼓一聲。"

3783 雲鑼 《元史·禮樂志》:"雲璈,制以銅,爲小鑼十三,同一木架,下有柄,左手持而右手以小槌擊之。"按:今稱"雲鑼",俗制簡略,只九面,因亦謂之"九雲鑼"。

3784 叫子 《夢溪筆談》:"世人以竹木牙骨之類爲叫子,置人喉中吹之,能作人言,謂之顙叫子。"《傳燈録》全忿有"眼裏瞳人吹叫子"語。

3785 鎖呐 《在閣知新録》:"近樂器中有鎖呐,正德時詞曲作'唆哪',葢後起之名,故字體隨人書也。"

3786 喇叭 《正字通》:"軍中吹器,俗呼號頭,見戚繼光《新書·號令篇》。"按:此乃因其聲以爲名,名出近俗,而其器則早有之。《舊唐書·音樂志》:"西戎有吹金者,銅角是也,長二尺,形如牛角。"葢卽今喇叭耳。號頭,文見《唐·薛懷素傳》:"數萬人曳一大木,千人立一號頭。頭一囑,千人齊和。"彼以人爲"號

---

① "生"當爲"此",見《匏翁家藏集》卷二三。

頭”，而此器襲其名者，以其聲一發衆悉隨之，舉作有似乎曳木所立之頭也。

3787 急須壺　《三餘贅筆》：“吳人呼暖酒器爲‘急須’，以其應急而用。吳謂‘須’爲‘蘇’，故亦曰‘急蘇’。”

3788 自斟壺　《堅瓠集》：“今酒注去柄安提梁，如茶壺式，始于祖澤深，名自斟壺。”

3789 酒鼈　林洪《山家清事》：“偏提，猶今酒鼈。”《武林舊事》載御教儀衛有“大小酒鼈子”，蓋“酒鼈”之稱，宋時已然。

3790 甆子　李如一《水南翰記》：“韻書無甆字，今人呼盛茶酒器。邵康節詩：‘大甆子中消白日，小車兒上看青天。’”《演繁露》：“御前賜茶，不用建盞，用大湯甆。”

3791 茶托子　《資暇錄》：“蜀崔寧之女，以茶盃無襯，病其熨指，取楪承之。既啜而盃傾，乃以蠟環楪夾其盃，遂定。即命匠以漆環代蠟，進于蜀相。蜀相奇之，名爲茶托子，而話于賓親，人人爲便，用于代。自後傳者愈精其製，以至百狀焉。”《演繁露》：“古者彝有舟，爵有坫，即今俗稱臺盞之類也。然臺盞亦始于盞托，托始于唐崔寧女，前世未有也。”按：此則唐造托子本以承茶杯，至宋則酒盞亦用托矣。《暖姝由筆》云：“酒盤一名護衣盤者，是明朝創造，前代無有。”豈實錄耶？

3792 沓杯　《古今詩話》：“刁約使契丹，有詩云‘餞行三匹製’，匹製以大小甖爲之。”《通雅》：“此蓋今之沓杯，俗曰套杯，或五或六，外大內小。”

3793 楪　《演繁露》：“《酉陽雜俎》云‘劉錄事食鱠數叠’，今俗書‘楪’字，誤。以其可叠，故名爲‘叠’也。然牒乃叠札爲之，則以叠爲楪，亦有理也。”按：“楪”字唐人已用，白居易詩：“三盃藍尾酒，一楪膠牙餳。”

3794 墰①　許渾《夜歸驛樓》詩：“橋邊沽酒半墰空。”陸龜蒙《謝山泉》詩：“石墰封寄野人家。”

3795 乳鉢　《宣和書譜》有虞世南行書《借乳鉢帖》。

3796 熨斗　《晉東宮舊事》：“皇太子納妃，有金塗熨斗三枚。”《晉書・韓伯傳》：“母爲作襦，令伯捉熨斗，而謂曰：‘且著襦，尋當作褌。’伯曰：‘火在斗中而柄尚熱，今既著襦，下亦當煖。’”《北史・李渾傳》：“李穆令渾入京，奉熨斗曰：‘願執柄以慰安天下也。’”按：尉字，本作尉，下从火，俗又加火作熨，贅矣。《後漢書・百官志》“太尉”注云：“自上按下曰尉。”尉斗，亦自上按下，使之平正。

① 黄侃：正作“罈”。

《説文》但有“畏”音,《漢書·王莽傳》所云“威斗”即熨斗,威與熨音相近也。今讀若鬱,始于《集韻》見之。

3797 立臺手把 《夢粱録》:“油燭局掌集辦立臺、手把、燈籠、火簇等物。”

3798 滿堂紅 《暖姝由筆》:“滿堂紅,彩絹方燈也。”按:今所謂“滿堂紅”,其製又别,蓋屬近時起矣。

3799 發燭 《輟耕録》:“杭人剪松木爲小片,鎔硫黄塗其鋭,名曰發燭,又曰焠兒。史載周建德六年,齊后妃貧者以發燭爲業,豈即此製歟?”按:《乾䐑子》云:“扶風竇乂剉破麻鞋,擣瓦屑,合槐子油靛,手團爲挺,例長三尺,圓徑三寸,號爲發燭,將以炊爨,與薪功倍。”則當時自别有“發燭”,史所云未必謂杭之焠兒。

3800 鍼筒 魏武《上雜物疏》有“象牙管鍼筒一枚”。

3801 縷簏 《後漢書·輿服志》:“建華冠制如縷鹿。”注引《獨斷》曰:“其狀若婦人縷鹿也。”按:鹿,與簏通。

3802 刮舌 《法苑珠林》:“佛法漱口,聽嚼楊枝[①],用刮舌不得過三反,不得大振手。”按:是“刮舌”之製,佛時已有,其刷牙則尚未有,故以楊枝代也。

3803 快兒 《儼山外集》[②]:“民間俗諱,各處有之,而吴爲甚,如舟行諱住、諱翻,以箸爲快兒,幡布爲抹布;諱離散,以梨爲圓果,傘爲竪笠;諱狼藉,以榔槌爲興哥;諱惱躁,以謝竈爲謝歡。此皆俚俗可笑,今士大夫亦有犯俗稱快兒者。”[③]

3804 箸籠 《方言》:“箸筩,陳、楚、宋、衛之間謂之筲。”注云:“盛札箸籠也。”

3805 筅帚 《廣韻》:“筅,蘇典切,飯具。”《通雅》:“析竹爲帚,以洒洗也。”宋韓駒有《謝人寄茶筅子》詩。按:世亦謂撚耳曰“筅”,《雲煙過眼録》載王齊翰《巖僧筅耳圖》。

3806 勃闌 《容齋三筆》:“世人語有以切脚稱者,如以蓬爲勃籠、槃爲勃闌之類。”按:元人《陳州糶米》曲“收了蒲籃罷了斗”,用字不同,而此器無製以蒲者,可見《容齋》説是。

3807 籍箕 《説文》:“筥,𥫱也。”徐鉉注曰:“今言𥫱箕。”

---

① 黄侃:“楊枝”即刷牙,今倭語猶謂牙刷爲“楊枝”。

② “《儼山外集》”當爲“《菽園雜記》”,見陸容《菽園雜記》卷一。

③ 黄侃:今鄉俗猶然。

3808 柳罐　見《齊民要術》。今江北概以柳罐汲水。

3809 摇籃　《戒菴漫筆》:"今眠小兒竹籃名摇籃。郭晟《家塾事親》曰:'古人製小兒睡車曰摇車,以兒摇則睡故也。'蓋摇籃卽因于摇車。"

3810 馬子[1]　《雲麓漫鈔》:"漢人目溷器爲虎子,鄭司農注《周禮》有是言。唐諱'虎'字改爲'馬',今人云'廝[2]馬子'者是也。"《夢粱錄》載"家生動事",有"馬子"。

3811 唧筒　《種樹書》:"凡木早晚宜沃以水,以唧筒唧水其上。"[3]

3812 苕帚　《周禮·夏官·戎右》注:"茢,苕帚也。"二字始見。

① 黄侃:吾鄉猶存古言,曰"楲(讀爲圍)窬(讀爲桶)"。

② "斯"當爲"廁",見《雲麓漫鈔》卷四。

③ 此處《函海》本有:今人多用噴壺。

卷二十七　飲食

3813 一生喫著不盡　《東軒筆錄》:"或戲王沂公曰:'狀元試三場,一生喫著不盡。'沂公答曰:'平生之志,不在温飽。'"

3814 三世仕宦,方解著衣喫飯　《明道雜志》載錢文穆公云云,《老學庵筆記》載諺云云。按:《魏武令》①曰:"三世長者知被服,五世長者知飲食。"實此語所由來。

3815 喫飯處　《五代史·晉家人傳》:"耶律德光謂李太后曰:'可無憂,管取一喫飯處。'"又《安叔千傳》:"德光勞叔千曰:'汝通誠欵,吾當與汝一喫飯處。'"

3816 家常飯　《獨醒雜志》:"范文正云:'家常飯好喫。'"《五燈會元》:"道楷云:'佛祖言句,如家常茶飯。'"齊己詩:"應笑晨持一盂苦,腥羶市裏叫家常。"陸游詩:"茅簷喚客家常飯,竹院隨僧自在茶。"

3817 粗茶淡飯　楊萬里詩:"粗茶淡飯終殘年。"

3818 長虀冷飯　《五燈會元》:"僧問和尚家風,奉璘曰:'長虀冷飯。'"

3819 飯來開口　元稹《放言》:"酒熱餔糟學漁父,飯來開口似神鴉。"白居易《有感》:"食來卽開口,睡來卽合眼。二事最關身,安寢加餐飯。"按:《管子·揆度篇》:"百乘耕田萬頃,爲户萬户,開口十萬人。千乘耕田十萬頃,爲户十萬,開口百萬人。"乃"開口"二字所出。

3820 把飯叫饑　《東坡集·答程彝仲尺牘》:"所示自是高文,大似把飯叫饑,聊發千里一笑。"又《五燈會元》通慧珪有"捧飯稱飢,臨河叫渴"語。

3821 一飯未嘗留俗客　杜甫詩。按:俚俗句"淡飯須留有意人",本于此。

3822 喫烏飯,屙黑屎　見《元曲選·東坡夢》劇。

3823 老米飯捏殺不成團　又《神奴兒》劇。

3824 早知燈是火,飯熟已多時　《五燈會元》泗州用元舉此語。蘇軾詩"雖

① "魏武令",《藝文類聚》卷六七、《太平御覽》卷六八九、卷七〇七均作"文帝詔"。

知燈是火,不悟鐘非飯",劉因詩"此去要知燈是火,向來空指雁爲羹",皆用之。

3825 逢茶卽茶,逢飯卽飯　又:道匡答僧問"具大慙愧人"云。

3826 飢來喫飯,困來卽眠　《傳燈錄》:"或問慧海如何用功,海云云。或曰:'一切人總如是。'曰:'不同也。他喫飯時不肯喫,百種需索;睡時不肯睡,千般計較,所以不同。'"《黄山谷集·贈劉靜翁頌》:"困便横眠飢喫飯,十方無壁又無門。"

3827 饑不可食,寒不可衣　《漢書·景帝紀》:"黄金珠玉,饑不可食,寒不可衣。"《東坡集·喜雨亭記》用此。

3828 自飽不知人飢　《晏子春秋》:"景公時,雨雪三日,公被狐白之裘,見晏子曰:'怪哉!雪三日不寒。'晏子曰:'古之賢君,飽而知人饑,温而知人寒,公何不然也?'"按:元人《凍蘇秦》《玉壺春》等曲俱有"坐兒不覺立兒飢"語,同此意。

3829 美食不中飽人喫　《五燈會元》義青、善孜皆舉此語。

3830 不知飢飽　《論衡·率性篇》:"有癡狂之疾者,歌啼于路,不曉東西,不睹燥濕,不知飢飽。"《朱子語錄》:"王荆公喫物不知飢飽。"

3831 飢不擇食　卽《孟子》"飢者易爲食"義。《傳燈錄》龐居士對丹霞然有"饑不擇食"語。

3832 因噎廢食　《淮南子·説林訓》:"有以噎死者,而禁天下之食,則悖矣。"

3833 不喫烟火食　《王直方詩話》:"張文潛來飲予家,作長句。後東坡來,讀之曰:'此不是喫烟火食人道底言語。'"

3834 喫食諱食　見《元曲選·鴛鴦被》劇。

3835 坐喫山空　又:秦簡夫《東堂老》有"坐喫山空,立喫地陷"語。

3836 多喫壞肚皮　《元曲章》:"如今但是勾當裏行的官人多喫,衹應教百姓生受,要肚皮壞了。"按:當時所云"肚皮",乃取受錢物之辭,今諺則實謂腹。

3837 火食　《禮·王制》:"夷蠻之俗,有不火食者矣。"《莊子·讓王篇》:"孔子窮于陳蔡之間,七日不火食。"《北史·張纂傳》:"見士卒飢凍者,開門納之,分寄人家,給其火食。"

3838 舉火　《晏子·雜上篇》:"國之閒士,待臣而舉火者數百家。"《北史·楊愔傳》:"親族羣從,並待而舉火。"

3839 柴米油鹽醬醋茶　《夢粱錄》:"人家每日不可缺者,柴米油鹽酒醬醋茶。"按:今去酒一事,謂之開門七件。元人《玉壺春》《度柳翠》《百花亭》等劇,俱有"早晨起來七件事,柴米油鹽醬醋茶"句。周德清以七件皆無,作《折桂令》紀之,見《蕘兒樂府》。

3840 米鹽 《墨子·非命篇》:"吾嘗米鹽數天下書。"《韓非子·説難篇》:"米鹽博辨,則以爲多而交之。"《史記·天官書》:"其所占驗,凌雜米鹽。"又《減宣傳》:"其治米鹽事,大小皆關其手。"《漢書·黄霸傳》:"米鹽靡密,初若煩碎。"顔注曰:"米鹽,言雜而且細。"王僧孺《與何炯書》:"委曲同之針縷,煩碎譬之米鹽。"按:今人恒語,猶曰"米鹽瑣屑"。

3841 數米而炊 《莊子·庚桑楚》:"簡髮而櫛,數米而炊。"《淮南子·泰族訓》:"秤薪而爨,數米而炊。"《詮言訓》:"量粟而舂,數米而炊,可以治家,不可以治國。"

3842 膏粱子弟 《天香樓偶得》:"今人謂富貴家曰膏粱子弟,言但知飽食,不諳他務也。後魏孝文帝遷洛,差第士人閥閲姓氏,有八氏十姓、三十六族九十二姓之制。凡三世有三公者曰膏粱,有令、僕者曰華腴,尚書、領、護而上者爲甲姓,九卿若方伯者爲乙姓。據此,則膏粱之稱,乃極尊貴,未可以是爲相詆也。"

3843 館穀 《左傳·成十六年》:"晉人楚軍,三日穀。"《音義》曰:"本或作'三日館穀',謂食楚粟三日也。"《南史·宋高帝紀》:"帝討慕容超,剋廣固城,館穀于青土。"《唐書·馬燧傳》:"討田悦,斬首百萬,俘係千餘,館穀三十萬斛。"按:流俗解此義,如《詩》之"適館"、"授粲",誤矣。

3844 飲啄有定分 《玉堂閑話》引諺云:"'一飲一啄,繫之于分。'此言雖小,亦不徒然。"《北夢瑣言》:"夏侯生示人行止,事無不驗,蓋飲啄之有分也。"《傳燈錄》普岸偈云:"隨緣飲啄,更復何爲。"

3845 君子略嘗滋味 見《元曲選·舉案齊眉》劇。

3846 未有不散之筵 倪思《鉏經堂雜志》①:"凡筵宴,三杯亦散,五杯亦散,極于百杯亦散,諺云'未有不散之筵',余於是有深感。"

3847 肉山酒海 《帝王世紀》:"夏桀爲肉山脯林,殷紂爲酒池肉林。"《文選·曹植〈與吴質書〉》:"願舉泰山以爲肉,傾東海以爲酒。"

3848 有酒有肉 《淮南子·説林訓》:"視書,上有酒者,下必有肉;上有年者,下必有月。"

3849 酒囊飯袋 《論衡·別通篇》:"飽食快飲,慮深求卧,腹爲飯坑,腸爲酒囊。"《金樓子》:"禰衡云:'荀彧可與强言,餘皆酒甕飯囊。'"《顔氏家訓·誡兵篇》:"今世士夫,但不讀書,即稱武夫兒,乃飯囊酒甕也。"《荆湘近事》:"馬氏僭

① "鉏經"當爲"經鉏",見《説郛》卷七五上。

奢，諸院王子，僕從烜赫，文武之道，未嘗留意，時謂之酒囊飯袋。"

3850 酒徒　《漢書·酈食其傳》："初見沛公，稱高陽酒徒。"《魏志·常林傳》注："蔣濟素嗜酒，會醉，不見時苗。苗恚恨還，刻木爲人，署曰'酒徒蔣濟'，置之牆下，射之。"按：今云"酒徒"者，皆屬詆辭，蓋獨本于《魏志》。

3851 酒客　《北史·李元忠傳》："齊神武東出，元忠載素箏濁酒奉迎，神武聞其酒客，未卽見之。"又《郭衍傳》："晉王有奪宗之謀，託衍心腹，衍曰：'副君酒客，其如我何？'"

3852 湯酒　《山海經》："華山首説祠祀禮云：'湯其酒百壺。'"郭注："湯，或作温。"按：湯，讀去聲，與《禮·月令》"如以熱湯"之"湯"同音。湯酒，卽温酒也。宋人加皿，《擬老饕賦》有"盪三杯之卯酒"句，其實爲贅。

3853 整酒　《儀禮·士冠禮》："再醮，攝酒。"注："攝猶整也。整酒，謂撓之。"疏云："案《有司徹》'司宫攝酒'，注云：'更洗益整頓之。'不可云洗，亦當爲撓，謂更撓攪添益整頓，示新也。"

3854 洪量　《南史》："梁元帝妃徐氏，性嗜酒，多洪醉。"《燕在閣知新錄》："今因謂酒量大曰洪量。"

3855 雅量　《小爾雅》："瓺，音雅，杯也，通作雅。"《典論》："劉表制酒器三，大曰伯雅，容七升；次曰仲雅，容六升；小曰季雅，容五升。"按：世稱"雅量"，謂能飲此器中酒不及醉也。

3856 醉漢　《開天遺事》："張曲江曰：'李林甫議事如醉漢腦語。'"劉克莊詩："乍可生前稱醉漢，也勝死後謚愚公。"

3857 醉如泥　《異物志》①："南海有蟲無骨，名曰泥，在水則活，失水則醉，如一堆泥。"《獨醒雜志》②："漢時人譏周澤'一日不齋醉如泥'。"謂此。

3858 酩酊　《集韻》："酩酊，醉甚。"按：凡事物至極，流俗輒曰"酩酊"，假借言耳。

3859 逃席　《醉鄉日月》："酒徒有逃席之病，棄之如脱屣。"李廓詩："不樂還逃席，多狂慣衩衣。"唐彦謙詩："衆飲不歡逃酒席，獨行無味放遊韁。"

3860 撞席　見王子一《悮入桃源》曲。

3861 酒令　《後漢書·賈逵傳》："逵作酒令，學者宗之。"《梁書·王規傳》："湘東王爲京兆尹，與朝士宴集，屬規爲酒令。"皇甫松《醉鄉日月》載有"骰子"、

---

① "《異物志》"當爲"《能改齋漫錄》"，見《能改齋漫錄》卷七。

② "《獨醒雜志》"當爲"《能改齋漫錄》"，見《能改齋漫錄》卷七。

“旗旛”、“閃壓”、“拋打”等令。《五代史·史弘肇傳》：“會飲王章第，酒酣爲手勢令。”按：《韓詩外傳》：“齊侯置酒，令曰：‘後者罰飲一經程。’”此“酒令”字見載籍之始，其在《詩》曰：“既立之監，或佐之史。”“監”、“史”猶今所謂“令官”、“底官”，蓋早開其風矣。

3862 酒令嚴如軍令 《史記·齊悼惠王世家》：“高后令劉章爲酒吏，請以軍法行酒。諸吕有一人醉，亡酒，章追，仗劍斬之。”按：流俗此諺及謂難與之席曰“吕太后筵席”，皆本此。

3863 飲酒不談公事 《南史·徐勉傳》：“勉與門人夜宴，客有虞暠者，因求詹事五品官。勉正色云：‘今夕止可談風月，不宜及公事。’”

3864 使酒駡坐 《史記·灌夫傳》：“爲人剛直使酒，武安侯劾其駡坐不敬，繫居室。”《南唐書》：“徐知訓因使酒駡座。”《山谷題跋》：“俞清老資性卞急，少不當意，使酒呵駡。”

3865 酗酒 《書·泰誓》注：“酗，醉怒也。”《史記·吳王濞傳》：“下邳周丘，無行酗酒。”《北史·梁彦光傳》：“有滏陽人焦通，性酗酒，事親禮闕，爲從弟所訟。”

3866 茶當酒 《三國·吳·韋曜傳》：“曜素飲酒，時復裁減，或密賜茶荈以當酒。”白居易詩：“清景不宜昏，聊將茶當酒。”柳宗元詩：“勸策扶危杖，聊持當酒茶。”

3867 酒有别腸 《五代史》①：“閩主曦謂周維岳曰：‘岳身甚小，何能飲之多？’左右曰：‘酒有别腸，不必長大。’曦命捽維岳下殿，欲剖視其酒腸。”王鞏《聞見近錄》：“眞宗飲酒至三斗，復进巨觥，觥退而酒出，詔貯之瓶，雜未飲酒，不能辨也。笑曰：‘古人云酒有别腸，豈虚言哉！’”

3868 酒逢知己飲 《五燈會元》文準有“酒逢知己飲，詩向會人吟”語。

3869 酒醉酒解 《後漢書·第五倫傳》：“以貴戚廢錮，復以貴戚浣濯之，猶解酲當以酒也。”

3870 天子避酒客 《畫墁錄》：“熙寧以前郊祀，大駕還内，至朱雀門，忽有緑衣人出道，蹁跚潦倒，如醉狀，乘輿爲之少扼，時謂天子避酒客。”

3871 酒食地獄 《可談》：“東坡倅杭，不勝杯酌，部使者知公頗有才望，朝夕燕會，疲于應接，乃號杭倅爲酒食地獄。其後袁轂倅杭，適郡將不協，諸司緣此亦相疎，袁語所親曰：‘酒食地獄，正值獄空。’傳以爲笑。”

---

① “《五代史》”當爲“《資治通鑑》”，見《資治通鑑·後晉高祖天福七年》。

3872 薄薄酒，勝茶湯　《東坡集》有《薄薄酒》詩云："薄薄酒，勝茶湯。麤麤布，勝無裳，醜妻惡妾勝空房。"

3873 醉翁之意不在酒　見《歐陽文忠集》。按：梁昭明曰："有疑陶淵明詩篇篇有酒，吾觀其意不在酒，亦寄酒爲迹者也。"歐公文乃用此。

3874 張公喫酒李公醉　張鷟《耳目記》："則天時，謡言云云。張公者易之兄弟，李公言王室也。"《北里志》載張住住事，作"李公顛"。《墨客揮犀》："泉州郭朏夜出，爲醉人所誣。太守詰之，笑曰：'此諺所謂張公喫酒李公醉也。'太守怪其不服，命取紙筆，使作《張公喫酒李公醉賦》。"

3875 斷送一生惟有酒　韓退之詩："斷送一生惟有酒，尋思百計不如閑。"黄庭堅詞："斷送一生惟有，破除萬事無過。"按："破除萬事無過酒"亦韓句也，山谷各去一"酒"字，集爲偶語，説者謂眞天造地設。

3876 今宵有酒今宵醉，明日愁來明日愁　唐人權審《絶句》。又入《羅隱集》。

3877 飲酒不醉，甚于活埋　《晉書·劉伶傳》："嘗攜一壺酒，使人荷插隨之，曰：'死便埋我。'"按：鄙諺云云，乃借其言而反之。

3878 將酒勸人，終無惡意　李昌齡《樂善錄》："勸人以酒，固無惡意，然當隨人之量以勸之。"

3879 没酒没漿，不成道場　見《元曲選·桃花女》劇。

3880 醉後添杯不如無　《五燈會元》雪峰悦舉揚此語。

3881 來遲飲三杯　《石林燕語》："酒律謂酒巡一匝，末座者連飲三杯爲藍尾。蓋末座遠，酒行常到遲，故連飲以慰之。"按：此是酒來遲，非謂人之來遲也。古凡罰飲之數，多限以三：韓安國作《几賦》不成，罰三升；蘭亭之會，王子敬詩不成，罰三觥；《景龍文館記序》人題四韻，後者罰三杯；李白《宴桃李園序》罰依金谷酒數，亦是三斗。

3882 勸雙杯　《北史·楊愔傳》："長廣王伏家僮數十于後室，仍與席上諸勳胄約：行酒至愔等，我各勸雙杯，彼必致辭，我一曰捉酒，二曰捉酒，三曰何不捉，爾輩即捉。及宴如之。"按：此又諺所謂"席上擒人"也。

3883 慶賀杯　《禮記·投壺》："慶禮曰：'三馬既備，請慶多馬。'"注疏言："飲不勝者，既畢，立馬算之，三馬備具，酌酒慶賀。"

3884 上馬杯　《名臣言行錄》："眞宗次澶淵，寇準薦王欽若爲守，遽酌大白飲之，命曰：'上馬杯。'"又"攔門鍾"，見元人《舉案齊眉》劇。

3885 杯中物　《事類合璧》："吴衍戒飲，阮修以拳毆其背曰：'看看老逼癡漢，忍斷杯中物耶？'"陶潛《責子》詩："天運苟如此，且盡杯中物。"孟浩然詩："且樂杯中物，誰論世上名。"杜甫詩："賴有杯中物，還同海上鷗。"高適詩："長歌達者杯中物，大笑前人身後名。"

3886 三友　何剡《酒爾雅》："樂天以詩酒琴爲三友，今人指三友爲酒，音同之訛。"《留青日札》："今稱酒曰三酉，皆言三點水加酉也，然當作三友。"按：酒雖三友之一，未可以一該三，俗情自拆酒字爲辭，未必本樂天事。

3887 福水　《留青日札》："酒曰福水，而陶翰林名曰禍泉。"按：《晉書·地理志》有福祿縣，屬酒泉郡，《水經注》所謂"福祿水"由是縣出也。俗呼酒爲"福水"，當因乎此。

3888 纏口湯　蘇廙《茶品》載："十六湯，第十曰纏口湯。猥人煉水之器，不暇深擇銅鐵鉛錫，取熟而已，是湯辛苦且澀，飲之逾時，惡氣纏口不得去。"按：此言茶也，今俗亦以名酒。

3889 軟飽　《冷齋夜話》："北人以晝睡爲黑甜，南人以飲酒爲軟飽，故東坡詩曰：'三杯軟飽後，一枕黑甜餘。'"

3890 殘杯冷炙　《顏氏家訓·雜藝篇》："人不可見投①勳貴，處之下座，取殘杯冷炙之辱。"杜甫詩："殘杯與冷炙，到處潛悲辛。"又《太平御覽》引《郭子》："王光祿曰：'正得殘槃冷炙。'"

3891 杯盤狼藉　《史記·滑稽傳》："杯盤狼藉，堂上燭滅。"杜甫詩："勑廚倍常羞，杯盤既狼藉。"蘇軾賦："肴核既盡，杯盤狼藉。"

3892 盡盤將軍　見《元曲選·殺狗勸夫》《小尉遲》二劇，其説云："有人請我到席，且不喫酒，將各下飯狼餐一頓。"以此號"盡盤將軍"。

3893 獨吞　《史記·范雎傳》："中山之國，趙獨吞之。"

3894 生吞活剝　《唐詩紀事》："有棗强令張懷慶，好竊名士文章爲詩。時爲語曰：'活剝王②昌齡，生吞郭正一。'"

3895 呼湯呷醋　《女論語》："莫學他人，呼湯呷醋，醉後顛狂，遭人所惡。"

3896 咬薑呷醋　《老學庵筆記》臨安人評尚書省二十四曹語。

3897 頭醋不酸，二醋不釅　見《元曲選·氣英布》劇。

3898 鹽筋醋力　《留青日札》引諺。

3899 五葷三厭　《湧幢小品》："俗有五葷三厭之説，厭字義殊不解，後讀《孫

① "投"當爲"役"，見《顏氏家訓·雜藝》。

② "王"當爲"張"，見《唐詩紀事》卷四。

眞人歌》謂：'天厭雁，地厭狗，水厭烏魚。'雁有夫婦之倫，狗有扈主之誼，烏魚有忠敬之心，故不忍食。"

3900 開葷　《表異錄》："東昏侯喪潘妃之女，閹豎共營肴羞，曰'爲天子解菜'。解菜，猶今云開葷也。"按：古但謂之"解素"、"開素"，不云"開葷"。白居易詩"解素盤筵後日開"，又"月終齋滿誰開素，須詑奇章置一筵"。

3901 爲口忙　陸游詩："舉世知心少，平生爲口忙。"

3902 餬口　《左傳·隱十一年》："餬其口于四方。"又《昭七年》："饘于是，鬻于是，以餬余口。"

3903 可口　《莊子·天運篇》："柤梨橘柚，其味相反，而皆可于口。"

3904 合口　《漢書·揚雄傳》："美味合口，工聲比耳。"

3905 無下箸處　《晉書·何曾傳》："日食萬錢，猶曰無下箸處。"

3906 無下觜處　寒山詩："蚊子上鐵牛，無渠下觜處。"《傳燈錄》藥山儼、招慶匡、潙山祐俱嘗舉揚此語。

3907 不識酥　《稗編》："唐皇謂安禄山曰：'信是胡兒只識酥。'"按：俗譏闇昧者，乃云"并此不識"。

3908 刀頭蜜　《佛説四十二章經》："財色之于人，譬如小兒貪刀刃之蜜，甜不足一食之美，且有截舌之患也。"張良臣[①]詩："世味甜于刀上蜜，人心苦似蓼中蟲。"

3909 味如嚼蠟　《楞嚴經》："當横陳時，味如嚼蠟。"

3910 畫餅充饑　《三國志·魏盧毓傳》："選舉莫取有名，名似畫餅，不可啖也。"《史通》："鏤冰爲璧，不可用也；畫地爲餅，不可食也。"《傳燈錄》："智閑被潙山問，尋一句酬對不得，自歎曰：'畫餅不可充饑。'"

3911 翻燒餅　《唐宋遺事》："太宗北征，咸云：'取幽薊，如熱鏊翻餅耳。'呼延贊曰：'書生之言，未足盡信，此餅難翻。'後果無功。"按：俚俗以田産回贖轉售曰"翻燒餅"，或亦言其易耶？

3912 薄餅從上揭　《青箱雜記》："劉曄未第前，娶趙尚書晃女，早亡，而趙氏猶有七、九二妹，皆未適人。既而劉登第，晃捐館，夫人復欲妻之。劉意擇九姨，夫人曰：'薄餅從上揭，劉郎纔及第，便揀點人家女耶？'"

3913 巧新婦做不得無麵餺飥　《陳龍川集·答朱元晦書》引此諺。《雞肋編》："陳無己詩'巧手莫爲無麪餅'，即俗語云云也。"

---

① "張良臣"當爲"王良臣"，見《中州集》卷五《息軒》。

3914 冬餛飩、年餺飥[1] 陸放翁詩自注:"鄉俗歲日必用湯餅,謂之冬餛飩,年餺飥。"《武林舊事》:"冬至享先,則以餛飩,故有斯諺。"

3915 重羅白麵 束晳《餅賦》:"重羅之麪,塵飛雪白。"

3916 一鍋麵 《癸辛雜志》:"眞西山負一時重望,時楮輕物貴,民生頗艱,于是爲諺曰:'若欲百物賤,直待眞直院。'及入朝,敷陳之際,首以尊崇道學爲義。愚民無知,乃以爲不切時務,復以俚語足前句云:'喫了西湖水,打作一鍋麪。'"按:一鍋麪,蓋謂糊塗。

3917 麵醉 《教坊記》:"有蘇五奴者,其妻善歌舞,亦有姿色,遇邀迓者,五奴輒隨之前。人欲其速醉,多勸以酒。五奴曰:'但多與我錢,雖喫䭔子亦醉,不煩酒也。'"按:鄙俗以喫麪食致醉爲詈辭,初不解何義,觀此,知其詈殊醜矣。

3918 發酵 《齊書·禮志》:"太廟四時祭薦,用起麪餅。"注云:"發酵也。"按:"酵"字古通作"膠",見鄭康成《周禮·醢人》注。又作"教",見《漢書·李陵傳》注。

3919 酸餡氣 《調謔編》:"子瞻贈惠通詩'氣含蔬筍到公無',常語人曰:'頗解蔬筍語否,爲無酸餡氣也。'"按:"餡"字从"臽"不从"舀",宋人有誤書者,歐陽公《歸田錄》嘗譏之。

3920 碗頭店 《夢粱錄》宋行都酒肆有"碗頭店"。

3921 茶湯會 耐得翁《都城紀勝》:"此會每遇諸山寺院作齋,則往彼以茶湯助緣,供應會中善人。"按:杭人至今有此風。

3922 撮泡茶 《禪寄筆談》:"杭俗用細茗置甌,以沸湯點之,名爲撮泡。"按:古人飲茶,皆擣末爲團餅,投湯煎之。撮泡,但起于一方,今則各處行矣。

3923 繡茶 《武林舊事》:"進茶試新,禁中以五色韻果、錯飣龍鳳花卉之類,謂之繡茶,不過悦目,亦有專其工者。"按:今立夏節新婦送茶,侈靡者尚或如此。

3924 兩盤飯間 《十洲記》:"火浣布,衣服垢污,以火燒之,兩盤飯間,振擺其垢自落。"按:今人約言時候猶有"一頓飯間"、"一杯茶間"等語。

3925 用飯 《禮記·射義》:"先有志于所事,然後敢用穀也,飯食之謂也。"《韓非子·外儲説》:"孔子御坐于魯哀公,公賜之桃與黍。哀公請用,孔子先飯黍而後啗桃。"

3926 攤飯 陸游詩:"攤飯橫眠夢蝶牀。"自注:"李黄門謂午睡爲攤飯。"

---

① 黄侃:"餺飥"猶搏著。今吾鄉省稱"餺",讀爲巴,猶有"年餺"之名。

3927 朝飯、晚飯　杜詩："晚飯越中行。"蘇詩："却到龜山未朝飯。"

3928 中飯　王維詩："中飯顧王程，離憂從此始。"李頻詩："向野聊中飯，乘涼探暮程。"

3929 白飯　《晉書·五行志》："昔年食白飯，今年食麥麩。"謂白飯美而麥麩惡也。

3930 轑飯　《劍南集》自注："吴人謂飯不炊者曰轑飯。轑，音勞。"

3931 水飯　《周禮·漿人》注："涼，今寒粥，若糗飯雜水也。"按：今江北所謂"膏粱水飯"即此。

3932 飯粘　《晉書·殷仲堪傳》："食常五椀，盤無餘肴，飯粘落席間，輒拾以噉之。"按：飯之狼藉者曰"粘"。

3933 鍋底焦　徐廣《孝子傳》："吴人陳遺母，好食鍋底焦飯，遺每取焦者奉母。"

3934 魯酒　《戰國策》："楚朝諸侯，魯共公後至而酒薄，楚怒，伐之。"《莊子》："魯酒薄而邯鄲圍。"

3935 乾醡酒　《酒譜》："張籍詩'釀酒愛乾和'，即今人不入水酒也。并、汾間以爲貴品，名之曰乾醡酒。"

3936 花露酒　《野客叢書》："眞州郡齋，舊有酒名花露。姚合詩'味輕花上露，色合洞中泉'，得無取此意乎？"陸游詩："三升花露春壺滿，八尺風漪午枕涼。"

3937 三白酒　宋伯仁《酒小史》有"顧氏三白酒"。

3938 燒酒　白居易詩："燒酒初開琥珀光。"按：東坡言唐時酒有名"燒春"者，當即燒酒也。元人謂之"汗酒"，卞思義有《咏汗酒》詩，李宗表稱"阿刺古酒"，作歌云："年深始作汗酒法，以一當十味且濃。"

3939 白肉　《晉書·陸納傳》："問桓温食肉多少，温曰：'白肉不過十臠。'"《齊書·禮志》："太廟四時祭薦，用醬炙白肉。"《都城紀勝》："市食有誤名之者，如呼熟肉爲白肉是也，蓋白肉是以砧壓去油者。"

3940 東坡肉　《東坡集·食猪肉詩》："黄州好猪肉，價賤如糞土。富者不肯喫，貧者不解煮。慢著火，少著水，火候足時他自美。每日起來打一碗，飽得自家君莫管。"按：今俗謂爛煮肉曰"東坡肉"，由此。

3941 熟食　《監鐵論》："古不市食，其後市脯魚鹽而已。今熟食徧列，殽施成肆。"

3942 客食　《齊書·五行志》："永明中，宫內坐起御食之外，皆爲客食。世祖以客非家人名，改呼爲别食。"按：《子史精華》録此于《常談》卷中，據《言鯖》云："恩澤爲克什，凡頒賜之物皆謂克什，不獨餅餌然也。"則《齊書》所云"客食"者，與今異矣。

3943 茶食　《大金國志》："金人舊俗，壻納幣，戚屬偕行，以酒饌往，次進蜜糕，人各一盤，曰茶食。"按：此語至今因之。

3944 小食　《説文》："𩞄，小食也。"《梁昭明太子别傳》："京師穀貴，改常饌爲小食。"《搜神記》："管輅謂趙顔曰：'吾卯日小食時，必至君家。'"

3945 點心　《唐書》①："鄭傪夫人曰：'治妝未畢，我未及餐，爾且可點心。'"《傳燈録》："德山鑒于澧陽路上見一婆子賣餅，因息肩買餅點心。婆子曰：'我有一問，若答得，施與點心。'"《河東記》："板橋三娘子，置新作燒餅于食床上，與客點心。"《雞肋編》："宣和間有孫賣魚者，館寶籙宫道院。上至院，微覺餒，孫出懷中蒸餅云：'可以點心。'"《揮麈録》："童貫謂賈讜云：'怱怱未能小欵，翌午朝退，幸見過點心。'"《癸辛雜志》："阜陵謂趙温叔曰：'聞卿健啖，朕欲作小點心相請。'"

3946 下飯　《過庭録》："王子野羅列珍品，謂水生曰：'何物可下飯乎？'生曰：'惟饑可下飯耳。'"《朱子語録》："文從道中流出，文只如喫飯時下飯耳。"《貴耳録》："劉岑未達時，貧甚，用選官圖爲下飯，飢時以水沃飯，一擲舉一匙。"《夢粱録》："和寧門賣細色異品菜蔬、諸般下飯。"

3947 過飯　《齊民要術》："鯉魚脯過飯下酒，極是珍美。"

3948 饅頭　束皙《餅賦》："三春之初，陰陽交至，于時宴享，則饅頭宜設。"《初學記》引作"曼頭"，又引荀氏《四時列饌傳》曰："春祠有曼頭餅，夏以薄夜代曼頭。"《夢粱録》又作"饅殺"。

3949 餛飩　《演繁露》："世言餛飩是虜中渾氏、屯氏爲之。"按：《方言》："餅謂之飩，或謂之餦餛。"則其由來久矣，《博雅》作"腥肫"。

3950 不托　又："湯餅，一名餺飥，亦曰不托。李文正《刊誤》曰：'舊未就刀鈷時，皆掌托烹之。刀鈷既具，乃云不托，言不以掌托也。俗傳餺飥字，非。'予讀束皙《餅賦》，知李氏之有本也。皙曰：'火盛湯涌，猛氣烝作，攘衣服，振掌握麪，瀰灖于指端，手縈廻而交錯。'則當晉之時，其謂湯餅者，皆手搏而擘置湯中煮之，未用刀几也。"

3951 裹蒸　《南史·齊明帝紀》："大官進御食有裹蒸，帝十字畫之，曰：'可

① "《唐書》"當爲"《能改齋漫録》"，見《能改齋漫録》卷二。

四片破之,餘充晚食。'"或亦云"蒸裹",杜甫《十月一日》詩:"蒸裹如千室,焦糖幸一柈。"

3952 波波　《升菴外集》:"餺饠,今北人呼爲波波,南人謂之磨磨。"按:"波"當"餺饠"二字反切。或云盧仝詩"添丁郎小小,脯脯不得喫","脯脯"猶今云"波波";或云本爲"餑餑",北音讀入爲平,謂之"波波",皆未確[1]。"磨磨"之"磨",據《集韻》作"䭾",又一作"饝"。

3953 河漏　王楨《農書》:"北方多磨蕎麥爲麪,或作湯餅,謂之河漏[2],以供常食,滑細如粉。"[3]按:今山右人多爲此食。

3954 見風消　《清異錄》:"韋巨源拜尚書令,上燒尾宴,其家故書尚存,食帳有見風消,乃油浴餅也。"按:俚俗猥兒有以此作諢語者,不知古實有此食品。

3955 蝴蝶麵　《演繁露》:"齊高帝所嗜水引餅,今世猶或呼之,俚俗又名爲蝴蝶麪也。"[4]陳達叟《蔬食譜》有"水引蝴蝶麪"。

3956 燒餅　《齊民要術》引《食經》作燒餅法。

3957 雪糕、糍糕　《夢粱錄》:"御街早市,買雪糕、糍糕。"

3958 糰子　《乾膜子》:"竇乂制造煎餅糰子,召小兒擲瓦礫,擊標中者,以煎餅糰子啗之。"按:白居易有《寒食日過棗糰店》詩,鄒浩有"水糰粽子却登門"句,"糰"字皆從米。

3959 春盤　《四時寶鏡》:"立春日,春餅生菜號春盤。"《武林舊事》:"春前一日,後苑辦造春盤,翠縷紅絲,備極精巧。"

3960 燒割　《釋名》:"貊炙,全體炙之,各自以刀割食。"按:此則漢時有燒割矣。

3961 灌腸　《齊民要術》有"灌腸法":"細剉羊肉及葱鹽椒豉,灌而炙之",與今法了無異也。

3962 鹹圓子　《輟耕錄》:"今人以米湯和入鹽草灰以團鴨卵,謂之鹹杬子。據《齊民要術》,用杬木皮淹漬,故名之。若作圓字寫,則誤矣。"

3963 水龍　《夢粱錄》:"食次名件,有二色水龍、蝦魚水龍、白魚水龍、江魚水龍、素水龍、肉水龍。"

---

① 黄侃:或説極諦。"脯"卽餺,"畢羅"乃其緩音,吾鄉轉讀如巴。

② 黄侃:此今之麪魚子,吾土謂之"繫繱",讀如隔達。

③ 此處《函海》本有:今音訛爲"活落"。

④ 黄侃:"水引"卽今之掛麪。蝴蝶麪,徽州食肆有其名。

3964 **事件** 又："御街早市賣羊鵞事件，食次名件，有十色事件、糟鵞事件，其猪羊頭、蹄、肝、肺則稱四件，酒肆賣攛四件。"

3965 **麪筋** 《夢溪筆談》："凡鐵之有鋼者，如麪中有筋，濯盡柔麪，則麪筋乃見，鍊鋼亦然。"《老學菴筆記》："仲殊性嗜蜜，豆腐、麪筋皆用蜜漬。"

3966 **油麩** 《陶歇菴集》有《百衲羹》詩，自注云："杭僧碧暉，集蔬果爲油麩甚美，以其多物而成于僧手，故號曰百衲羹。"

3967 **蜜漬** 《三國志・孫亮傳》註引《吳歷》："使黄門至中藏取蜜漬梅，蜜中有鼠矢。"按：今謂之"蜜煎"。"煎"音餞，或遂書"餞"字，非。

3968 **蒜虀** 《三國志・華陀傳》："人病咽塞，語之曰：'向道邊賣餅家，蒜虀大酢，從取三升飲之，病自當去。'"《續仙傳》："宋元白嗜酒，或食彘肉五斤，以蒜虀一盆，手撮喫之，畢卽飲酒。"

3969 **倒虀菜** 見《説郛・中饋錄》。

3970 **羅漢菜** 鮮于樞詩："童烹羅漢菜，客禮國師衣。"

3971 **沫餑** 陸羽《茶經》："凡酌置諸盌，令沫餑均。沫餑者，湯之浮華也。華之薄者曰沫，厚者曰餑。"陸龜蒙詩："茶器空懷碧餑香。"按：今人讀之若"乏"，音訛也。

3972 **肥膩** 白居易《和錢華州》詩："自笑亦曾爲刺史，蘇州肥膩不如君。"又"油膩"，見《東坡集・與蔡景繁尺牘》云："情愛著人，如黐膠油膩，急手解雪，尚爲沾染。"

3973 **饕餮** 《左傳》："縉雲氏有不才子，貪于飲食，冒于貨賄，天下之民謂之饕餮。"杜注："貪財爲饕，貪食爲餮。"

3974 **餓獠** 《宋史・趙師旦傳》："智高麾兵鼓噪入，脅師旦。師旦大罵曰：'餓獠，朝廷何負，乃若是耶？'"

3975 **饞獠** 《宣和畫譜》："袁嶬善畫魚，得唫喁游泳之狀，非若世俗所畫作庖中物，特使饞獠生涎耳。"

3976 **枵** 《左傳・襄二十八年》："梓愼曰：'玄枵，虚中。枵，秏名也。土虚而民秏，不饑何爲？'"按：世以饑爲"枵腹"，本此。

3977 **費** 《韓詩外傳》："子夏過曾子，曾子曰：'入食。'子夏曰：'不爲公費乎？'曾子曰：'君子有三費，飲食不在其中。'"按：世之謝欵宴者曰"過費"，本此。

3978 **擾** 司馬温公《書儀》："凡弔及送喪葬者，必助其事而弗擾也。"注云："擾，謂受其飲食。"按：今謝人者，亦有"奉擾"之言。

3979 **噇** 李昌符《婢僕》詩："箇箇能噇空腹茶。"寒山詩："背後噇魚肉，人前念佛陀。"《集韻》:"噇,食無廉也。"按:俚俗言"噇嘴頭"。

3980 喫　飲食爲喫,字亦近俗。韓愈詩:"蔬飧要同喫。"盧仝詩:"紗帽籠頭自煎喫。"徐夤[①]詩:"曾喫紅綾餅餤來。"杜詩尤屢用之,如云"對酒不得喫"、"樓頭喫酒樓下醉"、"但使殘年飽喫飯"、"梅實許同朱老喫"之類。

① "徐夤",《全唐詩》卷七一五作"盧延讓"。

卷二十八　獸畜

3981 不入虎穴，不得虎子　見《後漢書·班超傳》。《吳志·吕蒙傳》："不探虎穴，安得虎子。"《北史·李遠傳》："不入獸穴，不得獸子。"按：《北史》以避唐諱改字。

3982 兩虎相鬭　《史記·廉藺傳》："兩虎相鬭，勢不俱生。"《春申君傳》："兩虎相與鬭而駑犬受其弊。"《陳軫傳》："兩虎鬭，大者傷，小者死。卞莊子從傷者刺之，一舉有雙虎之功。"

3983 養虎自遺患　《史記·項羽紀》："漢欲西歸，張良、陳平曰：'楚兵罷食盡，今釋不擊，所謂養虎自遺患也。'"《易林》："養虎畜狼，還自賊傷。"盧仝《月蝕歌》："人養虎，被虎齧。"

3984 騎虎之勢　《晉書·温嶠傳》："騎虎安可中下哉？"《隋書·獨孤后傳》："隋文總百揆，后謂曰：'騎虎之勢，必不得下。'"《北史·庾季才傳》："隋帝曰：'吾今譬騎武，誠不得下矣。'"《五代史·郭崇韜傳》引俚語："騎虎者，勢不得下。"按：此文屢見前史，而《五代史》謂之俚語者，以習熟人口耳故耳。

3985 畫虎不成反類狗　見《後漢書·馬援傳》。又《儒林傳》："孔僖因讀吳王夫差時事，廢書歎曰：'若是所謂畫龍不成反類狗者。'"劉敞《刋誤》曰："古語皆云'畫虎不成'，此誤。"

3986 畫虎畫皮難畫骨　見《元曲選》孟漢卿《魔合羅》劇。

3987 捉虎易，放虎難　張鷟《朝野遺記》："方岳飛獄具，秦檜獨居書室，若有思者，其妻王氏窺見，笑曰：'老漢何無決耶？捉虎易，放虎難也。'檜掣然。"

3988 料虎頭　《莊子·盜跖篇》："料虎頭，編虎須，幾不免虎口哉。"《音義》曰："料，音聊。"按：俚語"虎頭上搔癢"，即是語也。

3989 虎添翼　《逸周書·寤敬解》："無爲虎傅翼，將飛入宫，擇人而食。"韓嬰《詩外傳》《韓非·難勢篇》皆述之。又揚雄《法言》："或問酷吏，揚子曰：'虎哉！虎哉！角而翼者也。"《三國志·張既傳》："國家不别是非，更使相持著，此爲虎傅翼者也。"《金史·高汝礪傳》："其心不正，而濟之以才，所謂虎而翼者。"

3990 爲狼爲虎　《史記·韓安國傳》引語曰："雖有親父，安知不爲虎；雖有親兄，安知不爲狼。"《易林·蹇之節》："西國强梁，爲虎作狼。"

3991 如狼如虎　《尉繚子·武議篇》："一人之兵，如狼如虎，如風如雨，如雷如霆，震震冥冥，天下皆驚。"

3992 畏蜀如虎　見《三國志·諸葛亮傳》注。

3993 狐假虎威　詳《戰國策》江乙對楚宣王問。《新序·雜事篇》同。

3994 虎瘦雄心在　見《元曲》馬致遠《青衫淚》、尚仲賢《單鞭奪槊》。

3995 虎不食兒　聶夷中詩："餓虎不食子，人無骨肉恩。"按：《易林》："鷹飛搏攫，不食其雛。禽尚如此，而況人乎？"同一義。

3996 人無害虎心，虎無傷人意　《晉書·郭文傳》："有猛獸張口向文，文視其口中有橫骨，乃以手探去之。温嶠問曰：'猛獸害人，人之所畏，而先生獨不畏耶？'文曰：'人無害獸之心，則獸亦不傷人。'"按：史但云"猛獸"，元人《連環計》曲乃云"人無害虎心，虎無傷人意"，蓋"獸"本"虎"之避諱字也。

3997 上山擒虎易，開口告人難　見高則誠《琵琶》曲。

3998 喫虎膽　《朝野僉載》："貞觀中，冀州武强丞堯君卿失馬。既得賊，指而駡曰：'老賊喫虎膽來，敢偷我物！'"

3999 獨脚虎　《七修續稿·千文虎序》自稱"獨脚虎兒"："先輩云'更作三句，可以成詩'。惜乎獨有一句，故號獨脚虎。"按：俚俗謂作謎曰"打虎兒"，故云。

4000 虎生三子，必有一彪　《癸辛雜志》引諺。按：今俗以"彪"爲"豹"。

4001 豹死留皮，人死留名　《五代史·死節傳》王彦章作俚語謂人云云。

4002 獅象　《玉芝堂談薈》："釋家以獅象爲文殊、普賢騎者，文殊之學得于知，普賢之學得于行。知之勇猛精進，莫獅子若，故文殊之好在獅；行之謹審静重，莫象若，故普賢之好在象。"

4003 獅子吼　蘇軾《簡陳季常》詩："忽聞河東獅子吼，拄杖落手心茫然。"

4004 獅子滚繡毬　王宗沐《江西大志》："嘉靖時燒造磁器，所畫有搶珠龍、獅子滚繡毬、靈芝捧八寶、三陽開泰、八仙過海等名。"按：滚，當作輥①。《五燈會元》有"三歲孩兒輥繡毬"語。

---

① 黄侃："輥"亦無流轉義，當作"混"。

4005 騙槖駝 《南史·蘭欽傳》:"隨父子雲在洛陽,恒于市騙槖駝。"

4006 附驥 《史記·伯夷傳》:"顔淵雖篤學,附驥尾而名益顯。"《公孫述傳》[①]:"蒼蠅之飛,不過數步;托附驥尾,得以絶羣。"

4007 鮮車怒馬 《漢書[②]·第五倫傳》:"蜀地人吏富實,鮮車怒馬。"

4008 駑馬戀棧豆 《魏志·曹爽傳》注引干寶《晉書》云:"蔣濟言:'桓範智矣,駑馬戀棧豆,爽必不能用也。'"《晉書·宣帝紀》作"駑馬戀短豆"。

4009 指鹿爲馬 詳《史記·秦二世本紀》。

4010 失馬未爲憂,得馬未爲喜 詳《淮南子·人間訓》。

4011 快馬一鞭,快人一言 《傳燈録》南源道明上堂語。

4012 一馬不被兩鞍 《元史·列女傳》:"汴梁孟志剛妻衣氏,爲夫治棺。紿匠曰:'可寬大,吾夫有遺書,欲盡置其中。'匠者然之。及成,氏語同居王媼曰:'吾聞一馬不被兩鞍,吾夫既死,與之同棺共穴可也。'遂自刭。"

4013 路遥知馬力,日久見人心 見《元曲選·爭報恩》劇。

4014 三十年弄馬騎,今日被驢撲 《傳燈録》趙州謂茱萸和尚、寶應謂襄州僧、巖頭謂匡仁、投子謂疎山證,均有此語。

4015 盲人騎瞎馬 《世説》:"桓南郡與殷仲堪等作危語,有一參軍在坐云:'盲人騎瞎馬,夜半臨深池。'仲堪眇一目,驚曰:'此太逼人。'"

4016 且作死馬醫 《猗覺寮雜抄》:"作死馬醫,自唐已有此語。《傳燈録》雲門亦舉揚之,其初出《郭璞傳》:'有主人良馬死者,璞教令一人東行,遇林木,以杖擊之,得一物如猿。持歸,見死馬,即吹其鼻,少頃活。'故世俗於無可奈何尚欲救之者,謂之死馬醫。"《春渚紀聞》:"有名士爲泗倅者,卧病既久。其子不慧,有名醫自都下還,其子謁之曰:'大人病勢雖淹,願左右一顧,且作死馬醫也。'聞者無不絶倒。"[③]

4017 馬疲人倦 《吳子·治兵篇》:"馬疲人倦而不解舍,所以不任其上令。"又王褒《聖主得賢臣頌》有"人極馬倦"語。

4018 馬瘦毛長 《五燈會元》眞淨、法演皆舉揚此語。按:今作"鳥瘦毛長",誤。

4019 騎兩頭馬 見《元曲選·氣英布》劇。

---

① "《公孫述傳》"當爲"《後漢書·隗囂傳》",見《後漢書·隗囂傳》。

② "漢書"當爲"後漢書",見《後漢書·第五倫傳》。

③ 此處《函海》本有:今有"死馬當做活馬醫"之説。

4020 露出馬脚來　又《陳州糶米》劇。

4021 掃馬糞　《五代史・姚洪傳》:"駡董璋曰:'老賊,爾昔爲李七郎奴,掃馬糞,得一臠殘炙,感恩不已。'"

4022 變牛變馬填債　《幽冥録》:"殺生者當作蜉蝣,劫盜者爲猪羊,抵債者爲驢騾牛馬。"《法苑珠林》:"永徽中,汾州路伯達負人錢一千,誓曰:'我若未還,當與公家作牛畜。'逾年卒,錢主家牛生一犢,額上生白毛,成路伯達三字。"《稽神錄》:"軍使吳宗嗣有父吏某,從貸錢二十萬,不肯還。宗嗣召數之曰:'我前生若負汝,今還汝。汝負我,當作驢馬還我。'因焚券遣之。逾年獨坐次,忽見吏來,語之不答,徑入馬廄中。俄廄人報馬生駒,使詣吏舍問之,翌日已死矣。"

4023 呼牛呼馬　《莊子・天道篇》:"呼我牛也而謂之牛,呼我馬也而謂之馬。"

4024 驢前馬後　《傳燈錄》:"陳尊宿問僧何處來,僧瞪目視之,尊宿曰:'驢前馬後漢。'"

4025 騎驢覓驢　《大藏一覽》:"參禪有二病,一是騎驢覓驢,一是騎不肯下。"黄庭堅詩:"騎驢覓驢但可笑,以馬喻馬亦成癡。"又"騎牛覓牛",見《傳燈錄》嬾安參百丈語。

4026 牽驢上板橋　見康進之《黑旋風負荆》曲。

4027 偷驢摸犢　《北史・崔㥄傳》:"嘲石愷曰:'下官家不作偷驢摸犢賊。'"

4028 老牛舐犢　《後漢書・楊彪傳》:"愧無日磾先見之明,猶懷老牛舐犢之愛。"權德輿詩:"老牛還舐犢,凡鳥亦將雛。"

4029 九牛亡一毛　見《漢書・司馬遷傳》。按:俚諺"牯牛身上拔根毛",即此語。

4030 牽牛拔樁　《易》:"无妄之災,或繫之牛,行人之得,邑人之災。"言行人牽牛以去,居者反遭詰捕之擾也。按:今諺"他人牽牛我拔樁",由此語稍演。

4031 對牛彈琴　《莊子・齊物論》:"非所明而明之。"郭象注曰:"是猶對牛鼓簧耳。"李石《續博物志》亦云:"面牛鼓簧。"《弘明集》:"昔公明儀爲牛彈清角之操,伏食如故,非牛不聞,不合其耳也。"按:《易林》云:"牛耳聾聵,不知聲味。"故諸特舉牛言之,而其言皆與今諺小别,惟《五燈會元》惟簡答僧問直云"對牛彈琴"①。

4032 牛識字　白居易詩:"鄭牛識字吾常歎。"自注:"諺云:'鄭玄家牛觸牆

---

① 此處《函海》本有:今云"對驢子彈琴"。

成八字。'”按:俗謈不識字人,往往舉此。

4033 **牛食如澆,羊食如燒** 《蠡海録》:“凡草木經牛噉之餘,必重茂,羊噉之餘,必悴槁,諺有云云。”

4034 **亡羊補牢** 《戰國策》引鄙語:“見兔而顧犬,未爲晚也;亡羊而補牢,未爲遲也。”

4035 **十羊九牧** 《隋書·楊尚希傳》:“天下州郡過多,人少官多,十羊九牧,今宜存要去閑,并小爲大。”

4036 **懸羊頭,賣馬脯** 漢光武詔:“懸羊頭,賣馬脯;盗跖行,孔子語。”《説苑·理政[①]篇》:“如懸牛骨于門,而賣馬肉於内也。”蘇轍《送柳子玉》詩:“豈效相欺謾,衒牛沽馬脯。”

4037 **羊酒賀** 《漢書·盧綰傳》:“高祖與綰同里同日生,里中持羊、酒賀兩家。及高祖、綰壯,學書,又相愛也。里中嘉兩家親愛,復賀羊、酒。”

4038 **狗尾續貂** 《晉書·趙王倫傳》:“張林等諸黨皆登卿相,奴卒厮役亦加爵位。每朝會,貂蟬盈坐,時人爲之諺曰:'貂不足,狗尾續。'”

4039 **跖犬吠堯** 詳《史記·淮陰侯傳》。又《鄒陽傳》:“桀之犬可使吠堯。”

4040 **一犬吠形,百犬吠聲** 《潛夫論·賢難篇》引諺云云。《晉書·傅咸傳》亦見此二語。《玉泉子》:“盧攜曰:'諫官似狗,一個吠,輒一時有聲。'”義與之同。

4041 **驢鳴狗吠** 《朝野僉載》:“人問北方文士,庾信曰:'惟韓陵山一片石堪共語,自餘驢鳴狗吠,聒耳而已。'”

4042 **狗彘不若** 《荀子·榮辱篇》:“乳彘觸虎,乳狗不遠遊,不忘其親也。小人内忘其親,上忘其君,則是人也而曾狗彘之不若也。”

4043 **豬狗不食其餘** 《漢書·元后傳》罵王莽語。

4044 **惡狗當路** 《韓詩外傳》:“晏子曰:'左右者爲社鼠,當事者爲惡狗,此國之大患也。'”

4045 **繫狗當繫頸** 《晉書·后妃傳》:“繫狗當繫頸,今繫其尾,何得不然?”

4046 **置骨向狗頭** 《靈異小録》:“貞觀中,道士裴玄智守化度藏院,盗金潛走。衆至其寢房内,看壁上有詩云:'將肉遣狼守,置骨向狗頭。自非阿羅漢,焉能免得偷。'”按:此即俗諺“狗頭上擱不住骨頭”也,其意則仲長統《昌言》“餓狼守庖厨,餓虎守牢豚”已先言之。

① “理政”當爲“政理”,見《説苑·政理篇》。

4047 狗頭不痛　《易林》："王喬無病，狗頭不痛。"

4048 狗頭生角　《風俗通》："漢文帝二十三年，狗馬及人皆生角。"《唐書·五行志》："會昌三年，定州深澤令家狗生角。"按：俗以事不可期者，曰"俟狗頭生角"，而此事固嘗有之，與期望意卻無關也。《史記索隱》云："燕丹求歸，秦王曰：'烏頭白，馬生角，乃許耳。'丹仰天歎，烏頭即白，馬亦生角。"《風俗通》及《論衡》皆述其説，蓋俗云"狗生角"乃屬"馬"之訛耳。

4049 噬犬不露齒　《淮南子·兵略訓》："鳥之鷙者縮其首，獸之攫者匿其爪，虎豹不外其牙，噬犬不露其齒。"《元曲》張國賓《羅李郎》有"咬人狗兒不露齒"句。

4050 黄狗夾尾走　《廣古今五行記》："周太祖地狹兵少，懼不當齊，見李順興來，請其策謀，李無餘語，直云：'黄狗逐黑狗，急走出筋斗。一過出筋斗，黄狗夾尾走。'"

4051 家狗向裏吠　武漢臣《生金閣》劇："養著家生狗，倒向裏吠。"

4052 賊被狗咬　蘇子瞻《雜纂二續》"説不得"十事，此其一。

4053 偷狗　《宋書[1]·後廢帝紀》："往青園尼寺偷狗，就曇度道人煑之飲酒。"此偷狗事見正史者。《酉陽雜俎》："什邡縣民王翰暴卒，冥官謂：'爾曾賣竹與偷狗人作箜篌，殺狗兩頭。'"所謂"箜篌"，即鄙俗云"溜狗筒"也。

4054 噉狗屎　《舊唐書·高仙芝傳》："人駡仙芝曰：'噉狗腸，高麗奴；噉狗屎，高麗奴。'"

4055 狗夫人　《隋書·五行志》："齊後主時，犬爲開府儀同，雌者有夫人、郡君之號。"按：《筠廊偶筆》云："前朝大内貓狗，皆有官名食俸，中貴養者，常呼貓爲老爺。"可以作對。

4056 貗豬頭　《爾雅·釋獸》："豕，奏者貗。"注曰："今貗豬，短頭，皮理腠縮。"按：此豬之頭短小而醜，非人意所喜，故俗以市物不稱意曰"貗豬頭"。

4057 打苙裏豬　即《孟子》"既入其苙，又從而招之"也。

4058 猪拾柴，狗燒火　《俟鯖録》："南京人家掘得一石，上有字云：'猪拾柴，狗燒火，野狐掃地請客坐。'不知何等語也。"按：今童兒謡有此數句。

4059 猪來貧，狗來富，猫兒來，開質庫　《婁氏田家五行》："凡六畜自來，可占吉凶，諺云云。"按：明江盈科《雪濤談叢》載："其邑諺云'猪來窮來，狗來富來，猫來孝來'，故猪猫二物皆爲人忌，有至必殺之。"與婁氏所録不同，蓋吉凶之故，

① "宋書"當爲"南史"，見《南史·後廢帝紀》。

但由方俗人心，而於物本無與也。

4060 朝餧猫，夜餧狗 《月令廣義》識此諺云，取其力以時也。

4061 偷食猫兒改不得 《雜纂二續》“改不得”十三事，此其一。

4062 那箇猫兒不喫腥 見《元曲選》張國彬《合汗衫》劇。

4063 依樣畫猫兒 《五燈會元》祖菴主遣興偈曰：“一補饑瘡了無事，來朝依樣畫猫兒。”

4064 寒猫不捉鼠 又：浮山遠舉揚此語。

4065 猫鼠同眠 《新唐書·五行志》：“龍朔元年，涪[①]州猫鼠同處。鼠象竊盗，猫職捕齧，而反與同處，象捕盗者廢職容奸。”《舊唐書·代宗紀》：“隴右節度使朱泚，于軍士家得猫鼠同乳不相害，籠而戲之。”《文獻通攷》：“慶元中，鄱陽民家一猫帶數十鼠，行止食息皆同，如母子相哺。”[②]

4066 猫兒頭 《元典章》：“大德十年，杭州路陳言：有等結交官府，遇有公事，無問大小，悉奔投囑托關節，俗號猫兒頭。”《留青日札》：“今言人之幹事不乾净者，曰‘猫兒頭生活’，又呼駡達官家人，亦曰‘猫兒頭’，蓋起于是時。”

4067 三脚猫 《輟耕錄》：“張明善作北樂府譏時云：‘説英雄，誰是英雄？兩頭蛇，南陽卧龍；三脚猫，渭水飛[③]熊。’”《七修類稿》：“俗以事不盡善者，謂之三脚猫。”

4068 木貓 《陳定宇集》有《木貓賦》云：“惟木貓之爲器兮，非有取於象形。設機械以得鼠兮，配貓功而借名。”按：今仍呼木作鼠弶爲“木貓”。

4069 作獺[④] 《南唐近事》：“張崇帥廬州，索錢無厭。嘗因燕會，一伶人假爲死者被遣作水族，冥司判云：‘焦湖百里，一任作獺。’”按：俗謂侵漁曰“作獺”，被侵漁曰“遭獺”，其字應如此寫。《朝野僉載》云：“王熊爲澤州都督，百姓歌曰：‘前得尹佛子，後得王癩獺。見錢滿面喜，無鑼從頭喝。’”此亦“獺”字之證。宋人詩有云“作撻”者，似未可爲據。

4070 狼藉 蘇鶚《演義》：“狼藉草而卧，去則滅亂。故凡物之縱横散亂者，謂之狼藉。”

4071 狼狽 《孔叢子》：“吾于狼狽見聖人之志。”荀悦《漢紀論》：“周勃狼狽失據，塊然囚執。”《晉書》李密《陳情表》：“臣之進退，實爲狼狽。”又《鳩摩羅什

---

① “涪”當爲“洛”，見《新唐書·五行志》。

② 此處《函海》本有：今呼不分上下一處謂之“猫鼠同眠”。

③ “飛”，《輟耕錄》卷二八作“非”。

④ 黄侃：當爲“蹴蹋”，俗又書“糟蹋”。

傳》:"謂吕光曰:'在此必狼狽,宜徙軍隴上。'"《齊書·紀僧珍[①]傳》:"上曰:'無卿言,亦當致小狼狽。'"《酉陽雜俎》:"狽前足絶短,每行常駕於狼腿上,狽失狼則不能動,故世言事乖者稱狼狽。"

4072 中山狼　宋謝良撰《中山狼傳》。

4073 狼子野心　《左傳·宣四年》子文引諺謂越椒,《昭二十八年》叔向母謂伯石。又《楚語》沈諸梁謂白公勝。

4074 狼衆食人,人衆食狼　《論衡·瞤[②]時篇》:"狼衆食人,人衆食狼,爭彊量功,能以寡勝衆者少。"

4075 能狼難敵衆犬　見《元曲選·單鞭奪槊》劇。

4076 餓狼口裏奪脆骨　又《陳州糶米》曲。鄭廷玉《後庭花》作"大蟲口裏"。

4077 豺狼當道,不宜復問狐狸　《漢書·孫寶傳》督郵侯文云云。又《後漢書》:"張綱云:'豺狼當路,安問狐狸?'"《北魏書》:"高崇子恭之云:'豺狼當道,不問狐狸。'"

4078 未知鹿死誰手　崔鴻《後趙錄》:"石勒曰:'朕若遇光武,當並驅中原,不知鹿死誰手。'"按:此祖《漢書》"秦失其鹿,天下共逐之"語。

4079 小鹿觸心頭　《稗編》:"梁武帝相貌威嚴,侯景入見。出曰:'爲帝迫困于斯,見之汗濕衣襟,若小鹿之觸吾心頭。'"《元曲》高則誠《琵琶》、馬致遠《漢宫秋》、石君寶《秋胡戲妻》、鄭德符《傷梅香》,俱云"小鹿兒心頭撞"。

4080 屋北鹿獨宿　《譚槩》:"宋徐晞爲郡吏,郡守見鹿伏地,偶得句,晞應聲對之云:'溪西雞齊啼。'"按:皮日休《山中吟》云:"荒篁香牆匡,熟鹿伏屋曲。"温庭筠《疊韻》云:"隔石覔屐迹,西溪迷雞啼。"守與晞俱只易一二字,而"北"之音卜,從來字書未有,不若仍用"屋曲"爲善。

4081 麞麕馬鹿　《遊覽志餘》:"杭俗言人舉止倉皇者曰麞麕馬鹿,四物見人則跳趯自竄,故以爲喻。又曰鼠張猫勢,亦此意也。"按:"麕"字不見字書,其"麢"之訛耶?然此語今少聞。

4082 有麝自然香　見元人《連環計》曲。

4083 守株待兔　《韓非子》:"宋人耕田者,田中有株,兔走觸株而死,因釋耒而守株,冀復得兔。"梁武帝《圍棋賦》:"勿膠柱而調瑟,專守株而待兔。"

4084 狡兔有三窟　《戰國策》馮煖謂孟嘗君語。

---

① "珍"當爲"真",見《南齊書·紀僧真傳》。

② "瞤"當爲"調",見《論衡·調時篇》。

4085 狡兔死,走狗烹 《吳越春秋·夫差内傳》:“吳王書其矢射種、蠡之軍,辭曰:‘吾聞狡兔以死,良犬就烹;敵國如滅,謀臣必亡。’”又《句踐伐吳外傳》:“范蠡遺種書曰:‘蠡雖不才,明知進退,高鳥已散,良弓將藏;狡兔已盡,良犬就烹。’”《史記·淮陰侯傳》:“侯曰:‘果若人言,狡兔死,良狗烹;高鳥盡,良弓藏。’”《淮南子·説林訓》:“狡兔得而獵狗烹,高鳥盡而良弩藏。”

4086 過街兔 《愼子》:“一兔過街,百人逐之。”按:流俗有“過街老鼠”語,似承此而訛。

4087 外頭趕兔,屋裏失麞 《艾子雜説》引語。

4088 赤腳人趂兔,著鞾人喫肉 《全唐詩》引佛書云云。按:《傳燈錄》風穴沼嘗舉此二語。

4089 狐死兔泣 《宋史·李全傳》:“狐死兔泣,李氏滅,夏氏寧得獨存?”按:今語作“兔死狐悲”。

4090 狐疑 《漢書·文帝紀》:“朕心狐疑。”師古注曰:“狐之爲獸,其性多疑,每渡冰河,且聽且渡,故言疑者而稱狐疑。”《後漢書·班超傳》:“狐疑未知所從。”

4091 狐羣狗黨 見秦簡夫《東堂老》曲。

4092 打夜狐 《通雅》:“唐敬宗自捕狐狸,謂之‘打夜狐’。今民稱跳鬼曰‘打夜狐’,訛爲野狐。”

4093 狐狸精露尾 《洛陽伽藍記》:“後魏孫巖取妻,三年未脱衣卧。私怪之,伺其睡熟,陰解衣,有尾長三尺。懼而出之,變爲一狐。”《靈怪錄》:“有王生于圃田栢林中,見二狐執書言笑。引彈中其目,狐遺書走。生緘書去宿前店,方與主人話其事,忽有患目者攜裝來,聞生之言,曰:‘如何得見其書?’生將出書,主人見其一尾垂下,以告生,生遂收書逐之,則化爲狐而走。”按:俗以作僞者露其本色曰“狐狸精露尾”,此其事也。

4094 搭猱 《能改齋漫錄》:“俗以不情者曰搭猱,唐人已有此語。周顗處士《答賓從》絶句云:‘今朝甘被花枝笑,任道尊前愛搭猱。’”按:《詩》傳:“猱,猨屬。”今人有“搭猱風”之諺。

4095 弄猢猻 《太平廣記》:“蜀中楊于度,善弄胡猻,飼養胡猻十餘頭,能人言。或令騎犬作參軍,行則呵殿前後,其執鞭驅策,戴帽穿靴,亦可取笑一時。”《幕府燕談錄》:“唐昭宗播遷,隨駕伎藝人,止有弄猴者。猴頗馴,能隨班起居。昭宗賜以緋袍,號孫供奉。故羅隱有詩曰:‘如何買得猢猻弄,一笑君王使著緋。’”

4096 沐猴而冠　《史記·項羽紀》："人言楚人沐猴而冠，信然。"《漢書·伍被傳》："蓼太子謂漢廷公卿列侯，皆如沐猴而冠耳。"按：沐猴，楚人語也，實卽猴耳。《禪宗語錄》云"猢猻戴席帽"，乃卽因其說而質言之。

4097 猢猻入布袋　《歸田錄》："梅聖俞初受勑修《唐書》，語妻曰：'吾之修書，可謂猢孫入布袋矣。'妻曰：'君之仕宦，何異鮎魚上竹竿耶？'"《傳燈錄》："僧參白雲寂曰：'學人歸堂去也。'寂曰：'胡孫入布袋。'"

4098 樹倒猢孫散　龐元英《談藪》："曹侍郎詠貶新州，厲德斯遣介致書，啓封乃《樹倒猢猻散賦》一篇。"

4099 猢孫王　《七修類稿》："近世嘲學究云：'我若有道路，不做猢孫王。'本秦檜之詩也。秦微時爲童子師，仰束脩自給，故有'若得水田三百畝，這番不做胡孫王'句。後秦以申王致仕，申，猴屬也，牟隆山以爲詩讖。"

4100 猢孫君子　《清異錄》："郭休隱居太山，畜一胡孫，謹恪不逾規矩，呼曰尾君子。"

4101 三脚猢孫　《五燈會元》金山穎有"三脚胡孫差異猴"之偈。

4102 麞頭鼠目　《唐書》："苗晉卿薦元載，李揆輕載相寒[①]，謂晉卿曰：'龍章鳳姿士不見，麞頭鼠目子乃求官耶？'"

4103 鼠竊狗偷　《史記·叔孫通傳》："鼠竊狗偷，何足置齒牙間哉！"《漢書》作"鼠竊狗盜"。

4104 奉頭鼠竄　《漢書·蒯通傳》："常山王奉頭鼠竄，以歸漢王。"《宋紀》："金圍太原，童貫欲遁歸，張孝純止之曰：'平生推重太師，及臨事，乃奉頭鼠竄，何面目見天子耶？"按：奉，俱讀捧。

4105 投鼠忌器　《漢書·賈誼傳》："鄙諺曰'欲投鼠而忌器'，此善喻也。"《晉書·庾純傳論》亦云。按：今諺"愛盤不擊鼠"卽其說。

4106 鼠口不出象牙　《抱朴子·清鑒篇》："虎尾不附貍身，象牙不出鼠口，"按：流俗變言"狗口"。

4107 羅雀掘鼠　《唐書·張巡傳》："睢陽食盡，至羅雀掘鼠，煑鎧弩以食。"

4108 老鼠　揚子《方言》："自關而東，蝙蝠或謂之老鼠。"按："老鼠"與鼠別也，而世俗凡言鼠，輒云"老鼠"。據《南史·齊宗室傳》："潁達罵沈約曰：'我今日形容，正是汝老鼠所爲。'"[②]《幽明錄》："有客詣董仲舒論五經，董疑其非常，謂

① "相"當爲"地"，見《新唐書·李揆傳》。

② 此處《函海》本有：沈南人，故以相詈。今詈蜀人爲"川老鼠"，所謂張冠李戴也。

曰:‘卿非狐狸,即是老鼠。’”《國史補》:“韓退之曰:‘大蟲、老鼠俱爲十二屬。’”《傳燈錄》:“雪峯謂元沙:‘此間有箇老鼠子,在浴室裏。’”韓子蒼詩:“窮如老鼠穿牛角。”皆已如今俗所謂。

4109 白老鼠 《地鏡圖》:“黄金之見,爲火及白鼠。”《靈應錄》:“陳泰見一白鼠緣樹上下,揮而不去,言於妻子曰:‘衆言有白鼠處即有藏也。’遂掘之,獲金五十笏。”《錄異記》:“白鼠身如皎玉,耳足紅色,眼眶赤者,乃金玉精耳。足不紅者,常鼠也。”

4110 大蟲 名虎曰“大蟲”,見《肘後經》。《傳燈錄》:“百丈問希運:‘見大蟲麽?’運便作虎聲。”《僧寶傳》:“諸方稱景岑曰岑大蟲。”《十國春秋》:“桂州兒童聚戲,輒呼大蟲來。及李瓊拔桂,人謂瓊曰李老虎,識者以爲應。”《苕溪漁隱叢話》載杜默歌云:“學海波中老龍,聖人門前大蟲。”①

4111 虎舅 《劍南詩集》自注:“俗謂猫爲虎之舅,教虎百爲,惟不教虎上樹。”按:今童婦輩頗傳其説。

4112 虎酒 《茅亭客話》:“凡虎食狗必醉,俗云:‘狗乃虎之酒也。’”

4113 課馬 孔平仲《談苑》:“俗呼牝馬曰課馬,出《唐六典》。凡牝四遊而課,謂四歲課一駒也。”

4114 草馬 牝馬亦曰草馬。《爾雅》:“牝曰騇。”郭注曰:‘草馬名。”《魏志·杜畿傳》《晉書·凉武昭王傳》俱有“草馬”字。《北史·許善心傳》:“賜物千段,草馬二十匹。”《顔氏家訓》:“《詩》‘駉駉牡馬’,河北本悉爲牧馬,鄴下博士見難云:‘既美僖公牧坰野事,又何分騲騭乎?’”騲,即草也。按:《淮南·修務訓》:“馬之爲草駒時,跳躍揚蹄,人不能制。”注云:“馬五尺以下爲駒,放在草中,故曰草駒。”此以馬未調馭爲“草”,又一義也。

4115 騸馬 《五代史·郭崇韜傳》:“崇韜素嫉宦官,嘗謂繼岌曰:‘主上千秋後,盡當去之,至於扇馬,亦不可騎。’”《肘後經》:“騸馬宦牛,羯羊閹猪。”加馬旁作“騸”。

4116 五花馬 李白詩:“朝騎五花馬,謁帝出銀臺。”杜甫詩:“蕭蕭千里馬,箇箇五花文。”《升菴外集》:“隋丹元子《步天歌》五個花文,以馬鬣翦爲五花或三花,皆象天文也,故白居易又云‘馬鬣翦三花’。”

4117 果下馬 《後漢書·東夷傳》“果下馬”注②:“高三尺,乘之可以果樹下行。”

---

① 此處《函海》本有:皆相沿用之。

② “注”字脱,據《後漢書·東夷傳》李賢注補。

4118 赤兔馬　《後漢書·吕布傳》："布御馬號赤兔，能馳城飛塹。"《三國志》注引時語云："人中有吕布，馬中有赤兔。"按：布死後，此馬不知何屬，俗以爲歸關公，特《演義》説耳。

4119 快騾　《北史·斛律羨傳》："羨使騎快騾迎至鄴。"

4120 草驢　《北齊書·楊愔傳》："選人魯漫漢，在元子思坊騎秃尾草驢。"按：亦謂牝驢也。今"草馬"之稱不甚著，"草驢"則人人稱之。

4121 吉羊　漢《元嘉刀銘》："宜侯王，大吉羊。"《隸續》："漢代器物多以羊爲祥。"《説文》云："羊，祥也。"羊有祥意，故即借爲"祥"。按：漢末婚禮用羊，亦取其吉祥也。"吉羊"之稱，典矣。

4122 歲豬　《東坡集·與子安兄尺牘》："此書到日，相次歲豬鳴矣，老兄嫂團坐火爐頭，環列兒女，便是人間第一等好事。"《劍南集》自注："蜀人養豬，於歲暮供祭，謂之歲豬。"

4123 朴豬　《説文》"特"字解云："朴特，牛父也。"按：俗呼牡豬曰朴豬，似因此。

4124 西蕃狗　《舊唐書·西戎傳》："武德七年，獻狗，雌雄各一，高六寸，長尺餘，性甚慧，能曳馬銜燭云，出菻林國。"中國有此狗，自此始也。

4125 老狗　《南史·王僧達傳》："何尚之致仕，復膺朝命，宅設八關齋，自行香次至僧達曰：'願郎且放鷹犬，勿復游獵。'僧達曰：'家養一老狗，放無處去，已復還。'尚之失色。"按：此乃借端以罵之也。又《漢武故事》："栗姬嘗罵上爲老狗，上心嗛之。"

4126 死狗　《三國志·魏·三少帝紀》："諸葛恪獲劉整曰：'欲活汝，汝可具服。'整罵曰：'死狗！此何言也。'"《吳·孫皓傳》注："毛炅罵曰：'孫皓，汝父何死狗也！'"按：俗罵人以"狗"，見史甚多。《後漢書·董卓傳》："吕布言有詔討賊，董大罵曰：'庸狗！敢如是耶？'"《蜀志·楊戲傳》注："吳將令傅彤降，彤罵曰：'吳狗！何有漢將軍降者？'"《晉書·劉曜載記》："田崧叱楊難敵曰：'氐狗！安有天子牧伯而向賊拜乎？'"又："呼延實叱陳安曰：'狗輩！汝前背司馬，今復如是耶？'"《石勒載記》："勒謂張賓曰：'王彌位重言卑，恐其遂成前狗意也。'"《苻氏載記》："王墮曰：'董龍是何雞狗，而令國士與之言乎？'"《北史·韓鳳傳》："朝士諮事，輒詈云：'狗漢！大不可耐，唯須殺卻。'"馬氏《南唐書》："徐温就知訓廨，見土室繪像，唾曰：'狗死遲矣。'"《朝野僉載》："陸餘慶爲其子所嘲，餘慶得其詞而讀之，曰：'必是那狗。'"

4127 死驢　《風俗通》："凡人相罵曰死驢，醜惡之稱也。董卓陵虐王室執政，皆如死驢。”按：今俗惟詈僧曰“驢”，其來亦久。《傳燈錄》：“有俗士謂西睦和尚曰：‘和尚便是一頭驢。’睦曰：‘老僧被汝騎。’”又：“僧問投子同曰：‘麄言細語，皆歸第一義，是不？’曰：‘是。’曰：‘唤和尚作頭驢得麽？’同便打。”蓋唐時已如是詈之。

4128 牛 《北史·邢昕傳》：“昕好忤物，人謂之牛。興和中，副李象使梁，談者謂牛、象鬭于江南。”按：今俗亦詆忤物之人曰“牛”。

4129 阿牛賊狗 方回《桐江續集·聽航船歌詩》云：“船頭船尾唱歌聲，蘇秀湖杭總弟兄。喝攏喝開不相照，阿牛賊狗便無情。”四字①入詩，匪夷所思也。

4130 畜 《後漢書·劉寬傳》：“常坐客，遣蒼頭市酒，迂久，大醉而還。客不堪之，罵曰：‘畜産。’寬須臾遣人視奴，曰：‘此人也，被罵畜産，辱莫甚焉，吾懼其自殺也。’”《晉書·列女傳》：“王廣女罵蠻帥梅芳曰：‘蠻畜。’”《隋書·宣華夫人傳》：“帝罵太子曰：‘畜生。’”《雞肋編》：“劉寬以罵奴畜産爲辱，今浙人雖兄弟朋友，有以畜生爲戲語者矣。”

4131 衆生 《莊子·德充符》：“受命于天，惟舜獨也正，幸能正生以正衆生。”按：俗讀“衆”如終音，《廣韻》“衆”字有職戎切。

4132 好種 《晉書·食貨志》：“分種牛二萬五千頭以付二州，其所留好種，卽令右典牧都尉官屬養之。”

4133 頭口 《元典章》：“刑例有‘偷頭口’條，凡達達漢兒人偷頭口一箇，陪九箇。”按：牛馬之屬，今仍謂之“頭口”。

4134 生口 《魏志·王昶傳》注：“任嘏與人共買生口，各雇八匹，後生口家來贖，嘏自取本價。”按：世俗通以畜産爲“生口”，而馬尤專其稱。史中惟此所說爲合，餘如《後漢書·袁安傳》“單于謀欲犯邊，宜還其生口以安慰之”、《晉書·武帝紀》“太康二年，賜王公以下吳生口各有差”、《南史·蕭勱傳》“所獲生口寶物，軍賞之外，悉送還臺”，諸云“生口”，或是人，或是牛馬，俱未見明晰。若《後漢·班超傳》“獲生口萬五千人，馬畜牛羊三萬餘頭”、《梁慬傳》“獲生口數千人，駱駝畜産數萬頭”、《西南夷傳》“楊竦擊破封離，獲生口五千人”、《南匈奴傳》“單于遣輕騎出上郡，遮略生口，鈔掠牛馬”、又“張耽擊車紐等，獲生口及兵器牛羊甚衆”、《南史②·袁繼忠傳》“得生口、馬牛羊、鎧仗踰萬計”，凡此，多於“生口”下别言馬畜牛羊。繹其辭義，蓋指俘虜人口言也。

---

① “四字”，《函海》本作“詈語”。
② “南史”當爲“宋史”，見《宋史·袁繼忠傳》。

卷二十九　禽魚

4135 蛟龍得雲雨，終非池中物　《三國志·周瑜傳》謂劉備云云。又《晉書·載記》孔恂謂劉元海。

4136 登龍門　《後漢書·李膺傳》："士有被其容接者，名爲登龍門。"注引《三秦記》曰："龍門水險不通，魚鼈之屬不得上，江海大魚薄集龍門下數千，得上則爲龍也。"《太平廣記》引林登説曰："龍門下，每歲季春有黄鯉魚自海及諸川來赴，一歲中得登龍門者，不過七十二。初登，卽有雲雨隨之，天火自後燒其尾，乃化爲龍。"唐試帖有《河鯉登龍門》題。

4137 海龍君　《宣和書譜》："錢鏐號令十三郡，風物繁庶，族系侈靡，浙人俚語目之曰'海龍君'，言富盛若彼也。"按：今浙中猶有"海龍君豈少寶"之諺。

4138 分龍　蘇軾詩："四方上下同一雲，甘霔不爲龍所隔。"自注："俗有分龍日。"《避暑録話》："吳越之俗以五月二十爲分龍日。"《占候書》："兩浙以四月二十爲小分龍，五月二十爲大分龍，池俗以五月二十九爲分龍，閩俗以夏至後爲分龍。"《埤雅》："五月分龍後，其龍各有分域，雨暘往往隔一轍而異，因謂之隔轍雨。"

4139 幾龍治水　王鞏《甲申雜記》："老人言：'歷日載幾龍治水，惟少爲雨多。'以其龍數多卽雨少也，却大不然。崇寧乙酉，凡十一龍治水，自春及夏秋，皆大雨水。"

4140 龍能大能小　《管子》："龍欲小則如蠶蠋，欲大則藏于天下。"《説苑》："神龍能爲大能爲小，能爲短能爲長。"

4141 龍頭蛇尾　《五燈會元》："雪峯存舉風幡語曰：'大小祖師，龍頭蛇尾。'"按：禪家述此甚多，如覆舟薦、長慶稜、鏡清怤、天竺儀、霍山通、廣法源、洞山瑞、雙泉寬、北禪感、奉國海、雪竇顯、開聖栖、别峯珍十三師俱有"龍頭蛇尾"語，今俗云"虎頭蛇尾"，惟見元康進之曲，據其義則當以龍爲是。

4142 龍生九子　《升庵外集》："俗傳龍生九子，不成龍，各有所好。弘治中，御書小帖以問内閣，李文正據羅玘、鐂績之言，具疏以對。今影響記之：一曰贔屓，好負重，今碑下趺是也；二曰螭吻，好望，今屋上獸頭是也；三曰蒲牢，好吼，今鐘上紐是也；四曰狴犴，有威力，故立于獄門；五曰饕餮，好飲食，故立于鼎蓋；六曰𧈢𧏡，好水，故立于橋柱；七曰睚眦，好殺，故立于刀環；八曰狻猊，好烟火，故立于香鑪；九曰椒圖，好閉，故立于門鋪。”按：李東陽、陸深等俱嘗記此，而其名或不同。陸謂出《山海經》《博物志》，攷二書今皆無之。相傳鐂績倡其説，但云得于故册面上，疑其權時應命所撮造，故《升庵》云“影響記之”也。

4143 龍生龍，鳳生鳳 《論衡·講瑞篇》：“鳳凰、騏驎，生有種類，若龜龍矣，龜故生龜，龍故生龍，形色大小，不異于前者也。”《傳燈録》丹霞然云：“龍生龍子，鳳生鳳兒。”《普燈録》已庵深云：“龍生龍，鳳生鳳，老鼠養兒沿屋棟。”①

4144 攀龍附鳳 《法言·淵騫篇》：“或曰：‘淵、騫曷不寢？’曰：‘攀龍鱗，附鳳翼，巽以揚之，勃勃乎其不可及乎。’”《漢書·敘傳》：“舞陽鼓刀，滕公廄騶，潁陽商販，曲周庸夫，攀龍附鳳，並乘天衢。”《蜀志·秦宓傳》：“李仲元不遭法言，令名必淪，可謂攀龍附鳳者矣。”又《南齊書》丘巨源《與袁粲書》言“攀龍附驥”。

4145 龍游鳳舞 《易林》：“龍游鳳舞，歲樂民喜。”

4146 鸞鳳和鳴 見白仁甫《梧桐雨》曲。

4147 鳳穿花 《南齊書·輿服志》：“車上畫飾有鳳凰銜花。”《蜀錦譜》：“建炎三年，織造錦綾被褥，其名有如意、牡丹、穿花鳳等。”②

4148 鴉巢生鳳 《五燈會元》：“僧問：‘如何是異類？’顯端曰：‘鴉巢生鳳。’”又《元曲》楊文奎《兒女團圓》、馬致遠《薦福碑》，皆有“鴉窩裏出鳳雛”句。

4149 百鳥朝鳳 文嘉《嚴氏書畫記》有孫龍《百鳥朝鳳》圖。

4150 鶴立雞羣 《晉書·嵇紹傳》：“昂昂然如野鶴之在雞羣。”

4151 燒琴煑鶴 《義山雜俎》“殺風景”八事，此其一。韋鵬翼詩：“自從煑鶴燒琴後，背却青山卧月明。”按：韋亦唐人，見義山此語一出，而世即盛傳矣。

4152 腰纏十萬貫，騎鶴上揚州 唐人言志語，詳施宿《蘇詩注》。

4153 燕雀安知鴻鵠志 見《史記·陳涉世家》。

4154 雁飛不到處，人被利名牽 《古今詩話》：“唐李明遠爲潘州司馬，嘗有詩云：‘北鳥飛不到，南人誰與游。’又齊己詩：‘瘴國頻聞説，邊鴻亦不游。’俗傳句云：‘雁飛不到處，人被利名牽。’同一慨也。”

---

① 此處《函海》本有：此語江右人常言之。

② 此處《函海》本有：今織繡多作鳳穿牡丹，應本此。

4155 雁來客　《禮・月令》:"季秋,鴻雁來賓。"注疏云:"猶如賓客,止未去也。"《隋・地理志》:"犍爲、越嶲居處不定,謂之雁户。"按:世俗謂旅寓人曰"雁來客",本此。

4156 一箭貫雙鵰　《北史・長孫晟傳》:"共突厥游獵,有二鵰飛而爭肉,突厥以兩箭請射取之。晟馳往,遇鵰相攫,遂一箭雙貫焉。"《咸定錄》:"唐燕公高駢微時,見雙鵰,謂衆曰:'我若貴,矢當叠雙。'乃伺其上下,果一矢貫二鵰。"

4157 放鵰①　《朱子大全集》多見之,猶言使乖也。今俗用"刁"字,非。

4158 見兔放鷹　《新序》引莊辛曰:"見兔而放狗,未爲晚。"後人變作"放鷹"。《五燈會元》:"妙湛曰:'布大教網,漉人天魚,不如見兔放鷹,遇獐發箭。'"

4159 鷹拏燕雀　見《元曲・漁樵記》。按:《左傳》臧文仲曰"見無禮于君者,如鷹鸇之逐鳥雀",卽斯義也,流俗訛其語曰"鷹拏雁抓",義不可解。

4160 鷂子頭上安窠　《五燈會元》:"智門罕揖僧近上坐,僧曰:'鷂子頭上爭敢安窠?'"

4161 藏頭雉　孔平仲詩:"畏人自比藏頭雉,避世今同作蛹蠶。"按:俗謂雉避人只藏其頭,便謂人不見之,因有"雉雞乖"之諺。

4162 鴛鴦逐野鴨　《樂錄・夜黄辭》:"鴛鴦逐野鴨,恐畏不成雙。"

4163 打鴨驚鴛鴦　《臨漢隱居詩話》:"吕士隆知宣州,好以事笞官妓。會有杭妓到,士隆喜之。一日,郡妓犯小過,欲笞。妓訴曰:'某不敢辭罪,但恐杭妓不能安也。'梅聖俞因作《莫打鴨》一篇曰:'莫打鴨,打鴨驚鴛鴦。鴛鴦新向池中落,不比孤洲老秃鶬。秃鶬尚欲遠飛去,何況鴛鴦羽翼長。'"

4164 被底鴛鴦　《開天遺事》:"明皇與妃子晝寢水殿,宫嬪輩凭檻看雌雄二鸂鶒戲于水中。帝曰:'爾等爱水中鸂鶒,爭如我被底鴛鴦。'"

4165 鸚哥嬌　《東坡文集》:"李公擇初學草書,所不能者,輒雜以眞、行。劉貢父謂之鸚哥嬌,意謂鸚哥之于人言,止能道此數句耳。"

4166 鷺鷥腿上割股　《雞肋編》載俗語。蘇軾《荅陳季常尺牘》:"先生篤于風義,自割瘦脛啖我,然不爲鷺鷥者,恐未能化之也。"陳師道《荅黄生》詩:"割白鷺股夫何難,食鶻鵃肉未爲失。"均用此語。

4167 螞蝗釘了鷺鷥飛　見楊顯之《酷寒亭》曲。按:蝗,當作蟥。

4168 鶻鵃不打脚下塘　《全唐詩》錄唐諺云云,謂其棲宿之處,雖水深魚多,未嘗犯也。按:時諺有云"兔兒不喫窠邊草",義與之同。

① 黄侃:謂詐曰"刁",卽"倜張"之"倜"字。

4169 鵲填河 《猗覺寮雜鈔》:"鵲填河,俗語也,白樂天詩用之云'秃似鵲填河'。"

4170 鵲上梁 《酉陽雜俎》:"鵲巢中必有棟梁,崔圓相公妻在家時,與姊妹于後園見二鵲構巢,共銜一木如筆管,長尺許,安巢中,衆悉不見。俗言見鵲上梁必貴。"

4171 屋烏 《説苑·貴德篇》:"太公謂武王曰:'臣聞愛其人者,兼及屋上之烏。'"

4172 鶯遷 《尚書故實》:"今謂進士登第爲'鶯遷'者久矣,蓋自《伐木》詩,詩中並無鶯字。頃歲省試《早鶯求友》詩,又《鶯出谷》詩,别書固無証據,豈非悞歟?"《唐音癸籤》:"初唐人元旦[①]詩有'遷木早鶯求',韋嗣立有'多愧春鶯曲,相求意獨存',孫處元《黄鶯》詩'高風不借便,何處得遷喬',于是直以嚶鳴遷木爲黄鶯,遞相組織用之,登第進士如'手放鶯飛谷口春'之類,不一而足,至今猶相沿云。"

4173 鳧燕難明 《尸子》:"鴻飛天首,高遠難明,楚人以爲鳧,越人以爲乙,鴻常一耳。"按:乙,燕也,羣以鳧燕妄度而莫明其爲鴻也。今俗有此言,或書作"誣冤難明",非。

4174 蝙蝠不自見,笑他梁上燕 《玉泉子》:"裴勛容貌幺麽,嘗從其父飲客。父飛醆付之,有矬人饒舌語,勛復醆云云,父怒笞之。"

4175 金丸彈雀 《西京雜記》:"韓嫣好彈,以金爲丸,所失者日常十百。"按:揚子云"明珠彈飛肉,費不當也"。莊子云:"以隋侯之珠,彈千仞之雀,其所用者重,而所要者輕。"譬意正同。

4176 掩目捕雀 《後漢書·何進傳》陳琳曰:"諺有'掩目捕雀',微物尚不可欺以得志,況國家大事乎?"《文心雕龍》:"陳琳葢引俗説而爲文辭也。"

4177 雀躍 《莊子·在宥篇》:"鴻蒙方將拊髀雀躍而游。"《釋文》云:"如雀之跳躍也。"

4178 塗鴉 盧仝《添丁》詩:"忽來案上翻墨汁,塗抹詩書似老鴉。"

4179 布袋裏老鴉 《續燈錄》欽山邃曰:"布袋裏老鴉,雖活如死。"

4180 牝雞司晨,惟家之索 見《書·泰誓》。傳曰:"雌當雄,家之盡。"《文心雕龍》:"此乃上古諺語,《書》引之也。"後人質言之曰"雌雞啼"矣。

4181 寧爲雞口,無爲牛後 《戰國策》蘇秦説韓王引鄙語云云。《顔氏家訓》

① "元旦",《唐音癸籤》卷二四作"韋元旦"。

據延篤《音義》云："當作雞尸牛從。"《餘冬序錄》："口、後韻叶，古語自如此。作尸、作從，非。"

4182 嫁鷄隨鷄，嫁狗隨狗　《埤雅》引語曰："嫁鷄與之飛，嫁狗與之走。"歐陽修《代鳩婦言》："人言嫁鷄逐鷄飛，安知嫁鳩被鳩逐。"陳造詩："蘭摧蕙枯崑玉碎，不如人家嫁狗隨狗鷄隨鷄。"

4183 鷄飛狗上屋　《鷄肋編》："陳無己詩'驚鷄透籬犬升屋'，即俗語云云也。"按：《易林》："牛驚犬走，上下渾擾。"亦俗語之意。

4184 一鷄死，一鷄鳴　《通幽記》李哲家怪引諺云云。蓋謂同類者，不甘于默默也。

4185 鷄寒上距，鴨寒下觜　《老學庵筆記》："淮南諺云：'鷄寒上樹，鴨寒下水。'驗之皆不然。有一媪曰：'鷄寒上距，鴨寒下觜耳。'上距謂縮一足，下觜謂藏其味于翼間。"

4186 鵞行鴨步　《御史臺記》載石抱忠諧詩："一羣縣尉驢騾驟，數箇參軍鵞鴨行。"按：鵞鴨行，即秦簡夫《東堂老》曲所云"鴨步鵞行"也。石抱忠，唐武曌時人。

4187 右軍鵞　《夢溪筆談》："吳人多謂梅子爲曹公、鵞爲右軍。有士人遺人醋梅與燖鵞，作書云：'醋浸曹公一甕，湯燖右軍二隻，聊備一饌。'"按：宋人詩有"水底右軍方熟眠"句，皆可笑甚也。今人書簡稱鵞曰"羲愛"，但較愈于"右軍"耳。

4188 笋鴨　《南史·齊孝宣后傳》："太廟四時祭，詔以笋鴨卵脯薦后，以生平所嗜也。"按：京師人以鷄鴨之嫩者爲"笋鷄"、"笋鴨"，其稱舊矣。

4189 臘雞　《草木子》："南人在都求仕者，北人目爲臘雞，葢臘雞爲南方饋北人之物也。"《鬱輪岡筆塵》①："嚴分宜生日，江西士紳致祝，嚴長身聳立，諸紳俯身趨謁。高中玄旁睨而笑，嚴問故，高曰：'偶爾憶昌黎詩"大雞昂然來，小雞竦而待"，不覺失笑耳。'衆亦鬨然大笑。"按二書，則元時凡南數省人皆有"臘鷄"之目，至明乃惟以之嘲江西人也。

4190 羯鷄　閹鷄也②。見《素問》。青藤山人《路史》謂漢文始閹潔六畜，今稱潔雞，潔猶淨也，未是。

4191 線鷄　戴復古詩："區別鄰家鴨，羣分各線雞。"自注："閹雞一線則一

① 當爲《鬱岡齋筆塵》。

② 黄侃：今稱"線雞"，元曲亦有之，"線"乃"騸"之借。

羣，各綫則别作一羣。”按：二字入詩亦僅見者。

4192 哺鷄 《靈應録》：“衢州民家，里胥至督租，無以爲飡，祇有哺鷄一隻，擬烹之。胥恍忽見桑下有黄衣女子，前拜乞命曰：‘不忍兒子未見日光。’”按：閭里有以“鷄討哺”之字問者，愚據文謂卽此哺字。

4193 野鷄 《易林》：“田鼠野鷄，意常欲逃。”《博雅》：“野鷄，雉也。”韓退之《諱辨》：“漢吕后諱雉爲野雞。”

4194 白頭公 《三國志》注引《江表傳》：“有白頭鳥集殿前，權問何鳥，諸葛恪曰：‘白頭翁也。’張昭自以座中最老，疑恪以鳥戲之，因曰：‘恪欺陛下，未嘗聞此鳥名，試使恪復求白頭母。’”按：當時有此名而不著，故張昭未聞，今通呼之矣。

4195 八哥 《負暄雜録》：“南唐李後主，諱煜，改鸜鵒爲八哥。”按：《廣韻》謂鸜鵒爲“䴘䴘鳥”，八哥之“八”，似宜用“䴘”字。

4196 怪鳥 《晉書·孫盛傳》：“進無威鳳來儀之美，退無鷹鸇搏擊之用，徘徊湘川，將爲怪鳥。”按：俗譏孤癖人曰“怪鳥”，本此。

4197 傷弓之鳥 《戰國策》：“傷弓之鳥，聞弦音烈而高飛。”《晉書·前秦載記》：“傷弓之鳥，落于虚發。”

4198 鳥爲食亡 《吴越春秋·句踐陰謀傳》：“大夫種曰：‘臣聞高飛之鳥，死于美食。’”

4199 三寸鳥，七寸觜 《莊子·徐無鬼篇》：“仲尼曰：‘丘願有喙三尺。’”郭注云：“凡人閉口，未是不言，蓋鳥喙長者，多不能言也。”按：鄙俗嘲能言者曰“三寸鳥，七寸嘴”，義適相反，然唐陸餘慶善論事，而嘲之者曰“論事則喙長三尺”，已悮用《莊子》文矣。

4200 夫妻本是同林鳥 《法苑珠林》：“有人耕田，被蛇噛殺，或詣其家，以語其婦。婦説喻言：譬如飛鳥，暮集高樹，同林共宿，伺明早起，各自飛去，行求飲食。有緣更合，無緣卽離。我等夫婦，亦復如是。”

4201 覆巢下無完卵 《世説》：“孔文舉被收，其兒泣曰：‘安見覆巢之下，尚有完卵乎？’”

4202 水至清則無魚 《家語》：“水至清，則無魚；人至察，則無徒。”《漢書·東方朔傳》亦云。又《後漢書·班超傳》：“水清無大魚。”《鄧析子》：“水濁則無掉尾之魚。”

4203 水淺不容大魚 《黄石公素書》：“地薄者大木不産，水淺者大魚不遊。”

4204 水寬魚大 《韓詩外傳》引語曰：“淵廣者，其魚大。”《淮南子·説山訓》：“水廣魚大，山高木修。”《鹽鐵論》亦云“水廣者魚大”。

4205 如魚得水　《三國志·諸葛亮傳》:"先主曰:'孤有孔明,猶魚之有水也。'"《唐書·契苾何力傳》:"帝曰:'何力入延陀,如涸魚得水。'"

4206 打水魚頭痛　《傳燈録》:"鏡清道怤偈曰:'打水魚頭痛,驚林鳥散忙。'"

4207 那箇魚兒不識水　見楊顯之《瀟湘雨》曲。

4208 城門失火,殃及池魚　《清波雜志》:"張無盡作一表云:'魯酒薄而邯鄲困,城門火而池魚禍。'上出《莊子》,下不知所出。以意推之,當是以池水救火,池竭而魚死也。《廣韻》'池'字注云:'古有池姓名仲魚者,城門失火燒死,故諺云云。'白樂天詩有'火發城頭魚水裏,救火竭池魚失水。'初不主姓名之説,然《廣韻》所載,必有所據。"按:《廣韻》説源《風俗通》,而于義爲短。東魏杜弼《檄梁文》有曰:"楚國亡猿,禍延林木;城門失火,殃及池魚。"《日知録》云:"此事祖于《吕氏春秋·必己篇》,乃宋桓司馬事。《淮南子》云:'楚王亡其猿,而林木爲之殘;宋君亡其珠,池中魚爲之殫,故澤失火而林憂。'則失火與池魚,自是兩事,後人悮爲一耳。"此説甚是。

4209 臨河羡魚,不如歸家織網　《淮南子·説林訓》語。又《漢書·董仲舒傳》:"臨淵羡魚,退而結網。"

4210 沉魚落雁　《莊子·齊物論》:"毛嬙、麗姬,人之所美也,魚見之深入,鳥見之高飛。"宋之問《浣紗篇》:"鳥驚入松蘿,魚畏沉荷花。"按:傳奇所謂"沉魚落雁之容",本此。

4211 魚米之地　唐田澄《蜀城》詩:"地富魚爲米,山芳桂是樵。"按:俗以土沃爲魚米之地,當作此解。

4212 食魚無反　《晏子春秋·雜上篇》:"景公遊于紀,得金緘,發視之,中有丹書曰:'食魚無反。'晏子曰:'食魚無反,毋盡民力乎?'"按:反,平聲。至今食魚者,猶以盡食兩面爲子弟戒。

4213 魚肉　《史記·項羽紀》:"樊噲曰:'人方爲刀俎,我爲魚肉。'"《張儀傳》:"鄭袖言懷王曰:'殺張儀,秦必怒攻楚,妾請遷江南,毋爲秦所魚肉也。'"《漢書·灌夫傳》:"皆魚肉之。"《原陟傳》:"尹君何壹魚肉我也。"《後漢書·張奂傳》:"孤微之人,如不哀憐,便爲魚肉。"《晉書·愍懷太子傳》:"賈謐述太子言曰:'皇后萬歲後,吾當魚肉之。'"《孔坦傳》:"王旅未加,自相魚肉。"《劉元海載記》:"司馬氏父子兄弟自相魚肉。"顔師古《漢書》注:"以比魚肉而食噉也。"章懷太子《後漢書》注:"言爲人所吞噬也。"

4214 魚肉雞鴨　《晉書·孝友傳》:"此舍數失魚肉雞鴨,多是狐狸偷去,君何以疑人?”按:此四字連文,今所習言。

4215 立鰲頭 《玉壺清話》:“李翰與座主和凝同爲學士,後凝作相,翰爲承旨,有詩云:‘座主登庸歸鳳閣,門生批詔立鰲頭。’”按:此是翰林故事,非初及第故事也。

4216 安排香餌釣鰲魚 見《元曲選·賺蒯通》劇。

4217 豬婆龍爲殃,癩頭黿頂缸 《儼山外集》[①]:“國初大江之岸善崩,土人言下有豬婆龍而然,一時以豬與國姓同音,諱之,乃云:‘大黿爲患。’上以黿、元同音,益惡之,于是下令捕黿殆盡。老黿逃,捕者以炙豬爲餌釣之,衆力掣不能起。有老漁云:‘此蓋四足爬土石爲力耳,當以甕穿底貫釣而下罩其頭,必用前二足拒,從而併力掣之,則足浮而起矣。’如其言果然,故諺云云。”

4218 駝馱鼉 《太平廣記》[②]:“令狐楚説酒令云:‘水裹取一鼉,岸上取一駝。將者駝來馱者鼉,是爲駝馱鼉。’”按:今孩童有“駝馱鼉”之謡。

4219 捨命喫河魨 《楓牕小牘》:“東坡謂食河魨值得一死。”《本草綱目》:“河魨,有油麻子脹、眼睛花之語,而江陰人鹽其子,糟其白,埋過治食。此恒言所謂‘捨命喫河豚’者耶?”

4220 證龜成鼈 《東坡志林》引諺。又《普燈錄》:“香林澄遠云:‘三人證,龜成鱉。’眞如道會云:‘捉得烏龜喚做鼈。’”

4221 烏龜縮頭 《韓昌黎集·月蝕歌》:“烏龜怯姦怕寒,縮頸以壳自遮。”《五燈會元》:“僧問祖師西來意,大同旺曰:‘入市烏龜。’曰:‘意旨何如?’曰:‘得縮頭時且縮頭。’”《元曲選》尚仲賢《單鞭奪槊》劇亦云:“如今學得烏龜法,得縮頭時且縮頭。”按:此悍婦駡街語,而昌黎亦不避之,以當時未以烏龜爲醜詆也。

4222 老龜烹不爛,延禍及枯桑 劉敬叔《異苑》、任昉《述異記》並云:“永康縣,吳時有人入山,遇一大龜,束之出,欲上吳王。夜纜船于大桑樹,宵中,樹忽呼龜曰:‘元緒,奚事爾也?’龜曰:‘行不擇日,今方見烹。然盡南山之樵,不能潰我。’樹曰:‘諸葛元遜識性淵長,恐致相困,令如求我之徒,計安從生?’龜曰:‘子明,無多辭。’既至建業,權煮之。燒柴萬擔,龜猶如故。諸葛恪曰:‘然以老桑乃熟。’獻人仍説龜言,權使伐桑,取煮之,卽爛。”白居易《雜感》詩:“老龜烹不爛,延禍及枯桑。”謂此事也。

4223 鷸蚌相持,漁翁得利 詳《戰國策》。

---

① “《儼山外集》”當爲“《菽園雜記》”,見陸容《菽園雜記》卷三。
② “《太平廣記》”當爲“《類説》”,見《類説》卷一二。

4224 明珠近出老蚌 《三輔決録》:"韋康字元將,弟誕字仲將,孔融與其父書曰:'前日元將來,淵材亮茂,雅度宏毅,偉世之器也。昨日仲將來,文敏篤誠,保家之主也。不意雙珠近出老蚌。'"《北齊書·陸印傳》:"邢劭謂其父曰:'吾以卿老蚌遂出明珠。'"

4225 一蟹不如一蟹 《聖宋掇遺》:"陶穀奉使吳越,忠懿王宴之,以其嗜蟹,自蝤蛑至蟛蚏,凡羅列十餘種,穀笑曰:'眞所謂一蟹不如一蟹也。'"王銍《國老談苑》載此事,作"一代不如一代"①。

4226 落湯螃蟹 《五燈會元》:"雲門偃曰:'忽一日眼光落地,莫似落湯螃蟹,手脚忙亂。'"

4227 冷眼看螃蟹 《元曲選·瀟湘雨》劇:"常將冷眼看螃蟹,看你横行到幾時?"今院本襲用甚多。

4228 蝦荒蟹亂 高德基《平江記事》:"大德丁未,吳中蟹厄如蝗,平田皆滿,稻穀蕩盡。吳諺'蝦荒蟹亂',謂此也。"

4229 大頭蝦 《陳白沙集》有《大頭蝦説》云:"客問:'鄉譏不能儉以取貧者曰大頭蝦,父老憂子弟之奢靡而戒之,亦曰大頭蝦,何謂也?'予告之曰:'蝦有挺鬚瞠目、首長于身、集數百尾烹之而不能供一啜之羹者,名大頭蝦,甘美不足,豐乎外餒乎中,如人之不務實者然。鄉人借是以明譏戒,言雖鄙俗,明理甚當。'"

4230 將蝦釣鼈 王銍《續雜纂》"愛便宜"八事,此其一。

4231 甕中捉鼈 見《元曲選》康進之《黑旋風負荆》劇。又《五燈會元》:"圓悟荅徐俯曰:'甕裏何曾走却鱉。'"

4232 畫蛇添足 《戰國策》:"楚有祠者,賜舍人卮酒,相謂曰:'請畫地爲蛇,先成者飲。'一人蛇先成,引酒,且言:'吾能爲之足。'未成,一人之蛇成,奪其卮曰:'蛇固無足,子安能爲之足?'遂飲其酒。爲蛇足者,終亡其酒。"

4233 打草驚蛇 《酉陽雜俎》②:"王魯爲當塗令,頗以資産爲務。會部民連狀訴簿貪賄,魯判曰:'汝雖打草,吾已驚蛇。'"

4234 拈蛇弄蝎 《蟹譜》:"藝祖遣使江表,宋齊丘送于郊次,酒行語熟,使者啓令曰:'須啗二物,各取南北所尚;復以二物,仍用南北俚語。'乃曰:'先喫鱣魚,又喫旁蟹,一似拈蛇弄蝎。'齊丘繼聲曰:'先喫乳酥,後喫蕎團,一似噇膿灌血。'"

---

① 此處《函海》本有:非。

② "《酉陽雜俎》"當爲"《南唐近事》",見《南唐近事》。

4235 蛇入筩中曲性在 《大智度論》:"譬如蛇行,本性好曲,若入筩中則直,出筩還曲。"

4236 蛇無頭而不行 《金史·斜卯愛實傳》:"好作詩詞,語鄙俚,人採其語以爲戲笑。因自草括粟榜文,有'雀無翅兒不飛,蛇無頭兒不行'等語,以'而'作'兒'。掾雖知之,不敢易也,京城目之曰'雀兒參政'。"

4237 打蛇得七寸 《王文成年譜》:"謂魏良政曰:'以吾良知,求晦翁之説,譬如打蛇得七寸,又何憂不得耶?'"

4238 人心不足蛇吞象 羅洪先詩:"人心不足蛇吞象,世事到頭螳捕蟬。"按:《山海經》:"巴蛇食象,三歲而出其骨。"

4239 三蛇九鼠 羅願《爾雅翼》載俗諺:"一畝之地,三蛇九鼠。"

4240 弄蛇 《文選·西京賦》:"水人弄蛇。"注云:"俚兒能弄蛇。"

4241 蛇瘟 侯君素《旌異記》:"慶元時,湖州南門外,一婦人呼賃小舟往易村。既登舟,即偃卧,自取葦席以蔽。舟人窺之,見烏蛇數千蟠繞。及抵岸,扣舷警之,奮而起,儼然人也,與初下船不小異。解錢爲雇直,舟人驚疑不敢受。婦問知其故,笑曰:'愼勿説與人,我來此行蛇瘟,一月却歸矣。'徐入竹林而没。"按:俚俗以人舉止不昌揚,目曰"蛇瘟"。

4242 井底蛙 《莊子·秋水篇》:"埳井蛙謂東海鼈曰:'吾擅一壑之水,而跨跱埳井之樂,此亦至矣。'"《後漢·馬援傳》:"公孫述帝于蜀,援謂隗囂曰:'子陽井底蛙耳,而妄自尊大。'"

4243 蛙翻白出闊,蚓死紫之長 《拊掌錄》:"哲宗朝,宗子有好爲詩而鄙俚可笑者,嘗作卽事詩云:'日暖看三織,風高鬬兩廂。蛙翻白出闊,蚓死紫之長。'"按:俞琰《席上腐談》云:"或謂蛙形象出,蚓形象之,此魚骨象乙之意,指此詩言也。"

4244 三脚蝦蟇 《五燈會元》:"楊大年與石霜圓參證,楊曰:'三脚蝦蟇跳上天。'圓曰:'一任踍跳。'"按:俗言蝦蟇惟月中者三脚,因有"三脚蝦蟇没處尋"之諺。

4245 三姑把蠶 《月令廣義》:"凡四孟年大姑把蠶,四仲年二姑把蠶,四季年三姑把蠶。"按:此本自陰陽尅擇書,今惟《春牛圖》著之,而宋元人曾以入詩,趙元云"不似二姑忙更煞",馬臻云"把蠶今歲是三姑"。

4246 蠶食 《漢書·異姓諸侯王表》:"孝昭嚴,稍蠶食六國。"注曰:"謂漸吞滅之,如蠶食葉。"又《鮑宣傳》:"豪强大姓,蠶食無厭。"

4247 作繭 《朝野僉載》:"王顯與文皇帝有舊,帝微時嘗戲曰:'顯抵老不得作繭。'及登極，而顯謁，因奏曰：'臣今日得作繭耶？'帝笑曰：'未可知也。'召其三子，皆授五品官，顯獨不及。"按：作繭，卽宋人以得仕爲結褁之説。

4248 同功繭　楊方《合歡》詩："寢共織成被，絮共同功緜。"按：二三蠶共成一繭爲同功繭，俗呼"頭公"，訛。

4249 熓蠶蛹　《爾雅·釋草》："列蘢，豕首。"郭注曰："江東呼爲豨首，可以熓蠶蛹。"按：熓蛹，特饕餮小夫所爲，不謂晉時已然。

4250 鬬蟋蟀　《宋史·賈似道傳》："坐葛嶺賜第，日與羣妾據地鬬蟋蟀。"按：《武林舊事》載諸小經紀有"促織盆"、"鵓鴿鈴"等物，見南宋時民間多養促織。俗謂此事始于似道，不然也，惟《蟋蟀經》爲似道著耳。《戒菴漫筆》云："宣德時，蘇州造促織盆，出陸墓、鄒莫二家，極工巧；有大秀、小秀所造者尤妙，鄒家二女名也。"

4251 金蟬脱殼　見關漢卿《謝天香》曲。按："金蟬"是前代冠制，若脱殼之蟬，卽不應綴以"金"字，葢此特俗言。

4252 螻蟻尚且貪生　見馬致遠《薦福碑》曲。

4253 蜻蜓點水　杜詩："點水蜻蜓款款飛。"

4254 蜂起　《漢書·項籍傳》："楚蠭起之將。"賈誼《過秦論》："豪傑蠭起。"蠭與蜂，古今字也。

4255 蜪伴　《韻學集成》："蜪，蝗子。蝗飛蔽野，遇水則相銜而過，亹亹不絶。俗呼人衆相隨爲蜪伴，義取諸此。"按：《集韻》六豪"陶"紐下有"儔"字，葢"儔"亦讀陶，則言人衆相隨，只當用"儔"字耳[①]。然《禮記》"方以類聚"注云："方，蟲名。"卽"蚄"也。《氾勝之書》："以馬踐過穀爲種，無蠹蚄蚄。""蚄"亦蝗屬也，依此則"蜪伴"説似猶可取。

4256 爲蝗蟲　《北夢瑣言》："咸通中，有唐五經者，嘗謂人曰：'不肖子弟有三變，第一變爲蝗蟲，謂鬻田而食也；第二變爲蠹蟲，鬻書而食也；第三變爲大蟲，鬻奴婢而食也。'"

4257 飛蛾赴火　《魏書·崔浩傳》："慕容垂乘祖父之資，同類歸之，若夜蛾之赴火。"《梁書·到溉傳》："高祖賜連珠曰：'如飛蛾之赴火，豈焚身之可吝。'"

4258 臭肉來蠅　《五燈會元》："僧問慧然：'如何是祖師西來意？'曰：'臭肉來蠅。'又："了元偈曰：'蟻子解尋腥處走，蒼蠅偏向臭邊飛。'"

4259 喫蝨留大腿　宋玉《小言賦》："烹蝨脛，切蟣肝，會九族而同嚌，猶委餘

① 黄侃：此説諦。

而不殫。”按：俗謂細小者曰“喫蝨留大腿”，本此。

4260 蝨朝生慕[1]孫 《南史》卞彬作《蚤蝨賦序》曰：“蝨有諺言‘朝生暮孫’。”按：世俗童婦有“蝨太婆”語，謂此。

4261 狗咬虼蚤 《元曲選·桃花女》劇云：“哈叭狗兒咬虼蚤，也有咬著時，也有咬不著時。”按：“虼”字不見字書。惟《武林舊事》以“科斗”爲“虼蚪”，楊愼載“數九”諺“蚊蟲獦蚤出”，則用“獦”字。疑皆非也。虼，當爲“齕齧”之“齕”。此蟲務齧人，故呼“齕蚤”，猶以其善跳呼“跳蚤”耳[2]。

4262 屎裏蛆 《傳燈錄》：“僧問清淨法身，思明曰：‘屎裏蛆兒，頭出頭没。’”

4263 嗑蛆 《北夢瑣言》：“僞蜀親騎軍人各有名號，如姜癩子、李嗑蛆、郝牛屎、陳波斯，亦麥鐵杖、韓擒虎之流也。”按：嗑蛆，當卽今俗所云“嚼蛆”。

4264 靈利蟲 黄庭堅詞：“蟲兒眞箇惡靈利，惱亂得道人眼起。”

4265 大蟲食細蟲 《論衡·商蟲篇》：“蜫蠕之屬，含氣而生，開口而食，强大食細弱，連相齧噬，不謂之災。”

4266 金魚 《鼠璞》：“金魚，惟宋時杭州有之，故蘇子美《六和寺》詩‘沿橋待金鯽’，東坡亦云‘我識南屏金鯽魚’，南渡後則衆盛也。”《桯史》：“豢魚者能變魚以金色，亦有銀色、玳瑁色者。問其術，祕不肯言，或云以洿渠小紅蟲飼之，凡魚百日皆然。”按：以今驗之，此魚自有種，非關餌畜矯變。而宋以前，亦未嘗竟無也。《抱朴子》“丹水出丹魚”，《水經注》“龍魚水有五色魚”，《雲仙雜記》“裴令臨終以軟碧池中繡尾魚未長爲恨”，凡此非卽金魚類耶？

4267 土附 《演繁露》：“《説苑》、莊周言：‘道旁牛蹄中有鮒魚焉，得升斗之水斯活矣。’鮒，今俗名土部，葢聲訛也。此魚質沉，常附土而行，故曰土附。後人加魚去卩，則書以爲‘鮒’焉耳。”

4268 旁蟹 《周禮·梓人》疏：“蟹謂之螃蟹，以其側行者也。”按：語義當正作“旁”，今字從蟲，疑是後人率加。《埤雅》云：“蟹旁行，故里語謂之旁蟹。”可證。

4269 鰕米 《急就章》注：“海鰕，堪爲脯鮓，及今之所謂鰕米者。”“米”之稱亦舊矣。

4270 蛤黎醬 王鞏《清虚雜著》：“京師舊未嘗食蜆蛤，錢司空始以蛤黎爲醬，于是海錯悉醞以走四方。”按：《説文》引《漢律》：“會稽郡獻鮚醬。”《廣川書

① “慕”，據下文當爲“暮”。

② 黄侃：諦。

跋》:“李後主有蚌帖,下屬郡責進蚌醬。”則以蛤屬爲醢自昔有之,今越人仍詡此爲佳味。

4271 淡菜　《韓昌黎集》:“孔戣爲華州刺史,奏罷明州歲貢淡菜。”按:淡菜,乃不典之物,而唐人詩嘗用之,李賀云:“淡菜生寒日,鮞魚噀白濤。”孫光憲云:“曉廚烹淡菜,春杼織橦花。”

4272 馬蟻　《酉陽雜俎》:“秦中多巨黑蟻,好鬬,俗呼爲馬蟻。”按:“馬蟻”是蟻之别種,而今以概呼凡蟻,且益虫旁爲“螞”字。舉世相承,不知其非矣。

4273 壺蜂　《楚詞》:“玄蜂若壺。”揚雄《方言》乃謂之“壺蜂”,《名醫别録》稱“瓠瓤蜂”,“瓠瓤”即壺類也,惟《廣雅》作“胡蜂”。蓋“壺”象其形,“胡”指其色。凡物黑色者,謂之“胡”也。

4274 曲蟮　《考工記・梓人》疏:“螾衍,今曲蟮也。”東方虬《蚓賦》:“乍逶迤而鱔曲,或宛轉而蛇行。”

4275 百脚　《魯連子》:“百足之蟲,死而不僵。”《本草》:“馬陸,一名百足。”按:此即《莊子》所謂“蚿”也,今俗以蜈蚣爲“百脚”,悮。

4276 盤蝥　元微之詩:“池清漉螃蟹,瓜蠹食盤蝥。”按:盤蝥,蟲名,《本草》曰“一名青娘子”。今或書作斑貓,悮。

4277 突郎　螳曰突郎,本反切也。見《容齋三筆》。

4278 趨趨　《顧曲雜言》:“京師人呼促織爲趨趨,蓋促織二字俱入聲,北音無入,遂訛至此。今南客聞之,亦襲其名,悮矣。”

4279 蝗　《爾雅》注:“蝍蛆似蝗。”《音義》曰:“蝗,華孟切。”《演繁露》:“徽州稻苦蟲害,俗呼横蟲,音如户孟反。”陸劍南詩:“燒灰除菜蝗,送芋謝牛醫。”自注:“蝗,讀如横字,去聲。”按:今呼蝗屬之細小不能飛者,若横去聲,求其字,仍當書爲蝗也。

4280 跳蟲　郭象《南華經》注:“蚤,跳蟲齧人者。”王十朋詩:“跳蟲何處來。”

4281 琵琶蟲　《山堂肆攷》:“宋道君北狩,衣上見蝨,呼爲琵琶蟲,以其形似琵琶也。”

4282 蓑衣蟲　《採蘭雜志》:“結草蟲,一名蓑衣丈人。”

4283 叩頭蟲　劉敬叔《異苑》:“有小蟲形如大豆,呪令叩頭,即從所教,俗呼叩頭蟲。晉傅玄有《叩頭蟲賦》,唐人詩有‘窗閒臈膊叩頭蟲’句。”

卷三十　草木

4284 深根固蔕　《老子》:"有國之母,可以長久。是謂深根、固柢、長生、久視之道。"徐鍇《説文繫傳》:"木之根曰柢,華葉之根曰蔕也。"《晉書·劉頌傳》:"建諸侯而樹屏藩,深根固蔕,則延祚無窮。"左思《魏都賦》:"劍閣雖嶛,憑之者蹶,非所以深根固蔕也。"《幽怪録》:"橘中叟言橘中之樂,不減商山,但不得深根固蔕耳。"又《三國志·荀彧傳》:"昔高祖保關中,光武據河内,皆深根固本,以制天下。"《晉書·孔嚴傳》:"聖懷所以日昃匪懈,臨朝斤斤,每欲深根固本,静邊寧國耳。"

4285 無根無蔕　《漢書·敘傳》:"徒欲枕經藉書,紆體衡門,上無所蔕,下無所根,獨攄意乎宇宙之外,鋭思于毫芒之内。"

4286 根脚　《朱子文集·答滕德粹》曰:"且當謹守聖賢訓戒,以爲根脚。"《答吳伯豐》曰:"元來道學不明,不是上面欠却工夫,乃是下面元無根脚。"又《元典章·解由式》:"三代後即開本官根脚,元係何出身。"

4287 埋根　《後漢書·馬融傳》:"盡力率厲,埋根行首,以先吏士。"注云:"埋根,言不退。"

4288 除根　《韓非子·初見秦篇》:"臣聞之曰:'削跡無遺根,禍乃不存。'"注云:"起下文,秦破三國而後與和,是不除根也。"

4289 命根　《華嚴經》:"如人護身,先護命根。"《種樹書》:"凡花木有直根一條,謂之命根。"

4290 横枝兒　《元典章》:"至元二十五年奏過秀才但與地税,其餘横枝兒雜泛差發休與者。"按:横枝猶云旁出,蘇軾《參玉版偈》:"叢林眞百丈,法嗣有横枝。"

4291 節上生枝　《朱子語録》:"隨語生解,節上生枝,更讀萬卷書,亦無用處也。"楊顯之《瀟湘雨》曲云"節外生枝"。

4292 一節動而百枝摇　《鹽鐵論·申韓章》:"一人有罪,州里驚駭,十家奔亡，一節動而百枝摇。”

4293 添枝接葉　《朱子文集·答黄子耕》曰：“今人生出重重障礙，添枝接葉，無有了期。”

4294 贏枝大葉　又《語録》：“《書》序不是孔安國做，漢文贏枝大葉，今《書》序細膩，只似六朝時人文字。”

4295 千枝萬葉　《淮南子·俶眞訓》：“道有經紀條貫，得一之道，連千枝萬葉。”又《精神訓》：“猶本與末也，從本引之，千枝萬葉，莫不隨也。”

4296 葉落歸根　《荀子·致仕篇》：“水深則回，葉落糞本。”《漢書·翼奉傳》注引翼氏《風角》曰：“木落歸本，水流歸末。”《傳燈録》：“六祖慧能涅槃時答衆曰：‘葉落歸根，來時無日。’”陸游詩：“雲閒忘出岫，葉落喜歸根。”①

4297 樹葉可打破頭　見李壽卿《三度臨岐柳》曲。

4298 神仙難斷葉價　《湧幢小品》：“桑葉價隨時高下，倏忽懸絶，故諺云然。”

4299 獨木不成林　崔駰《達旨》：“高樹靡陰，獨木不林。隨時之宜，道貴從凡。”梁樂府《紫騮馬歌》：“獨柯不成樹，獨樹不成林。念郎錦裲襠，恒長不忘心。”②

4300 樹欲靜而風不寧　《説苑·敬慎篇》丘吾子對孔子語。《家語》《韓詩外傳》皆謂臯魚。

4301 上樹拔梯　《羅湖野録》：“黄魯直《與興化海老手帖》：‘承觀寺虚席，上司有意于清兄，清欲不行，蟠桃三千年一熟，此事黄龍興化，亦當助作道之緣，莫送人上樹，拔却梯也。’”③

4302 村無大樹，蓬蒿爲林　《晉書·陳頵傳》：“解結問僚佐：‘河北何少人士？’答曰：‘英偉大賢多出于山澤，河北土平氣均，蓬蒿纔高三尺，不足成林故也。’”按：今諺云云，當由此演。

4303 早晨栽下樹，晚來要陰凉　見馬致遠《岳陽樓》曲。

4304 枯樹再生枝　白居易《酬劉夢得》詩：“勞寄新詩遠安慰，不聞枯樹再生枝。”自注：“時初喪雀兒，夢得以詩相寄，云‘一枝吹折一枝生’，故報以此句。”

4305 枯樹生花　《續博物志》：“昔有人好道，而不知求道之方，惟朝夕拜一

① 此處《函海》本有：本此。
② 此處《函海》本有：本此。
③ 此處《函海》本有：按：“上樹拔梯”語，始見此。

枯樹，云乞長生，如此二十八年不倦。枯樹一旦生華，人取其華食之，遂仙。"《五燈會元》："智朋退居明州瑞巖，建康以清凉挽之，太守勉其行，朋作偈曰：'寄語甬東賢太守，難教枯樹再生花。'"按："枯楊生華"已見《易》。

4306 鐵樹開花 王濟《日詢手鏡》："吳湘間有俗諺，見事難成，則曰須鐵樹開花。余在廣西馴象衛，見一樹高可三四尺，幹葉皆紫黑色，質理細厚。問之，曰：'此鐵樹也，每遇丁卯年花一開，累月不凋。'乃知鐵樹開花之説，有自來矣。"

4307 養花天 釋仲林《花品》："越之好尚惟牡丹，澤國此月，多有輕雨微雲，謂之養花天。"耿仙芝詩："野水短蕪調馬地，輕陰微雨養花天。"

4308 始花 《遊覽志餘》："杭人以草木穉而初萼者曰始花，音如試。《禮·月令》：'桃始華，蟬始鳴。'注皆讀始去聲。"

4309 拗花 《輟耕錄》："南方謂折花曰拗花。元微之詩：'試問酒旗歌板地，今朝誰是拗花人。'"按：古樂府《拗折楊柳枝》，已用此"拗"字。

4310 花王 《下黄私記》："洛中花極多，他必曰某花，至牡丹直曰花，俚語云'花王'耳。"《洛陽牡丹記》："錢思公嘗曰：'人謂牡丹花王，今姚黄乃眞可爲王。'"丘據[①]《牡丹榮辱志》："姚黄爲王，魏紅爲妃。"

4311 花見羞 《五代史》："唐明宗淑妃王氏，有美色，號'花見羞'。"按：俚俗云"羞花之貌"，當源於此。

4312 步步生花 《南史》："齊東昏侯鑿金爲蓮花帖地，令潘妃行其上，曰：'此步步生蓮花也。'"按：世稱婦人足曰"金連"，又謂人多所張飾，曰"步步起花頭"，並源於此。

4313 四季花 《老學菴筆記》："靖康初，婦人衣上花備四時，桃、杏與荷花、菊花、梅花皆併爲一景，謂之一年景。"按：今又謂之四季花。

4314 尋花問柳 杜甫詩："元戎小隊出郊坰，問柳尋花到野亭。"

4315 花多子少 《論衡》："婦人疎孕者子活，數孕者子死，譬苦瓠華多實少也。"

4316 花無百日紅 見谷子敬《城南柳》曲。《譚槩》載錢兼山等酒令，舉諺語云："人無千日好，花無百日紅。"

4317 弄花一年，看花十日 《天彭牡丹譜》："栽接剔治，各有其法，謂之弄花，時人有'弄花一年，看花十日'之語。"

4318 走馬看花 孟郊《登第》詩："春風得意馬蹄疾，一日看盡長安花。"

---

① "據"當爲"璿"，見《四庫全書總目提要》卷一四四。

4319 惜花春起早　林希逸《鬳溪十一稿》省題詩有《惜花春起早》《愛月夜眠遲》長律各一首。岑安卿《栲栳山人集》有《題張彦明藏紙剪惜花春起早圖》詩，其原句不知誰作。

4320 好花羞上老人頭　蘇軾詩："年老簪花不自羞，花應羞上老人頭。"

4321 野草閑花遍地愁　《元曲選·馬陵道》《范張雞黍》俱用此語爲曲，原篇未詳。

4322 採得百花成蜜後，不知辛苦爲誰甜　羅隱詩。

4323 著意栽花花不發，等閑插柳柳成陰　見關漢卿雜劇。

4324 不是一番寒徹骨，誰許梅花噴鼻香　見賈仲昌雜劇。

4325 早知不入時人眼，多買胭脂畫牡丹　《續書畫題跋記》："李唐宣和時，已著名入院，南渡至杭，人無知者，貨楮畫自給。日困甚，有中使識其筆，奏聞，而杭人卽貴唐之畫。唐有詩曰：'雪裏烟村雨裏灘，爲之容易作之難。早知不入時人眼，多買胭脂畫牡丹。'"

4326 濃緑萬枝紅一點，動人春色不須多　《侯鯖錄》謂王介甫所作《石榴花》詩。《遯齋閑覽》："此唐人詩，不記作者姓氏，曾見介甫親書于所持扇，或以爲介甫自作，非也。"《七修類稿》："英廟召取天下畫工至京師，以'萬緑枝頭紅一點，動人春色不須多'爲題試之。"

4327 松柏長青　《莊子·德充符》："受命于地，唯松柏獨也在冬夏青青。"

4328 椿萱　《藝苑卮言》："今人以椿萱擬父母，當是元人傳奇起耳。大椿八千歲爲春秋，以擬父猶可；萱引《詩》'言樹之背'，殊不切。觀唐元微之詩'萱近北堂穿土早'，宋丁謂之詩'草解忘憂忘底事'①，則唐宋人必不以萱擬母也。"《覆瓿集》："婦洗在北堂，見于婚禮之文。而萱草忘憂，出于嵇叔夜之論。後世相承，以北堂謂母，而有萱堂之稱，不知何據。若唐人堂階萱草之詩，乃謂母思其子，有憂而無歡，雖有忘憂之花亦如不見，非以萱比母也。惟醫書'萱草一名宜男'，以之論母，義或本此。"

4329 桑梓　《容齋隨筆》："《小雅》：'惟桑與梓，必恭敬止。'並無鄉里之説，而後人文字，多作鄉里事用。"《日知錄》："張衡《南都賦》云：'永世克孝，懷桑梓焉。眞人南巡，覩舊里焉。'蔡邕作《光武濟南宮碑》云：'來在濟陽，顧在神宮，追惟桑梓褒述之義。'陳琳《爲袁紹檄》云：'梁孝王先帝母弟，墳陵尊顯，松柏桑梓，猶宜肅恭。'漢人之文必有所據，齊、魯、韓三家之《詩》不傳，未可知其説也。"胡

① "忘底事"當爲"憂底事"，見《宋文鑑》卷二四《山居》。

三省《通鑑》注："桑梓，謂其故鄉祖父之所樹者。"

4330 桃李 《蒙齋筆譚》："世因'桃李悉在公門'一語，遂謂門人爲桃李，祇若列在門牆者耳，不知有報答之義。晉趙簡子謂陽虎曰：'惟賢者爲能報恩，不肖者不能。植桃李者，夏得休息，秋得其實；植蒺藜者，夏不得息，秋得刺焉。'唐人刺裴度詩'不栽桃李種薔薇，荆棘滿庭君始知'，正用此。"

4331 桃李不言，下自成蹊 《史記·李將軍傳贊》引諺。

4332 桃三李四 陸佃《埤雅》："諺曰'桃三李四，梅子十二'，言桃生三歲便放花結果，早于梅李。"

4333 李代桃殭 樂府《雞鳴篇》："桃生露井上，李樹生桃旁。蟲來齧桃根，李樹代桃殭。"

4334 春蘭秋菊 《太平廣記》："或問雍州長史三人優劣孰先，陳崇業曰：'譬之春蘭秋菊，俱不可廢。'"又李昌符《婢僕》詩："不論秋菊與春花，箇箇能噇空腹茶。"按：李所云春花、秋菊，蓋侍婢名也。今世名婢者，大抵仍不出春蘭、秋菊之屬。

4335 一枝梅 《説苑·奉使篇》："越使諸發執一枝梅遺梁王。"

4336 黑牡丹 《類苑》："唐劉訓者，京師富人。春游以牡丹爲勝賞，訓邀客賞花，乃繫水牛累百于門，人指曰：'此劉氏黑牡丹也。'"

4337 活牡丹 張祜詩："酒引嬌娃活牡丹。"又李咸用《富貴》曲有"活花起舞夜春來"句。

4338 蓮花樂 《五燈會元》："俞道婆常隨衆參瑯邪，一日聞丐者唱《蓮花樂》，大悟。"則《蓮華樂》爲丐者所唱曲名，其來已久。

4339 新酒菊花天 《瀛奎律髓》："歐陽永叔《秋懷》：'西風酒旗市，細雨菊花天。'俗間有云'香燈蟧蜥月，新酒菊花天'，本此。"

4340 昌蒲花難見 《梁書·太祖獻后傳》："后見庭前昌蒲生花，驚報侍者，皆云不見。后曰：'嘗聞見昌蒲花者當富貴。'遽取吞之，是月産高祖。"《玉臺新咏·烏夜啼曲》："菖蒲花，可憐聞名不相識。"唐劉駕詩："菖蒲花可貴，只爲人難見。"施肩吾詩："十訪九不見，甚于菖蒲花。"陸龜蒙詩："情重不得見，却憶菖蒲花。"皆直用其事。又張籍詩："君恩已去若再返，菖蒲花開青月滿。"趙牧詩："菖蒲花開魚尾定，金丹始可延君命。"亦甚言其難得見也。

4341 海紅花 《游覽志餘》："杭人言紛紜不靖曰海紅花，蓋海紅乃山茶之小者，開時最繁鬧，故借以言之。"

4342 消梨花　又："杭州有所謂四平[1]語者,以小爲消梨花。"按:今蘇杭人猶以之嫚人小妻,據《志餘》則但以"消"、"小"音轉爲諢,别無義意。而《稿簡贅筆》載吴中下里曲云:"消梨應郎心上冷,甘蔗應郎心上甜。"又云:"羅裙十二襵,小妻也是妾。"似卽爲此語所因。

4343 望梅解渴　《世説》:"魏武行役,失汲道,軍皆渴。乃令曰:'前有大梅林可解渴。'士卒聞之,口皆出水,乘此得及前源。"按:今以爲虚望不實得之比語。

4344 榴房多子　《北齊書·魏收傳》:"安德王納李祖收女爲妃,帝幸李宅宴,妃母宋氏薦二石榴于帝前,問諸人,莫知其意。收曰:'石榴房中多子,王新婚,妃母欲王子孫衆多。'帝大喜。"

4345 桃來李答　《詩·大雅》:"投我以桃,報之以李。"

4346 瓜田李下　《文選·古辭》:"君子防未然,不處嫌疑間。瓜田不納履,李下不整冠。"《北史·袁聿脩傳》:"邢劭送白紬爲别,聿脩不受,與書曰:'瓜田李下,古人所愼。願得此心,不貽厚責。'"按:《焦氏易林》云:"經棗整冠,意盈不厭。"則棗下亦有不整冠之説也。

4347 掉却甜桃摘醋梨　《黄山谷文集》贈劉靜翁頌語。又高則誠《琵琶》曲:"漾却苦李,再尋甜桃。"

4348 藕斷絲連　孟郊詩:"妾心藕中絲,雖斷猶連牽。"

4349 甘蔗老頭甜　《晉書》:"顧凱之倒食甘蔗曰:'漸入佳境。'"諺語本之。

4350 菱角磨作雞頭　陸游《書齋壁》詩:"半生憂患苦縈纏,菱角磨成芡實圓。"自注:"俗謂困折多者曰菱角磨作雞頭。"

4351 花木瓜外好看　見康進之《李逵負荆》曲。

4352 橘皮湯寬腹　《唐逸史》:"玄宗時,有術士判人食物,一一先知。李栖筠謂曰:'審看某明日餐何物?'曰:'兩盤糕糜,二十椀橘皮湯。'李笑遣之,明日有教召對,上曰:'今京兆進新糯米作得糕糜,卿且惟喫。'遂以金盤盛來,李拜受,對御强食,上喜曰:'美耶!更賜一盤。'不得已又盡之。旣歸,腹疾大作,諸物絶口,惟喫橘皮湯,至夜半方愈。忽記術士之言,嗟嘆久之。"按:今有"橘皮湯寬寬肚"之言,謂腹疾不及飲藥,姑以應其急也,大抵本于此事。

4353 薑桂之性　《韓詩外傳》:"薑桂因地而生,不因地而辛。"《宋史·晏敦復傳》:"秦檜諭爲謀主,晏答曰:'爲我謝秦公,薑桂之性,到老愈辣。'"

---

① "平"下脱"市"字,見《西湖遊覽志餘》卷二五。

4354 蒲柳之質 《晉書·顧悦之傳》:"松柏之姿,經霜猶茂;蒲柳常質,望秋先零。"

4355 楊柳樹搭著便生 《韓非子·説林篇》:"夫楊,横樹之卽生,倒樹之卽生,折而樹之又生。"

4356 千年不長黄楊樹 蘇軾詩:"園中草木春無數,只有黄楊厄閏年。"自註云:"俗説黄楊一歲長一寸,遇閏退三寸。"

4357 上皂莢樹 《升菴外集》:"《仙傳》云:'劉綱與妻將飛昇,庭前有皂莢樹,妻令綱升樹數丈方能飛。'俗稱畏内者曰上皂莢樹,亦有本。"

4358 大家飛上梧桐樹,自有旁人語短長 葉紹翁《四朝聞見錄》載無名子《嘲京仲遠》詩。楊琚《山居新話》:"張左丞語桑哥云:'大家飛上話短長,自有旁人梧桐樹。'"[①]《元曲選·陳州糶米》劇作"鳳凰飛上梧桐樹",《抱粧盒》劇作"大鵬飛上梧桐樹"。按:此語頗費解,較其理,却當以元曲爲是。

4359 丸藥如梧子 《晉書·藝術傳》:"單道開日服鎮守藥數丸,大如梧子。"按:此今醫方所本。

4360 緑林 《後漢書·劉玄傳》:"諸亡命聚藏于緑林中。"按:注謂"緑林,地名,在荆州當陽縣",自李涉有"緑林豪客夜知聞"句,後人竟稱此輩爲"緑林"。

4361 東家種竹西家笋 《齊民要術》:"竹性愛向西南引,諺云'東家種竹,西家治地',爲滋蔓而來生也。"

4362 胸有成竹 蘇軾《篔簹谷偃竹記》:"畫竹必先得成竹于胸中,執筆熟視,乃見其欲畫者,急起從之,振筆直遂,以追其所見,少縱則逝矣。"

4363 勢如破竹 《晉書·杜預傳》:"兵威已振,譬如破竹,數節之後,迎刃而解。"《唐書·王晏宰傳》:"李德裕以宰乘破竹勢,不遂取澤州,爲有顧望計。"

4364 竹頭木屑 《晉書·陶侃傳》:"造船,木屑及竹頭,悉令舉掌之,咸不解所以。後正會,積雪始晴,廳事猶濕,于是以屑布地。及桓温伐蜀,又以所貯竹頭作丁裝船。"

4365 荷葉包 《北史·李順興傳》:"方食,器用不周,言:'昆明池中有大荷葉,可取盛餅食。'"唐李頎有"青荷包紫鱗"句。

4366 消夜果兒 《武林舊事》:"禁中歲除日,後苑脩内司,各進消夜果兒,以大合簇飣,凡百餘種。"

---

① "琚"當爲"瑀","大家飛上話短長,自有旁人梧桐樹"當爲"大家飛上梧桐樹,自有傍人話短長",見《山居新話》卷一。

4367 子孫果　《猥談》:"江西俗儉,果榼作數格,惟中一味可食,餘悉充以雕木,謂之子孫果。一客欲食,取之方知贋物,便失笑。覆視之,底有字云:'大德三年重脩。'更胡盧也。"

4368 收園結果　見元人《賺蒯通》曲。

4369 種麥得麥,種稷得稷　見《吕氏春秋·離俗覽》。又釋典《正法念經》:"種穀得穀,種麥得麥。"《涅槃經》:"種瓜得瓜,種李得李。"

4370 麥秀風摇,稻秀雨澆　《紀曆撮要》載田家諺,謂四月内宜風雨也。

4371 不辨菽麥　《左傳·成十八年》:"晉悼公周子有兄而無慧,不能辨菽麥,故不可立。"註云:"蓋世所謂白癡。"《晉書·桓温傳》:"第四子禕,不辨菽麥。"

4372 鹵莽滅裂　《莊子·則陽篇》:"昔予爲禾,耕而鹵莽之,則其實亦鹵莽而報予;芸而滅裂之,其實亦滅裂而報予。"郭象註:"鹵莽滅裂,輕脱末略,不盡其分。"司馬彪註:"鹵莽,猶麄疎,謂淺耕稀種也。滅裂,斷其莖也。"

4373 乾圓潔淨　《元典章》:"人户赴倉納糧米,須一色無糠粃,乾圓潔淨好米新穀。"按:今凡事物之無夾雜者,悉借言之。

4374 青黄不接　又詔云:"卽目正是青黄不接之際。"按:"黄"謂舊穀,"青"謂新秧也。

4375 米珠薪桂　《戰國策》:"蘇秦曰:'楚國之食貴于玉,薪貴于桂。今臣食玉炊桂,不亦難乎?'"按:今語易"玉"爲"珠",又本蘇詩[①]"尺薪如桂米如珠"句。

4376 齩菜根　邵伯温《聞見録》:"汪信民常言:'人常咬得菜根,則百事可作。'"

4377 買菜求益　《高士傳》:"司徒侯霸遣侯子道奉書嚴光,子道求報書,光口授之,嫌少,光曰:'買菜乎? 求益也?'"

4378 生菜不離園　俞宗本《種樹書》:"生菜種不拘時,纔盡便下種亦便出,諺云'生菜不離園',以不時而出也。"

4379 家菜不甜野菜甜　賈仲昌《蕭淑蘭》曲。

4380 麻油拌生菜　《豹隱紀談》載俚語對偶,以此語對"呷酸咬陳薑",見此語已久。

4381 葱韭　《穀梁傳》:"古者公田爲居井竈,葱韭盡取焉。"按:二字並見經文,僅此。

---

① 蘇軾《次韻鄭介夫二首》"尺薪如桂米如金"、《浣溪沙·再和前韻》"濕薪如桂米如珠"。

4382 葱白 《禮記》鄭康成注“盎齊”云:“盎,猶翁也,成而翁翁然葱白色。”按:染藍之最淺者,今曰葱白。染色中取蔬蓏爲名,如薑黄、豆青、瓜緑之屬頗多,葱白之目爲最古矣。

4383 蔕芥 司馬相如《上林賦》①:“吞雲夢者八九于胸中,曾無蔕芥。”賈誼《鵬鳥賦》:“細故蔕芥,何足以疑。”《文選》注引《鶡冠子》“細故袃蒯”:“袃蒯,與蔕芥同。”張衡《西京賦》:“睚眦蠆芥。”蠆芥,亦與蔕芥同。今人每顛倒言之曰“芥蔕”,乃自宋人詩始。

4384 如拾地芥 《漢書·夏侯勝傳》:“士明經術,其取青紫如俯拾地芥耳。”

4385 有瓜葛 蔡邕《獨斷》:“後上原陵,以次周徧,凡與先帝、先后有瓜葛者,皆會。”《漢書·禮儀志》注亦云:“苟先帝有瓜葛之屬,男女畢會。”《世説》:“王導與子悦圍棋爭道,導笑曰:‘相與似有瓜葛,那得爾?’”魏明帝《種瓜篇》:“與君新爲婚,瓜葛相結連。”

4386 瓜熟蔕落 《雲笈七籤》:“瓜熟蔕落,啐啄同時。”

4387 甘瓜抱苦蔕 《埤雅》引《墨子》:“甘瓜苦蔕,天下物無全美也。”

4388 冬瓜直儱侗 《梅磵詩話》:“鄭安晚丞相未貴時,《賦冬瓜》詩云:‘生來籠統君休笑,腹内能容數百人。’《集韻》曰:‘儱侗,未成器也。’宋人不識其字,止以音發作籠統,此何意義耶?”《五燈會元》薦福休、雲居舜、保寧璣皆有“瓠子曲彎彎,冬瓜直儱侗”之語。

4389 爛冬瓜相似 《傳燈録》:“元沙備曰:‘長連床上排行著,皆是粥飯,將養得汝爛冬瓜相似。’”又《翻譯名義》:“鳩槃荼,此云甕形,卽厭魅鬼也,其形似冬瓜。”

4390 冬瓜出瓠子 《桂苑叢談》:“張祜以詩上鹽鐵使,授其子漕渠小職,得堰名冬瓜。或曰賢郎不宜作此職,張曰:‘冬瓜合出祜子。’”②

4391 無奈冬瓜何,捉着瓠子磨 《升菴外集》引諺。

4392 苦瓠連根苦,甜瓜徹蔕甜 《傳燈録》:“文喜以攪粥篦打文殊,文殊説偈曰:‘苦瓠連根苦,甜瓜徹蔕甜。修行三大刧,却被老僧嫌。’”《五燈會元》天衣懷、佛心才均舉揚此二語。

4393 啞子喫苦瓜 《傳習録》:“劉觀時問:‘未發之中,請得略示氣象否?’先

---

① “《上林賦》”當爲“《子虚賦》”,見《文選》卷七。

② 此處《函海》本有:按:此可辨“張祜”非“張祐”之證。

生曰:‘啞子喫苦瓜,與你説不得。你要知苦時,還須你自喫。’”[①]《五燈會元》:“僧問洞山微:‘如何是點點相印底事?’微曰:‘啞子喫苦瓜。’”

4394 齦瓜皮　《北周書》:“王羆性儉率,有客與羆食瓜,侵膚稍厚,瓜皮落地,乃引手就地,取而食之。”《朝野僉載》述其事云:“今輕薄少年割瓜侵瓤,以爲達官兒郎,通人所不爲也。”按:自以爲達官兒郎,乃説大話者也,流俗反云:“齦瓜皮,説大話。”豈又輕薄少年之轉相誚耶?

4395 喫醬瓜　石君寶《秋胡》劇有“倒喫他一箇醬瓜兒”之語。

4396 蘿蔔精　《曲洧紀聞》:“蔡準少時,常見二人于馬前,及生京與卞而皆不見。元符末,京師童謡云:‘家中兩箇蘿蔔精,撞着潭州海藏神。’爲京貶死潭州之驗。”按:蘿蔔精,俚俗以戲侮小兒,謂其體短茁而白皙也。元人《陳州糶米》曲“你箇蘿蔔精,頭上青”,亦是説小衙内。

4397 葫蘆頭　《温公詩話》:“陳亞郎中嘗爲藥名詩,《贈乞雨自曝僧》云:‘不雨若令過半夏,定應曒作葫蘆巴。’”按:僧徒首秃,俗以形似誚之曰“葫蘆頭”。應璩詩云:“平生髮完全,變化成浮屠。醉酒巾幘落,秃頂赤如壺。”其比擬葢甚久矣。

4398 葫蘆蹄[②]　《明道雜志》:“錢文穆内相決一大滯獄,蘇長公譽以爲霹靂手,錢曰:‘僅免葫蘆蹄耳。’”《演繁露》引此作“鶻鷺啼”,云“即俳優以爲鶻突者也”。按:鶻突,猶言“糊塗”,轉其音則曰“葫蘆蹄”。蹄,一作“提”,元曲中言“葫蘆提”甚多。

4399 依樣畫葫蘆　《續湘山野錄》:“陶尚書穀乞罷禁林,太祖曰:‘依樣葫蘆,且作且作,不許罷。’復不進用。穀因題玉堂云:‘堪笑翰林陶學士,年年依樣畫葫蘆。’”

4400 瓜子炒豆　《東坡文集·與王元直尺牘》:“想與君對坐莊門,喫瓜子炒豆,不知當復有此日否。”

4401 擿烏豆　《齊書·王敬則傳》:“少時于草中射獵,有蟲如烏豆,集其身,擿去乃脱,其處皆流血。”按:俚俗謂撚人膚體致起血瘖曰“擿烏豆”,似因于此事。

4402 冷灰裏一粒豆爆　《傳燈録》佛日空參夾山語。

4403 生薑樹上生　《程伊川語録》:“邵堯夫臨終時只是諧謔,某往視之,因

① 此處《函海》本有:今俗語多言之。
② 黄侃:“葫蘆蹄”、“葫蘆提”、“鶻鷺啼”、“鶻突”、“糊塗”,皆“混沌”之轉也。

謷之曰：‘堯夫平日所學，今無事否？’答云：‘你道生薑樹上生，我也只得依你説？’”

4404 大缸打翻油，沿路兒拾芝麻 見《元曲選》龐居士《放來生債》劇。

4405 蓬生麻中，不扶自直 見《大戴禮・曾子制言篇》《荀子・勸學篇》。《史記・三王世家》引之爲傳，《魯連子》引之爲諺。《説苑》作“菓中”，《論衡》作“麻間”。

4406 千錢藥却在笆籬邊 《陳龍川集》：“所云‘不傳絶業，更須討論’者，猶恐如俗諺所謂‘千錢藥却在笆籬邊’耳。”

4407 甘草自來甜，黄連依舊苦 《五燈會元》婺州寶覺上堂語。

4408 灸瘡瘢上更著艾 又：台州師彦參夾山語。

4409 蘊藻攔水缺 《春渚紀聞》：“東坡先生畫一樂工，復作樂語題後云：‘桃園未必無杏，銀鑛終須有鉛。荇藻豈能攔浪，藕花却解留連。’”

4410 萍水相逢 見王勃《勝王閣序》。

4411 青出于藍 《荀子・勸學篇》：“學不可已，青，出于藍而青于藍；冰，水爲之而寒于水。”又《北史・李謐傳》：“青成藍，藍謝青。師何常，在明經。”

4412 不知薡董 董斯張《吹景集》：“《爾雅・釋草》有‘蘱，薡董’，人謂愚者曰‘不知薡董’，豈即不辨菽麥意乎？”按：《爾雅》所釋草木，今不辨識者頗多，何獨舉言“薡董”，此説殆未確矣。《三國志・吕布傳》：“劉備謂曹操曰：‘明公不見布之事丁建陽及董太師乎？’”葢世俗所言，乃是“丁董”，謂布不知丁原、董卓之奸而事之，皆不能終，爲愚闇也。

4413 肚裏生荆棘 孟郊詩。

4414 葛藤 《傳燈録》：“陳尊宿謂一長老曰：‘請不煩葛藤。’又謂新參僧：‘且放下葛藤。’”范成大詩：“三十年來共葛藤，如今蓮社冷如冰。”趙元詩：“新開一逕通蘭若，斬盡清凉舊葛藤。”

4415 茅塞 見《孟子》。

4416 一團茅草亂蓬蓬 許彦周《詩話》：“宣和時，予游嵩山極中院，見人題一詩云：‘一團茅草亂蓬蓬，驀地燒天驀地空。争似滿爐煨榾柮，漫騰騰地煖烘烘。’温公書其旁云：‘勿毁此詩，葢有所寄托而云也。’”詩又載張氏《貴耳集》。

4417 地不長無名之草 《元曲選・看錢奴》劇：“天不生無禄之人，地不長無名之草。”

4418 翦草除根 魏收《檄梁朝文》：“抽薪止沸，剪草除根。”

4419 鬬百草 《歲華紀麗》：“端午結廬蓄藥，鬬百草。”劉禹錫詩：“若共吳王鬭百草，不如應是欠西施。”白居易《觀兒戲》詩：“撫塵復鬥草，盡日樂嬉嬉。”按：《七修續稿》據劉詩，謂鬭草即起于吳王，非也，劉蓋假設辭耳。《申公詩説》以《芣苢》爲兒童鬭草嬉戲歌謡之辭，則周初已有此戲。

4420 木熙　《淮南子·修務訓》：“木熙者，舉梧檟，據勾枉，蝯自縱，援豐條，龍從鳥集，蔑蒙踊躍，觀者莫不爲之損心酸足。”《論衡·自紀篇》：“充爲小兒，與儕倫遨嬉。儕倫戲錢、林熙，充獨不肯。”按：此乃緣樹以爲戲也，俚俗[①]謂之“溜樹”。

4421 花兒　沈約《詠領邊繡》詩：“縈絲飛鳳子，結縷坐花兒。”按：俗凡言花多助以“兒”字，不論眞假也。

4422 細種花　梁簡文帝詩：“袖裁連臂錦，牋織細種花。”

4423 葉　陸游詩：“隔籬犬吠窺人過，滿箔蠶飢待葉歸。”自注：“吳人直謂桑曰葉。”

4424 官柳　《晉書·陶侃傳》：“嘗課諸營種柳，都尉夏施盜官柳植之己門。侃見，駐車曰：‘此武昌西門前柳，何因盜來此種？’”按：今江北大道上柳，皆稱官柳。

4425 藥材　《三國志·趙儼傳》注：“忘持其常所服藥，雍州聞之，乃追送雜藥材數箱。”按：“藥材”二字，始見此。

4426 參藥　《東觀漢紀》：“車騎馬防，以參藥勤勞省闥功，增封。”

4427 蒙山頂上茶　《太平寰宇記》：“蒙山與嚴道山相接，雨露常蒙，因以爲名，頂受全陽之氣，其茶爲天下稱。”《通雅》：“蒙頂茶，乃出雅州蒙山。唐李德裕入蜀，得蒙餅以湯餅沃之，移時盡化。而兖州費縣之《蒙山志》亦載蒙頂茶，青州蒙陰之蒙山亦云其巔産茶，乃草藥耳。”

4428 江米　李賀詩：“長鎗江米熟。”注家謂“江南所貢之米”，今北俗通呼白米曰“江米”。

4429 冬春米　范成大《冬春行》：“臘中儲蓄百事利，第一先春年米計。”自注：“江南人入臘舂一歲糧，藏之稟囤，呼爲冬春米。”

4430 小把柴　《劍南詩集》自注：“鄉市小把柴謂之溪柴，蓋自若耶溪來也。”

4431 竹孚俞　《吳都賦》：“鮫人賣綃。”注云：“綃者，竹孚俞也。”按：世或書作“膚衣”，誤。

4432 蘆筍　《排悶錄》：“京師無筍，以蘆芽爲筍。”按：杜詩“渚秀蘆筍肥”，又

---

① “俚俗”，《函海》本作“今”。

云“春飯兼苞蘆”,注云:“苞蘆,蘆筍也。”則唐時已尚之。

4433 玫瑰餅 《夢粱錄》:“徘徊花卽玫瑰,貴官家以花片製作餅兒供送。”

4434 桂花餅 《嘉定縣志》:“桂花餅始于徐應敏,以其父母好食桂糖,故以意搗和制餅,俗效其法,遂成土宜。”《戒菴漫筆》:“南京舊制,木犀開時造餅,有揀花舍人五百名。”

4435 狀元紅 《天彭牡丹譜》:“狀元紅者,重葉深紅,天姿富貴,彭人以冠花品,以其高出衆花之上,故名。或曰舊制進士第一人,卽賜茜袍,此花如其色,故以名之。”

4436 蔢蕳 《玉篇》:“蔢蕳,藥草。”步卧、火个二切。按:此屬“薄荷”之本名本字,今習書“薄荷”,此二字遂罕知者。《本草綱目》謂“薄荷”爲訛稱[①],然陸務觀《咏貓》詩“薄荷時時醉”亦用之,而“荷”讀仄聲。米氏《畫史》謂黄筌畫貓顫葧荷甚工,乃以“蔢”爲“葧”,方書又或作“菝”、或作“蘗”,《字典》云皆傳寫譌也。

4437 酸迷迷 《詩》:“言采其莫。”疏曰:“莫,味酢,五方通謂之酸迷。”按:俗以酸漿草爲“酸迷迷”,正此。

4438 夫娘子 《留青日札》:“草子甚細,其氣臭惡,善惹人衣者,名曰夫娘子。南方謂婦人無行者曰夫娘,葢言其臭穢善惹人耳。”按:此卽《爾雅》所謂“蘮蒘,竊衣”。

4439 鬼見怕 《羣芳譜》引《本草》:“鬼見愁,出武當山中,是樹莢之子,彼人以串數珠。”按:以“愁”爲“怕”,又今言之變也。

4440 嘉慶子 韋述《兩京記》:“東都嘉慶坊有李樹,其實甘鮮,爲京都之美,故稱嘉慶李。”《白香山集》有《嘉慶李》詩。洪邁[②]《盤州雜咏·咏嘉慶子》云:“遊人初識面,不作李花猜。”自注:“仲弟使金,遇此果熟,帶其核歸種。”按:“嘉慶子”雖卽是李,而種類與凡李殊,今人概以爲李脯之號,虛譽之耳。

4441 魁栗 陸璣《詩》疏引《西京雜記》:“上林苑有侯栗、瑰栗、魁栗、榛栗。”葢“魁栗”乃是栗之一種。

4442 花紅 《洛陽草木記》:“林檎之别有六,曰蜜林檎、花紅林檎、水林檎、金林檎、轉身林檎、操林檎,花紅亦林檎一種耳。《咸淳臨安志》:‘林檎,土人謂之花紅。’葢不問種類,概以花紅呼之,惟杭之土俗然也。”

4443 梨頭 陸游詩:“村後擕籃挑菜甲,門前喚擔買梨頭。”自注:“村人謂小

---

① 黄侃:“薄荷”本名蕃葙,卽蘘荷,作“荷”亦未爲譌。

② “洪邁”當爲“洪适”,見洪适《盤洲文集》卷九。

梨爲梨頭。”

4444 鹿梨乾　《詩》:“隰有樹檖。”陸璣疏曰:“檖,即鹿梨也。”蘇頌《圖經本草》:“信州一種小梨,名鹿梨,彼人多採其實作乾。”按:俚俗或以“鹿梨乾”爲戲嫚語,豈知實有鹿梨乾耶。

4445 頻婆、末利　《翻譯名義》:“頻婆,此云相思果。末利,此云鬘華。”按:花果中惟此二者以梵語著。

4446 枇杷、葫蘆　“枇”與“葫”,今皆作入聲呼,一音如弼,一音如滑。白居易《咏山枇杷花》詩“深山老去惜年華,況對東溪野枇杷”,已作入聲用,張祜詩“生摘枇杷酸”亦然。彭汝礪《蠻峒》詩:“長腰筒拍鼓,細竹葫蘆笙。”自注:“葫音滑。”俞文豹《唾玉集》載俗語切脚字云:“鶻盧,乃蒲字。”是知俗音皆不自近人起也。

卷三十一 俳優

4447 逢場作戲 《傳燈錄》:"鄧隱峯云:'竿木隨身,逢場作戲。'"蘇軾詩:"逢場作戲三昧俱。"陳師道詩:"逢場作戲眞呈拙。"

4448 遊戲三昧 又:"南泉扣大寂之室,頓然忘筌,得遊戲三昧。"

4449 兒戲 《史記·絳侯世家》:"曩者霸上棘門軍,若兒戲耳。"

4450 戲具 《吳志·孫綝傳》:"敗壞藏中矛戟五千餘枚,以作戲具。"《潛夫論》:"或作泥車、瓦狗諸戲弄之具,以巧詐小兒,皆無益也。"

4451 把戲[①] 《元史·百官志》:"祥和署掌雜把戲男女一百五十人。"

4452 戲文 胡應麟《莊岳委談》:"優伶戲文,自優孟抵掌孫叔敖,實始濫觴。漢宦者傅脂粉侍中,亦後世裝旦之漸。《樂府雜錄》'開元中,黃幡綽、張野狐善弄參軍',即後世副淨矣;又'范傳康、上官唐卿、吕敬遷三人弄假婦人',即裝旦矣。至後唐莊宗自傅粉墨,稱'李天下',而盛其搬演,大率與近世同。特所演多是雜劇,非如近日戲文也。雜戲自唐宋金元迄明皆有之。唐所謂優伶雜劇、粧服套數,觀蘇中郎、踏搖娘二事可見。宋雜劇亦然。元世曲調大興,凡諸雜劇,皆名曲寓焉。教坊名妓多習之,清歌妙舞,悉隸是中。一變而贍縟,遂爲戲文。《西廂》,戲文之祖也。《西廂》雖出金董解元,然猶絃唱、小説之類。至元王、關所撰,乃可登場搬演。高氏又一變而爲南曲。嗣是作者迭興,古昔所謂雜劇、院本,幾于盡廢。"沈德符《顧曲雜言》:"元曲總只四折,自北有《西廂》,南有《拜月》,雜劇變爲戲文,以至《琵琶》遂演爲四十餘折,幾十倍于雜劇矣。"

4453 南戲 祝允明《猥談》:"南戲出于宣和之後,南渡之際,謂之'温州雜劇'。予見舊牒有趙閎榜禁[②],頗著名目,如《趙貞女》《蔡二郎》等,亦不甚多。以後日增,今遂遍滿四方。輾轉改益,蓋已略無音律腔調。愚人蠢工,狗意更變妄

---

① 黄侃:當作"百戲"。

② "趙閎"當爲"趙閎夫",見《猥談》。

名,如'餘姚腔'、'海鹽腔'、'弋陽腔'、'崑山腔'之類,趁逐悠揚,杜撰百端,眞胡説耳。"葉子奇《草木子》:"戲文始于《王魁》,永嘉人作之。識者曰:'若見永嘉人作相,宋當亡。'及宋將亡,乃永嘉陳宜中作相。其後元朝南戲尚盛行,及當亂,北院本特盛,南戲遂絶。"《莊岳委談》:"今《王魁》本不傳,而傳《琵琶》。《琵琶》亦永嘉人作,遂爲今南曲首。然葉當國初著書,而云'南戲絶',豈《琵琶》尚未行世耶?"按:南戲肇始,實在北戲之先,而《王魁》不傳,胡氏乃以王、關《西廂》爲戲文祖耳。今戲曲合用南北腔調,又始于杭人沈和甫,見鍾氏《點鬼簿》。

4454 爨戲　《輟耕録》:"國朝院本用五人般演,謂之五花爨弄。或云:'宋徽宗見爨國人來朝,其衣裝巾裹舉動可笑,使優人效之以爲戲焉。'"按:院本只般演而不唱,今學般演者,流俗謂之串戲,當是"爨"字。

4455 班　《雲麓漫鈔》:"金源[①]官制,有文班、武班。若醫卜倡優,謂之'雜班'。每宴集,伶人進,曰'雜班上'。"按:此優伶呼"班"之始。《武林舊事》載宋雜劇每一甲有八人者,有五人者。"甲"猶班也,五人葢院本之制,八人爲班。明湯顯祖撰《牡丹亭》猶然,多至十人,乃近時所增益。

4456 齣[②]　青藤山人《路史》:"高則誠《琵琶》有第一齣、第二齣。攷諸韻書,並無此字,必'齣'之誤也。牛食吞而復吐曰'齣',似優人入而復出也。"按:齣,音笞,又音師,無讀作折音者,豈其字形既誤,而音讀亦因之誤耶?

4457 生旦淨末　《莊岳委談》:"今優伶輩大率八人爲朋,生旦淨末,副亦如之。元院本無所謂生旦者。雜劇旦有數色,謂裝旦,卽今正旦也;小旦,卽今副旦也。或以墨點其面,謂之花旦,今惟淨丑爲之。觀安節《樂府雜録》稱'范傳康等弄假婦人',則唐未有旦名。宋雜劇名,惟《武林舊事》足徵。每甲八人者,有戲頭,有引戲,有次淨,有副末,有裝旦;五人者,第有前四色,而無裝旦。葢旦之色目,宋已有之,而未盛。元雜劇多用妓樂名妓,如李嬌兒爲溫柔旦,張奔爲風流旦[③],時旦色直以婦人爲之也。以今憶之,宋之所謂戲頭,卽生也;引戲,卽末也;副末,卽外也;次淨,卽丑;裝旦,卽旦。而元雜劇之末,乃今戲中之生,卽宋所謂戲頭也。鄭德輝《倩女》、關漢卿《竇娥》,皆以末爲生,今《西廂》以張珙爲生,當是國初所改。"又:"傳奇以戲爲稱,其名欲顛倒而無實也。故曲欲熟而命以生也,婦宜夜而命以旦也,開場始事而命以末也,塗污不潔而命以淨也。"《猥

① "金源"當爲"金虜",見《雲麓漫鈔》卷十。
② 黄侃:此卽"曲"之變也。
③ "張奔"當爲"張奔兒",見《莊岳委談》卷下。

談》:“生淨旦末等名,有謂反稱,又或托之唐莊宗,皆謬也。此本金元闤闠談吐,所謂鶻伶聲嗽,今云市語者也。生卽男子,旦曰裝旦色,淨曰淨兒,末乃末泥,孤乃官人,卽其土音,何義理之有?《太和譜》曾略言之。”《堅瓠集》:“《樂記》注謂‘優俳雜戲,如獮猴之狀’,乃知生,狌也;旦,狚也,《莊子》‘援猵狚以爲雌’[①];淨,猙也,《廣韻》‘似豹,一角五尾’;丑,狃也,《廣韻》‘犬性驕’,謂俳優如獸,所謂獶雜子女也。”

4458 工尺 《顧曲雜言》[②]:“宋樂書:‘黄鐘用合字,大吕、太簇用四字,夾鐘、姑洗用一字,夷則、南吕用工字,無射、應鐘用凡字,中吕用上字,蕤賓用勾字,林鐘用尺字,黄鐘清用六字,大吕夾鍾清用五字。’遼世大樂各詞之中,度曲協律,其聲凡十,曰五、凡、工、尺、上、一、四、六、勾、合。可見宋遼以來,此調已爲之祖。”按:此乃朱子所謂半字譜也。古作樂譜者,初以△□形狀爲識,如《禮·投壺篇》“魯鼓”、“薛鼓”之法,尋以音調各出二文,未足于用,乃卽二文增損乘積用之,如工者コ也,上者匚也,尺者只也,合者合也,四者口凵也,六者亽也,五者△也,乙者上文向上波也。凡者尺文向上波也。諸文本無音韻義理,且并非字,學者因其形似而强讀之爲字也。吕種玉《言鯖》據宋人詞話,有“理會五凡工赤上”語,謂“工尺”爲“公赤”之訛,不知彼乃訛耳。

4459 賓白 《菊坡叢話》:“北曲中有全賓、全白,兩人對説曰賓,一人自説曰白。”《西河詞話》:“元曲唱者衹一人,若他雜色入,第有白而無唱,謂之賓白,賓與主對,以説白在賓,而唱者自有主也。”

4460 砌末 元雜劇,凡出場所應有持設零雜,統謂砌末。如《東堂老》《桃花女》以銀子爲砌末,《兩世姻緣》以鏡畫爲砌末,《灰蘭記》以衣服爲砌末,《楊氏勸夫》以狗兒爲砌末,《度柳翠》以月兒爲砌末。今都下戲園,猶有“鬧砌末”之語。

4461 小曲 《文選·長笛賦》:“聽簉弄者,遥思于古昔。”注云:“簉弄,蓋小曲。”按:漢樂府《滿歌行》等篇謂之“大曲”,“小曲”當對“大曲”言之,非若今之小曲也。

4462 西曲 《南史·徐勉傳》:“武帝擇後宫《吳聲》《西曲》女妓各一部賚勉。”《通典》:“梁有吳安泰善歌,後爲樂令,初改《西曲》,以别江南《上雲樂》。”《樂府詩集》:“《西曲歌》出于荆、郢、樊、鄧之間,因其方俗,謂之西曲。”按:今以山、陝所唱小曲曰“西曲”,與古絶殊,然亦因其方俗言之。

---

① “援”當爲“猨”,見《莊子·齊物論》。

② “《顧曲雜言》”原錯在“可見宋遼以來”之前,據明沈德符《顧曲雜言》改。

4463 海鹽腔　《香祖筆記》引《樂郊私語》云："海鹽少年多善歌，蓋出于澉浦楊氏。其先人康惠公梓與貫雲石交善，得其樂府之傳。今雜劇中《豫讓吞炭》《霍光鬼諫》《敬德不伏老》，皆康惠自製。家僮千指皆善南北歌調，海鹽遂以善歌名浙西。今俗所謂海鹽腔者，實發于貫酸齋，源流遠矣。"

4464 山歌　《湘山野錄》："吳越王大陳鄉飲，高揭呈[①]喉唱山歌以見意。"白居易《琵琶行》："豈無山歌與村笛，嘔啞嘲哳難爲聽。"《水東日記》："吳人耕作或舟行之勞，多作謳歌以自遣，皆名山歌，其中亦多可爲警勸者。"按：今又有"秧歌"，本饁婦所唱也，《武林舊事》元夕舞隊之"村田樂"即此。江浙間雜扮諸色人跳舞，失其意，江北猶存舊風[②]。

4465 陶真　《堯山堂外紀》："杭州瞽女唱古今小説評話，謂之陶真。"《七修類稿》作"淘真"云："淘真本起處，每曰'太祖太宗真宗帝，四祖仁宗有道君'。蓋始宋時也。"姜南《洗硯雜録》："瞿存齋詩：'陌頭盲女無窮恨，能撥琵琶唱趙家。'今瞽者彈琵琶演説小説，以覓衣食，蓋自昔如是。"

4466 連廂　《西河詞話》："金作清樂，仿遼時大樂之製，有所謂連廂詞者，帶唱帶演，以司唱一人、琵琶一人、箏一人、笛一人，列坐唱詞，而復以男名末泥、女名旦兒者，隨唱詞作舉止，如'參了菩薩'，則末泥祗揖；'只將花笑撚'，則旦兒撚花之類。北人至今謂之連廂，曰打連廂、唱連廂，又曰連廂搬演。大抵連四廂舞人而演其曲，故云然。先司馬從寧庶人處，得其詞例。"

4467 説書　《古杭夢遊録》："説話有四家：一銀字兒，謂烟粉靈怪之事；一鐵騎兒，謂士馬金鼓之事；一説經，謂演説佛書；一説史，謂説前代興廢。"《武林舊事》百戲社名小説爲"雄辨社"。按：今俗謂之"説書"。"説書"字見《墨子·耕柱篇》："能談辨者談辨，能説書者説書。"然所言與今事别。

4468 字舞　《舊唐書·音樂志》："《上元[③]聖壽樂》，武后作也。舞者百四十人，行列必成字，十六變而畢，有'聖超千古、道泰百王、皇帝萬年、寶祚彌昌'字。"《樂録》："舞人亞身于地而成字，謂之字舞。"王建《宫詞》："每遇舞頭分兩向，太平萬歲字當中。"按：今劇場中擺列爲"天下太平"等字，乃其具體。

4469 鞦韆　《古今藝術圖》："鞦韆本山戎之戲，自齊威公北伐山戎，此戲始傳中國。一云作'千秋'字，本出漢宫祝壽詞，後世誤倒讀爲'秋千'耳。

---

① "呈"當爲"吳"，見《湘山野録》卷中。

② "江浙間雜扮諸色人跳舞，失其意，江北猶存舊風"，《函海》本作"北人扮雜諸色跳舞，失其意矣"。

③ "上元"二字衍，見《舊唐書·音樂志二》。

4470 傀儡 《通典》:"窟礧子,亦曰魁礧,作偶人以戲,本喪樂也,漢末始用之嘉禮。北齊後主高緯尤所好,今閭中盛行。"《顔氏家訓》:"俗名傀儡爲郭秃,《風俗通》謂'諸郭皆諱秃',當是前代有姓郭而病秃者,滑稽調戲,故後人爲其象耳。"按:《武林舊事》有懸絲傀儡、杖頭傀儡、藥發傀儡、水傀儡、肉傀儡諸别。《西河詞話》云:"宫戲本水傀儡,其製用偶人立板上浮大池面,用屏障其下,而以機運之;杖頭傀儡,以人持其足,俗謂之捏腳摳;懸絲傀儡,俗謂之提線摳。"

4471 影戲 《東京夢華録》有董十五、趙七、曹保義、朱婆兒,善弄影戲。《都城紀勝》:"凡影戲,京師人初以素紙雕鏃,後用彩色裝皮爲之,公忠者雕以正貌,姦邪者雕以醜貌,其話本與講史書者正同。"《夷堅志》載僧惠明《咏影戲》詩。《武林舊事》載百戲社名,"影戲"曰"繪革社"。青藤山人《路史》:"影戲始漢武帝李夫人事,宋仁宗時市人有能談三國事者,或采其事,加緣飾作人影,始爲魏蜀吴戰爭之象。"

4472 猴戲 《禮記》"獶雜子女"注云:"舞者如猴戲。"按:此則以猴爲戲,其來最久。《避暑錄話》:"唐故事,學士禮上,例弄獼猴戲,不知何意。"

4473 舞盤 《晉書·樂志》:"栢柈舞,手按栢柈反覆之。"《通典》:"槃舞,漢曲也,至晉加之以栢。張衡《舞賦》云'歷七盤而縱躡',王粲釋云'七盤陳於廣庭',樂府云'妍袖陵七槃',鮑照云'七槃起長袖',皆以七枚爲率,今隸清樂部中。"曹植樂府:"促尊合坐行觴,主人起舞盜盤。"《抱朴子》:"跳丸弄劍,摘盤緣案,凡人爲之,而周孔不能。"按:今之舞盤者,皆以竿卓盤底而旋轉之,與古之手按反覆不同,其伎亦能以一人兼七也。摘盤,蓋即指舞盤。

4474 弄椀珠 《通典》:"梁有弄椀珠伎。"宋《都城紀勝》有"踢瓶弄椀"。張祜詩:"揭手便拈金椀舞,上皇驚笑悖拏兒。"吴萊《椀珠伎篇》:"椀珠聞自宫掖來,長竿實椀手巾迴。日光正高竿影直,風力旋空珠勢側。徘徘徊徊奪目精,欹欹傾傾獻玉璎。滑涎器從龍堂出,㷉㜸命與鬼骨爭。"最能形其態狀。按:此伎即由盤舞滋演,今舞盤者俱兼能弄之。

4475 蹴毬 《漢·藝文志》兵技巧類有《蹵鞠》二十五篇,師古曰:"鞠以韋爲之,實以物,蹵踏之以爲戲也。蹵鞠陳力之事,故附于兵家焉。"《唐音癸籤》:"唐變古蹴鞠戲爲蹴毬,其法:植兩修竹,高數丈,絡網于上,爲門以度毬,毬工分左右朋,以角勝負。"按:鞠實以毛,見《漢·霍去病傳》注。而唐時毬製亦不與舊同,歸氏子《嘲皮日休》云:"八片尖斜砌作毬,火中燖了水中揉。一包閑氣如常在,惹踢遭拳卒未休。"蓋又今所謂"氣毬"也。

4476 緣竿 《文選·西京賦》:"都盧尋橦。"注引《漢書音義》:"都盧體輕善緣。”此卽今緣竿戲也。《北史》:“禪定寺幡竿繩絶,沈光口銜索,拍竿直上龍頭,繫畢透空而下,以掌拓地,倒行十餘步,人號肉飛仙。”《朝野僉載》:“幽州人劉交,戴長竿高七十尺,有女子十二,于竿置定,跨盤而立。”按:“尋橦”、“戴竿”本二舞名,而王建《尋橦歌》云:“大竿百夫擎不起,裊裊半在青雲裏。纖腰女兒不動容,戴行直舞一曲終。”則以一娼戴竿而數娼環舞其上,并之爲一戲也。江北有擎梯戲,以一婦仰卧,翹雙足,而植兩梯柱于足底,使一女僮緣梯而舞,是其遺意。

4477 走索　《西京賦》:“走索上而相逢。”薛綜注:“長繩繫兩頭于梁,舉其中央,兩人各從一頭上,交相度,所謂儛絙者也。”《通典》:“高絙伎,今之戲繩也。後漢天子臨軒設樂,以兩大繩繫兩柱,相去數丈,二娼女對舞行于繩上,切肩而不傾。”《原化記》:“開元中,有嘉興囚能以繩不用繫著,將一頭手擲空中,勁直如筆,人隨繩離地,其勢如鳥。”《唐書·回鶻傳》《王玄策西域行傳》皆謂之“繩伎”。《文苑英華》有《繩伎賦》。

4478 跳白索　《酉陽雜俎》:“婆羅門八月十五行像及透索爲戲。”按:近世有“跳白索”,卽此。《帝京景物略》:“元夕,二童子引索略地如白光輪,一童子跳光中,曰跳白索。”或云“百索”,訛也。又《留青日札》云:“今小兒兩頭曳索對挽之,强牽弱者而撲,以爲勝負,喧笑爲樂,卽唐清明節拔河之戲也,見《金坡遺事》。”與“白索”不同。

4479 避馬　《彭文憲公筆記》:“五月五日,賜文武觀走驃騎于後苑,名曰走解。解字,于介切。”按:“解”似取邂逅之義,言其迅遽也。《西河詩話》謂之“賣解妓”,其戲傳流甚久。《漢書·張騫傳》注所云“截馬之術”,《鹽鐵論》所云“馬戲”,皆是也。《三國志·甄皇后傳》注:“后年八歲,外有立騎馬戲者,家人皆上閣觀之,后獨不行。”《北史·麥鐵杖傳》:“沈光善戲馬,爲天下最。”《夢華錄》詳其戲云:“先一人空手出馬,謂之引馬;次一人磨旗出馬,謂之開道旗;或執旗挺立鞍上,謂之立馬;或以身下馬,以手攀鞍復上,謂之騗馬;或手握定鐙袴,以身從後鞦往來,謂之跳馬;忽擲脚著地,倒拖順馬而走,謂之拖馬;或右臂挾鞍,足著地,順馬而走,謂之趕馬。”

4480 長蹻　《山海經》“長股國”郭璞注曰:“今伎家喬人,葢象此身。”《通典》後魏天興六年增修雜戲,有“長蹻”。《宋書·武三王傳》:“公主、王妃冬會,不得爲長蹻、透狹等戲。”《武林舊事》元夕舞隊有“踏蹺”。按:“喬”、“蹻”、“蹻”、“蹺”四字通用,均謂雙木續足戲也。《列子·説符篇》:“宋有蘭子,以技干宋元君,以雙枝長倍其身,屬其脛,並趨並馳。”此戲自戰國時有之矣。

4481 撮弄 《武林舊事》"撮弄"曰"雲機社"。《供奉志》載"撮弄雜藝"十九人,有"渾身手"等號。按:"撮弄"亦名"手技",卽俚俗所謂"做戲法"也。《夢粱錄》雜手伎,有弄斗、打硬、藏人、藏劍、喫針等事。《墨客揮犀》:"夏英公見伶人雜手伎,有號藏擫者,賦詩云:'舞拂跳珠復吐丸,遮藏巧技百千般。主公端坐無由見,却被旁人冷眼看。'"

4482 十不閑 《抱朴子》:"禰衡謫爲鼓吏,縛角于柱,口就吹之,乃有異聲,並舉摇鼗擊鼓,聞者不知其一人也。"按:今有打十不閑者,乃其遺風。

4483 三棒鼓 《留青日札》:"吳越間婦女用三棒上下擊鼓,謂之三棒鼓,江北鳳陽男子尤善,卽唐三杖鼓也。咸通中,王文舉好弄三杖鼓,打撩萬不失一是也。杖音與歌聲句拍附和爲節,又能夾一刀弄之。"

4484 鼻吹口歌 桓譚《新論》:"方士董仲君,能鼻吹口歌。"《朝野僉載》:"壽安男子,不知姓名,肘拍板,鼻吹笛,口唱歌,能半面笑,半面啼。"按:今京師廟集有能鼻吸笛者。

4485 相聲 《瑯嬛記》:"絳樹一聲能歌兩曲,二人細聽,各聞一曲,一字不亂。"按:今有相聲伎,以一人作十餘人捷辨,而音不少雜,亦其類也。

4486 奇蟲 《酉陽雜俎》載襄州人王固作蠅虎對陣之戲。《尚書故實》載有術者以"刺蝟對打,既合節奏,又中章程"。《東京夢華錄》:"京瓦雜技有劉百禽,善弄蟲蟻。"《癸辛褋志》:"有呈水嬉者,龜鰍魚鼈,皆以名呼之,卽浮水面,戴戲具而舞。"《輟耕錄》杭州弄百禽者,有"烏龜疊塔"、"蝦蟇説法"等戲。按:此皆《鹽鐵論》所謂"奇蟲"者也。

4487 透飛梯 《通典》:"梁有透三峽伎,今透飛梯之類也。"按:《鹽鐵論》有云"唐梯"者,與"戲馬"、"奇蟲"並言,似亦指飛梯。

4488 透劍門 趙璘《因話錄》:"軍中有透劍門技。大燕日,庭中設幄,編劍刃爲榱棟之狀,其人乘小馬至門審度,馬調道端,下鞭而進,錚焉聞劍動之聲,既過,而人馬無傷。宣武軍有小將善此伎。"《夢粱錄》百戲伎藝亦有"過刀門"。

4489 投狹 《列子·説符篇》:"宋有蘭子,能燕戲。"張湛注云:"如今絶倒投狹者。"張衡《西京賦》:"衝狹燕濯,胸突銛鋒。"薛綜注:"卷簟席以矛插其中,伎兒以身投從中過也。"《抱朴子》云"踰鋒投鋏",《宋書》云"透狹舒劍",皆指謂此。

4490 擲刀劍 《説符篇》:"蘭子弄七劍,迭而躍之,五劍常在空中。"《西域行傳》:"婆栗閻國王設五女戲,其五女傳弄三刀,加至十刀;又虛騰繩上,手弄三仗刀楯鎗等,種種幻術。"

4491 吞刀吐火 《史記·大宛傳》注:"犂靬多奇幻,能口中吐火,自縛自解。"《漢書·張騫傳》注:"眩人,即今吐火、吞刀、植瓜、種樹、屠人、截馬之術也。"《文選》張衡賦:"吞刀吐火,雲霧杳冥。"

4492 挂跟旋腹　梁元帝《纂要》:"百戲起于秦漢,有魚龍蔓延、高絚五案、跟挂腹旋、履索轉石諸戲。"傅玄《西都賦》亦有"跟挂腹旋"句。按:今北俗所謂"蟠損",乃其類也。又《夢粱錄》雜手藝有"壁上睡"、"虚空挂"。

4493 擲倒　《通典》:"擲倒伎,即倒行而舞也。晉咸康中,散騎侍郎顧臻表曰:'末代之樂,設禮外之觀,逆行連倒,足以蹈天,頭以履地,反天地之順,傷彝倫之大。'乃命太常罷之。"《唐樂錄》①:"睿宗時,婆羅門獻樂,舞人倒行以足舞于極銛鋒刃,旋身繞手,百轉無已。"《留青日札》:"今雜戲有名篤叉子者,或即古擲倒之技。"

4494 打筋斗　《樂府雜錄》:"尋橦、跳丸、旋槃、觔斗,悉屬鼓架部。"崔令《教坊記》:"漢武時于天津橋設帳殿,酺三日,教坊一小兒,筋斗絶倫。"朱子詩:"只麽虚空打筋斗,思君辜負百年身。"又《語錄》説"敩學半"云:"前後語皆平正,不應得中間翻一个筋斗。"《言鯖》:"伎人以頭委地而翻斗跳過,且四面旋轉如毬,謂之金斗。相傳趙簡子殺中山王,命廚人翻金斗以擊之,已見此三字。"按:"金斗"自是酒器,與"筋斗"何相涉耶?李氏《疑耀》云:"孫與吾②《韻會定正》于'跟'字注云'脚跟也',又'跟頭戲,倒頭爲跟也'。觔斗二字,當從跟頭,今作筋斗,兩字皆誤。"此説甚似有理。

4495 打輥　《夢粱錄》百戲伎有"打交輥"。按:輥,音衮,轉之速也。《説文》引《攷工記》"望其轂,欲其輥",蘇軾《觀潮》詩"雷輥夫差國",元好問《醉貓圖》詩"側輥横眠却自如",《中州集》張澄《咏輥馬圖》"兀兀黄塵輥得休",《五燈會元》"鬧市裏輥","大海底輥出一輪赫日",皆用此"輥"字。方夔《雜興》"打毂拳毛馬,彈箏跕躧娼",以"輥"爲"毂",隨方俗之轉音也。

4496 虎跳　《雲笈七籤》:"華陀作五禽之戲,一曰虎戲。虎戲者,四肢距地,前三擲,却三擲,引腰乍起,仰天即返,距行前却,各七過也。"按:今以引腰跳擲曰"打虎跳",蓋由乎此。《吳志·王蕃傳》注:"孫皓斬蕃,使親近將挑蕃首,作虎跳狼爭咋齧之,以示威。""虎跳"二字,又見此。

4497 捉迷藏　元稹詩:"憶得雙文籠月下,小樓前後捉迷藏。"花蕊夫人《宫詞》:"内人深夜學迷藏,遶遍花叢水岸旁。乘興或來仙洞裏,大家尋覓一時忙。"

---

① "《唐樂錄》"當爲"《舊唐書》",見《舊唐書·音樂志》。

② "孫與吾"當爲"孫吾與",見《疑耀》卷二。

《瑯嬛記》[①]:"玄宗與玉眞恒于皎月之下,以錦帕裹目,在方丈之間,互相捉戲,謂之捉迷藏。"按:俚俗謂之"捉覓躲"。

4498 溜冰 《宋史·禮志》:"故事,齋宿幸後苑,作冰[②]戲。"按:此卽北方溜冰之戲,始自宋時。

4499 角觝 《漢書·武帝紀》:"元封三年,作角抵戲。"注云:"抵者,當也,兩兩相當,以角力、角技藝,非謂抵觸也。"《後漢書·仲長統傳》作"角觝"。《述異記》:"古蚩尤有角,以角觝人,人不能向。今冀州有蚩尤戲,頭戴牛角而相觝。"《武林舊事》以"相撲"爲"角觝社"。《留青日札》:"今小兒俯身兩手據地以頭相觸,卽古角觝之戲[③]。

4500 擊壤 《韻語陽秋》:"《帝王世紀》及《高士傳》載:'帝堯時,有八九十老人,擊壤而歌于康衢。'初不知壤爲何物,因觀《藝經》云:'壤,以木爲之,前廣後鋭,其形如履。將戲,先側一壤于地,遠三四十步,以手中壤擊之,中者爲上。'葢古戲也。"按:今小兒摶土爲丸,置其一以爲標,足蹴他丸擊之,或用瓦毬,或用胡桃,率以中者爲勝,應屬擊壤遺習[④]。

4501 鰲山 張衡《西京賦》:"神山崔嵬,欻從背見,熊虎升而拏攫,猨狖超而高援。怪獸陸梁,大雀踆踆,海鱗變而成龍,狀蜿蜿以蝹蝹。"按:注云:"此皆僞所作也,而能動移轉變。"後世斲木爲山,上陳百戲,暗設機關激動,謂之鰲山。製器立名,當俱本于此賦。《西京雜記》:"咸陽宮鑄銅人十二枚,列一筵上,琴筑笙竽,各有所執。筵下有二銅管,高出筵後,其一管空,一管納有繩,大如指,使一人吹空管,一人紐繩,則衆樂皆作。"《三國志·藝術傳》[⑤]:"有人上百戲不能動,馬鈞以大木使作若輪,潛以水發,令木人擊鼓吹簫。又作山岳,使木人跳丸擲劍,緣絙擲倒,舂磨鬭雞于其上。"觀此二事,可顯然于鰲山之製矣。

4502 臺閣 《武林舊事》:"迎引新酒,有以木牀鐵擎爲仙佛鬼神之類,駕空飛動,謂之臺閣。"按:今江浙間迎神會者,猶多效之。

4503 龍船 《荆楚歲時記》:"五月五日競渡,俗謂此日屈原投汨羅,人傷其死,故以舟楫救之。"按:競渡惟以迅疾爭勝,唐王建雖有"競渡船頭插綵旗"句,

---

① "《瑯嬛記》"當爲"《致虛雜俎》",見《説郛》卷三一下。

② "冰",《宋史·禮志二》作"水"。

③ 此處《函海》本有:今又謂之"撲交",謂之"翻交"。

④ 此下《函海》本另有一條:京中兒僮兩人以錢撞牆壁間,視兩錢所迸之遠近,立其處以近錢打遠錢,謂之"撞鐘"。

⑤ "《三國志·藝術傳》"當爲"《三國志·方技傳》注",見《三國志》卷二九。

而未有言其船爲龍形者。俗以龍船爲競渡，殆未然矣。《述異記》云："吴王夫差作天池，池中造龍舟，日與西施爲水嬉。"此事尚出屈原前。《晉書·夏統傳》："會上巳，士女駢填，賈充問統：'能隨水戲乎？'"則其戲演于三月上巳。《武林舊事》言："西湖探春者，至禁烟爲最盛，龍舟十餘，綵旗疊鼓，交午曼衍，粲如織錦。"而述端午之勝，不言龍舟，見其時猶但于三月爲之也。惟《元典章》云："蕤賓節搛掉龍船，江淮閩廣江西皆有此戲，合移各路禁治。"五月之風，蓋特盛于宋末元初，至順帝"于内苑造龍船，自製其様，首尾長一百二十尺，用五彩金裝，前有兩爪，其龍首眼口爪尾皆動"，見于《元史》本紀。龍形之製，乃于此著明文。若《西都賦》所云"登龍舟，張鳳蓋"，及《魏志·文帝紀》《隋書·煬帝紀》所云"龍舟"，則皆以天子所御，畫龍爲飾而已。

4504 打標　馬令《南唐書》："每端午競渡，官給綵段，俾兩兩較其遲速，勝者加以銀椀，謂之打標。"按：此亦競渡但爭迅疾之證。

4505 師子舞　《舊唐書·音樂志》："太平樂，後周武帝時造，亦謂之五方師子舞。綴毛爲師子，人居其中，像其俛仰馴狎之容，二人持繩秉拂，爲習弄之狀。五師子各依其方色。"白居易新樂府《西凉伎》篇云："假面胡人弄[①]獅子，刻木爲頭絲作尾。金鍍眼睛銀帖齒，奮迅毛衣擺雙耳。"咏其事也。

4506 假面　《漢書·禮樂志》："常從象人。"注云："象人，著假面者。"《隋唐嘉話》："高齊蘭陵王長恭，面類美婦人，乃著假面對敵，勇冠三軍。齊人壯之爲舞，以效其指麾擊刺之容，今大面是也。"《桂海虞衡志》："桂林人以木刻人面，極工巧，一枚或直萬錢。"《老學庵筆記》："政和中大儺，下桂林府進面具，比進到，稱'一副'。初訝其少，迨見之，乃是以八百枚爲一副，老少妍陋無一相似者。"

4507 假頭　《西京賦》："總會仙倡，戲豹舞羆，白虎鼓瑟，蒼龍吹箎。"注曰："皆爲假頭也。"按：世俗以刻畫一面，繫著于口耳者，曰鬼面，蘭陵王所用之假面也。四面具而全納其首者，呼曰套頭，《西京賦》所云之"假頭"也。《周禮》："方相氏蒙熊皮。"注云："冒熊皮者，以驚疫厲之鬼，如今魌頭也。"魌頭，猶言假頭，字亦作"䫏"、"倛"。《説文》"䫏"字注云："醜也，逐疫有䫏頭。"《荀子·非相篇》："仲尼面似蒙倛。"注云："蒙倛，方相也。"然蒙熊皮似非，但納首而已。《慎子》曰："毛嬙、先施，天下之美姣也，衣之以皮倛，則見者皆走。"可以互參。蓋爲周身蒙冒之具，亦若師子舞之綴毛爲衣，人居于其中也。

4508 年鼓　《太平御覽》："《世説》：正月十五日，禰衡被魏武謫爲鼓吏。故

① "弄"當爲"假"，見《全唐詩》卷四二七。

世于此日鼓《漁陽摻》。"《演繁露》:"湖州土俗,歲十二月,人家多設鼓亂撾之,至來年正月半乃止,相傳云此名打耗。打耗者,言驚去鬼祟也。世謂禰衡事,正是正月十五,然其撾不待正月,又不相應也。"按:《荊楚歲時記》:"十二月八日爲臘,諺云'臘鼓鳴,春草生',村人並擊細腰鼓以驅疫。"則驚祟説,固是有本。

4509 爆竹 《神異經》:"西方深山中有人長尺餘,犯之則病,名曰山臊。人以竹著火中,烞熚有聲,聞即驚遁。"《瓮牖閑評》:"宗懍云:'歲旦燎竹于庭,所謂燎竹者,爆竹也。'"按:古皆以眞竹著火爆之,故唐人詩亦稱"爆竿"。後人卷紙爲之,稱曰"爆仗"①。前籍未見,惟《武林舊事》言:"西湖有少年競放爆仗及設烟火、起輪走線、流星水爆等戲。"又言:"歲除爆仗,有爲果子人物等類,殿司所進假屏風,内藏藥線,一爇連百餘不絶。"蓋此等戲,俱自宋有之也。

4510 香毬 《留青日札》:"今鍍金香毬如渾天儀,其中三層關棙,輕重適均,圓轉不已,置之被中而火不覆滅。即《西京雜記》言'巧手丁緩所作'者也。又有以奇香異屑製之者,亦名香毬,乃舞人搏弄以爲劇者,故白樂天詩'柘枝隨畫鼓,調笑從香毬',又云'香毬趁拍迴環匝,花盞抛巡取次飛'。"按:今輥燈之製,又從此做。

4511 走馬燈 范成大《上元節物》詩:"轉影騎縱横。"自注云:"馬騎燈。"姜夔《觀燈口號》:"紛紛鐵馬小回旋,幻出曹公大戰年。"元郝經、郭天錫皆有《走馬燈》詩。

4512 紙鳶 《七修類稿》:"紙鳶本五代漢隱帝與李業所造,爲宫中之戲者,見李業柬。而《紀原》以韓信爲陳豨造,量未央宫之遠近。又曰:'侯景攻梁臺城,内外斷絶,羊侃令小兒放紙鳶,藏詔于中,以達援軍。'二説俱不見史,且無理焉,其爲李業所始無疑。俗曰鷂子者,以鷂飛不甚高而翅挺直也。"按:侯景圍逼京城,中外斷絶,有羊車兒獻計,作紙鵄,繫以長繩,藏敕于中,簡文出太極殿前,因西北風而放,冀得書達。羣賊駭之,謂是厭勝之術,又射下之。此《南史·侯景傳》文也,《七修》謂不見史,謬矣。又元速不台攻金城急,金將放紙鳶,置文書其上,以誘被俘者,爲速不台所覺,哂曰:"金人欲以紙鳶却敵,難矣!"見《續通鑑》。

4513 竹馬 《後漢書·郭伋傳》:"兒童騎竹馬迎拜。"《陶謙傳》:"年十四猶乘竹馬爲戲。"《晉書·殷浩傳》:"桓温少時與浩共騎竹馬。"竹馬蓋古戲也。《武林舊事》元夕舞隊有"男女竹馬",乃爲今俗之馬兒燈。

---

① 黄侃:"仗"亦"竹"之轉音。古製以竹,今製以紙耳。

4514 泥孩兒　《老學庵筆記》:“鄜州田玘,作泥孩兒名天下,一對直至十縑,一牀直至三十千,一牀者或五或七也。”許棐有《咏泥孩兒》詩。又《方輿勝覽》:“平江府土人工於泥塑,所造摩睺羅,尤爲精巧。”《白獺髓》:“游春黄胖,起於金門,地有杏花園,游人取其黄土,戲爲人形,謂之湖上土宜。”按:“摩睺羅”、“游春黄胖”,俱“泥孩”之别稱也。又《廣異記》載韋訓、盧贊善事,有“帛新婦子”、“甆新婦子”,乃即今所謂美人兒,而肖嬰孩者,亦往往翦帛燒甆不一。

4515 沙戲兒　《夢粱録》:“大街四時玩具,有沙戲兒。”按:今以紙具藏沙少許,于其上爲兆,下爲椟,外綴以人物,弄者將沙倒注入兆,俾其漸灑於椟,則人物自能運動,即此也。

4516 鞬子　吴氏《字彙補》:“毽,抛足之戲具也。”劉氏《景物略》載京師謡“楊柳兒死踢毽子”。按:“毽”字未見于前字書,《武林舊事》載諸小經紀有“鞬子”,只借“櫜鞬”“鞬”字用之。今京市爲此戲最工,頂額口鼻肩背腹膺,皆可代足,一人能兼應數敵,自弄則鞬子終日繞身不墮。

4517 陀羅　《景物略》:“陀羅者,木製,實而無柄,繞以鞭之繩,卓于地,急掣其鞭則轉,頂光旋旋,影如不動也。”按:宋時兒戲物有“千千”,見《武林舊事》。《道古堂集·妝域詩序》云:“妝域者,形圓圜如璧,徑四寸,以象牙爲之,當背中央凸處置鐵鍼,僅及寸,界以局,手旋之,使鍼卓立,輪轉如飛,復以袖拂,則久久不能停,踰局者有罰。相傳爲前代宫人角勝之戲,如宋人所謂千千也。”此皆陀羅之類。

4518 撚錢　《避暑漫抄》:“光獻曹后在母家時,與羣女共爲撚錢之戲,而后一錢獨旋轉盤中,凡三日方止。”按:此事當爲旋陀羅之權輿。

4519 擲錢　《後漢書·王符傳》:“或以游博持掩爲事。”注云:“掩,謂意錢也。”《梁冀傳》:“少爲蹴踘、意錢之戲。”注云:“即擲錢也。”《資暇録》:“錢戲有每以四文爲一列者,即史傳所云意錢,世俗謂之攤錢,攤鋪其錢,不使疊映欺惑也。”

4520 宫棋　白居易詩:“雙聲聯律句,八面數宫棋。”按:王建、張籍各有《看美人宫棋》詩,王云:“宫棋布局不依經,黑白相和子數停。巡拾玉砂天漢曉,猶殘織女兩三星。”張云:“紅燭臺前出翠娥,海砂鋪局巧相和。趁行移手巡收盡,數數看誰得最多。”今人先以碁子黑白雜布局中,各認一子爲標,左右巡拾,拾竟以所得多寡較勝負,有挨三、頂四、擦七、駄八罰例,謂之逼棋,蓋即此耳。

4521 格五　《酉陽雜俎》:“小戲中于耍局一枰,各布五子角遲速,名蹙戎。”《夢溪筆談》:“《漢書》謂之格五。雖止用數棋,共行一道,亦有能否。徐德占善此,遂至無敵。其法已常欲有餘裕,而致敵人于嶮焉耳。"《言鯖》:"今兒童以黑白棋各五,共行中道,一移一步,遇敵則跳越,以先抵敵境爲勝。"即此。

4522 投子 《史記》:"蔡澤説范睢曰:'博者欲大投。'"裴駰注云:"投,投子也。"班固《奕指》:"博懸于投,不必在行。"《列子·説符篇》注:"凡戲爭能取中者,皆曰投。"按:投取投擲,其義甚顯,古人皆用投字,唐人始别作骰[①]。

4523 選官圖 《却掃編》:"彩選格起于唐李郃,本朝踵之者有趙明遠、尹師魯。元豐官制行,有宋保國,皆取時制爲之。至劉貢父,獨因其法取西漢官秩陞黜次第,又取本傳所以陞黜之語注其下,局終遂可次第其語爲一傳,博戲中最爲雅馴。"房千里《骰子選格序》:"二三子以穴骼雙雙爲戲,更投局上,以數多寡爲進身職官差數,卒局座客有爲掾尉而止者,有貴爲將相者,有連得美名而後不振者,有始甚微而欻升于上位者。大凡得失,在卜其偶不偶耳。"按:此即今"陞官圖"也。房氏序作于唐開成三年,而其言如是,可見其與今戲了無殊矣。宋亦謂之"選官圖",孔平仲《清江集》有《選官圖口號》八韻。

4524 選仙圖 王珪《宫詞》:"盡日閑窗賭選仙,小娃爭覓到盆錢。上籌須占蓬萊島,一擲乘鸞出洞天。"虞兆漋《天香樓偶得》:"俗集古仙人作圖爲戲,用骰子比色,先爲散仙,次上洞,以漸而至蓬萊大羅等列,比色時首重緋爲德,次六與三爲才,又次五與二爲功,最下者幺,則謂之過。凡有過者,謫作採樵、思凡之類,遇德復位。"按:此與選官圖無他異,惟易官爲仙,大凡婦女輩無服官之志,因小變其名目焉。鄭樵《通志略》有《尋仙彩選格》,與《漢官儀選》《文武彩選》諸格並錄。尋仙彩選,當即選仙圖耳。

4525 葉子 《文獻通考》:"《葉子格戲》一卷,不著撰人,世傳葉子婦人也,撰此戲。"《同昌公主傳》:"韋氏諸宗好爲葉子戲。"《李洞集》有《打葉子上龍州韋郎中》詩。按:俚俗有以紙牌爲戲,號曰馬吊者[②],或云即唐葉子之遺。據《咸定錄》謂"李郃與妓葉茂連撰骰子選,謂之葉子",似其戲亦兼用骰子,與今馬吊不同。李易安《打馬序》云:"長行葉子,世無傳者,獨彩選、打馬爲閨房雜戲耳。常恨彩選叢繁,勞於簡閱,能通者少;打馬簡要,又苦無文。"今"馬吊"當屬易安所謂"打馬",固與"葉子"、"彩選"分别言之,"葉子"則在宋時已無傳者。

4526 豁拳 《六研齋筆記》:"俗飲以手指屈伸相搏,謂之豁拳。蓋以目遥覘

---

① 黄侃:見《溫庭筠傳》。

② 黄侃:今有麻雀戲,亦曰"馬將","將"、"雀"一聲之轉。其始蓋呼"馬弔"爲"馬鳥",其音不雅,遂轉爲"麻雀"耳。

人爲已伸縮之數，隱機鬬捷，余頗厭其呶號。然唐皇甫松手勢酒令，五指皆有名目，大指名蹲鴟，中指名玉柱，食指名鉤棘，無名指名潛虬，小指名奇兵，掌名虎膺，指節名私根，通五指名五峯，則當時已有此戲矣。"按：明王徵福有《拇陣譜》，專載此戲令辭。

4527 猜拳　辛氏《三秦記》："漢武鉤弋夫人手拳，時人效之，目爲藏鉤也。"《東皐雜録》："唐人詩有'城頭擊鼓傳花枝，席上搏拳握松子'，乃知酒席猜拳爲戲，其來已久。"按：今猜拳者有"不賭空"之説，元姚文奐詩"剝將蓮子猜拳子，玉手雙開不賭空"，亦已用之。

4528 捕醉仙　《酒譜》："酒令有捕醉仙者，爲偶人，轉之以指席者。"《墨莊漫録》："飲席刻木爲人而鋭下，置之盤中，左右欹側，傲傲然如舞狀，久之力盡乃倒。視其傳籌所至，酬之以杯，亦謂之勸酒胡。"按：俚俗所謂"不倒翁"，葢源于此。

4529 無聲樂　鄭厚《藝圃折中》："童亂時與同隊行笑令，曰無聲樂。十數輩環立相視，笙簫鼓板各司其一，無其事而有其形，手之所指，口之所擬，儼如其部，瞠目禁聲，先笑者犯。"按：時俗每以此爲酒令，以爲一時俳諧，不料其亦本于古也。

卷三十二　數目

4530 積少成多　《困學紀聞》:“見《中庸》。”[①]按:今《中庸》無此文,惟《論語》“譬如爲山”注中有之。

4531 多多益善　見《史記·淮陰侯傳》。《漢書》作“多多益辦”。

4532 好物不在多　《南唐近事》:“唐玄宗曲江宴,命近臣賦詩,朱翬惟進一聯,不能終篇,曰:‘好物不在多。’”

4533 多多贅　《法言》:“書不經,非書也。言不經,非言也。言、書不經,多多贅矣。”

4534 少少許　《莊子》:“以少少許勝人多多許。”[②]

4535 無多子　隋煬帝詩:“見面無多子,聞名爾許時。”《傳燈録》:“臨濟曰:‘元來黄檗佛法無多子。’”按:此即今云“没多兒”也。“没多兒”亦嘗入詩,邵堯夫云:“天聽雖高只些子,人情相去没多兒。”

4536 些子兒　羅虬《比紅兒》詩:“應有紅兒些子貌,却言皇后長深宫。”《後山詩話》:“宋太祖夜幸後池,對新月,召盧多遜賦詩,請韻,曰:‘些子兒。’盧詩曰:‘誰家玉匣新開鏡,露出清光些子兒。’”

4537 些些　《舊唐書·楊嗣復傳》:“鄭覃曰:‘臣近日未免些些不公,亦無甚處。’”白居易詩:“些些口業尚誇詩。”又:“笙歌隨分有些些”,“故態些些亦不妨”。元稹詩:“扶床小女君先識,應有些些似外翁。”

4538 若干　見《禮·曲禮》及《投壺篇》。鄭注云[③]:“若,如也。干,求也,言事本無定,當如此求之也。”《漢書·食貨志》:“或用輕錢,百加若干。”師古注云:“若干者,設數之言也,干猶箇,謂當如此箇數耳。”一説干者十幹,自甲至癸,亦

---

① 《困學紀聞》卷一九:“合少成多,出《中庸》注。”

② 《莊子·天地篇》:“用力少,見功多者。”

③ “鄭注”當爲“孔疏”,見《禮記正義》卷五。

以數言也。

4539 幾所　《漢書·疏廣傳》:"數問其家金,餘尚有幾所。"師古曰:"猶言幾許。"按:所、許聲近,古因互用。《説文》引《詩》"伐木許許",亦作"所所"。

4540 多夥　《説文》"禍"字注:"讀若楚人名多夥。"按:今吳語有之,其讀夥在許、所之間。《餘冬序錄》謂"吳人問多少亦曰幾夥"。

4541 摩訶　《翻譯名義》:"梵音摩訶,此云大多勝也。"按:今浙西郊野間,民有以多爲摩訶者,當原于此。

4542 無數　《詩》:"萬億及秭。"疏云:"言其多無數也。"按:杜甫詩"無數蜻蜓齊上下",劉長卿詩"木葉辭洞庭,紛紛落無數",俱言其多。若《周禮·序官》"男巫無數,女巫無數",則謂其或寡或多,未有定數,與此別也。

4543 無萬　《漢書·成帝紀》:"建始元年六月,有青蠅無萬數集未央殿中。"注云:"言其極多,雖欲以萬數計之,而不可得,故云無萬數。"按:《秦嶧山碑》"世無万數","万"卽"萬"字。今俗有"無萬大千"語,"大千"本佛經"三千大千"。

4544 夠　《廣韻》:"夠,多也,音遘。"《升菴外集》:"今人謂多曰夠,少曰不夠是也。"《文選·魏都賦》:"繁富夥夠,不可殫究。"五臣註誤作平聲,不知"夠"、"究"本文自協韻也。

4545 通共　《漢書·原涉傳》:"官賦斂送葬皆千萬以上,妻子通共受之。"

4546 乙　《史記·天官書》:"太一星。"諸葛亮《上先主書》、阮籍《大人先生傳》俱作"太乙"。王羲之《十七帖》:"想足下別具,不復乙乙。"按:俗書"一"、"乙"通用,古有然也。

4547 弍　《説文》:"古文二字也。"漢《梁休碑》弍鼎用此。按:古"一"亦作"弌","三"亦作"弎",皆見《説文》。

4548 壹貳叁肆伍陸柒捌玖拾　《演繁露》:"古書一二三,俱以弋爲母,而隨數附合,以成其字。不知單書一畫爲一、二畫三畫爲二三起自何時。今官府文書,凡其記數,皆取聲同而點畫多者改用之。于是壹貳叁肆之類,本皆非數,借以爲用,貴其不可改換爲姦耳。本無義理,可與之相更也。若十之用拾,八之用捌,九之用玖,則全無附益也。其有在疑似間者,惟叁與壹貳字耳。"按:唐張參《五經文字》每部後凡幾字之題,皆作壹貳參等,惟七作"漆"字小殊。武后時《岱岳觀造像記》所用數字亦然,則諸字之借行,自唐初然矣。壹貳參古本通用,不僅在疑似也。《詩》"壹發五豝",《大學》"壹是皆以修身爲本",石經《中庸》"可壹言而盡也",《儀禮·士冠》"賓壹揖壹讓",《有司徹》"衆賓皆答壹拜",《莊子》"某壹怪之",《漢書·揚雄賦》"招摇泰壹","壹"字並與"一"同。《易》"尊酒簋貳",

《禮記》“雖貳不辭”、“士有貳宗”,《論語》“不貳過”,《孟子》“市價不貳”,“貳”字並與“二”同。《周禮》“參分去一”,《左傳》“自參以上”,《攷工記》“闈門容小扃參箇”,《莊子》“參日而後能外天下”,《淮南子》“再言而通,參言而究”,《史·淳于髠傳》“飲可八斗而醉二參”,“參”字並與“三”同。外如“五”之與“伍”,“七”之與“柒”,亦古所間通,未得竟斥爲無義。《漢·藝文志》有《五子胥書》八篇,卽伍子胥也。《吕氏春秋》亦言“五員亡荆”,《後漢·宦者傳》“越騎營五百,妻有美色”,韋昭注曰:“五百字本爲伍伯。”崔豹《古今注》:“五人曰伍。”故伍伯亦稱五百,轉互相通,“五”固可爲“伍”矣。“七”舊通“漆”,《墨子》“周公夕見漆十士”,《太玄文》“擬之二漆”是也,故張參亦以此代“七”,而《廣韻》謂“柒與漆同”,《山海經》“剛山多柒木”,《水經注·漆水》下有“柒縣”、“柒渠”、“柒溪”,皆變“漆”爲“柒”。是“七”之爲“柒”,亦有所因緣矣。至“陸”、“六”兩字,《後漢·馬援傳》“今更共陸陸”,與《史記》“公等錄錄”意同,而《樂府》“錄要”通作“六幺”。“捌”字别文作“朳”,省其旁卽爲“八”,此則程氏所謂“疑似之間”,未敢多附會焉。

4549 𝍠𝍡𝍢𝍣╳𝍥𝍦𝍧𝍨 司馬温公《潛虚》以此代一至九字。按:今市廛計簿有所謂號馬者,以一作〡,二作〢,三作〣,四作〤,五作〥,六作〦,七作〧,八作〨,九作〩,其一二三與《潛虚》正同,六七八文雖縱横互易,而意亦仍之,惟〤乃古文𠄡字之省,又與十斜正相比,今誤以當四,别用西洋五字爲〥,與温公法殊。《左傳·襄三十年》:“亥有二首六身。”杜注云:“亥字二畫在上,并三人爲身,如算之六。”蓋古人記算字,原有别就簡易之體。

4550 廿卅卌 《説文》:“廿,二十并也,人汁切。”徐鉉曰:“自古以來,二十字從省,并爲廿字。”《玉篇》作“廾”。漢石經《論語·八佾》《陽貨》篇末皆題云:“凡廿六章。”《攷工記·輪人》:“十分寸之一謂之枚。”疏云:“故書十與上二合爲廿字,則二十、三十、四十字,一字爲兩讀,因而有之。”《國語》:“行玉廿穀。”注[1]云:“今本作二十,舊音獨出廿字,當音入。”顔之推《稽聖賦》:“中山何夥,有子百廿;魏嫗何多,一孕四十。”《秦泰山碑》:“皇帝臨位廿有六年。”皆用此廿字。三十字並爲卅,或作卅,又作𠦃。漢石經“三十而立”爲“卅而立”,唐石經爲“卅”。王符《潛夫論》:“年卅以來。”韓愈《孔戣墓銘》:“孔世𠦃八,吾見其孫。”音皆蘇沓切。《史記》:“《秦會稽頌》:‘德惠修長,三十有七年。’”秦碑通以四字爲句,不應此獨五字。以《泰山碑》“廿有六年”例觀,當亦作“卅”,後人誤分之耳。四十古亦并爲卌字,漢石經“年四十而見惡”爲“年卌”。别作卌、𠀅,蘇軾詩:“惡業相纏卌八

① 宋庠《國語補音》卷一。

年。”《浙江志》載杭青枝塢掘得唐貞元間于府君墓甎四十字，并文爲卌，其音皆先立切。按：《舊唐書·睿宗紀》先天二年三月詔：“凡制勑表狀、書奏、牋牒年月等數，作二十、三十、四十字。”蓋前此通行爲廿卅卌，雖于經傳表奏皆然，故至此乃詔正之。

4551 念　《金石文字記》：“《開業碑》陰多宋人題名，有曰‘元祐辛未陽月念五日題’，以‘廿’爲‘念’，始見于此。楊慎謂‘廿’字韻書皆音入，惟市井商賈音念，而學士大夫亦從其誤者也。”

4552 佰　《漢書·食貨志》：“仟佰之得。”注云：“仟謂千錢，佰謂百錢，佰音莫白反。”世俗作“陌”。《夢溪筆談》：“百錢謂陌者，借字用之，其實只是百字，如什與伍耳。”仟佰皆从人，今作阡陌，而皆从阜。指田之阡陌，當从阜，《漢志》或从人，蓋古字通用。

4553 万[①]　《説文》：“十千爲万。”《古文尚書》凡萬字皆正作“万”。二王帖“萬”每作“万”。《甕牖閒評》：“萬者，蠍也。万者，十千也。二字之義全别，惟錢穀之數，懼有改移，故万借爲萬，蓋出于不得已也。其餘万字，既不懼改移，安用借爲哉？《詩》《書》中如‘萬邦爲憲’，‘無以爾萬方’，用万字甚多，皆悮借爲萬耳。”

4554 卍　《楞嚴經》：“卽時如來從胸卍字涌出寶光，其光晃昱有千百色。”《學古編》：“此字人謂萬字，乃出古錢。”《華嚴音義》：“卍本非字，周長壽二年，上權制此文，著于天樞，音之爲萬，謂吉祥萬德之所集也。”《法苑珠林》：“開卍字于胸前，躡千輪于足下，卍與千相偶爲辭。”

4555 兩　《夢溪筆談》：“古秤一斤，當今四兩三分兩之一，一兩當今六銖半。”然《文選》注謂“二十四銖爲一兩”，相去懸殊，而今多從二十四銖之説。

4556 錢　《日知錄》：“古算法二十四銖爲兩，近代乃十分其兩，而有錢之名，此字本是借用錢幣之錢，非數家之正名。《唐書》：‘武德四年，鑄開通元寶，重二銖四絫，積十錢重一兩。’所謂‘二銖四絫’者，今一錢之重也。後人以其繁而難曉，故代以錢字。”

4557 分　又：“古時分乃度之名。《説文》：‘寸，十分也。’《漢書·律歷志》：‘一黍爲一分，十分爲一寸。’《孫子算術》：‘十氂爲分，十分爲寸。’皆然。惟《淮南子》：“十二粟當一分，十二分當一銖，十二銖當半兩。’此則權之名，然以十二

---

① 黃侃：“万”乃“宀”字之變，猶“𡨄”下冋之變爲“万”也。“萬”之本字爲“𧷢”，作“萬”乃其省，而其語根當爲“宀”：“交覆深屋也。”或云“万”爲“曼”之省，“曼”或作“㬅”，因省作“万”耳。

分爲銖,二十四銖爲兩,則小于今之爲分者多矣。"

4558 大半、小半 《周禮·司裘》注:"侯中丈四尺者,鵠方四尺六寸大半寸,侯中一丈者,鵠方三尺三寸少半寸。"疏云:"三分寸之二,是大半寸也,三分得一分,名爲少半寸。"《漢書·膠西王傳》:"削其國去大半。"張晏注亦云"三分之二爲大半,一爲小半"。

4559 巨萬 《史記·司馬相如傳》:"費以巨萬計。"《酷吏傳》:"杜周家貲,累數巨萬。"《索隱》曰:"巨萬,猶萬萬也。"

4560 幺 《日知錄》:"一爲數之初,故以小名之,骰子之以一爲幺是也。"按:《爾雅》"幺,幼",《漢書》"幺錢",俱但訓小。惟陸機《文賦》"猶弦幺而徽急",幺,猶言孤,略于"一"義相近。

4561 大 又:"今人兄弟行次稱一爲大,不知始自何時。漢淮南厲王常謂上'大兄',孝文帝行非第一也。"

4562 平頭 白居易詩:"青山舉眼三千里,白髪平頭五十人。"又:"火銷燈盡天明後,便是平頭六十人。"按:凡計數逢十,今俗謂之齊頭數,平與齊同。

4563 一切 《漢書·平帝紀》:"吏在位二百石以上,一切滿秩如眞。"師古曰:"一切者,權時之事,非經常也,猶刀切物,苟取整齊,不顧長短縱横,故言一切。"

4564 畫一 《漢書·曹參傳》:"蕭何爲法,顜若畫一。"注曰:"言整齊也。"

4565 加一 《左傳·昭三年》:"晏子曰:'陳氏三量,皆登一焉,鍾乃大矣。'"杜註:"登,加也,加一,謂加舊量之一也。舊以四升爲豆,四豆爲區,四區爲釜,釜十爲鍾,鍾六斛四斗。陳氏以五升爲豆,五豆爲區,五區爲釜,則釜八斗,鍾八斛。"按:今云加一,乃謂斗秤之十分增一者,實異而名義同。

4566 前三後五 《淮南子·天文訓》:"立春後得太陰之辰而遷其所順,前三後五,百事可舉。"按:恒語"前三後四","四當"爲"五"之訛。

4567 十頭二十頭 《歐陽文忠公集·與姪簡》云:"二哥十頭出京,三五日到家,汝欲二十頭歸,何故更令郭天錫先歸也?"按:自十一至十九日,俗皆謂之十頭,二十一至二十九日,皆謂之二十頭,北宋時有斯言矣。

4568 三二年 《古廬江小吏》詩:"共事三二年,始爾未爲久。"《南史·徐元妃傳》:"帝三二年一入妃房。"又《何點傳》:"欲陳三兩條事。"《唐書·百官志》:"李靖以疾辭位,詔疾小瘳,三兩日一至中書門下平章事。"按:以數字倒言之者,始見《書·無逸》"或四三年"。又《宋書·文元袁后傳》:"后就上求錢帛,所得不過五三万,五三十匹。"《魏書·邢巒傳》:"五三族落,雖在山居,而多豪右。"《北史·蕭大圜傳》:"侍兒五三,可充織紝。"今"四三"、"五三"之言,不著于流俗,惟"三二"多承襲之。

4569 丈一丈二　《容齋續筆》:"俗謂米一石有畸曰石一石二,帛長一丈有畸曰丈一丈二之類。據《考工記》'殳長尋有四尺',注云'長丈二也'。《史記·張儀傳》'尺一之檄',漢淮南王安書'丈一之組',《匈奴傳》'尺一牘',《後漢》'尺一詔',唐語'城南韋杜,去天尺五',則亦有所本云。"

4570 三三如九,三四十二　《容齋續筆》:"三三如九,三四十二等,皆俗語算數。然《淮南子》中有之,'三七二十一萬',蘇秦説齊王之辭也。《漢書·律歷志》劉歆典領鍾律奏,其辭亦云'八八六十四'。杜預注《左傳》'天子用八'云'八八六十四人',又'六六三十六人,四四十六人'。如淳、孟康、晉灼注《漢志》,亦有'二八十六,三四十二,六八四十八,八八六十四'等語。"按:古如此類尚多,《大戴禮·易本命篇》言天地生人物所主日辰等數,《管子·地員篇》言九施之土下及泉之尺數,尤甚詳備。所云"三三如九","如"當讀爲"而",古字通用也①。《大戴禮》云"三三而九,九九八十一",《周禮》疏亦云"二二而四,三三而九",可證。

4571 什八九　《漢書·宣帝紀》:"畜産大耗什八九。"《丙吉傳》:"至今什八九矣。"《南史·羅研傳》:"窮迫之人什有八九,束縛之使旬有二三。"按:《漢書》中主什計數之文,見之甚多。《高帝紀》"士卒墮指者什二三",《張耳傳》"什有一二相全",《食貨志》"愁苦死者什六七"。又"什三"、"什六",皆見《地理志》,"什四"見《成帝紀》,"什五"見《食貨志》,"什七"見《霍去病傳》,"什八"見《刑法志》,凡此皆與《孟子》"什一"同義。

4572 實除減半　《周禮·司稼》注:"豐年從正,儉有所殺,若今十傷二三,實除減半也。"

4573 得寸得尺　《戰國策》:"范雎曰:'得寸則王之寸,得尺亦王之尺也。'"

4574 一尺還他十寸　《五燈會元》育王介諶語云:"果能一尺還他十寸,八兩原是半斤。"

4575 半斤八兩　《五燈會元》谷隱照有"秤頭半斤,秤尾八兩"語,白雲端有"一箇重半斤,一箇重八兩"語,上方益、薦福休俱有"左眼半斤,右眼八兩"語。又元李致遠《還牢末》曲:"他重一斤,你十六兩。"

---

① 黄侃:諦。

4576 斤兩 《抱朴子》:"我之涯畔無外,而彼之斤兩有限。"①

4577 十來斤 《隸續》載《新莽候鉦銘》"候鉦重五十來斤",洪景伯曰:"來,蓋泰字小變而借用作七也。"按:世俗約計數自有"十來斤"之語,或屬本文,未可知。

4578 千斤擔 《續燈錄》:"僧問道一:'如何學人著力處?'一曰:'千斤擔子兩頭摇。'"

4579 十全 《周禮·醫師》:"十全爲上,十失一次之。"

4580 萬全 《史記·淮南王傳》:"聖人萬舉萬全。"《素問》:"能合脉色,可以萬全。"

4581 三三兩兩 晉《樂錄·嬌女詩》:"行不獨自去,三三兩兩俱。"《述異記》:"冀州有蚩尤戲,其民兩兩三三,頭戴牛角而相觝。"又李白《采蓮曲》:"岸上誰家遊冶郎,三三五五映垂楊。"施肩吾《襄陽曲》:"大堤女兒郎莫尋,三三五五結同心。"

4582 十十五五 《晉書·天文志》:"降氣如人,十十五五,皆叉手低頭。"《古艷歌·何嘗行》:"十十五五,羅列成行。"江淹《兔園賦》:"十十五五,忽合而復散。"《北史·來護兒傳》:"長白山頭百戰場,十十五五把長鎗。"

4583 千萬 今簡牘中丁寧語也,唐宋已皆用之。師古《漢書》注:"多謝,若今人言千萬問訊矣。"《長慶集·哀令狐相公》詩:"最感一行絶筆字,尚言千萬樂天君。"注:"令狐《與夢得手札》云:'見樂天君,爲申千萬之誠也。'"《歐陽公集·與兒發簡》:"酒須少飲,千萬千萬!"《東坡集·與錢濟明尺牘》:"有一頌,親作小字錄成,切勿示人,千萬千萬!"

4584 萬不失一 《史記·淮陰侯傳》:"蒯通曰:'貴賤在于骨法,憂喜在于容色,成敗在于決斷,以此參之,萬不失一。'"又《論衡·須頌篇》:"從門庭聽堂室之言,什而失九,如登堂闚室,百不失一。"

4585 千無一 《列子·楊朱傳》:"得百年者,千無一焉。"按:今所謂"千中選一"也。

4586 百歸一 《大智度論》:"譬如算數,百算竟還至一。"按:今諺"九九還歸一"即此。

4587 千方百計 《朱子語錄》:"譬如捉賊相似,須是著起精神,千方百計,去趕捉他。"《元氏掖庭記》:"淑妃龍氏貪而且妬,宫人少有不如意,百計千方,致其

---

① 黄侃:"斤兩"、"伎倆",是一語也。

苦楚。”鄭禧《春夢錄》:“奈千方百計不可,而此病愈危。”按:《史記·外戚世家》:“欲其生子,萬方終無子。”萬方,猶千方百計之説。

4588 千變萬化　《列子·湯問篇》:“千變萬化,惟意所適。”《淮南·俶眞訓》:“若人千變萬化,而未始有極也。”京房《易傳》:“升降反覆,不能久處,千變萬化,故稱乎易。”賈誼《鵩鳥賦》:“千變萬化兮未始有極,忽然爲人兮何足控摶。”

4589 十八變　《易》:“十有八變而成卦。”按:凡事物之多變者,俗並以“十八”言之,如“黄梅天十八變”、“女長十八變”之類。

4590 八字打開　朱子《與劉子澄書》:“聖賢已是八字打開了,人自不領會,却向外狂走耳。”按:今有“八字不見一撇”之諺,似又因于此語。

4591 破二作三　《五燈會元》:“死心悟新偈云:‘有時破二作三,有時合三歸一。’”

4592 半夾界　胡居仁《居業錄》:“半上落下人難做,半夾界事難做。”

4593 一把子　《北齊書·高阿那肱傳》:“一把子賊,馬上刺取,一擲汾河中。”《南史·陳武帝紀》:“一把子人,何足可打。”

4594 一脚子　《朱子語錄》:“‘興于《詩》’章,只是游藝一脚意思。”《元典章》:“皇慶元年,詔今後做好事處,只與素茶飯,合喫肉的,一脚子肉,二脚子肉,宣徽院斟酌與者。”按:物之有四脚者,四分之,各爲一脚,今食肆中有此言。

4595 一條鞭　《明史·食貨志》:“一條鞭者,以府州縣十歲中兩税運存之額,均徭、里甲、土貢、僱募、加銀之額,通爲一條,總徵而均支之也。”按:此法自明季創行,至今不改。而凡事之并繁就簡,世俗亦借以言焉。

4596 一落索　《朱子文集·答吕子約》曰:“請打併了此一落索後,看却須有會心處也。”

4597 三頭兩緒　又《答張敬夫》曰:“不主敬而欲存心,外面未有一事時,裏面已是三頭兩緒矣。”《答吕伯恭》曰:“大抵兩頭三緒,東出西没,從上聖賢,無此様轍。”

4598 三起三倒　李商隱賦:“不及苑中人柳,終朝剩得三眠。”注云:“漢苑有人形柳,一日三起三倒。”

4599 四轉五復　《吳志·孫休傳》:“十一月甲午風,四轉五復,蒙霧連日。”

4600 七上八下　見趙德麟《侯鯖錄》。元賈仲名曲作“七上八落”。又《五燈會元》有文、圓智俱有“七零八落”語。

4601 七穿八穴　《五燈會元》:“普鑑慈云:‘著些精彩,究教七穿八穴,千了百當。'洞山言云:'脚跟下七穿八穴。'"

4602 八凹九凸 又:"僧問從漪:'如何是天平山?'漪曰:'八凹九凸。'"

4603 八花九裂 又:"僧問慧顒:'如何是無縫塔?'顒曰:'八花九裂。'"

4604 呼幺喝六 見元人《氣英布》曲。

4605 斷幺絶六 《湧幢小品》:"丙辰會試,沈同和以倩代中第一名,代者趙鳴揚中第六名,俱吳江人。事發,並除名。蘇州人爲之語曰:'丙辰會錄,斷幺絶六。'"

4606 推三阻四 見元人《鴛鴦被》《隔江鬭智》二曲。

4607 綴五饒三 《續燈錄》:"浮山遠曰:'敵手知音,當機不讓,若是綴五饒三,局破後徒勞掉斡。'"

4608 丁一確二[①] 見《朱子語錄》。《言鯖》:"爾時方言也。"元人《兒女團圓》《抱妝盒》二曲俱作"丁一卯二"。

4609 一即一,二即二 《五燈會元》:"慈濟聰偈:'一即一,二即二,把定要津,何處出氣?'"

4610 數一數二 見戴善夫《風光好》劇。

4611 掛一漏萬 韓退之詩:"團辭試提挈,掛一念萬漏。"

4612 一舉兩得 《晉書·束晳傳》:"一舉兩得,外實内寬。"又《戰國策》:"富丁曰:'我一舉而兩取地于秦、中山也。'樂毅曰:'一舉而名實兩附。'"

4613 一誤豈容再誤 《宋史·秦[②]王廷美傳》:"太宗以傳國之意訪趙普,普曰:'太祖已誤,陛下豈容再誤耶?'"

4614 一法通,萬法通 《莊子·天地篇》引《記》曰:"通于一而萬事畢。"《五燈會元》:"道膺頌曰:'一法諸法宗,萬法一法通。'"

4615 十中八九 《漢書·朱博傳》:"平處輕重,十中八九。"《三國志·周宣傳》:"宣之敘夢,十中八九,世以比建平之相矣。"又《漢書[③]·襄楷傳》注引《太平經》曰:"神咒百中百,十中十,用之所向無不愈。"

4616 聞一增十 《論衡·藝增篇》:"譽人不增其美,則聞者不快其意;毁人不益其惡,則聽者不愜于心。聞一增以爲十,見百益以爲千。"

4617 一人傳十,十人傳百 《宋史·選舉志》:"老儒賣文場屋,一人傳十,十

① 黄侃:今謂丁實曰"的確",丁一確二,言其諄實也。

② "秦"當爲"魏",見《宋史·魏王廷美傳》。

③ "漢書"當爲"後漢書",見《後漢書·襄楷傳》。

人傳百，致試文多有雷同，合取卷參驗，黜落。”

4618 一人傳虛，萬人傳實　《傳燈錄》契訥、存奬皆舉此語。

4619 千虛不博一實　《陸象山語録》：“千虛不博一實，吾生平學問無他，只是一實。”

4620 千邪不如一直　《聯燈會要》淨源眞舉揚此語。

4621 板板六十四　見《豹隱紀談》。按：凡鼓鑄錢每一板六十四文，乃定例也，或私增其一，卽屬偷鑄，故俚俗又謂偷兒曰“六十五”。

4622 不一一　車若水《脚氣集》：“王右軍帖多于後結寫不具，猶言不備也，其不具草書似不一一。蔡君謨並寫不一一，然亦不失理。”

4623 一二三四五六七　羅隱《人日立春》詩以此七字爲句。又楊萬里詩：“稍稍進薄酒[①]，一二三四五。”王安石詩：“有一卽有二，有三卽有四。一二三四五，亦有何妨事。”

4624 不可無一，不可有二　《齊書·張融傳》太祖謂融云。

4625 以一易兩，以兩易一　《荀子·正名篇》：“以一易一，人曰無得無喪也；以一易兩，人曰有得也；以兩易一，人曰有喪也。計者取其多，謀者從所可。以兩易一，從道而出，猶以一易兩也，奚喪？離道而内自擇，是猶以兩易一也，奚得？”

4626 知其一，不知其二　《莊子·天地篇》：“子貢以漢陰丈人事告孔子，孔子曰：‘彼識其一，不知其二。’”《説苑·臣術篇》：“孔子與子貢論管仲、子産，曰：‘女知其一，不知其二。’”《列女傳》：“漆室女對隣婦曰：‘子知其一，不知其二。’”《史記·高祖紀》：“語王陵曰：‘公知其一，未知其二。’”《晉書·杜有道妻嚴氏傳》：“爾知其一，不知其他。”按：《詩·小雅》：“人知其一，莫知其他。”諸語，並昉之也。

4627 一之謂甚，其可再乎　《左傳·僖五年》宫之奇云。

4628 差若毫氂，謬以千里　《禮記·經解篇》引《易》云云。疏曰：“《繫辭》文。”《史記·東方朔傳[②]》：“失之毫氂，差以千里。”徐廣注曰：“《易》無此語，《易緯》有之。”《晉書·虞預傳》作“毫釐之失，差以千里”。

4629 二十三　《言鯖》：“後唐潞王以正月二十三日生，小字二十三。人臣奏對，但云兩旬三日，數物則云二十二更過二十四，不敢斥尊也。”今滿洲有名五十

---

① “稍稍進薄酒”，《誠齋集》卷一六《寒食對酒》作“一杯至三杯”。

② “東方朔傳”當爲“太史公自序”，見《史記·太史公自序》。

八、六十二、八十四者，不知潞王已先之矣。

4630 九百 《可談》："青州王大夫，爲詞鄙俚，每投獻當路，以爲笑具。或見其子謝之，其子曰：'大人九百亂道，玷瀆高明。'葢俗以神氣不足者爲九百，豈以一千卽足數耶？"《愛日齋叢抄》："九百，或取喻細瑣之爲者。東坡文中有一條云：彭祖八百歲没，其婦哭之慟，以九百者尚在也。李方叔曰：'俗語以憨痴爲九百，豈可筆之文字間乎？'坡曰：'子未知所據耳。《西京賦》小説九百，本自《虞初》。葢稗官凡九百四十三篇，皆巫醫、厭祝及里巷所傳言，西漢人洛陽虞初以其書事武帝，出入騎從，其書亦號九百，吾言豈無據也？'方叔後讀《文選》，見其事具《選》注，始嘆其精通。"按：今猶以較論細瑣人爲"九百"。

4631 千七 《定命錄》："魏仍貶黄岡尉，准勅量移。乞夢，夢拾得一毛拂子，就李龜年占議，曰：'毛字千下有七，應去此一千七百里。'如其言。"按：今"千七"之言習于人口。

4632 一方一千 《劉貢父詩話》："今言萬爲方，千爲撇，非訛也，若隱語耳。"葢北宋已有爲此言者。《繼世紀聞》："劉瑾用事，賄賂公行，凡有干謁者云饋一干，卽一千之謂，云饋一方，卽一萬之謂，後漸增至幾干幾方。"

4633 一个 《大學》："若有一个臣。"《左傳》："又弱一个焉。"《吳語》："一个負矢，百羣皆奔。"《攷工記》："廟門容大扃七个，闈門容小扃參个。"通作"箇"。揚子《方言》："箇，枚也。"《荀子·議兵篇》："負矢五十箇。"亦作"個"。《儀禮·士虞》及《特牲饋食》俱云："俎釋三个。"鄭注云："今或名枚曰個者，音相近也，俗言物數有云若干個者。"按："个"屬古字，經典皆用之，"箇"起六國時，"個"則用于漢末。鄭康成猶謂俗言，唐人習用"箇"字，如杜詩"兩箇黄鸝鳴翠柳"、"樵音箇箇同"。今或反疑"个"爲省筆，非也。

4634 一枚 《説文》："枚，幹也。"又箇也。樹枝曰條，幹曰枚，故凡數事曰條，數物曰枚。《史記·田完世家》梁王曰"寡人有徑寸之珠照車十乘者十枚"、《貨殖傳》"木器髤者千枚"、《漢書·禮樂志》"犍爲水濱得古磬十六枚"是也。又《攷工記·輪人》："十分寸之一謂之枚。"

4635 一金 《公羊·隱五年傳》："百金之魚。"注："百金，猶百萬也，古以金重一斤，若今萬錢。"《史記·平準書》注："臣瓚曰：'秦以一鎰爲一金，漢以一斤爲一金。'孟康曰：'二十四兩曰鎰。'"《戰國策》注："二十兩爲一金。"《演繁露》："漢言百金中人十家之産，則一金必不止一兩矣，説者各隨所見别多寡。予觀古者一代事物，各爲一制，不但正朔物色而已。周人之金以鎰計，二十兩也；漢人之金以斤計，方寸重一斤也。《食貨志》黄金一斤直錢萬，則漢云一金者，皆爲金一斤。”

4636 一匹　《小爾雅》:“倍丈謂之端,倍端謂之兩,倍兩謂之疋。”《淮南·天文訓》:“四丈爲匹。匹者,中人之度也。”《風俗通》:“《論語》‘匹夫匹歸’傳云:‘一男一女成一室,古男女作衣用二匹,今人單衣故言匹。’”《隋書·禮志》:“庶人婚,絹可三十匹。”按:匹、疋二字,古多混雜用之[①],其實以“匹”爲是。又世人言馬亦以“匹”爲數。《史記正義》:“相馬及君子與人相匹,故曰匹。或曰馬縱横適得一疋。”《索隱》引《韓詩外傳》曰:“孔子與顏回登山,望見一疋練,曰:‘馬也。’視之果馬。馬之光景,一疋長也。”《演繁露》:“自古言匹馬,皆一馬也。文侯之命有馬四匹,不知當時何指?《韓詩外傳》謂馬夜行,目光所及,與匹練等;或言價與匹帛等,不知孰是。劉勰《文心雕龍》曰:‘古名車以兩,馬以匹,蓋車有佐乘,馬有驂服,皆以對並稱。雙名既定,則雖單亦稱匹,如匹夫匹婦之比。’其説爲長。”

4637 一兩　《孟子》:“革車三百兩。”《史記·貨殖傳》:“牛車千兩。”師古注曰:“一乘曰一兩,謂之兩者,言其車輪兩兩而偶。”

4638 一頭　《左傳》注:“兵賦之法,因其田財通出馬一匹,牛三頭。”《漢書·西域烏孫傳》:“馬牛羊驢橐駝七十餘萬頭。”《晉書·麴允傳》:“麴與游牛羊不數頭。”按:今俗惟牛之數仍以“頭”計,驢羊等不然。

4639 一僧[②]　揚子《方言》一周曰“一僧”,今通作“遭”。

4640 一出　俚俗謂一番曰一出。《世説》:“林公答人云:‘今日與謝孝劇談一出來。’”《傳燈錄》:“藥山問雲巖:‘聞汝解弄師子,弄得幾出?’曰:‘弄得六出。’藥山曰:‘我亦弄得。’雲巖曰:‘和尚弄得幾出?’曰:‘我弄得一出。’”

4641 一搭[③]　盧仝《月蝕》詩:“當天一搭如炱煤。”按:《周禮·掌客》注:“秭秅麻荅。”疏云:“秅是束之總名,秭亦數之總號,荅是鋪名,刈麻者,數把共爲一鋪。”觀此可知“一搭”之義。

4642 一宗　《游覽志餘》載嘲杭州諺云:“好和万,立一宗。”按:猶左思《吳都賦》所謂“宗生高岡之宗”,言其叢聚也。

4643 一通　《文選》注引《軍戰令》:“嚴鼓一通,步騎士悉嚴。”《李衛公兵法》:“撾鼓三百三十三槌爲一通,鼓止角動,吹十二聲爲一疊。”

---

① 黄侃:“疋”即“匹”之變,非“大疋”字也。

② 黄侃:僧,終也。今曰“一僧”,古曰“一終”。

③ 黄侃:“一搭”乃一狹長形,乃“一道”之音轉。

4644 一頓 《文字解詁》:“續食曰頓。”《世説》:“羅友少時嘗伺人祠,曰:‘欲乞一頓食。’”又[①]:“吳領軍使婢賣物供客,比得一頓食,殆無氣可語。”《宋書·徐湛之傳》:“會稽公主見太祖曰:‘汝家本貧賤,今日得一頓飽食,便欲殘害我兒子。’”杜詩:“家家養烏鬼,頓頓食黄魚。”置食之所,因亦謂“頓”。《北史》[②]:“農爲中軍,寶爲後軍,相去各一頓。”《隋書》:“每之一所,輒數道置頓。”《唐書》高宗幸并州,使是行尚食之處,皆稱“頓”。又世俗計打曰“頓”,亦自唐人言之。《舊唐書·章懷太子傳》:“子守禮幽閉宫中,每歲被勑杖數頓,瘢痕甚厚。”《啓顔録》楊素與侯白作謎,有“未到日中,已打兩頓”語。《朝野僉載》:“婁師德責驛長曰:‘我欲打汝一頓,細瑣事徒涴却名聲,且放却。’”《傳燈録》:“黄檗謂:‘大愚老漢饒舌,待來痛與一頓。’臨濟曰:‘説甚待來,即今便打。’”又:“大愚謂存獎曰:‘這瞎漢來納敗闕,脱下衲衣,痛打一頓。’”

4645 一道 洪巽《暘谷漫録》:“道字有數義,今俗語指官員亦謂爲一道官,大槩以道爲路,至于官司符引據牒亦曰幾道,試士之文義策論亦曰幾道,則未詳其訓義。”

4646 一工 《律例》:“一日以百刻計,一工以朝至暮計。”

4647 一擔 《後漢書·韋彪傳》注:“江淮人謂一石爲一擔。”按:今不特江淮爲然。

4648 一轉 李詡《俗呼小録》:“湖州以桑葉二十斤爲一箇,杭州以柴四圓籠爲一轉。”

4649 一棱[③] 杜甫《夔州》詩:“塹抵公畦棱。”棱,讀去聲。注云:“京師農人指田遠近,多曰幾棱,今稱一棱兩棱是也。”陸龜蒙詩“我本曾無一棱田”,范成大詩“汙萊一棱小[④]周圍”。按:《韻書》“棱”無側聲,而《集韻》以土壟爲“埨”,力準切,二字或可通耶?

4650 一弓 《儀禮·鄉射禮》:“侯道五十弓。”疏云:“六尺爲步,弓之古制六尺,與步相應。”《周禮·司裘》注:“凡侯道虎九十弓,熊七十弓,豹麋五十弓。”又釋典《度地論》:“二十四指横布爲一肘,四肘爲一弓,三百弓爲一里。”

4651 一箭 路至近則曰“一箭道”,見《法華經》。

4652 一橛 《傳燈録》:“靈觀謂參僧:‘是便是,秖得一橛。’”龐元英《談藪》:

---

① 《太平御覽》卷四〇五引《俗説》。
② “《北史》”當爲“《資治通鑑》”,見《資治通鑑·晉安皇帝隆安二年》。
③ 黄侃:棱,柧也,有圭角義。則“幾棱”猶言幾方爾。吾土人轉音爲“塄”,謂田少地窄曰“一塄兒”。
④ “小”當爲“水”,見《石湖詩集》卷二七。

“甄龍友頌臨安大佛云：‘盡大地人，只見一橛。’”

4653 一樹　《隋書・禮志》：“后首飾花十二樹。”

4654 一腰　《舊唐書・五行志》：“安樂公主造百鳥毛裙兩腰。”《傳燈録》：“藥山示衆曰：‘法身還具四大，無道得者，與他一腰裩。’”

4655 一領　《能改齋漫録》：“簟可言一領。《世説》王大見王恭坐六尺簟，因語恭：‘卿東來，故應有此物，可以一領及我。’”白居易詩：“一領新秋簟，三間明月廊。”按：被褥則以“床”計，古亦然。花蕋夫人《宫詞》：“内人對御分明看，先賭紅羅被十床。”

4656 一張　篙一枝曰“一張”。李白《溢灘》詩：“漁人與舟子，撑折萬張篙。”

4657 一花　《俗呼小録》：“數錢以五文爲一花。”按：凡花五出者爲多，故諺云爾。

4658 一槖[①]　《篇海》：“槖，防教切，音匏，出免疑韻，俗謂四十斤爲槖。”按：今則以銀十兩爲“一槖”，又繭十斤爲“一槖”。

4659 一壯　《後漢書》注引《華佗别傳》有“灸此各七壯”語。《三餘贅筆》：“醫家用艾一灼，謂之一壯。沈存中言：‘以壯人爲法，其云若干壯，壯人當依此數，老幼羸弱，量力減之。’”按：此説未是[②]。《周禮・攷工記・㮚氏》云：“凡鑄金之狀，金與錫，黑濁之氣竭，黄白次之；黄白之氣竭，青白次之；青白之氣竭，青氣次之，然後可鑄也。”注云：“古書狀作壯，杜子春曰：‘當爲狀。’”疏云：“此㮚氏鑄冶所候烟氣，以知生熟之節。”讀此，則知灼艾所云“壯”者，亦候烟氣節耳。灸法出自上古，故自與故書言合。杜子春改其文，乃杜之偶誤。沈存中憑臆爲説，亦未詳攷乎此。

① 黄侃：“槖”無以下筆，當從雹。吾鄉竟以十爲“雹”，如十千錢曰“雹把錢”、十個人曰“雹把人”。案其字當作“𠦃”。《説文》“𠦃”，《繫傳》本：“一曰十。”

② 黄侃：當依沈説。

卷三十三　語辭

4660 之乎者也[①] 《玉泉子》:"李絳姪據以門廕宰澠池,嘗判決祇承人云:'如此癡頑,豈合喫打。'或語其誤,李曰:'公何不會豈是助語,共之乎者也何別哉?'"《湘山野錄》:"太祖幸朱雀門,指門額曰:'須著之字安用?'趙普曰:'語助。'太祖笑曰:'之乎者也,助得甚事?'"《普燈錄》載楊傑辭世偈云:"無一可戀,無一可捨,大虛空中,之乎者也。"《留青日札》載時諺云:"之乎者也矣焉哉,用得成章好秀才。"又"焉哉乎也"見周興嗣《千文》,"乎哉矣也"見《文心雕龍·章句篇》,"乎歟耶哉"見柳宗元《答杜温夫書》,"者之乎"見盧延讓詩。

4661 云云[②] 《史記·汲黯傳》:"上曰:'吾欲云云。'"《龜策傳》:"腹下文云云者,此某之龜也。"《説苑·至公篇》:"某子以爲何若,某子以爲云云。"《漢書·匈奴傳》:"漢遺單于書,遺物及言語云云。單于遺物言語亦云云。"《晉書·孔嚴傳》:"人口云云,無所不至。"《南齊書[③]·竟陵王子良傳》:"近者云云,定復何謂?"《抱朴子》:"該河洛之籍籍,博百氏之云云。"云云,皆略其辭之辭。

4662 如此如此 顔師古《漢書》注:"云云猶言如此如此也。"孫樵《與高錫望書》:"今世俚俗文章,謂得史法,因牽韓吏部曰:'如此如此。'"

4663 伏惟[④] 林之奇《尚書解》:"如今人云'即日伏惟尊候'之類,使古人聞之,亦不知是何等説話。"按:漢樂府《焦仲卿妻》詩:"府吏長跪告,伏惟啓阿母。"則此語自漢以來有之矣。《魏書》高允上《酒訓》曰:"伏惟陛下以睿哲之姿,撫臨萬國。"

---

① 黄侃:"之"皆"是"之借,除有所往之"之"。"也"皆"兮"與"乎"之借。俗語只連用不變古,單用則"之"變"的"或"底",以連系變"這",以指斥"乎"變"呵","者"亦變"的"、"底","也"變"呀"。

② 黄侃:猶"如此如此"。

③ "南齊書"當爲"南史",見《南史·竟陵王子良傳》。

④ 黄侃:今無此言,惟諛人曰"恭惟人",以俗間信札頌人處每云"恭惟某人"也。

4664 大抵① 《史記·酷吏傳》:"大抵盡詆以不道。"《索隱》曰:"大抵,猶大都也。"《漢書·食貨志》作"大氐",注曰:"氐,讀抵,抵,歸也。大歸,猶言大凡也。"

4665 大分② 分,去聲。《荀子·榮辱篇》:"榮者常通,辱者常窮,是榮辱之大分也。"注曰:"其中雖未必盡然,然其大分如此矣。"

4666 自然③ 《儀禮·喪服記》:"童子惟當室緦。"傳曰:"不當室,則無緦服也。"疏云:"《記》既云'惟當室緦',自然不當室則無服。而傳言之,恐若《曲禮》文之同也。"按:此謂事理之無可疑者,猶云"固然"。

4667 幾乎④ 《水經·滄水》注:"魯定公問:'一言可以喪邦,有諸?'孔子以爲幾乎。"以"乎"字爲語絶。

4668 適值⑤ 《列子·説符篇》:"宋元君曰:'昔有以技干寡人者,適值寡人有歡心,故賜金帛。'"

4669 究竟⑥ 《傳燈錄》:"僧問道行師:'如何修行?'又問:'畢竟如何?'僧問省念師:'如何是不欺人底眼?'又問:'究竟如何?'"《羣書備要》琴操問東坡,亦云"究竟如何"。按:"畢竟"、"究竟"一也,皆若云"到底"耳。唐人又多作"至竟",如杜牧"至竟息亡緣底事"、"至竟江山誰是主"是也。

4670 纔方⑦ 朱子《苦雨》詩:"仰訴天公雨太多,纔方欲住又滂沱。"

4671 業已⑧ 歐陽修《與梅聖俞簡》:"業已如此,當少安之。"

4672 左右 《元曲選·漢宫秋》《青衫淚》皆有"左右是左右"之語,爲事已不能全美,索性一并拚著之意,今俗猶常言之。

4673 動不動⑨ 又:楊氏《勸夫曲》有此語,爲不問行止,一概輙然之意,今亦常言。

---

① 黄侃:《説文》有"奃"字。俗云"大约"。

② 黄侃:俗亦曰"大半"。

③ 黄侃:"然"猶如是。俗云"應該"。

④ 黄侃:俗云"差不多"。

⑤ 黄侃:俗云"恰鬆",吾鄉云"撞"。

⑥ 黄侃:俗云"到底"。

⑦ 黄侃:俗云"方剛"或"剛纔"。

⑧ 黄侃:古又云"緒已",猶事已也。俗又云"已經"。

⑨ 黄侃:"動不動"卽"動輒"也。《莊子·達生》:"輒然忘吾有四肢形體也。"《釋文》:"不動貌。"然"輒"本字當作"耴":"安也。""動輒"與俗語"横豎"、"左右"同意。至"專輒"之"輒",又當爲"執",執,持也,斷也。

4674 只管[①]　《朱子語録》多有之,如云:"只管怕人曉不得,故重叠説。"又云:"今人眼孔小,只管要去推求。"

4675 也得[②]　《唐國史補》:"陸兗公爲刺史,有家僮遇參軍不下馬,參軍鞭之,曰:'卑吏犯公,請去。'兗公從容謂曰:'奴見官人不下馬,打也得,不打也得。官人打了,去也得,不去也得。'"

4676 不成[③]　《朱子語録》:"'子謂仲弓曰','曰'字留亦何害?如'子謂顔淵曰:吾見其進也',不成是與顔淵説。"

4677 看[④]　《傳燈録》:"廣德源云:'你諸人試開口看。'雲門偃曰:'汝等且説箇超佛越祖底道理看。'"《朱子集·答張敬夫》亦有"更商量看"語。

4678 甯可　《説文》:"甯,所願也。"徐氏注:"甯,猶寧也,俗言寧可如此,爲甯可如此。"按:《左傳》"公孫寧",《公羊》作"公孫甯";《吕覽》"甯越",賈生《過秦論》作"寧越";《史記·酷吏傳》"寧成",《漢書》作"甯成";《漢·地理志》"廣寧縣",《晉書》作"廣甯郡"。"寧"、"甯"二字古通用也。寧可,見《世説新語》:"劉尹曰:'寧可鬬戰求勝。'"

4679 耐可　李白詩"耐可乘明月",又"耐可乘流直上天"。按:耐,音略讀如能,亦俗言"寧可"之轉[⑤]。

4680 眞箇[⑥]　韓愈詩:"老夫眞箇是童兒。"趙嘏詩:"謫仙真箇是仙才。"蘇軾詩:"坐來眞箇好相宜。"楊萬里詩:"不如老圃今眞箇。"許月卿詩:"明日懶人眞箇歸。"

4681 不能轂　《漢書·匈奴傳》:"平城之下亦誠苦,七日不食,不能轂弩。"《唐書·張巡傳》:"士才千餘人,皆癯劣不能轂。"[⑦]按:世凡不勝任、不滿意,俱借此以爲辭。王實甫曲有"誰能轂"句。

4682 不消得[⑧]　《五燈會元》:"巖頭見一婆子抱兒,曰:'不遇知音,祇這一箇也不消得。'石霜往見楊大年,楊喚點茶,曰:'也不消得。'"東坡《與蒲傳正尺牘》:"不可但言我有好子,不消與營産業也。"按:消,猶云須,與"消受不得"之言

---

① 黄侃:俗亦云"只顧"。

② 黄侃:今云"也可以"。

③ 黄侃:俗亦云"不見得"。

④ 黄侃:俗尚循用,即古之言"察"。

⑤ 黄侃:"耐可"即"寧可",翟説信可云審諦。

⑥ 黄侃:"箇"當爲"果",倒之則曰"果真"。

⑦ 黄侃:"不能轂弩"不當引。"轂"當作"㝅"。作"够",亦借字。今云"能轂"。

⑧ 黄侃:"消"正作"須",需。

有别。

4683 將無同[①]　《升菴集》:"阮瞻曰:'將無同。'解者不一,據《世説》褚裒問孟嘉何在,庾亮令自覓之,裒歷視,指嘉曰:'將無是。'又:辛敞問其姊憲英曰:'司馬誅曹爽事就乎?'憲英曰:'得無殆就。'晉人語言務簡,且爲兩可之辭,將無疑詞,言畢竟同也。"

4684 莫須有[②]　《宋史·岳飛傳》:"秦檜言其事體莫須有,韓世忠曰:'莫須有三字,何以服天下。'"按:"莫須"即"將無"意。

4685 末耐何[③]　《唐書·承天皇帝倓傳》:"帝惑偏語,賜倓死,俶悟,泣下曰:'事已爾,末耐何。'""末耐"與"無奈"同。《戰國策》:"秦王曰:'陳軫,天下之辨士也。熟視寡人而言,寡人遂無奈何也。'"《莊子·達生篇》:"達命之情者,不務知之所無奈何。"《韓非·八説篇》:"先聖有言曰:'規有摩而水不波[④],我欲更之,無奈之何。'"《史記·扁鵲傳》:"病在骨髓,雖司命無奈何。"

4686 無那[⑤]《左傳》華元歌:"棄甲則那。"按:"那"與"奈何"一也,直言曰"那",長言曰"奈何"。六朝人"奈"多爲"那",《三國志》注:"文欽《與郭淮書》曰:'所向全勝,要那後無繼何?'"《宋書·劉敬宣傳》:"牢之曰:'平玄之後,令我那驃騎何?'"唐詩亦多以"無奈"爲"無那"。

4687 豈有此理　《齊書·虞悰傳》:"鬱陵王廢,悰竊嘆曰:'王徐遂縛袴廢天子,天下豈有此理耶?'"

4688 大謬不然　司馬遷《報任少卿書》:"事乃有大謬不然者。"

4689 忒𤔡　朱子《答張敬夫書》:"《孟子》'好辯'一章,只爲見得天理忒𤔡分明,便自然如此住不得。"按:"忒煞"爲太甚之辭,元人樂府"忒殺風流"、"忒殺思",皆假借"殺"字。白居易《半開花》詩:"西日憑輕照,東風莫殺吹。"殺,亦謂甚,自注云:"去聲。"羅鄴詩"江似秋嵐不煞流",則又用"煞"[⑥]。

4690 儘著　《左傳·文十四年》:"公子商人,盡其家,貸于公。"《禮·曲禮》:"虚坐盡後,食坐盡前。"按:盡,即忍切,即俗云"儘著"之"儘"[⑦]。"儘"字惟見《字

---

① 黄侃:猶今言"怎麽不同"。

② 黄侃:"莫須"今云"莫要"。

③ 黄侃:奈、耐、那,正當作"乃"。

④ "不"當爲"有",見《韓非子·八説》。

⑤ 黄侃:"無那"即"無奈何"之急讀。

⑥ 黄侃:今吴語有之,吾土但云"太",或云"太過",或云"很"。"殺吹"之"殺",今云"死",元曲云"廝"。"煞流"之"煞",今云"很"。

⑦ 黄侃:盡前、盡後,即儘前、儘後,翟説諦。

彙》,前此未收也。白居易詩"世上爭先從盡汝",亦用"盡"字,而自注云:"上聲。"宋間有用"儘"者,若陸游詩"儘將醉帽插幽香"之類。

4691 惟獨[①] 《戰國策》:"燕兵入臨淄,盡取齊寶,齊城之不下者,惟獨莒、即墨。"

4692 儻若[②] 謝靈運《酬惠連》詩:"儻若果言歸,共陶暮春時。"按:"惟"與"獨"、"儻"與"若",義似相複,而前偶並用,俗遂通然。

4693 然雖 《晉書・八王傳序》:"然雖克滅權逼,猶足維翰王畿。"

4694 底 《北史・徐之才傳》:"之才謂坐者:'箇人諱底?'衆莫之應。之才曰:'生不爲人所知,死不爲人所諱,此何足問?'"韓愈《曲江寄白舍人》詩:"有底忙時不肯來。"杜荀鶴《長安道中》詩:"仔細尋思底模樣。"《湘山野錄》載《吴越王歌》:"你輩見儂底歡喜。"顔師古《刊謬正俗》:"俗謂何物爲底,此本言何等物,其後省何,但直云等物耳,等字本都在反,又轉音丁禮反。應璩詩'用等稱才學,往往見嘆譽',言其用何等才學見嘆譽而爲官,以是知去何而直言等,其言已舊,今人不詳根本,乃作底字。"老杜"文章差底病",差底,猶何底之意也。王若虚《繆誤雜辨》:"古言底事、底物、底處、有底、作底,底皆訓何,或認爲此字之義,誤矣。"

4695 管 謝肇淛《西吳枝乘》:"吳興里語呼誰爲管。"

4696 能[③] 《海錄碎事》:"成都進士杜暹出家名法通,蘇子瞻問:'通師若不脱屣場屋,今何爲矣?'柳子玉云:'通若及第,不過似我能。'"朱沖和《嘲張祜》詩:"冬瓜堰下逢張祜,牛屎堆邊説我能。"《言鯖》:"今吳中俗音如此。"

4697 們[④] 《朱子語錄》:"他們都不去攷那贖刑。"《式古堂書考》載《文丞相遺墨》云:"省劄印紙,他們收得何用?"按:們,本音悶,《集韻》:"們,渾肥滿貌。"今俗讀若門,云"他們"、"你們"、"我們",于義無所取。《愛日齋叢鈔》云:"樓大防在敕局時,見元豐中獲盜推賞,刑部例皆卽元案,不改俗語。有云'我部領你懣',又云'我隨你懣去',懣本音悶,俗音門,猶言輩也。"知此本無正音正字,北宋時先借"懣"字用之,南宋别借爲"們",而元時則又借爲"每",《元典章》詔令中云"他每"甚多,餘如"省官每、官人每、令史每、秀才每、伴當每、軍人每、百姓每",凡其"每"字,悉"們"音之轉也,元雜劇亦皆用"每"。

---

① 黄侃:今亦云"衹"。

② 黄侃:"儻"正作"尚",庶幾也,俗亦曰"如果"。

③ 黄侃:此"能"乃"儂"之轉,吳語今曰"我俚","俚"又"能"之轉。

④ 黄侃:"們"當止作"門",以此晐括多人。或云當作"民",眾萌也。

4698 哏　《元典章》有"哏不便當"語。按:"哏"字未見于諸字書,而其辭則至今承之,如"哏好"、"哏是"之類。度其義,當猶云"甚"耳,世俗不知,或欲以"很"字當之,則無義解①。

4699 看看　平聲,猶漸漸也。劉禹錫《酬楊侍郎六言》:"看看瓜時欲到,故侯也好歸來。"陸龜蒙《薔薇》詩:"狂蔓看看及四鄰。"杜荀鶴詩:"看看水没來時路,漸漸雲藏望處山。"《五燈會元》亦有"看看冬來到","看看不見老人容"等語。

4700 隔是②　元稹詩:"隔是身如夢,頻來不爲名。"又咏牛女事云:"天公隔是妬相憐,何不便教相決絶。""隔"亦作"格",白居易有"格是頭成雪"句。《餘冬序錄》:"蘇州方言謂此曰箇裏。""箇"音如"隔",音義相類也。

4701 箇般③　史彌寧詩"箇般雅淡須吾輩",又"箇樣吟天嘉不嘉"。按:此"箇"字亦當讀如"隔"音。

4702 這箇④　寒山詩:"不省這箇意。"《傳燈錄》:"僧謂南泉願:'有這箇在。'願曰:'爭奈這箇何。'"王安石《擬寒山》詩:"人人有這箇,這箇没量大。"按:《朱子語錄》用此等字甚多,如云"那箇是《易》之體,這箇是《易》之用。那是未有這卦底,這是有這卦了底。那箇喚做體時,是這《易》從那裏生;這箇喚做用時,揲蓍取卦,便是用處。"又"這"亦作"遮",《東坡集·十二時偈》:"遮箇在油鐺,不寒亦不熱。不唯遮箇不寒熱,那箇也不寒熱。咄,甚叫做遮箇那箇。"

4703 這般、那般　《朱子語錄》論《易》象云:"這般人占得,便把作這般用;那般人占得,便把作那般用。"又"那般"猶云如此,《元典章》羣臣奏議,奉旨准行,則云"那般者"。

4704 這畔、那畔⑤　《開天傳信記》:"裴諝爲河南尹,有投牒誤書紙背者,判云:"這畔似那畔,那畔似這畔,我也不辭與你判。"又王衍《醉妝》詞:"者邊走,那邊走,只是尋花柳。"按:"者"亦"這"之通用字,"者邊"與"這畔"同。

4705 裏許⑥　戴叔倫詩:"西風裏許杏花開。"李商隱詩⑦:"裏許元來别有人。"《唐音癸籤》:"許者,裏之助辭。"按:今吳音曰"裏嗬",嗬,讀虚我切,即"裏

---

①　黄侃:作"很"不誤。猶唐人言"惡嫌",言"傷多"。"惡"、"傷"、"很"皆謂太過。

②　黄侃:吳語猶然,亦倒曰"是梗"。吾土曰"果是",謂如此曰"果樣",其語根正當作"巳"、作"迈",故訓此。

③　黄侃:吾方讀"果"。"般"正作"班"。

④　黄侃:"這"正作"者",此古今語之未變者。

⑤　黄侃:今但云"這邊那邊",北語云"者兒那兒"。

⑥　黄侃:蘇州語今云"裏向",或云"裏哈",即所也。吾土曰"裏頭",或云"肚裏"、"豴底"、"豴下"。

⑦　"李商隱"當爲"溫庭筠",見《全唐詩》卷五八三《南歌子詞》。

許”也。《傳燈録》:“投子指庵前片石謂雪峯曰:‘三世諸佛,總在裏許。’”辭意尤明。

4706 兀底[①] 《嬾眞子録》:“古所云‘阿堵’,乃今所云‘兀底’也。王衍口不言錢,因曰‘去阿堵物’,謂去却兀底耳。後人遂以錢爲阿堵物,眼爲阿堵中,皆非是。”

4707 恁地[②] 《説文》:“恁,下齎也。”徐注曰:‘心所齎卑下也,俗言如此也。”按:今云“恁地”之“恁”,乃如此之義。《朱子語録》:“鯀也是有才智,只是狠拗,所以弄得恁地。”又云:“聖人作《易》,教人去占,占得恁地便吉,恁地便凶。”

4708 恁麽[③] 《廣雅》:“恁,思也。”曹憲注曰:“恁,而審反,疑之也。”按:今云“恁麽”之“恁”,乃疑之之義。辛去疾詞:“此身已覺渾無事,且教兒童莫恁麽。”

4709 者麽[④] 《元典章》凡詔旨畢處,多用“者麽道”三字。

4710 什麽 《摭言》:“韓愈問牛僧孺:‘且道拍板爲什麽?’”蘇軾《醉僧圖頌》有“劫劫地走爲什麽”句。《集韻》:“不知而問曰‘拾没’。没,音母果切。”《别雅》:“麽,卽没之平聲,南北語音,有高下之不同,無定字也。”按:什麽,當亦“恁麽”之轉,或又作“甚麽”。《朱子語録》:“説箇道理如此,看是甚麽人卜得。”又云:“我把作甚麽用,皆是用得。”亦作“只麽”,黄庭堅詩:“閑情欲被春將去,鳥喚花驚只麽回。”[⑤]

4711 舍子[⑥] 《留青日札》:“杭有貴公子,以蔭得縣官。見土阜當道,亟呼地方人開掘平治,耆老以無處容土對,官乃操吴音曰:‘有舍子難,快掘箇潭埋了罷。’”按:此本俗音無字,田氏借字發之,究其實則亦“甚麽”之轉音耳。《餘冬序録》云:“吴人有以二字爲一字者,如甚麽爲些之類。”《通雅》云:“《方言》:‘沅澧之原,凡言相憐哀謂之無寫。’古人相見曰無他,或曰無甚,甚轉爲申駕反。吴中見故舊,皆有此語。餘音或近思,或近些,寫卽些之轉也。”又云:“今京師曰作

① 黄侃:吾鄉謂“兀”曰“悪”,因悟此卽於字讀安胡切。又轉讀畏,因悟卽“伊維侯也”之“維”。謂何事曰“麽事侯”,因悟卽“侯誰在矣”之“侯”。

② 黄侃:“恁”乃“如今”之合音,亦可云“寧馨”、“耐可”,“寧”、“耐”聲之轉也。

③ 黄侃:“恁”亦作“什”,亦作“甚”,皆“孰曷”之轉。麽如、這麽、那麽、甚麽,皆當作“物”。單用“麽”皆當作“無”。“什麽”《集韻》作“拾没”,“没”卽“物”之古音也。

④ 黄侃:吾鄉云“這麽樣”,或曰“這箇樣”。“只麽”乃“者麽”之轉。

⑤ 此條《函海》本作:《康熙字典》:“今謂不知而問爲‘拾没’,訛作‘什麽’。”

⑥ 黄侃:“舍”正作“余”:“語之舒也。”若取雙聲,則亦“曷”、“孰”、“誰”之轉。“無寫”合音卽“麽”也。“無甚”猶古云“無何”。

麽，江北與楚皆曰某，讀如母，而南都但言甚，蘇杭讀甚爲申駕反，中州亦有此聲。"舍，正所謂申駕反者，子，則語助。

4712 咋　《廣韻》"咋"音如詐，訓曰"語聲"。按：杭州人凡有所急問，輒曰"咋"，蓋以"甚"讀如"舍"，而又以"做舍"二字反切爲"咋"也①。

4713 怎生②　《康熙字典》"怎"字："《廣韻》《集韻》皆未收，惟韓孝彦《五音集韻》收之。今時揚州人讀爭上聲，吴人讀尊上聲，金陵人讀津上聲，河南人讀如樝，各從鄉音而分也。"《朱子語錄》多用"怎生"字，如云"不知後面一段是怎生地"，"不知怎生盤庚抵死要遷那都"。

4714 能箇③　皮日休詩："貧養山禽能箇瘦。"按：此亦吴語，猶云如何至此。

4715 寧馨④　《容齋隨筆》："寧馨字，晉宋間人語助耳，今吴人語多用寧馨爲問，猶言若何也。"王若虚《謬誤雜辨》："《容齋》引吴語爲証，是矣。而云若何，則義未允。惟《桑榆雜錄》云'寧，猶言如此；馨，語助也'，此得其當。"按：山濤謂王衍："何物老嫗，生寧馨兒。"宋廢帝母王太后疾篤，怒帝不往視，謂侍者："取刀來，剺視我腹，那得生寧馨兒。"南唐陳貺五十方娶，曰："僕少處山谷，莫預世事，不知衣裙下有寧馨事。"詳審諸語，則《雜錄》爲的是。《世説》："王導與何次道語，與手指地曰：'正是爾馨。'""劉尹因殷中軍游辭不已，别後，乃云：'田舍人，强學人作爾馨語。'"又："桓大司馬詣劉尹，卧不起。桓彎彈彈劉枕，劉作色曰：'使君如馨地，寧可鬬戰求勝？'"爾馨、如馨，皆與寧馨一也，通寧爲爾、如，則寧之猶言如此，更可信矣。又"寧"字應讀去聲如甯，張謂詩"家無阿堵物，門有寧馨兒"、蘇軾詩"六朝人物餘丘隴，空使英雄笑寧馨"可證。劉禹錫"爲問中華學道者，幾人雄猛得寧馨"，作平聲用，恐誤。

4716 能亨⑤　《癸辛雜志》："天台徐子淵詞云：'他年青史總無名，你也能亨，我也能亨。'"自注："能亨，鄉音也。"按："能"爲"那"音之轉，"亨"猶"寧馨"之"馨"，助辭也。《世説》載："劉眞長見王導，導以腹熨彈棋局，曰：'何乃渹？'劉出曰：'未見他異，惟聞吴語。'"何乃渹，當亦"能亨"之意。程大昌謂俗狀凉冷曰"乃渹"，未必然。

---

① 黄侃："咋"即"做舍"合音，至諦。蜀人云作舍事謂"咋事"，讀如札。

② 黄侃：唐人曰"爭"，此"作麽"之合音也。然尋其語根，實當作"將無同"之"將"。

③ 黄侃：吾土曰"果樣"，亦曰"果箇"。"能"即"寧馨"之"寧"。

④ 黄侃："馨"正作"䫟"。吾土"奈向"則曰"麽樣"，"寧馨"則曰"果樣"。"寧馨"即"這樣"。"爾馨"亦"這樣"，"寧"即爾也。如馨，"如"亦"寧"也。"馨"平聲不誤。

⑤ 黄侃：此則"奈向"、"那哼"也，皆"如何"、"奈何"之轉。何乃渹，"何"一句讀，如"夥涉爲王"之"夥"，"乃渹"即"奈何"也。

4717 夥頤 《史記·陳涉世家》:“其故人嘗與傭耕者,遮道呼涉,載與俱歸。入宫,見殿屋帷帳,客曰:‘夥頤,涉之爲王沉沉者。’”服虔注云:“楚人謂多曰夥,又言頤者,助聲之辭也,見其物夥多,驚而偉之。”按:二字均屬驚辭,不必泥“夥”爲多,“沉沉”方是言其富厚。《集韻》謂此“夥”字讀户買切,甚是[①]。

4718 邪許[②] 《吕氏春秋》:“舉大木者,前呼輿謣,後亦應之。”《淮南子·道應訓》作“邪許”。邪,亨遮反,許,讀若虎,卽今舉挽重物,羣同作力辭也。《南史·曹景宗傳》“臘月于宅中,使人作邪呼逐除”,呼,去聲,與邪許通。

4719 囮 《玉篇》:“户卧切,直如倡和之和,牽船聲。”[③]《傳燈錄》:“景岑劈智與仰山一踏,仰山曰囮。”

4720 唉 《説文》:“唉,譍也,鳥開切。”又:“欸,譍也,亞改切。”《方言》:“欸,譽然也,南楚凡言然曰欸,或曰譽。”按:《尸子》:“禹有進善之鼓,備訊唉也。”《莊子·知北游》:“狂屈曰:‘唉!予知之。’”用“唉”字。《楚詞·九章》“欸秋冬之緒風”,孟郊詩“貉謡衆猥欸”,用“欸”字。“唉”之與“欸”,猶“嘆”之與“歎”,“嘯”之與“歗”,實一字也,其分爲平上,惟辭有輕重長短别耳。又嘆恨發聲之辭曰“唉”,其字則專讀平聲,《史記·項羽紀》:“亞父曰:‘唉!孺子不足與謀。’”《索隱》曰:“虚其反。”又飽聲謂之“唉”,其字專讀上聲,《類篇》曰:“倚駭切。”元結有《欸乃曲》,其“欸”字亦讀如倚駭,或作襖音者,非。

4721 啞[④] 《韓非子·難篇》:“晉平公飲酣,喟然曰:‘莫樂爲人君!惟其言而莫之違。’師曠曰:‘啞,是非君人者之言也。’”啞,音亞。注云:“歎息之聲。”按:元曲多用“呀”字。“呀”爲張口貌,無歎義,當依此作“啞”爲正。

4722 嗄[⑤] 《龐居士傳》:“龐婆走田中,告其子龐大曰:‘汝父死矣。’龐大曰:‘嗄!’停鉏脱去。”《五燈會元》:“臨濟謁龍光曰:‘大善知識,豈無方便?’光瞪目曰:‘嗄!’濟曰:‘這老漢今日敗缺也。’”按:二“嗄”字有疑悟之别,當以緩急分也。

4723 嚄 《史記·外戚世家》:“武帝下車泣曰:‘嚄!大姊,何藏之深也!’”《索隱》曰:“嚄,盞怯之辭。”《集韻》:“嚄,大呼也。又驚怛聲。”

---

① 黄侃:服虔謂“頤”爲助聲,諦也。夥,《説文》正作“㗻”:“驚辭。”

② 黄侃:今云“阿夥”。《儀禮》有“噫歆”。今謦欬之音變爲“恩痕”。

③ 黄侃:亦“㗻”字也。原出於𠄎。《梁書》武帝曰“荷荷”,亦此字。

④ 黄侃:安祿山曰“阿與”,卽此字之緩音。今云“嗳哟”。

⑤ 黄侃:卽古之“嗚於”。

4724 衛[①] 《爾雅·釋詁》:“衛,嘉也。”鄭樵注曰:“時俗訝其物則曰衛。”

4725 喈 《後漢書·光武紀》:“春陵有望氣者,喈曰:‘佳哉! 鬱鬱葱葱。’”按:喈,贊美辭[②]。

4726 咄[③] 丁骨反。《説文》:“相謂也。”《集韻》:“一曰呵也。”《漢書·東方朔傳》:“舍人痛呼謈,朔笑之曰:‘咄!’”《李陵傳》:“任立政曰:‘咄! 少卿良苦。’”《後漢書·嚴光傳》:“帝撫光腹曰:‘咄咄子陵,不可相助爲理耶?’”《袁譚傳》:“追者趨奔之,譚顧曰:‘咄! 兒過我,我能富貴汝。’”《晉書·山濤傳》:“石鑒言:‘卿何慮!’濤曰:‘咄! 石生無事馬蹄間耶。’”《殷浩傳》:“浩書空,作‘咄咄怪事’四字。”按:今人乍見招呼每作此辭,又猛醒人及小叱皆然,合前史均有其證。

4727 祋 丁外、丁活二切。《説文》:“城郭市里高懸羊皮,有不當入而入者,暫下以驚牛馬曰祋。”按:今邏卒攔人,其猝然阻喝之辭,當用此字[④]。

4728 走 《史記·朱建傳》:“使者曰:‘沛公未暇見儒人也。’酈生叱使者曰:‘走,復入言沛公,吾非儒人也。’”《留青日札》:“今人叱人之去曰走[⑤],即此。”按:《集韻》“走”亦音奏,正與今叱人聲合。元人雜劇有云“哇”者,其實只當作走;又有以“哏”爲叱辭者,推論之,亦只當作退,各字書未見“哇”、“哏”二字。

4729 阿[⑥] 音倭,應辭。《老子》:“唯之與阿,相去幾何。”按:應之速曰“唯”,緩曰“阿”。“阿”更引長,則爲隸卒喝道之聲。《水經·淯水》注:“孔嵩貧,無以養親,自賃爲阿街卒。”阿街,即喝道也。又《集韻》有“哬”字,下可切,訓云:“慢鷹聲。”“哬”與“阿”但輕重别。

4730 喏[⑦] 《淮南子·道應訓》:“子發曰:‘喏。’不問其辭而遣之。”注:“喏,應聲。”《宋景文筆記》:“汾晉之間,尊者呼左右曰咄,左右必曰喏。司空圖作《休休記》用之。”《五燈會元》:“石霜謁李公,公曰:‘好去。’霜應喏喏。”“圓通喝盧般曰:‘放下著。’盧應喏喏。”按:《廣韻》“喏”作“哧”,《禮記》疏:“今之稱哧,猶古之稱諾。”“哧”亦音惹,卑者應尊曰“哧哧”是也。又明《天順日錄》:“也先答楊善曰:‘者者。’”注云:“彼語云者,然詞也。”其實亦即是“喏”。

---

① 黄侃:亦即“偉”。宋人上梁文曰“兒郎偉”,正當作“唯”。

② 黄侃:今贊歎以口作聲曰“嘖嘖”,呼痛亦然。

③ 黄侃:今或變爲“退”音,俗乃作“哏”。

④ 黄侃:翟説諦。然亦與“咄”聲義相傳。

⑤ 黄侃:叱人當作“嗾”。

⑥ 黄侃:正作ㄜ。

⑦ 黄侃:正作“諾”。今吾鄉以爲呼,凡呼人謂之“喏人”。

4731 趙 《十國春秋》:"天福末,浙地兒童聚戲,動以趙字爲語助,云得則曰趙得,云可則曰趙可。"按:今謂所言之是曰照,疑卽趙可之遺[①]。

4732 咦 《説文》:"南陽謂大呼曰咦。"釋氏頌偈中用之甚多[②]。

4733 嚇[③] 《莊子·秋水篇》:"鴟得腐鼠,鵷鶵過其上,仰而視之曰:'嚇。'"《音義》:"嚇,許伯反。"司馬彪云:"怒其聲。"按:今北方之俗,凡怒人言之不當,輒以一指截其鼻而作是聲。

4734 啡 《集韻》"啡"音配,又鋪枚、普罪二切,俱訓"唾聲"[④]。又"歕"匹九切,亦唾聲。按:元人劇本有"呸"字,卽"啡"之俗體。《字彙》謂"呸"爲"相爭之聲",蓋當云"爭而唾之之聲"。

4735 芋 《説文》:"芋,大葉實根駭人,故謂之芋。"徐鉉曰:"芋,猶吁。吁,驚辭也,故曰駭人。"又揚子《方言》:"秦晉之間,凡物之壯大者而愛偉之,謂之夏,亦謂之于。于,通詞也。"[⑤]按:俚俗驚偉之辭有若云異者,蓋"芋"與"于"之轉也。

4736 䰤 《説文》:"䰤,見鬼驚聲,諾何切。"按:《樂府雜錄》:"驅儺用方相四人,執戈揚盾,口作儺儺之聲,以除逐也。"又《集韻》:"哪,音儺,哪哪,儺人之聲。""䰤"、"儺"、"哪"三字蓋通。

4737 咳[⑥] 《桂海虞衡志》:"粵中俗字有閄,和馘切,隱身忽出驚人之聲也。"按:揚子《方言》:"咳,聲也。"《廣韻》音呼麥切。所云"閄"字,當以作"咳"爲正。

4738 阿㖿[⑦] 《傳燈錄》:"僧問德山鑒:'如何是不病者?'曰:'阿㖿!阿㖿!'"按:此蓋是病而呻吟之辭。

4739 阿呵[⑧] 《十六國春秋》傷陳安歌云:"阿呵嗚呼奈子何,嗚呼阿呵奈子何?"《法苑珠林》:"何名'阿呼地獄'?此諸衆生受嚴切苦逼之狀,叫喚而言'阿呼阿呼',甚大苦也,是名爲'阿呼地獄'。"按:"呵"與"呼"以開口、合口爲別。

4740 阿癐癐 士卒納喊作力聲。《輟耕錄》:"淮人寇江南,臨陣之際,齊聲

---

① 黄侃:此乃"著"字,實卽《書》之"帝曰都"都字,而《説文》只應作"者":"別事詞也。"
② 黄侃:釋氏頌偈之"咦"卽"噫"也。
③ 黄侃:今亦云"嗨",或云"嘿"。
④ 黄侃:正作"咅",《説文》:"咅,相與語唾而不受也。"
⑤ 黄侃:"夏"古音乎,"于"古音烏,今語正同古音。
⑥ 黄侃:卽"嚇"字之變爲合口耳。亦可作"嚄",吾土讀爲虺。
⑦ 黄侃:卽"燠休"。
⑧ 黄侃:今俗猶然。

大戰阿瘖瘖，以助軍威是也。"又口唱痛也，《朝野僉載》："南皮縣丞郭勝靜因姦民婦被鞭，羞諱其事，曰'勝靜不被打阿瘖瘖'是也。"按：《集韻》云："瘖，病也，又小悸也。"于兩義皆不合。士卒喊聲，當即用"許許"爲正，唱痛當作"倄倄"。《顔氏家訓·風操篇》："江東士庶痛則呼禰。禰是父之廟號，無容輒呼。《蒼頡篇》有倄字，《訓詁》云'痛而謼，音羽罪反'，今北人痛則呼之。《聲類》音于來反，今南人痛或呼之。此二音，隨其鄉俗，並可行也。"則"倄"爲唱痛之辭久矣。然古人借字之例，亦不可拘。《北史·儒林傳》："宗道暉好著高翅帽、大屐，州將初臨，輒服以謁。後齊任城王湝鞭之，道暉徐呼：'安偉，安偉。'"所云"安偉"者，似亦口唱痛辭。又《集韻》云："侉，安賀切，痛呼也。"①

4741 呵羅羅　《大論》："寒冰地獄一名呵羅羅，一名阿婆婆，皆像其寒顫聲也。"②

4742 斫斫刺刺③　《晉書·楊駿傳》："駿徵高士孫登，遺以布被，登截被于門，大叫曰：'斫斫刺刺。'旬日，託疾詐死。"陳泰詩："斫斫刺刺單于曲。"按：二字本音札粹，而此宜平聲讀之。張昱《塞上謠》："妖姬二八貌如花，宿留不問東西家。醉來拍手趁人舞，口中合唱阿刺刺。"以"刺"字讀平聲，叶入麻韻。

4743 囉唻　《古今樂録》有《來羅四曲》，注云："倚歌也。"《廣韻》作"囉唻"，注云："歌聲。"按：《北史·王昕傳》："有鮮卑聚語，崔昂問曰：'頗解此否？'昕曰：'樓羅樓羅，實自難解。'"樓羅，稍轉爲"來羅"，"來羅"又轉爲"囉唻"也。今巫祝倚歌，尚有"囉唻囉哩唻"等辭④。

4744 哩囉嗹　《丹鉛録》："樂曲，羊優夷伊何那，若今之哩囉嗹、唵唵吽也。"按：揚雄《方言》云："周晉之鄙曰讕牢，南楚曰謰謱。""謰謱"之與"囉嗹"，猶"來羅"之與"囉唻"⑤。

4745 娑婆訶　《夢溪筆談》："夔峽湖湘人凡禁呪語末云娑婆訶，三合而爲些。"即《楚詞·招魂》所用"些"字。《翻譯名義》："娑婆，秦言一切。"與《夢溪》説異⑥。

4746 谷呱呱　《指月録》："昔有官人作無鬼論，中夜見一鬼，云：'汝道無我

---

① 黄侃："瘖"亦"唯"、"偉"也。今又爲"嗳呀偉"。"安偉"即"嗳喲偉"之促音。

② 黄侃："阿婆婆"，吾土寒時呼寒語有之，或爲火所爇亦然。

③ 黄侃："刺刺"，佛書作"囉"字。此土當作"魑那"。

④ 黄侃：吾土小曲有以"囉連囉"爲和聲者，即"來羅"也。

⑤ 黄侃："哩囉嗹"即"讕牢"、"讕謱"之轉，甚是。

⑥ 黄侃：繆哉沈括之言。

呢。'五祖戒曰:'老僧當時若見,但以手作鵓鳩形,向伊道谷呱呱。'"

4747 孲㧉[①] 《集韻》:"吳人謂赤子曰孲㧉。"汪价《儂雅》:"讀鴉牙二音,俗以兒啼,則口作孲㧉聲以慰之。"

4748 啐 七内切。《説文》:"驚也。"按:時俗小兒受驚,爲母者率以此爲噢咻之辭[②]。

4749 貌 《譚槩》:"拘纓國獻一獸名貌,吳大帝時,尚有見者。其獸善遁,入人室中,竊食已,大叫,人覓之,卽不見矣。故至今吳俗以空拳戲小兒曰:'吾啖汝。'已而開拳曰:'貌。'"[③]

4750 嗾 《説文》:"使犬聲。"《玉篇》引《方言》:"秦晉冀隴謂使犬曰嗾。"《左傳·宣二年》:"公嗾夫獒焉。"《釋文》曰:"嗾,素口反。"服虔本作"㗛"。《北史》:"李沖謂李彪:'爾如狗耳,爲人所嗾。'"又《集韻》"嗽"字音數,亦云"使犬聲";"唆"字音瘦,云"驅鳥聲"。

4751 叱叱 《説苑》:"曾子居宫庭,叱叱之聲,未嘗至于犬馬。"《廣五行記》:"阿專師騎一破墻,口唱叱叱,所騎墻忽然昇上,映雲而滅。"陸游詩:"春深農家耕未足,原頭叱叱兩黄犢。"按:世俗驅牛羊犬馬有若音"詫詫"者,卽"叱叱"之轉。

4752 庶庶 《周禮·秋官》有"庶氏",注曰:"驅除毒蠱之言。"字從聲,疏曰:"庶是去之意,取聲也。"按:今凡驅物作聲曰"庶庶"[④],其字乃如此。《正字通》以"㖅"爲驅雞聲,謬。

4753 盧盧[⑤] 《演繁露》:"紹興中,秦檜專國,獻佞者謂之聖相,無名子爲詩有云:'呼雞作朱朱,呼犬作盧盧。'世人呼犬不問何地,其聲皆然,是借韓盧之名,以犬爲高美耶?"按:《廣韻》有"嘍"字,音屢,注云:"嘍嘍,吳人呼狗方言也。"今俗呼狗曰"阿六","嘍"與"六"似俱"盧"字轉音。

4754 汁汁[⑥] 白珽《湛淵靜語》:"唇音汁汁,可以致貓,聲類鼠也。"

4755 㖼㖼[⑦] 音祝。《説文》:"㖼,呼雞重言之。"施肩吾詩:"遺却白雞呼㖼㖼。"按:《伽藍記》:"沙門寶公曰:'把粟與雞呼朱朱。'""朱"爲"㖼"之轉音,《風

---

① 黄侃:武昌語今猶然。"孲"讀齊齒音,吾土讀開口音,然只當做"牙"。

② 黄侃:吾土但以爲驚辭,燠休時無之。

③ 黄侃:此當做"毛",卽"無"之轉也。

④ 黄侃:今變爲"施"音。

⑤ 黄侃:吾土喚豬曰"來來",變作里耶切,"盧盧"亦其方物。

⑥ 黄侃:此"嘖嘖"之變音。

⑦ 黄侃:吾鄉讀丁又切。

俗通》謂“雞本朱氏翁所化，故呼朱必來”，誕矣。俗或借作“祝祝”，亦作“味味”，又作“粥粥”。韓退之《琴操》：“隨飛隨啄，羣雌粥粥。”

4756 子①　俗呼服器之屬多以“子”字爲助，其來已久。《舊唐書》：“裴冕自創巾子，其狀新奇。”《中華古今注》：“始皇元年，詔近侍宫人皆服衫子，三妃九嬪當暑戴芙蓉冠子，手把雲母扇子；宫人戴蟬冠子，手把五色羅扇子。”又有釵子、帽子、鞋子等稱。古樂府：“艇子打兩槳，催送莫愁來。”李白詩：“頭戴笠子日卓午。”杜甫詩：“鄭州亭子澗之濱。”王建詩：“緶得紅羅手帕子。”和凝詩：“鐫花帖子留題處。”花蕊《宫詞》：“平頭船子小龍牀。”陸游詩：“龜毛拂子長三尺。”多未嘗辨其物之大小，而概呼之也。《湘山野錄》：“吴越王歌云：‘别是一般滋味子，永在我儂心子裹。’”雖非呼物而亦以“子”字爲助。

4757 兒②　猶云“子”也。《升菴集》舉古詩用“兒”字者：“盧仝云：‘新年何事最堪悲，病客還聽百舌兒。’李羣玉云：‘一雙裙帶同心結，早寄黄鶯孤雁兒。’孫光憲云：‘晚來弄水船頭濕，更脱紅裙裹鴨兒。’”餘如邵堯夫詩“小車兒上看青天”、梅堯臣詩“船兒傍舷回”、蘇軾詩“深注脣兒淺畫眉”、陳起詩“點易餘硃抹頦兒”，如此類甚多。《夢粱錄》載小兒戲耍家事，鼓兒、板兒、鑼兒、刀兒、鎗兒、旗兒、馬兒、鬧竿兒、棒槌兒，蓋杭州小兒口中無一物不助以“兒”者，故倣其言云爾。

4758 地③　杜甫詩：“幾時來翠節，特地引紅妝。”李白詩：“相看月未墮，白地斷肝腸。”盧仝詩：“鎖聲摤地起風雷。”王建詩：“忽地下階羅帶解。”方干詩：“落絮縈風特地飛。”徐鉉詩：“忽地風迴見綵舟。”楊萬里詩：“晒繭攤絲立地乾。”按：以上“地”字皆語辭。

4759 海④　《復齋漫錄》：“黄山谷欲和少游千秋歲詞，而嘆其海字難押。郭功甫連舉數海字，如孔北海之類。山谷頗厭，未有以却之。次日，功甫又過問焉，山谷答曰：‘昨晚偶得一海字韻，曰：羞殺人也爺娘海。’自是功甫不論文于山

---

①　黄侃：吾鄉語物名下加“子”加“兒”，至無一定：有稱“子”亦稱“兒”者，如“褂子、褂兒”、“裙子、裙兒”是也；有同類而或稱“子”或稱“兒”者，如箸曰“筷子”、杯曰“匏兒”，鼻曰“鼻子”、裝曰“裝兒”是也；有單名加“子”加“兒”者，如前所舉；有雙名而亦加“子”加“兒”者，如掛壁燈檠曰“燈炷兒”，牙刷曰“牙刷兒”是也；有加“子”加“兒”意義全别者，如稱父曰“老子”，泛稱老人曰“老兒”是也；有單名不加“子”字“兒”字，加之則可笑者，如篠不稱“篠子”，表不稱“表子”，姐不稱“姐兒”，姑不稱“姑兒”，皆加字而意義全乖者也。

②　黄侃：“子”與“兒”始皆系人名，遂被於物。

③　黄侃：“特地”吾土曰“特爲”，“白地”吾土曰“平白”，或云“無事兒”，“忽地”曰“忽然”、“忽地”，“立地”曰“就果”，亦曰“眦到”，“眦”讀子智切。然今之所謂“地”，亦作“底”，皆古之所謂“然”、“若”、“如”而加之動静字下，以爲形容語也。

④　黄侃：俗亦作“嗨”。正當作“誒”。

谷矣，蓋山谷用俚語却之也。”按：今委巷踏歌者作曼聲助之，猶有此。

4760 頭[①] 世言“裏頭”、“外頭”之屬，如李白詩：“素面倚闌鈎，嬌聲出外頭。”項斯詩：“願隨仙女董雙成，王母前頭作伴行。”曹松詩：“傳是昔朝僧種著，下頭應有茯苓神。”“頭”亦助辭也。卽人體言，眉亦曰“眉頭”，駱賓王有“眉頭畫月新”句；鼻亦曰“鼻頭”，白居易有“聚作鼻頭辛”句；舌亦曰“舌頭”，杜荀鶴有“喚客舌頭猶未穩”句；指亦曰“指頭”，薛濤有“言語殷勤一指頭”句。器用之屬，則如“鉢頭”，見張祐詩；“杷頭”，見蘇軾詩。至“江頭”、“渡頭”、“田頭”、“市頭”、“橋頭”、“步頭”，用之尤甚多也。

4761 打 《歸田錄》：“打字義本謂考擊，故人相毆、以物相擊，皆謂之打。而工造金銀器，亦謂之打可矣。至于造舟車者曰打船、打車，網魚曰打魚，汲水曰打水，役夫餉飯曰打飯，兵士給衣粮曰打衣粮，從者執傘曰打傘，以糊黏紙曰打黏，以丈尺量地曰打量，舉手試眼之昏明曰打試，名儒碩學，語皆如此，觸事皆謂之打。而徧檢字書，了無此字。其義主考擊之打，自音滴耿，不知因何轉爲丁雅也。”《蘆浦筆記》：“世言打字尚多，不止歐陽公所云也。左藏有打套局，諸庫支酒謂之打發，印文書謂之打印，結算謂之打算，裝飾謂之打扮，請酒謂之打酒，席地而睡謂之打鋪，收拾爲打疊，又曰打迸，畚築之間有打號，行路有打包、打轎，雜劇有打諢，僧道有打供，又有打睡、打嚏、打話、打點、打合、打聽，至于打麪、打餅、打百索、打條、打簾、打薦、打席、打籬笆。街市戲語，有打砌、打調之類。”《能改齋漫錄》以《釋文》取偏旁證之，謂“打字从手从丁，蓋以手當其事者也”，此説得之矣。又《俗呼小錄》：“俗凡牽連之辭，如指其人及某人，物及某物，亦曰打。丁晉公詩所謂‘赤洪崖打白洪崖’，禪語所謂‘東壁打西壁’是也。”[②]

4762 殺 《晉書·禮志》：“言及悲殺，奈何，奈何！”《南史·垣榮祖傳》：“莫論攻圍取勝，自可相拍手笑殺。”按：“殺”乃已甚之辭，非眞謂死也。古詩“白楊多悲風，蕭蕭愁殺人”，杜甫詩“啼殺後棲鴉”，李白詩“一面紅妝惱殺人”，賈至詩“醉殺長安輕薄兒”，萬楚詩“紅裙妬殺石榴花”，韋莊詩“夕陽吟殺倚樓人”，張詠詩“江南閑殺老尚書”，陸游詩“飛雹奔雷嚇殺人”，郭奎詩“憶殺湖邊舊釣竿”，楊

---

① 黄侃：吾鄉謂裏曰“裏沿”，亦曰“裏陰”，亦曰“向陰”。“向”轉如厂，有端者皆曰“頭”。

② 黄侃：相擊之“打”當作“朾”。成器之“打”當作“成”。“打魚”亦“朾”字。“打水”乃“盛”字，“打飯”亦“盛”字。“打衣”乃“成”字。“打傘”乃“掌”字。“打黏”乃“丁”字。“打量”乃“程”字，“打試”同。“打發”乃“程”字，“打印”亦然。“打算”、“打辦”乃“成”字。“打酒”乃“訂”字。“打鋪”乃“挺”字。“打疊”卽“整拾”。“打迸”卽“成辦”。“打聽”卽“偵”字。諸“打”字有本作“丁”、作“成”、作“正”、作“整”、作“朾”、作“挺”、作“偵”者，非一原也。凡牽連之辭亦曰“打”，俗亦作“搭”，乃“逻”字也。

萬里詩"燈花謔殺儂",又"窮州今日寒酸殺","拜殺蘆花不肯休","香殺行人只欲顛",如此類用"殺"字甚多①。

4763 阿② 世人小名,多以"阿"字挈之,如"阿嬌"、"阿瞞"之類。攷《三國志·吕蒙傳》注:"魯肅撫蒙背曰:'非復吴下阿蒙。'"《世説》注:"阮籍謂王渾曰:'與卿語,不如與阿戎語。'"則凡人名皆可挈以"阿"字,不特小名然也。古更有以"阿"挈其字者,《世説》桓公謂殷淵源爲"阿源",謝太傅謂王修齡爲"阿齡"。亦有以"阿"挈其姓者,隋獨孤后謂雲昭訓爲"阿雲",唐蕭淑妃謂武后爲"阿武"。《古爲焦仲卿妻》詩"上堂啓阿母",《木蘭詩》"阿爺無大兒",雖父母亦挈以"阿"字。葢"阿"者發語辭,語未出口,自然有此一音。古人以誰爲"阿誰",亦猶此也。

4764 闔③ 《莊子·列禦寇篇》:"闔胡嘗視其良。"注云:"闔,語助也;胡,何也。"按:此亦出口自然之音,與"阿"意同。

4765 相 《老學菴筆記》:"世言白樂天用'相'字,多從俗語作思必切,如'爲問長安月,如何不相離'是也。"按:杜詩"恰似春風相欺得",相,亦讀思必切,不獨樂天。此字今别作"厮",小説謂相打曰"厮打",其音亦思必切④。

4766 生 李白詩:"借問别來太瘦生。"⑤歐陽修詩:"爲問青州作麽生。"⑥按:生,語辭,即今云"怎生"之"生"。《禪宗語録》凡問辭,悉助以"生"。

4767 箇 朱慶餘詩:"恨箇來時路不同。"⑦皮日休詩:"檜身渾箇矮。"⑧羅隐⑨詩:"應掛雲帆早箇回。"⑩按:"箇"亦語辭,"渾箇"、"早箇",今尤通言之。

4768 也⑪ 《芥隱筆記》:"詩上用也自、也知等,皆老杜起。"按:岑參與老杜同時,亦有"也知鄉信日應疎"句。

4769 且⑫ 音若嗟,語尾綴辭。如來曰"來且",去曰"去且"之類。《詩》"彼

---

① 黄侃:今直云"死",元曲多作"厮",動静字下皆可用。
② 黄侃:即ㄜ字。
③ 黄侃:"闔"即"盍","闔胡"複語。今吴語曰"阿",如云"阿曾看見"。通語曰"可",如云"可是的"。
④ 黄侃:今無此音。
⑤ 黄侃:"瘦生"乃"瘦損"之轉。
⑥ 黄侃:"作麽生"今云"做麽事"。
⑦ 黄侃:"恨箇來時"猶云"恨剛來時"。
⑧ 黄侃:"渾箇"吾土云"竟","箇"讀如耿。
⑨ "羅隐"當爲"羅鄴",見《全唐詩》卷六五四《入關》。
⑩ 黄侃:"早箇",吾土云"早點"。
⑪ 黄侃:"也"即"亦"。
⑫ 黄侃:"且"以"哉"爲本字。

留子且”，“士曰既且”，“乃見狂且”皆此。

4770 哉[1] 吴俗謂事已然曰“哉”。《詩》“盍云歸哉”、“亦已焉哉”，皆止語辭，猶云“了也”。今俗云“住哉”、“罷哉”之類，與凡“哉”字有别。

4771 麽 王建詩：“衆中遺却金釵子，拾得從他要贖麽。”殷文圭詩：“天麟不觸人間網，擬把公卿换得麽。”劉兼詩：“北山更有移文在，白首無成歸去麽。”皆以“麽”字入詩爲韻[2]。

4772 呢[3] 《商君書》用此爲相問餘辭，釋典作“聻”。《傳燈録》：“慧忠問南泉曰：‘背後底聻？’”“慧覺問宋齊邱曰：‘著不得底聻。’”

4773 那[4] 《後漢書·方術[5]傳》：“有女子從韓康買藥，康守價不移，女子曰：‘公是韓伯休那，乃不二價乎？’”注：“那，語餘聲，乃賀切。”今吴人語後每有此音。《晉書·愍懷太子傳》：“陳舞傳語曰：‘不孝那，天與汝酒不肯飲也。’”魏程曉《嘲熱客》詩：“疲倦向之久，甫問君極那。”《傳燈録》：“僧問智藏：‘無問答時如何？’曰：‘怕爛却那。’”“藥山聞僧言不上食堂，曰：‘口欲東南風那。’”“黄檗見臨濟拄钁立，曰：‘這漢困那。’”

---

① 黄侃：“且”、“哉”皆吾土言所無，皆變爲“呀”、“啊”之類。

② 黄侃：此引王建、殷文圭諸人詩所用“麽”字皆“無”字。

③ 黄侃：此即“尔”字。《釋典》作“聻”，俗字也。“呢”非古字，今檢《商君書》亦無之。

④ 黄侃：此即“乃尔”之轉。

⑤ “方術”當爲“韓康”，見《後漢書·韓康傳》。

卷三十四　狀貌

4774 奇形怪狀　《晉書·温嶠傳》:"于牛渚磯然犀角而照,見奇形怪狀。"

4775 活脱　楊萬里詩:"小春活脱是春時。"史彌寧詩:"楚山活脱青屏樣。"按:俗謂似之至曰"活脱"也。

4776 標致　《魏書·文苑傳》:"自昔聖達之作,賢喆之書,莫不統理成章,蘊氣標致。"

4777 齊整　《三國志·鄭渾傳》:"村落齊整。"《晉書·苻堅載紀》:"部陣齊整。"《顔氏家訓》:"南間貧素,皆事外飾,車乘衣服,必貴齊整。"按:凡物整頓者,古均謂之齊整,而時俗多于婦人言之,唐以來有然也。《急就章》注云:"鬄拔眉髮,去其不齊整者,以爲姸滸。"《集韻》云:"嬐,婦人齊整貌。"

4778 新鮮　《太玄經》:"新鮮自求,光于己也。"

4779 斬新[①]　杜甫詩:"斬新花蘂未應飛。"盧儲詩:"芍藥斬新栽,當庭數朶開。"《唐音癸籤》:"非斬字不能形容其新,然在可解不可解之間。"

4780 鮮活　《開天遺事》:"帝宴近臣禁苑中,指示李林甫曰:'檻前盆池魚數頭,鮮活可愛。'林甫曰:'賴陛下恩波所養。'"

4781 鮮白　《詩》:"有兔斯首。"箋曰:"斯,白也。"俗語"斯"作"鮮"。

4782 雪白　《後漢書·宋弘傳》:"清修雪白。"《湧幢小品》:"諺云'雪白百姓',謂其人無一點瑕纇也。此二字,卽美玉不能免,惟雪則然,故以爲言。"按:《詩》:"揚且之皙也。"《左傳》:"有君子白皙。"皙亦白也,而世多複言,如蔡襄詩"吳人皙白神氣清",秦觀詩"肌膚皙白髮脚長",皙、雪音同,當卽其語意辨之。

4783 翠　《文選·琴賦》:"新衣翠粲。"李周翰注:"翠粲,鮮色,以鮮明爲翠,乃古語。"《升菴外集》:"駱賓王文'縟翠蕚于詞林,綷鮮花于筆苑',以翠對鮮,可以證之。又東坡詩'兩朶妖紅翠欲流',若不然,則既曰紅矣又曰翠,可乎?"

---

① 黄侃:卽"尖新","尖"正作"鑯"。

4784 黑瘦 《漢書·敘傳》:"上朝東宮,太后泣曰:'帝比日顔色黑瘦。'"樂府《採桑渡辭》:"奈當黑瘦盡,桑葉常不周。"《華山畿辭》:"所得何足言,奈何黑瘦爲。"

4785 黄腫 《法苑珠林》:"竺法進與衆大會,一僧來處上座,衣服塵垢,面目黄腫,法進牽就下,乃忽不見。"任伯雨詩:"顔色盡黄腫,大半抱瘴疾。"

4786 老蒼 陸士衡詩:"鴉髮成老蒼。"杜甫詩:"結交皆老蒼。"韓退之詩:"田巴兀老蒼。"

4787 麻胡 《朝野僉載》:"石勒以麻秋爲帥,秋,胡人,暴戾好殺,國人畏之。市有兒啼,母輒恐之曰:'麻胡來。'啼聲遂絶,至今以爲故事。"《大業拾遺記》:"煬帝將幸江都,令將軍麻胡濬河。胡虐用其民,百姓惴栗,常呼其名以恐小兒。或夜啼不止,呼'麻胡來',應聲止。"《資暇錄》:"麻名祜,轉祜爲胡。"楊文公《談苑》:"馮暉爲靈武節度使,有威名,羌戎畏服,號麻胡,以其面有黶子也。"[①]《野客叢書》引《會稽錄》:"會稽有鬼號麻胡,好食小兒腦,遂以恐小兒。"按:數説各殊,未定孰是。今但以形狀醜駁,視不分明曰麻胡,而轉"胡"音若"呼"。

4788 矗笨 《宋書·王微傳》:"王樂小兒時,尤矗笨。"

4789 胖大 《大學》:"心廣體胖。"《禮記》原注:"胖,猶大也。"《説文》:"胖,廣肉。"普半切。

4790 奘 《爾雅·釋言》:"奘,駔也。"《方言》:"秦晉之間,凡人之大謂之奘,或謂之壯。"《南史》:"宋建安王休仁,形體肥壯,帝以籠盛之,明帝尤肥,號爲豬王。"

4791 俏 《集韻》:"俏,好貌。"《三夢記》有"鬟梳嫽俏學宫妝"句。"《五燈會元》有"眉毛本無用,無渠底波俏"語。《武林舊事》供奉雜扮有"胡小俏"、"鄭小俏",又有曰"自來俏"者。按:《列子·力命篇》:"佹佹成者,俏成也,初非成也。佹佹敗者,俏敗也,初非敗也。故迷生于俏。"其義但與"肖"通。近世云容貌美好之字,疑當爲"釥",揚雄《方言》:"釥,錯眇反,好也。青徐海岱之間曰釥。"[②]《廣雅》亦云:"釥,好也。"又《北史》温子升曰:"詩章易作,逋峭難爲。"《宋景文筆記》曰:"齊魏人以有儀矩可喜者,謂之庸峭。"《廣韻》曰:"峬峭,好形貌。"世或又因此言之,省改"峭"爲"俏"。

4792 擁腫 《莊子·逍遥游》:"大樹謂之樗,其大本擁腫而不中繩墨。"又

① 黄侃:"黶子"即今麻子。

② 黄侃:是也。然《説文》當爲"陗":"陗,陵也。"今亦云"俏俊"。

《庚桑楚》："擁腫與之居，鞅掌與之處。"擁或作癰，亦作臃。《史記・倉公傳》："後五日當癰腫。"梁武帝《論書》："書點掣短，則法臃腫。"

4793 媌條[①]　《列子・周穆王篇》："鄭衛處子，娥媌靡曼。"《方言》："凡好而輕者，自關而東，河濟之間，謂之媌。"《客座贅語》："南都言人物之長曰媌條。"

4794 夭斜[②]　《丹鉛錄》："唐詩：'錢唐蘇小小，人道最夭斜。'又：'長安女兒雙髻鴉，隨風趁蝶學夭斜。'"夭與夭不同，讀若歪，俗以婦人身容不正曰夭斜。按：《周禮・形方氏》："無華離之地。"注云："華，讀若㕁正之㕁，使無㕁邪離絶。"《說文》又有"竵"字，解云："不正也，火媧切。"俗所書歪，正當書㕁、竵字。王安石《咏裴晉公平淮西將佐題名》詩"疆土豈得無離㕁"，用入九佳韻。夭斜之夭，《香山集》自注云"伊耶切"，則當在六麻，與㕁音有別。《玉篇》有"窒奈"，讀若鴉茶，訓"憨癡貌"。《集韻》亦謂"窒奈"爲不正，此乃與《香山》所云"夭斜"通耳。

4795 鄒溲　《釋名》："鄒，狹小之言也。"[③]又："裘溲，猶屢數毛相離之言也。"今俗云"鄒溲"本此。或作"鄒搜"，《鶴林玉露》：安子文出蜀《自贊》，有"面目鄒搜，行步蹣跚"句。

4796 黮闇　《莊子・齊物論》："人固受其黮闇，吾誰使正之？"黮，他感切。黮暗，不明淨貌。按：今蘇州嘲笑人者每舉此語，而不知其文，以音近書爲"坍眼"，大謬。

4797 縮朒[④]　《漢書・五行志》："王侯縮朒不任事，臣下縱弛，故月行遲。"注："朒，音忸怩之忸，不任事之貌也。"按：《說文》："朔而月見東方謂之朒。"本取其初出未申達意。

4798 握齪　《史記・司馬相如傳》："委瑣握齪。"一作握齱，《漢書・酈生傳》："其將握齱好苛禮也。"亦作齷齪，鮑照詩"小人自齷齪"，韓愈詩"貧饌羞齷齪"。按：此乃狹小之貌，今俗以不淨當之，失其義[⑤]。焦竑曰："今言不淨者，蓋謂惡濁。"

4799 邋遢[⑥]　《廣韻》："邋遢，不謹事也。"《七修類稿》："鄙猥糊塗之意。"

---

① 黄侃："媌"即古"妙"字。

② 黄侃："夭"或可轉音"歪"，然"歪"自有正字作"竵"。

③ 黄侃：吾鄉謂人形貌委瑣曰"鄒"，即"鯫生"字。然正當作"騶"，與詈人爲"田儓"同意。或曰即"局趨"之"趨"。

④ 黄侃：吾鄉謂事不成曰"縮朒"，"朒"讀耨。

⑤ 黄侃：不淨義乃引申也。

⑥ 黄侃："邋遢"、"黲黷"、"褦襶"皆"懶怠"之轉。《說文》有"闒儓"語，亦即"落度"、"落拓"、"落魄"也。

《明史》有“張邋遢”，徐禎卿《異林》載其事，作“張剌達”，《青溪暇筆》作“張剌闥”，今言作“張儠㑽”。《方輿勝覽》載項安世《釣臺》詩“辣闥山頭破草亭”，其字又别。葢形容字，例以音發，不必深泥也。

4800 尲尬① 《説文》：“不正也。”古咸、古拜二切。焦竑《俗書刊悮》：“行不恰好曰尲尬，今反云不尲尬，悮。”方以智《通雅》：“今葢云不間介，非云不尲尬也。”按：間介，見《孟子》“山徑之蹊間介”。朱子《答陳同甫》云：“鄙意轉覺嬾怯，況本來只是間介學問。”間介，是微小之義，與今語更不合。

4801 僕遬 《漢書·息夫躬傳》：“諸曹以下，僕遬不足數。”注：“僕遬，凡短之貌。”按：遬，亦通蔌。《詩》云：“蔌蔌方有穀。”注：“窶陋貌。

4802 龍鍾② 蘇鶚《演義》：“龍鍾謂不昌熾、不翹舉之貌。”《廣韻》：“龍鍾，竹名，年老如竹枝葉摇曳不能自持。”杜詩：“何太龍鍾極，于今出處妨。”薛倉舒注亦主《廣韻》之説。按：《談録》：“裴晉公未第時，羈旅洛中。有二老人言蔡州未平，須待此人爲相，僕聞以告，公曰：‘見我龍鍾，故相戲耳。’”《詩話》：“王忠嗣以女娶元載，歲久見輕，元游學于秦，爲詩曰：‘年來誰不厭龍鍾，雖在侯門似不容。’”二人皆于少年未第，自言龍鍾，則二字不獨以形老者可知。王褒《與周弘讓書》“援筆攬紙，龍鍾横集”，韓退之《醉留東野》詩“白首誇龍鍾”，白居易詩“自顧龍鍾者，嘗蒙噢咻之”，蘇軾詩“龍鍾三十九，勞生已强半”，均不以言老也。戴愷之《竹譜》但言“䮾䆍，竹名”，馬融《長笛賦》亦云“䮾䆍”，《羅浮山記》云：“第三峯有大竹，徑七八圍，節長丈二，葉若芭蕉，名龍公竹。”未言龍鍾。惟《南越志》謂“羅浮巨竹”，謂之“龍鍾竹”，然此正竹之至大而强勁者，又何不能自持之有？若言其不免摇曳，則凡竹枝俱然，何獨取龍鍾以爲言？《廣韻》之牽合附會，不待深辨矣。《資暇録》謂：“鍾，卽涔，蹄足所踐處，龍致雨上下，所踐之鍾，固淋灕濺瀫矣。”《留青日札》謂：“鍾，聚也，龍至于老則蟠聚，不能奮飛。”二説尤穿鑿難通。考《埤蒼》：“躘踵，行不進貌。”《玉篇》云：“小兒行。”《類篇》云：“不强舉。”盧仝詩：“盧子躘踵也，賢愚總莫驚。”躘踵，卽龍鍾字之變體。《荀子·議兵篇》：“仁人之兵，觸之者，隴種東籠而退。”《北史·李穆傳》：“籠東軍士，爾曹主安在？”所言“隴種”、“東籠”、“籠東”，俱卽龍鍾之意。而《集韻》又云：“儱偅，儜劣貌；倯偅，愚貌；儱偅，不遇貌。”大凡古人形似之辭，皆無定字，而其音皆二合，龍鍾二合音也，故以平聲呼之則云龍鍾，上聲呼之則云隴種，去聲呼之則云倯偅，

① 黄侃：吾鄉云“有點尲尬”，加“不”乃反言也。

② 黄侃：“龍鍾”正作“癃腫”，倒言則爲“獨漉”。《説文》又有“尰尰”。

入聲呼之則云趚趚，隨其音之輕重高下，以變其字，均不可以義説也。

4803 郎當[①] 《傳信記》："明皇幸蜀，聞雨淋鈴聲，似言三郎郎當。"楊大年《傀儡》詩："笑他舞袖太郎當。"

4804 狼抗 《晉書·周顗傳》："顗言：'王敦剛愎强忍，狼抗無上，其意寧有限耶？'"《世説新語》："周嵩泣對母曰：'嵩性狼抗，恐亦不容于世。'"按：今以狼抗爲難容之貌，而出處乃是言性[②]。《玉篇》有云："躴躿，身長貌，讀若郎康。"或今語別本于彼，亦未可知。

4805 磊嵲[③] 《説文》："嵲，丁罪切，磊嵲，重聚也。"趙宧光《長箋》："今吳中方言有之，凡事物煩積而無條理曰磊嵲。"《通雅》："今方言皆作累堆，累字平聲。"

4806 觰沙[④] 韓退之《月蝕》詩："赤烏司南方，尾翅何觰沙。"蘇子瞻《於潛女》詩："觰沙鬢髮絲穿杼。"按：觰，音如遮。觰沙，披張貌。元人謂事太張大曰"忒啅嗻"，高文秀曲中用之，葢卽"觰沙"之轉[⑤]。

4807 彭亨[⑥] 《詩·大雅》："女炰烋于中國。"毛傳云："炰烋，猶彭亨也。"彌明《石鼎聯句》："豕腹脹彭亨。"孟郊《城南聯句》："苦開腹彭亨。"《廣韻》作"膨脝"。《傳燈錄》有"肚裏飽膨脝"語。按：《集韻》："彭，音旁。"今俗言"彭彭亨亨"，其"亨"字讀虛郎切。

4808 唧溜[⑦] 盧仝《送伯齡過江》詩："不唧溜鈍漢，何由通姓名。"鄭思肖《錦錢餘笑》詩："昔有古先生，忒殺不唧溜。"《中山詩話》："古人平易句，而不得其意義，翻成鄙野可笑。盧仝云'不卽溜鈍漢'，非其意義，自可掩口，寧可效之耶？"按：盧詩本云"唧溜"，貢父引之作"卽溜"，宋景文又作"鯽溜"。《五燈會元》泐潭英云"不唧嘧漢"，二字又俱從口，可見音發字無一定也。

4809 鯽令 《宋景文筆記》："反切語，本出俚俗常言，如：就曰鯽溜，精曰鯽令之類。"《容齋三筆》作"卽零"。《武林舊事》有善雜劇人號"唧伶頭"，又《游覽志餘》"杭人以俏爲鯽跳"，亦二字反切一字，以成聲者。

4810 顢頇 《玉篇》："顢，謨官切，顢頇，大面貌。"

---

① 黄侃：亦"龍鍾"也。

② 黄侃：此本一義。而"狼抗"正當作"㝩康"，空虛之意。

③ 黄侃：吾土曰"累墜"。

④ 黄侃：卽"拖娑"、"挼莎"、"脱灑"，正當作"差池"耳。

⑤ 黄侃："啅嗻"亦作"奓遮"，與上别是一義，正當作"哆侈"。

⑥ 黄侃："彭亨"正作"孛𢍰"，亦卽"奰屓"。

⑦ 黄侃：卽"精靈"，今云"卽令"。

4811 撥獺 《啓顔錄》:"甘洽嘲王仙客曰:'王,計爾應姓田,爲爾面撥獺,抽却爾兩邊。'"撥獺,面肥滿貌也。按:《廣韻》有"佅澾"字,音若靺闥。注云"肥滿貌",與"撥獺"宜通。

4812 乜斜[①] 《儂雅》:"眼小一縫,俗呼冒斜。"《中原雅音》作"乜斜",冒與乜皆彌耶切。關漢卿《望江亭》曲有"醉眼乜斜"句。

4813 麻嗏[②] 《戎庵漫筆》唐李涉《題宇文秀才櫻桃》詩:"今日顛狂任君笑,趁愁得醉眼麻嗏。"今人欲睡而眼將合縫曰麻嗏,葢如此寫。按:宋陳造亦有"病眼正麻嗏"句。

4814 培堆 《啓顔錄》載高敖曹詩:"培堆兩眼淚,難按滿胸愁。"

4815 䶕𪖌[③] 《晉書》王沉《釋時論》:"眼罔嚮而遠視,鼻䶕𪖌而刺天。"《鼠璞》:"䶕𪖌,音寥弔,鼻仰貌。"古人用此等字,不見其俗。

4816 䶘䶥 《集韻》:"鼻病曰䶘䶥,音若巴查。"

4817 哆呆[④] 《廣韻》:"哆呆,大口,音若撦話。"按:《詩》:"不吴不敖。"《釋文》曰:"何承天謂吴當爲呆,乃魚之大口者。"今俗狀哆裂之貌曰"呆呆然"。

4818 胍肚 《宋景文筆記》:"關中人以腹大爲胍肚。胍音孤,肚音都[⑤],俗因謂杖頭大者爲胍肚,後訛爲骨朶。"[⑥]按:宋鹵簿中有骨朶,乃長樣手撾之類。今凡納悶而氣脹于唇頰之間,俗謂之曰"鼈胍肚",元喬孟符曲作"鼈骨都"[⑦]。

4819 嫪毐 《史記·吕不韋傳》:"求大陰人嫪毐爲舍人。"《索隱》曰:"士罵淫曰嫪毐,一曰嫪,姓也。"按:二字未有大義,而世俗以"大陰"之文,遂沿以爲大貌,至凡物之大者,輒以"嫪毒"言,言之殊牽悞可笑[⑧]。

4820 瞢瞢 《廣韻》:"瞢瞢,新睡起,武亘、都鄧二切。"[⑨]又:"殑殑,困病貌。"音與瞢瞢相近。按:今謂困倦人步立不定曰"打瞢瞢",此其字。

4821 趗趘 又:"趗趘,小兒行貌。"按:趘,丑玉切,又丑隴切,直讀若寵,今仍兩言之。

---

① 黄侃:此乃"矇瞍"之轉,亦云"矇眉"、"摸索"。元曲亦作"濛鬆"。

② 黄侃:此"懞懂"之轉,正作"瞢兜"、"蔑兜"。

③ 黄侃:當音"繆糾",逆向上意。

④ 黄侃:吾鄉謂大言曰"呆",讀苦括切。

⑤ 黄侃:正當作"壺盧"、"果蓏"。

⑥ 黄侃:"骨朶"即"科斗"也。

⑦ 黄侃:即"掩口胡盧"之"胡盧"。

⑧ 黄侃:"毐"與"娭"意同,音轉爲"冶",今俗稱婦人所私曰"冶老公"。"毒"從毐聲,故"毐"亦可讀毒,轉爲"斗"音。北京優人謂狎己者爲"老斗",即"嫪毐"也。"凡大爲嫪毐",吾土未聞此言。

⑨ 黄侃:即"瞢兜",見《説文》。

4822 踉蹡　潘岳《射雉賦》："已踉蹡而徐來。"韓愈《贈張籍》詩："踉蹡越門限。"踉蹡，欲行貌也。《廣韻》作"踉蹚"。

4823 敦窣　司馬相如《子虚賦》："媻姍教窣，上乎金堤。"[①]韋昭注曰："匍匐上也。"

4824 尯尶　《集韻》："足大，一曰惡行也。"音若撥捞。

4825 槃㩦　又："槃㩦，宛轉也。㩦，音炭。"按：俗有"槃㩦不動"語，或作"鼞鼟"，詳後卷。

4826 獨速[②]　孟郊《送淡公》詩："脚踏小船頭，獨速舞短蓑。"按：《廣韻》："僫倲，短醜貌；又頭動也。""僫倲"與"獨速"同。

4827 蹶㷓　揚子《方言》："㷓，短也。"郭璞注："蹶㷓，短小貌，音剟。"

4828 纛簌　韓偓《經硤石縣》詩："暝鳥影連翩，驚狐尾纛簌。"

4829 突圞　《宋景文筆記》："孫炎本俚俗作反切，謂團曰突圞。林逋詩'團圞空繞百千回'，是不曉俚人反切而變突爲團，亦其謬也。"按：《傳燈錄》裴居士先有"團欒"語，蓋亦悮改。而今之俚俗有所謂"突圞轉"，猶循于古。

4830 儱侗　孔安國《論語》注："侗，未成器之人。"皇侃疏曰："謂籠侗，未成器也。"《廣韻》訓"儱侗"亦云"未成器"。《朱子集·答張敬夫》曰："前書所陳，只是儱侗見箇影象。"又《答蔡季通》曰："昨見子直説及，正疑其太儱侗。"《五燈會元》曉舜、圓璣等俱有"冬瓜直儱侗"語。《通雅》："直行曰儱侗，身不端正曰軉軀，衣寬曰襱裥。"其音皆同。《雲仙雜記》言："杜甫在蜀，買籠桶衫、柿油巾。"又以"襱裥"爲"籠桶"。

4831 鶻淪　《朱子語錄》："乾是鶻淪一箇大底物事。"又《文集·答楊至之》曰："聖人之言，自有條理，非如今人鶻圇儱侗無分别也。"《傳燈錄》："僧問法眞：'如何是無縫塔？'眞曰：'鶻崙磚。'"方岳詩："寵辱易生分别想，是非正好鶻崙吞。"按：淪、崙、圇三字，體别義同。或又作"囫圇"，亦見《朱子語錄》"道是箇有條理底，不是囫圇一物"是也。其實則皆"渾淪"之轉[③]，《列子·天瑞篇》云："渾淪者，言萬物未相離也。"

4832 廓落　《釋名》："郭，廓也。廓落，在城外也。"又："槨，廓也。廓落，在表之言也。"《易林》："大過之剝，廓落失業。跨福變禍，大壯之升。數窮廓落，困

---

① 黄侃：四字皆與"婆娑"同義，今云"薄相"、"白相"。
② 黄侃：倒言之亦"娑拖"也，正作"趗促"。
③ 黄侃：即"渾淪"。

于歷室。"《魏志·劉楨傳》注引《典略》:"文帝嘗賜楨廓落帶。"《晉書·姚萇載記》:"廓落任率,不修行業。"

4833 豁達 《文選·景福殿賦》:"開南端之豁達。"注云:"豁達,門通之貌。"又《集韻》有"閜"字,訓云"大開門貌",音與豁同。

4834 曠蕩 《後漢書·馬融傳》:"垌場區宇,恢昭曠蕩。"亦作盪,《文選·洞簫賦》:"彌望儻莽,聯延曠盪。"

4835 滑澾[①] 朱子《楚詞》注:"突梯,滑澾貌。"皮日休《苦雨》詩:"蓋檐低礙首,蘚地滑澾足。"蘇軾《秧馬歌》:"以我兩足爲四蹄,聳踊滑澾如鳧鷖。"

4836 蓬勃 賈誼《白雲賦》:"望白雲之蓬勃。"《晉書·慕容德載記》:"謠曰:'大風蓬勃揚塵埃。"元稹詩:"狼星四角光蓬勃。"《香譜》:"宗楚客沉香泥壁,香氣蓬勃。"亦作"浲浡",左思《吴都賦》:"歊霧浲浡"。又作"髼勃",《集韻》:"髼,音搴,髼勃,烟塵雜起貌。"又作"烽焞",《獨異志》:"鏉貯烈火,上烟烽焞。"又作"彭孛",《漢武内傳》:"五臟不淳,關胃彭孛。"又作"蓬焞"[②],《悦生堂隨抄》載蔡京事云:"卷簾香至,蓬焞滿室如霧。"又《類篇》:"蠭蠭,亂飛貌。"《廣韻》:"垺,塵起也。"皆"蓬勃"之通字,然宜因所言事物擇用之。

4837 龙茸 《左傳》:"狐裘龙茸。"《文選·西都[③]賦》:"苯蓴蓬茸,彌皋被岡。"白居易《養竹記》:"荃茸薈蔚。"李商隱詩:"垂柳碧髶茸。"按:諸文用字各殊,其義則一。又《字林》:"髼鬆,髮亂貌。"《集韻》曰:"或作鬔鬆。"宋人詩如方岳云"荷鋤頭白雪荃鬆",姚樞云"春風滿鬢綠髶鬆",蓋亦與"荃茸"、"髶茸"通也。

4838 雹凸[④] 劉禹錫詩:"玉柱琤琮韻,金觥雹凸稜。"雹,一作撲,姚合詩:"風擊水凹波撲凸,雨淙山口地嵌坑。"

4839 活絡[⑤] 《鶴林玉露》:"大抵看詩,要胸次玲瓏活絡。"《朱子文集·答許順之》曰:'齋記子細看來,未甚活絡。"又《答林德久》曰:"來喻雖亦無病,然語意終未親切活絡。"

4840 潚 《文選·思玄賦》:"迅猋潚其媵我。"注:"潚,疾貌,音肅。"

---

① 黄侃:"澾"當作"泰"。

② 黄侃:"浲浡"、"浲渤"、"髼勃"、"烽焞"、"彭孛"、"蓬焞",皆"旁薄"之轉。

③ "都"當爲"京",見《文選·西京賦》。

④ 黄侃:此"陂陀"之轉,亦書"跑突"。吾鄉讀促之曰"迸",讀北猛切。如物忽然中高曰"迸起來",求之東韻,實卽"豐"字耳。

⑤ 黄侃:"活絡"亦闊掞也。

4841 逯[①]　《淮南子·精神訓》:“渾然而往,逯然而來。”注:“謂無所爲忽然往來也。”按:俗狀疾忽之辭,有云“潚地裹”、“逯地裹”[②],作此二字爲典則。

4842 骨鹿　《樂府雜錄》:“有骨鹿舞于小毬子上,縱横騰踏,以其旋轉之捷,因此名之也。”一作“骨碌”,《嶺表録異》:“報溪磵有石鱗次,可躡之而過,或乘牛過者,牛皆促歛,四蹄跳躍,或失則隨流而下,彼人諺云‘跳磵牛骨碌’。”

4843 蝬蝿　《集韻》魚及、日涉二切,“蟲行貌”,直讀若岌摺。

4844 勬勯　《集韻》:“物不精也,音若勞曹。”

4845 幱幓　《類篇》:“衣破貌,洛駭、師駭二切[③],字或皆从衣。”

4846 貔獽　《方言》:“南楚凡大而多謂之貔,凡言過度及妄施行謂之獽,烏孔、奴動二反。”《博雅》:“貔獽,多也。”《廣韻》:“盛多貌。”按:俚俗以物之陳久而臭惡曰貔獽,古無此訓[④],豈以“獽”有過度之義而牽合歟?

4847 汪囊[⑤]　《軒渠録》:“有營婦托一學究寫書寄夫云:“天色汪囊,不要喫温吞蠖托底物事。”自注云:“汪,去聲。”按:《釋名》云:“饔,汪也,汁汪郎也。”則“汪囊”正當作“汪郎”耳。

4848 鏖糟[⑥]　《漢書·霍去病傳》:“合短兵鏖蘭皋[⑦]下。”晉灼注:“世俗以盡死殺人爲鏖糟。”《輟耕録》:“今以不潔爲鏖糟,義雖不同,却有所出。”按:如晉灼所云,固血肉狼藉矣,于不潔淨義亦略相通。

4849 腌臢[⑧]　《正字通》:“俗呼物不潔白曰腌臢。”元曲多用此二字。按:古字書“腌”訓烹,于不潔白無關。《焦氏刋悮》又謂:“物不淨曰婄臟,婄,讀如諳。”益無可徵,求其本字,疑即爲“餥餍”之音轉耳。餥餍,見《周禮·玉人》注。

4850 拉颯[⑨]　《晉書·五行志》:“太元末,京口謡云:‘黄雌雞,莫作雄父啼。一旦去毛衣,衣被拉颯棲。’”拉颯,言穢雜也。元好問詩“惡木拉颯棲,直幹比指稠”用此。按:二字所出最先,當以爲正,他皆後變字也。《廣韻》:“剌㓟,不淨

① 黄侃:吾土爲事之奇特、人之奇特、語之奇特,皆冠以“逯”字。然止當作“陸離”之“陸”,或“卓犖”之“犖”。

② 黄侃:“潚地裹”吾鄉曰“扯起”,如云“扯起一跑”。

③ 黄侃:吾土仍用此音,然《説文》當作“裂𧝓”。

④ 黄侃:此“癰膿”之意也。

⑤ 黄侃:即“罔兩”,乃天色不正之謂。

⑥ 黄侃:盡殺人爲“鏖糟”,今倒言“糟皋”。不潔清爲“鏖糟”,乃“握齪”之轉。

⑦ “蘭皋”當爲“皋蘭”,見《漢書·霍去病傳》。

⑧ 黄侃:《説文》作“濶濽”。

⑨ 黄侃:即“裂𧝓”之轉。漢樂府只作“拉雜”。雜遝之貌,亦可作“沓颯”、“嚞儠”。今語有“垃圾”。黄焯:雜遝亦可作“儠嚞”、“颯遝”。“靸雪”亦作“迨遝”、“拹摺”。

也，音如辣拶。"《集韻》："肔䐐，肉雜也；攋搕，和攪也。"音俱如拉雜。《黄山谷集》："傝㒆，物不蠲也。蜀人語，音如塔颯。"《女論語》："洒掃灰塵，撮除擒搕。"《五燈會元》："大容諲曰：'大海不容塵，小溪多搕搕。'雲庵淨曰：'打疊面前搕搕。'"《夢粱録》："諸河有載垃圾糞士之船，又每日掃街盤垃圾者，支錢犒之。"其用字各不同。

4851 烏漉禿 《玉芝堂談薈》載古諺："四月初八烏漉禿，不論上下一齊熟。"

4852 麻曷剌 《樊榭山房集》："吳山麻曷剌佛像，元至治時鑿。《元史》泰定帝元年，塑馬合吃剌佛像于延春閣之清暉亭下。馬合吃剌，卽麻曷剌，梵音無定字也。"按：今杭人嘲天騃者曰"麻曷剌"，乃借言之。

4853 光辣撻 陳郁《話腴》："藝祖《咏日》詩：'欲出不出光辣撻，千山萬山如火發。'"①

4854 寬定宕② 《癸辛雜志》："胡衛道三子，孟曰寬，仲曰定，季曰宕，蓋悉从宀，其後悼亡妻，倩友人作志，書曰：'夫人生三子，寬、定、宕。'讀者爲之掩鼻。"蓋當時已有此俚言也。

4855 長敫篠③ 《越語肎綮錄》："身長曰敫，離了切，《隋韻》有之，今越人謂身莽長者曰長敫篠。"按：《集韻》有"軂軇"字，亦訓身長，音如澇導。恐今"敫篠"之言別，因"軂軇"而轉。

4856 零零碎碎 《朱子語錄》："《洪範》是治道最緊切處，這箇若理會不通，又去理會什麽零零碎碎。"

4857 條條直直 白居易《薛小童吹觱栗歌》："條條直直如筆描。"

4858 稀稀踈踈 又詩："稀稀踈踈繞籬竹，窄窄狹狹向陽屋。"

4859 橛橛梗梗④ 《素書》："橛橛梗梗，所以立功。"注曰："橛橛者，有所恃而不可搖。梗梗者，有所立而不可撓。"

4860 婆婆娑娑 《通雅》："《黄庭經》'金鈴朱帶坐婆婆'，《文選》'修初服之娑娑'，則'婆娑'亦可叠用。"

4861 劫劫波波 《五燈會元》："岳林眞示衆，劫劫波波，未肯歸家隱坐，"按：其分見者，如韓昌黎文"人皆劫劫，我獨有餘"、岑參詩"風塵奈爾何，終日獨波波"，用者甚衆。

---

① 此處《函海》本有：《宋詩紀事》作"光赫赫"，係宋人所改。

② 黄侃："定宕"蓋"動蕩"之轉，乃形容其甚寬，可以回旋耳。亦可作"丁當"。

③ 黄侃：卽"了㕯"。

④ 黄侃：今云"結結梗梗"。

4862 媒媒晦晦　《莊子・知北遊》:"被衣歌曰,媒媒晦晦,無心而不可與謀。"《音義》曰:"媒音妹,媒媒,晦貌。"

4863 眇眇忽忽　司馬相如《子虛賦》:"眇眇忽忽,若神仙之髣髴。"

4864 鬱鬱勃勃　《子華子・大道篇》:"鬱鬱勃勃,而不可屈。"

4865 蓬蓬孛孛　《漢書》注:"文穎曰,孛星其光四出,蓬蓬孛孛也。"按:《詩》:"其葉蓬蓬。"《莊子・秋水篇》:"蛇謂風曰:子蓬蓬然起于北海,蓬蓬然入于南海。"通作"逢",《墨子・耕柱篇》:"逢逢白雲,一西一東。"亦作"彭",《南史・徐道度傳》:"背上彭彭有氣。"孛,亦通作"勃",《法言》:"昇以揚之,勃勃乎其不可及。"韓退之《薦侯喜狀》:"胸中之氣勃勃然。"

4866 磈磈磊磊　見左思《吳都賦》。磊,力罪切,直讀若壘。注云:"磈磈磊磊,衆石攢積貌。"

4867 鑠鑠[①]　《文選・景福殿賦》:"其華表鎬鎬鑠鑠,赫奕章灼,若日月之麗天也。"江淹詩:"鑠鑠電上影,懵懵雲外山。"又《説文》:"霅霅,震電貌。"《甘泉賦》:"霅然陽開。"亦謂光彩霅霅然也。

4868 汪汪　《後漢書・黃憲傳》:"叔度汪汪若千頃波[②]。"《水經注》:"諺曰:'陂汪汪,下田良。"按:此言寬廣之水,俗云"淚汪汪"者,宜用"眭"字。《集韻》:"眭眭,目欲泣貌。"然盧綸詩"張老聞此詞,汪汪淚盈目",只用"汪"字。

4869 霍霍　古《木蘭詩》:"磨刀霍霍向猪羊。"一作"燿",元稹詩:"燿燿刀刃光。"

4870 吸吸　劉向《九歎》:"風騷屑以搖木兮,雲吸吸以湫戾。"吸吸,動貌,本亦作"翕"。《詩》:"載翕其舌。"又《集韻》:"喋喋,口動貌。"

4871 呞呞　《荀子・榮辱篇》:"今是人之口腹,安知禮義,安知辭讓,亦呞呞而嚌,鄉鄉而飽已矣。"楊注:"呞呞,嚌貌。"

4872 閃閃　《禮・禮運》:"魚鮪不淰。"注:"淰之言閃也,言魚鮪不閃閃畏人也。"一作"攌"。潘岳《射雉賦》:"攌降丘以馳敵。"注云:"攌,疾動貌。"

4873 帖帖　《釋名》:"牀前帷曰帖,言帖帖而垂也。"杜牧詩:"壇宇寬帖帖。"李商隱詩:"雲孫帖帖卧秋烟。"

4874 唪唪　《大雅》:"瓜瓞唪唪。"《説文》引作"菶菶"。按:《詩》傳訓"多實",似從《説文》爲正。

---

① 黃侃:正作"儵":"青黑繒發白色也。"又有"敫"字:"光景流也。"
② "波",《後漢書・黃憲傳》作"陂"。

4875 漉漉 《爾雅》："𣽈，盝也。"郭注："漉漉出涎沫。"《素問》："無刺漉漉之汗。"又《太玄經》："繘陸陸，缾寘腹。"注："繘，汲索也。陸陸，索下貌。"

4876 轂轂 《太平廣記》引《博異記》："蘇四郎以酒卮擊牙盤一聲，其柱上明珠，轂轂而落。"

4877 蔌蔌 蘇軾《食柑》詩："清泉蔌蔌先流齒。"按：《説文》："涑，小雨零貌。"涑涑，亦猶云蔌蔌。

4878 索索 《易》："震，上六，震索索。"王注："懼而索索。"葢謂戰動之貌。江總賦："樹索索而搖枝。"亦言樹之戰動。按：《易》注又謂："虩虩，恐懼貌。蘇蘇，疑懼貌。"虩讀許逆反，《莊子·天地篇》作"覤覤"，今世俗皆通言之。

4879 顙顙 《方言》："顙，怒也。"注云："顙顙，恚貌。"

4880 嗒嗒 《廣韻》音答，"面嗒嗒貌"。按：今有"面光嗒嗒"之諺。

4881 咍咍 喜笑貌。皇甫湜《吉州刺史廳[1]記》："昔民嗷嗷，今民咍咍。"皎然詩："老仙咍咍不我答。"

4882 堆堆 《越語肎綮錄》："呆坐而候人曰𡏅，都灰切，見《隋韻》。有重音如𡏅𡏅坐、𡏅𡏅望之類。"按：王建《新嫁娘》詞："那家人不識，牀上坐堆堆。"《五燈會元》："印首座偈：'飯餘長是坐堆堆。'"只作"堆"。論其本字則當作"敦"，《詩》"敦彼獨宿"，敦音堆，注云"不移貌"。《説苑》："孔子聽獄必師斷，敦敦然皆立。"《素問》："土形人則敦敦然，兀兀然。"皆卽唐宋所云"堆堆"。

4883 得得 行貌。王建詩："親故應須得得來。"貫休詩："千水千山得得來。"蘇軾詩："會作堂堂去，何妨得得來。"

4884 活潑潑 《中庸章句》引程子語。《或問》："'程子所謂活潑潑地[2]者，毋乃釋氏之遺意耶？'曰：'此但俚俗之常談，非釋氏得而專之也。"按：釋家語云"無爲無相活鱍鱍，平常自在此心體"，又云"頂門之竅露堂堂。腳根之機活鱍鱍"，"鱍"皆從魚，與程子亦小別。又《歸潛志》："李屏山晚愛楊萬里詩，曰：'活潑剌底，人難及也。'""潑剌"猶言"潑潑"。

4885 死搭搭 《朱子語錄》："今言道無不在，無適而非道，固是。只是死搭搭地，惟説鳶飛魚躍，則活潑潑地。"

4886 冷湫湫[3] 《傳燈錄》："九峯虔舉石霜語曰：'休去，歇去，冷湫湫地

---

① "廳"下脱"壁"字，見《唐文粹》卷七三。

② 黄侃："地"乃助語。

③ 黄侃：今云"冷火湫煙"，"湫"正作"宋"，"湫"乃借字，《高唐賦》亦用之。

去。’”又“冷清清”，見元喬孟符《揚州夢》曲。

4887 熱湯湯　《釋名》：“湯，熱湯湯也。”

4888 煖烔烔　《博雅》：“烔，熱也。”《廣韻》：“煖也[①]。”音如同。俗以煖之至曰“煖烔烔”。

4889 寒瘁瘁　費冠卿詩：“入林寒瘁瘁[②]，近瀑雨濛濛。”

4890 濕藞藞　《二老堂詩話》：“康與之重陽遇雨爲謔詞，有云：‘茱萸胖，黄菊濕藞藞。”又“濕涤涤”，見元楊顯之《瀟湘雨》曲。

4891 焦巴巴　《埤雅》：“蕉不落葉，一葉舒則一葉焦，故謂之蕉。俗以乾物爲焦巴巴，亦取芭蕉之義。”[③]

4892 浮瀶瀶　《越語肎綮錄》：“鄉以浮水曰瀶，有云浮瀶瀶者，瀶音探，見《隋韻》。”

4893 實辟辟[④]　《素問》：“脉搏而實，如指彈石辟辟然。”

4894 虚飄飄　《東坡居士集》有《虚飄飄》詩三首。

4895 漫悠悠　《巴渝竹枝詞》：“大河水長漫悠悠，小河水長似箭流。”又“漫騰騰”，見宋人《題極中院》詩。

4896 亂董董　《朱子語錄》：“《易》上經説得齊整，下經便亂董董地。”

4897 呆鄧鄧　見《元曲選·賺蒯通》劇。又《玉鏡臺》言灌墨水事云：“眼灌的白鄧鄧。”按：“呆”古通保，今俗讀孩，實不典。

4898 文傷傷　又：關漢卿《謝天香》曲。

4899 怒吽吽　又：李文蔚《同樂院博魚》曲。

4900 醉醺醺　岑參詩：“青門酒樓上，欲別醉醺醺。”白居易詩：“不如來飲酒，閑坐醉醺醺。”杜牧詩：“如何遣公子，高卧醉醺醺。”

4901 飽蓬蓬　高誘《鴻烈解敘》述淮南民歌云：“一尺繒，好童童；一升粟，飽蓬蓬，兄弟二人不相容。”按：此與《漢書》所述異，“好童童”，今亦以爲恒言。

4902 汗溱溱　《靈樞經》：“腠理發泄，汗出溱溱，是謂之津。”

4903 屙漉漉　《傳燈錄》：“黄檗言馬大師出，八十四人善知識問著，個個屙漉漉地，秖有歸宗較些子。”

4904 白醥醥　《玉篇》：“醥，力小切，面白醥醥也。”《越語肎綮錄》：“今越人

---

① “煖也”當爲“热气烔烔”，見《廣韻·東韻》。

② “瘁瘁”當爲“瘁瘁”，見《全唐詩》卷四九五《答蕭建》。

③ 黄侃：“巴”正作“脯”，農師説誤也。

④ 黄侃：元曲亦云“實丕丕”。

謂神減而面瘠白曰白醿醿。"

4905 黄晃晃 《釋名》:"黄,晃也。晃晃象日出光也。"

4906 紅丟丟[①] 楊慎載古諺:"早霞紅丟丟,晌午雨瀏瀏;晚霞紅丟丟,早晨大日頭。"

4907 黑窣窣 《朱子語録》:"若上面著布袍,裏面著布襖,便是内外黑窣窣地。"又《傳燈録》:"僧問紹修:'古鏡磨後如何?'修曰:'黑漆漆地。'"又元人《賺蒯通》曲云"黑洞洞"。

4908 新鏃鏃 《世説》:"謝鎮西謂敬仁:'文學鏃鏃,無能不新。'"

4909 光緻緻 韓偓《屐子》詩:"六寸膚圓光緻緻。"

4910 光蕩蕩 《史記》:"秦二世欲漆其城,優旃曰:'佳哉!漆城光蕩蕩,寇來不得上。'"

4911 直挺挺 《左傳》:"周道挺挺。"注:"直貌。"通作"脡"。《儀禮·少牢饋食》"脡脊"疏:"脡者,取其脡脡然直。"又通"頲"。《爾雅》:"頲,直也。"又"直脛脛",見《漢書·楊惲傳》:"脛脛者,未必全。"師古注:"脛脛,直貌。"

4912 密拶拶 《朱子語録》:"天地間只是陰陽兩字,只就身上體看,不是陰便是陽,密拶拶在這裏。"

4913 厚蟄蟄 李賀詩:"蟄蟄垂葉厚。"

4914 薄鬆鬆 王建詩:"蜂鬚蝶翅薄鬆鬆。"

4915 圓衮衮 元稹詩:"繞指轆轤"圓衮衮"。"又"圓陀陀",見《傳燈録》。

4916 硬綳綳 黄溥言《閑中古今録》載應履平題部門詩有"衣裳糨得硬綳綳"句。元人《硃砂擔》曲作"硬邦邦"。又《五燈會元》:"黄龍下兒孫,一箇箇硬剝剝地。"

4917 乾爆爆 《五燈會元》:"慧暉曰,雲門尋常只乾爆爆地。"

4918 火𤆗𤆗 白居易詩:"桃飄火𤆗𤆗,梨墮雪漠漠。"

4919 花簇簇 《續燈録》守隆偈云:"花簇簇,錦簇簇,鹽醬年來事事足。"智暉答僧問曰:'四時花簇簇,三冬異草青。'"

4920 鐵錚錚 《後漢書·劉盆子傳》:"帝謂徐宣等曰:'卿所謂鐵中錚錚,傭中佼佼者也。'"劉禹錫詩:"比瓊雖碌碌,于鐵尚錚錚。"

---

① 黄侃:"丟"乃俗"投"字。"丟丟"正當作"朱朱",猶吾土言"紅彤彤"。

卷三十五　聲音

4921 聒聒　《書·盤庚》:"今汝聒聒。"注①云:"多言也。"按:詩家亦用之爲鳥聲,如歐陽修《鳴鳩》詩:"遭爾聒聒何時停。"陳造《布穀》詩:"聒聒强任田家憂。"

4922 嘓嘓　《説文》②:"口嘓嘓,煩也。"按:《玉篇》"嘓"亦音國,訓"口聲"也。彼當是嗽口聲,時俗謂嗽口爲"嘓口"是也,與嘓義别。

4923 哨哨　揚子《法言》:"匪伏匪堯,禮義哨哨。"《留青日札》:"哨,音消。今憎人多言不了曰'哨哨然'。"

4924 諸諸　《荀子·正名篇》:"愚者之言,芴然而粗,嘖然而不類,諸諸然而沸。"注云:"諸諸,多言也。沸,騰也。"按:"沸"亦今所通語。

4925 嘔嘔　《史記·淮陰侯傳》:"項王言語嘔嘔。"《博雅》:"嘔嘔,喜也。"《廣韻》:"嘔呪,小兒語。"

4926 啝　《集韻》:"啝,烏化切,小兒啼也。"又"呱",烏瓜切,亦"小兒啼"。

4927 嗗嗗　寒山詩:"兒弄口嗗嗗。"田晝《祭王和甫文》:"童膺孺嗗,羣舌毛起。"《玉篇》:"嗗,音戈,嗗唆,小兒相應也。"按:"唆"字舊唯此義,今俗云"唆使",始見於《正字通》③。

4928 牙牙　司空圖文:"女則牙牙學語。"元好問詩:"牙牙嬌語總堪誇。"按:楊維楨《題六宮戲嬰圖》"戲弄砑砑未生齒","砑"即"牙"音之轉。

4929 吪　《廣韻》引《道經》疏:"吐氣聲也,許戈切。"

4930 噃　《説文》④:"飲聲。"孟郊《聯句》:"嗷嘦何噢噃。"注亦云:"飲聲謂之噃。"

---

① "注"當爲"疏",見《周禮正義》卷九。

② "説文"當爲"廣韻",見《廣韻·麥韻》

③ 黄侃:"唆使"即"攛掇"之"攛",而正字當爲"嗾"。

④ "説文"當爲"廣韻",見《廣韻·黠韻》。

4931 餩餩 愛黑切,噫聲。元稹詩:"醉眼漸紛紛,酒聲頻餩餩。"

4932 喀喀 音客,嘔聲。《列子·説符篇》:"援旌目據地嘔之,不出,喀喀然。"

4933 吼吼 音匹。《玉篇》:"唾吼吼。"按:此是唾之聲,《集韻》云"唾貌",非。

4934 啾啾 音祝。《廣韻》:"啾,嘆也。"《集韻》:"啾,歎聲。"按:此當是贊歎聲。

4935 和和 《傳燈錄》:"朗州洪恩師每見僧來,拍口作和和聲。"

4936 嘒嘒 《廣韻》:"先立切,嘒嘒,忍寒聲。"

4937 齁齁 蘇軾詩:"鼻息齁齁得自聞。"范成大詩:"解令曉枕睡齁齁。"

4938 哈臺 亦睡息聲。《世説》:"許侍中璪,夜宴丞相府,丞相令入己帳眠,許上床便哈臺大鼾。"

4939 咋咋 音賾。《列異傳》:"宋定伯擔鬼著肩,急執之,鬼大呼,聲咋咋然。"

4940 吽吽 《廣韻》:"吽吽,市人聲也。"音烘,通作"訌"。

4941 聬聬 耳聲也,音瓮,見《集韻》。

4942 古魯魯 腸鳴聲也,見元人《殺狗勸夫》曲。

4943 唏唏欱欱 《廣雅》:"唏唏欱欱,嗬嗬呵呵,笑也。唏,希其反;欱,呼下反;嗬,火下反;呵,虚多反。"

4944 閱閱霍霍 《軒渠錄》:"族嬸陳氏,令姪代作書寄子,因口授云:'孩兒耍劣,奶子又閱閱霍霍地。'"按:閱霍,即"唏欱"轉音耳。

4945 吸呷 李延壽《王孫賦》:"歸鎖縶于庭尾,觀者吸呷而亡疲。"①按:此亦似"唏欱"之轉。又相如《子虛賦》:"翕呷萃蔡。"注云:"翕呷,衣裳張起聲。"又一義也。

4946 吃吃 《大業拾遺記》:"煬帝幸月觀,聞咲聲吃吃不止,急行擒之,乃宫婢雅娘也。"文同詩:"靜能知此趣,吃吃笑勞生。"按:吃,居月切,俗讀若喫者,誤。

4947 啉啉 《朝野僉載》引諺:"正月三白,田公笑啉啉。"

4948 哇哇 《元包經》:"男反其室,女歸於家,言唯唯,笑哇哇。"

4949 嗑嗑 《韓詩外傳》:"專意自是,疾言噴噴,一幸得勝,疾笑嗑嗑。"按:《孔叢》引諺:"子路嗑嗑,尚飲十榼。"似亦謂笑聲也。

---

① "李延壽"當爲"王延壽","尾"當爲"廡",見《古文苑》卷六。

4950 咿啞　《漢書·東方朔傳》:“伊優亞者,辭未定也。”成公綏《烏賦》:“噫啞相和,聲音可玩。”按:唐宋人多作“呷啞”,韓偓詩:“两槳呷啞過花塢。”蘇軾詩:“小兒呷啞語繡帳。”又杜牧“武帳弄啞呷”倒用。

4951 嗚咿　李賀詩:“女牆素月角嗚咿。”蘇子美《地動聯句》:“日腹昏盲佷,風口嗚嗚咿。”轉作“吾伊”,黄庭堅詩:“北窗讀書聲吾伊。”

4952 烏烏　《漢書·楊惲傳》:“仰天拊缶而歌呼烏烏。”通作“嗚”,陸游詩:“鼓聲晨紞紞,角聲暮嗚嗚。”

4953 㕶㖃　烏陵、烏剛二切,見《五音集韻》,“咿啞”之轉音也[1]。

4954 丁東　李商隱詩:“雜佩玉丁東。”韓偓詩:“坐久忽聞鈴索動,玉堂西畔響丁東。”或作“東丁”,《老學菴筆記》:“漢嘉城西北山,有一石洞,泉水出其間,爲東丁水。”山谷詩云:“古人題作東丁水,自古東丁直到今。”陸游詩:“風響送東丁。”又作“丁冬”,韋莊詩:“月下丁冬搏寒玉。”馬臻詩:“風檐微動玉丁冬。”

4955 冬冬　白居易詩:“覺來未及説,叩門響冬冬。”又竇鞏詩:“惟有側輪車上鐸,耳邊常似叫東東。”按:東東,本妓名,鞏别妓去,而東鐸之聲正東東然,因感情賦此也。

4956 丁當　温庭筠詩:“蘭釵委墜垂雲髮,小響丁當逐回雪。”杜牧詩:“數條秋水掛琅玕,玉手丁當怕夜寒。”曹唐詩:“絳闕夫人下北方,細環清佩響丁當。”亦作“丁璫”,又作“玎璫”。鄭嵎詩:“月中秘樂天半間,玎璫玉石和塤篪。”韓偓詩:“一帶清風入畫堂,撼眞珠箔碎丁璫。”又王十朋《九華山》詩:“鳥聲依樹克丁當。”自注:“山中有鳥啼聲曰克丁當。”一本作“格丁當”。又《元曲》用“吉丁當”甚多,如鄭德輝《倩女》云:“吉丁當精磚上摔破。”王實甫《西廂》云:“吉丁當敲響簾櫳。”白仁甫《梧桐雨》云:“吉丁當玉馬檐頭鬧。”

4957 丁丁　白居易詩:“丁丁漏向盡,鼕鼕鼓半過。”李商隱詩:“雙佩丁丁連尺素。”許渾詩:“紫槽紅撥響丁丁。”王禹偁《竹樓記》:“宜圍棋子,聲丁丁然。”

4958 璫璫　温庭筠詩:“麒麟公子朝天客,珮馬璫璫度春陌。”亦作“當”,楊萬里詩:“寒生更點當當裏,雨在梅花蔌蔌邊。”

4959 玎玲　李賀詩:“佩馬玎玲踏沙路。”元好問詩:“石根寒溜玉玎玲。”又陳泰詩:“丁丁零零西番經,軋軋剌剌單于曲。”

4960 令令　《詩》:“盧令令。”傳云:“犬頷下環聲。”通作“鈴”,《文選·天台山賦》:“振金策之鈴鈴。”

---

① 黄侃:此即禮經之“噫興”。

4961 錚錚 《説文》:"綪,急弦之聲。"《釋名》:"箏施弦高急,箏箏然也。"孟郊詩:"前溪忽調琴,隔林寒琤琤。"白居易詩:"弦清撥剌語錚錚。"王禹偁《竹樓記》:"矢聲錚錚然。"歐陽修《秋聲賦》:"鏦鏦錚錚,金鐵皆鳴。"按:其字或从絲、或从竹、或从玉、从金,隨其地所施耳。又《詩》"椓之丁丁"、"伐木丁丁","丁"皆音錚。《集韻》:"彋,音錚,弓弦聲。"

4962 棖棖 王叡詩:"棖棖山響答琵琶。"李賀詩:"金槽琵琶夜棖棖。"

4963 搸 《集韻》:"音臻,琴瑟聲也。"[①]按:今釋家手磬,及伶人所謂星兒者,其聲俱搸搸然,或求其字不得,愚謂此可借用。

4964 吷 《莊子·則陽篇》:"吹筦也,猶有嗃也;吹劍首者,吷而已矣。"《音義》曰:'吷,音血。"

4965 啐嗶 《廣韻》:"啐嗶,聲也,讀如卒律。"按:王褒《洞簫賦》:"氣旁迕以飛射兮,馳散涣以逫律。"逫,知律切,義蓋與啐嗶通,而字較古雅。

4966 逢逢 《詩》:"鼉鼓逢逢。"劉禹錫詩:"雞人一唱鼓逢逢。"韓愈詩:"不踏曉鼓朝,安眠聽逢逢。"或作"蓬",梅堯臣詩:"鬬雞旗底蓬蓬鼓。"又《説文》:"彭,鼓聲也。"《通志·六書略》:"彭从彡,象擊鼓形。"按:韓詩"逢"叶江韻,其字當从牛,讀龎。

4967 鼕鼕 《唐書·馬周傳》:"請置六街鼓院,號爲鼕鼕鼓。"杜牧詩:"滿城鼕鼓白雲飛。"裴倐然詩:"遮莫鼕鼕鼓,須傾滿滿杯。"

4968 鼛鼛 《玉篇》:"鼛,鼓聲。"元稹詩:"問[②]隨人兀兀,夢聽鼓鼛鼛。"劉永之詩:"候雞晨喔喔,警鼓夜鼛鼛。"

4969 橦橦 繆襲《尤射》:"榜人擊鼓,其聲橦橦。"按:《説文》"鼜"音彤,"鼓聲"。《博雅》"㪌"亦音彤,"聲也"。繆氏但以音發爲橦,未攷彼二書矣,然亦無礙。

4970 龐龐 唐子西詩:"叠鼓鬧龐龐。"按:《博雅》:"韸韸,聲也。"《廣韻》:"韸,鼓聲,匹江切。"唐氏亦但以音發之。

4971 砰砰 陸機《鼓吹賦》:"鼓砰砰以輕投。"又陳造詩:"通通已報衙。"通通,亦鼓聲也。

4972 湩 《管子·輕重甲篇》:"湩然擊鼓士奮怒,鎗然擊金士帥然。"湩,音若棟,又若同。按:諸狀鼓聲字,此爲最古,而歷來詩文家少見用之。

---

① 黄侃:即"琤琤"耳。

② "問"當爲"閒",見《全唐詩》卷四〇六。

4973 朧幢　古樂府《秦女休行》:“朧幢鼓擊赦書下。”按:朧幢,叠鼓聲也。《太平御覽》引樂府作“隴橦”。唐人承用者亦字不同,沈佺期詩:“籠僮上西鼓。”柳宗元詩:“籠銅桴鼓手自操。”又詩:“蹀躞騶先駕,籠銅鼓報衙。”自後如周伯琦“更移壺滴瀝,衙報鼓籠銅”之類,遂多用“籠銅”字。

4974 鏜鼕　《史記·司馬相如賦》:“鏗鎗鏜鼕。”注:“鏜鼕,鼓聲。鏜,他郎切。鼕,徒冬切。”按:今以二字爲鑼鼓並擊之聲,據其字,俱从金,似今言爲是,然《集韻》云:“鏜與鼞同,《詩》云‘擊鼓其鼞’。”則謂鼓聲有本也。

4975 答臘　《白帖》:“都曇答臘,本外蕃樂部。”都曇似腰鼓而小,答臘即蜡鼓,肖其聲也。

4976 冬瓏　范成大詩:“賓友來鄒枚,寒轡摇冬瓏。”冬,亦作“玪”,釋惠洪詩:“撲漉水飛雙去鳥,玪瓏山響一聲樵。”

4977 琣礲　《廣韻》:“户冬、力冬二切,石落聲也。”韓退之詩:“投奅鬧碚礲。”《集韻》讀二字並爲去聲,今俗承焉。

4978 登丁　孟郊《聯句》詩:“樟裁浪登丁。”謂伐樹聲也。

4979 登登　《詩》:“築之登登。”《集韻》作“墱”,云:“墱墱,築墻聲。”又蘇軾《墨妙亭詩》:“空齋晝静聞登登。”王注云:“登登,打碑聲。”

4980 馮馮　《詩》:“削屢馮馮。”傳云:“削墻鍛屢之聲馮馮然。”

4981 橐橐　《詩》:“椓之橐橐。”注云:“橐橐,杵聲。”又《博雅》:“橐橐,聲也。”

4982 磕磕　《異苑》:“西秦時,長安端門外,井水之下,聞磕磕有聲,驚起照視,中有丹魚。”又劉侗《景物略》:“賣冰者手二銅盞叠之,其聲磕磕,曰冰盞。”

4983 堂堂　《化書》:“庚氏穴池,搆竹爲凴檻,登之者其聲策策焉。辛氏穴池,搆木爲凴檻,登之者其聲堂堂焉。”

4984 踫髼　《通志·六書略》:“髼,蒲孟切,踫髼,蹋地聲。”又《集韻》:“踫髼,石聲。”

4985 砯砰　揚雄《羽獵賦》:“猋拉雷厲,驞駍駖磕。”韓愈詩:“競墅輾砯砰。”岑參《招北客文》:“渤潏硼砰,會于滄溟。”按:字書驞匹人切,硼匹耕切,音皆近甹;駍、砰,普耕切,音皆近烹,今俗音有若云甹者,諸文並可據用。

4986 砰磷　司馬相如《大人賦》:“入雷室之砰磷。”又沈佺期《霹靂引》:“始戛羽而騞砉,終叩宫而砰駖。”駖,力莖切,互見上引《羽獵賦》。

4987 淜滂　宋玉《風賦》:“飄忽淜滂。”注:“風擊水聲,疋冰、普郎二切。”相如《上林賦》:“砰磅訇礚。”砰爲淜音轉也。梅堯臣詩:“半夜雷砰辪。”辪,薄江切,又屬"砰磅"轉音。

4988 滂硠 張衡《思玄賦》:"伐河鼓之滂硠。"左思《吴都賦》:"汩乘流以砰宕。"注:"舟擊水聲。"滂硠、砰宕,因語輕重異字也。《集韻》"砏硠"與"砰囩"皆訓石聲。

4989 菈擸 左思《吴都賦》:"菈擸雷硠。"注云:"木摧傷之聲。"

4990 歷剌 林逋詩:"皁孜晚鳥沉幽語,歷剌夜篁露病梢。"按:此即"菈擸"之借字。

4991 滴瀝 《水經注》:"鍾乳穴凝膏下垂,滴瀝不斷。"沈約詩:"風動露滴瀝。"楊炯文:"飛流滴瀝而成響。"

4992 磠沰 《集韻》:"磠,《博雅》云'磓也'。沰,當各切,滴也。"崔寔《農家諺》:"上火不落,下火磠沰。"言丙日不雨,則丁日有雨,其聲滴沰然也。按:《月令廣義》引此諺作"滴澤",誤。

4993 淅瀝 謝惠連《雪賦》:"霰淅瀝以先集。"孟浩然詩:"更兼楓葉下,淅瀝動秋聲。"柳宗元詩:"蒹葭淅瀝含秋雨。"歐陽修賦:"初淅瀝以蕭颯。"

4994 淅颯 吴師道詩:"僵禽淅颯動寒竹。"

4995 淅淅 謝惠連詩:"淅淅振條風。"杜甫詩:"朝[①]風鳴淅淅。"陸龜蒙詩:"淅淅疏簾雨氣通。"如此類用"淅淅"甚多。

4996 瀝瀝 《逸士傳》:"許由挂瓢樹上,風吹瀝瀝有聲。"于武陵詩:"入户風泉聲瀝瀝。"

4997 颯颯 宋玉《風賦》:"有風颯然而至。"《楚辭・九歌》:"風颯颯兮木蕭蕭。"《文心雕龍》:"春日遲遲,秋風颯颯。"李商隱詩:"颯颯東風細雨來。"

4998 霅霅 《博雅》:"雪雪霅霅,雨也。"《廣韻》亦云:"雨霅霅。"《吴興志》:"霅溪,霅者,四水激射之聲。"徐仲謀詩:"四水交流霅霅聲。"按:詩家言風雨之聲多作"霎霎",如韓偓云"霎霎高林簇雨聲",皮日休云"古木聲霎霎",韓琦云"窗寒霎霎風"。又《集韻》云:"埲,土墮聲。"

4999 活活 音如适。《詩》:"北流活活。"李白詩:"凉風何蕭蕭,流水鳴活活。"唐庚詩:"睡外莫聽泥活活。"

5000 瀄瀄 《方言》:"瀄,激水也。"韓愈《藍田廳壁記》:"水瀄瀄循除鳴。"蔡襄詩:"清流瀄瀄小池邊。"

5001 汋汋 《釋名》:"濁汋者,汋,有水其聲汋汋也。"

---

① "朝"當爲"朔",見《全唐詩》卷二三〇《雨》。

5002 滴滴　令狐楚詩："古巖泉滴滴，幽谷鳥關關。"段成式詩："只愛糟床滴滴聲。"

5003 答答　《荔枝譜》："破竹五六尺，揺之答答然，以逐蝙蝠之屬。"

5004 帟帟　《集韻》："帟，忽或切，巾帛被風聲。"

5005 呼豨　漢樂府有"羊吾夷"、"妃呼豨"、"伊何那"等文。按：此皆歌之遺音，有聲無字，借字以作譜者也。今人狀風聲曰"呼豨"，當卽用此二字。

5006 瀄汨　枚乘《七發》："瀄汨潺湲，波揚流灑。"嵇康《琴賦》："瀄汨澎湃，蛩蟺相糾。"《南史》蘇侃《塞客吟》："驚飇兮瀄汨，淮流兮潺湲。"王僧孺《白馬篇》："瀄汨河水黄，參差嶂雲黑。

5007 孛轆　《范石湖集》引古諺："秋孛轆，損萬斛。"

5008 鵅捋　《漢書・司馬相如傳》注："關西呼鴶鵅爲鵅鹿，又謂鵅捋，捋音郎奪反，葢象其鳴聲也。"《爾雅翼》引《急就章》注亦云："鵅鹿、鵅捋，皆象其聲。"

5009 岌峇　馬融《長笛賦》："雷叩鍛之岌峇。"注云："岌，苦協反。峇，苦合反，言如雷之叩鍛，岌峇而爲聲也。"

5010 烞熚　《荆楚歲時記》："正月一日，于庭前爆竹辟山臊。"注云："以竹著火中，烞熚有聲，而山臊驚憚。"又《廣韻》有"炦"字，音璞，訓"火裂"也。

5011 拍撲　符載《畋獲虎頌序》："敲叩拍撲，芟殺策礉。"按："拍撲"，當是"搉㩧"之借，張衡《西京賦》："流鏑搉㩧。"注："中聲也，普麥、芳邈二切。"

5012 䨏　潘岳《射雉賦》："彳亍中輟，䨏焉中鏑。"注云："䨏，中鏃聲也。"又《廣韻》："㩧，擊聲，音璞。"盧仝詩："鎖聲㩧地起風雷。"

5013 㗒　《莊子・知北遊》："㗒然投杖而㕭。"注云："㗒，音剝，放杖聲。"《集韻》亦音璞。《酉陽雜俎》："柳氏取胡桃置堂中，須臾長大如盤，驚顧之際，㗒然分爲兩扇。"《五燈會元》："楊大年言，會廣慧后，平昔礙膺之物，㗒然自落。"

5014 踾　馬融《長笛賦》："踾踧攢仄。"注引《埤蒼》曰："踾，蹋地聲也。"又于逖《聞奇錄》："天台山有石盤陊落，震地塩然。"塩、踾，俱拍逼切，葢通。

5015 誖　《集韻》普没切，直讀若孛，"按物聲"，或省作"誟"。

5016 闒　《韓詩外傳》："闒然投鐮于地。"闒音塔。按："塔"字，《唐韻》《集韻》亦皆訓物墮聲。又《集韻》"墖"字音塔，亦物墮聲。

5017 窣磕　《齊諧記》："太末吳道宗未娶，與母居。一日，道宗他適，鄰人聞屋中窣磕之聲，窺之，不見其母，但有烏斑虎在屋中。"

5018 撲䙛　李蕃《雪鴻堂集》："南齊周顒《與何點書》：'區區微卵，脆薄易矜，瞻彼弱麑，顧步宜悯，何可甘心撲䙛，復加恣忍吞嚼。'俗以宰殺之聲曰'撲褫’,本此。”

5019 撲漉 《冷齋夜話》龍女詞曰:“數點雪花亂委,撲漉沙鷗驚起。”歐陽原功詩:“撲漉鴛鴦帶水飛。”

5020 撲通 《元曲選》馬致遠《青衫淚》曲:“撲通的瓶墜井。”又李壽卿《伍員吹簫》曲:“撲鼕的跳在江裏。”

5021 薄泊 韋應物[①]詩:“陵風舴艋謳啞去,出水鸕鷀薄泊飛。”

5022 轣轆 《方言》:“維車,趙魏之間謂之轣轆,言其聲之轉也。”蘇軾詩:“門前轣轆想君車。”陸游詩:“青絲玉井聲轣轆。”按:《説文》:“桼,車歷錄束交也。”則二字可通作“歷錄”,又可作“歷鹿”,李[②]延壽《王孫賦》:“聲歷鹿而喔咿。”更可作“歷祿”,吳融詩:“歷祿鬬香車。”

5023 礰轢 《廣韻》:“轢,盧各切。礰轢,車聲。”《集韻》:“礫,盧獲切。礰礫,石聲。”按:“轢”與“礫”字通也。又車聲亦通作“轂轆”,《本草綱目》:“鵰鵃,蜀人呼轂轆鳥,以其聲似也。”

5024 碌碌 賈島詩:“碌碌復碌碌,百年雙轀轂。”陳泰詩:“馬瓏瓏,車碌碌,古道茫茫沙撲撲。”或亦作“轆”,元好問詩:“白沙漫漫車轆轆。”汪克寬詩:“雷車轆轆天瓢轉。”

5025 札札 《爾雅》:“蚻,蜻蜻。”注:“其鳴無韻,但札札然。”《古詩》:“札札弄機杼。”柳宗元《田家》詩:“札札耒耜聲。”一作“軋”,温庭筠詩:“軋軋摇槳聲。”盧廷讓詩[③]:“擔入花間軋軋聲。”秦觀詩:“軋軋隔林聞挽車。”陸游詩:“織室踏車鳴軋軋。”

5026 挃挃 《詩》:“穫之挃挃。”《爾雅》注:“挃挃,刈禾聲。”《釋名》作“銍銍”。

5027 檝檝 《周禮·牛人》疏:“檝,入地之時,檝檝然作聲,故以聲名。”

5028 彭彭魄魄 張舜民詩:“打麥打麥彭彭魄魄,聲在山南應山北。”又劉子翬詩:“何時登稻場,秋山響蓬樸。”與“彭魄”同。

5029 剝剝啄啄 高適詩:“豈有白衣來剝啄。”剝啄,叩門聲也。韓退之詩:“剝剝啄啄,有客至門。”歐陽修詩:“剝剝復啄啄,柴門驚鳥雀。”

5030 樀樀 白居易詩:“西齋寂已暮,叩門聲樀樀。

---

① “韋應物”當爲“周繇”,見《全唐詩》卷六三五《白石潭秋霽作》。

② “李”當爲“王”,見《古文苑》卷六。

③ “廷”當爲“延”,見《全唐詩》卷七一五《樊川寒食》。

5031 瓾瓾　《中阿含經》:"如猫皮囊柔治極軟,除瓾瓾聲無瓾瓾聲,彼或有人以力拳打,或撲著地,彼寧復有瓾瓾聲耶?"按:《説文》:"瓾,蹈瓦聲,零帖切。"

5032 嗟嗟　《水經·河水》注:"陜邑北有物居水中,父老云:'銅翁仲所投處,嗟嗟有聲,聲聞數里。'"

5033 叟叟　《詩》:"釋之叟叟。"《釋文》云:"叟,先侯切,叟叟,淘米聲也。"又"颼颼",風雨聲。鄭谷詩:"静眠寒葦雨颼颼。"陸龜蒙詩:"遥風吹蒹葭,折處鳴颼颼。"又《集韻》:"颴颴,風聲。""颴"與"颼"音同。

5034 圎　《廣韻》音殼,訓"鞭聲"。按:俗以鞭擊空硬物曰"圎圎然"。

5035 閖　呼麥切,直讀若剨,開門聲。《玉篇》《廣韻》皆錄。

5036 捌　《韻會》:"捌,破聲。"劉歆《遂初賦》:"石捌破之喦喦。"又《唐韻》有"矾",普八切,訓"石破聲"。

5037 嗙　《集韻》:"嗙,音謗,聲也。"又:"嗃,音鴿,聲也。"按:上當是器裂聲,下當是屋動聲。

5038 膈膊　膈音逼。《古兩頭纖纖》詩:"膈膈膊膊雞初鳴。"謂雞將鳴振翼聲也。又:"膈膈膊膊春冰裂。"盧廷[①]讓詩:"窗間膈膊叩頭蟲。"陸游詩:"且對窗前膈膊棋。"楊萬里《胡桃》詩:"酒邊膈膊牙車響。"按:盧詩本一作"壁駁"。

5039 窸窣　杜甫詩:"河梁幸未坼,枝撐聲窸窣。"孟郊詩:"髣髴驚魍魎,窸窣聞楓林。"李賀《神弦曲》:"山神海鬼來坐中,紙錢窸窣鳴飈風。"窸,一作"屑",柳宗元賦:"暮屑窣以淫雨。"韓駒詩:"落葉屑窣鳴風廊。"

5040 傒傒　杜荀鶴詩:"窸窸陰風有鬼聲。"李建勳詩:"陰風窸窸吹紙錢。"按:窸,本作"傒"。《爾雅》:"傒,聲也。"疏云:"聲音傒傒然也。"亦通"屑",江淹賦:"日炯炯而舒光,雨屑屑而稍落。"又"錫錫"亦聲,《翻譯名義》:"錫杖者,由其振時作錫錫聲。"

5041 索索　陸璣《詩》疏:"莎雞飛而振羽,索索作聲。"米芾《題跋王右軍筆陣圖》:"其紙緊薄如金葉,索索有聲。"白居易詩:"第一第二弦索索。"或用"蔌蔌",《南史·王晏傳》:"晏見屋角悉是大蛇,以紙裹之,猶紙内摇動,蔌蔌有聲。"温庭筠《織錦詞》:"蔌蔌金梭萬縷紅。"

5042 鱍鱍　《詩》:"鱣鮪發發。"通作"鱍",杜甫詩:"魴魚鱍鱍色勝銀。"

5043 澈澈　潘岳《秋興賦》:"澡秋水之涓涓兮,玩遊儵之澈澈。"一作"瞥",沈佺期詩:"遊魚瞥瞥雙釣童,伐木丁丁一樵叟。"

---

① "廷"當爲"延",見《全唐詩》卷七一五《句》。

5044 撥剌 張衡《思玄賦》:"彎威弧之撥剌。"注:"撥剌,張弓貌。"按:此乃發矢際弓翕之聲,非貌也。杜甫詩:"船尾跳魚潑剌鳴。"李商隱詩:"驚魚潑剌燕翩翾。"皆以聲言之。

5045 跋剌 李白詩:"雙腮呼呷鬐鬣張,跋剌銀盤欲飛去。"注云:"跋剌,魚躍聲。"又岑參詩:"仲秋景蕭條,跋剌飛鵜鶘。"

5046 跳跋 梁《折柳曲》:"健兒須快馬,快馬須健兒。跳跋黄塵下,然後别雄雌。"

5047 沓沓 《漢書・禮樂志》:"神之行,旌容容,騎沓沓。"唐人作"蹋蹋",貫休《輕薄篇》:"誰家少年,馬蹄蹋蹋。"

5048 特特 温庭筠詩:"馬蹄特特荆門道。"梅堯臣詩:"馬特特,來者誰。"吴兆詩:"車轔轔,馬特特,路上行人去不息。"

5049 趵趵 元稹詩:"牛吒吒,田确确,旱塊敲牛蹄趵趵。"按:趵,北角切,直讀若剝。

5050 狧狧 《太玄經》:"熒狩狧狧。"注:"狧,他合切,犬食貌。"按:此當犬食聲,《説文》但訓爲"犬食"。

5051 唼喋 《西京雜記》載漢昭帝歌:"唼喋荷荇,出入兼葭。"司馬相如《上林賦》:"唼喋菁藻,咀嚼菱藕。"李邕《鬭鴨賦》:"唼喋爭食,襹褷帶雛。"鄭愔詩:"魚鳥爭唼喋,花水相芬氛。"①按:喋,丈甲切。唼喋,水鳥銜食聲也。《集韻》有"嚏"字,音眨,訓"噍聲",可與"喋"字通用。

5052 肅肅 《詩》:"肅肅鴇羽。"通作"飀"。《博雅》:"飀,風也。"又作"謖",《世説》嵇康"肅肅如松下風",李元禮"謖謖如勁松下風"。

5053 格格 温庭筠詩:"格格水禽飛帶波。"

5054 靃 《説文》:"靃,飛聲也,雨而雙飛者,其聲靃然。"

5055 薨薨 《詩》:"螽斯羽,薨薨兮。"注:"羣飛聲,亦作薨。"《博雅》:"薨薨,飛也。"又《釋名》:"薨,壞聲也。"

5056 楂楂 韓退之詩:"鵲鳴聲楂楂,烏噪聲擭擭。"亦作"查",陸游詩:"檐角查查鵲語輕。"

5057 啞啞 《淮南子・原道訓》:"烏之啞啞,鵲之唶唶。"《易林》:"鳧雁啞啞,以水爲家。"漢王吉《射烏詞》:"烏烏啞啞。"楊衡《烏棲②曲》:"城頭夜半聲啞

① "花水相芬氛",《全唐詩》卷一〇六《采蓮曲》作"花葉相芬氲"。
② "棲",《全唐詩》卷四六五作"啼"。

啞。”按：啞，讀如鴉，或即借用“鴉”字，如陸龜蒙詩：“樹裏鴉鴉桔槔響。”

5058 哶哶　穆修《殘春》詩：“風簾窣窣燕哶哶。”《廣韻》：“𠹷哶，語不可解也。”

5059 啾啾　《楚辭·招隱士》：“蟪蛄吟兮啾啾。”杜甫詩：“啾啾黄雀啅。”《傳燈録》：“智常偈曰：‘牛皮鞔露柱，露柱啾啾叫。’”周必大《奉詔録》：“頃聞平江異人説鬧啾啾之讖，陛下宜當省記。”

5060 啨啨嘖嘖　《爾雅》：“行鳸啨啨，宵鳸嘖嘖。”《海録碎事》引《論語》舊疏：“公冶長辨雀語云：‘啨啨嘖嘖，白蓮水邊，有車覆粟。’”按：皇侃疏本作“嘖嘖嗺嗺”。

5061 咇咇唎唎　《廣韻》：“咇咇，鳥鳴。唎唎，鳥聲。”

5062 縠縠　歐陽修詩：“戴勝縠縠催春耕。”陸游詩：“卧聽黄鴉縠縠聲。”一作“谷谷”，周昂詩：“春在鳴鳩谷谷中。”張昱詩：“乳雞浴沙聲谷谷。”又《集韻》：“㕭，雉鳴。”師曠《禽經》：“鵠音哠哠。”

5063 喔喔　《説文》：“雞聲也。”韓愈詩：“天星牢落雞喔咿。”白居易詩：“喔喔雞下樹，輝輝日上梁。”陸游詩：“老雞喔喔桑樹顛。”劉迎詩：“雞聲喔喔林鳥翔。”又《玉篇》：“呝，雞聲，音讀若戹。”

5064 呷呷　《禽經》：“鴨鳴呷呷，其名自呼。”《埤雅》：“雞鳴咿咿，鴨鳴呷呷。”

5065 嗺嗃　《集韻》：“雉鳴也。”一作“嗃嗃”。

5066 秸鞠　《詩》傳：“鳲鳩，其鳴秸鞠。”《禽經》：“布穀亦曰鴶鵴，名自呼也。”

5067 欧欱　《廣韻》：“驢鳴也。欧音懿，欱音亞。”

5068 圔　《廣韻》：“駱駝鳴也，乙鎋切。”韓退之《征蜀聯句》：“椎肥牛呼牟，載實駝鳴圔。”

5069 芈芈　《國語》：“蠻芈蠻矣。”注①云：“芈音如羊鳴，近米。”《史記·楚世家》：“季連，芈姓。”注云：“芈，羊聲也。”《説文》：“芈，綿婢切，羊鳴也，从羊，象聲氣上出。”《玉篇》别有“咩”字，彌嗟切，亦羊鳴也。《唐書·地里志》②：“太和城二十五里至羊苴咩城。”葢取羊聲以名地也。薛能詩：“梯航經杜宇，烽候徹苴咩。”

---

① 《周禮·夏官·職方氏》陸德明釋文，見《經典釋文》卷九。

② “里”當爲“理”。

5070 嘪嘪 《集韻》:"嘪嘪,羊鳴。"《資暇錄》:"世俗喪筵之室,俾妓婢唱悲切聲,謂之揚聲。"按:其嘪嘪然,宜呼爲羊聲耳。

5071 嚄嚄 《三輔決錄》:"馬氏兄弟五人,共養豬賣。人曰:'苑中三公,門下二卿,五門嚄嚄,但聞豬聲。'"按:"嚄"本胡伯切,此讀若護也。又《集韻》"嚩嚩",吴俗呼豬聲。

5072 猒猒 《啓顔錄》:"侯白謁邑令,言邑多賊盗,請命各家養能吠之狗,並言家中新有一狗,吠聲與餘狗不同。曰:'其聲如何?'曰:'怮怮然。'令曰:'好狗吠聲,當作號號,怮怮聲者,全不是能吠之狗。'"按:號號,借用字也。《集韻》有"猒"字,後教切,訓云"猒猒,犬吠";又有"狎"字,音乎,亦云"犬聲"。此則犬將吠未吠之聲,裴迪[①]所云"吠聲如豹"者也。

5073 噬 《廣韻》:"資悉切,鼠聲。"又《集韻》:"窸窣,鼠在穴中聲,讀若卽七。"

5074 唧唧 《木蘭詩》:"唧唧復唧唧,木蘭當户織。"孟郊詩:"孤骨夜難卧,吟蟲相唧唧。"王維詩:"猶令黄雀爭上下,唧唧空倉復若何。"[②]

5075 閣閣 韓愈詩:"蛙黽鳴無謂,閣閣祇亂人。"陸游詩:"遥憐萍青青,厭聽蛙閣閣。"或作"閣閣",韓維詩:"閣閣蛙亂鳴。"李覯詩:"蝦蟇爾何爲,閣閣攪人耳。"

5076 蠅蝓 《説文》:"蟲言曰蠅蝓,自呼其名也。"[③]又《集韻》:"嗡,蟲聲。"

5077 骨都都 《元曲選》高文秀《黑旋風》曲:"骨都都海波騰。"

5078 忽魯魯 又白仁甫《梧桐雨》曲:"忽魯魯風閃銀燈。"

5079 勃騰騰 《軒渠錄》:"京師有營婦託一學究寫書寄夫云:'窟嬾兒每日紇特特地笑,勃騰騰地跳。'"

5080 忒楞楞 鳥飛聲,見鄭德輝《倩女離魂》曲。

5081 磴稜稜 《帝京景物略》:"其蟲黑色,鋭前豐後,以翼鳴,其聲磴稜稜者,秋蟲也。"

5082 稜等登 《玉泉子》:"丁稜口吃,及第謁宰相,俛致啓詞,意言稜等登科,而稜頳然發汗,移時乃曰:'稜等登,稜等登。'竟不能發其後語而罷。翌日,有人戲之曰:'聞卿善箏,可得聞乎?'稜曰:'無之。'人曰:'昨日聞稜等登,稜等

① "裴迪"當爲"王維",見王維《山中與裴秀才迪書》。

② "令",《全唐詩》卷一二五《青雀歌》作"勝"。

③ 此或據《佩文韻府》卷一之五引。

登，非箏聲耶？'"

5083 速禄颯拉　《唐詩紀》[①]：任華《懷素草書歌》："飄風驟雨相激射，速禄颯拉動檐隙。"

5084 紇梯紇榻　崔涯《嘲妓》詩："更著一雙皮屐子，紇梯紇榻出門前。"按：四字寫其著屐聲。胡震亨云："《楚辭》'突梯滑稽'，晦菴注：'突梯，滑澾貌。'""紇梯"葢卽"突梯"，"紇榻"亦卽"紇澾"也。

5085 卒律葛答　《啓顔録》："北齊高祖讌近臣爲樂，曰：'我與汝等作謎，可共射之。'曰：'卒律葛答。'諸人射不得，石動筩曰：'臣射得，是煎餅。'高祖笑曰：'射著也。'"按：此葢狀其煎時之聲。

5086 必律不剌[②]　煩言聲也。見《元曲選》孫仲章《勘頭巾》劇。又李行道《灰闌記》作"必力八剌"。

5087 伊哩烏盧　讀書聲也，見元人《凍蘇秦》劇。按：此卽以"伊吾"長言之也。凡此等語，本無定字，唯經古人用過，乃爲典則[③]。卷中所錄，悉持此意，以俾人聞言而得其字。

---

① "《唐詩紀》"當爲"《書苑菁華》"，見陳思《書苑菁華》卷一七。
② 黄侃：卽《爾雅》之"毗劉，暴樂"。
③ 黄侃：此土無無字之音，此説極謬。

卷三十六 雜字

5088 雩 《爾雅·釋天》注:“江東呼蝃蝀爲雩。”[①]《音義》云:“雩,于句切。”按:今俗呼蝃蝀若候,或若吼。《丹鉛錄》《田家雜占》俱因候音作鱟,《湖壖雜記》因吼音作蚼。而鱟爲閩海水族之名,蚼則蚍蜉也,與蝃蝀何相涉耶?俗音蓋本于句之切,而讀“句”爲“彀”,若《大雅》“敦弓既句”之“句”耳。

5089 凙 《楚辭·九思》:“霜雪兮漼溰,氷凍兮洛凙。”凙音鐸[②],今呼簷氷爲“凙”,是此字。

5090 趖 《説文》:“走意。”蘇和切。歐陽炯詞“荳蔻花開趖晚日”[③]是也。楊維楨《遊仙錄》言“日矬西”从夕旁,非。

5091 黴 音眉。《説文》:“物中久雨青黑。”《博雅》:“敗也。”《楚詞·九歎》:“顔黴黧以沮敗。”《淮南·修務訓》:“堯瘦臞,舜黴黑。”《古雋略》:“黄梅雨之梅當爲黴,因雨當梅熟之時,遂訛爲梅雨。臞仙《肘後經》‘芒種逢丙入黴,小暑逢未出黴’用此字。”按:今俗所用“霉”字,《正字通》始收載。

5092 踔 《史記·貨殖傳》:“上谷至遼東地踔遠。”《索隱》:“踔,音勑教反。”[④]《衛將軍傳》:“逴行殊遠,而糧不絕。”逴,與“踔”同。《説文》作“迢”。按:今作“窵遠”,“窵”爲窅深,非遠也,《元典章》:“大德間奏過受了宣勅,嫌地遠窵不赴任的,後不敘用。”已如今誤。

5093 窊 《廣韻》:“烏化切,地窅下處也。”按:《木華海賦》:“盤盓激而成窟。”《選》注讀“盓”乙于切,而《集韻》又烏故切。今亦謂土木下窅痕曰“盓”,“盓”與“窊”,音之轉也。

5094 塳 《隋韻》:“讀若蓬,塵也,一作埄。”又《廣韻》:“塵起曰埄,讀若菶。”

---

① 黄侃:此即“虹”之轉音。

② 黄侃:即“澤”字。

③ “開”,《全唐詩》卷八九六《南鄉子》作“閒”。

④ 黄侃:吾土讀“弔”。

5095 汏　《説文》:"徒蓋切,淅灡也。"按:今以浣衣曰"汏",即此字。

5096 渧　《廣韻》:"音帝,滴漉也。"《集韻》:"一曰滴水。"

5097 澄　《廣韻》:"小水相添益貌,他登切,一作𤄫。"按:今以盆水傾注曰"澄",即此字。

5098 頞　納頭水中也,烏没切,見《隋韻》。皮日休詩:"學海正狂瀾,予頭嚮水頞。"①

5099 搵　《説文》:"搵,没也。"按抐也,温去聲。按:俚俗有"打搵頭"語,焦竑作"夳"字,謬。

5100 潭　音滄。《廣韻》:"沉水底没潭。"按:今俗仍有云"没頭潭"者。

5101 氽　《桂海虞衡志》載粤中俗字有"氽",云"人在水上也"。按:《説文》有"休",即"溺"體之變也。粤俗移其人于水之上,讀之爲酉。《字彙》又附會其意,讀土墾切。俚俗相述,遂以爲水推物之字。輾轉不經,未足爲據。

5102 頟　音首。《玉篇》:"人初産子。"按:俗謂長子曰"頭首兒",或嫌其語之複,不知古别有"頟"字也。

5103 囟　音信。《説文》:"頭會腦蓋也,象形。"方書謂之"囟門",亦作"顖"。陳起《賀友人子滿月》詩:"點易餘硃抹顖兒。"

5104 鬌　音朶。《禮·内則》:"三月末擇日翦髪爲鬌,男角女羈。"疏云:"所留不翦者爲鬌。"《後漢書·周燮傳》:"始在髫鬌,而知廉讓。"

5105 髳　《北齊書·禮服志》②:"女官偏髳髻。"注云:"少女之飾。"《正字通》:"髳音毛,了髻謂之偏髳。"按:今留小兒女髪,或左或右,俗稱"佤毛",當用此"髳"字。

5106 鬆　《説文》:"卧髻也,音盤。"徐鍇曰:"《古今注》所謂盤桓髻。"《廣韻》:"鬆頭,屈髪爲之。"按:今概用"盤",而古各分别制字,如《集韻》《類篇》皆以屈足爲"鬆",今亦通作"盤"矣。

5107 奤　《集韻》:"普半切,面大。"按:此即"胖"之通用字,但以主身、主面别耳。《字彙補》讀胎上聲,云南方詈西北人爲"奤子",《七修類稿》謂所言是"㖡子",而"㖡"字不見字書,均難深信③。

5108 顱　音坳。《玉篇》:"頭面凹也。"《文選·靈光殿賦》:"顱頻顡而睽

① 《全唐詩》卷六〇九《二游詩·徐詩》作"學海正狂波,予頭嚮中頞"。
② "《北齊書·禮服志》"當爲"《丹鉛總録》",見《丹鉛總録》卷七《冠服類·偏髳髻》。
③ 黄侃:當作"嬯"、"儓"。

睢。”又《廣韻》:“㽵,面目不平。”趙叔向《肯綮錄》云與“䀛”同。

5109 䁔 《廣韻》:“深目貌。”謳、摳二音,亦作“瞘”。又《埤蒼》“眗”亦讀摳,訓“目深貌”。

5110 睔 《廣韻》:“古祿切,大目也。”《類篇》:“目動貌。”

5111 睔 張融《海賦》言其魚之大曰:“蜓動崩五山之勢,瞷睔煥七曜之文。”《廣韻》:“睔,大目露睛也,古困切。”

5112 瞠 《漢書·外戚傳》:“籍武問客:‘陛下得武書,意何如?’曰:‘瞠也。’”注:“服虔曰:‘瞠,直視貌。’”師古曰:“音丑庚反,字本作瞠。”《莊子》“瞠乎若後”、馬融《長笛賦》“留眎瞠眙”,其音義皆同。

5113 䁝 音砌。《説文》:“察也。”《博雅》:“視也。”《集韻》:“衺視也。或作眦。”嵇康《琴賦》:“明嫿䁝惠。”顔延之詩:“聆龍䁝九淵,聞鳳窺丹穴。”按:今謂短視曰“近䁝”,當用此字。俗作“覷”。考《漢書·張良傳》“與客狙擊秦皇”,師古注:“狙,本作覷。”《唐書·張説傳》:“北寇覷邊。”“覷”爲密伺之義,而字從且。其從虛者,未當見字書。惟蘇籀記欒城遺言云:“歐陽公讀書,五行俱下,但近覷耳。”若遠視,何可當此,疑近本傳寫訛[①]。

5114 䀛 桑何切。《廣韻》:“偷視也。”《類篇》:“視之畧也。”俗謂眼縫小而䁝視曰“冒䀛”。

5115 覭 鬬了切。《説文》:“目有所察省貌。”按:今俗以目畧一過爲“覭”。又《説文》有“瞟”字,解云:“䁝也。”《集韻》云:“與覭同。”《埤蒼》云:“一目病也。”今俗有“瞟眼”語,與《埤蒼》所訓最合。

5116 頣 古恨切。《説文》:“頰後也。”《類篇》:“頰高也。”俚俗以俯首爲“頣”,《西溪梵隱志》有虎頣頭山。

5117 䶕 《集韻》步化切,“齒出貌”;又邦洼切,䶕齖,亦“齒出貌”。

5118 頦 《玉篇》:“頤下也。”韓退之《記夢》詩:“我手承頦肘拄座。”按:此字音孩,而世俗訛轉若杷[②],乃至莫知其字,因并記之。

5119 脰 《左傳·襄十八年》:“兩矢夾脰。”《莊子·德充符》:“其脰肩肩。”注皆云:“脰,頸也。”《史記·田單傳》:“絶脰而死。”《索隱》引何休云:“脰,頸,齊語也。”

① 黄侃:作“覷”是。

② 黄侃:讀“巴”者乃“輔”字。

5120 胳　《説文》:“腋下也。”《儀禮·鄉飲酒》:“介俎,脊、脅、胳、脯[①]。”《釋文》曰:“胳音格。”即俗云“肋胳”之“胳”。

5121 乃　《直語類錄》:“鐘鼎文有乃字,謂乳也,俗呼乳爲奶,實當爲乃。”[②]

5122 膞[③]　《類篇》:“蓬逋切,雉膺肉。”《松漠紀聞》有“殺雞炙股烹膞”語。《暖姝由筆》:“膞謂雞胸下白肉也。”按:俗亦呼人之胸曰“胸膞”,元人《倩女離魂》曲作“胸脯”,蓋通借。

5123 腡　音螺。《廣韻》:“手指紋也。”按:東坡文“齊安王几上美石[④],其文如指上螺”,只作“螺”字。

5124 眵　叱支切。《廣韻》:“目汁凝也。”韓退之《短檠歌》:“兩目眵昏頭雪白。”俗或作“眵”。

5125 趼[⑤]　《莊子·天道篇》:“百舍重趼而不敢息。”《音義》:“趼音繭,胝也,通作繭。”《淮南子·修務訓》:“墨子自魯趨宋,十日十夜,足重繭而不息。”《文選·幽通賦》注:“繭,謂足下復起如繭也。”

5126 蛕　音回。《説文》:“腹中長蟲也。”柳宗元《罵尸蟲文》“修蛕饕心,短蟯穴胃”用此。《廣韻》作“蚘”,元雜劇“誰是你肚裏蚘蟲”用此。《集韻》作“蛔”,今人書“蛔”字識之,書“蛕”與“蚘”則往往不識。

5127 糟　《山海經》:“玼魚一首十身,其臭如麋蕪,食之不糟。”郭注:“糟,失氣也,孚謂反。”《贊》曰:“有魚十身,麋蕪其臭,食之和體,氣不下溜。”按:此卽《廣韻》“屁”字,而較古雅可用。

5128 爿　《説文繫傳》:“爿乃牀字之省,象人衺身有所倚著,本非字也。”周伯琦《六書正譌》:“爿,疾羊切,判木也。從半木左半爲爿,右半爲片。”按:《周禮·腊人》“薦脯胖”注:“鄭大夫胖讀爲判。”《莊子·則陽篇》:“雌雄片合。”注:“片音判。”《漢書·李陵傳》:“令軍士持一半冰。”注:“半讀判,大片也。”古凡讀判之字,悉卽今所謂爿之義。《後漢·郊祀志》[⑥]:“祫祭儀,每大牢中分之,左辨上帝,右辨上后。”“辨”亦讀若判,與周氏“左半右半”之説最合,而字仍借用。《集韻》有訓片之字,音陟還切。陟還與疾羊頗近,而其字爲“朌”。則自漢至宋,

---

① “脯”當爲“肺”,見《儀禮·鄉飲酒》。

② 黄侃:繆。“乃”卽“乳”之轉。“乳”古本音耨平聲。

③ 黄侃:卽“脯”字。

④ “王几”當爲“江”,見蘇軾《怪石供》。

⑤ 黄侃:今云“雞眼”,乃其緩音。

⑥ “《後漢·郊祀志》”當爲“《後漢書·祭祀志下》注”,見《後漢書·祭祀志下》。

實未有以“爿”訓片者。

5129 寣 音忽。《説文》:“卧驚也。”《博雅》《廣韻》皆云:“覺也。”俗以卧一覺爲一“寣”。《五燈會元》酒仙遇賢偈曰:“長伸兩脚眠一寣,起來天地還依舊。”

5130 踼 《集韻》音儻:“申足伏卧也。”按:左思《吴都賦》:“魂褫氣懾而自踼跌。”注引《聲類》訓“跌”,而《集韻》此訓,似亦因之。

5131 悗 《莊子·大宗師》:“悗乎忘其言。”《韓非子·忠孝篇》:“悗密蠢愚。”按:悗,母本切,今方音轉作平聲,有“悗聲發財”之諺。

5132 懆 音燥。《玉篇》:“快性也。”按:俗有“懆性”之語,又江北人催人速辦事曰“懆些”。

5133 豩 《唐韻》:“呼關切。”《漢臯詩話》:“豩,頑也[①]。劉禹錫詩:‘盃前膽不豩。’趙嘏詩:‘吞舼酒膽豩。’秦韜玉詩:‘席萁風緊馬豩豪。’”按:今以爲黠慧之言,蓋黠慧者正古所謂頑童耳。

5134 傻 數瓦切[②]。《廣韻》:“傻俏,不仁。”《集韻》:“輕慧貌。”按:此即俗言“耍公子”、“耍孩兒”之“耍”也[③]。“耍”字初見《篇海》,宋以前人少用之,蓋當正用“傻”字。

5135 懤 王褒《九懷》:“懼吾心以懤懤。”《集韻》:“懤,音紂,愁毒也。”俗以懊惱時因觸發語曰“懤”。

5136 痳 《博雅》:“痳音曹,疰音注,並訓病也。”按:今謂痟疾者,腹常如飢曰“痳”,小兒逢夏多病曰“疰夏”,此其字。

5137 嚈 《博雅》:“孚萬切,吐也。”《集韻》通作“疲”。

5138 㱿 鬱輪岡《筆麈》[④]:“今人謂引物從喉而出之口,其音與壑同。醫書作咯字,字書咯音各,雉鳴也。然各字本從口,烏得復加口乎?則亦俗書耳,《左傳·哀二十五年》:‘褚師聲子襪而登席,公怒。曰:臣有疾,異于人。若見之,君將㱿之,是以不敢。’杜注:‘㱿,嘔吐也。’音許各反,正與壑同。而不知製字本旨,何以從青從殳,今字書亦不載此字。”按:《説文》已有㱿字,解云:“從口㱿聲。”《玉篇》:“㱿,嘔吐也。”《筆麈》誤爲從青,故以爲不載字書耳。

5139 癢 《廣韻》:“癢,徒登切,癢痛。”《集韻》省作“疼”。按:世俗每以疼爲“癢”,實兩字别也。《釋名》:“疼,旱氣疼疼然煩也。”音徒冬切。而唐白居易詩

① 黄侃:蜀人有此語。俗作“歡”,非也。

② 黄侃:即“傻”字之轉音。

③ 黄侃:“戲耍”之“耍”,乃“姗娑”字之轉。

④ 當爲《鬱岡齋筆麈》。

"身上幸無疼痛處",已若作"瘮"音用,至王建《咏白牡丹》"價數千金貴,形相兩眼疼",則竟以叶十蒸韻。

5140 蠚　《漢書·蒯通傳》:"猛虎之猶與,不如蠭蠆之致蠚。"《山海經》:"昆侖之丘,有鳥曰欽原,蠚鳥獸則死,蠚木則枯。"《説文》:"蠚,螫也。"《博雅》:"痛也,呼各反。"按:俗云"蠚瘌痛",乃此字。

5141 髂　焦竑《俗書刊悮》:"骨鯁在喉曰髂,苦假切。"按:《玉篇》髂訓腰骨,無鯁義。而腰骨當身之中,鯁骨當喉之中,猶略堪比擬。若卡[①],乃關隘地方,設兵以守之謂,其字音雜,見吴氏《字彙補》,而流俗亦讀爲髂,更悮甚也。

5142 膱　《攷工記·弓人》注:"樴如脂膏膱敗之膱,膱亦黏也。"疏云:"若今人頭髮有脂膏者,則謂之膱,音職。"《輟耕録》:"婦人髮有時爲膏澤所黏,必沐乃解者,謂之膱。"正用此字。按:俗厭厚重味曰膱膩,亦當用此。

5143 虹　去聲。《詩》:"實虹小子。"箋云:"潰也。"按:今云瘡潰曰"虹"是也。

5144 瘊　《廣韻》:"結肉也。"按:今謂疣之細者曰"瘊子"是也。

5145 瘤　《玉篇》:"皮起也。"《集韻》:"小腫,音若壘。"

5146 瘌　《博雅》:"痛也。"《集韻》:"疥也。"又"癩"字《廣韻》亦讀爲瘌。按:今謂生首瘡者曰"瘌黎"[②],瘌蓋此字,黎則黎首義耳。俗作"鬎鬁",字書未見。

5147 跔　《説文》:"天寒足跔。"《玉篇》:"手足拘跔不伸。"按:俗謂一足不伸曰"跔子"是已。然跔本音拘,至《集韻》始又音劬,而朐則自古讀劬。《曲禮》注:"屈中曰朐。"《儀禮》注:"朐,乾肉之屈者也。"依此則"跔"本取乾肉爲喻,作"朐"更得也[③]。

5148 篷[④]　《升菴外集》:"京師俚語,目形短矮爲篷,《文選》有'篷脆'語,《唐書·王伾傳》'形容篷陋',《通鑑音義》作七禾切。"按:篷本作矬,《博雅》:"矬,短也。"《北史·宋世景傳》:"道嶼從孫孝王,形貌矬陋,而好臧否人物。"

5149 䟾　《玉篇》:"匹馬切。"《海篇》:"葩,上聲,短貌。"[⑤]按:俗謂蹲曰䟾倒,讀匹馬切;謂短曰矮䟾,讀葩上聲,字與跁通。皮日休詩:"跁跒松杉矮,盤跚檜樾矬。"李建勳詩:"跁跒爲詩跁跒書。"跁跒,蓋蹲之貌。

---

① 黄侃:"卡"乃"迦"之俗字。

② 黄侃:"瘌黎"即"瘌"之緩音。

③ 黄侃:非也。作"跔"是。

④ 黄侃:只當作"脞"。

⑤ 黄侃:即"俯"之轉音。"跁跒"蓋"俯僂"之轉。

5150 屈 《説文》:"屈,九勿切,無尾也。"通作掘,《梁書》有"掘尾狗"之謡。亦通厥,《劉貢父詩話》:"今人呼秃尾狗爲厥,衣之短後者亦曰厥。"又通"𡱈",《篇海類編》:"𡱈𡱈,短貌。"《康熙字典》:"凡物短屈者,皆可曰屈。或分䖸爲短尾鳥,屈爲短尾犬,泥。"

5151 驍 《廣韻》:"驍,丘召切,高驍。"又《集韻》:"𩑔,苦弔切,高也。"按:凡言聳起者,當擇用此二字。明人小説用"趬"字,非①。

5152 耷 德合切,大耳曰耷,見《集韻》②。通作聕,大垂耳貌。又《玉篇》有"皮"、"皶"二字:皮,皮縱也;皺皶,皮寬瘦貌。

5153 儾 顧鄰初《客座贅語》:"物寬緩不帖帖者曰儾,囊去聲。"按:此字見《集韻》與《韻會》。

5154 痛 《集韻》:"囊來切,乃平聲,儜劣也。"按:俗以大臀撅出曰"痛"。

5155 胮 《廣韻》:"匹江切,肛胮脹大也,又音龐。"按:《五音類聚》有"膖"字,訓腹脹,普邦切,似即"胮"訛。《集韻》有"朧"字,訓身大,薄江切,似即其龐音之變體。今俗言物脹大曰"胮開",亦曰"朧開",實一字也。

5156 櫦 數還切,關門機也。《玉篇》:"木櫦,出《通俗文》。"《法帖譜系》淳化帖有"銀錠櫦痕"。《韻會小補》:"通拴,今俗作閂。"按:閂,乃桂林土書,范成大帥靖江時已有之,載《桂海虞衡志》。

5157 榫 《集韻》:"榫,音筍,剡木相入。"《程子語録》:"枘鑿者,榫卯也,榫卯圓則圓,榫卯方則方。"按:《攷工記》:"梓人爲筍簴。"注:"横曰筍,直曰簴。"彼雖專謂縣樂横木,而凡木横直相入,似亦可通。

5158 揸 七夜切。《集韻》:"衺捂也。"按:今有"揸柱"語,又凡由徑者曰"斜揸過去"。

5159 墊 徒念切。《廣韻》:"支也,通作磹。"按:今支牀、支几,凡楷楔不平皆曰"墊"。

5160 㪌 《中州集》:"周馳咏㪌子云:'勿以微材棄,安危任不輕。誰憐一片小,能使四方平。'㪌,私合切,支物小木也。"③《集韻》:"起也。"王銍《續雜纂》:"奴婢相扱卓高。"只作"扱"字。然"扱"乃舉衣上插,與"㪌"義卻不相通。

5161 籭 《方言》注:"江東呼籧篨直文麤者爲笪,斜文爲籭。"《南史·孫謙

---

① 黄侃:當用"𩑔"。
② 黄侃:即"耴"。
③ 黄侃:即"楔"也。然《説文》有"櫼"字,即此平聲。

傳》:“其子織細蘼裝輀。”一作芝,《史記·河渠書》:“搴長茭兮沉美玉。”《索隱》曰:“茭一作芝,音廢。”亦作蘼,《宋書·瑯琊王敬徹傳》①:“遺命一蘆蘼藉下,一枚覆上。”又作“蕟”,《博雅》:“笙筕蕟篳。”曹注曰:“蕟音廢。”

5162 籣　力鼠切。《廣韻》:“編竹爲之。”《通雅》:“今江湖船上稱其旁蔽風雨者曰篣籣,又稱倉中蹋足隔貨者曰籣。”

5163 繂　蘇轍詩:“引繂低回疑上坂,打凌辛苦甚攻城。”按:《廣韻》“繂”訓“繂縀,惡絮”,其音同牽,無去聲,而“牽挽”之“牽”乃一音苦甸切。《晉書·孔嚴傳》:“東海王弈求海鹽、錢唐以水牛牽埭稅取錢直。”《南史·郭平原傳》:“每見人牽埭未過,輒迅檝助之。”錢起詩:“牽路沿江狹。”王安石詩:“牽埭欲隨流水遠。”皆即“牽”字,讀苦甸音。獨子由詩用字與今俗同,而他字書卻無收者,傳寫或訛,殆未可知。

5164 㦸　《廣韻》:“色絳切,捍船木也。”按:今江船所用以代纜,住則下、行則起者是也。

5165 窡　《野客叢書》:“元稹詩‘櫓窡動搖妨客夢’,以俗事入詩。”按:窡,丁刮切。《説文》:“穴中見也。”唐人乃謂櫓臍曰“窡”。

5166 划　《廣韻》:“撥船進也。”陸龜蒙《和釣侶》詩:“一艇輕划看曉濤。”本或作“樺”,《通雅》:“漢有戈船將軍,戈音划②,合溪主之。”按:俚俗謂補不足曰“找”,據《集韻》,“找”即“划”之變體,而俗讀如爪,蓋以划音胡瓜,悮認“瓜”爲“爪”焉耳③。俗字之可笑,類如此。

5167 搶　《留青日札》:“搶,北亮切,又作掕。今揚帆上風曰使搶,庾闡《揚都賦》‘艇子搶風,榜人逸浪’是也。”《明詩綜》載韓純玉《起戧》詩、王鐕《蹌風帆》詩,皆悮用。

5168 攏　《文選·江賦》:“攏萬川乎巴梁。”“攏”猶括束也,今謂泊船曰“攏”。丁仙芝詩:“知郎舊時意,且請攏船頭。”又小理髮曰“攏”,韓偓詩:“睡髻休頻攏。”按:古人亦借“籠”字爲“攏”,《周禮·春官·典同》疏:“弇則聲鬱勃,不出者,由口籠故也。”

5169 罬　《廣韻》女減切。陸龜蒙《魚具詩序》:“挾而升降曰罬。”又《謝紗巾》詩:“不稱春前贈罬郎。”《通雅》:“《説文》有㘝,女洽切,縮取也,後人更加网

---

① “《宋書·瑯琊王敬徹傳》”當爲“《南史·瑯琊王敬胤傳》”,見《南史》卷四九。
② 黄侃:繆。
③ 黄侃:“找”讀“爪”者,乃“抓”之變,當作“摷”,“抓”乃其對轉音。

耳。"按:《集韻》"囡"、"罬"二字並音女減,《玉篇》又有"罱":"女感切,夾魚具。"此蓋以方俗音轉異,字無大别也。今吴人撈漉河底泥曰"罬泥",越人曰"囡",江陰曰"罱"。

5170 戽 呼古切。《博雅》:"戽,抒也。又淬斗謂之梠。"《傳燈録》:"丹霞然戽水潑龐居士三掬。"貫休詩:"月下取魚戽塘水。"沈與求詩:"水戽聯翩接水涯。"按:《爾雅》注:"鵜鶘好沉水,故一名洿澤。"羅願云:"洿,抒水也。"戽斗,亦抒水器,"洿"與"戽"音義皆同。

5171 甍 《攷工記·鮑人》注:"鄭司農云:'《蒼頡篇》有鞄甍。'"《釋文》:"甍,人兖反。"按:今謂治皮曰"甍",讀如薦[①]。

5172 韗 又《鮑人》:"卷而摶之,欲其無迆也。"注:"無迆,謂革不韗。"《釋文》音齾。按:今消皮家曰"韗皮",及"韗帽"、"韗鼓"皆用此字[②]。

5173 鞔 《爾雅·釋器》疏:"靶,謂鞔也。"《説文》:"鞔,履空也。莫官切。"徐注曰:"履空猶言履殼。"《吕氏·恃君覽》:"宋子罕之南家,恃爲鞔以食。"《酉陽雜俎》:"寧王當夏中,揮汗鞔鼓。"按:今人猶謂作鞋底曰"鞔底",釘鼓皮曰"鞔鼓"。

5174 楥 《説文》:"楥,履法也,所券切。"《朝野僉載》:"唐楊炯呼朝士爲麒麟楥。"按:今鞋工木胎曰"楥頭",改作"楦",俗書也。

5175 絣 以疏布蒙物曰"絣"。《説文》"絣"補盲切,引《墨子》"禹葬會稽,桐棺三寸,葛以絣之"。

5176 撟 音考。《考工記·弓人》:"撟幹欲孰於人而無赢[③],撟角欲孰於火而無燂。"劉昌宗云:"撟,以火曲物也。"《漢書·諸侯王表》:"撟枉過其正。"注云:"正曲曰撟。"按:直者撟使曲,曲者撟使直,今人仍兩言之。

5177 榨 《唐韻》:"榨,打油具也。醡,壓酒具也。"皆側嫁切,出《證俗文》。又《集韻》有"笮",注云:"酒器。"按:蘇舜欽有《夜聞笮酒聲》詩,則笮亦壓酒具,與醡通耳。

5178 箍 以篾束物也。《宋儒語録》:"有箍桶者精易,程明道兄弟就質所疑,酬應如響。"《五燈會元》:"雲峯悦見桶箍散,忽然開悟。"按:此字舊皆音孤,今轉讀若枯。

---

① 黄侃:非此字。讀"薦"者當作"𦘒"。

② 黄侃:即"恢廓"字。《説文》又有"籱"亦可用。

③ "人"當爲"火",見《考工記·弓人》。

5179 罨　《集韻》音罩：“覆具，或作罽。”按：今概用罩字，而罩但捕魚器，宜依此分别用之。

5180 篭　蔑簍之不疎者也。《東坡集·荅通長老尺牘》：“惠及温柑甚奇，棗子兩篭，不足爲報。”按：俗以此盛楮鏹爲鬼事，卽謂之篭子，董嗣杲《西湖百咏》“愚夫春日燒冥篭”嘗用之，而韻書中失收其字。

5181 植　《禮·月令》：“具曲植籧筐。”《釋文》：“植，直吏反，蠶槌也。”《説文》注：“槌則架蠶薄之木也。”按：植直讀若治，今稱蠶柱，乃蠶植之訛。

5182 柋　《類篇》：“徒耐切，音代，吴俗謂蠶箔曰柋。”

5183 篗　揚子《方言》：“篗，榬也，兖豫河濟之間謂之榬。”注云：“所以絡絲者也。”《廣雅》亦云：“榬亦謂之篗。”《説文》作“籆”，五縛切。《稽神錄》：“金華令以絲籆縋石測井。”張養浩詩：“婦勤絲滿籆。”王楨《絡車》詩：“軸頭引籆逗繩圓。”

5184 柅　《易·姤卦》：“繫于金柅。”王注：“柅音昵，絡絲趺也。柅者，制動之主。”按：《説文》訓“柅”木名，訓“檷”絡絲趺；《通志畧》訓“屎”爲篗柄，皆于《易》注未合。而吴中婦女至今呼絡絲趺爲絡柅。

5185 桃　音窕。《廣雅》：“簣笫桃杠。”[①]《廣韻》：“桃，床子。”《集韻》：“床板。”按：今云桃卓之桃，當用此。

5186 盒　《集韻》音海，盛酒器[②]。按：白居易詩：“就花枝，移酒海，今朝不醉明朝悔。”《乾膜子》言：“有銀海受酒一斗，裴弘泰一飲而盡。”均卽“海”字用之。

5187 匲　音感。《廣韻》《方言》：“箱類。”《集韻》又作㦨，“篋也”。按：今有篋類曰匲妝，焦竑《俗書刋悮》、李詡《俗呼小錄》皆作匬，非。

5188 簏　《通俗文》：“簏謂之笥。”《説文》：“竹高匧也。”《楚辭·九歎》：“棄雞駭于筐簏。”古通作鹿，《吴語》：“市無赤米，而囷鹿空虚。”注曰：“先儒以圓曰囷，方曰鹿，鹿善聚善散，故囷謂鹿。”《後漢書》：“建華冠，制似縷鹿。”鹿亦簏之通字。按：今俗多用盝，盝在古但訓云竭涸，惟《集韻》云：“與簏同。”《唐書·李德裕傳》：“敬宗詔浙西貢脂盝妝具。”始見此字入史。

5189 屜　音替。《本草》注：“凡鞍下薦、韉下氈皆曰屜，可以代替也。”《集韻》“屜”但訓履薦，其馬韍具别有“鞢”字，亦音替。按：庾信《鏡賦》：“暫設裝奩，

① 黄侃：卽“條”字。

② 黄侃：《説文》有“閰”字。

還抽鏡屜。”蓋凡器用之通替,皆可書屜。

5190 弶 巨亮切。《廣韻》:“張獸也。”①《玉篇》:“施罟于道也。”《莊子·外物篇》:“蹄者所以在兔。”《音義》曰:“蹄,兔弶。”《大智度論》:“如鈎賊魚,如弶害鹿。”

5191 鍫 《方言》:“臿,鍫也,江淮南楚間謂之臿。”《通雅》:“今人呼鍫必呼秋蕭切,及見鍫字,反讀爲秋;呼刈穫之鈎刀爲鐮刀,音近廉,及見鐮字,反讀爲綝。甚矣世人讀書之浮也。”

5192 鏩 《廣韻》:“查轄切,秦人云切草。”《集韻》作“鍘”:“斷草刀也。”

5193 鉋 《釋名》:“鉋鏩,言鏩彌之使平也。”元稹詩:“巨礎荆山采,方椽郢匠鉋。”按:鉋,本音庖,而《集韻》有“皮教”一切,云“治木具、搔馬器”皆謂之鉋。此蓋以動静異義,用以鏩刷,正讀平聲,指其物,乃轉讀爲去耳。

5194 鈹 音披。《説文》:“大鍼也。”左思《吴都賦》:“羽族以觜距爲刀鈹。”按:今猶以大鍼爲鈹鍼。

5195 掭 《容齋五筆》:“今挑剔燈火之杖曰掭。”《廣韻》“掭”字下云:“他念切,火杖也。”按:《唐韻》又有“栝”字,與掭音義皆同。《通雅》云:“栝栢之栝,《説文》从昏,此从舌,進火木也。”

5196 銛 他玷切。《方言》注:“挑取物也。”《西溪叢語》:“《孟子》‘言餂’之‘餂’,乃古甜字,于義不合,依趙氏訓‘取’,則當如《方言》注以其字从金爲銛。”按:俗失鑠鑰而以他物探之,鬭蟋蟀者以草心挑其牙,皆曰“銛頭”,此其字也。

5197 釉 《類篇》:“余救切,物有光也。”按:今窑器所云“釉水”是也。

5198 麩 《老學菴筆記》:“陳無己有託酒務官買浮炭帖,今人謂之桴炭。白樂天詩:‘日暮半爐桴炭火。’”按:白集本作“麩炭”。《北夢瑣言》:“李茂貞燒京闕,優人安轡新云:‘京城近日但賣麩炭,便足一生。’”亦用“麩”字。

5199 紖 《周禮·封人》:“祭祀飾其牛牲,置其絼。”注:“絼者,牛鼻繩,所以牽牛者,持忍反。”

5200 鳥 《玉篇》:“鳥,丁了切,縣物也。”按:世俗借“弔”字用之,其來已久。《武林舊事》諸小經紀有賣“弔掛”。

5201 𦪇 《廣韻》楮几、丑利二切:“移蠶就寬也。”《集韻》“𦪇”或作“𢇍”、“𢇯”,又有“𦪈”,音替:“蠶易箔也,或作𦪉。”按:俗謂移蠶曰“體蠶”,實當書“𦪇”;移後所有咡餘曰“替子”,實當書“𦪈”。

---

① “張”下脱“取”字,見《廣韻·漾韻》。

5202 絖　《説文》:"絲蔓延也。"音荒。《集韻》轉若芒,今方音又轉若黄。

5203 綉　音透。《集韻》:"吴俗謂綿一片爲綉。"按:今俗通此爲"繡",非也。而《宋史·儀衛志》《金史·輿服志》凡"繡"字皆書作"綉",豈傳刻悮耶?

5204 紨　音附。《類篇》:"大絲曰紨。"《集韻》:"縛繩也,或亦作縛。"按:此字本音敷,訓布,其有附音,專爲絲縛而設。

5205 綹　《説文》:"緯十縷爲綹。"音罯如柳。沈佺期《曝衣篇》:"上有仙人長命綹。"王涣《惆悵》詩:"青絲一綹墮雲鬟。"按:世每悮書此字爲"柳",如《水南翰記》載唐皐詩:"爭奈京城翦柳多。"

5206 袥　音託。《説文》:"衣衸也。"《廣韻》:"開衣領也。"《升菴外集》:"今云袥肩,卽此。"

5207 幫　逋旁切。《集韻》:"治履邊也,或作綁、鞤、皴。"《六書故》:"裨帖也,省作幇。"按:此卽鞋幇字,明姚可上詩"不知露濕鞋幇膩"是也。又"挷"訓捍也、並也,亦見《集韻》,乃俗語所謂"扛挷"。

5208 襻　《漢書·賈誼傳》注:"偏諸,若今之織成以爲腰襻者也。"王筠《咏征婦裁衣》:"襻帶雖安不忍縫。"《集韻》:"衣系曰襻,器系曰鋬。"皆普患切。

5209 敹　《書·費誓》:"善敹乃甲胄。"疏引鄭氏云:"敹,穿徹之也,謂甲繩有斷絶,當使敹理穿治之。"《釋文》:"敹,了彫反。"按:今謂麄畧治衣曰"敹一針"。

5210 緶　《廣韻》:"房連切,縫也。"王建《宫詞》:"緶得紅羅手帕子,中心細畫一雙蟬。"

5211 掍　音衮。《説文》:"同也。"王褒《洞簫賦》:"帶以象牙,掍其會合。"注云:"飾象牙同其會合之處。"按:今凡服器緣邊,俗謂之"滚",實當用"掍"也。又賈人會合計簿,謂之"滚帳",亦屬"掍"字。

5212 揇　《集韻》:"乃感切,搦也。"按:俗謂物未檢别美惡曰"一揇貨",言隨手搦之也。李詡云:"美惡麄細兼,謂之暖。"非。

5213 秈　《方言》:"江南呼稉爲秈。"元結《擬騷》:"獻水芸兮飯霜秈,與太靈兮千萬年。"范成大詩:"插秧先插早秈稻,小忍數旬篜米成。"按:秈,本讀仙,方音轉呼若尖,俗遂用"尖"字,誤。

5214 豌　《唐六典》有"豌豆"。亦作"豌",《博雅》:"豌豆,蹓豆也。"陸龜蒙[①]詩序:"蜀蔬有兩巢,大巢卽豌豆之不實者。"字音一丸切。

---

① "陸龜蒙"當爲"陸游",見《劍南詩稿》卷十六《巢菜》詩序。

5215 綮 《周禮·典枲》"麻草"注:"草,葛綮也。"《説文》:"綮,枲屬。"引《詩》"衣錦綮衣"。沈括《筆談》:"絅與綮,同是以綮麻織疏布爲之。"按:綮,口迥切,今田家多種而不知其字,或因音悮書孔麻。

5216 糙 《廣韻》:"七到切,米穀雜。"[①]《類篇》:"米未舂也,與糙同。"

5217 瓤 《廣韻》《集韻》並郎甸切,訓"瓜中瓤"。按:《本草》以瓤爲瓜練,則練可借用。又《神異經》:"東南荒有邪木,其子如甘瓜,少瓤。"注:"瓤音練。"

5218 蕻 音閧。《唐韻》:"草菜心長也。"《集韻》:"吳俗謂草木萌。"《野菜譜》:"四明有菜名雪裏蕻,雪深諸菜凍損,此菜獨青。"

5219 穮 《唐韻》:"禾病。"按:田家謂禾蔬傷肥而局縮者曰"聾",乃"穮"字耳。

5220 驏 初限切,不鞍而騎也。令狐楚《少年行》:"驏騎蕃馬射黄羊。"《升菴外集》:"元制,婦人妬者乘驏牛狗部中。"

5221 獶 《爾雅·釋獸》:"麐,旄毛。"注曰:"旄毛,獶長。"《説文》:"獶,犬惡毛也,奴刀切。"按:俗所謂"獶獅狗",字當作此。

5222 鳻 音班。《方言》:"鳩大者,自關而西、秦晉之間謂之鳻鳩。"按:流俗悉書"斑鳩",莫知其專有字矣[②]。

5223 蝀 《類篇》:"力健切,赤蝀蛇。"

5224 錢 《方言》:"蟬大黑者謂之蝬。"《集韻》"蝬"亦音錢,或从錢作錢。按:俗謂蟬類之黑而大者曰"老錢"是也。

5225 鼀 《説文》:"䵷鼀,詹諸也。"引《詩》"得此䵷鼀,言其行鼀鼀"。按:今《詩》作"戚施",韓詩注:"戚施,亦云蟾蜍也。""鼀"與施同音,古通。俚俗呼癩蝦蟆猶曰"癩鼀"。

5226 蟥 《本草衍義》:"水蛭腹黄者爲馬蟥。"《留青日札》:"雨後出蟲如蚓,黄色扁身,長者二尺,觸之卽寸斷,俗名爛馬蟥。"按:元曲不攷其字,作"馬蝗",悮。

5227 蛓 《説文》:"蛓,毛蟲也。"音刺。《爾雅》:"蛅,毛蟲。"疏云:"卽蛓也。"按:今俗書作"毛刺",訛。

5228 皵 音鵲。《説文》[③]:"木皮甲錯也。"《爾雅·釋木》:"大而皵,楸;小

---

① 黄侃:卽"䴬"字。
② 黄侃:諦。
③ "《説文》"當爲"《玉篇》",見《玉篇·皮部》。

而皵，槓。"按：此謂皮理不直緻者，故俗以事費剖析爲"皵"。

5229 弯 《廣韻》："方結切，弓戾也。"《集韻》作"弼"。按：俗又謂弓强而偏曰"欺"，李當泰《字學訂僞[1]》謂屬"弜"字。"弜"本其兩切，惟《集韻》讀之若"奇"，"欺"或又"奇"之轉耶？

5230 烊 《集韻》："煬，爍金也，或作烊。"《法苑珠林》："鐵鉗開口，灌以烊銅。"按：《釋名》："錫，洋也，煮米消爛，洋洋然也。"《廣異記》："或請高勵治馬足曰：'此是木馬，但洋膠黏之，便濟行程。'""歐陽紹涸池，獲一虵，油煎不死，洋鐵汁澆之，方焦灼。"皆以消爍爲洋，則不必泥从火也。

5231 鋊 《五音譜》："磨礱漸消曰鋊。"《宋書》[2]："孔顗鑄錢議曰：'五銖錢周郭其上下，令不可磨取鋊。'"《丹鉛錄》："鋊音裕，或問牙牌磨鋊，鋊字如何寫，予舉此答之。"按：《漢書·食貨志》："或盜磨錢質以取鋊。"臣瓚曰："鋊，銅屑也。"師古曰："音浴。"並未有如楊氏之説[3]，豈北音讀"玉"如裕，而于"鋊"亦爾耶？

5232 雛 《説文》："收束也，即由切。"《漢書·律歷志》："秋雛也，物雛斂乃成孰。"按：《禮記》："秋之爲言揫也。"蓋"雛"、"揫"字通，今俗以物不伸挺曰"雛攏"。

5233 紕 篇夷切。《集韻》："繒欲壞。"《增韻》："繒疎也。"《元典章》："禁治紕薄段疋。"今户律器用布絹不如法，工律造作不如法，俱有"紕薄"字。按：《禮·大傳》所云"紕繆"，紕亦取繒疏爲喻。

5234 蔫 於乾切。《楚詞》："蔫而無色兮。"杜牧詩："蔫紅半落平地晚。"[4]《廣韻》："物不鮮也。"

5235 瘪 蒲結切。《玉篇》："枯病也。"[5]《集韻》省作"瘪"。《七修類藁》："張士信在姑蘇專用黄敬夫、蔡彦夫、葉得新三人，民間作十七字詩曰：'丞相做事業，專用黄蔡葉。一夜西風起，乾瘪。'"楊儀《壠起雜事》、徐禎卿《翦勝野聞》各載此事作"乾鼈"，《明史·五行志》亦借作"鼈"字，其實郎瑛所用字爲正也。侯甸《西樵野記》作"乾別"，更不可通。

5236 殨 《集韻》："孫租切，爛也，或作殠。"按：元吳昌齡曲"酥了半邊"用

① "僞"當爲"謌"，見《四庫全書總目提要》卷四三。

② "《宋書》"當爲"《資治通鑑》"，見《資治通鑑·齊世祖永明八年》。

③ 黄侃：楊説不誤。

④ "地"當爲"池"，見《全唐詩》卷五二一《春晚題韋家亭子》。

⑤ 黄侃：此即"扁"之轉音。

"酥"字爲借，此爲正。

5237 韌　《詩》傳："檀，堅韌之木也。"《管子》："攻堅則韌，攻瑕則神。"《説文》："韌，柔而固也，而進切。"

5238 脗　《莊子·齊物論》："爲其脗合。"《釋文》："脗音泯。"郭象云："脗然無波際之貌。"司馬彪云："若兩唇之相合也。"按：今猶謂合唇曰"脗"，又謂無罅際曰"脗縫"。

5239 觰　《説文》："下大者也，陟加切。"《集韻》："或作䏧䟺。"按：俗云"觰開"當此字，《説文》又有"厇"，訓"開張屋"，亦陟加切。

5240 䬃　《集韻》："物濕附著也。"按：此字本徒[①]合切，今轉爲都合，俗有䶢攏、䬃𣩵等語。

5241 黕　本都感切，《集韻》又陟甚切。《楚詞·九辨》："或黕點而污之。"元稹詩："青衫經夏黕。"按：《正字通》謂"陰濕之色曰黰"，今俗從之，不如用"黕"較得。

5242 殕　音撫。《集韻》："物敗生白膜也。"按：人膚經秋肅而浮垢白，俗有"皮起白殕"之諺。

5243 殜　音爛。《博雅》："敗也，或作𣩵。"按：此字《玉篇》《集韻》皆收，今率用"爛"字。"爛"但訓熟、訓明，與物敗意遠，然經史相承已久。

5244 竀　《廣韻》："恥孟切，支拄也。"按：世言勉力支持當用此字。或書作"掙"，"掙"見《中原雅音》，訓剉也，無相涉。

5245 甹　《説文》："普丁切，俠也，三輔謂輕財曰甹。"徐注曰："任俠用氣也。"按：世以財物鬬勝，及競氣拚命，皆言"甹"，蓋此字。

5246 䁲　于[②]建切。《廣韻》："物相當也。"[③]按：今以兩物較其長短曰"䁲"。

5247 扳　音班，挽也，引也。《公羊傳·隱元年》："諸大夫扳隱而立之。"按：俗言"扳價"、"扳罾"用此。

5248 般　《説文》："般，象舟之旋。""般運"、"般移"乃"般"字之本義。白居易新樂府："官牛官牛駕官車，滻水岸邊般載沙。"歐陽修《與焦千之簡》："俟稍定疊，便去般出。"《夢華錄》："諸軍打糧，不許僱人般擔。"《五燈會元》："金峰問智隆：'不過水還般柴否？'"皆正用"般"字。今俗或作"搬"，"搬"乃"擎"體之變，誤

---

① "徒"，《集韻·合韻》作"託"。
② "于"，《廣韻·阮韻》作"於"。
③ 黄侃：《後漢書》作"僞"。

謬甚。

5249 騰　俗以物自此移置于他曰"騰"。王建《貧居》詩:"蠹生騰藥篋,字脱换書籤。"

5250 抗　《周禮·服不氏》:"賓客之事,則抗皮。"先鄭注:"謂賓客來朝聘,布皮帛者,服不氏主舉藏之。抗讀爲亢。"苦浪反。按:今猶呼藏物爲"抗",《隋韻》有"伉",《集韻》有"囥",俱訓藏,音亢。經典既有明文,用之者宜依經典。

5251 嬥　音窕。《集韻》:"嬥嬥,往來貌。"按:俗以更易財物曰"嬥换",蓋更易者必往來也。或用"掉",掉有轉義,亦通。

5252 對　《説文》:"市也。"或曰互市必與人對,故从對人。按:此字本音對,轉讀若兑,俗遂借用"兑"字,丁仙芝詩:"十千兑得餘杭酒。"其借自唐人已然。

5253 儹　即産切。《廣韻》:"積儹也。"《俗書刊誤》:"聚錢穀由少至多曰儹。"按:元楊景賢《劉行首》劇作"積趲",訛。

5254 篹　《方言》:"秦晉之間,凡取物而逆謂之篹,音饌。"按:俗言賺錢,當此"篹"字之訛[①]。

5255 擢　《漢書·王莽傳》:"猾吏奸民,辜而擢之。"注謂:"脅人罪,自取利也。"按:鄙俗作廋語,謂逆取人錢曰"擢銅",即此。

5256 咹　《博雅》:"咹,止也。"注曰:"遏口也,稱案反。"

5257 齦　《説文·齒部》有"齦",《豕部》有"豤",皆齧也,康很切,蓋二字通。

5258 丙　《説文》:"舌貌,象形。"他念切。《六書精蘊》:"舌在口,露其端以舐物也。《廣韻》通作舚。"按:今此字轉讀上聲猶忝,亦音"他念",而今轉"他點"也。

5259 嚃　《曲禮》:"毋嚃羹。"他荅反。疏云:"含而歠吞之也。"又《説文》:"䛷,歠也。"他荅切,二字通。

5260 呭　《風俗通》:"入口曰呭。"《洞冥記》:"垂露鴨,惟呭葉上垂露。"音與"市"同。

5261 餧　於僞切。《禮·月令》:"餧獸之藥。"注[②]:"餧者啗之也。"《六韜·三疑篇》:"民如牛馬,數餧食之。"《楚辭·九辨》:"鳳不貪餧而妄食。"

5262 饐　《方言》:"河陰言食曰饐饐。"注云:"今關西呼食欲飽爲饐饐。"饐,五根反。按:俗有"擾饐"語,初不解其何字,觀此知之。

---

① 黄侃:"賺"即"沾"之音變。

② 元陳澔《禮記集説》卷三。

5263 餍 《周禮·玉人》注："瓚讀爲餈餍之餍，作旦反。"疏云："醢人有餈餍，漢時有膏餍。"《禮記·内則》："小切狼臅膏，以與稻米爲酏。"注："以煎稻米，則似今膏餍矣。"按：今俗以指引膏黏之食爲"濽"，又凡食物濡汁或醬醢，皆謂之"濽"，當屬"餍"訛。"濽"乃水汙灑，不合于此義也。再考《説文》有"饡"："以羹澆食也。"亦作旦切，應與"餍"通①。

5264 秚 《集韻》："部滿切，物之相和，通作伴。"按：伴，依也，侣也，亦有相和義，故可通"秚"。若"拌"則訓捐棄，無可通理。而唐張賁青《餵飯》詩："應宜仙子胡麻拌。"《太平廣記》："開元，武德縣人取渠水旁土至家，拌麵爲餅。"俱以"拌"爲"秚"，豈非悮歟？

5265 腌 《説文》："漬肉也，音浥。"《廣韻》《集韻》皆音淹。按：今稱"醃肉"。據《博雅》："醃，藏葅也。"陸游詩："齏美韭新醃。"則"醃"與"腌"有小别。《鹽鐵論》有"羊淹雞寒"，蓋"淹"字乃可借爲"腌"。

5266 泍 《清波雜志》："高宗自相州渡河，荒野中借半破瓫盂，温湯泍飯，茅簷下與汪伯彦同食。"《集韻》："泍，披教切，漬也。"按：今醫方概書温漬字爲"泡"，"泡"音脬，浮漚也，可借用乎？

5267 焐② 元雜劇屢見，《同樂院博魚》《青衫泪》俱有"焐脚"之語，《硃砂擔》有"濕衣焐乾"語，而字書未收此字，世俗率以"熩"當之。熩音户，光也，與偎暖意略不相涉。

5268 僃 《方言》："以火乾五穀之類，關西隴冀以往謂之僃。"注："僃，皮力切。"又《説文》："稫，以火乾肉也，符逼切。"按：二字本通，而今改讀"僃"爲備，其音始著于《集韻》。

5269 爁 《廣韻》③："火焱行也，音濫。"《集韻》一音覽，今皆從《集韻》讀。《淮南子·覽冥訓》："火爁焱而不滅。"

5270 燂 徒南切，以火爓物也，亦見《廣韻》。按：此與《禮·内則》"燂湯"之"燂"音義全别。

5271 熝 《演繁露》："世言熝某肉，當書爲熝。《玉篇》引《説文》云：'鏖，温器也。'言從此鏖器之中，和五味以致其熟也。今人見《漢書》有'鏖戰'之文，遂書爲'鏖'，非也。"按："熝"字始見《博雅》，訓"煴也"。《廣韻》云："埋物灰中令

① 黄侃：應作"饡"。

② 黄侃：此"煀"字也。

③ "《廣韻》"當爲"《玉篇》"，見《玉篇·火部》。

熟。"韓昌黎《陸渾山火》有"熚炰熤熝熟飛奔"句，顔師古《漢書・楊惲傳》注云："炰，即今所謂爊也。"其字乃鹿下從灬。《昌黎集》亦有"水銀丹砂雜他藥爊爲黄金"之語，《集韻》遂别收"爊"字。夫既有火旁，不應復加以火，恐終傳寫之訛。

5272 煠　士洽切。《博雅》："瀹也。"蘇軾《十二時偈》："百滚油鐺裏，恣把心肝煠。"按：今以食物納油及湯中一沸而出曰"煠"。

5273 㷆　《博雅》："爊、熤、㷆，煴也。"㷆，呼勿反。《玉篇》《廣韻》皆作"烼"。

5274 燘　《廣韻》呼罪切，直讀若賄。《集韻》："熟謂之燘。"《字學訂譌》："熟食以火再煮曰燘。"

5275 銲　固金鐵器，令相著也，見《玉篇》。《廣韻》作"釬"。杜牧《南亭子記》："不一銲錮，侵敗不休。"《夢溪筆談》："譙亳得古夾鏡，略無銲迹。"《研北雜志》："漢銅馬式，初破爲數段，鑄工以藥銲栅之。"按：此字本音翰，今轉呼若漢。俗人不攷，遂借"熯"字用之。"熯"是乾熇，無固著義也。

5276 煺　他回切，直讀若推。《廣韻》言其字出《字林》。《集韻》："以湯除毛也，一作㨃。"

5277 刌　音忖。《説文》："切也。"《儀禮・特牲饋食》："刌肺三。"《漢書・元帝紀》："自度曲，被歌聲，分刌節度。"韋昭注："刌，切也。謂能分切句絶，爲之節制也。"

5278 剕　《玉篇》："削也，音批。"《韻會》通作批，引杜詩"竹批雙耳峻"。《集韻》又有"剫"字，刀析也，亦音批。

5279 帩　《越語肯綮録》："方言縛物爲絞，帩音峭，即《隋韻・笑部》帩字。"

5280 薅　《周頌》："以薅荼蓼。"《釋文》曰："薅，呼毛切。《説文》：'拔田草也。'或作茠。"引"以茠荼蓼"及漢律"畱田茠草"。《唐書》："陸龜蒙茠刺無休。"《博雅》作"捄"，方以智曰："人皆知拔草爲薅，及見薅字，反讀爲槈，亦讀書之浮也。"

5281 斫　音勺。《説文》："擊也。"《集韻》："砍也。"《詩》疏："棫樸叢生，使人豫斫而薪之。"孟郊①詩："旋斫生柴帶葉燒。"今仍言"斫柴"。

5282 茉　《急就篇》注："末，即今曲把茉鍬。"《通雅》："茉，下瓜切，前未見此字，亦顔氏耳熟之鄉音也。"按：茉，見《唐韻》，其音户戈切，與方讀不同，而《博雅》有"抓"字，音哇，引也，《集韻》亦作"掝"。

5283 豽　音掘，豕食發土謂之"豽"，《玉篇》《廣韻》《集韻》皆載。

① "孟郊"當爲"杜荀鶴"，見《全唐詩》卷六九二《山中寡婦》。

5284䀹 音斡,《説文》:"捾目也。"按:"捾"亦音斡,訓抉取大略,"捾"通,凡取䀹則專屬于目也,二字皆在十三《末》。又"空"、"揠"在十四《黠》,"空"訓探穴,"揠"訓拔草心,音義俱小别。流俗概用"空"字,具妄加手旁爲"挖",陋甚矣。

5285劚 恪侯切。《博雅》:"剜也。"按:流俗應用劚處,每悮作"摳"。"摳"訓提挈,無剜刻義。

5286膊 《左傳·成二年》:"龍人殺盧蒲就魁而膊諸城上。"《周禮·掌戮》注:"膊,謂去衣磔之。"又《史記正義》:"鮿,膊魚也。破開中腹,頭尾不相離,謂之膊。"按:膊,甚不美語,今俗率以裸體爲赤膊何耶?至褫衣當云"膊衣",破魚羊腹當云"開膊",俗又每書"剝"字。

5287華 《曲禮》:"爲國君削瓜者華之。"華音花,謂半破也,今通語。

5288揩 《集韻》:"柯開切,觸也。"吕種玉《言鯖》:"俗以網兆物曰揩兆,即此。"

5289舀 《説文》以沼切:"抒臼也。"俗以挹彼注此爲"舀",《傳燈録》"高沙彌就桶舀一勺飯"是也。

5290䣪 《博雅》:"呼适切,抒也。"《類篇》作"㪺"。按:今俗以抒水爲"䣪",亦曰"戽"。《博雅》"䣪"、"戽"二字,正同一訓。

5291戳 《廣韻》:"敕角切,刺也。"《行營雜録》記宋太宗事,有"引斧戳雪"語。《五燈會元》遇賢偈有"曾把虚空一戳破"句。按:《周禮·天官》:"以時簎魚鱉龜蜃。"《莊子·則陽篇》:"冬則擉鱉于江。"《集韻》謂"簎"、"擉"二字,俱又勑角切,刺取也,則俱"戳"之古字。俗用"戳"字,从戈,本于《篇海》,實屬訛謬。

5292搧 《集韻》:"搧音羶,披也。"又:"抓音掌,批擊也。"今謂以手批面曰"搧",亦曰"抓"。按:《六書故》謂掌擊曰"挺","挺"與"搧"同音。攷《廣韻》乃訓繫也,周氏以"繫"、"擊"形近,悮爲此言耳。今"挺"亦俗所通言,凡繫牛馬曰"挺住"是也。

5293㧑 音灰。《集韻》:"相擊也。"按:《五燈會元》:"寶壽和尚見街頭兩人交爭揮拳。""揮"蓋"㧑"之訛也。又俗以拳觸人曰"搴",以夏楚撲人曰"搧"。《集韻》敦紐下有"搴"字,邊紐下有"搧"字,均訓擊也。

5294摑 盧仝《示添丁》詩:"父憐母惜摑不得。"摑,古獲切,打也。《避暑録話》載崔慎事,"執之十字路口,痛與百摑"。《松窗雜記》載王生入漢高祖廟事,"令搦髮者摑之,一摑而蘇"。

5295豛 《説文》:"椎擊物也。"冬毒切。《唐韻》作"椓",亦訓"擊也",又"擿也"。

5296 撠　《史記·孫子傳》:"救鬭者不搏撠。"注曰:"當善搗解之,無以手助相搏撠。"《漢書·五行志》:"高后祓灞上,還過枳道,見物如蒼狗,撠高后掖,倏忽不見。"注曰:"撠謂拘持之,音戟。"

5297 趭　《漢書》司馬相如《大人賦》:"騰而狂趭。"揚雄《河東賦》:"神騰鬼趭。"注:"趭,奔走也,才笑切。"按:今謂躁動曰"趭"。

5298 抻　《隋韻》:"申去聲,展物令長也。"按:《莊子》"猿經鳥申","申"亦讀抻,謂鳥延頸長耳。

5299 捱　《廣韻》:"捱,乙諧切,推也,亦背負貌。"《野客叢書》:"今俗謂相抵曰挨。樂天詩:'坐依桃葉妓,日醉依香枕。'依,烏皆反,正挨字耳。"按:《説文》"挨"訓擊背,讀於駭切,與今音義全别。《六書故》引揚子《方言》:"强進曰挨。"檢今本揚子,未見此語。蓋今謂相抵者,其字實當作"捱",書"挨"者悞也。

5300 攃　七曷切。顧況《畫水牛》詩:"淺草平田攃過時。"或作擦,貫休詩:"庭松無韻冷撼骨,搔腮擦簷數枝雪。"按:"攃"訓爲摩,始見《集韻》;其从察者;始見《篇海》,俱非古字也。《南齊書》張融《海賦》:"來往相拶。"注云:"拶,麤合切。"[①]凡云相摩者,當以"拶"爲正體,而諸字書失收此字。

5301 揞　庵上聲。《方言》:"摩滅[②]也,荆楚曰揞。"《廣韻》:"手覆也。"盧仝《月蝕歌》:"恐是眶睫間,揞塞所化成。"《東坡集》有《謝一揞巾》詩。

5302 敨　《集韻》:"他口切,展也。"按:"敨"即"抖擻"二字反切。

5303 㪍　音西。《説文》:"散聲。"揚子《方言》:"披散也。"按:今俗言㪍散,乃此字。

5304 擺　《釋名》:"兩旁引翣曰披。披,擺也,各于一旁引擺之,備敧傾也。"今以排列儀仗曰擺,因此。張衡《西京賦》:"置互擺牲。"馬融《廣成頌》:"擺牲班禽。"注:"擺謂破櫟懸之。"今謂陳設牲饌曰"擺",因此。

5305 扱　楚洽切,義與插通。《禮·問喪》:"雞斯徒跣,扱上衽。"《詩·周南》傳:"扱衽曰襭。"疏云:"扱衣上衽于帶也。"又引也,舉也,俗以手舁物他徙曰"扱",有"八擡八扱"之諺。

5306 挼　音儺。《説文》:"兩手相切摩也。"徐注曰:"今俗作挼。"《晉書·劉毅傳》:"東府聚摴蒱大擲,劉裕挼五木久之,即成盧焉。"《廣韻》通作挪,訓云:"搓挪也。"

---

① 黄侃:"拶"即"拉"字耳。

② "滅"當爲"藏",見《方言》卷六。

5307 擎 《文選·射雉賦》:“擎場拄翳。”注:“擎,步何切,開除之名,除地爲場也,今傖人通有此語。”《六臣注本》作“擎”。

5308 担 音亶。《博雅》:“擊也。”《玉篇》:“拂也。”按:俗以此通擔負之擔,謬。又吕忱《字林》:“抌,拂也,都感切。”《禮·内則》:“桃曰膽之。”注①云:“桃多毛,拭治去毛,令青滑如膽也。”並可與“担”字通用。

5309 䁥 《博雅》:“籍禮反,湿也。”按:今俗以手逼物出汁曰䁥,如云“䁥乳”之類。

5310 潷 音筆。《博雅》亦訓湿。《集韻》訓去滓,今云“潷藥”是也。

5311 扒 噴八切。《博雅》:“擘也。”《吹景集》:“今謂擘橙橘之屬曰扒。”按:《廣韻》有㼣字,音拍,“破物也”,《集韻》“分也”。“㼣”與“扒”,蓋音之轉。

5312 另 補買切。《玉篇》:“别也。”《集韻》作“𠛬”:“裂也,燕齊間以折裂爲另開。”《字典》另下从刀,與“另”異。《字彙》混入“另”字,注云“補買切”,非。《正字通》不知别有“另”字,駁《字彙》云“另無擺音”,亦誤。

5313 抓 莊交切。《博雅》:“搔也。”按:今言搔者,皆只言“抓”,或言“撓”,置搔音不道矣。撓,尼交切,抓也,見《集韻》。

5314 攋 《方言》:“壞也。”《廣韻》:“手披也。”按:此字本音辣,而《集韻》有洛駭一切,直讀如賴上聲,今謂以手爪披毁物者如之。

5315 斯 《爾雅》:“斯,離也。”《詩·陳風》:“斧以斯之。”《吕氏春秋·報更篇》:“趙宣孟見骩桑下餓人,與之脯一朐,曰:‘斯食之。’”按:今皆以手析物曰“斯”,即此字。《集韻》或从手作“撕”。又《史記·河渠書》“廝二渠”注:“廝,分也。”《漢書·陳餘傳》“廝養卒”注:“析薪爲廝。”亦取分析爲名,則廝亦可通用。

5316 誃 《爾雅》:“誃,離也。”《説文》:“分離也。”引《論語》“誃予之足”。按:《莊子·知北遊》:“日中奓户而入。”注:“奓,開也。”《庚桑楚》:“介者拸畫,外非譽也。”注:“拸其畫而棄之。”“奓”、“拸”俱即“誃”字。又《博雅》:“撦,開也。”皮日休詩:“風撦紅蕉仍换葉。”劉克莊題跋:“温李諸人,困於撏撦。”“撦”亦即“誃”。又《集韻》有“扡”、“搋”二字,皆與“誃”通。今人漫不一致,但憑臆造爲“扯”,“扯”字不見明以前書。

5317 𠡒 堆上聲。《篇海》:“著力牽也。”按:此似臆造字,實則《詩》“薄言掇之”,掇轉上聲,即此耳。

5318 捦 丘禁切,按物也,見《集韻》。

---

① “注”當爲“疏”,見《禮記正義》卷二八。

5319 摣　以加切。《方言》:“扭,摣取也,南楚之間凡取物溝泥中,謂之扭,或謂之摣。”《釋名》:“摣,叉也,五指俱往也。”《文選·西京賦》:“摣狒猬,批窳狻。”

5320 𡚻　《集韻》:“訖得切,束也。”按:此字見《説文》,而音義别。依《集韻》則今俗以兩手抱薪,言如克音者,當書此。

5321 拎　《玉篇》音零:“手懸撚物也。”今方音小變。

5322 佗　《説文》:“負何也。”《集韻》分作三字:佗,負荷;駝,馬負物;駞,馬上連囊,並徒何切。按:《漢書·趙充國傳》:“以一馬自佗負三十日食。”師古曰:“凡以畜産載負物者,皆爲佗。”則“佗”、“駝”不必以人馬分也。馬上囊,舊以馱讀去聲,《唐書·郭虔瓘傳》:“遞馱熟賚,亘六千里。”貫休《長安道》詩:“千車萬馱,半宿關月。”至今賈客云然。

5323 揵　《廣韻》:“渠焉切,舉也。”《集韻》①:“以肩舉物也。”《後漢書·輿服志》:“驛卒揵弓韣九鞬。”

5324 坌　蒲悶切。《廣異記》載鷙獸搏狂牛事云:“牛自埋身于土,獸坌成潭。”《北夢瑣言》載鼠狼齧蛇事云:“于穴外坌土,恰容蛇頭,伺蛇出所坌處,度其回頭不及,齧而斷之。”按:坌本塵土,即以爲撥塵土字,亦動静相借例耳。《咸淳臨安志》物産“穀之品”有“雪裹盆,晚熟”,自注云:“盆去聲。”愼不敢借坌,而以音發之,尤可爲俗音不得字之法式。

5325 髂　枯駕切。《五燈會元》金山顈偈有“勸人放開髂蛇手”句。按:《玉篇》訓“髂”爲腰骨,與捕捉略無關,此但以同音借之,不顧義理。《集韻》自有搳字,訓“持也”,音與髂同。

5326 軀　音偃。《廣韻》:“身向前也。”《類篇》:“曲身。”按:俗以匿跡前卻爲軀,當此字。關漢卿《金線池》曲云:“倉惶倒偃。”直用偃,非②。

5327 陖　《吹景集》:“俗謂人來而避曰閃。”《説文》云:“陖,不媚前卻陖陖也,失冉切。”則閃當作陖。

5328 瀏　馬致遠《岳陽樓》劇謂潛逃去曰“瀏了”③。按:瀏,風疾貌。《楚詞·九歎》:“秋風瀏以蕭蕭。”潛去者若風之無跡,以之爲喻,義未謬也,字本留、柳二音,今俗讀乃如柳平聲。

① “《集韻》”當爲“《字彙》”,見《字彙·手部》。

② 黄侃:今云“倒影”。

③ 黄侃:即“流”字。

5329 畔 《漢書・馮當[1]世傳》:“今乃有畔敵之名。”如淳曰:“不敢當敵攻戰爲畔敵也。”按:俗謂避跡曰畔,《言鯖》引陳時民謡“齊雲觀寇來無處畔”爲證。考《南史・陳後主紀》《隋書・五行志》載此謡,均作“無際畔”,則何若“畔敵”之文爲較確耶?《莊子・則陽篇》:“自藏於畔,其聲銷。”又其言所肇端也。畔本謂隴畔,乃隱者藏身之地,因卽以爲藏。古人取義,頗有此類。

5330 宊 《廣韻》:“他骨切,出貌。”按:俗謂忽然而出曰“宊出”。

5331 跋 許月切。《博雅》:“疾也。”《説文》:“輕也。”《玉篇》:“走貌。”按:兼上三義,則《琵琶曲》所謂“魆地裏”之魆,實當爲此字也。魆不見他書,惟《字彙補》據曲收之。

5332 趏 《玉篇》:“趏,實洽切,行疾也。”又《集韻》:“趏,疾盍切,疾走貌。”按:兩字似通,卽鄙語所謂“趏進趏出”。

5333 趣 音暫。《説文》:“進也。”《玉篇》作“蹔”:“超忽而騰疾也。”俗云“直趣”。

5334 蹉 音鐸。司馬相如《大人賦》:“踕蹉輵轄。”張楫注:“踕蹉,互前卻也。”《越語肯綮録》:“今姚江人言蹉索,是此字。”

5335 趽 《通雅》:“《説文》:‘趽,曲脛馬也,讀與彭同。’《長箋》曰:‘今亦謂曲脛小犬曰矮趽狗,又曰蠏趽狗。’”

5336 踫 《廣韻》白銜切,小兒覆行也。《田家雜占》有“日頭踫雲障”之語。《越語肯綮録》:“俗以匍匐爲踫,以不能行者爲踫跫。跫,他銜切,所謂‘踫跫不動’是也。《宋韻》或録踫字,或録跫字,且又注曰‘踫步度水’,非是。”

5337 蹹 《搜神記》載董昭救蟻事云:“船中人罵此是毒螫物,我當蹹殺之。”蹹,達合切。《干祿字書》通作“蹋”。

5338 蹨 音撚。《玉篇》:“蹂也。”《類篇》:“蹈也,或作跈。”《莊子・外物篇》:“哽而不止則跈。”郭注云:“相騰踐也。”按:俗以不顧沾濕、隨足亂踐爲“蹨”。

---

① “當”當爲“奉”,見《漢書・馮奉世傳》。

卷三十七　故事

5339 彭祖八百歲　《莊子》注："彭祖八百，猶悔不壽。"《荀子》注："彭祖，堯臣，經虞、夏、商，壽七百歲。"按：《大戴禮·帝系篇》："陸終娶女隤氏，一産六子，其一爲彭祖。"時猶帝嚳世也，而商之老彭，説者謂卽彭祖，自帝堯元年迄夏桀末，共五百九十二歲。以前以後，容更歷年一二百，而書無明文，故或云八百，或云七百，均未可謂其虚搆。《神仙傳》鑿言七百六十七歲，便屬不經①。

5340 姮娥奔月　《淮南子·覽冥訓》："羿請不死之藥于西王母，恒娥竊以奔月，悵然有喪，無以續之。"注云："恒娥，羿妻。"《後漢書·天文志》注引張衡《靈憲》，以"恒"爲"姮"。《集韻》收"姮"字，列十七《登》"恒"紐下，不作"恒"音。按：此事特好事者寓言，其造爲名字，卽取《詩》"日升月恒"義耳。唐人避穆宗諱，宋人避眞宗諱，凡經籍"恒"字多讀爲常，時人因亦呼"恒娥"爲"常娥"，或并以其字改之爲"嫦"，字書惟《正字通》收之，可見其晚俗也。楊愼謂"古者羲和占日、常儀占月，儀、俄音近，因訛爲嫦娥"，詞若可聽，其實不然。

5341 伊尹生空桑　《吕氏春秋·本味覽》："有侁氏女子採桑，得嬰兒于空桑之中，獻其君。君令烰人養而長之，是爲伊尹。"按：《太平寰宇記》："空桑城在外黄西三十里，《帝王世紀》云：'此是伊尹生處。'"空桑之爲地名，信也。吕氏所述，乃六國時造割烹等言者之妄。流俗以不知自出者，嘲曰："若豈生空桑中耶？"俗人不足譏，苟雅人，未可附和。

5342 太公八十遇文王　《孔叢子·記問篇》："太公勤身苦志，八十而遇文王。"按：此今語所據也，而《荀子·君道篇》："文王舉太公于州人而用之，行年七十有二，齫然而齒墮矣。"東方朔《客難》亦云："太公體仁行義，七十有二，乃設用于文武。"則其年未及八十。《越絶書》計倪曰："太公九十而不伐紂，磻溪餓人也。"《楚辭·九辨》亦云："太公九十乃顯榮。"則其年且過八十，《孔叢》豈酌其中

① "便屬不經"，《函海》本作"便不經矣"。

言之歟？據《説苑·尊賢篇》："太公望，故老婦之出夫也，朝歌之屠佐也，棘津迎客之舍人也，年七十而相周，九十而封齊。"蓋《荀子》所言，乃其相周初，《越絶》言其封齊末，而八十，正其間得意秋也。

5343 太公封神 《唐書·禮儀志》："武王伐紂，雪深丈餘，五車二馬，行無轍跡，詣營求謁。武王怪而問焉，太公曰：'此必五方之神，來受事耳。'遂以名召入，各以其職命焉。"《太公金匱》亦詳其事。又《史記·封禪書》："神將自古有之，或云太公以來作之齊。"①

5344 介子推自焚 《汝南先賢傳》："介子推以三月三日自燔，後成禁火之俗。"按：《後漢書·周舉傳》："太原舊俗，以介子推焚骸，至其亡月，士民輒一月寒食。舉既到州，乃作書置子推廟，言盛冬去火，殘損民命，非賢者之意，以宣示愚民，使還温食。"依此則寒食乃在冬矣。《琴操》言："子推抱木而死，文公哀之，令人五月五日不得舉火。"依此則寒食又在夏矣。總之，介子推事，未足典要。

5345 程嬰匿趙孤 洪容齋《隨筆》："《春秋》成公八年書殺趙同、趙括，十年書晉景公卒，相去僅二年。《史記》乃有屠岸賈欲滅趙氏，程嬰、公孫杵臼共匿趙孤，十五年景公復立趙氏之説。以年世攷之，則是景公卒後，厲公立八年，悼公又立五年矣，其乖妄如是。嬰、杵臼事，乃戰國俠士刺客所爲，春秋時風俗無此也。"按：程嬰、屠岸賈事，始見《説苑·復恩篇》，公孫杵臼别見《新序·節士篇》，《左傳》無一字及之也。今《八義》劇所演鉏麑、提彌明、靈輒三事，乃詳《宣二年傳》中。而晉因韓厥之言以立趙武，則在《成四年傳》。

5346 孟姜哭崩長城 《禮·檀弓》："齊莊公襲杞于奪，杞梁死焉，其妻迎其柩于路而哭之哀。"《孟子》："杞梁妻善哭其夫而變國俗。"按：《左傳》但言杞妻辭齊侯之弔，而不言哭。《檀弓》《孟子》雖言哭，未有崩城事也。《説苑·立節篇》云："其妻聞之而哭，城爲之阤，隅爲之崩。"《列女傳》云："枕其夫之屍于城下哭，十日而城崩。"然亦未言長城也。長城築于齊威王時，去莊公百有餘年，而齊之長城，又非秦始皇所築長城。唐釋貫休乃爲詩曰："築人築土一萬里，杞梁貞婦啼嗚嗚。"則竟以杞梁爲秦時築城之人，而其妻所哭崩乃卽秦之長城矣。後之作小説者，遂因其語，謂秦築長城，有范杞梁妻孟姜，送寒衣至城下，聞夫死，一哭而長城崩，至今童婦道之。

5347 范蠡載西施 羅點《聞見錄》："世傳西施隨范蠡去，不見所出，只因杜牧'西子下姑蘇，一舸逐鴟夷'而附會也。《墨子》曰：'吳起之裂，其功也；西施之

① 此處《函海》本有：此封神所由來。"齊"字屬下句，當刪，見《史記·封禪書》。

沉，其美也。'此吳亡後西施亦沉于水之證。《修文御覽》引《吳越春秋》逸篇云：'吳亡後，越浮西施于江，令隨鴟夷以終。'隨鴟夷者，謂伍胥裹鴟夷沉于江，而西施隨之，此實與《墨子》合。杜牧未精審，一時趂筆，乃有'一舸逐鴟夷'句。皮日休《館娃宫》詩：'不知水葬歸何處，溪月彎彎欲效顰。'李商隱《景陽井》詩：'惆悵吳王宫外水，濁泥獨得葬西施。'皆可互證。"按：宋之問《浣紗篇》："越女顏如花，越王聞浣紗。國微不自寵，獻作吳宫娃。"又云："一朝還舊都，靚妝臨若耶。"亦誤謂西施復還會稽，且其初嘗有浣紗事。攷《越絶書》："越王句踐得採薪二女西施、鄭旦，以獻吳王。"實未言浣紗也。

5348 公冶長解鳥語　皇侃《論語》疏引《論釋》曰："公冶長自衛還魯，聞鳥相呼往食死人肉。須臾見一嫗覓兒道哭，長以鳥語告之。嫗往看，即得死兒。村司録長付獄，曰：'當試之，若解鳥語，便放；不解，令償死。'長在獄已六十日，有雀緣獄栅呼，長含笑，獄主問雀何所言而笑之，長曰：'雀鳴嘖嘖唶唶，白蓮水邊，有車覆粟，收斂不盡，相呼共啄。'獄主遣人看之，果如其言，于是得放。"沈佺期《燕》詩："不如黄雀語，能免冶長災。"白居易《鳥雀贈答》詩序："余非冶長，不能通其意。"皆本皇疏。按：《史記》稱秦仲知百鳥之音，《後漢書》言伯翳綜聲于鳥語。又高帝時，太史魏尚曉鳥語，見《緯略》；楊宣見羣雀喧，知前有覆車粟，見《後漢書》；廣漢楊翁偉聽鳥獸之音，見《論衡》；平原管輅解鳥語，見《博物志》；崔長謙風角鳥言，靡不開解，見《北史》；侯瑾解鳥語，見《燉煌實録》；釋安清綜達鳥獸之音，見《高僧傳》。據《周禮》，夷隸掌牛馬與鳥言。《列子·黄帝篇》："東方介氏之國，其人數數解六畜語。"《隋書·經籍志》有《鳥情雜占禽獸語》一卷，又有《和菟鳥鳴書》《王喬解鳥語經》。《異聞録》："白龜年授李白素書一軸，曰：'讀此，可辨九天禽語，九地獸言。'"蓋風角鳥占，兵家之所不廢，古人自有此學，不可遽謂之誕。

5349 鬼谷先生　《論衡·恢國[①]篇》："鬼谷先生掘地爲坑，命蘇、張二人曰：'下，説令我泣出，則耐分人君之地。'蘇秦説之，泣下，張儀不若也。"《仙傳拾遺》："先生，晉平公時人，姓王，名栩，隱居鬼谷，因爲號，在人間數百歲。"《隋書·經籍志》有鬼谷先生《占氣》一卷。按：今稱鬼谷者必云先生，故書皆已然也。蘇、張事，俚俗小説移以屬孫臏、龐涓。

5350 蘇秦激張儀　詳《史記·張儀傳》。按：元人《凍蘇秦》劇，反以爲張儀激秦，今《金印記》已正之矣。《金印》事多近本眞，如秦初説秦，不行，歸爲父母

---

① "恢國"當爲"答佞"，見《論衡·答佞篇》。

妻嫂鄙薄。及説趙，受相印，合縱六國，道過洛陽，父母郊迎，嫂拜之，皆見《戰國策》，不謬也。惟秦兄弟五人，代、厲、秦、辟、鵠，秦行第三，故云季子。俗乃謂其行二，與史傳注文不合。

5351 蝴蝶夢 見《莊子·齊物論》。其鼓盆、髑髏二事，見《至樂篇》。

5352 甘羅十二爲丞相 《史記·甘茂傳》："羅年十二，事秦相吕不韋，以説張唐、説趙功封爲上卿。"按：上卿，非丞相也。今言丞相者，當以羅祖茂爲左丞相誤。然其誤久矣，《北史·彭城王勰傳》曰："昔甘羅爲秦相，未能書。"《儀禮》疏曰："甘羅十二相秦。"唐杜牧詩曰："甘羅昔作秦丞相。"

5353 東方朔偷桃 《博物志》："西王母七夕降九華殿，以五桃與漢武帝。東方朔從殿東廂朱鳥牖中窺之，王母曰：'此窺牖小兒，嘗三來盗吾此桃。'"《漢武故事》："東方國獻短人，帝呼東方朔。朔至，短人指謂上曰：'王母種桃，三千歲一子。此子不良，已三過偷之矣。'"按：二説不同，未知孰是。《博物志》又云："武帝得不死酒，示東方朔，朔一飲致盡。帝欲殺之，朔曰：'殺朔若死，此爲不驗；以爲有驗，殺亦不死。'"此與《戰國策》中射士奪食不死藥之言，絶相類。《漢書》謂朔事多爲童豎眩耀，好事者因更取奇言附著之，此類是已。

5354 蘇武係雁足書 《漢書·蘇建傳》："單于徙武北海大澤中牧羝，别其官屬常惠等于他所。昭帝時，既和親，漢求武等，詭言武死。後漢使復至，常惠得夜見漢使，教之謂單于，言天子射上林中，得雁，足有係帛書，言武等在某澤中。使者如惠語，以讓單于。單于驚謝曰：'武等實在。'于是召會武官屬，凡隨武還者九人。"按：此特常惠紿辭，非實事也。其餘若嚙雪、咽氊、卧起操節等事，皆實。

5355 救衛青 《漢書·衛青傳》："青姊子夫得入宫，有身。大長公主聞而妬之，使人捕青，欲殺之。其友騎郎公孫敖與壯士往篡之，故得不死。敖，義渠人，後封合騎侯。"按：今院本演此事，謂敖爲鐵力奴，未詳所出。

5356 朱買臣妻 《漢書》："朱買臣不治産業，常艾薪樵，賣以給食。擔束薪行且誦書，其妻亦負戴相隨，數止買臣毋歌謳道中，買臣愈益疾歌，妻羞之，求去。買臣笑曰：'我年五十當富貴，今已四十餘矣，女苦日久，待我富貴報女功。'妻恚曰：'如公等終餓死溝中耳，何能富貴？'買臣不能留，聽去。其後，買臣獨行歌道中，負薪墓間。故妻與夫家俱上冢，見買臣飢寒，呼飯飲之。及買臣拜會稽太守，入吴界，見其故妻妻夫治道。買臣駐車，呼令後車載其夫妻到太守舍，置園中給食之。居一月，妻自經死，買臣乞其夫錢令葬。"按：今俗傳此事，大略相符。而言買臣既貴，妻再拜馬前求合，買臣取盆水覆地，示其不能更收之意，妻遂抱恨死，此則太公望事，詞曲家所撮合也。

5357 王昭君　韓子蒼《昭君圖序》："《漢書》竟寧元年，呼韓邪來朝，言願壻漢氏。元帝以後宫良家子王昭君字嬙者配之，生一子。株累立，復妻之，生二女。至范書，始言入宫久不見御，因掖庭令請行。單于臨辭大會，昭君豐容靚飾，竦動左右。帝驚悔，欲復留，而重失信。不言呼韓邪願婿，而言四五宫女，又言字昭君，生二子，與班書皆不合。其言不願妻其子，而詔使從俗，此是烏孫公主，非昭君也。《西京雜記》又言元帝使畫工圖宫人，昭君獨不行賂，乃惡圖之。既行，遂按誅毛延壽。《琴操》又言本齊國王穰女，年十七進之帝，以地遠不幸，及欲賜單于美人，嬙對使者越席請往，後不願妻其子，吞藥而卒。葢其事雜出，無所攷正，自信史尚不同，況傳記乎？要之，《琴操》最牴牾矣。"

5358 出塞琵琶　《宋書·樂志》："傅玄《琵琶賦》曰：'漢遣烏孫公主嫁昆彌，念其行道思慕，故使工人裁箏、筑，爲馬上之樂。欲從方俗語，故名曰琵琶，取其易傳于外國也。'"按：後人傳此爲王昭君事，誤矣。然其誤有因也，石崇《王明君辭序》云："昔公主嫁烏孫，令琵琶馬上作樂，以慰其道路之思。其送昭君，亦必爾也。"石崇既有此言，後人舉而實之，又奚怪乎？

5359 姜詩妻　《後漢書·列女傳》："廣漢姜詩妻者，同郡龐盛之女，詩事母至孝，妻奉順尤篤。母好飲江水，江去舍六七里，妻常遡流而汲。後值風，不以時還，母渴，詩責而遣之。妻乃寄居鄰舍，晝夜紡績，市珍羞，使鄰母以意自遺其姑。如是者久之，姑怪問鄰母，鄰母具對，姑感慚呼還，恩養愈謹。其子後因遠汲溺死，妻恐姑哀傷，不敢言，而託以行學不在。姑嗜魚膾，又不能獨食，詩夫婦力作供膾，呼鄰母共之。舍側忽有湧泉，味如江水，每旦輒出雙鯉魚，常以供二母之膳。"按：今院本《躍鯉記》惟鄰母感姑及子溺死二事，不與史符。

5360 馬融女　融女，據《後漢書》有三，其一字倫，爲袁隗妻。成禮之夕，隗問："弟先兄舉，世以爲笑。今處姊未適，先行可乎？"葢融尚有長女，其名不可攷矣。三女名芝，有才義，少喪親，長而追感，作《申情賦》。今劇場所演云馬瑤草者，未知何屬。袁氏世爲三公，隗少歷顯官，富奢特甚，馬氏裝遣亦極珍麗，與劇場簡生事適相反。其姊久稽良匹，或不爲融所愛乎？然瑤草字與芝義合，疑所指爲芝。至其關目，則牽以釋藏中事也。《雜寶藏經》："波斯匿王有女曰善光，父言：'汝因我力，舉宫愛敬。'女答：'我自有業，不因父王。'父聞而嗔，卽覓一最下窮人，以女付之。其後女與窮人發得伏藏錢財，受用不減于王云。"

5361 麻姑進酒　葛洪《神仙傳》："麻姑是好女子，年十八九許，于頂中作髻，餘髮垂至腰，其衣有文章，而非錦綺，光采耀目。漢桓帝時，偕王方平降蔡經家，召進行廚，皆金盤玉杯。"李肇《國史補》言："李泌岈麻姑送酒，朱子取其事載綱目中。"按：《仙鑑》謂麻姑姓王氏，卽方平之妹，依葛洪《傳》似非。《一統志》謂麻秋之女，尤于世代差遠。

5362 蔡中郎傳奇　《青溪暇筆》："元末永嘉高明字則誠，避世鄞之櫟社，以詞曲自娱。見劉後村有'死後是非誰管得，滿村聽唱蔡中郎'之句，因編《琵琶記》，用雪伯喈之耻。國朝遣使徵辟，不就。既卒，有以其記進者，上覽畢曰：'五經四書，在民間如五穀不可缺；此記如珍羞百味，富貴家其可無耶？'其見推許如此。"《留青日札》："時有王四者，能詞曲，高則誠與之友善，勸之仕。登第後，卽棄其妻而贅于太師百花家，則誠悔之，因借此記以諷。名琵琶者，取其四王字，爲王四云耳。元人呼牛爲不花，故謂之牛太師。而伯喈曾附董卓，乃以之托名也。高皇微時，嘗賞此戲，及登極，捕王四，置之極刑。"《藝苑巵言》："高則誠欲譏當時一士夫，而托名蔡邕。據《説郛》載唐人小説云：'牛相國僧孺之子繁，與蔡生文字交，尋同舉進士。才蔡生，欲以女弟適之。蔡已有妻趙矣，力辭不得。後牛氏與趙處，能卑順自將，蔡官至節度副使。'其姓氏相同，一至于此。則誠何不直舉其人，而顧誣蔑賢者耶？"《莊岳委談》："僧孺二子曰蔚、曰叢，無所謂繁者，恐《説郛》所載不實。《太平廣記》引《玉泉子》云：'鄧敞初以孤寒不第，牛僧孺子蔚謂曰："吾有女弟，子能婚，當相爲展力，寧一第耶？"時敞已壻李氏矣，顧私利其言，許之。既登第，就牛氏親。不日，挈牛氏歸，李氏撫膺大哭。牛知其賣己也，請見曰："吾父爲宰相，豈無一嫁處耶？其不幸，豈惟夫人？今願一與共之。"李感其言，卒同處終身。'乃知則誠所本者，《廣記》也。"按：蔡邕父名稜，字伯直，見《後漢書》注；其母袁氏，曜卿姑也，見《博物志》。《琵琶記》作蔡從簡、秦氏，其故爲謬悠歟？抑未攷歟？

5363 劉、關、張恩若兄弟　《三國志·關羽傳》："先主與羽、飛二人，寢則同床，恩若兄弟，而稠人廣坐，侍立終日。"又："羽謂曹公曰：'吾受劉將軍厚恩，誓以共死，不可背之。'"按：世俗桃園結義之説，由此敷演。

5364 漢壽亭侯　《後漢書·郡國志》："漢壽城屬荆州武陵郡。"《三國志·關羽傳》："解白馬之圍，曹公卽表封爲漢壽亭侯。"《梅花渡異林》："史稱費禕屯漢壽遇害，唐詩亦曰'漢壽城邊野草生'，是漢壽者，封邑；亭侯，其爵也。《明會典》只稱關壯繆爲壽亭侯，去漢字，而以壽亭爲封邑，悮矣。"

5365 秉燭達旦　《少室山房筆叢》："古今傳聞訛謬，率不足欺有識，惟關壯繆明燭一端，乃讀書之士亦什九信之，何也？蓋由元末郫學究編《三國演義》，因傳有壯繆守邳見執曹氏之文，撰爲斯説，而俚儒潘氏，又不攷而贊其大節，遂至談者紛紛。攷《三國志》本傳及裴松之注及《通鑑》綱目,並無此文,《演義》何所據哉?”

5366 單刀會　《三國志·魯肅傳》:“備遣羽爭三郡,肅住益陽相拒,肅邀羽相見,各駐兵百步上,但請將軍單刀俱會。”此正史文,原有“單刀會”三字也。

5367 貂蟬　《升庵外集》:“世傳吕布妻貂蟬,史傳不載。唐李長吉《吕將軍歌》:‘榼榼銀龜摇白馬,傅粉女郎大旗下。’似有其人也。”元人有《關公斬貂蟬》劇,事尤悠繆。然《羽傳》注稱:“羽欲娶布妻,啓曹公,公疑布妻有殊色,因自留之。”則亦非全無所自。按:原文關所欲娶,乃秦氏婦,難借爲貂蟬證。

5368 二喬　杜牧之《赤壁》詩:“東風不與周郎便,銅雀春深鎖二喬。”按:此詩人推擬之詞,非曹氏當日果蓄此念也。《演義》附會之,有改“二橋”爲“二喬”之説。據正史《周瑜傳》“橋公兩女皆國色,策自納大橋,瑜納小橋”,則“喬”字本當作“橋”。

5369 阿斗太子　《蜀志·劉封傳》:“孟達《與封書》曰:‘自立阿斗爲太子已來,有識之人相爲足下寒心。’”按:“阿斗太子”四字連綴,見此。

5370 梁山伯訪友　《宣室志》:“英臺,上虞祝氏女,僞爲男裝游學,與會稽梁山伯者同肄業。山伯,字處仁,祝先歸二年,山伯訪之,方知其爲女子,悵然如有所失,告其父母求聘,而祝已字馬氏子矣。山伯後爲鄞令,病死,葬鄮城西。祝適馬氏,舟過墓所,風濤不能進,問知有山伯墓,祝登號慟,地忽自裂,陷祝氏,遂并埋焉。晉丞相謝安,奏表其墓曰義婦冢。”

5371 梁王懺　《南史·梁武德郗皇后傳》:“后酷妒忌,及終,化爲龍,入于後宫[①],通夢于帝。或見形,光彩照灼。帝體將不安,龍輒激水騰涌。”《太平廣記》引《兩京記》:“郗后因忿怒,投殿庭井中,衆趨井救之,已化爲毒龍,煙燄衝天,人莫敢近。帝悲嘆久之,因册爲龍天王,便于井上立祠。”按:釋典《梁王懺》其序謂“因懺悔后往業而作”,所述后事略同,而以龍爲蟒蛇。

5372 達磨渡江　《傳燈録》:“菩提達磨,南天竺國香至王第三子也,從波若多羅,發明心要。多羅曰:‘吾滅後,汝當往震旦,設大法藥,直接上根。’貽偈,有‘路行跨水復逢羊,獨自栖栖暗渡江’句。及期,彼國王具大舟送磨汎重溟,達于南海。梁武帝迎至金陵,問法,不契,潛往江北。時魏明帝正光庚子也,止嵩山少林寺,面壁而坐。僧神光造境參承,立雪斷臂,以求誨勵,因與易名慧可,付之法印。逮莊帝永安戊申,端居而逝。”按:達磨自庚子渡江至戊申逝,凡九年,中

① 《南史·梁武德郗皇后傳》“宫”下有“井”字。

間傳示諸僧，頗多言説。今謂其九年皆面壁時，失實。至踏蘆渡江之説，雖釋家之好爲神奇，亦未言也。

5373 祝髮記 《陳書·徐陵傳》："孝克，陵第三弟也。梁末，侯景寇亂，京師大饑。孝克養母，饘粥不能給。妻臧氏甚有容色，孝克謂之曰：'今飢荒如此，供養交缺，欲嫁卿與富人，望彼此俱濟，卿意何如？'臧氏弗之許也。時有孔景行者，爲侯景將，富于財。孝克密因媒者陳意，景行多從左右，逼而迎之，臧氏涕泣而去，所得穀帛，悉以供養。孝克剃髮爲沙門，改名法整，兼乞食以充給焉。後景行戰死，臧伺孝克于途，曰：'往日之事，非爲相負。今既得脱，當歸供養。'孝克乃與歸俗，更爲夫妻。"按：今《祝髮記》所演，多與此符。

5374 李元霸 《唐書·高祖諸子傳》："高祖二十二子，竇皇后生建成、太宗皇帝、元吉、元霸。元霸，字大德，幼辯惠，隋大業十年薨，年十六，無子。武德元年，追王及謚曰衛懷王。"按：今隋唐小説撰元霸勇力諸事，全無所據。

5375 單雄信追秦王 《舊唐書·李密傳》："單雄信尤能馬上用槍，後降王世充爲大將軍。太宗圍東都，雄信出軍拒戰，援槍而至，幾及太宗。徐世勣呵止之曰：'此秦王也。'雄信少退，太宗由是獲免。"《新書·尉遲敬德傳》："秦王與王世充戰，驍將單雄信騎直趨王，敬德躍馬大呼，横刺雄信墜，乃翼王出。"按：二傳所述一事也，今劇場演此，備有徐世勣、尉遲恭，不謬。

5376 尉遲恭打朝 又："尉遲敬德婞直，頗以激切自負。嘗侍宴慶善宫，有班在其上者，怒曰：'爾何功，合坐我上？'任城王道宗解喻之，敬德勃然，拳敺道宗目幾至眇。太宗不懌，罷，召讓之，致仕。後聞太宗將征高麗，上言：'夷貊小國，不足枉萬乘，願委之將佐。'帝不納，詔以本官爲左一馬軍總管，師還，復致仕。"按：劇場演敬德事，有曰"打朝"、曰"裝風"，打朝實，裝風虚也。

5377 薛仁貴白袍 又："仁貴自恃驍勇，欲立奇功，乃異其服色，著白衣。"按：元張國賓雜劇稱仁貴白袍將，亦實。

5378 唐僧取經 《獨異志》："沙門玄奘，姓陳氏，唐武德初，往西域取經。行至罽賓國，道險虎豹不可過，奘不知所爲，鎖門而坐。至夕，開門，見一老僧，莫知所由來。奘禮拜勤求，僧口授《多心經》一卷，令奘誦之，遂得道路開闢，虎豹潛形，魔鬼藏跡。至佛國，取經六百餘部而歸，其《多心經》至今誦之。"《雙樹幻抄》："玄奘以貞觀三年冬，抗表辭帝，制不許，即私遁出玉關。抵高昌，高昌王奉奘行貲，護送達于罽賓，隨歷大林國、僕底國、那伽羅國、祿勒那國。至麴闍國，麴闍王有勝兵十萬，雄冠西域，其俗以人祀天。奘至，被執，以風度特異，將戮以祭。俄大風作，塵沙漲天，晝日晦冥，彼衆驚異，釋之。至中天竺，入王舍城，彼已預聞奘至，具禮郊迎，安置那蘭陀寺，見上方戒賢論師。賢時春秋一百有六，道德爲西土宗師，號正法藏。奘啓以求法意，賢咨嗟曰：‘吾頃疾病且死，忽夢文殊謂曰：“汝未應厭世，後三年，震旦有大沙門從汝受道。”自爾以來，今三稔矣。’于是慰喜交集，奘從賢窮探大乘，日益智証。至貞觀十六年，乃發王舍城，入祇羅國，國主迎問：‘而國有聖人出世，作《小秦王破陣樂》，可爲我言之。’奘粗陳帝神武大略，其主大驚，卽以青象名馬，助奘馱經而還。以貞觀十九年至長安，文皇驚喜，手詔飛騎迎之，親爲經文作序，名《聖教序》云。”按：《唐·藝文志》有王玄策《中天竺國行記》十卷。《法苑珠林》謂玄策官金吾將軍，奉詔扈玄奘往西域，取經歸，撰此記，今佚不傳。《輟耕錄》記元人雜劇有《唐三藏》一段。《莊岳委談》云：“《聖教序》雖有‘三藏要文’等語，匪玄奘號也。其以稱奘，葢以唐僧不空號‘無畏三藏’譌耳。”

5379 李淳風秘讖　《唐書·方技傳》：“淳風于占候吉凶，若節契然，當世術家意有鬼神相之，非學習可致。太宗嘗得秘讖，言‘唐中弱，有女武代王’。以問淳風，對曰：‘其兆旣成，已在宫中。又四十年而王，王而夷唐子孫且盡。’”按：後世妄人，托言李淳風與袁天綱互述秘讖，有云《推背圖》者，因于此。元至元八年，禁斷《推背圖》，見《元典章》。

5380 駱賓王爲僧　《本事詩》：“宋之問遊靈隱寺，月夜行吟曰：‘鷲嶺鬱岧嶢，龍宫鏁寂寥。’覃思屬辭，終不如意。有老僧點長明燈，坐禪床，問之，因曰：‘何不云：樓觀滄海日，門對浙江潮？’之問愕然，訝其遒麗，遂續終篇，僧所贈乃爲一篇警策。遲明更訪之，不復見矣。寺僧有知者，曰：‘此駱賓王也。’當徐敬業之敗，俱逋逃，敬業得爲衡山僧，賓王亦祝髮徧遊名山，至靈隱，周歲以卒。當時以興復唐朝爲名，故人多脱之云。”《石林詩話》：“此事《唐書》不載，其詩見《賓王集》中。《賓王集》乃古本，非後人裒次者，而已自錄此詩，則賓王之不死，亦一證也。”《唐音癸籤》：“駱原有與宋往還詩，宋亦有文敘四子之没，載《文苑英華》祭文類。靈隱聯吟事，人但以舉義者不死而快信之，然非實也。”

5381 唐明皇遊月宫　《明皇雜錄》：“上與太眞及葉法静八月望日遊月宫，見龍樓鳳堞，金闕玉扉，冷氣逼人，後西川奏其夕有天樂過。”《龍城錄》：“葉法善與明皇遊月宫，聞天樂，上問曲名，曰：‘《紫雲回》也。’上密記音調，歸爲《霓裳羽衣曲》。”《集異記》：“玄宗自月宫還，過潞州，下視城郭悄然。葉法善請以玉笛奏曲，曲既，投金錢城中。旬日，潞州奏八月望夜，有天樂臨城，兼獲金錢以進。”《異聞錄》：“明皇與申天師洪都客夜遊月宫，過一大門，在玉光中，榜曰廣寒清虚之府。少前，見素娥十餘人，舞廣庭大桂樹下，樂聲清麗。明皇歸，製《霓裳羽衣曲》。"《唐逸史》:"羅公遠中秋夜侍玄宗玩月,取拄杖擲化大橋,請上同登,至大城闕,曰:'此月宫也。'見仙女數百歌舞,曰:'此《霓裳羽衣曲》也。'玄宗密記聲調。及回,却顧其橋,隨步而滅。旦召伶官,製《霓裳羽衣》之曲。"按:衆説異同,據《長恨歌序》,但云"道士自蜀來,自言有李少君之術",不著姓名。又云:"道士神馭跨蓬萊,見洞户署玉妃太眞院。抽簪叩扉,自稱唐天子使者,楊妃授以金釵鈿合,及驪山宫七夕密誓語。還奏,上心震悼。"不言明皇同往,不言月宫,而其事在太眞賜死之後。

5382 李白令高力士脱靴 《舊唐書·李白傳》:"日與酒徒醉于酒肆,玄宗欲造樂府新詞,亟召白,白已卧酒肆矣。召入,以水灑面,即令秉筆。頃之,成十餘章,帝頗嘉之。嘗沉醉殿上,引足令高力士脱靴,由是斥去。"范傳正撰《太白墓碑》:"明皇泛白蓮池,召公作序,公已被酒,命高將軍扶以登舟。"杜甫《飲中八仙歌》:"長安市上酒家眠,天子呼來不上船,自稱臣是酒中仙。"此其事也。

5383 滿床笏 《舊唐書·崔義玄傳》:"開元中,神慶子琳、珪、瑶等,皆至大官,羣從數十人,趨奏省闥。每歲時家宴,組珮輝映,以一榻置笏,重叠于其上。"按:流俗以此事屬郭汾陽,謬。

5384 雙紅劇 《崐崘奴傳》:"大歷中,有崔生,其父與蓋代勳臣一品者善,使生往省疾。一品召生入室,有三侍伎,皆艷絶,命衣紅綃者擎含桃與生食。辭出,復命紅綃送之,紅綃示以手語,生歸而神迷意奪。家有崑崙奴摩勒,探知其情,曰:'此小事耳。'遂以青絹爲生製束身衣,負之,逾十重垣,入歌妓院。院有猛犬,撾殺之。生搴簾見妓,妓問:'何神術至此?'生具告摩勒之謀,乃召勒入,飲之,且曰:'賢爪牙既有此術,何妨脱我狴牢。'摩勒曰:'此亦小事耳。'復雙負之飛出。及旦,一品驚覺,料知是俠士挈之,恐他禍,不敢聲問,紅綃卒歸于生。"《甘澤謡》:"紅線者,潞州節度使薛嵩家青衣也。至德後,兩河未寧,朝廷命嵩遣女嫁魏博節度田承嗣男,以浹往來。而承嗣方募養武勇,覬并潞州。嵩憂悶不知所出,紅線言能解主憂,請暫放一到魏城,乃入房飭行具,倏忽不見。嵩危坐以待,聞一葉墮聲,起問,即紅線回矣。報曰:'某子夜二刻達魏城,歷數門及寢所,見田親家枕劍酣眠,劍前仰開一金合,合内書身生甲子與北斗神名,某遂持合以歸,守護人無一覺者。'嵩大喜,發使遺承嗣書曰:'昨夜有客來云:自元帥床頭獲一金合。不敢留駐,謹却封納。'承嗣驚怛絶倒。明日,專使歸命,紅線乃辭嵩曰:'某前本男子,因誤下孕婦蠱癥,謫爲凡賤女子。今既十九年,且全兩城人性命,可贖前罪,還本形矣。'嵩集賓友餞别,線僞醉離席,遂亡所在。"沈德符《顧曲雜言》:"梁伯龍有《紅線》《紅綃》二雜劇,頗稱諧穩。今被俗優合爲一大本南曲，謂之雙紅，遂成惡趣。"

5385 繡襦劇　白行簡《李娃傳》："汧國夫人李娃，長安娼也。天寶中，常州刺史滎陽公，有子弱冠，應秀才舉，父豐其給。自毘陵發，抵長安，因游東市。至鳴珂曲，見娃憑一青衣而立，徘徊不能去，乃詐墜鞭于地，候從者勑取，交累眄睇，情甚相慕。他日，密徵于友，盛賓從，往詣歡好，並徙囊橐止其家。囊空，鬻駿乘及家童以繼，歲餘蕩然。娃母意怠，設詭計紿生他出，徙宅去。生往來徵詰，戚戚無歸，弛裝服，質饌而食，賃榻而寢，惶惑發狂，罔知所措。返舊邸，搆疾甚篤，邸主遷之于凶肆中。肆人傷嘆，而互飼之。漸起，令執繐帷，獲直自給。每聆哀歌，效之，曲盡其妙。于天門街，秉翣申喉，與人較優劣。生父方入計在京，所隨老豎見之，遽持其袪，至父所。父怒其辱門，拉至曲江東，褫衣以馬捶鞭之斃，棄而去。其教歌師令二人往瘞，心猶微熱，荷以歸，經宿乃活，而撻處潰爛穢甚，同輩復惡而逐焉。遂持破甌，巡里閭乞食爲事。一旦大雪，生冒雪乞，聲甚苦，經娃之宅，生不知也。娃辨其音，連步而出，見生枯瘠疥癘，殆非人狀，遽前抱頸，以繡襦擁而歸之。母大駭，趣令迫逐。娃侃詞諍，且以積貲自贖，與生稅屋別居，勸以温習曩業。三歲，業大就，一赴禮闈，登甲科，再應直言極諫科，名第一，授成都府參軍。時生父由常州拜成都尹，生投謁，大驚，命登階，撫背慟哭，于是父子如初。娃先自請去，父命留于劍門，築別館處之，尋遣媒氏，備六禮，迎爲夫歸。生後歷仕數郡，娃封汧國夫人。"按：此與今劇場所演事事相符，惟傳不著名，而今云李亞仙、鄭元和，乃別見于元石君寶《花酒曲江池》劇，其殺千金五花馬，取版腸以供妓饌，則以元王元鼎與郭順秀事牽入。

5386 張果騎驢　《太平廣記》："張果嘗乘一白驢，日行數萬里，休則叠之如紙，置巾箱中；乘則以水噀之，還成驢矣。開元二十三年，至東都，帝謂曰：'先生得道者，何齒髮之衰耶？'果因于御前拔去鬢鬢，擊落牙齒，少選，青鬢皓齒，愈于壯年。帝欲令尚玉眞公主，不承詔。每云：'余是堯時丙子年人。'時莫能測也。帝以問葉法善，對曰：'臣知之，然言卽死，若陛下救臣得活。'許之，法善曰：'此混沌初分白蝙蝠精。'言訖，仆于地。帝請果以水噀法善面，卽時起。"按：俗言張果老倒騎驢，各傳記未云。蓋倒騎驢，乃宋潘閬事。

5387 邯鄲夢　李泌《枕中記》："開元十九年，道者吕翁于邯鄲邸舍中，值少年盧生，自嘆其困，翁操囊中枕授之曰：'枕此，當令子榮適如意。'生于寐中，娶清河崔氏女，舉進士，登甲科，官河西隴右節度使，破戎虜，開地九百里，勒石紀功，尋拜中書侍郎同中書門下平章事，掌大政十年，封趙國公，有子五、孫十餘人。中凡兩竄嶺表，再登鼎鉉，三十餘年，出入中外，崇盛無比。老乞骸骨，不許，卒于官。欠伸而寤，初主人蒸黄粱爲饌，時尚未熟也。吕翁笑謂曰：'人世之事，亦猶是矣。'生曰：'此先生所以窒吾欲也，敢不受教。'再拜，從而去。"按：此吕翁非吕洞賓也。洞賓生貞元十四年，舉咸通進士，翁則開元時已度人矣。元馬致遠《黄粱夢》劇，謂洞賓遇鍾離先生終南肆中，鍾離自執炊，吕枕案假寐，夢見一生榮貴如意，最後失勢流落，浩嘆而寤，鍾離炊尚未熟，此即影襲盧生事。雜劇例多張冠李戴，不必疑其事之巧符也。明湯若士以世多熟夢邯鄲，復演盧生，付伶人歌舞之。

5388 吕洞賓戲白牡丹 《冬夜箋記》："此宋人顔洞賓事，因洞賓名同，世遂悮傳。"

5389 柳樹精 《續仙傳》："吕洞賓憩岳州白嶽寺，有老人自松梢下曰：'某松樹之精也，見先生過，禮當候見。'吕因書壁曰：'獨自行來獨自坐，無限世人不識我。唯有城南老樹精，分明知道神仙過。'"按：俚俗訛"松"爲"柳"，由元谷子敬《城南柳》劇。

5390 韓湘開頃刻花 《青瑣高議》："湘，字清夫，文公姪孫也，落魄不羈。公勉之學，乃笑作詩，有'能開頃刻花'句。公曰：'汝能奪造化乎？'湘遂聚土覆盆，良久曰：'花已發矣。'舉盆見碧花二朶，葉間有小金字，乃詩一聯云：'雲横秦嶺家何在，雪擁藍關馬不前。'公未曉其意。後貶潮州，途有人冒雪而來，乃湘也。謂公曰：'憶花上句乎？今日事也。'公詢地名，即藍關，再三嗟歎，遂足成其詩'一封朝奏九重天'云云。"按：《酉陽雜俎》謂種花者爲公踈從子姪，而不著名。《仙傳拾遺》云："公外甥，忘其名姓。"又皆謂花開于公謫之後。據公詩集，此篇爲《左遷至藍關示姪孫湘作》，則言踈姪與外甥者，非也。花開事，大抵誣妄，不必深論。

5391 平生當食萬羊 《宣室志》："李德裕分司東都，嘗召僧問休咎，對曰：'相公平生當食萬羊，今食九千五百矣。'公慘然曰：'我昔夢行至晉山，盡目皆羊，有牧兒數十，迎拜曰：此侍御平生所食羊。吾識此，不洩于人。今果如師之説耶？'後旬餘，靈武帥致書于公，且餽五百羊。公大驚，即召僧告其事，曰：'吾不食之耳。'僧曰：'羊至此，已爲相公所有。'未幾，貶没荒裔。"按：俗傳其説，謂宋吕蒙正當食萬羊，而晚達不及食之，僅抉其目爲羹，一啜而卒，謬也。

5392 崔鶯鶯 元稹《會眞記》："貞元中，張生者寓蒲之普救寺，適有崔氏孀婦亦止兹寺。崔婦，鄭氏也，生出于鄭，視鄭則異派之從母。因丁文雅軍擾掠蒲人，鄭惶駭不知所托。生與蒲將之黨善，請吏護之，不及于難。鄭厚生德，謂曰：'姨之弱子幼女，當俾以仁兄禮奉見。'遂命鶯鶯出拜，顔色艷異，光輝動人。生問其年，鄭曰：'十七歲矣。'生自是惑之，私禮鶯鶯之侍婢紅娘，間道其意，既而詩章往復，遂酬所願。中間離合多故，然不能終諧伉儷。"《輟耕錄》："説者以爲生卽張子野，宋王性之著《傳奇辨正》云：'微之作姨母鄭氏墓志，言其既喪夫，遭軍亂，微之爲保護其家。'又《陸氏志》云：'余外祖睦州刺史鄭濟。'白樂天作微之母《鄭氏志》，亦言鄭濟女。而唐崔氏譜：永寧尉鵬娶鄭濟女，則鶯鶯乃崔鵬之女，于微之爲中表也。傳言生年二十二，樂天作微之墓志，以大和五年薨，年五十三，卽當以大歷十四年己未生，至貞元庚辰，正二十二歲。凡此數端，决爲微之無疑，特托他姓以避就耳。"《莊岳委談》："《西廂記》與《鶯傳》悉合，獨鄭恒爭姻之説，不可曉。唐雜説《柳參軍傳》云：'柳遊曲江，邂逅崔氏女，目成焉。崔母王姓，舅爲執金吾，致崔母欲令子娶其女，女潛遣青衣輕紅往薦福寺達意于生，生卽納聘挈歸，金吾不知也。既而崔母亡，柳夫婦來赴，金吾子見之，因訟于官，崔女卒歸王氏。'此不知與微之孰先後，女皆崔，婢皆紅，皆期僧寺中，特王、柳二姓差異。鄭恒之爭，斷出于此事附會矣。"按：鶯鶯後實歸恒，《金石文字記》載唐鄭恒暨夫人崔氏墓誌銘，大中十二年秦貫撰文，"崔年七十六，有子六人，與鄭合葬"。此銘得之魏縣土中，最足辨《會眞記》等之誣。

5393 羅隱有先見　《十國春秋》："錢武肅王初城西府，自言足備金湯之固，羅隱徐曰：'敵樓不若内向爲佳。'及武勇都之變，援兵多自外攻内，人皆以爲先見。"按：世俗傳羅隱出語成讖，閩中書筒灘、玉髻峯皆留有異跡。黄滔贈隱詩云："三徵不起時賢議，九轉丹成道者言。"隱果通道術歟？

5394 王彦章鐵篙　《五代史・死事[①]傳》："王彦章驍勇有力，持一鐵鎗，騎而突馳，他人莫能舉也，軍中號王鐵鎗。"按：小説謂彦章微時爲舟師，持鐵代篙。今北直琉璃河橋倚一巨檣，相傳是彦章所遺鐵篙，乃由鐵鎗附會。

5395 李洪義　《五代史・漢家人傳》："高祖皇后李氏，晉陽人也。其父爲農，高祖少爲軍卒，牧馬晉陽，夜入其家，刼取之。高祖已貴，封魏國夫人，生隱皇帝。"《宋史》："漢李后弟六人，長洪信，少洪義，皆位至將相。洪義本名洪威，後以避周諱改。周祖起兵，漢少帝詔洪義扼河橋。及周兵至，洪義就降。漢室之亡，由洪義也。"按：今《白兔》劇醜詆洪義，或緣其降周故耶，又何以悮指爲后兄也？

5396 劉海蟾舍金錢　《湖廣總志》："劉玄英，號海蟾子，廣陵人，仕燕主劉守光爲相。一旦，有道人來謁，索雞卵十枚，金錢十枚，置几上，累卵于錢，若浮圖

---

① "事"當爲"節"，見《新五代史・死節傳》。

狀。海蟾驚嘆曰:'危哉!'道人曰:'人居榮樂之場,其危有甚于此者。'復盡以錢擘爲二,擲之而去。海蟾由是大悟,易服從道,歷遊名山,所至多有遺跡。宋初于潭州壽寧觀題詩,仍自寫眞其旁。"按:海蟾二字號,今俗呼劉海,更言劉海戲蟾,舛繆之甚。

5397 雪夜訪趙普 《宋史·趙普傳》:"太祖數微行,一日大雪,向夜,普聞扣門聲,亟出,帝立風雪中。普惶懼迎拜,設裀熾炭,坐堂中。普妻行酒,帝以嫂呼之,因與普計下太原事。"

5398 陳摶善睡 《宋史·隱逸傳》:"摶止少華石室,每寢處,多百餘日不起。"《東南紀聞》:"希夷之睡,乃五龍所授,蟄法也。馮翊羽士寇朝一,得其睡之大略。"按:馬致遠《陳摶高卧》曲云:"睡時節,幕天席地,二三年喚不起。"較百餘日之説,已夸誕矣。而世俗云"一寣千年",尤無理之甚。

5399 楊六郎 《宋史》:"楊業以驍勇聞,人號無敵。契丹望見業旌旗,輒引去。主將戍邊者,多忌之。雍熙三年,以雲州觀察使副潘美,北征契丹。國母蕭氏領衆十萬,陷寰州。業議未可與戰,護軍王侁沮之,業因指陳家谷言:'諸君于此,張步兵爲左右翼,俟業轉戰至此,卽以兵夾擊救之。不然,無遺類矣。'美卽與侁領兵陣谷,自寅至巳,侁使人登臺望之,以爲契丹敗走,欲爭其功,乃離谷口。俄聞業敗,卽麾兵却。業力戰至暮,果至谷口,望見無人,撫膺大慟,再率帳下士戰,身被數十創,士卒殆盡,馬重傷不能進,遂爲契丹所擒,其子延玉亦没焉。業不食,三日死。詔贈太尉大同軍節度,録其子延朗爲崇儀副使,次子延浦、延訓爲供奉官,延環、延貴、延彬爲殿直。延朗後改名延昭,眞宗嘉其治兵有父風,在邊防二十餘年,官至保州防禦使。契丹憚之,目爲楊六郎。"按:延浦等,史云"次子",則延昭當爲長子,而目爲"六郎","六"似非行次矣。業凡七子,延玉先没,契丹所目,或總其見在之兄弟六人歟?①

5400 梁顥八十二歲及第 説詳陳正敏《遯齋閑覽》,且傳顥《登第》詩"天福三年來應試,雍熙二載始成名。饒他白髮巾中滿,且喜青雲足下生"云云。洪容齋《隨筆》:"以國史攷之:梁公太素雍熙二年廷試甲科,景德元年以翰林學士知開封府暴卒,年四十二。子固亦進士甲科,至直史館,卒年三十三。史臣謂梁'方當委遇,中途夭謝',又云'梁之秀穎,中道而摧'。明白如此,遯齋之妄,不待攻也。"

5401 吕蒙正居破窑 《宋史》:"蒙正父龜圖多内寵,與妻劉氏不睦,并蒙正

---

① 此處《函海》本有:"潘美",今劇中誤爲"潘仁美"。

出之，頗淪躓窘乏，劉誓不復嫁。及蒙正登仕，迎二親，同堂異室，奉養備至。"《避暑錄》："文穆爲父所逐，衣食不給。龍門寺僧識其貴人，延至寺中，鑿山岩爲龕居之，凡九年，後諸子即石龕爲祠堂。"按：元關漢卿、王實甫俱撰《蒙正風雪破窑記》，貢性之有《風雪破窑圖詩》，"破窑"之説，當即以"石龕"傳訛。其與蒙正共淪躓者，母劉氏也。今傳奇乃謂蒙正妻劉，因蒙正爲妻父并逐，又没龍門寺僧，而牽飯後鐘事嵥之，皆繆甚。蒙正妻宋氏，史言"淳化時，右正言宋抗上疏忤旨，蒙正妻族，坐是貶官"可證。

5402 飯後鐘　《北夢瑣言》："段文昌家寓江陵，少貧窶，常患口食不給，聽曾口寺齋鐘動，輒詣謁飡，爲寺僧所厭，乃齋後叩鐘，冀其晚至，不逮食也。後段入登台座，連出大鎮，拜荆南節度，題詩曾口寺，有'曾遇闍黎飯後鐘'句。"《摭言》又傳此爲王播事，言播題揚州惠照寺"上堂已了各西東，慚愧闍黎飯後鐘"，後出鎮是邦，續云"二十年前塵撲面，而今始得碧紗籠"。按：今以移屬吕文穆，乃自元人馬致遠始，《點鬼簿》云："致遠樂府有《吕蒙正風雪飯後鐘》。"

5403 無錢買瓜　邵伯温《聞見錄》："吕文穆微時，行伊水上，見賣瓜者，意欲得之，無錢可買，其人偶遺一枚于地，公悵然取食之。後作相，買園臨伊水，起亭，以饐瓜爲名。"按：今彩樓劇中演此事。

5404 王曾三元　《宋史》："曾，字孝先。咸平中，由鄉、貢試禮部、廷對，皆第一。"按：今謂曾爲三元，信也。至謂曾子復爲右榜三元，則無稽矣。史言曾無子，養子曰繂，又以弟融之子繹爲後。又曾少孤，鞠于仲父宗元，今言具慶，亦非。

5405 包龍圖　《宋史》："包拯嘗除龍圖閣直學士，立朝剛毅，貴戚宦官爲之斂手，京師語曰：'關節不到，有閻羅包老。'凡訟訴徑開正門，使得至前陳曲直，吏不敢欺。"按：今童婦輩凡言平反冤獄，輒稱包龍圖，且言其死作閻羅王，因此。然"閻羅"、"包老"，是並言之，非謂"包"即"閻羅"也。賀鑄詩集言："客攜寇萊公眞掛于驛舍旁，題云今作閻羅王。"當時輿情，于寇公乃實有此言云。

5406 雷轟薦福碑　《冷齋夜話》："范文正守鄱陽，有書生獻詩甚工，文正延禮之。書生自言平生未嘗得飽，天下之至寒餓者，無出其右。時盛習歐陽率更字，薦福寺碑墨本直千錢，文正爲具紙墨打千本，使售于京師。紙墨已具，一夕，雷擊碎其碑，故時人語曰：'有客打碑來薦福，無人騎鶴上揚州。'東坡作《窮措大》詩，有'一夕雷轟薦福碑'句。"

5407 平妖傳　《居易錄》："今小説演義記貝州王則事，其中人多有依據，如馬遂擊賊被殺是也。所云成都神醫嚴三點者，江西人，能以三指間知六脉之受病，以是得名，見《癸辛雜志》。""其多目神借用吕文靖事，指使馬遂，乃北京留守賈魏公所遣，借作潞公耳。"①按：馬遂，詳《宋史·忠義傳》。

5408 王魁傳 《齊東野語》："嘉祐中，王俊民爲應天府發解官，得狂疾，取交股刀自裁，左右抱持之，免出試院。醫云：'有痰，以藥吐之。'中夜洞泄而死。其父訴問道士，道士傳冥中語云：'爲五十年前打殺謝吳劉不結案事。'俊民死纔二十七歲，五十年豈宿生耶？時因有人託夏噩姓名作《王魁傳》，實其事，皆不然。"《書録解題》："陳翰，唐末人，而其《異聞集》所載王魁，乃本朝事，當是後人勦入之耳。"《草木子》："俳優戲文，始于王魁。"

5409 拗相公 《香祖筆記》："《警世通言》有《拗相公》一篇，述王安石罷相歸金陵事，極快人意，乃因盧多遜謫嶺南事，而稍附益之耳。"

5410 蔡襄建洛陽橋 《説郛·洛陽橋記附録》云："蔡公寫文申報海神，乃勉承母命，自爲迂誕不經也。偶命皂隸投文海濱，隸畏溺，無人肯從命者。有一風隸出而倡曰：'吾願齎文往。'既至，即就酒肆痛飲，飲畢酣睡海涯，潮至有死而已。睡及半日，醒起視之，文書已易封矣。返呈于公，拆閲之，内一醋字在焉。公展轉思惟，悟其意，曰：'醋字以酉配昔，神其令我廿一日酉時興工乎？'至期，潮果退舍，泥沙壅積者丈餘，遂倡建此橋。茗中愼山泉常令漳浦，會泉州士大夫之口談，及父老相傳，眞非妄誕。"按：史傳及公本集，均未及此事。宋犖《筠廊偶筆》云："明鄞人蔡錫爲泉州太守，欲修洛陽橋，以文檄海神，一醉卒趨而前曰：'我能齎往。'乞酒，飲大醉，自投于海，若有人扶掖之者，俄而以醋字出。錫意必酉月廿一日也，遂以是日興工。語載錫本傳中，人乃以其事附蔡端明也。"

5411 陳慥懼内 蘇詩："龍丘居士亦可憐，談空説有夜不眠。忽聞河東獅子吼，拄杖落手心茫然。"次公注云："龍丘居士，指言陳季常也。季常妻柳氏，最悍妬。每季常設客，有聲伎，柳氏則以杖擊照壁大呼，客至，爲散去，故因詩戲之。"《容齋三筆》："東坡既有詩云云，黄魯直亦有《與季常簡》曰：'審柳夫人時須醫藥，今已平安否？公暮年來，想漸求清淨之樂，姬媵無新進矣。柳夫人比何所念，以致疾耶？'又一帖云：'承諭老境情味，法當如是。河東夫人，亦能哀憐老大，一任放不解事耶？'則柳氏之妬名，固彰著于外，是以二公皆言之云。"按：今南劇般演跪池一事，未免已甚。北劇至有變羊一事，尤誕妄絶倫。然其事亦有本，但不屬陳季常耳。《藝文類聚》："京邑士人婦大妬，常以長繩繫夫足，喚使牽繩。士密與巫嫗謀，因婦睡，士以繩繫羊，緣牆走避。婦覺，牽繩，而羊至，大驚，

① "其多目神"以下引文出自《香祖筆記》卷十。

召問巫。巫曰:‘先人怪娘積惡,故郎君變羊。能悔,可祈請。’婦因抱羊痛哭悔誓。巫乃令七日齋,舉家大小,悉詣神前禱祝。士徐徐還,婦見泣曰:‘多日作羊,不辛苦耶?’士曰:‘猶憶噉草不美。’婦愈悲哀。後略復妬,士即伏地作羊鳴,婦驚起,永謝不敢。”

5412 蘇小妹　《歐陽文忠集·蘇明允墓志》云:“君三女,皆早卒。”按:明允一女適其母兄程濬之子之才,一女適柳子玉。而世俗有云蘇小妹者,謂其適秦少游,豈明允之最小女耶?攷王應元撰《少游傳》云:“見蘇軾于徐州,爲賦黄樓,軾以爲有屈、宋才。”自此以前,二人未相識也。軾于治平十年,始改知徐,而明允卒于治平三年,其三女皆已先歿,則安得有軾妹適少游事?俗所傳不見載記,惟元吳昌齡《東坡夢》雜劇爲是言,並云其妹之名曰子美。雜劇之謬悠,詎可據以爲實?

5413 水滸傳　《游覽志餘》:“錢唐羅貫中,南宋時人,編撰小説數十種,而《水滸傳》敘宋江等事,機巧甚詳,壞人心術,其子孫三代俱啞。”《七修類稿》:“《宋江》乃施耐菴編,昨見《點鬼簿》載宋、元傳記之名,而于其書之事尤多,則其書原亦有本,因而編成之,故曰編耳。”《莊岳委談》:“《水滸傳》今特盛行,世率以其鑿空無據,要不盡爾也。余閲一小説序稱,施某嘗入市肆,抽閲故書,于敝楮中得宋張叔夜擒賊招語一通,備悉一百八人所由起,因潤色以成此編。”

5414 三十六天罡　《宋史·張叔夜傳》:“宋江起河朔,轉略十郡,官軍莫敢攖其鋒。”《癸辛雜志》載龔聖予宋江三十六人贊,備列名號,曰:呼保義宋江、智多星吳學究、玉麒麟盧俊義、大刀關勝、活閻羅阮小七、尺八腿劉唐、没羽箭張青、浪子燕青、病尉遲孫立、浪裏白跳張順、船火兒張横、短命二郎阮小二、花和尚魯智深、行者武松、鐵鞭呼延綽、混江龍李俊、九紋龍史進、小李廣花榮、霹靂火秦明、黑旋風李逵、小旋風柴進、插翅虎雷横、神行太保戴宗、先鋒索超、立地太歲阮小五、青面獸楊志、賽關索楊雄、一直撞董平、兩頭蛇解珍、美髯公朱仝、没遮攔穆弘、拚命三郎石秀、雙尾蝎解寶、鐵天王晁蓋、金鎗班徐寧、撲天雕李應。較小説多孫立、晁蓋,無公孫勝、林沖。其吳學究不著名,尺八腿、一直撞綽號大異,鐵鞭、先鋒、賽關索、金鎗班小異,先後次第尤多不同。《宣和遺事》“盧俊義”作“李俊義”,“楊雄”作“王雄”,“關勝”作“關必勝”,并載花石綱等事,皆似是水滸事本,而“呼保義”等號無之。按:别籍言三十六人中,有一僧、一婦人。龔所贊未見婦人,而其燕青贊云:“平康巷陌,豈是知名,太行春色,有一丈青。”然則時固有“一丈青”者,而不在數中,果復有所謂七十二地煞乎?

5415 高俅出身　《居易錄》:“《水滸傳》微獨三十六人姓名見龔聖予贊,篇首敘高俅出身,與《揮塵後錄》所載一一脗合。俅本東坡小史,工筆札。坡出帥中山,留以屬王晉卿。晉卿一日遣俅送篦刀子于端王邸,值王在園中蹴踘,俅睥睨之,王呼詢曰:'汝亦解此耶?'曰:'能之。'令對蹴,大喜,呼隸云:'往傳語都尉,謝篦刀之貺,并送人皆輟留矣。'踰月,王登大寶,眷渥日厚,不次遷拜。數年間,持節至使相。傳所云小蘇學士,卽東坡,而稍變其文耳,都尉卽詵也。"

5416 誤走妖魔 《錢氏私志》:"徐神翁自海陵到京師時,河北賊方定。蔡京謂徐曰:'且喜天下太平。'徐曰:'天上方遣許多魔君下生人間,作壞世界。'蔡曰:'如何得識其人?'徐笑曰:'太師亦是。'"按:此段卽是水滸楔子所由演。

5417 續水滸傳 《甕天脞語》載宋江潛至李師師家,題詞于壁。鍾嗣成《點鬼簿》:"康進之樂府有《梁山泊》《黑旋風負荆》《黑旋風老收心》。"按:此等事,今俱見《續傳》中。又陸友仁《題宋江三十六人畫贊》云:"睦州盜起塵連北,誰挽長江洗兵革。京東宋江三十六,懸賞招之使擒賊。後來報國收戰功,捷書夜奏甘泉宮。"則江降後自有攻討方臘等事,《續傳》所演,皆不爲無因。或謂《宋鑑》劉豫所害關勝,卽大刀關勝,想亦有之。

5418 韓蘄王夫人 《鶴林玉露》:"夫人本京口娼,嘗五更入府伺候賀朔,忽于廟柱下見一虎蹲卧,鼻息齁齁然,驚駭急走出。已而人至者衆,復往視之,乃一卒也,因蹴之起,問其姓名,爲韓世忠。心異之,告其母,約爲夫婦,後封梁國夫人。"按:今《麒麟記》演其事。

5419 何立至酆都 《雲薖淡墨》:"岳侯之獄,以檜妻王氏一言而死。有押衙何立者,檜命往東南第一峯勾幹,恍惚有人引至陰司,見夫人帶枷備刑,楚毒難堪,語立曰:'告相公,東窗事發矣。'押衙復命言其事,檜憂駭,數日亦死。"《江湖雜記》:"檜旣殺武穆,向靈隱祈禱。有一行者亂言譏檜,檜問其居址,僧賦詩有'相公問我歸何處,家在東南第一山'之句。檜令隸何立物色,立至一宫殿,見僧坐決事,立竊問之,答曰:'地藏王決檜殺岳飛事,數卒隨引檜至,身荷鐵枷,囚首垢面,呼告曰:'傳語夫人,東牕事發矣。'"又《邱氏遺珠》:"有方士伏章,見秦檜與万俟卨俱荷鐵枷。檜屬方士曰:'可煩傳語夫人,東窗事發矣。'"按:數説傳聞小殊,大旨一也。元張光弼有《咏何立事》詩。

5420 荆釵劇 《鶴林玉露》:"王龜齡年四十七,大魁天下,以書報其弟曰:'今日唱名,蒙恩賜進士及第。惜二親不見,痛不可言。嫂及聞詩、聞禮,可以此示之。'詩、禮,其二子也。"按:此則龜齡及第甚晚,已有二子,並非新娶,而其母則已没。今之《荆釵》傳奇,都不可檢。《天禄志餘》謂:"玉蓮者,王梅溪先生女。孫汝權,宋進士,與梅溪爲友,敦尚風誼。先生劾史浩八罪,汝權實慫慂之,爲史氏所最切齒，遂妄作荆釵傳奇，謬其事以衊之。”南宋餘姚許浩，嘗賦《荆釵百咏》，蓋即其事。《楊升庵外集》謂：“瀞説友乃宋安撫使，今傳奇《王十朋》有此人，訛以爲錢。攷瀞與賈似道同時，而傳奇反以爲梅溪前輩，亦適見其謬矣。”

5421 玉簪劇　《古今女史》：“宋女貞觀尼陳妙常，年二十餘，姿色超羣，詩文俊雅，工音律。張于湖授臨江令，宿觀中，見妙常，以詞調之，妙常亦以詞拒，詞載《名媛璣囊》。後與于湖故人潘法成私通情洽，密告于湖，以計斷爲夫婦，即俗傳《玉簪記》是也。”

5422 月明度柳翠　姚靖《西湖志》：“宋紹興間，柳宣教履臨安尹任，僧玉通不赴庭參，柳使妓紅蓮計破其戒，玉通慚怩而死，托生于柳，流隸樂籍報之。久之，皋亭山僧清了，以化緣詣柳翠，爲戴面具，現身説法，示彼前因。翠悟，沐浴而化。清了一名月明，故云月明和尚度柳翠也。”按：《咸淳臨安志》載紹興間尹臨安者二十五人，除罷月日，秩然無紊，並無柳宣教之姓名。《五燈會元》清了字眞歇，亦無月明之號。惟張邦基《侍兒小名錄》載：“五代時僧至聰，修行十年，自以戒行具足。一日下山，于道旁見一美人號紅蓮者，一瞬而動，遂與合歡。明起沐浴，與婦人俱化。”此紅蓮事，又其僧不名玉通。鍾嗣成《點鬼簿》有《月明三度臨岐柳》傳奇，乃元李壽卿撰，今見臧晉叔選《百種曲》中。其楔子云：“觀世音淨瓶内楊柳枝葉，偶污微塵，罰往人世爲妓。既三十年，令十六羅漢月明尊者，點化返元。”則柳翠之虚假顯然。若今燈夕所演，乃《武林舊事》所載元夕舞隊之“耍和尚”，其和尚與婦人，俱未嘗有名目也。

5423 賴布衣　《水東日記》：“廣東人相傳，宋嘉定中，有厲布衣者，自江右來，精地理之學，名傾一時。廣州林某者，宋元富家，永樂初中衰，術者言其祖穴向稍偏所致，因發地，得石書云：‘布衣厲伯韶爲林某葬此，後學淺識，不許輕改。’遂仍揜之。今林氏頗復振，廣人口音稱賴布衣云。”

5424 王孝子尋親　《元史・孝義傳》：“王覺經，建昌人，五歲遭亂失母。稍長，誓天，願求母所在。乃渡江涉淮，行乞而往。至汝州梁縣春店，得其母以歸。”①

5425 沈萬三　《明史・高后傳》：“吳興富民沈秀者，助築都城三之一，又請犒軍。帝怒曰：‘匹夫犒天子軍，亂民也，宜誅。’后諫曰：‘妾聞法者，誅不法也，非以誅不祥。民富敵國，民自不祥。不祥之民，天將災之，何誅焉？’乃釋秀，戍

① “孝義傳”當爲“孝友傳”，“王覺經”當爲“黄覺經”，見《元史・孝友傳》。相應的“王孝子”當爲“黄孝子”。

雲南。”按:秀卽沈萬三也。或云:明初凡人户分五等,曰哥、畸、郎、官、秀。家給户由一紙,哥最下,秀最上,每等中又各有等。其巨富者,謂之萬户三秀,如沈萬三秀,非其名字與行次也。沈本名富,字仲榮。《柳亭詩話》云:“金陵水西門,有猪龍爲患。相傳明祖以沈仲榮聚寶盆鎮之,乃止,故名聚寶門。仲榮得張三丰罐火之術,致富敵國。”盆,卽鼎器也。

5426 鐵冠道人 《宋景濂集·張中傳》:“中,字景華,撫之臨川人,舉進士不第,遇異人,授以太極數學。帝下豫章時,因鄧愈薦,遣使召問,後言事往往奇中,嘗戴鐵冠,人因號鐵冠子。”按:《雜説》云:“明祖諭道人:‘爾能先知,試言我國事,直述無諱。’道人口誦數十語,其後多驗,卽劇所謂《鐵冠圖》也。”

5427 唐賽兒 《明史·成祖紀》:“永樂十八年二月,蒲臺妖婦唐賽兒作亂,安遠侯柳升帥師討之。三月辛巳,敗賊于卸石,賽兒逸去。甲申,山東都指揮僉事衛青敗賊于安丘,指揮王眞敗賊于諸城,獻俘京師。”按:《雜説》:“唐賽兒夫死祭墓,徑山麓,見石罅露出石匣,發視,得妖書,取以究習,遂得通諸術。削髮爲尼,以其教施于村里,凡衣食財物,隨須以術運至,細民翕然從之,漸至數萬。官軍不能獲,朝命集數路擊之,屢戰,殺傷甚衆。旣而捕得,將伏法,刃不能入,不得已,復下獄。三木被體,鐵紐繫足,俄皆自解脱,竟遁去,不知所終。好事者演其事,謂之《女仙外史》。”

5428 海瑞市棺 《明史》本傳:“瑞擢户部主事,時世宗久不視朝,專意齋醮,廷臣無敢言者,瑞獨抗疏極諫。帝大怒,趣左右亟執之,無使得遁。宦官黄錦曰:‘此人素有癡名,聞其上疏時,先市一棺,訣别妻子,待罪于朝,是不遁也。’帝爲感動,得不死。”按:俗有“海瑞棺材擡進擡出”之諺,由此。

5429 況青天 《懸笥瑣探》:“蘇州太守況鐘,剛果練達,多有惠政,九載去任,人呼曰況青天。”

5430 秋香 姚旅《露書》:“吉道人父秉中,以給諫論嚴氏,廷杖死。道人七歲爲任子,十七與客登虎丘,適上海一宦家夫人,擁諸婢來遊,一婢秋香姣好。道人有姊之喪,外衣白衫,裏服紫襖絳裩,風動裾開,秋香見而含笑去。道人以爲悦已,物色之,乃易姓名葉昂,改衣裝作窶人子,往賄宦家縫人,鬻身爲奴。宦家見其嫺雅,令侍二子讀書,二子愛暱焉。一日求歸娶,二子曰:‘汝無歸,我言之大人,爲汝娶。’道人曰:‘必爲我娶者,願得夫人婢秋香,他非願也。’二子爲力請與之。定情之夕,解衣,依然紫襖絳裩也。秋香凝睇良久曰:‘君非虎丘少年耶?君貴介,何爲人奴?’道人曰:‘吾爲子含笑目成,屈體惟子故。’會勾吳學博遷上海令,道人嘗師事者,下車,道人隨主人謁焉。旣出,竊假主人衣冠,入見,令報謁主人，并謁道人。旋道人從兄東遊，其僕偶見道人，急持以歸，宦家始悉道人顛末，具數百金裝送秋香歸道人。道人名之任，字應生，江陰人，本姓華，爲母舅趙子。”按：今演其事爲劇，移以屬唐寅。

5431 小青　支如增《傳》：“小青，武林馮生姬也，家廣陵，名元之，其姓不傳。”《柳亭詩話》：“《小青傳》乃支小白戲撰，而詩文與詞則卓珂月、徐野君爲之。離合其字，情也。命名之義，可見爲亡是公也。余與野君爲忘年交，自述于予者如此。”《西湖志》：“小青事，前人多言僞托，絶無其人。而焚餘詩詞，往往見于他書。張潮作《虞初新志》云：‘青，馮姓，其女弟紫雲，歸會稽馬髦伯。’則似實有其人矣。支《傳》外復有戔戔居士一《傳》，其言更詳。或云馮猶龍作，是否卒無可攷。”

卷三十八 識餘

5432 厶 《穀梁傳·桓二年》："蔡侯鄭伯會于鄧。"注云："鄧，厶地。"《釋文》云："不知其國，故云厶地。"《困學紀聞》："今或書某爲厶，已見于此。"按：厶本古私字，其讀如某，始《玉篇》。

5433○□ 《禮記·投壺》載魯鼓、薛鼓之節，但爲○□而無文。注云："圜者擊鼙，方者擊鼓。"《正義》云："頻有圜點，則頻擊鼙聲，方點亦如之，每一點則一擊。"按：今譜十番鼓者，猶循此例。

5434 二 古鍾鼎文"子二孫二"等字皆不複書。周宣石鼓文："君子員獵，員獵員遊。"雖四字相間，猶作"員二獵二"。漢石經改篆爲八分，如《易》之"乾二"、《書》之"安二"亦如之。《後漢書·鄧騭傳》："時遭元二之災。"章懷注："元二卽元元也。"蓋古人楷書，又有然者。《涪翁雜説》："複語書二字，重二文也。"《升菴外集》："二乃古文上字，言字同于上，省複書也。"按：二説未定孰是，今人或書二、或書匕[①]，各于舊説有合。

5435 叠文 《齊侯鎛鐘銘》以"都俞"作"都都俞俞"，《關尹子》以"裴回"作"裴裴回回"，《韓詩外傳》以"馮翊"作"馮馮翊翊"，皆以成語硬叠。唐宋人猶或倣之，如樊紹述《絳守園池記》用"文文章章"，《朱子語錄》謂"吳才老説《梓材》是《洛誥》中書，眞恰恰好好"是也。按：此蓋由小兒起。今小兒學語，多爲叠辭，如"爹爹"、"孄孄"、"哥哥"、"姊姊"之類，其實無當叠之義也。盧仝詩："添丁郎小小，别吾來久久。脯脯不得喫，兄兄莫撚搜。"對小兒爲言，因遂作小兒口吻。

5436 重文 《韓詩外傳》孔子聞臯魚之哭曰"驅驅"，鄭玄夢孔子告之曰"起起"[②]。《世説》王丞相以麈尾指座，呼何充曰"來來"；媼兒齎牛酒詣劉道眞，道眞曰"去去"。此皆因決切而重也。《晉書·佛圖澄傳》："與石季龍升中臺，驚幽州

① 黄侃：亦書作々，則艸書"上"字也。

② "鄭玄夢孔子造之曰起起"出自《續漢書》，見《藝文類聚》卷七九。

火災，取酒噀之曰：‘變變。’”《南史·宋前廢帝紀》：“壽寂之懷刀直入，帝走，大呼：‘寂寂。’”《北史·宋繇傳》：“宋士遜誣奏李構，夢父責之，驚跪曰：‘不敢不敢。’”此皆因急遽而重也。又有鄭重而重之者，如《巴志》“漢桓帝時，郡守貪，國人刺之曰：‘錢錢何難得，令我獨憔悴？’”之類。有接口而重之者，如《北史》“魏孝靜帝曰：‘朕亦何用此活？’高澄怒曰：‘朕、朕，狗脚朕！’”之類。

5437 省文　古有以語急而省其文者。《左傳·莊二十二年》“敢辱高位”、《昭二年》“敢辱大館”，注皆云：“敢，不敢也。”《儀禮·聘禮》：“辭曰：‘非禮也，敢？’”[1]注亦云：“敢，言不敢。”又《論語》“患得之”，得，亦言不得。《左傳》：“若愛重傷，則如勿傷；愛其二毛，則如服焉。”如，亦言不如。今語如此類甚多。

5438 反切　《容齋三筆》：“世人語音，有以切脚而稱者，如以‘蓬’爲勃籠、‘槃’爲勃闌、‘鐸’爲突落、‘鉦’爲丁寧、‘精’爲即零、‘螳’爲突郎、‘旁’爲步郎、‘圈’爲屈欒、‘窠’爲窟駝是也。”《宋景文筆記》：“孫炎作反切，語本于俚俗常言，尚數百種。”俞文豹《唾玉集》亦錄俗語切脚字數十。

5439 拆字　《晉·藝術傳》以“肉”爲内中人，《清異錄》以“粥”爲雙弓米。今謂“米”曰八木、“茶”曰草木中人，乃其類。《吳志》謂“蜀”爲横目苟身，《容齋四筆》“唐人稱比部爲昆脚皆頭”。今謂“一”曰平頭、“二”曰空工、“三”曰眠川、“四”曰睡目，乃其類。又今于姓氏一端，尤多拆字之語，如“吳”曰口天、“張”曰弓長、“楊”曰木易、“李”曰木子，“孫”曰子系、“許”曰言午、“魏”曰委鬼、“裴”曰非衣，“劉”曰卯金刀、“徐”曰未入人，凡此俱見自前籍矣。《漢書·王莽傳》：“劉之爲字，卯金刀也。”《後漢·公孫述傳》：“八厶子系，十二爲期。”《三國志·魏文帝紀》注：“言午，許字。兩日，昌字。魏當以許昌。”《吳·薛綜傳》：“無口爲天，有口爲吳。”又《越絶書》：“以口爲姓，承之以天。”《參同契後序》：“委時去害，與鬼爲隣。”《宋書·王景文傳》：“張永[2]自爲謠言：‘一士不可親，弓長射殺人。’一士，王字；弓長，張字也。”《北史·徐之才傳》：“盧元明戲之才曰：‘卿姓是未入人。’”《隋書·宗室傳》：“詔數秀罪曰：‘重述木易之姓，妄説禾乃之名。’”《唐書·裴度傳》：“張權輿作僞謡云：‘非衣小兒坦其腹，天上有口被驅逐。’”《宣室志》：“寇天師《嵩山銘記》所謂‘木子滿天下’，乃言唐氏受命。”又《甘澤謡》載李雲封事曰：“樹下人是木子。木子，李字也。”按：此例之昉，自《春秋傳》“止戈爲武”、“皿蟲爲蠱”、“反正爲乏”、“人十四心爲德”、“二首六身爲亥”，已甚言之，蓋冞乎尚矣。

① “敢”下脱“對”字，見《儀禮·聘禮》。
② “張永”當屬上文，“自爲謡言”者爲宋明帝。

5440 歇後 《啓顔錄》:"唐封抱一任櫟陽尉,有客過之,既短,又患眼及鼻塞,乃用千字文語嘲之云:'面作天地玄,鼻有雁門紫。既無左達承,何勞罔談彼。'又一人患眼側及翳,一人患鼻齆,以千字文互相嘲謗。齆鼻人云:'眼能日月盈,爲有陳根委。'患眼人續云:'不別似蘭斯,都由雁門紫。'"按:此今市井儇習,亦自唐有之。

5441 謎 《鮑照集》有井字、龜字二謎,《南史》有屐謎,《北史》有箸謎。《七修類稿》:"隱語轉而爲謎,至宋蘇、黄極盛,金章宗刋本以行。"按:古無"謎"字,《玉篇》始收入之。原其意制,則卽《吕覽》所謂"讔"也。《越絶》"庚米"之辭,《参同》"委鬼"之句,蔡伯喈之"黄絹幼婦",管公明之"燕印蜘蛛",皆其濫觴。

5442 風人 六朝樂府《子夜讀曲》等歌,語多雙關借意,唐人謂之"風人體",以本風俗之言也。如"理絲入殘機,何患不成匹"、"攤門不安横,無復相關意"、"黄檗向春生,苦心隨日長"、"打金側玳瑁,外艷裏懷薄"、"玉作彈棊局,心中最不平"、"蚊子叮鐵牛,無渠下觜處"、"玲瓏骰子安紅豆,入骨相思知也無"、"合歡桃核眞堪恨,裏許元來别有人",皆上句借引他語,下句申釋本意。今市俗有等諺語,如云"秤鈎打釘,曳直"、"黄花女兒做媒,自身難保"、"黄檗樹下彈琴,苦中作樂"、"火燒眉毛,且顧眼下"、"雲端裏放轡頭,露出馬脚"、"啞子喫黄連,説不出底苦",乃其遺風。又風人之體,但取音同,不論字異,如"霧露隱芙蓉,見蓮不分明",以"蓮"爲"憐"也;"桐樹生門前,出入見梧子",以"梧"爲"吾"也;"朝看暮牛跡,知是宿蹄痕",以"蹄"爲"啼"也;"石闕生口中,銜碑不得語",以"碑"爲"悲"也;"風吹黄檗藩,惡聞苦籬聲",以"籬"爲"離"也;"明燈照空局,悠然未有期",以"棋"爲"期"也;"愁見蜘蛛織,尋絲直到明",以"絲"爲"思"也;"逆風猶挂席,苦不會帆情",以"帆"爲"凡"也;"曉天窺落宿,誰識獨醒人",以"星"爲"醒"也;"丹青傳四瀆,難寫是秋淮",以"淮"爲"懷"也;"簳蠟爲紅燭,情知不是油",以"油"爲"由"也;"東邊日出西邊雨,道是無情還有情",以"晴"爲"情"也。今諺亦然,如云"火燒旗竿,好長嘆"、"月下提燈,虚挂名"、"船家燒紙,爲何"、"牆頭種菜,没緣"、"外甥打燈籠,照舊"、"石臼裏舂夜叉,擣鬼"、"堂前挂草薦,不是話"、"吕布跌下井,使不得急",以"炭"爲"嘆"、"明"爲"名"、"河"爲"何"、"園"爲"緣"、"舅"爲"舊"、"搗"爲"禱"、"畫"爲"話"、"戟"爲"急"。體應如是,不嫌其謬悠也。皮日休《雜體詩序》云:"古有采詩官,採四方風俗之言,故命曰風人。"然則此等之言,固採風者所不棄歟?

5443 古諺 古諺之通行今俗者,前卷既各收錄。或不習于俗人之口,而雅人猶以爲常談,則更彙識于此。其見經及雖雅人不復稱者,不盡識也。

《國語》引諺"從善如登,從惡如崩",又"獸惡其網,人惡其上",又"衆心成城,衆口鑠金",又"狐埋之狐搰之",引人言"佐饏者嘗,佐鬬者傷"。《家語》引諺"相馬以輿,相士以居"。《國策》引諺"日中則移,月滿則虧,物盛則衰",又"借車者馳之,借衣者披之",引語"騏驥之衰,駑馬先之"。《莊子》引野語"聞道百,以爲莫己若",又"衆人重利,廉士重名"。《列子》引周諺"田父可坐殺",周語"察見淵魚者不祥,智料隱匿者有殃",古語"生相憐,死相捐",又"人不婚宦,情欲失半;人不衣食,君臣道息"。《荀子》引語"淺不足與測深,愚不足與謀智"。《商子》引語"愚者暗于成事,智者見于未萌"。《魯連子》引語"百足之蟲,三斷不蹶"。《鬼谷子》引古言"口可以食,不可以言",又"女愛不敝席,男懽不盡輪"。《尉繚子》引諺"千金不死,百金不刑"。《鶡冠子》引語"中流失船,一壺千金"。《尹文子》引古語"不知,無損于君子;知之,無加于小人"。《韓非子》引諺"虜自賣裘,不售;士自譽辨,不信",又"莫三人而迷",又"不躓于山而躓于垤",引語"其母好者其子抱,其母惡者其子釋",又"家有長業,雖饑不餓"。《吕覽》引齊鄙諺"居者無載,行者無埋"。《賈子》引黄帝時語"日中必彗,摻刀必割"。《申鑒》引語"盗跖不能盗田尺寸"。《説苑》[1]引周諺"囊漏貯中",引語"中不正外淫作"。《史記》引諺"死者不生,生者不憾",又"美女入室,惡女之仇",又"百里不販樵,千里不販糴",引鄙語"尺有所短,寸有所長",引語"千羊之皮,不如一狐之腋;千人之諾諾,不如一士之諤諤",又"變古亂常,不死則亡"。《漢書》引鄒魯諺"遺子黄金滿籯,不如一經",又"畫地爲獄,議不入;削木爲吏,期不對",長安語"城中好高髻,四方高一尺;城中好廣眉,四方且半額;城中好大袖,四方全匹帛"[2],又語"社鼷不灌,屋鼠不薰"。《後漢書》引諺"富易交,貴易妻",又"嶢嶢者易缺,皦皦者易污"。《東觀漢紀》引俗語"時無赭,澆黄土"。《漢官儀》引里語"仕宦不止車生耳"。《鹽鐵論》引語"未見君子,不知僞臣"。《風俗通》引語"狐欲渡河,無奈尾何",又"婦死腹悲,惟身知之"。《潛夫論》引諺"曲木惡直繩,重罰惡明證",又"一歲數赦,好兒喑啞"。魏武《選令》引諺"失晨之鷄,思補更鳴"。《魏志》引諺"如不知足,則失所欲"。《抱朴子》引諺"子不夜行,安知道上有夜行人"。《顔氏家訓》引鄴下諺"博士買驢,書券三紙,未有驢字",江南諺"尺牘書疏,千里面目"。《齊民要術》引諺"智如禹

---

① "《説苑》"當爲"《新序》",見《新序·刺奢》。

② "長安語"云云,出自《後漢書·马援列傳》。

湯,不如常耕”,又“耕而不勞,不如作暴”,又“以時及澤爲上策”。《述異記》引古諺“雖有神仙,不如少年;雖有珠玉,不如金錢”。《集仙傳》引古語“修道如初,得道有餘”。《中説》注引古語“上士閉心,中士閉口,下士閉門”。《蔣子萬機論》引語“猛虎不處卑勢,勁鷹不立垂枝”。《唐書》引諺“冬至長于歲”,引俚語“逢賊得命,更望複子”。《詩疏》引齊諺“山上斫檀,榽榼先殫”。《禮記》疏引俚語“蜻蛉鳴,衣裘成;蟋蟀鳴,懶婦驚”。《文選》注引古諺“越阡度陌,互爲主客”。《杜工部集》引俚語“城南韋杜,去天尺五”。《酉陽雜俎》引齊人語“婦人水傍,好醜自彰”。《朝野僉載》引諺“三公後,出死狗”,又“無狐魅,不成村”。《啓顔錄》引諺“一人在朝,百人緩帶”。《通鑑》疏引諺“足寒傷心,民怨傷國”。《國史異纂》引俗諺“一絇絲,能得幾時絡”。《老學庵筆記》引諺“宣醫納命,勑葬破家”。《爾雅翼》引農諺“觸露不掐葵,日中不翦韭”。《吕東萊博議》引諺“焚香禮進士,瞋目待明經”。佛書引古諺“夫人有福,四海歸伏”。

5444 變古 古籍之語,今多有祖其意而變其文者,雖極雅俗之殊,而淵源猶可溯也。《詩·小雅》:“側弁之俄。”疏云:“醉不自知,而傾側其弁。”今變之曰“側戴帽兒喫白酒”。《左傳·僖四年》:“風馬牛不相及。”注云:“馬逐上風而去,牛逐下風而來,故不相及也。”今變之曰“牛頭不對馬嘴。”《國語》:“伐木不自其本,必復生。”今變之曰“斬草不除根,萌芽依舊發”。《管子》:“齊桓好服紫,齊人尚之,五素易一紫。”今變之曰“一紫蓋十紅”。《韓詩外傳》引語曰:“不知爲吏,視已成事。”今變之曰“不會做官看前樣”。《急就章》:“長樂無極老復丁。”即《參同契》所云“老翁復丁壯”也,今變之曰“反老還童”。《太玄經》:“割鼻食口,喪其息主。”今變之曰“鼻頭一塊肉,割不到口裏”。《淮南子·説林訓》:“訾我貨者,欲與我市。”今變之曰“憎嫌是買主”;又:“屠者羹藿,陶者用缺盆,匠者處狹廬。”今變之曰“賣油娘子水梳頭,賣肉兒郎齛骨頭”;《詮言訓》:“中心常恬漠,累積其德,狗吠而不驚。”今變之曰“平生不作虧心事,夜半敲門不喫驚”。《世説》:“庾翼與人札云:‘小兒輩賤家雞,愛野雉。’”今變之曰“滿山趕野雞,家中失却哺母雞”。《抱朴子》:“食毒中蚤蝨,則愚甚也。”今變之曰“喫了砒霜藥老虎”。應璩詩:“住車問三叟,何以得此壽?中叟前致辭,量腹節所受。”今變之曰“晚飯少喫口,活到九十九”。蘇軾詩:“富死未必輸生貧。”又:“珠襦玉匣,萬人相送歸北邙,不如懸鶉百結,獨坐負朝陽。”今變之曰“好死不如惡活”。《普燈錄》:“藥山彝肅云:‘大樹大皮裹,小樹小皮纏。’”今變之曰“走盡天邊路,没有皮寬樹”。

5445 承訛　《譚槩》:“俚語有習而不察者,如勸人莫動氣則曰‘君子不器’,自謙未周備則曰‘周而不比’,贊人話好則曰‘巧言令色’,俱甚可笑。”按:此類訛謬,于今尤甚,思之誠堪捧腹。如言人逃遁曰“桃之夭夭”,言事消釋曰“洋洋乎”,遭遇危險曰“憲憲令德”,儀文減省曰“簡而文”,勸人和好曰“和爲貴”,事無過分曰“哀而不傷”,交久敬衰曰“孰不知禮”,作事精詳曰“食不厭精”,舉事昌明曰“鳴鼓而攻之”,思念懇切曰“切切偲偲”,卧看書籍曰“困而學之”,反覆不常曰“出乎爾反乎爾”,投贈菲薄曰“薄乎云爾”。其他如“和而不流”、“惠而不費”、“三思而行”、“未同而言”、“却之不恭”、“言歸于好”之類,俗人每每挂及。即朱注中“不偏之謂中”、“典守者不得辭其責”、“敬其主以及其使”等語亦然,雖或文義未謬,而以聖賢經語夾雜鄙猥,且于四子書外,别無所稱,馬令《南唐書》所云“掉書袋”者,未必至如是荒陋也。

5446 近造字　輕言曰“吪”,音兜;轉舌呼曰“嚩”,音綽;以言難人曰“嗌”,音盤①;摑人曰“刴”,多上聲;手捻鼻膿曰“擤”,亨上聲;謀人財物曰“賱”,遭去聲,以上俱見《篇海》。屋斜用拄曰“牮”,音薦;用力以堅舉物曰“夯”,呼講切;强與人曰“掗”,音亞;搕撞曰“搒”,彭去聲;以手推止曰“撑”,音湯;偷視曰“瞧”,音樵;著眼視曰“睖”,音標,氅曰“氅”,蒲孟切;大帶曰“𦆍”,音欒,以上俱見《字彙》。抱持人物曰“揲”,音傑;舍去曰“丢”,丁由切,俱見李氏《俗呼小錄》。虚張曰“撔”,音掤;布列曰“摰”,音擺,俱見焦氏《俗書刊誤》。將男作女曰“㜷”,音飢,見楊氏《正韻箋》。曬暴曰“晾”,音亮;兩腕引長曰“庹”,音托;完整曰“囫”,東本切;以物相質曰“戥”,渠蓋切,俱見吳氏《字彙補》。秤錘曰“鉈”,音佗;平斛器曰“槩”,音盪,俱見李氏《字學訂譌》。揭蓋曰“揲”,音梟;掀起曰“橇”,音轎;皮起曰“皺”,音竅;棄擲曰“甩”,一作摔,環去聲,俱見《智燈難字》。又時俗以乾魚之小者曰“鮳”,音若考;水濱曰“垾”,音若罕,平聲。此類頗多,各字書則猶未載。按:字之通于俗用者,前已有專卷矣,諸以不見宋前字書不論,而吏胥商賈傳習于世,儒者聞其音而不得其文,亦足以爲病也,因并綜以附焉。

5447 僞字　劉向《戰國策序》:“本或脱悞爲半字,以趙爲肖,以齊爲立,如此者多。”《北史·江式傳》:“追來爲歸,巧言爲辨,小兔爲觀,神虫爲蠶,如斯之類,皆不合孔氏古書。”按:此卽里俗僞字之肇端也。所論惟“追來”今有書者,餘不

---

① 黄侃:卽“盤”。

復行。而“惡上安西，鼓外設皮”，見于《顔氏家訓》；“文子爲學[1]，辭亂從舌”，見于郭氏《佩觿》；孟子“宿晝”章“齋”亦作“斋”，載孫氏《音義》；《荀子·修身篇》“體”亦作“躰”，載《洪武正韻》，凡此則皆循用至今也。里俗造僞之情，大抵由趨省便，而字之省筆者，却未得盡斥爲僞。如“萬”之爲“万”、“箇”之爲“个”，“禮”之爲“礼”，“節”之爲“卩”，“從”之爲“从”，“處”之爲“処”，“與”之爲“与”，“號”之爲“号”，“爾”之爲“尔”，“鬚”之爲“須”，“鶴”之爲“隺”，多屬《説文》本字，或見于經傳大典，士君子所不避也。餘若“疋”字，本讀疏音，《説文》“足也”，《弟子職》有“問疋何止”之文，而《小爾雅》“倍兩謂之疋”，以代“匹”字，則“匹”書“疋”可也。“离”字本讀摛音，《廣韻》謂與“螭”同，而《晉書·宣帝紀》“司馬公神形已离”，以代“離”字，則“離”書“离”可也。“异”字本讀怡音，《堯典》“异哉”傳云“已也，退也”，而《列子·楊朱篇》“何以异哉”，以代“異”字；又《梁書·武帝紀》[2]稱“朱异寔異”，則“異”書“异”可也。“寔”字本讀室音，《説文》“止也”，而《大雅》“實墉實壑”注云“實當作寔”，《增韻》《正韻》直云“寔與實同”，則“實”書“寔”可也。“麗”字古或省文作“丽”，載于《集韻》；“棄”字，唐石经皆以避太宗諱變體爲“弃”；“吳”字下不從天，而《吳志》薛綜言“無口爲天，有口爲吳”；“桑”字上不从卉，而《齊書》庾温言“桒字四十二點”，則“麗”書“丽”、“棄”書“弃”、“吳”書“吴”、“桑”書“桒”，猶有説可援也。至于“廟”字，《説文》載古文作“庿”，《儀禮》“筮于庿門”用此字，今更去草爲“庙”；“寶”字《玉篇》載古文作“寚”，今更去缶爲“宝”；“風”字《集韻》載古文作“凬”，今更去㨿爲“凧”，此雖因緣自古，而輾轉訛脱，蓋已難染文士之筆端矣。乃今市井所用，不惟任意減除，且多誤犯别字，如以“聖”爲“圣”、以“賢”爲“矦”、以“體”爲“体”、以“聽”爲“听”、以“蟲”爲“虫”、以“蠶”爲“蚕”、以“猶”爲“犹”、以“燭”爲“烛”、以“燈”爲“灯”、以“繡”爲“绣”、以“擔”爲“担”、以“園”爲“园”、以“機”爲“机”，舊俱原有其字，而音義大殊：“圣”乃古文“在”字，見《尚書古文訓》；“矦”乃古文“族”字，其上从止，見《集韻》；“体”與“笨”同，《唐書》注謂“舉柩之夫”；“听”，牛隱切，笑貌，《上林賦》云“听然而笑”；“虫”即古“虺”字，象形，見《説文》；“蚕”字，他典切，寒蚓别名，見《爾雅》；“犹”音同宥，獸名；“烛”爲“爞”字之省，旱灼也，並見《集韻》；“灯”音丁，烈火也，見《玉篇》；“绣”音透，綿一片也，亦見《集韻》；“担”音亶，《博雅》云“擊也”，《玉篇》云“拂也”；“园”字音義皆與“刓”同，《莊子·齊物論》“五者园而幾向方”是也；“机”

① “文子爲學”，見宋祁《宋景文筆記》卷中。

② “武帝紀”當爲“朱異傳”，見《梁書·朱異傳》。

音几,木名,《山海經》“單狐之山多机木”,又與“几”通,《家語》“俯察机筵”是也。于此而或隨俗用之,其能免笑于士林乎?[1]

5448 排字命名　《日知錄》:“兄弟二名,而共用其一字者,世謂之排行,如德宗德文、義符義眞之類,起自晉末,漢人所未有也。《水經注》云:“北平侯王譚子興生五子,並避亂隱居。光武卽位,封爲五侯,其名曰元才、益才、顯才、仲才、季才。”此是後人追撰妄説。東漢人二名者亦少也,單名以偏旁爲排行,始見于劉琦、劉琮。此後應璩應瑒、衞瓘衞玠之流,踵之而出矣。”

5449 連業著姓　《漢書・王尊傳》:“長安宿豪大猾箭[2]張禁、酒趙放,皆通邪結黨。”注云:“此二人,作箭、作酒之家。”按:江北俗指稱某家,每以其所執業冠其姓上,若此“箭張”、“酒趙”是也,江南則繫其業于姓下。然據《武林舊事》有“笙張、畫魚周、鋤頭段、爊肝朱、棗兒徐榮、包頭陳彬、倉張二、酒李一、扇李二、故衣毛三”,則宋時此俗,亦通行于江南。

5450 地諱　《雞肋編》:“天下方俗,各有所諱,渭州諱賴,常州諱打爺娘,楚州諱烏龜頭,泗州諱靠山子,眞州諱火柴頭,蘇州諱賊,秀州諱佛種。”按:此宋時俗也,元明以來所諱又不同。《堅瓠集》云:“畿輔曰響馬,陜西曰豹,山西曰瓜,山東曰胯,河南曰驢,江南曰水蟹,浙及徽州曰鹽豆,浙又曰呆,江西曰臘鷄,福建曰癩,四川曰鼠,湖廣曰乾魚,兩廣曰蛇,雲貴曰象,務各以所諱相嘲。成化中,司馬陜西楊鼎與司寇福建林聰會坐,林戲曰:‘弧兒十歲能窺豹。’以楊多鬚而年少。楊卽曰:‘癩子三年不似人。’河南焦芳過李西涯邸,見簷曝乾魚,戲曰:‘曉日斜穿學士頭。’西涯曰:‘秋風正貫先生耳。’以諺有‘秋風貫驢耳’句故也。廖道南戲倫白山曰:‘人心不足蛇吞象。’倫曰:‘天理難忘獺祭魚。’又蜀舉子張士儼與廣士某戲曰:‘委蛇委蛇。’某卽應曰:‘碩鼠碩鼠。’又李時嘗以‘臘鷄獨擅江南味’戲夏言,言卽答以‘響馬能空冀北羣’。”以上諸諱,至今多未改者。

5451 十二屬　《論衡・物勢篇》言其十一,所缺惟龍;《言毒篇》有“辰爲龍,巳爲蛇”二語,合今説已無參差,而統謂之曰“禽”。《北史》:“宇文護母貽護書曰:‘昔在武川鎮生汝兄弟,大者屬鼠,次者屬兔,汝身屬蛇。’”梁沈烱創爲十二屬詩,“屬”之稱,著于此時。《法苑珠林》引《大集經》言其所由

① “于此而或隨俗用之,其能免笑于士林乎”,《函海》本作“士林豈可隨俗用之乎,能免笑于士林乎”。

② “箭”當爲“翦”,見《漢書・王尊傳》。

來曰："閻浮提外四方海中有十二獸，並是菩薩化導，人道初生，當此菩薩住窟，即屬此獸護持得益，故漢地十二辰，依此行也。"所說十二獸，無虎而有師子，蓋彼方名虎曰"師子"耳。其所以分配之義，《論衡》綦詳。宋元來說此者，復紛紛不一。《暘谷漫錄》："子寅辰午申戌俱陽，故取相屬之奇數以爲名，鼠虎龍猴狗皆五指，而馬單蹄也；丑卯巳未酉亥俱陰，故取相屬之偶數以爲名，牛羊鷄豬皆四爪，兔兩爪，蛇兩舌也。"《草木子》："每肖各有不足之形，如鼠無牙，牛無齒，虎無脾，兔無唇，龍無耳，蛇無足，馬無膽，羊無瞳，猴無臀，雞無腎，犬無胃，猪無筋，人則無不足也。"《七修類稿》："理固屬陰陽，而皆于時位見之。子爲陰極，幽潛隱晦，以鼠配之。午爲陽極，顯明剛健，以馬配之。丑陰也，俯而慈愛生焉，牛有舐犢，故以配之。未陽也，仰而秉禮行焉，羊有跪乳，故以配之。寅爲三陽，陽勝則暴，配以虎。申爲三陰，陰勝則黠，配以猴。日生東而有西酉之鷄，月生西而有東卯之兔，此陰陽交感之義，故曰卯酉爲日月之私門，辰巳陽起而動作，龍爲盛，蛇次之。戌亥陰斂而潛寂，狗守夜，猪守靜，故各以配焉。"按：三說中似以《七修》爲長。朱子嘗論《易》乾馬、坤牛、震龍、巽鷄、坎豕、離雉、艮狗、兌羊曰："此取象自有來歷，非假譬之。"十二屬頗與八卦取象相類，得云無來歷乎？觀倉頡造字，"亥"與"豕"僅一筆小殊，而"巳"字直象虵形，則其來歷夐矣。

5452 雜占 《漢書·藝文志》有《嚏耳鳴雜占》及《占燈花術》。《隋書·經籍志》有《占夢書》《占嚏書》《目瞤體瞤書》。《太平廣記》引陸賈曰："目瞤得酒食，燈火花得錢財，午鵲噪而行人至，蛛蜘集而百事喜。小既有之，大亦宜然。"《物類相感志》："人或下頤無故癢，搔不止，當食異味。"劍南詩注："俗以螢飛入室爲有客至之兆。"《唐音癸籤》："權德輿詩：'昨夜裙帶解，今朝蟢子飛。鉛華不可棄，莫是藁砧歸。'俗說裙帶解有酒食，蟢子緣人衣有喜事，其來蓋遠。《豳》詩'蠨蛸'疏云：'俗名蟢子，荆州河南名喜母，著人衣，主有親客至。'久入三百篇注腳也。"按：以上諸占，爲今童婦傳述，亦往往有驗。

5453 織文 劉熙《釋名》："綺文有長命，其綵色相間，皆横終幅，言長命者，服之使人壽命長。"史游《急就章》："錦繡縵紽雲離爵，乘風懸鐘華洞樂，豹首落寞兔雙鶴。"注曰："皆言織刺此象，以成錦繡繒帛之文也。今時錦繡綾羅及氍毹毾㲪之屬，摹寫諸物，無不備具，其來久矣。離雲，言雲氣離合之象也。乘風，海鳥也。懸鐘云云，謂華藻之中，兼列衆樂器以成文章也。豹首，若今獸頭錦。落寞，謂文采相連。"按：今織文之簡略者，惟以卍字蟬聯，曰"挽不斷"，猶《釋名》所云"長命"也；華藻者，雜列諸物，往往不相倫類，猶《急就》所云"懸鐘"、"豹首"

屬也。

5454 壁誌　《暖姝由筆》:“今訪友,偶無名帖及紙筆,或以土墼石灰書其家壁板,此率易拙俗事。吾子行《閒居錄》云:‘蔣洎居葛嶺,名公士大夫多器重之。每一入城終日,既歸,白土書門者又滿矣。’則前此亦有之。”按:《雲仙雜記》引《壠上書》:“喬敷嗜魚,日向漁人貸食。漁人送魚一斤,則以白堊標門記之,後日償價,年律一終,白堊盈門。”今小經紀不識字者,行此法頗多。又《唐書·吐蕃傳》言:“其吏治無文字,結繩齒木爲約。”《留青日札》云:“今杭之賣豆腐者,亦刻木以記斤兩。”刻木與誌土二事,誠愚氓大方便法。

5455 市語　《游覽志餘》:“杭州三百六十行,各有市語,不相通用,倉卒聆之,不知爲何等語也。有四平市語者,以一爲憶多嬌,二爲耳邊風,三爲散秋香,四爲思鄉馬,五爲悮佳期,六爲柳摇金,七爲砌花臺,八爲灞陵橋,九爲救情郎,十爲舍利子,意義全無,徒以惑亂聽聞耳。”按:今松木場香市中,猶習用此語。而其餘諸行,正如《志餘》所云“各有市語,不相通用”,如米行則一子、二力、三削、四類、五香、六竹、七才、八發、九丁、十足,絲行則一岳、二卓、三南、四長、五人、六龍、七青、八豁、九底,紬綾行一叉、二計、三沙、四子、五固、六羽、七落、八末、九各、十湯,線行一田、二伊、三寸、四水、五丁、六木、七才、八戈、九成,銅行一豆、二貝、三某、四長、五人、六土、七木、八令、九王、十合,藥行一羌、二獨、三前、四柴、五梗、六參、七苓、八殼、九草、十芎,典當一口、二仁、三工、四比、五才、六回、七寸、八本、九巾,故衣鋪一大、二士、三田、四東、五里、六春、七軒、八書、九籍,道家星卜一太、二大、三蒙、四全、五假、六眞、七秀、八雙全、九淵,雜貨鋪一平頭、二空工、三眠川、四睡目、五缺丑、六斷大、七皂底、八分頭、九未丸,優伶一江風、二郎神、三學士、四朝元、五供養、六么令、七娘子、八甘州、九菊花、十段錦,江湖雜流一留、二月、三汪、四則、五中、六人、七心、八張、九愛、十足。江湖人市語尤多,坊間有《江湖切要一刻》,事事物物,悉有隱稱,誠所謂惑亂聽聞,無足採也。其間有通行市井者,如官曰“孤司”,店曰“朝陽”,夫曰“蓋老”,妻曰“底老”,家人曰“弔腳”,僧曰“廾三”,道士曰“廾四”,成衣曰“戳短鎗”,擡轎曰“扱樓兒”,剃頭曰“削青”,船曰“瓢兒”,屋曰“頂公”,銀曰“琴公”,錢曰“把兒”,米曰“軟珠”,餅曰“匾食”,鹽曰“瀵老”,魚曰“豁水”,鴨曰“王八”,鞋曰“踢土”,鏡曰“照兒”,抹布曰“蹋郎”,坐曰“打墩”,拜曰“蒻拂”,揖曰“丢圈子”,叩頭曰“丢匾子”,寫字曰“捌黑”,説話曰“吐剛”,被欺曰“上當”,虛奉承曰“王六”,大曰“太式”,多曰“滿太式”,無曰“各念”,俱由來于此語也。《西京雜記》云:“長安市人語,各有不同,有葫蘆語、鏁子語、鈕語、練語、三摺語,通謂市語。”宋汪雲程《蹴踘譜》有所謂"錦語"者，亦與市語不殊。蓋此風之興已久，或云盧敖作市語，其信然乎？

5456 集對 俚語對句，周遵道《豹隱記談》、郎瑛《七修類稿》、沈德符《野獲編》、馮猶龍《談槩》各載有數聯，如："狗毛雨，鷄脚冰"，"三叉路，十字街"，"象棋餅，骨牌糕"，"掘地洞，開天牕"，"賊摸笑，鬼見愁"，"誠意高香，細心堅燭"，"天理肥皂，地道藥材"，"酒肉兄弟，柴米夫妻"，"哈湯湊飽，忍屎耐飢"，"兩手脱空，四脚著實"，"三更火旺，六缸水渾"，"灰勃六禿，泥拌千鰍"，"夏雨分牛脊，秋風貫驢耳"，"貓口裏乞食，虎頭上做窠"，"鍾馗捉小鬼，童子拜觀音"，"老手舊肐膊，窮嘴餓舌頭"，"口甜心裏苦，眼飽肚中飢"，"好心不得好報，痴人自有痴福"，"缺嘴口裏咬跳蚤，鬍黎頭上拍蒼蠅"，"强將手下無弱兵，死人頭邊有活鬼"，俱自然工穩。愚嘗于客牕閒暇，戲倣其爲，復集得數十聯，附錄以供覽者一粲："天開眼，佛動心"，"擺架子，撐棍兒"，"入門訣，落場詩"，"假眼瞎，順脚蹺"，"抓癢筋，打痛腿"，"鄉八老，夢二哥"，"鬼念酸，賊做大"，"守老營，衝頭陣"，"養家呪，護身符"，"販桃乾，春梅醬"，"雨淋鷄，雷驚鴨"，"馬搭搭，羊媞媞"，"壺中造化，袖裏乾坤"，"發動三爻，完成一卦"，"隨風轉舵，順水推船"，"細水長流，孤峰獨聳"，"出路由路，隨鄉入鄉"，"及溺呼船，臨渴掘井"，"大動經界，謹守程圖"，"説一是一，拏三道三"，"爭長論短，隨高逐低"，"忙裏偷閑，苦中作樂"，"好好先生，花花公子"，"黄花閨女，白木監生"，"相女配夫，討妻看舅"，"關門養賊，坐産招夫"，"鬼禱十七，蠻法三千"，"酒落歡腸，棋逢敵手"，"臭氣入肚，熱血搭心"，"敲敗兵鑼，打退堂鼓"，"單刀直入，萬弩齊開"，"抛磚引玉，點鐵成金"，"瓶滿鉢滿，盤光碟光"，"散心蠟燭，亂頭阡張"，"懷烏茄心，翻白果眼"，"瓜熟蒂落，藕斷絲連"，"騎驟擂鼓，對牛彈琴"，"使雉雞乖，拾兔兒鬼"，"螞蟻官兒，猢猻君子"，"貓頭公事，狗臉親家"，"文書兩面看，錢粮十等收"，"佛地上造孽，公門中修行"，"枕頭邊告狀，門背後求情"，"慣出難題目，好做奇文章"，"無錢休誇祖，有奶便認娘"，"姑娘嫌嫂醜，息婦踏婆樣"，"快骱三娘子，老臉二官人"，"張郎等李郎，五祖傳六祖"，"嬾人使重擔，窮漢養嬌兒"，"好漢惜好漢，見家識見家"，"瞎婆彈琵琶，伛骱吹喇叭"，"擄拳捋肐膊，摇頭涣尾巴"，"熱臉盪冷臉，輕拳復重拳"，"眼睛裏出血，鼻子上轉肩"，"臉上挂招牌，口裏送盒子"，"隨手薩摩訶，順口波羅蜜"，"倚著閻王勢，錯過喜神方"，"鬼門前貼卦，佛面上刮金"，"無梁不成殿，有路莫登船"，"三爿六塊瓦，四柱八條桄"，"步步起花頭，箭箭上靶子"，"好戴高紗帽，愁穿濕布衫"，"捉猪上板凳，牽牛過紙橋"，"老鴉嫌猪黑，烏龜笑鼈疲"，"將蝦兒釣鱉，見兔子放鷹"，"馬蟻扛曲蟮，壺蜂叮癩黎"，"馬蟻宗養骨，老鼠箝菜頭"，"前客讓後客，大蟲喫細蟲"，"不知天曉日宴，須防山高水低"，"天宫折壞半邊，地皮捲去三尺"，"水挐船船挐水，人防虎虎防人"，"著冬衣摇夏扇，喫家飯撒野矢"，"一尺還他十寸，八兩原是半斤"，"經紀却逢販子，和尚不知道家"，"上門不見土地，喫藥難謾郎中"，"胡孫要花子弄，苗蠻服土官管"，"一身不充二役，雙手難敵四拳"，"背頷挂豆芽菜，眼睛起蘿蔔花"，"粗絲難織細絹，小水不容大魚"，"鵓鴿只揀旺處，燕子不入愁門"，"寒蟲鳴嬾婦驚，喜鵲叫遠人到"，"那个貓不偷腥，做著狗要喫矢"，"羊肉當狗肉賣，死馬做活馬醫"，"清官難斷家裏事，好漢不喫眼前虧"，"清官難出猾吏手，巧妻長伴拙夫身"，"死棋肚裏有仙著，强將手下無弱兵"，"三角石頭三角埏，一分行貨一分錢"，"爬得千錢想萬錢，喫了五穀要六穀"，"只顧自己碗裏滿，常怨他家井底深"，"一番生活兩番做，千般道路萬般難"，"七碗跳到八碗裏，東天搀向西天頭"，"聰明反被聰明悮，惡强自有惡强磨"，"無情無義崔君瑞，不忠不孝蔡伯喈"，"張天師弄得没法，海龍王愁甚少寶"，"打倒金剛擂倒佛，踢殺猢猻弄殺鬼"，"大匠手裏掉鉞斧，强盗頭上撮網巾"，"前船已覆後船警，上梁不正下梁欹"，"斫得樹倒有柴燒，識了秤來没肉賣"，"跳過魚盤喫豆腐，丢了黄金抱甋磚"，"擉落門牙往肚嗾，打出烏珠趁熱揉"，"眼睛生在額角頭，卵子縮在太陽裏"，"鼻涕拖得一丈長，骨頭没有四兩重"，"滿身抖得豆兒落，當面數不冬瓜來"，"漾却甜桃尋苦李，分開竹葉見梅花"，"牛頭不能對馬背，狗口何曾出象牙"，"大家馬兒大家騎，鄉裏獅子鄉裏跳"，"頣頭老虎專尋食，蹦脚雄鷄會趕臊"，"雲眼上望仙鶴飛，陰溝裏想天鵞喫"，"鴨見礱糠空歡喜，猫哭老鼠假慈悲"，"鷺鷥腿上割股肉，螺螄殻裏做道場"，"螞蟥叮了鷺鷥腿，百脚撞著蜒蚰涎"，"小洞没大蟹爬來，冷灰有熱栗爆出"，"馬蟻上鍋埒活跑，癩黿敹牀脚死撑"，"在水靠水在山靠山，嫁雞逐雞嫁犬逐犬"，"米船自上柴船自落，裏水不出外水不進"，"用人莫疑疑人莫用，來者不呆呆者不來"，"事不關心關心者亂，人無下賤下賤自生"，"日親日近日疎日遠，自尊自重自賤自輕"，"説話不明猶如昏鏡，飲酒未醉甚于活埋"，"一佛過世二佛升壇，大鬼上天小鬼落地"，"熟皂隸打了重板子，窮和尚遇著極門徒"，"難得四兩易得半斤，寧喫九斗不喫一石"，"錢近手頭食近口頭，酒在肚裏事在心裏"，"今年種竹來年喫笋，前人種樹後人乘凉"，"蘿蔔剁半節喫半節，韭菜割一披生一披"，"硫黄發焠見火就灼，杉木麩炭得水便浮"，"瓶兒罐兒有隻耳朵，蚊子虱子生條肚腸"，"脚指頭抓三抓也是令，眼睛梢帶一帶便有顔"，"海剛峯棺材擡進擡出，沈和猷磨子挑去挑來"，"公修公得婆修婆得不修没得，東風東倒西風西倒無風直倒”。東坡謂古今語未有無對者,雖鄙諺有然也[①]。

① 此下《函海》本另有六條:

楊升庵《轉注古音》:“弱,音穋,即《説文》‘糾’字。道經借爲‘卷帙’之‘卷’,非也。”按:《説文》“糾”當寫作“弓”,道經“卷”當作“弓”。《東觀餘論》文:“小宋《太乙宫》詩:‘瑞木千尋竦,仙圖幾弔開。’注云:‘《眞誥》謂一卷爲一弔。’不知《真誥》所謂‘弓’,即‘卷’字,蓋從省文,非‘弔’字也。碧虚子陳景元據《真誥》以此字即‘篇’字,亦誤。”

蜀人謂村落曰“垻”,見《集韻》。“垻”音霸,即“霸”字也。黄庭堅詩:“君家冰茄白銀色,殊勝垻裏紫彭亨。”即此“垻”字,入詩亦見於此。今俗書皆作“壩”。“垻”本字亦不音霸。《字彙》:“垻,音臭,堤塘也。”《正字通》云:“此譌安。”按:堤塘無“垻”名。

《金石文字記》云:“揚雄《反離騷》:‘昔仲尼之去魯兮,婓婓遲遲而周邁。’師古曰:‘婓婓,往來貌也。’《列仙傳》‘江婓二女’,則竟以爲‘妃’之異文。《文選·左思〈蜀都賦〉》‘娉江婓與神遊’,《吳都賦》‘江婓於是往來’,五臣並作‘妃’。《魏書·刑法志》有‘河陰縣張智壽妹容妃’,則固有以民間而稱‘妃’者。”按:郭輔碑“娥娥三妃”,其銘辭也,文云“有四男三女”。“三妃”即此三女,則知漢人以“妃”爲女之通稱。

《漢書·地理志》:“巴郡朐忍。”師古曰:“朐,音劬。”《後漢書·郡書[國]志》同。《説文》新附字作“朐䏰”,注:“朐䏰,蟲名。漢中有朐䏰縣,其下多此蟲,因以爲名。”考其義當作“潤蠢”。據兩《漢書》,字本作“朐縣”,在巴郡,不在漢中。未知新附字何所據,不足信也。

京中士大夫賀正,皆於初一元旦,例不親往,以空車任載一代身,遣僕用梅箋裁爲小帖,約二三寸,寫單款小注寓邸款下,各門遍投之,謂之片子。吏部郎韓開雲,余同年友也,善謔,戲作《京月令》,其《正月元旦》云:“是日也,片子飛,空車四出。”聞者絕倒。按:此風自宋已然,周輝《清波雜志》:“至正交賀,多不親往,令人持馬銜,每至一門撼數聲,而留刺字以表到。有知其誣者,出視之,僕云:‘適已脱籠矣。’司馬溫公自在臺閣時,不送門狀,曰:‘不誠之事,不可爲也。’脱籠,京師閃賺諺語也。”今之“空車”,即宋之馬銜;留刺字,即投片子也。

宋時所降帝音勅諭,名爲“告詞”。東坡之責惠州也,其告詞世多不之見。偶閲《清波雜記》所載,因錄之。詞云:“勅具位軾,元豐間有司罪軾,罪惡甚衆,論法當死。先皇帝赦而不誅,於軾恩德厚矣。朕初即位,政出權臣,引軾兄弟以爲已助。自謂得計,罔有悛心,志[忘]國大恩,敢肆怨誹。若譏朕過失,何所不容?乃代予言,誣毁聖考,乖父子之恩,害君臣之義。在於行路,猶不戴天,顧視士民,復何面目?以至交通閹寺,矜詫倖恩。市井不爲,縉紳共恥。尚屈彝典,止從降黜。今言者謂軾指斥宗廟,罪大罰輕。國有常刑,朕非可赦,宥爾萬死,竄之遠方。雖軾辨足以飾非,言足以惑衆,自絕君親,又將奚懟?保爾餘息,毋重後愆。可責授寧遠軍節度副使,惠州安置。”當時軾爲小人排詆誣陷,以至帝旨震怒,切責醜詆如此,乃僅安置惠州,此實宋法外之寬仁也。先東坡入翰苑,林文節以啓賀,有句云:“父子以文章名世,蓋淵雲司馬之才;兄弟以方正決科,邁鼂董公孫之學。”此二聯,可以包括三蘇學問。

直語補證

［清］梁同書　撰

自　序

予嘗輯《直語類録》一書，分甲乙丙丁四卷。甲載經傳《史》《漢》通俗之文，乙采里巷鄙談全語，丙則古人詩句之引用俗諺者，丁則常用俗字，以見於百家小説爲準；其有非杭人所稱、而他省方言得之所聞者，别列戊部入之，戊者附也。眉居江氏、金圃謝氏，嘗爲余序之。自晴江翟氏《通俗編》出，賅博有加焉，遂悉屏去。然其中亦有翟氏所遺，或舉一語而徵引不同者。隨手記存，不復類次，名曰“補證”，將以質之晴江云。二序附録。辛丑冬日山舟書。

江　序

戊寅夏秋之交，旅次失理，病發于目，瀎于腹，欠伸呼號，猶莊舄之越吟也。山舟居士聞而爲之起疾，手寫《直語》四卷見投，讀之灑然霍然。夫所謂“直語”者，取劉彦和釋“諺”之義，類次吾杭街巷之璅辭卮語，而徵引於經史雜説者也。昔揚子雲把三寸弱翰，齎素四尺，會上計孝廉，問其異語，歸即以鉛摘之，次之於槧，其用心誠勤矣。今山舟以清微敏妙之識、宏通博碩之才，出其緒餘，纂成簡畢。鄉音里諺，入耳能通，典證句稽，復何所遺憾歟？衡本杭人，喜誦杭語，宜乎其疾之去體也。莊生曰“舊國舊都，望之暢然”，而況乎若昆弟親戚之謦欬其側者乎？於是繕而歸之，爲識數行於卷尾。眉居江衡。

謝　序

《周官》:"誦訓掌道方志,道方慝。"又:"訓方氏掌誦四方之傳道,正歲則布而訓四方。"古者方言,蓋有專官,有成書,所由以知地俗而同民風也。秦漢以來,官不具而書亦亡。揚子云"舊書雅記故俗",又云"皆古雅之別語也",知委巷之談,動出典訓,日用不知,遂忘其祖。山舟集其杭俗常語,以證於古,命曰"直語"。吁!曲學無稽,乃以"宵寐匪禎,札闥洪庥"誇潤飾,不如鄙諺爲有本矣。是書也,其有三代直道之思乎?戊寅八月二十日,東墅散人謝墉序。

5457 正經 《論語》"攻乎異端"疏:"言人若不學正經善道,而治乎異端之書,斯則爲害之深也。"

5458 竹子 今人稱竹曰"竹子",二字見《書》"筍席"注。又《漢書·律歷志》:"本起黄鍾之長,以子穀秬黍中者。"注:"師古曰:子穀,猶言穀子耳。"

5459 若要小兒安,常帶三分飢與寒 元李冶《古今黈》云:"小兒欲得安,無過飢與寒。"

5460 乃 鐘鼎字,音乃,乳也。今人呼乳爲"奶",呼乳娘爲"奶娘",亦有所自。

5461 編笄 俗呼梳篦子也。按:《説文》"篦"字注邊兮切,蓋反切語,亦猶"不律"爲"筆"、"終葵"爲"椎"也。"兮"與"笄"音小訛耳。

5462 買賣 俗以貿易爲做買賣。《説文》"市"字注:"買賣所之也。"二字連用始此。

5463 㐭皮 俗以晒穀竹簟曰"廩皮",當作"㐭"。村人晒穀燥後,以圓竹器爲底簟,四周之上加以葢,如高廩也。㐭象形,見《説文》。皮,言在外如皮之裹肉,又方幅舒卷如革也。

5464 門臼 見陸德明"君子之樞機"釋文。

5465 肉瘠不安 俗音如是,蓋杌隉之意,或云"跼蹐"之訛。按:《北史·平秦王歸彦傳》:"額角三道,著幘不安。"義正同,音亦無異,當從此。

5466 泡 凡物虚大謂之"泡"。《方言》:"泡,音庖,盛也。江淮之間曰泡。"注:"肥洪張貌。"至今猶然,俗音如"抛","庖"之訛耳。

5467 鈲 劈音,《方言》:"裁木爲器曰鈲,晉趙之間謂之鈲。"鈲,今俗語猶然。

5468 撲滿 《方言》:"凡物盡生者曰撲生。"今俗以器盛物盈滿曰"撲满",讀如"怕"字入聲。

5469 手段 元遺山《三鄉雜詩》第三首:"五鳳樓頭無手段,碧雞坊外有家風。"

5470 邊 《公羊傳·僖公十六年》:"是月者何? 僅逮是月也。"注:"是月邊也,魯人語,月之幾於盡也。"今俗猶有"初十邊"、"二十邊"、"月盡邊"之説。

5471 男風 《書》:"馬牛其風。"賈逵云:"風,放也,牝牡相誘謂之風。"今俗以男色爲男風,以兩人狎昵一人至於相爭爲"爭風",本此。

5472 小便 《説文》:"尿,人小便也。"《後漢書·甘始傳》:"甘始、東郭延年、封君達三人者,皆方士也。率能行容成御婦人術,或飲小便,或自倒懸。"《通俗編》引《晉語》"少溲"注，誤。

5473 恬酒 見《周禮·天官·酒正》疏。

5474 糷飯 見《爾雅》"摶者謂之糷"疏。

5475 底下人 俗以稱奴僕。按：《南史·陳伯之傳》："河南褚緭曰：'草澤底下悉成貴人。'"又李商隱《與陶進士書》云："僕此世固不待學奴婢下人指誓神佛而後已。"《金史·百官志》有云："奉御十六人，舊名入寢殿小底。奉職三十人，舊名不入寢殿小底，又名外帳小底。"即今"奴僕"、"小的"之稱。

5476 大 今以年長於人爲大，年少於人爲小。《南史·范雲傳》："雲本大武帝十三歲，嘗侍宴，帝謂臨川王宏、鄱陽王恢曰：'我與范尚書少親善，申四海之敬。今爲天下主，此禮既革，汝宜代我呼范爲兄。"《後漢書·逸民傳》"龐公"注："《襄陽記》曰：'德操年小德公十歲，兄事之，呼作龐公。'"

5477 上頭 女子加笄，俗云"上頭"，本不見所出。然《南史·華寶傳》"父戍長安，臨别謂寶曰'須我還當爲汝上頭'云云"，是言丈夫冠禮也。冠與笄等重，則"上頭"二字義通可知。《通俗编》泛引樂府、《香奩》詩及附引《南史》，以爲"上頭"不獨女子，語既褻，誤矣。

5478 清水白米飯 今語"喫了清水白米飯，在江邊救人"，全語雖無所出，然《五燈會元》開平年間玄沙師、備禪師云："浙中清水白米從汝喫，佛法未會在。"乃知四字正杭語也。

5479 雜㸦 俗以豬腹中物曰"雜㸦"。按：《周禮·鮑人》"帴"字注："讀爲翦，讀爲羊豬㸦之㸦，謂殘餘也。"疑卽此。

5480 肉臊子 北方人細切膾之稱，音如"臊"去聲。余以爲當作"劚"，《南史·茹法珍傳》："宫中訛曰：'趙鬼食鴨劚，羣鬼盡著調。'當時莫解。梁武帝平建鄴，東昏死，羣小一時誅滅，故稱諸鬼。俗間以細挫肉糅以薑桂曰劚，意者以凶黨皆當細剉而烹之也云云。"字書音"劚"如嘯，疑今古聲異耳。

5481 歸天 人死曰歸天。《韓詩外傳》："人死曰鬼。鬼者歸也，精氣歸於天。"

5482 注船注轎 俗語，義不可曉，卽《西溪叢語》"南人苦車，北人苦船"之意。按：宋袁文《甕牖閒評》載有浙人注船注轎子之説，知其來已久。

5483 空裏來，竅裏去 明何孟春《餘冬序錄》載太監劉瑯玉絛環事，或作詩笑之，有"空裏得來空裏去"句。"空"通孔，卽竅也，俗作"巧"音，訛。

5484 篢 今人云檢裝，或曰作"匳"、作"匲"，皆"感"音，與此正同。《南史·庾詵傳》："遇火，止出書數篢。"余以爲當作此字。

5485 霏 俗以物著濕，雹凸隆起謂之"霏"，《説文》注："皮革得雨，霏然起也，普惡反。"

5486 腥臭 《山海經》："其血腥臭，不可生穀。"

5487 鮏臭 《説文》"鱢"字注。

5488 噴嚏大吉 《燕北録》："戎主太后嚏噴，近位臣僚齊聲呼'治夔離'，猶漢呼'萬歲'。"今鄉里俗傳小兒女噴嚏，亦呼"百歲"及"大吉"以解之。《四分律》云："世尊嚏，諸比丘咒願言長壽。時有居士嚏，反禮拜比丘，佛令比丘咒願言長壽。"

5489 材 今人呼凶具曰"材"。《南史·謝晦傳》："景仁肥壯，買材數里①，皆不合用。"

5490 瞎打把勢 俗以無所憑藉而妄自炫赫者，謂之"瞎打把勢"。按：把勢，本遼以東打鷹者名目，兼衙門行杖，率以流人子弟及奴僕爲之，見林佶《遼金備攷》，"打"之名所由以起也。

5491 膠錢 《廣韻》："膠，力嘲切，謎語云錢。"

5492 一弔 千錢爲"一弔"，見明何良俊《四友齋叢説》。

5493 破鈔 今俗云"破鈔"，或云"破費"。元遺山詩："複嶺雲横野，孤峯月柱天。遥知開館日，別破見山錢。"《舊五代史·明宗紀》："詔：應授官及封贈官誥、舉人冬集等所費用物，一切官破。"蘇詩："破費八姨三百萬，大唐天子要纏頭。"

5494 魂不守舍，血不華色 《管輅傳》作"魂不守宅"。

5495 鷲行鴨步 宋齊丘《玉管照神·胡僧論相書總要訣》："男兒怕削，却嫌鼠目麞頭，偏喜鷲行鴨步。"《五行生剋·丰鑑詩論富》曰："鷲步鴨行不蹭蹬。"

5496 衣不經新，何緣得故 出《晉書·桓沖傳》。

5497 男左女右 《禮記》："三月之末，擇日翦髮爲鬌，男角女羈，否則男左女右。"

5498 紂棍 驢後絡以横木，俗名"紂棍"。按：《考工記·輈人》："緧其牛後。"注："緧者，轡絡之類，一曰馬紂。"蓋本此。

5499 鐵索練孤舟 《粤西志》有"鐵鎖練孤舟，千年永不休"之謡。商盤《質園集·鐵城懷古》引之。

5500 席地幕天 本劉伶《酒德頌》中語，今俗顛倒其文，作出其不意解，不知

① "里"當爲"具"，見《南史》卷一九。

始自何時。

5501 花花緑緑　元好問《解嘲》詩："憑君細數東州客，誰在花花緑緑間。"

5502 佤邪　佤，苦哇反，即今"歪斜"字。《周禮·夏官·形方氏》注："佤邪離絶。"疏："佤者，兩頭寬中狹。邪者，一頭寬一頭狹。"《廣韻》作"竵"："火媧切，物不正口偏曰竵。"若白詩所謂"夭斜"，其音義相似耳，非正訓也。

5503 衣破襤衫　全語見《廣韻》。

5504 不成人　《晉書·梁武昭王傳》："手令誡其諸子曰：'退朝之暇，念觀典籍，面牆而立，不成人也。'"

5505 時氣病　《山海經·東山經》："食之無癘。"郭注："無時氣病也。"

5506 衆生　俗駡人曰"衆生"。"衆"音中，以畜呼之也。《翻譯名義集》云："《漢書》中'衆生'去呼，釋氏相承平呼也。其實'衆'音終，古音也。"（《後漢書·崔駰傳》"以永衆譽"，又《春秋傳》"衆父卒"，《釋文》亦音"終"。）

5507 酒胴肛　俗稱釀酒者。胡身之《通鑑》二百廿三卷注："酒翁，釀酒者也，今人呼爲酒大工。""大"作"惰"音，故致譌俗。

5508 苻　俗謂上鋭而下圓者曰"苻頭"，如"蒜苻頭"、"扇苻頭"之類。《顔氏家訓》云："江南呼蒜顆爲蒜苻。"

5509 管家、長隨　皆始自明。吳時興《劾嚴嵩疏》："俗呼文選郎萬宷爲文管、武選職方郎祁祥爲武管家。"又葉盛《水東日記》王振黨有"王長隨"、"毛長隨"。

5510 老家人　孟郊有《弔老家人春梅》詩。

5511 洮米　《爾雅》："溞溞，淅也。"注："洮米聲。"杜詩从俗作"淘"。

5512 螺螄羹飯　猥鄙之食也。俗以人瑣屑覓取財物曰"尋螺螄羹飯喫"。按：《癸辛雜識》："番陽馬相國廷鸞，家素貧，少年應南宮試，止草屨襆被。一日道間餧甚，就村居買螺螄羹泡蒲囊中冷飯食之。"即此四字所本。

5513 眯　《莊子》："糠粃眯目，則天地四方易位矣。"杜詩《寄狄明府一首》："黄士污衣眼易眯。"

5514 周年、月盡　見《説文》上"晬"字注、下"晦"字注。

5515 膖子　倡伎之稱，見《輟耕録》"醋鉢兒"一條。按：字書"膖"同臕，肥澤之意，無仄聲。古人借作俗字，不妨據之。

5516 鑞　俗謂錫爲"鑞"，錫器爲"鑞器"。《山海經》"讙山多白錫。"注："今白鑞也。"其字亦古。（《爾雅》："錫謂之鈏。"注："白鑞，字或作鑞。"）

5517 姊夫　唐柳宗元有《祭姊夫崔使君簡》文，李商隱亦有《祭徐姊夫》文。

《晉書·郄愔傳》:“姊夫王羲之。”又《晉書·閔王承傳》:“湘東太守鄭澹,王敦姊夫也。”

5518 妹夫 《晉書·裴憲傳》:“東海王越,盾妹夫也。”《魏書·宋繇傳》:“少有志尚,謂妹夫張彦曰:‘門户傾覆,負荷在繇,不銜膽自勵,何以繼承先業?’”

5519 舅父 《史記·孝文本紀》:“封淮南王舅父趙兼爲周陽侯、齊王舅父駟鈞爲清郭侯。”又《齊悼惠王世家》《惠景侯表》亦竝稱“舅父”,《索隱》曰:“舅父卽舅,猶姨曰姨母也。”

5520 沙 《歸田錄》云:“淮南人藏鹽酒蟹,凡一器數十蟹,以皁莢半挺置其中,則可藏經歲不沙。”“沙”字,今語猶然。

5521 匡當 《説文》“楓”字注:“筐當也。”筐从竹,唯徐鍇《繫傳》云:“今俗猶有匡當之言。”引“當”字注者誤。

5522 幡布 《説文》“幡“字注:“書兒拭觚布。”至今拭几者有“幡布”之稱。

5523 油頭 山谷《戲題下巖》詩:“未嫌滿院油頭臭,蹋破苔錢最惱人。”注:“言兒女子混雜污此淨坊也。”今俗“油頭滑腦”之謂,疑當時已有之。

5524 長江無六月 姜夔《送王孟玉歸江陰》詩:“人道長江無六月,日光正射青蘆葉。”

5525 灌酒 《史記·游俠列傳》:“郭解姊子負解之勢,與人飲,使之嚼,非其任,彊必灌之。”“灌酒”本此。

5526 叔丈人 王慶源爲坡叔丈人,見任淵《山谷詩注》。東坡與王尺牘亦云:“叔丈脱屣搢紳,放歸田里,絶人遠矣。”

5527 餬背 餬,見《左傳》疏,今人以薄鬻塗物謂之“餬紙”、“餬帛”。背,見陸游詩:“自背南唐落墨花。”又《輟耕錄》載裱背十三科,俗作“糊褙”字,非。按:《説文》“黏”户吳切,黏也。或从米作“粘”,此正“糊”字。若“餬”訓寄食,傳疏尚是假借字。

5528 若要好,問三老 明陸容《菽園雜記》載之。“漢法:十里有亭,亭有三老人,皆有宫室”,見《周禮》疏,故宋謝良《中山狼傳》有“决三老”之説。若《野客叢書》引應璩詩“昔有行道人,陌上見三叟”云云,非確證也。

5529 叩叩、叩頭 今人相見禮稱“叩叩”,古詩:“何以致叩叩,香囊繫肋後。”又“叩頭”,《公羊傳》注:“顡,猶今叩頭。”

5530 丁相公晝一字 俗謂作事迂拙者有此語。《山堂肆考》載:“元丁濟爲奉化尹,凡公論所在,一判不復移,民稱之曰‘丁相公一字判’。”

5531 眼前花 出《四十二章經》。

5532 上燈 俗言日昏黄時曰“上燈時”。《説苑》:“楚莊王賜羣臣酒,命左右勿上火。”此“上”字所由來。

5533 包子 俗稱饅頭,見《黄山谷外集》。

5534 呆木大 俗謂不慧者爲“呆木大”,“騃”去聲,《輟耕録》院本名目有此。

5535 不極不發 “發”字俗語音訛。按:《舊五代史·唐莊宗本紀》:“物不極則不反,惡不極則不亡。”

5536 牙兒氣 山谷《贈别李端叔》詩:“當時喜文章,各有兒子氣。爾來頷須白,有兒能拜起。”

5537 婆兒 賤婦之稱。《南史·廢帝紀》有《楊婆兒歌》。

5538 蛇無頭不行 見宋雲庵眞淨禪師語録,不始於《金史·斜卯愛實傳》。

5539 姐 今人呼少艾曰“姐“。繁欽《與魏文帝牋》:”自左騵史妠謇姐名倡。”入文始此(東坡有《趙成伯席上贈所出妓川人楊姐》)。

5540 阿舅 俗呼妻兄弟之稱。《元史·桂完澤傳》:“與賊鬬,爲所執,其妻弟金德亦被擒,脅之降。金德意未决,完澤呼曰:‘金舅,男子漢即死,不可聽賊。’”或謂始見此。案:《南史·沈文阿傳》稱“祖舅”,蓋謂父之舅氏也,直以爲祖之舅,豈不更明白。東坡《仲天貺王元直自眉山來詩》五絶句有云:“空使犀顱玉頰,長懷髯舅淒然。”“髯舅”謂元直,蓋王君錫之子,坡繼娶同安郡君之弟也。據此,則宋已入詩矣。《五代史補》:“朱延壽,楊行密妻弟也,署爲泗州防禦使,驍勇自負。行密雖悔,慮不能制,乃僞爲目疾,謂其妻朱氏曰:‘吾不幸臨老兩目如此,男女卑幼,苟不諱,則國家爲他人所有,不如召泗州三舅來,使管句軍府事。’”則唐末已有此稱。

5541 將 山東呼六畜乳子爲“將”。按:《漢書·五行志》:“雌雞化爲雄,毛衣變化,而不鳴,不將,無距。”

5542 薩四十 北方稱“三”作開口聲。《北史》:“李業興使梁,武帝問其宗門多少,荅曰:‘薩四十家。’”政與此同。

5543 官名、小名 見陸龜蒙《小名録序》。

5544 前輩、後輩 《論語》注:“本謂仕進先後。”

5545 驚天動地 白詩:“可憐荒壠窮泉骨,曾有驚天動地文。”

5546 六月六,貓兒狗兒同洗浴 《餘冬序録》載:“姑蘇毛都憲理訪楊祠部循吉,因洗浴,辭不出。後楊訪毛,亦以浴辭。楊索片紙書曰:‘君來顧我我洗浴,我往報君君洗浴。我洗浴時四月八,君洗浴時六月六。’”蓋用俗語爲戲也。

5547 攢帳 《舊五代史·周世宗本紀》:“每年造僧帳兩本,一本奏聞,一本申祠部，逐年四月十五日後，勒諸縣取索管解寺院僧尼數目申州，州司攢帳。”

5548 眠牀 《南史·魚弘傳》：“有眠牀一張，皆是蹙柏。”

5549 地頭錢 《舊五代史·唐明宗本紀》。

5550 都 俗語“官到尚書吏到都”，吏之呼“都”，猶今人言“張頭兒”、“李頭兒”也。《唐摭言》“爲鄉人輕視而得”條：“許棠送客至灞産間，遇汪遵於途，呼曰：‘汪都何事至京？’”汪蓋幼爲小吏也。

5551 天性不飲 《北夢瑣言》：“陸相扆出典夷陵時，有士子脩謁，相國與之從容，因命酒勸，此子辭曰：‘天性不飲酒。’”

5552 斧打鑿，鑿入木 王充《論衡·效力篇》：“鑿所以入木者，椎叩之也。”即此意。

5553 事情 《國策》：“義渠君之魏，公孫衍謂義渠君曰：‘道遠，臣不得復過矣，請謁事情。’”

5554 小衣 俗呼袴曰“小衣”。《急就篇》：“布母縛下。”王應麟補注云：“小衣也，猶犢鼻耳。”則此名爲近古。

5555 被頭 《喪大記》注：“紞，以組類爲之，綴之領側。”疏云：“領爲被頭，側爲被旁。”

5556 酒二經 酒以升斛論，不可以等稱重輕也。今俗以酒二斤爲一壺，當是此字。按：《韓詩外傳》：“齊桓公置酒，令諸侯大夫曰：‘後者飲一經程。’管仲後，當飲一經程。”又陶器有酒經，晉安郡人餉酒云：“一經二經至五經。”

5557 大蟲 俗謂虎爲“大蟲”，見《北夢瑣言》“不肖子三變”一條。又《唐語林》：“汝南周愿云：‘愛宣州觀察使，怕大蟲。’”

5558 奴才 《通俗編》所引各條皆未確。唯五代姚洪駡董璋“爾爲李七郎奴，埽馬糞，得一臠殘炙，感恩無盡。今天子付以茅土，結黨反噬。爾本奴才，即無恥；吾忠義之士，不忍爲也”云云，是今駡奴僕爲“奴才”之證。

5559 甍 治皮令柔也，《説文》讀若耎，徐鍇《繫傳》作爾件切，正與今“濺”字音近。

5560 玄堂 《閣帖》唐高宗書云：“使至，知玄堂已成，既得早了，深以爲慰。不知諸作，早晚總能斷手，日月猶賒，必須牢固。數日來極熱，卿等檢校，大應疲倦。陵初料高一百一十尺，今聞高一百三十尺，不知此事虛實。今因使還，故遣相問。”

5561 乳腐 《唐書·穆寧傳》：“四子贊、質、員、賞，兄弟皆和粹，世以珍味目之：贊少俗，然有格，爲酪；質美而多入，爲酥；員爲醍醐；賞爲乳腐云。”二字見於正史,奇。

5562 嫁狗逐狗,嫁雞逐雞 宋趙汝燧詩"嫁狗逐狗雞逐雞",全用俗語。

5563 筆韜管 《毛詩疏》引陸璣曰:"羊桃近下根,刀切其皮,著熱灰中,脱之,可韜筆管。"作"套"者非,"鞜"亦未確。

5564 屑窣 漢《華山碑》"屑窣有聲",或作"窸窣",皆後代語。

5565 滑汰 漢《天井道碑》"夏雨滑汰",唐宋人詩多作"滑澾",不如"汰"字之古。

5566 頭籌 俗有"拔頭籌"之語。《北夢瑣言》:"陳敬瑄與師立、牛勉、羅元果以打毬爭三川。敬瑄獲頭籌,制授右蜀節旄。"

5567 鬼名 《舊五代史·唐莊宗本紀》:"侍中郭崇韜奏:'應三銓注授官員等,内有自無出身入仕,買覓鬼名告勅;將骨肉文書,揩改姓名;或歷任不足,妄稱失墜;或假人蔭緒,託形勢論屬,安排參選,所司隨例注官。'"

5568 月牙 物之圓而缺者曰"月牙兒",比月之如鉤者然也。《中州集》張澄詩:"别家六見月牙新。"

5569 平白 俗以無故受人讓責者曰"平白無辜"。《中州集》邊元鼎詩:"君居淄方妾河陽,平白相逢惹斷腸。"

5570 下足 微賤之稱。《傳燈錄》黄蘗云:"舉足卽佛,下足卽衆生。"

5571 無心道人 見《四十二章經》爲最古,《指要錄》:"佛爲須達説布施果報,謂多施少報,少施多報,供養百千白衣,不如供養一淨行;乃至供養百千諸佛,不如供養一無心道人。"

5572 花錢 古厭勝錢有文曰"子弟花錢"者,見《江聲集》題樊榭所藏云云。

5573 櫎和尚 船尾架櫎小橛,以鐵爲之。《方言》"隱櫂謂之槳"下注:"摇櫎小橛,江東又名爲胡人。""胡人"卽俗云云之意。

5574 杏 《説文》:"相與語唾而不受也,从丶从否。"卽"音"字。又"欧"、"歆"同,《廣韻》竝載之。其《集韻》"啡"字訓"唾聲",止狀其聲耳,非相爭而唾之聲,音雖同,别一字也。

5575 苗 窺面相戲之聲,音若"毛"。郭忠恕逢人無貴賤輒呼"苗",東坡《郭忠恕畫像贊序》載之作"貓",本傳及《談苑》竝作"猫"。

5576 放債、生放 《搜采異聞錄》引《漢書·谷永傳》顔師古注爲證。按:《説文》"贅"字注:"以物質錢,從敖貝,敖者猶放,貝當復取之也。"此正"放"字所由起。

5577 路祭 送殯所設,自唐已盛行,《封氏聞見記》載"道祭"一條甚詳。吾鄉江東有力之家頗以此競豪奢,省城習常行之,或反失之草草耳。《唐語林》第八卷"明皇朝當衝設祭"一條詳載其盛。

5578 老成人 《書·盤庚上篇》:"汝無侮老成人。"《詩》:"雖無老成人。"

5579 口臭 《吳越春秋》:"越王自嘗糞,惡之,後遂病口臭。"

5580 狼藉 《史記·滑稽傳》:"杯盤狼藉。"又《周禮·條狼氏》疏:"狼扈道上者,謂不蠲之物在道。"猶今言"狼藉"也。

5581 拏訛頭 《日知錄》載:"泰昌元年八月,御史張潑言:'京師姦宄叢集游羣,有謂之把棍者,有謂之拏訛頭者。'"

5582 浪浪宕宕 《五燈會元》木平山善道禪師語。

5583 巧者不過習者之門 桓子《新論》引諺。

5584 七零八落 語見《五燈會元》。萬光泰《鴛央湖采菱曲》注引諺"七菱八落",言菱過七日則落。萬必有所本,如萬云云,杭俗又有"十榛九空"語。果中之榛,往往不實,是一的對也。

5585 下官 《漢書》:"下官不職。"

5586 好時好節 宋陳造《雪夜次韻》詩注:"六一謂聖俞曰:山婦云好時好節送詩攪人家。不知吾輩所樂在此。"

5587 癩子吃猪肉 見《東坡雜纂二續》"不圖好"一條。

5588 擀 《北夢瑣言》:"王蜀時有趙雄武能造大餅,每三斗麵擀一枚,大如數間屋,號趙大餅。"

5589 大便 今俗語也。《史記·扁鵲倉公列傳》有"大溲",正與《晉語》"少溲"封也。

5590 笨人 《抱朴子·行品篇》:"闇趨舍之臧否者,笨人也。"

5591 鹽花 見陸羽《茶經》"鹺簋"條,云貯鹽花也。

5592 火囤 黄梨洲《思舊錄》云:"祁彪佳爲蘇松巡按,悉取打行火囤流之杖殺之,列郡肅然。"

5593 學生 《儀禮·士相見禮》"與君言,言使臣"節疏:"《書》傳:大夫致仕爲父師,士致仕爲少師,教鄉閭子弟。雷次宗云:'學生事師,雖無服,有父兄之恩,故稱弟子云云。'"

5594 院子 今人階下露地曰"天井",亦曰"院子"。按:《儀禮·士昏禮》:"期,初昏,陳三鼎於寢門外。"疏:"命士以上之父子異室,自然別有寢。若不命之士,父子同室,雖大院同居,其中亦隔別,各有門户云云。"然則"院子"之稱,唐有之矣。

5595 韈船 今人稱韈下緣曰"船"。杜詩:"天子呼來不上船。"一云"船領緣也",施之於韈,形更近似。

5596 浽 今俗呼直戇者曰"浽"。《説文》"浽"罔朖切,罔上聲。

5597 望 俗以年未盈數曰"望"。《容齋五筆》"人生五計"一條有"予年踰七望八"之語,宋人已然。

5598 偏枯 《莊子·盜跖篇》:"禹偏枯,湯放其主。"

5599 人力 見《孟子》。

5600 官府 見《周禮》。

5601 敗子 《史記·李斯傳》:"韓子曰:'慈母有敗子而嚴家無格虜者,何也?則能罰之加焉必也。'"

5602 豫先 《史記·酷吏列傳》:"奏讞疑事,必豫先爲上分别其原。"

5603 府上 《史記·刺客傳》:"韓相俠累,方坐府上。"

5604 傳言 《説文》"諺"字注。

5605 白酒 《儀禮·聘禮》"壺設于東序"節注:"醙,白酒也。"

5606 殘日問人 《儀禮·聘禮》"聘日致饔,明日問大夫"節注:"不以殘日問人,崇敬也。"今俗尚如引。

5607 發酒 《吕氏春秋》"因發酒於宣孟",即今俗語"發柴"、"發米"之始。

5608 造 澣衣復汰曰"過一造",以色飾繒曰"上一造",音如"操"去聲。《儀禮》"主人對某以得爲外婚姻之數"節注:"以白造緇曰辱,七報反。"卽此意。

5609 謡言 漢《劉熊碑》:"采摭謡言。"《蜀志·劉焉傳》:"謡言遠聞。"

5610 報應 漢《華山碑》:"靡不報應。"

5611 方物 《書·旅獒篇》。

5612 修理 《光武紀》:"建武十年春正月,修理長安高廟。"

5613 連日 《後漢·王符傳》:"或連日累月,更相瞻視。"

5614 一哈水 《淮南子·氾論訓》:"嘗一哈水而甘苦知矣。"

5615 儱偅 "偅"字章用切,見《玉篇》:"儱偅,行不正也。"後人言人老態云此,卽"龍鍾"之訛也。

5616 鑲邊 作"相"最古,《詩》:"金玉其相。"亦可作"廂",《禮》"左廂刀"、"右廂刀",如人屋之有邊。

5617 好人難做 宋李之彦《東谷所見》云:"好官易做,好人難做。"

5618 熱氣烔烔 《廣韻》"烔"字下引《字林》。按:《詩》"蘊隆蟲蟲",徐仙民音徒冬反,韓詩作"烔烔",則"烔烔"甚古也。

5619 紕、紕薄　繒欲壞爲“紕”，匹夷切，見《廣韻》。又物之薄者曰“紕薄”，“纰”讀上聲，見唐徐夤詩題中語。

5620 鄉風　蘇《饋歲》詩：“亦欲舉鄉風，獨唱無人和。”按：何遜詩：“鄉鄉自風俗。”

5621 出處不如聚處　宋曾幾《造姪寄建茶》詩：“買應從聚處。”自注：“姪居三衢，俗言所出不如所聚。”

5622 天高皇帝遠　明黄溥《閒中今古錄》云：“元末民間語。”

5623 神道　杜詩：“窮途仗神道。”（《後漢書·隗囂傳》：“方望曰：‘所謂神道設教，求助人神者也。’”）

5624 相風使帆　楊萬里詩：“相風使帆第一籌，隨風倒柁更何憂。”

5625 比校　《齊語》：“合羣叜，比校民之有道者。”

5626 一積　《南史·吉士瞻傳》：“夢得一積鹿皮，數之，有十一領。”猶一沓也，今有此語。

5627 一帆風　蘇詩《陳季常見過》三首：“送君四十里，只使一帆風。”

5628 一客不煩二主　見《山谷集題跋》云：“余與魚洞陳允之對棋，以三紙書對樓子四間，而允之敗，遂以樓子施五通堂僧清巽。嘉允之能藏機願施，即書字遺之。紙窮文未竟，復增施二紙，冀允之解此意，并以樓屋旁餘舍施清巽，所謂一客不煩兩主人也。紹聖五年五月乙卯涪翁書。”

5629 避衰　即北俗“避煞”，見《魏志·陳羣傳》。

5630 阿誰　《蜀志·龐統傳》：“先主謂曰：‘向者之論，阿誰爲失？’”

5631 先生、後生　見《論語》。

5632 寄居　《前漢·息夫躬傳》：“躬歸國未有第宅，寄居丘亭。”

5633 良家子　《史記·外戚世家》：“竇姬以良家子入宫侍太后。”又《前漢·地理志》：“漢興，六郡良家子選给羽林、期門，以材力爲官，名將多出焉。”

5634 累重　《前漢·西域傳》：“募民壯健有累重敢徙者詣田所，就畜積爲本業。”

5635 處士　《史記·殷本紀》：“伊尹處士，湯使人聘迎之。”

5636 大姊　《史記·外戚世家》：“武帝下車泣曰：‘嚄！大姊，何藏之深也。’”

5637 賢弟　《史記·刺客列傳》：“終滅賢弟之名。”

5638 子壻　《史記·張耳陳餘列傳》：“高祖從平城過趙，趙王朝夕袒韝蔽，自上食，禮甚卑，有子壻禮。

5639 小妾 《國語》:“昔管敬仲有言,小妾聞之,曰:‘畏威如疾,民之上也。’”

5640 外祖 《公羊傳·僖公五年》注:“禮:外孫初冠,有朝外祖之道。”

5641 兒母 《公羊傳·哀六年》:“陳乞曰:‘常之母有魚菽之祭。’”注:“常,陳乞子,難言其妻云爾。”疏:“若今謂妻爲兒母之類。”

5642 寡居 《史記·外戚世家·衛子夫傳》:“是時平陽主寡居,當用列侯尚主。”

5643 無狀 《史記·夏本紀》:“鯀之治水無狀。”

5644 恐猲 《國策·趙策:》“以秦權恐喝諸侯,以求割地。”又《前漢·王子侯表》:“坐縛家吏恐猲受賕棄市。”

5645 庹 以手量物長短曰“庹”。按:宋龐元英《文昌雜錄》“鴻臚陳大卿使高麗”一條:“以鑞碢長繩沈水中爲候,深及三十托。”只作“托”字。

5646 渾猪渾羊 《盧氏雜記》:“京都謙設,愛食子鵞。取鵞燖去毛及五臟,釀以肉及粳米飯,五味調和。取羊一口,亦燖剝,去腸胃,置鵞其中,縫合炙之。熟,便去却羊,取鵞渾食之,謂之渾羊没忽。”

5647 屬 呼犬聲。《公羊傳·宣六年》:“呼獒而屬之,獒亦躇階而從之。”疏:“今呼犬謂之屬。”義出於此。

5648 腦 俗言花葉初發者爲“腦”,亦曰“腦頭”,未經前人入詩,唯參寥《次東坡黄耳蕈》詩:“鈴閣追隨十日强,葵心菊腦厭甘涼。”

5649 斠 《説文》:“平斗斛也。”古岳切。今人持方木尺平量斗斛曰“斗斠”。錢竹汀《養新録》曰“卽《月令》‘仲春角斗甬’之角”,非。鄭康成注此節“同、角、正”“皆謂平之”,下“權概”之“概”則“平斗斛者”,故小徐《繫傳》於“斠”字“平斗斛”下加“量”字,曰“斠量之”,較明白。又按:“概”字入聲“割”,與“斠”字土音正合。

5650 世故 《列子》:“端木賜者,籍其先貲,家累萬金,不治世故,放意所好。”

5651 事故 《周禮·秋官·小行人》:“凡此五物者,治其事故,及其萬民之利害爲一書。”

5652 媱屬 《史記·樊噲傳》:“大臣誅諸吕、吕須媱屬。”

5653 市買 《史記·汲黯傳》:“愚民安知市買長安中物、而文吏繩以闌出財物於邊關乎?”

5654 貼身 俗謂左右媵妾曰“貼身”,見宋莊綽《雞肋編》。

5655 偏房 《列女傳》:"晉趙衰妻頌曰:身雖尊貴,不妒偏房。"

5656 喫辣麪 陸暢初娶董溪女,每旦婢進澡豆,暢輒沃水服之。或曰:"君爲貴門女壻,幾多樂事?"暢曰:"貴門苦禮法,婢子食辣麪[1],殆不可。"見《全唐詩話》。今人戲小兒女,以手捉其鼻,曰"喫辣麪",本此。

5657 虺頽 見《詩經》。又《爾雅》"虺頽"注云:"虺頽、玄黄,皆人病之通名。而説者便謂之馬[2],失其義也。"今俗謂人病曰"虺頽",正是本義。

5658 南无、迁葬 竝見《廣韻》。无、南无,出釋典,模字紐,莫胡切。迁、迁葬,千字紐,蒼先切。今人不知,一以爲别字,一以爲俗字矣。

5659 担 以後取物曰"担"。《説文》注:"讀若樝棃之樝。"徐鍇《繫傳》引任昉《彈文》曰"舉手担范臂",而《墨子·天志下篇》亦有"担格人子女"語。

5660 本錢、息錢 《南史》:"竟陵王子良上言:泉貨歲遠,類多翦鑿,江東大錢,十不一在。公家所受,必須輪廓,遂買本錢一千,加子七百。"又《説文》"瘜"字注:徐鍇《繫傳》云:"息者,身外生之也。故古謂賒貰生舉錢爲息錢。"二字出《後漢·陳重傳》。

5661 查 北人自稱如此。按:《封氏聞見記》:"宋昌藻,之問之子,天寶中爲滏陽尉。刺史房琯以其名父之子,常接通之。會有中使至州,琯使昌藻郊外接候。須臾却還,云'被額'。房琯顧問左右:'何名爲額?'有參軍亦名家子,歛笏而對曰:'查,名該訶爲額。'房悵然曰:'道額者已成可笑,識額者更是奇人。'近代流俗呼丈夫婦女縱放不拘禮度者爲'查',又有百數十種語,自相通解,謂之查談,大抵追猥僻云云。"又《類説》:"唐明皇自稱阿瞞,呼人爲'查',言士大夫如仙查,隨流順變,升天入地,能處清濁也。"二條一美一惡,皆似指人而言。今爲自稱,不知始何時也。

5662 削髮除煩惱,留鬚表丈夫 明鄭曉《今言》載僧見心語。

5663 丁 俗以纜船著岸曰"丁"。按:揚子《方言》"舟"一條下:"維之謂之鼎。"蓋平仄訛也。

5664 乖覺 世稱警悟有局幹人曰"乖覺",見《水東日記》。

5665 混堂 見《菽園雜記》"温泉"一條。

5666 打瓶夥,喫寡酒 竝見《四友齋叢説》。

5667 停澤 簷冰,俗呼"停澤",以其停而不流也。按:《廣韻》"冷"字注:"冷

① "婢子",《唐詩紀事》卷三五作"俾予"。
② 《爾雅注疏》卷二"馬"下有"疾"字。

澤,吳人云冰凌。”靈字紐,郎丁切,收入青韻。則“停”乃“冷”字聲之訛也。

5668 抗 《周禮·夏官·服不氏》“抗皮”注:“主舉藏之。”“舉”與“藏”兩義也。今人言藏物曰“抗了”讀仄,言舉物曰“抗了去”作平聲讀,即此(《淮南子·説山訓》:“百人抗浮,不若一人挈而趨。”高誘注:“抗,舉也。浮,瓠也。百人共舉,不如一人持之走便也。”此舉物曰“抗”之證)。

5669 五更三點 杜詩:“五更三點入鵷行。”

5670 殺擂 宋汪元量《醉歌絶句》“亂點連聲殺六更”,即蝦蟇更,俗謂之“殺擂”也。

5671 熱竈一把,冷竈一把 劉端簡公宴客舉令,各用唐詩一句,綴以方言,一士夫云云。

5672 得志猫兒雄似虎,敗翎鸚鵡不如雞;火燒紙馬鋪,落得做人情;龍居淺水遭鰕戲,虎落平陽被犬欺 《古今談概》載梅西野輩酒令,舉諺云云。今俗“得志”句作“新出猫兒强似虎”,與舊小異。

5673 鱟 俗言虹曰“鱟”,《餘冬序錄》引《雲間志》方言亦然。北方呼岡去聲,見《菽園雜記》(《魏志》:“汝陰郡十縣,有虹縣。”“虹”音絳,則“岡”去聲者,“絳”之訛也)。

5674 吃口令 見元李冶《古今黈》“勾當”條。今俗訛爲“急口令”。

5675 忌日 《禮記》:“君子有終身之憂,忌日之謂也。”

5676 小兒醫 《史記》:“扁鵲來入咸陽,聞秦人愛小兒,即爲小兒醫。”

5677 牢固 《吳志·陸抗傳》:“吾寧棄江陵而赴西陵,況江陵牢固乎?”

5678 仍舊 見《論語》。

5679 發財 見《大學》。

5680 一撮 見《中庸》。

5681 下流 見《論語》。

5682 揠、餂、咻 竝見《孟子》。今俗以言哄誘人曰“咻”,作去聲,疑即此字。

5683 不審 《韓詩外傳》:“古者明王聖主,其支解人,不審從何支解始也。”

5684 證左 《漢書·王莽傳》:“召會吏民,逮捕證左,郡縣賦斂,遞相賕賂。”

5685 直日 《禮記》注:“御者,如今小吏直日。”引《漢書·京房傳》“更直日用事”者,誤。

5686 門客 《南史·戴法興傳》:“往來門客恒有數百,内外士庶莫不畏服之。”

5687 曉示 《魏書·蕭寶夤傳》:“王澄遣人曉示情禮,以喪兄之制,給其齊衰。”

5688 自有旁人説短長 宋張仲文《白獺髓》載：“趙從善帥浙東日，使門吏諭耆宿：經倉憲兩司陳乞，以州治賢牧堂增從善像。既成，有郡士題詩一絶於堂云云。”

5689 小使 《吕氏春秋》：“齊王方大飲，左右官實御者甚衆，因令使者進報。使者報，言燕王之甚恐懼而請罪也。畢，又復之，以矜左右官實。因乃發小使以反，令燕王復舍。”漢高誘注：“小使，微者也。”

5690 功致 《月令》：“孟冬，命工師效功，陳祭器，按度程，毋或作爲淫巧，以蕩上心，必功致爲上。”疏言：“作器不須靡麗華侈，必功力密致爲上。”俗作“工緻”，非。

5691 觟 《説文》：“拏獸也，一曰下大者也。陟加切。”《六書故》：“俗謂根據爲觟拏。”至今里語有“没觟拏”之説。

5692 逗遛 《漢書・元后傳》：“王賀爲繡衣御史，逐捕魏郡羣盗，及吏畏愞逗遛當坐者，皆縱不誅。”

5693 果然 《史記・汲黯傳》：“刀筆吏不可以爲公卿，果然。”

5694 財物 《禮記》：“昔先王之制禮也，因其財物而致其義焉爾。”

5695 擇日 《禮記》：“擇日而祭于禰。”又《吴越春秋》：“異哉！大王之擇日也。”

5696 一言既出，駟馬難追 《五燈會元》所載，易“既”字爲“已”字耳，正與今俗語同。

5697 斜插花 俗謂人行跡不正也。《丸經》有“燕尾斜插花”、“皮搭斜插花”之名。

5698 看人眉睫 《後魏書》：“崔亮家貧，傭書自業。時隴西李沖當朝用事，亮從兄往依之，謂亮曰：‘安能久事筆硯也？彼家饒書，因可得學。’亮曰：‘兄妹飢寒，豈可獨飽？自可觀書於市，安能看人眉睫乎！’”

5699 鑣客 往來水陸貿易者之稱。《程途一覽》云：“臨清爲天下水馬頭，南宫爲旱馬頭，鑣客之所集。”今作“驃”。

5700 蘧 今人呼蘆席曰“蘆蘧”。漢《祝睦後碑》：“乘誨素棺，幣以葭蓌。”按：《廣韻》：“蓌，蘆簃。”字从竹，則自漢以來有之，不始見於《南史・劉歊傳》也。

5701 䥯 攴起也，才盍切，出《新字林》。《廣韻》引之，卽今以木支物字也。

5702 一刀兩段 見《五燈會元》。

5703 搜括 《南史・梁武帝紀》：“詔凡郡國舊族邦内無在朝位者，選官搜括，吏部有一人。"①今則專爲指斥徵掠財物者通稱矣。

5704 内堂 《儀禮·既夕》："朔月，若薦新，則不饋於下室。"注："如今之内堂。"

5705 見物 《魏志·倉慈傳》："以府見物與共交市。"

5706 債主 《後漢書·陳重傳》："有同署郎負息錢數十萬，責主日至，詭求無已，重乃密以錢代還。郎後覺之，而厚辭謝之。"

5707 老臊胡 俗以多髯連鬢者爲"落腮鬍"，其實非也。《五燈會元》宣鑒禪師云："達摩是老臊胡，釋迦老子是乾矢橛，文殊普賢是擔屎漢。"胡人頷下多髯，故俗有此稱。

5708 洌水 疾流也。子由《雨中招吴子野先生一絶》："三間洌水小茅屋，不比麻田新草堂。"

5709 胡嚨 《後漢·五行志》："請爲諸君鼓嚨胡。"今里語以喉嚨爲"胡嚨"，古也。

5710 夜不收 軍中偵事者之稱，見《水東日記》。今俗以前騶呵導者當之，失其義矣。

5711 麻札 揚子《方言》："蟅蟒即蝗。"注："蟅，音近詐，亦呼虴蛨。"今北方人呼"螞蚱"，或"麻札"，即此二字顛倒聲轉之異(《元史·五行志》："至元五年，京師童謡曰：'白雁向南飛，馬札望北跳。'"隨俗寫耳)。

5712 廓 今俗言"廓綽"，或曰"好"(去)。廓，按《方言》"張小使大謂之廓"，是此字(《淮南子·道應訓》："有廓革者，廓之，大則大矣，裂之道也云云。")。

5713 鬼、姡(音胡刮反) 俗以人狡黠不正者爲"鬼"爲"姡"。《方言》："自關而東、趙魏之間謂之黠，亦謂之鬼。"又曰："楚鄭曰蔿，或曰姡。"

5714 辛苦 人有往來行役之事，彼此相慰勞曰"辛苦"，猶問"無恙"云云也。《書·洪範》"凶短折"傳："凶，動不遇吉，短未六十，折未二十，言辛苦。"孔疏云："辛苦者，味也，辛苦之味入口，猶困阨之事在身，故謂殃厄勞役之事爲辛苦也。"又《爾雅》"矜"字注："可矜憐者亦辛苦。"疏引"爰及矜人"鄭箋云："可憐之人，謂貧窮者，是辛苦之人也。"

5715 合鬧 即今俗云"混鬧"也。魏泰《東軒筆錄》："慶歷中，西師未解，晏元獻公殊爲樞密使。會大雪，歐陽文忠公與陸學士徑同往候之，遂置酒於西園。歐陽公即席賦《晏太尉西園賀雪歌》，其斷章曰：'主人與園共休戚，不惟喜悦將

① "吏部"，《南史》卷六作"使郡"。

豐登。須憐鐵甲冷徹骨，四十餘万屯邊兵。'晏深不平之，嘗語人曰：'昔日韓愈亦能作言語，每赴裴度會，但云'園林最勝事，鐘鼓樂清時'，却不曾如此合鬧。'"

5716 刷　今婦人澤髮之具曰"刷"。嵇康《養生論》："勁刷理髮，醇醴發顔。"注："《通俗文》所以理髮謂之刷，卽此。"

5717 解交　俗以事不就理曰"解交不來"，又以事得斷絶曰"撒開交"。按：漢制：拜官以對拜爲交禮，遷日對拜而去謂之"解交"，詳見龐南英《文昌雜錄》。

5718 搊岸　《廣韻》"搊"字注："掉船一歇。"

5719 物事　今俗泛稱。《隋書》："張衡放歸田里，帝自遼東還鄉①，衡妾言衡怨望，謗訕朝政，竟賜盡於家。臨死大言曰：'我爲人作何物事，而望久活！'"又元李治《古今黈》云："農家呼粟麥可食之物以爲物事，此甚有理，葢物乃實物，謂非此無以生也；事乃實事，謂非此無以成也。"（《山海經》"大蠭其狀如螽"一條郭注："此同上物事也。"）

5720 廝賴　卽俗云"撒賴"。按：《侯鯖錄》："韓子華謝事後，自潁入京看上元。至十六日，私第會從官，九人皆門生故吏。方坐，出家妓十餘人。中宴後，子華專寵者曰魯生，當舞，爲游蜂所螫，子華意甚不懌。久之，呼出，持白團扇，從東坡乞詩。坡書詩云云，上名記姓，下句書蜂事，子華大喜。坡云：'唯恐他姬廝賴，故云耳。'"

5721 就親　就壻，見《公羊傳・襄十六年》注。余嘗舉以示翟氏，今載在《通俗編》者是也。而"就親"二字，實始見於《舊五代史・錢元瓘傳》"就親宣州"云云。

5722 八都里　俗謂急走者曰"已走至八都里"。按：《舊五代史・錢鏐傳》："於潛鎮將董昌聚衆恣横於杭越之間，杭州八縣，每縣召募千人爲一都，謂之八都，以遏黄巢之衝要云云。"則此語實杭俗語也。

5723 相駡　《舊五代史・盧損傳》："盧損與任贊、劉昌素、薛鈞、高總同年擢第，所在相詬，時人謂之相駡牓。"

5724 做手勢　《舊五代史・史宏肇傳》："王章於其第張酒樂，時宏肇與宰相、樞密使及内客省使閻晉卿等俱會，酒酣，爲手勢令。"

5725 不見天日　《淮南子》："蔽於委羽之山，不見天日也。"

5726 脚跟不著地　《山海經》"跂踵國"注："其人行，脚跟不著地也。"

5727 大房、小房　《舊五代史・李專美傳》："專美本出姑臧大房，與清河小

① "鄉"，《隋書・張衡傳》作"都"。

房崔氏、北祖第二房盧氏、昭國鄭氏爲四望族。”

5728 大壹字、小一字 “壹”、“一”本通用，而俗有“大壹字、小一字”之説。按：《禮記》“節以壹惠”鄭注：“壹，讀爲一。”正義云：“上壹是齊壹，下一是數之一二也。經文爲大壹之字，鄭恐是均同之理，故讀爲小一，取一箇善名爲謚耳云云。”則大壹小一，唐初已然。

5729 相公 俗稱士人少年者。按：《舊五代史·末帝紀》：“大相公，吾主也。”又歐陽《五代史》記李存霸削髮僧服，謁李彦超。彦超曰：“六相公來，當奏取進止。”則“相公”之稱當始於五代也。

5730 利上生利 《舊五代史·梁末帝紀》：“公私債負，納利及一倍已上者，不得利上生利。”

5731 包頭 宋釋惠洪《贈尼昧上人》詩“不著包頭絹，能披壞墨衣”云云。“包頭”至今名之。

5732 媳婦、外翁、外婆、伯翁、叔翁、伯婆、叔婆 今之俗稱，自宋已然。按：慶元六年龔大雅《義井題記》具列高曾祖、翁婆及伯翁、叔翁、伯婆、叔婆、亡男、亡弟、媳婦、外翁、外婆、丈人、丈母諸名氏（丈人、丈母，《顔氏家訓》已有之，《通俗編》引）。

5733 媳婦 俗字也。偶見宋拓東坡帖作“媳婦”，查字書不載此字，不知何本。

5734 矮䂂、㑳束 俗嘲人短者云云。《廣韻》“㑳”字注：“㑳束，短醜貌。䂂，短人。”

5735 茶筵、祭馬下、燒紙 今俗皆然，見明陸粲《庚巳編》。

5736 槁 北方呼鋤曰“槁”，不知何解，鮑鈖《亞谷叢書》載之。

5737 家常 嵇康《養生論》：“此家常而不變者也。”

5738 烏鴈難明 卽南齊張融云云。今人訛“鳧”音爲烏，訛“乙燕”爲鴈，遂迷所自。

5739 南山脚下一缸油，姊妹兩箇合梳頭。大箇梳做盤龍髻，小箇梳做楊籃頭 見《菽園雜記》所載吳下山歌，解云：“人性本同，善惡初終各異云云。”今杭俗小兒女猶習唱之。

5740 正五九月不上任 《揮塵新錄》云：“始於唐高祖，武德二年正月甲子，詔天下每年正五九月不行刑，所在公私宜斷屠殺。後人不知其原，遂有吉凶禁忌之疑。”而葉盛《水東日記》有云：“歐陽文忠避五月不上官，豈亦未能免俗耶？”（鮑鈖《亞谷叢書》：“按：《百文清規祝釐章》稱正五九月爲善月。注引隋開皇三年詔：天下正五九并六齋日，各寺建祈禱道場，不得殺生命。取藏經中有毗沙門天王，每歲巡按四大部洲，正五九月治南贍部洲，故禁屠宰。唐之藩鎮，每上任必犒士卒，不下數萬人，須大烹宰，故以正五九月不上官，爲禁殺也。”又《山堂肆考》載：“唐朝新格，以正月五月九月爲三忌。房玄齡等損益隋律，亦存之，以不行刑，謂之斷屠月。”）

5741 夫人、姊姊 《甲乙剩言》載一御史中丞《除夕》詩，有“荊妻太太”之句，殊爲笑談。乃名人亦有之，白居易詩“惟有夫人笑不休”、司空圖詩“姊姊教人具抱兒”，亦可謂不避俚俗也。

5742 黚 宋沈遼詩：“冠帶不修衣袂黚。”言色不鮮也，作此。《玉篇》：“黚，黑也。”

5743 刺候 宋陳傅良《題明皇醉歸圖》詩：“有司刺候上起居，杳莫得詳宫鑰靜。”

5744 發市 宋劉子翬《謝劉致中瓜》詩：“顧我小詩偏發市，年年博得蕭屯瓜。”

5745 兜不上下頦 俗謂人喜過甚者，見《齊東野語》。“頦”本音孩，今俗語“下杷”。

5746 出恭 今人謂如廁曰“出恭”，殊不可解。按：《劉安別傳》：“安既上天，坐起不恭，仙伯主者，奏安不敬，謫守都廁三年。”或本此。

5747 鞴馬 杜詩：“我曹鞴馬聽晨雞。”作“鼓鞴”之“鞴”。按：《説文》“犕”字注引“犕牛乘馬”。《玉篇》亦云：“犕，服也。”革旁與牛旁，當是古通用耳。《南渡錄》作“備馬”，非（又《説文》“鞁”字注：“車駕具也。”徐鍇《繫傳》：“猶今人言鞁馬也，平義反。”）。

5748 拜堂 引王建詩者非，葢謂拜其堂上姑章也。唯《封氏聞見記》“花燭”一條云：“近代婚嫁有障車、下壻、却扇及觀花燭之事，及有卜地、安帳并拜堂之禮。上自皇室，下至士庶皆然。上詔顔眞卿等奏定禮儀，障車等四項，並請依古禮；見舅姑于堂上，薦棗栗腶脩，無拜堂之儀云云。”則似爲今拜堂説也。

5749 門生 徐幹《中論・譴交篇》云：“有榮名於朝，而稱門生於富貴之家者。”是今拜門生之始。

5750 笮 是今俗“榨油”、“醡酒”本字，《漢書・耿恭傳》“笮馬糞飲之”是也。

5751 坻 即“缸”，貯水器。《貨殖傳》：“醯醬千坻。”①

① “坻”，《史記・貨殖列傳》作“瓨”。

5752 顙子 今从謂喉中出聲曰“顙子”,見《夢溪筆談》“叫子”一條。

5753 包載 宋梅聖俞《村豪》詩:“爛傾新釀酒,包載下江舩。”

5754 醎 音減,宋林逋《出曹州》詩:“雨濼生新醎,茅叢夾舊槎。”又《寄輦下傳神法相大師》云:“淨醎生瓶暈,連陰長竹圍。”(劉劭《人物志·體別篇》:“夫中庸之德,其質無名,故鹹而不醎、淡而不饋、質而不縵、文而不繢。”)

5755 紅紅緑緑 王建詩:“紅紅緑緑苑中花。”

5756 窄窄狹狹 白詩:“窄窄狹狹向陽屋。”

5757 但有路可上,更高人也行 唐龔霖詩。

5758 自己情虽切,他人未肯忙 裴説詩。

5759 逢人不説人間事,便是人間無事人 杜荀鶴詩。

5760 天河司米價 宋戴石屏詩,自注:“俗讖以天河顯晦卜米價貴賤,至今相傳有此説。”

5761 搭 以手輕撲人曰“搭”。《音譜》:“搭,打也。”見《廣韻》。

5762 裰 丁括切,補裰破衣也,亦見《廣韻》,今俗音讀若篤。

5763 垺 普回反,卽“坯”字。《周禮·冬官·旊人》“膞崇四尺”注:“凡器高于此,則垺不能相勝。”

5764 羅叉、夜叉 今以人舉止鹵莽不安詳者有此稱。羅叉,外國誕誕道人也,見《晉書·鳩摩羅什傳》。夜叉,惡鬼也,見釋典(雪山中有大夜叉云:我父夜叉,噉人精氣;我母羅刹,恒噉人心,飲人熱血,見《法苑珠林》第十三卷。據此,則當曰“羅刹夜叉”)。

5765 緂 《説文》:“帛騅色。”引《詩》“毳衣如緂”,卽今“毯”字,謂其蒼墨雜色也。

5766 點戲 《教坊記》:“凡欲出戲,所司先進曲名,上以墨點者卽舞,不點者卽否,謂之進點。”今概稱之。

5767 一下 今人言“打一下”,漢時已有此語。《吕氏春秋·長攻篇》:“代君酒酣,反斗而擊之,一成,腦塗地。”高誘注:“一成,一下也。”(《江表傳》:“孫皓使察戰賫藥賜奮,奮不受藥,叩頭千下。”見《吳志·孫奮傳》裴注。《傅子》:“郭林宗謂仇季智曰:‘子嘗有過否?’季智曰:‘暮飯牛,牛不食,搏牛一下。’”語載《意林》。)

5768 張羅 俗以與人幹事曰“張羅”,取設法搜索之義。《戰國策》:“譬之如張羅者,張於無鳥之所,則終日無所得矣;張於多鳥處,則又駭鳥矣。必張於有鳥無鳥之際,然後能多得鳥矣。”當本此。

5769 算計 《淮南子·俶真訓》:"其道可以大美興,而難以算計舉也。"

5770 大堂 《俶眞訓》:"立太平者處大堂。"高誘注:"大堂,明堂,所以告朔行令也。"今公府聽事之堂,概稱"大堂"。

5771 請詳 《淮南子·時則訓》:"仲夏之月,事無徑。"注:"當請詳而後行也。"

5772 不牢 《時則訓》:"孟冬之月,工事苦慢。"注:"慢,不牢也。"

5773 零星 《主術訓》:"君人之道,其猶零星之尸也。"

5774 抓 《主術訓》:"人之所以莫抓玉石而抓瓜瓠者,何也?"可見此字亦古。《莊子·逸篇》:"豫章初生,可抓而絕。"

5775 衙門 白詩:"山水衙門外。"

5776 串 吳下謂相謔爲"串",《爾雅》:"閑、狎、串、貫,習也。"注:"串,厭串。"

5777 風 山西人鄉語,"風"讀若分,涇縣、旌德亦然。按:《六書故》本載"專戎"、"專今"二切。又《周禮·秋官·士師職》"若邦凶荒"注:"鄭司農曰:辨讀爲風別之别也。"謂分別也。《轉注略》音孚金切,引《詩》《騷》"風"叶"林"、《招魂》"風"叶"心",可證。今徽歙人并讀"俸"爲"糞",一士人問朝官曰"公喫幾儋糞"——幾石俸米也,遂傳爲笑談。要知古亦猶是也。

5778 撚鑽兒飯 山西人作一種麥飯,形若細米而長,名曰"撚鑽兒飯"。"鑽"讀去聲,予初不解所謂,因思放翁詩"拭盤堆連展",注"淮人以名麥餌",定爲此二字之訛。

5779 活脱 搏丸之伎,一名"活脱",卽塑工也,見《輟耕錄》。故俗言物之相似爲"活脱像"。

5780 節節足足 《説文》"爵"字注:"飲器象爵者,取其鳴節節足足也。"

5781 魋魋 "魋"字注:"見鬼驚詞,从鬼難省,讀若《詩》受福不儺。"徐鍇《繫傳》云:"歲終大儺,侲子口呼魋魋也。"

5782 破間柱 《説文》"薅"字注:徐鍇《繫傳》曰:"卽壁中小柱。今人謂之破間柱。"

5783 裁縫 《周禮》注:"内司服,主宫中裁縫官之長。"今呼衣工爲"裁縫",亦猶裁縫官之稱也。

5784 翦刀 《爾雅》注:"南方人呼翦刀爲劑刀。"

5785 嘎 啼極無聲爲"嘎"。《莊子·庚桑楚篇》:"終日嘷而嗌不嘎。"北齊劉晝《新論·通塞篇》:"向在井穴之時,聲非卒嘎,目非暴昧,而聞見局者,其勢瘇也。”柳宗元詩：“驪歌喉易嗄，饒醉鼻成皻。”

5786 孝堂 喪家所懸素幕曰“孝堂”，殊無義。按：《太平御覽》四十二卷引《齊地記》曰：“巫山一名孝堂山，山上有石室。俗傳云郭巨葬母之所，因名焉。”然則今俗以幕爲堂中之具，遂以爲名耳。

5787 對門 《淮南子·説山訓》：“行合趨同，千里相從；趨不合，行不同，對門不通。”

5788 先生 爲今泛稱，葢古亦有之。《淮南子·人間訓》：“昔者宋人好善，三世不解。家無故而黑牛生白犢，以問先生。先生曰：‘此吉祥。’”高誘注：“先生，凡先人生者也。”又《急就篇》“博士先生”注：“顔師古曰：博士，多聞之士。先生，謂老成之人。”則非爲父兄師長言可知也（《南史·吉士瞻傳》：“就江陵卜者王先生計禄命。”）。

5789 禽獸 駡人曰“禽獸”，亦有本。《鬻子·治理篇》“人而不善者謂之獸”、《孟子》“則近於禽獸”、“於禽獸奚擇焉”，皆是。

5790 笔 今米笔。《淮南子·精神訓》：“守其篅笔。”笔音頓，注：“並受穀器。”

5791 煩難 《淮南子·脩務訓》：“不避煩難，不違危殆。”

5792 脱空，前功盡棄 《五代史補》郭忠恕責馮道語云：“今一旦反作脱空漢，前功並棄，令公之心安乎？”

5793 櫈 都鄧翻，几也，郭忠恕《佩觿》已載此字。《廣韻》載“凳”字，注：“牀凳。”

5794 襪肩、襪角 揚子《方言》：“繞�謂之襪裺。”郭注：“衣督脊也。”俗語皆當作“襪”。

5795 衦校 《方言》：“小袴謂之校衦。”音皎了。今俗語倒言之。

5796 帶 《方言》：“帶，行也。”注：“隨人行也。”今順塗攜取物件亦曰“帶”。

5797 餚沙 《方言》：“餱謂之餚。”注：“以豆屑雜餳，音髓。”正今時所云“餚沙”也。

5798 拌 普槃反，《方言》：“凡揮棄物曰拌。”

5799 篕篣 下一字俗讀若傍，《方言》：“篕謂之篣。”注：“本音彭。”

5800 騷 《方言》：“吴楚偏蹇曰騷。”本言行不正也，今俗以媚容取悦曰“騷”。

5801 笊籬 《廣韻》“籬”字注。

5802 棒椎 “椎”字注。

5803 木桶、木器 “桶”字注。

5804 錐鑽 鑽去聲，“鑽”字注。《抱朴子》：“劍戟不長於縫緝，可以剸割牛馬；錐鑽不可剸割牛馬，而長於縫緝。材有大小，不可棄也。”

5805 枕頭 “枕”字注。

5806 頭巾 “幞”字注。

5807 栲栳 “栲”字注：“柳器。”今北俗讀“栲”作入聲。

5808 小晚生 俗有此稱。按：《晉書·東海王沖傳》：“其以小晚生奕繼哀王爲東海王。”考哀王沖於明帝爲昆弟，今成帝以己子繼之，於哀王爲大父行，故有“小晚生”之稱。又：瑯邪王煥，元帝子，而元帝令有云“晚生矇弱”，則是晉人呼其子爲“晚生”也。

5809 稅 《唐濟瀆廟北海壇祭器碑》以假貸爲“稅”，今人出錢稅器物，“稅”字仿此，見《金石萃編》四十一卷。

5810 倚 作“椅”，《五代史·景延廣傳》：“延廣所進器服、鞍馬、茶牀、椅榻，皆裹金銀，飾以龍鳳云云。”始見於此。又《五代史補》：“漢高祖在河東，幕府闕書記。朝廷除前進士邱廷敏爲之，邱辭疾不赴，遂改蘇逢吉。未幾，逢吉以佐命功，自掌書記，拜中書侍郎平章事。逾年，廷敏始選授鳳翔麟游縣令。過堂之日，逢吉戲之，且撫所坐椅子曰：‘合是長官坐，何故讓與鄙夫？’”

5811 狐騷 腋氣也。《山海經·北山經》“食之不驕”注云：“或作騷。騷，臭也。”

5812 土作 《方言》：“杼、柚，作也。東齊土作謂之杼，木作謂之柚。”抱經云：“今尚有‘泥作’、‘木作’語。”

5813 燈盞 《唐書·楊綰傳》：“年四歲，處羣從之中，敏識過人。嘗夜宴賓客，各舉坐中物，以四聲呼之。諸賓未言，綰應聲指鐵燈樹曰：‘燈盞柄曲。’衆咸異之。”(《南史·齊南海王子罕傳》：“以竹爲燈纘照夜。”“纘”亦與“盞”音合。)

5814 打鐵 “鍛”字注。

5815 洗浴 “浴”字注。

5816 背脊 “脊”字注。

5817 横財 “詭”字注。

5818 摺摞 “摞”字注。

5819 骰子 “骰”字注。又“㩉”字注：“一名投子。”

5820 饅頭 “饅”字注。

5821 餛飩 “餛”字注。

5822 **䵝** 藍䵝，染者也，今俗作“靛”，非。

5823 **篾** 織具曰“篾”，今俗云“篾門闊狹”，卽此。

5824 **膾** 臭貌，今俗曰“膾凍臭”。

5825 **篙子** 竹障也。以上竝見《廣韻》，今通稱者。

5826 **單被** 《禮·喪大記》“布衿”疏：“皇氏云：‘禪被也。’”

5827 **緑頭巾** 《封氏聞見記》：“李封爲延陵令，吏人有罪，不加杖罰，但令裹碧頭巾以辱之。”正與今俗語合。而《通俗編》引《七脩類稿》載此段語云：裹碧緑有誤。（明人《雜組》：“娼妓有不隸於官、家居賣姦者，謂之土妓，俗謂之私窠子。又以妻之外淫者，目其夫爲烏龜。葢龜不能交，縱牝者與蛇交也。隸於官者爲樂户，又爲水户。國初之制，緑其巾以示辱，葢古赭衣之意。至今里閈，尚以緑頭巾相戲也。”）

5828 **元寶** 今以名黄白大鋌。《通俗編》引漢以來歷代錢文并人名爲證，亦無確義。按：《吕氏春秋·恃君覽·召數篇》：“文武有常，聖人之元也。”漢高誘注：“元，寶也。”則“元”自有“寶”義，不但訓“大”、訓“首”而已，亦不可不曉。（《蜀志·秦宓傳》裴注引《益部耆舊傳》：“劉焉表荐處士任安味精道度，厲節高邈，揆其器量，國之元賓。”）

5829 **迴光返照** 《傳燈錄》：“雲居義能曰：‘迴光返照，看身心是何物。’”宋任淵注山谷詩引之。

5830 **服中生子** 四字見《風俗通》：“彭城相袁元服，父伯楚作光祿卿，於服中生子，因以‘服’字其子。”

5831 **過劒門** 俗語有之，見《唐語林》第八卷：“軍中有透劒門伎。”

5832 **被囊** 亦見《語林》第八卷。

5833 **酒孃、酒脚** 大隱翁《酒經》：“酴，米酒母也，今人謂之脚飯，故又曰脚也。

5834 **丈母腹痛，灸女壻脚後跟** 女壻，“女膝”穴之訛也，見《癸辛雜識續集》“鍼法”條下。

5835 **二心三意** 謂疑慮不定也。《易林》：“五心六意，歧道多怪。”

5836 **惡** 《漢書·昌邑王傳》：“王夢青蠅之矢積西階東，可五六石，以屋板瓦覆，發視之，則青蠅矢也。以問龔遂，遂曰：‘陛下左側讒言人衆多，如是青蠅惡矣。’”注：“惡卽矢也。”今俗稱説皆讀作“烏”去聲，有自來也。

5837 **解圍釋急** 《吳志·吕蒙傳》：“蒙謂諸將曰：‘解圍釋急，勢亦不久。’”

5838 **同牀各夢** 陳亮《與朱元晦祕書書》：“同牀各做夢，周公且不能學得，何必一一論到孔明哉?”

5839 頂公 俗語謂屋也,見明吳忠節公《麟徵年譜》,公父售屋與人,乃歎云云。

5840 竹簚 竹簚,見《廣韻》:“編竹爲之也。”音歷。

5841 品理 今市井常語,凡是非不能判決,則集衆議以折服之,謂之“品”。此字義不見經傳,惟《廣韻》“品”字注:“两口生訟,三口乃能品量。”是此語所本。

5842 蒙(去)古兒 市井以爲銀之隱語,豈知“蒙古”二字原作銀解,予習國語始知之,蓋彼時與金國號爲對耳。其讀“蒙”作去聲,則口音之訛。

5843 五逆不孝 四字見梁釋僧祐《弘明集》載劉勰《滅惑論》(《十輪經》云:“五逆罪爲最極惡。何爲五,故心殺父母,阿羅漢破壞聲聞和合僧事,乃至惡心出佛身血,諸如是等,名爲五逆,見《法苑珠林》卷十二。”)。

5844 事務 應璩《與滿公琰書》:“適有事務,須自經營,不獲侍坐,良增邑邑。”

5845 醞斗 熨斗爲“醞斗”,宋李濟翁《資暇錄》以爲俗之誤談。按:孫奕《示兒編》云:“攷字書,熅於問切,以火伸物,當用此字。”則“熅”字宋時已有之,濟翁未攷也。

5846 国、⺅、斉、斎、𡥉 今市僧書之,皆起於宋,見孫奕《示兒編》云(唐歷城縣千佛厓石刻有“家国安寧”語,从方内王,知唐已然矣)。

5847 八八兒 《示兒編》引王虚中《勸孝文》“鸜鵒曰八八兒”,今俗有“胡猻弄八八兒”之語,當謂此。

5848 放屁 今人以言不中窾或煩溷取鬧,輒斥之曰“放屁”。《癸辛雜識别集》二章“清貧”一條載調謔語,是此語所始。(《老學庵筆記》:“毛德昭名文,江山人。苦學,至忘寢食,經史多成誦,喜大罵極談。來臨安赴省試,時秦會之當國,每以言罪人,勢焰可畏。有唐錫永夫者,遇德昭於朝天門茶肆中,素恶其狂,乃與坐,附耳語曰:‘君素號敢言,不知秦太師如何。’德昭大駭,亟起掩耳曰:‘放氣! 放氣!’遂疾走而去。”)

5849 嚇(罅)人 俗語“嚇人”或爲“罅人”。《廣韻》本兩收,笑聲,呼雅切;怒,呼格切,義各有在。而退之《縣齋》詩“雀鼠得驅嚇”,讀作“罅”,正與今語合。

5850 女子屬羊守空房 女人年忌屬羊,俗諺云云,見明江元禧《耳目日書》。

5851 果子藥 《耳目日書》云:“小兒痘醫,杭城首推某矣。某用藥平易簡少,俗所謂果子藥。然渠所謂吉凶分數,約日不差,人以此服之。”

5852 高談闊步 魏文帝《太宗論》曰:“弘三章之教、愷悌之化,使曩時累息之民，得闊步高談，無危懼之心。”

5853 託心 《蜀志・張嶷傳》注引《益部耆舊傳》曰：“夏侯霸謂嶷曰：‘雖與足下疎闊，然託心如舊，宜明此意。’嶷荅曰：‘僕未知子，子未知我，大道在彼，何云託心乎？願三年之後，徐陳斯言。”

5854 𡒄撒堆 元遺山《送窮》詩：“煎餅虚抛𡒄撒堆。”三字爲庸豎常談，即今搕㩭垃圾字，言穢雜不淨也。《通俗編》未詳此（《東坡題跋》有“書拉雜變”一則，即搕㩭也）。

5855 叩頭如擣蒜 明正德間，汪直監督團營時，有諺云：“都憲叩頭如擣蒜，侍郎扯腿似燒葱。”見《野錄》。

5856 迴殘 物之賸餘曰“迴殘”。唐天寶間，修造紫陽觀，勑牒有“迴殘錢若干貫，迴殘銀若干兩”之文，見元劉大彬《茅山志》。

5857 陸鈔 俗謂纷擾不靖也。習鑿齒《漢晉春秋》：“吳將朱然入柤中，斬獲數千。柤中民吏萬餘家渡沔，司馬懿謂曹爽：‘宜權留之。’爽曰：‘非長策也。’懿曰：‘設令賊二萬人斷沔，三萬人與沔南諸軍相持，萬人陸鈔柤中，君將何以救之？’”

5858 發白色 今俗有此語，若“發紅色”、“發青色”之類，按：《説文》“儵”字注云：“青黑繒發白色也。”又“騂”字注：“馬頭有白發色。”徐鍇《繫傳》曰：“所謂白發，言色有淺處，若將起然。”於“發”字尤妙於形容。二條文雖小異，義可互明也。

5859 中飯 《魏志・王脩傳》注引《魏略》云：“未嘗不長夜起坐，中飯釋餐。”

5860 白綽 或稱“白著”，即《南史》所謂“白瀹雞子”也，按：《説文》“鬻”字注以灼切：“以肉及菜内湯中薄出之也。”《汗簡》“鬻”音瀹，《廣韻》“瀹灊”字注：“竝與鬻同。”則知古曰“瀹”，今曰“綽”、曰“著”，同義而異聲也，亦聲相似而譌也。

5861 各爲其主 《魏志・曹爽傳》注引司馬懿語，《衛覬傳》疏内亦有此語。

5862 白蠟蠟 俗以作事無濟曰“白蠟蠟”。按：《朝野僉載》：“張鷟號青錢學士，時有董方九舉明經不第，號曰‘白蠟明經’，與鷟爲對。”即此意。

5863 不便 《魏志・陳植傳》：“丁正禮目不便。”今俗有此語。

5864 阿斗太子 見《蜀志・劉封傳》。

5865 整 《蜀志・向朗傳》裴注：“案：朗坐馬謖免長史，則建興六年中也。朗至延熙十年卒，整二十年耳。”俗語每重言之，曰“整整”若干。

5866 算無遺策 《魏志》第十卷陳壽評：“荀攸、賈詡，庶乎算無遺策。”

5867 掐 《魏志·蘇則傳》:“初,則及臨菑侯植聞魏氏代漢,皆發服悲哭。文帝聞植而不聞則也。帝在洛陽,嘗從容言曰:‘吾應天受禪,而聞有哭者,何也?’則謂爲見問,鬚髯悉張,欲正論以對。侍中傅巽掐則曰:‘不謂卿也。’于是乃止。”掐,亦俗字。

5868 畫槀、畫押、畫行 劉熙《釋名·書契篇》:“畫姓名於奏上曰畫,刺作再拜起居字,皆達其體,使書盡邊,徐引筆書之如畫者也。”

5869 鄒 今人言物之不佳或薄小者曰“鄒”。《釋名·書契篇》:“奏,鄒也。鄒,狹小之言也。”

5870 干飯 《釋名·飯食篇》:“飯而暴乾之也。”

5871 門 家之稱“門”甚古,今新安大族各以某門某門别之。《逸周書·皇門解》:“會羣門,言衆族姓。”《顔氏家訓·風操篇》第十三條云:“斂容肅坐,稱大門中。”

5872 筍、卯 凡剡木相入,以盈入虚謂之“筍”,以虚受盈謂之“卯”,故俗有“筍頭”、“卯眼”之語。按:設業設虡,《詩》傳作“栒”,《禮·明堂位》“龍簨簴”,《考工記》“梓人爲簨簴”,字各不同,皆筍也。“卯”則見於《晉書·五行志上》:“舊爲屐者,齒皆達楄上,名曰露卯。太元中忽不徹,名曰陰卯。識者以爲卯謀也,必有陰謀之事。”《通俗編》雜字門“榫”字一條下引《程子語錄》“榫卯圓則圓,榫卯方則方”云云,“榫”既非古,“卯”亦失考,故補之。

索　引

C

cā

cāi

cái

符號